东湖年鉴

DONG HU NIAN JIAN

（2017）

《东湖年鉴》编纂委员会 编

方志出版社
Publishing House of Local Records

图书在版编目（CIP）数据

东湖年鉴. 2017 /《东湖年鉴》编纂委员会编.—
北京：方志出版社，2017.11
ISBN 978-7-5144-2707-3

Ⅰ. ①东… Ⅱ. ①东… Ⅲ. ①区（城市）—南昌—
2017—年鉴 Ⅳ. ①Z525.63

中国版本图书馆CIP数据核字（2017）第288215号

东湖年鉴(2017)

编　　者:《东湖年鉴》编纂委员会
责任编辑:章　瑾

出 版 人:冀祥德
出 版 者:方志出版社
地址　北京市朝阳区潘家园东里9号（国家方志馆4层）
邮编　100021
网址　http://www.fzph.org
发　　行:方志出版社图书经销中心
电话(010)67110500
经　　销:各地新华书店
印　　刷:南昌康宇彩色印刷有限公司

开　　本:889X1194　　1/16
印　　张:27
字　　数:666千字
版　　次:2017年11月第1版　　2017年11月第1次印刷
印　　数:001~500册

ISBN 978-7-5144-2707-3　　定价：230.00元

南昌市东湖区政区图

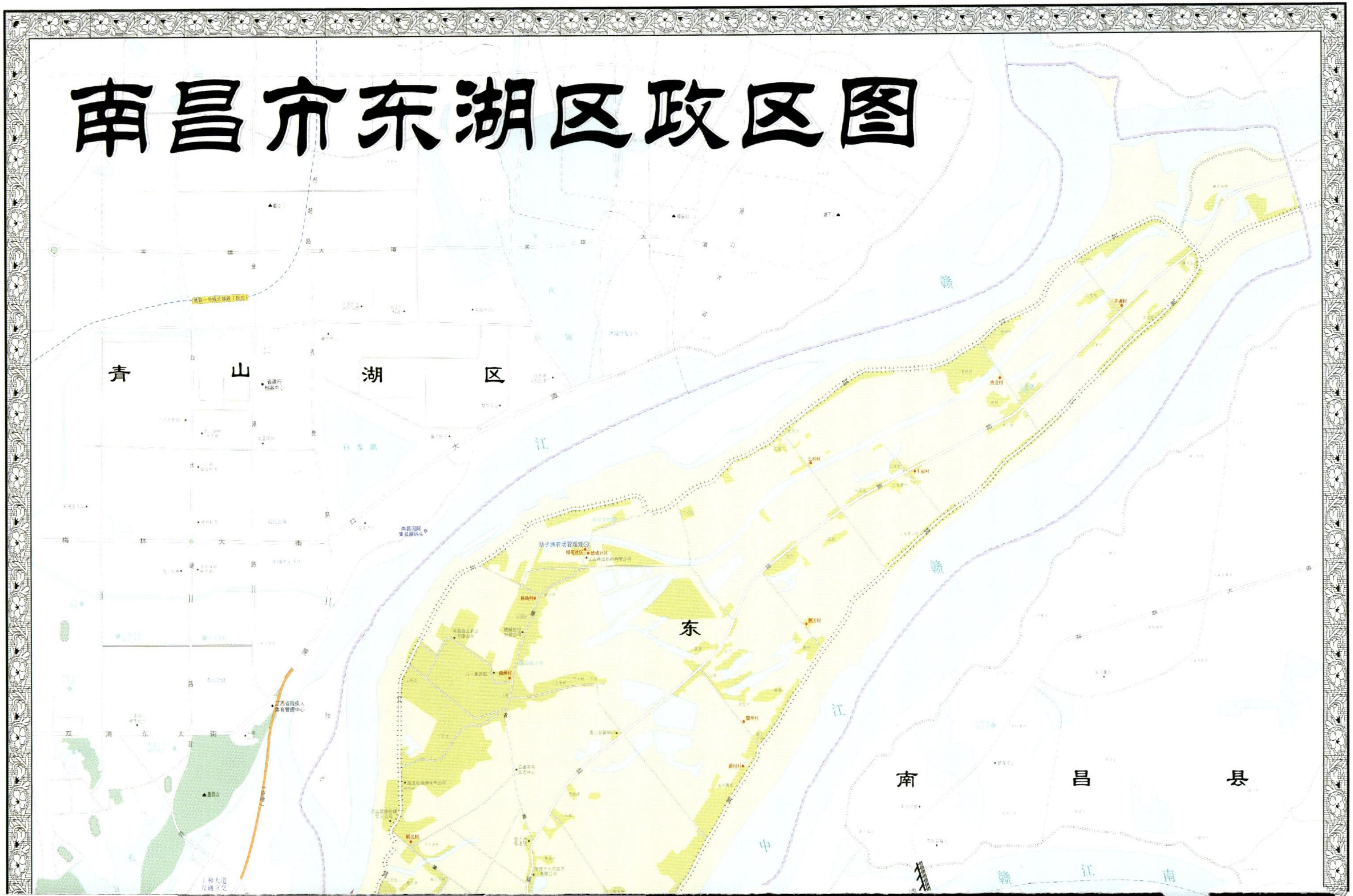

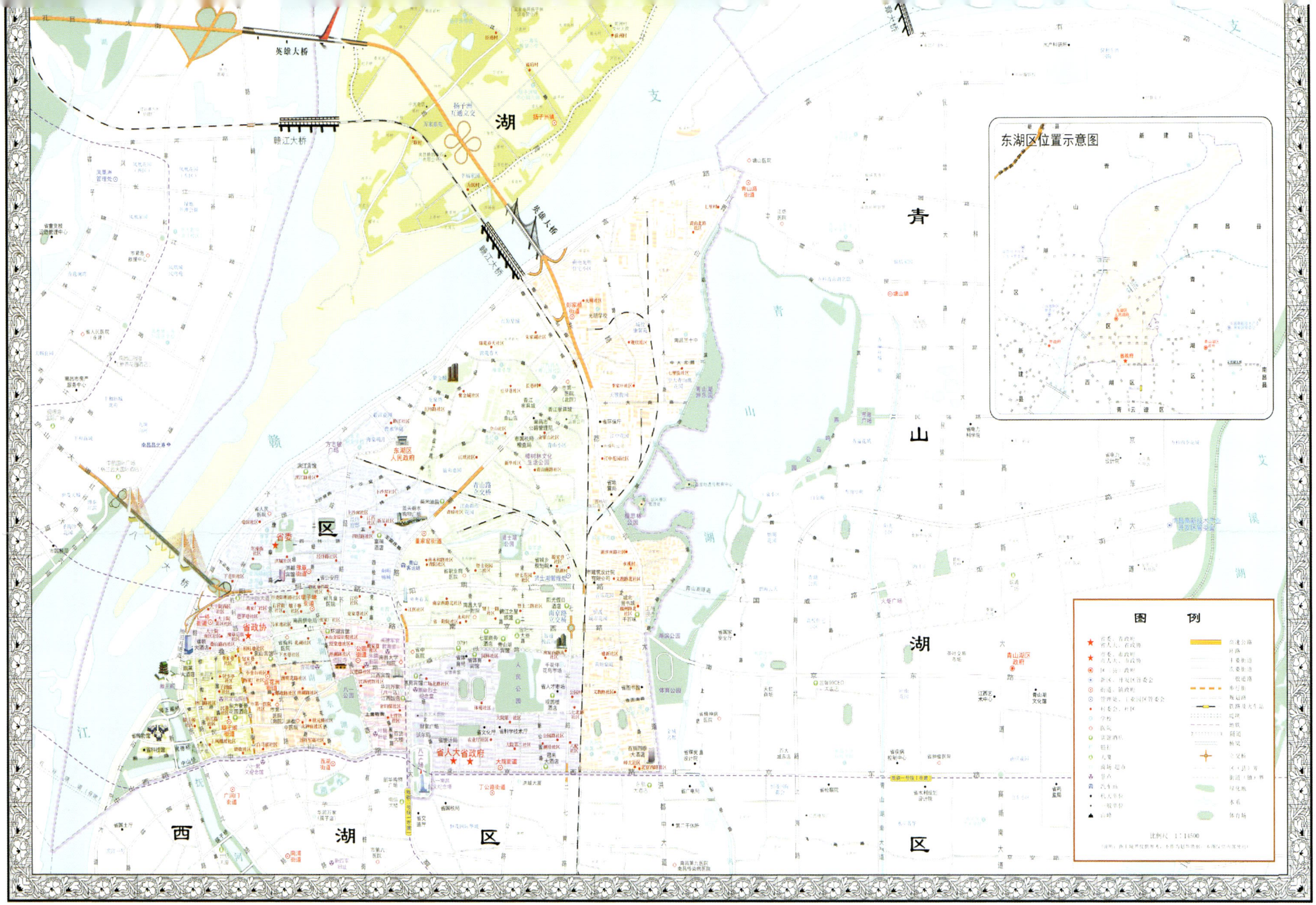

南昌市东湖区人民政府　南昌市测绘勘察研究院　二〇一四年十一月制作

《东湖年鉴》编纂委员会

《东湖年鉴(2017)》编辑人员

主　　编： 陈耀武

编　　辑： 陈耀武　胡　越

图片提供： 黄　甜　陈　喆

2016年度东湖区获市厅级

获奖单位	奖项名称	颁奖部门
彭家桥街道光明社区党委	全国先进基层党组织	中共中央
东湖区	2011—2015 年全国法治宣传教育先进县（市、区）	中共中央宣传部、国家司法部
百花洲街道刘将军庙社区	全国最美志愿服务社区	中共中央宣传部、中央文明办
东湖区人民检察院	全国检察机关新媒体建设百强院	最高人民检察院
东湖区人民检察院	全国检察机关门户网站建设百佳院	最高人民检察院
东湖区文化馆	“贵林社周六公益系列演出”获 2015 年全国文化志愿服务优秀项目	国家文化部
东湖区文化馆	“军歌嘹亮边疆行”文化志愿活动入选“春雨工程”	国家文化部、中央文明办
东湖区	全国百佳国税地税合作县级示范区	国家税务总局
东湖区	2014—2016 年全国计划生育优质服务先进单位	国家卫生和计划生育委员会
东湖区人民检察院	全国维护妇女儿童权益先进集体	全国妇联
东湖区地税局	全国总工会职工书屋	全国总工会
东湖区工商联	2016 年度全国“五好”县级工商联	全国工商联
董家窑街道团工委	首批“全国城市街道区域化团建示范创建单位”	共青团中央城青部
东湖区人民检察院侦查监督科	全国检察机关“优秀侦查活动监督案件”	最高人民检察院侦查监督厅
东湖区	全省双拥模范区	中共江西省委、江西省人民政府、江西省军区
东湖区人民检察院	江西省第十四届文明单位	中共江西省委 江西省人民政府
东湖区公安消防大队	江西省第十四届文明单位	中共江西省委 江西省人民政府
东湖区国税局	江西省第十四届文明单位	中共江西省委 江西省人民政府
东湖区地税局	江西省第十四届文明单位	中共江西省委 江西省人民政府
公园街道办事处	江西省第十四届文明单位	中共江西省委 江西省人民政府
彭家桥街道党工委	全省先进基层党组织	中共江西省委
彭家桥街道光明社区党委	全省先进基层党组织	中共江西省委
东湖区	全省计划生育先进县（区）一等奖	江西省人民政府
东湖区文广局	大合唱《游击队之歌》获全省“光辉的历程 永恒的誓言”庆祝中国共产党成立 95 周年大型群众歌咏比赛三等奖	中共江西省委宣传部
东湖区委老干部局	全省老干部工作先进集体	中共江西省委老干部局
东湖区人民检察院	全省检察机关先进集体	江西省人民检察院
东湖区人民检察院	集体二等功	江西省人民检察院
东湖区人民法院	全省法院人民陪审员工作先进集体	江西省高级人民法院

及以上单位表彰一览

获奖单位	奖项名称	颁奖部门
东湖区人民法院	2014—2015年度全省优秀法院	江西省高级人民法院
东湖公安分局	全省优秀公安局	江西省人社厅、江西省公安厅
东湖区司法局	2011—2015 年全省法治宣传教育先进单位	江西省普法教育工作领导小组
东湖区司法局公园司法所	全省“五好司法所”	江西省司法厅
东湖区司法局滕王阁司法所	全省“五好司法所”	江西省司法厅
东湖区司法局八一桥司法所	全省“五好司法所”	江西省司法厅
东湖区社区矫正执法大队	社区矫正执法规范单位	江西省司法厅
东湖区国税局	江西省国税系统营改增试点工作记功嘉奖	江西省国税局
东湖区安监局	全省安全监管工作目标管理先进单位	江西省安监局
东湖区统计局	全省统计宣传工作先进单位	江西省统计局
东湖区统计局	2016 年度全省统计工作先进集体	江西省统计局
东湖区地税局	2016 年度全国纳税人满意度调查先进单位	江西省地税局
东湖区地税局征管科	2016 年度全省地税系统先进单位	江西省地税局
东湖区地税局纳税服务分局	全省巾帼文明岗	江西省妇联
彭家桥街道观欣社区	全省综合减灾示范社区	江西省民政厅、江西省减灾委员会
墩子塘街道北湖社区	全省综合减灾示范社区	江西省民政厅、江西省减灾委员会
彭家桥街道光明社区	全省城乡社区协商工作示范单位	江西省民政厅
东湖区人民检察院未成年人刑事检察科	2015—2016 年省级青少年维权岗	共青团江西省委等 13 家单位
东湖区国有土地上房屋征收与补偿办事处	省级“工人先锋号”	江西省总工会
东湖区园林绿化管理所	省级“工人先锋号”	江西省总工会
南昌市豫章小学	江西省少先队工作示范校（2015—2016）	共青团江西省委
南昌市豫章小学少先队队室	首批“江西省少先队标准化队室”	共青团江西省委
南昌市东湖小学“肖华中队”	首批江西省少先队“英雄中队”	共青团江西省委
南昌市豫章小学	赣新两地少年儿童“手拉手 心连心民族团结一家亲”主题活动示范学校	共青团江西省委
东湖区残疾人联合会	江西省第八届文艺汇演三等奖	江西省残联
东湖区防震减灾局	2016 年度全省防震减灾工作先进单位	江西省地震局
东湖公安消防大队	2016 年度全省执法质量先进大队	江西省公安消防总队
东湖公安消防大队	2016 年度全省消防工作先进单位	江西省消防安全委员会

2016年度东湖区获市厅级

获奖单位	奖项名称	颁奖部门
东湖公安消防大队三经路消防中队	2016 年度先进中队	中共江西省公安消防总队委员会
东湖区人民政府办公室	2016 年度江西省电子信息技术应用先进单位	江西省计算机用户协会
东湖区文化馆	原创舞蹈《斑鸠情》获江西省选拔第十七届全国“群星奖”优秀节目展演，并获江西省舞蹈类“赣鄱群星奖”	江西省文化厅
东湖区文化馆	快板《燕青打擂》获江西省第八届少儿曲艺大赛一等奖	江西省文联、中共江西省委宣传部、江西省曲艺家协会
东湖区文化馆	快板《劫刑车》获江西省第八届少儿曲艺大赛一等奖	江西省文联、中共江西省委宣传部、江西省曲艺家协会
东湖区文化馆	相声《报菜名》获江西省第八届少儿曲艺大赛一等奖	江西省文联、中共江西省委宣传部、江西省曲艺家协会
东湖区文化馆	舞蹈《卢沟谣》、《细妹子闹茶》获第六届江西艺术节之第十一届少儿艺术节一等奖	中共江西省委宣传部 江西省文化厅
东湖区文化馆	《阳光下成长》获第六届江西艺术节之第十一届少儿艺术节摄影作品摄影类一等奖	中共江西省委宣传部 江西省文化厅
东湖区文化馆	微故事《最后的情怀》获第六届江西艺术节之首届“我是微故事演说家”演讲类一等奖	中共江西省委宣传部 江西省文化厅
东湖区文化馆	情景歌舞《好人就在身边》获第二届江西省农民工才艺大赛展演一等奖	中共江西省委宣传部 江西省文化厅
东湖区文化馆	《斑鸠情》获第六届江西艺术节“百姓大舞台”首届群众文艺展演一等奖	中共江西省委宣传部 江西省文化厅
东湖区文化馆	微故事《最后的情怀》获“讲好江西故事”首届江西微故事征文活动优秀奖	中共江西省委宣传部 江西省文化厅
墩子塘街道办事处	南昌市第十六届文明单位	中共南昌市委 南昌市人民政府
东湖区委办公室	南昌市第十六届文明单位	中共南昌市委 南昌市人民政府
东湖区财政局	南昌市第十六届文明单位	中共南昌市委 南昌市人民政府
东湖公安消防大队	南昌市第十六届文明单位	中共南昌市委 南昌市人民政府
董家窑街道办事处	南昌市第十六届文明单位	中共南昌市委 南昌市人民政府
东湖区行政服务中心管委会	南昌市第十六届文明单位	中共南昌市委 南昌市人民政府
东湖区环保局	南昌市第十六届文明单位	中共南昌市委 南昌市人民政府
东湖区国土分局	南昌市第十六届文明单位	中共南昌市委 南昌市人民政府
东湖区残疾人联合会	南昌市第十六届文明单位	中共南昌市委 南昌市人民政府
东湖区地税局	南昌市第十六届文明单位	中共南昌市委 南昌市人民政府
东湖区国税局	南昌市第十六届文明单位	中共南昌市委 南昌市人民政府

及以上单位表彰一览

获奖单位	奖项名称	颁奖部门
东湖区人民检察院	南昌市第十六届文明单位	中共南昌市委、南昌市人民政府
东湖区总工会	南昌市第十六届文明单位	中共南昌市委、南昌市人民政府
东湖区机构编制委员会办公室	南昌市第十六届文明单位	中共南昌市委、南昌市人民政府
东湖区城建局	南昌市第十六届文明单位	中共南昌市委、南昌市人民政府
东湖区发展和改革委员会	南昌市第十六届文明单位	中共南昌市委、南昌市人民政府
扬农管理处	南昌市第十六届文明单位	中共南昌市委、南昌市人民政府
东湖区委统战部	南昌市第十六届文明单位	中共南昌市委、南昌市人民政府
公园街道办事处	南昌市第十六届文明单位	中共南昌市委、南昌市人民政府
大院街道办事处	南昌市第十六届文明单位	中共南昌市委、南昌市人民政府
百花洲街道火神庙社区	南昌市第十六届文明单位	中共南昌市委、南昌市人民政府
滕王阁街道民巷社区	南昌市第十六届文明单位	中共南昌市委、南昌市人民政府
墩子塘街道马家池社区	南昌市第十六届文明社区	中共南昌市委、南昌市人民政府
墩子塘街道右营街社区	南昌市第十六届文明社区	中共南昌市委、南昌市人民政府
百花洲街道刘将军庙社区	南昌市第十六届文明社区	中共南昌市委、南昌市人民政府
滕王阁街道上凤凰坡社区	南昌市第十六届文明社区	中共南昌市委、南昌市人民政府
扬农管理处德成社区	南昌市第十六届文明社区	中共南昌市委、南昌市人民政府
彭家桥街道光明社区	南昌市第十六届文明社区	中共南昌市委、南昌市人民政府
彭家桥街道七里街社区	南昌市第十六届文明社区	中共南昌市委、南昌市人民政府
大院街道二七北路社区	南昌市第十六届文明社区	中共南昌市委、南昌市人民政府
公园街道上营坊社区	南昌市第十六届文明社区	中共南昌市委、南昌市人民政府
扬子洲镇	南昌市第十六届文明村镇	中共南昌市委、南昌市人民政府
百花洲街道办事处	南昌市创建“国家森林”城市先进集体	中共南昌市委、南昌市人民政府
大院街道办事处	全国综治“南昌会议”综治“三项建设”先进基层单位	中共南昌市委、南昌市人民政府
彭家桥街道光明社区	全国综治“南昌会议”综治“三项建设”先进基层单位	中共南昌市委、南昌市人民政府
东湖区	2016 年度全市综治目标管理考核优秀县区	中共南昌市委、南昌市人民政府
东湖区	全市计划生育工作优秀县区	南昌市人民政府
东湖区	全市公共机构节能先进县区	南昌市人民政府
东湖区国土分局	2016 年南昌市国土资源执法监察目标全市考核第三名	南昌市人民政府

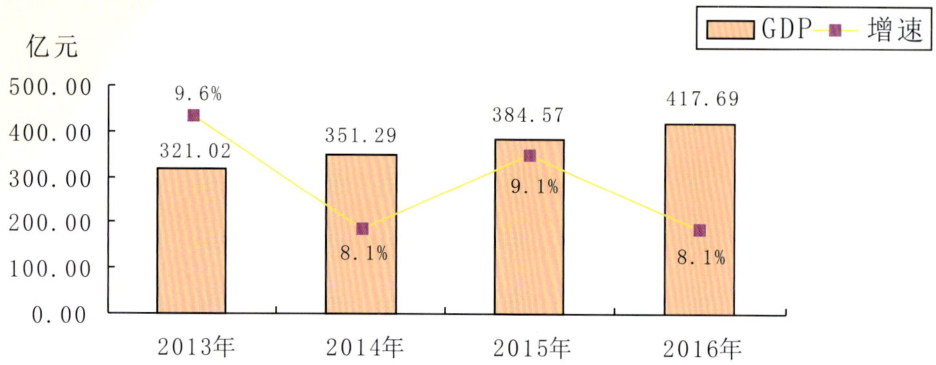

图1 地区生产总值

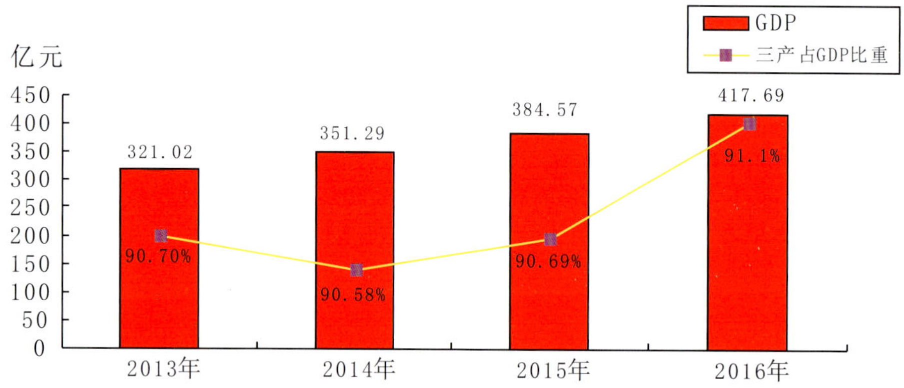

图2 三次产业占地区生产总值比重

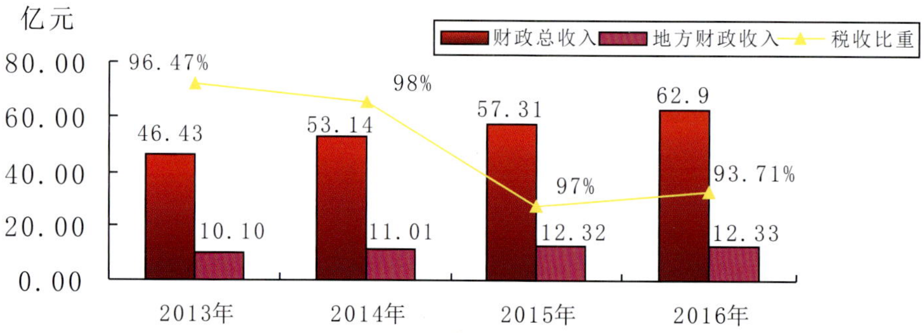

图3 税收与财政收入比重

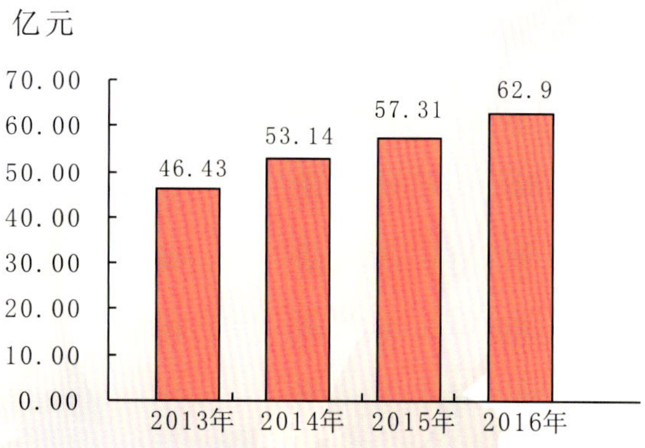

图4 财政总收入

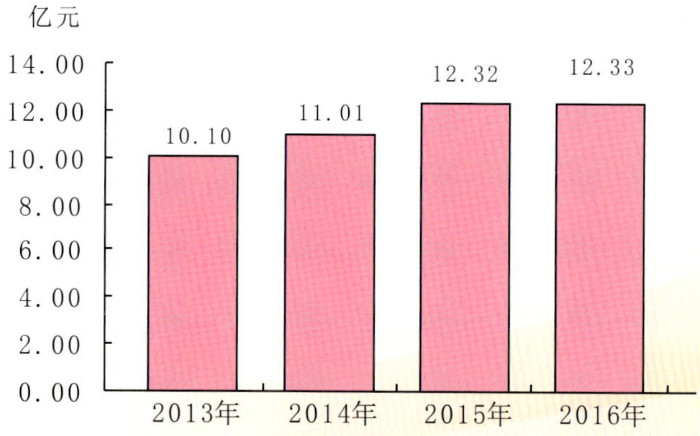

图5 地方财政收入

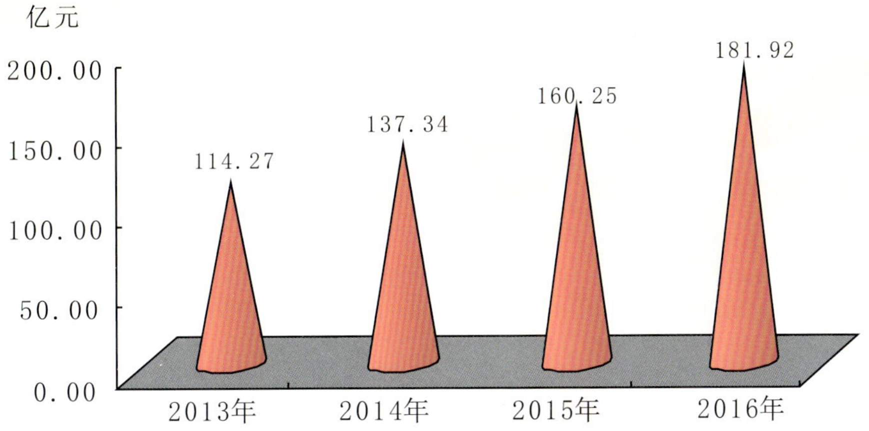

图6 固定资产投资

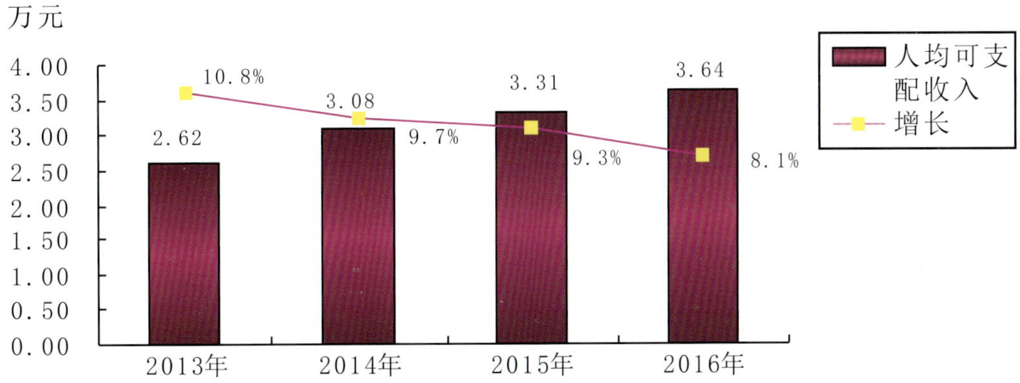

图7 人均可支配收入及增长

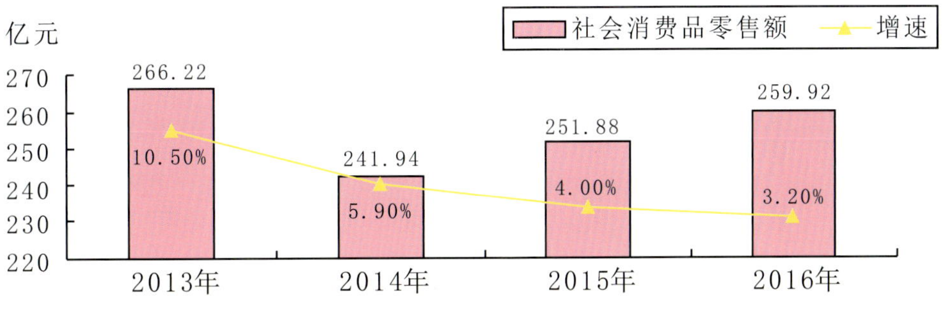

图8 社会消费品零售总额及增长速度

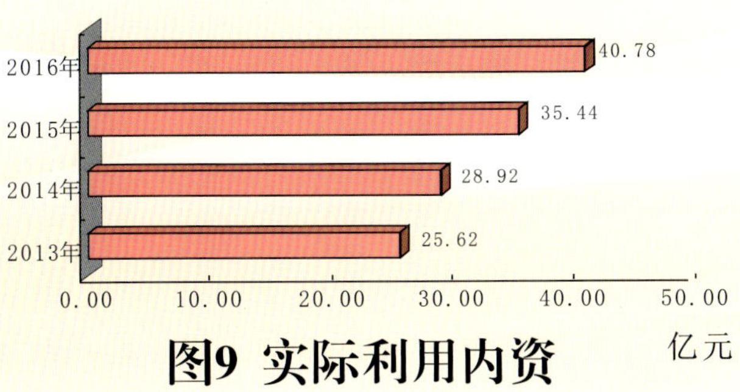

图9 实际利用内资

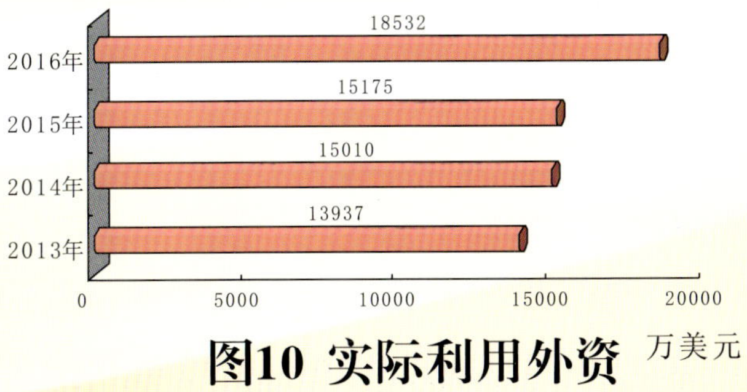

图10 实际利用外资

◆2016年6月30日，中共江西省委书记鹿心社（左三）到东湖区豆芽巷社区走访慰问老党员

◆2016年6月26日，中共江西省委副书记刘奇（前中）到东湖区调研工作

◀2016年7月27日，中共江西省委常委、宣传部部长陈俊卿（前排左三）到东湖辖区视察国有艺术剧团情况

▶2016年12月1日，中共江西省委常委、南昌市委书记殷美根（右二），南昌市委常委、市委秘书长郭毅（右三）到东湖区光明社区调研工作

◀2016年4月26日，国家税务总局副局长孙瑞标（右七）到东湖区地税局调研指导营改增工作

◀2016年2月6日，南昌市委书记龚建华（左二）、市长郭安（左三）、副市长刘建洋(右二)等到东湖区胜利路步行街指导工作

◀2016年12月24日，南昌人大常委会主任陈德寿（左）到东湖区辖区南昌冶金设计院住宅小区参加环境综合整治义务劳动

▶2016年12月6日，南昌市政协主席周关（右二）到东湖区公园街道调研工作

◀2016年 9月 23日，中共南昌市委副书记谢一平(右二)到东湖区豫章一号文化产业园调研工作

▶2016年12月9日，中共南昌市委常委、市纪委书记吴伟柱（左三）到东湖区光明社区调研工作

◀2016年 9月 20日，中共南昌市委常委、市委宣传部部长龙和南（左三）到东湖区文化传承中心开展工作调研

▶2016年12月24日，中共南昌市委常委、南昌警备区司令刘煊（左二）到彭家桥街道青山北路社区参加“美丽南昌 幸福家园”环境综合整治义务劳动

◀2016年4月20日，中共南昌市委常委、政法委书记刘家富(右二)到东湖区调研政法工作

▶2016年5月4日，中共南昌市委常委、副市长华清(右一)到东湖区调研城市管理工作

◀2016年2月5日晚，南昌市领导龚建华、郭安、刘建洋、江晓斌、龙和南一行到东湖区调研工作

▲2016年6月12日，南昌市四大家主要领导带领“小三看活动”考察组到东湖区考察招商引资项目推进及产业发展情况

▲2016年12月7日，中共南昌市委副书记谢一平到东湖区调研城市管理工作

▶2016年12月23日，中共江西省委常委、南昌市委书记殷美根在东湖区豫章街道聆江社区与社区干部亲切座谈

中国共产党南昌市

◆2016年8月28日上午，卢作全到会代表中共南昌市委作重要讲话

中国共产党南昌市东湖区第十二次代表大会于2016年8月27—30日在区文化活动中心演艺大厅胜利召开，中共南昌市委常委、市纪委书记卢作全到会代表市委向大会表示祝贺并讲话。大会听取区委书记刘闯代表中共东湖区第十一届委员会所作的工作报告、区纪委书记刘光荣代表中共东湖区纪律检查委员会所作的工作报告（书面），以无记名投票方式选举产生中共东湖区第十二届委员会和纪律检查委员会、东湖区出席南昌市第十一次党代会代表，通过《关于中国共产党南昌市东湖区第十一届委员会工作报告的决议》和《关于中国共产党南昌市东湖区第十一届纪律检查委员会工作报告的决议》，圆满完成各项议程。

刘闯作报告

◆2016年8月28日上午九时，大会在庄严的国歌声中开幕，并听取刘闯作工作报告

◀2016年 8月 28日上午，代表们认真听取刘闯作工作报告

◆党代表分组在各代表团就大会两个报告和有关事项开展讨论

东湖区第十二次代表大会

◆2016年8月30日上午，代表们陆续有序地投下选票

◆2016年8月30日上午，大会在嘹亮的国际歌声中胜利闭幕

◆2016年8月30日，中共东湖区十二届纪律检查委员会召开第一次全体会议，选举产生新的区纪委常委

◆2016年8月30日，中共东湖区十二届委员会召开第一次全体会议，选举产生新的区委常委

◆十二届中共东湖区委常委（左起）：张恩、陈俊、刘光荣、胡洪水、陈曙、刘闯、高辉红、焦玉庄、唐铭市、夏小兰、胡志强

南昌市东湖区第十六届

◆2016年10月12日，中共南昌市委常委、市委秘书长郭毅到会并讲话

南昌市东湖区第十六届人民代表大会第一次会议于2016年10月11—14日在区文化活动中心演艺大厅召开。大会举行3次全体会议，5次主席团会议。中共南昌市委常委郭毅，市人大党组成员、副主任申少平，市换届选举现场督导组代组长熊本伯出席大会。大会听取和审议东湖区人民政府工作报告、东湖区人大常委会工作报告、东湖区人民法院工作报告、东湖区人民检察院工作报告，并表决通过上述各项报告决议。大会以无记名投票方式选举产生新一届东湖区人大常委会主任、副主任、委员，东湖区人民政府区长、副区长，东湖区人民法院院长，东湖区人民检察院检察长，东湖区出席南昌市人民代表大会代表60名。当选的东湖区人大常委会组成人员，东湖区人民政府区长、副区长，区人民法院院长向宪法进行庄严宣誓就职仪式，区委书记刘闯主持宣誓仪式。大会圆满完成各项议程。

◆2016年10月12日上午九时，东湖区第十六届人民代表大会第一次会议隆重开幕

◆2016年10月12日，中共东湖区委副书记、代区长高辉红作政府工作报告

◆2016年10月12日，东湖区领导刘闯、高辉红、喻国泰等到代表团讨论点看望人大代表

◆2016年10月13日，东湖区第十六届人民代表大会第一次会议举行第二次全体会议，听取区人大、区法院、区检察院工作报告

人民代表大会第一次会议

◆2016年10月13日，东湖区人大代表认真听取区人大、区法院、区检察院工作报告

◆2016年10月14日上午，东湖区委书记刘闯参加人大选举投票

◆2016年10月14日下午，东湖区第十六届人民代表大会第一次会议胜利闭幕

◆2016年10月14日下午，东湖区委书记刘闯主持当选的区人大常委会组成人员，区人民政府区长、副区长，区人民法院院长向宪法的宣誓就职仪式

◆2016年10月14日下午，新一届人大常委会组成人员向宪法宣誓就职

◆2016年10月14日下午，当选的新一届政府区长、副区长向宪法宣誓就职

政协南昌市东湖区

◆2016年10月11日，南昌市政协副主席龙国英在政协东湖区第九届委员会第一次会议开幕式上讲话

政协南昌市东湖区第九届委员会第一次会议于2016年10月10—13日在区文化活动中心演艺大厅胜利召开，来自全区各界的政协委员齐聚一堂，履行人民政协政治协商、民主监督、参政议政职能。南昌市政协副主席龙国英代表市政协到会祝贺并讲话，市政协人资环城建委主任丁慧兴、市换届选举现场督导组代组长熊本伯出席大会。大会听取区政协副主席敖晓焕作《政协东湖区第八届委员会常务委员会工作报告》、胡中平作《政协东湖区第八届委员会常务委员会关于提案工作情况的报告》，表彰区政协八届六次会议以来优秀提案和提案办理先进单位，选举产生政协东湖区第九届委员会主席、副主席、秘书长和常务委员，表决通过《政协东湖区第九届委员会一次会议提案审查情况报告》和《政协东湖区第九届委员会第一次会议决议》，圆满完成各项议程。

◆2016年10月12日，东湖区领导刘闯、高辉红、王玮等看望慰问政协委员

◆2016年10月11日上午九时，政协南昌市东湖区第九届委员会第一次会议隆重开幕

◆2016年10月11日，委员们在认真听取报告

第九届委员会第一次会议

◆2016年10月13日，大会工作人员向政协委员们分发选票

◆2016年10月13日，政协委员有序参加投票

◆政协委员对当选的新一届政协组成人员表示热烈祝贺

◆2016年10月13日下午，政协南昌市东湖区第九届委员会第一次会议举行闭幕式

◆新当选的政协主席、副主席合影留念（左起）：胡涛湘、谢华、谢保成、王玮、欧阳桃花、冯于水、余坚、胡薇

◆2016年11月24日，东湖区人民政府与苏宁置业集团投资协议签约仪式举行

◆2016年5月11日，东湖区在深圳举办大型文化产业招商推介会，取得丰硕成果。图为签约现场

◆2016年2月6日，东湖区胜利路地下商业街举行开街仪式

◆2016年12月18日，世界500强正威国际集团、深圳市文化创意行业协会交流小组到东湖区考察工作

◆2016年9月21日，2016艺术江西国际博览会举行发布会，东湖区委书记刘闯致词

◆2016年4月15日，南昌市城市综合管理第二十四次调度会在东湖区举行。图为与会代表参观东湖区城市管理情况

◆2016年4月28日，在江西省精神文明建设工作表彰大会上，东湖区荣获全省第五届文明城市光荣称号

◆2016年12月22日，江西新闻广播好人帮好人励志人物节目走进东湖区

◆2016年12月14日，东湖区举办网络大V逛东湖“民生五圈”座谈会

◆2016年9月8日，山东省济南市文明办一行到东湖区考察精神文明建设工作

◆2016年5月16日，中央有关部门领导到光明社区开展回头看工作

◆2016年5月26日，东湖区在区文化活动中心隆重举行庆祝中国共产党成立95周年大型群众歌咏比赛

◆2016年6月24日，东湖区在区文化活动中心隆重举行庆祝庆祝中国共产党成立95周年大型文艺演出活动

◆2016年6月30日，东湖区举办庆祝建党95周年“两学一做”主题演讲比赛

◆2016年10月27日，东湖区委中心组举行“两学一做”主题教育第三次专题学习活动

◆2016年7月29日，东湖区四套班子走访慰问江西省军区

◆2016年7月29日，东湖区四套班子走访慰问南昌警备区

◆2016年10月21日，东湖区组织全区领导干部在区政府常务会议室收听收看纪念中国工农红军长征胜利80周年实况

◆2016年6月17日，东湖区举行2016年全国食品安全宣传周暨“食品安全进社区”活动启动仪式

◆ 2016年 12月 2日，南昌市2016年“122”全国交通安全日主题活动启动仪式在东湖区光明社区举行

◆2016年5月3日，东湖区举行“活力东湖 律动五四”青年节闭幕式暨五四系列活动颁奖仪式

◆2016年5月27日，东湖区举行2016年“六一”扶贫助学慰问金发放仪式

◆2016年7月26日，东湖区科普教育参加江西省“十二五”科技创新成果展

◆2016年5月11日，东湖区举办“减少灾害风险　建设安全城市”防震减灾宣传周公益演出活动

◆2016年5月22日，东湖区举办区直机关公车改革取消车辆专场拍卖会

◆2016年6月17日，东湖区举办2016年度节能宣传周“节能健步走”活动

◆2016年9月10日，东湖区举行庆祝第32个教师节暨首届“年度教师”风采展活动

◆2016年9月12日，东湖区获江西省第二届百县青少年“五人制”足球运动会第一名

◆2016年9月22日，东湖区获江西省第二届百县青少年“三人制”男子篮球第一名

◆2016年9月25日，东湖区获江西省第二届百县青少年“三人制”女子篮球第一名

◆2016年2月，东湖区选送的红色舞蹈《映山红》荣获2016年南昌市农民工暨优秀民间团队展演二等奖

◆2016年7月，东湖区选送的原创舞蹈《斑鸠情》获第十七届全国“群星奖”优秀节目展演并获江西省舞蹈类“赣鄱群星奖”

◆2016年12月，东湖区选送的情景舞蹈《好人就在身边》获第二届江西省农民工才艺大赛展演一等奖

◆2016年9月22日，南昌方言传承基地“贵林社”在东湖辖区举行揭牌仪式

◆2016年2月22日，东湖区召开2016年开放型经济工作会议

◆2016年1月7日，东湖区召开深化巩固全国文明城市创建成果动员部署大会

◆2016年1月9日，中共东湖区委举行十一届十二次全体（扩大）会议

◆2016年3月30日，东湖区召开2016年第一轮旧改房屋征迁工作动员大会

◆2016年3月31日，东湖区在区文化活动中心演艺大厅召开全区政法工作会议

◆2016年4月1日，东湖区召开2016年推进“四区一体”建设七大指挥部工作动员大会

◆2016年4月1日，东湖区召开全区党群工作会议

◆2016年5月3日，东湖区在滨江宾馆召开全区城市综合管理工作表彰暨2016年动员部署大会

◆2016年4月8日，东湖区召开（深圳）文化产业招商推介筹备会

◆2016年5月4日，南昌市残疾人自强模范和优秀残疾人工作者先进事迹首场巡回演讲报告会在东湖区举行

◆2016年 5 月 6 日，东湖区在区文化活动中心新闻发布厅召开“两学一做”学习教育动员部署会

◆2016年5月5日，东湖区召开全区禁毒工作会议

◆2016年9月6日，东湖区在区文化活动中心新闻发布厅召开政企座谈会

◆2016年10月29日，东湖区召开全区领导干部会议传达学习中共十八届六中全会精神

◆2016年11月22日，东湖区召开第二轮旧城改造征迁工作动员会

◆2016年6月4日，东湖区召开全区村（社区）党组织标准化建设动员大会

◆2016年6月16日，东湖区召开区、镇两级人大换届选举工作会议

◆2016年6月24日，南昌市城市综合管理第三十四次调度会暨“马路本色”行动现场会在东湖区召开

◆2016年7月28日上午，东湖区召开全区领导干部大会，听取南昌市委关于东湖区新一届领导班子换届人选决定：刘闯任东湖区委书记，高辉红任东湖区委副书记、提名为区长人选

◆2016年8月1日，东湖区组织全区副科级以上领导干部听取市委“两学一做”学习教育宣讲报告会

◆2016年9月25日，东湖区召开区委中心组理论学习（扩大）会议，并就做好全国综治工作“南昌会议”以及省、市党代会期间的全区综治信访稳定工作进行部署

◆2016年10月8日，东湖区召开全区领导干部大会传达省、市党代会精神

◆2016年10月16日，东湖区召开赣台经贸合作交流东湖区投资环境说明会

◆2016年10月27日晚，东湖区在区综合行政服务中心大楼六层会议室召开南昌国际马拉松赛事协调会

◆2016年11月9日，东湖区组织全区领导干部收听收看中央宣讲团关于中共十八届六中全会精神报告会

◆2016年11月25日，东湖区组织全区领导干部收听收看全省安全生产电视电话会议并部署工作

◆2016年12月8日，东湖区召开全区基层党建标准化流动现场会

◆2016年12月13日，东湖区召开贯彻落实“美丽南昌　幸福家园”环境综合整治推进大会

◆2016年12月30日，东湖区召开区委全体会议，审议并通过《东湖区推荐提名江西省出席党的十九大代表候选人推荐人选建议名单》

◆2016年12月16日，东湖区举行纪念关工委成立20周年暨全区关心下一代工作表彰大会

东湖区人大常委会

2016年，东湖区人大及其常委会在中共东湖区委的领导下，认真学习中共十八大和十八届三中、四中、五中、六中全会精神，以及习近平总书记系列重要讲话精神，坚持观大势、谋全局，毫不动摇坚持人民代表大会制度，依法履行监督职能，为推动全区经济社会发展和民主法治建设发挥应有作用。

▶2016年8月5日，东湖区召开第十五届人大常委会第三十四次会议,任命高辉红为东湖区人民政府副区长、代区长

◆2016年12月29日，东湖区第十六届人大常委会召开第一次会议

◆2016年1月11日，东湖区召开十五届人大六次会议预备会议

◆2016年6月28日，东湖区人大常委会主任闵建波走访慰问困难老党员

政协东湖区委员会

2016年,在中共东湖区委的坚强领导和市政协的关心指导下，区政协高举中国特色社会主义伟大旗帜，全面贯彻中共十八大和十八届三中、四中、五中、六中全会精神，深入贯彻习近平总书记系列重要讲话精神，牢牢把握团结和民主两大主题，坚持围绕中心，服务大局，主动作为，扎实履行政治协商、民主监督、参政议政职能，为推进全区经济建设、政治建设、文化建设、社会建设和生态文明建设做出积极贡献。

◆2016年6月28日，东湖区政协主席王玮（中）走访慰问困难党员

▶ 2016年11月25日，东湖区政协组织社会和法制委员会成员考察该区司法行政工作

◆2016年12月10日，东湖区政协举办第九届委员会新委员培训班

◆2016年12月16日，东湖区政协召开主席会议并考察“三风”示范点

◆2016年12月8日，东湖区政协召开提升城市环境管理水平专题协商会

◆2016年12月28日，东湖区政协召开第九届委员会第二次常务委员会议

中共东湖区纪委(监察局)

2016年，东湖区纪委监察局深入贯彻中共十八大、十八届历次中央全会和习近平总书记系列重要讲话精神，按照全面从严治党要求和中央、省、市纪委部署，忠诚履行党章赋予的监督责任，聚焦监督执纪问责，顺利完成年初制定的各项工作任务。

◀2016年2月19日，东湖区在区文化活动中心新闻发布厅举行中共东湖区第十一届纪律检查委员会第六次全体会议

◆中共东湖区第十二届纪委班子成员合影（左起）：金栋、万慧、梁霁野、黄超、刘光荣、谌卫东、肖迎春、李娜、傅子松

◆2016年10月26日，中共东湖区纪委在纪委会议室举办道德讲堂活动

◆2016年8月16日，南昌市纪委副书记、监察局局长李文龙到东湖区调研“集中整治”工作情况，区领导刘闯、刘光荣分别汇报工作

东湖区人民武装部

◆2016年9月1日，东湖区召开区政府常务会议，研究有关征兵工作事项

2016年，东湖区人民武装工作紧紧围绕年度重点任务，积极推进各项工作落实。坚持以学习贯彻习近平总书记系列重要讲话精神为指导，以“两学一做”专题学习教育为抓手，以军事斗争准备为龙头，突出举旗铸魂，聚焦形成能力，持续改作风正风气保稳定，全区民兵预备役建设呈现出协调发展、稳步推进的良好势头。

◆2016年4月14日，东湖区人武部开展民兵整组点验活动

◆2016年3月7日，东湖区人武部组织民兵防化骨干开展集训

◆2016年5月12日，东湖区人武部在高校开展征兵活动

◆2016年5月27日，东湖区人武部组织干部职工重温入党誓词

中共东湖区委办公室

2016年，东湖区委办公室在区委的正确领导和南昌市委办公厅的精心指导下，全面贯彻中共十八大和十八届三中、四中、五中、六中全会精神以及习近平总书记系列重要讲话精神，主动适应从严治党新要求、经济发展新常态，紧紧围绕“打造实力东湖、创造活力东湖、塑造魅力东湖”战略目标，大力弘扬“崇尚荣誉·创先争优”东湖精神，不断提高办公室的“三服务”水平，为打造富裕美丽幸福江西“南昌样板”贡献应有力量。

◆2016年9月2日，东湖区委办公室党支部开展以“崇尚荣誉，创先争优”为主题的深化“两学一做”学习教育，区领导刘闯、陈曙、陈俊以普通党员身份参加支部活动

◆2016年7月7日，东湖区委办公室党支部组织全体党员参观方志敏爱国事迹陈列馆，并举行重温入党誓词的宣誓仪式

◂2016年7月21日，东湖区委办公室党支部召开“两学一做”谈心座谈会

▸东湖区委办公室坚持每天上班前的晨会学习活动。图为2016年6月22日办公室干部正在进行晨会学习

东湖区人民政府办公室

2016年，东湖区政府办公室在区委、区政府的正确领导下和市政府办公厅的关心指导下，以中共十八大精神和十八届四中、五中、六中全会精神为指引，紧紧围绕区委、区政府中心工作，解放思想，团结一致，更新观念，转变职能，优化服务，开拓创新，充分发挥办公室综合、协调、服务、督办四大职能，较好地完成各项工作任务。

▲2016年1月20日，东湖区政府办公室在区政府第一会议室召开“两学一做”学习教育常态化制度化工作座谈会

▲2016年5月30日，东湖区政府办公室党支部开展“两学一做”专题学习活动

▲2016年10月21日，东湖区政府办公室组织干部职工收听收看中央纪念红军长征胜利80周年活动

◀2016年12月5日，东湖区政府办公室召开干部作风大转变教育整治动员会

中共东湖区委组织部

◆2016年5月19日，东湖区举办基层党组织书记“两学一做”学习教育专题培训班

2016年，东湖区委组织部在区委坚强领导下，在市委组织部正确指导下，以中共十八届五中、六中全会精神及习近平总书记系列重要讲话精神为统领，以推进"两学一做"学习教育、基层党建标准化建设为契机，严格选优配强全区各级领导班子，不断加强基层组织、党员队伍、干部队伍、领导班子建设，为全区的经济社会发展提供坚实的组织基础和人才保证。

◆2016年6月30日，东湖区举办庆祝建党95周年“两学一做”学习教育主题演讲比赛

◆2016年12月8日，东湖区召开全区基层党建标准化建设流动现场会

◆2016年11月25日，东湖区委组织部举办全区村、社区党组织书记党务工作培训班

◆2016年11月4日，东湖区召开全区基层党建标准化建设调度会

中共东湖区委宣传部

2016年是"十三五"规划的开局之年，也是全面深化改革、全面推进依法治国、全面从严治党的关键之年。东湖区宣传思想文化工作以学习宣传贯彻中共十八届六中全会精神为重点，坚持围绕中心，服务大局，对内凝聚力量，对外提升形象，唱响主旋律，打好主动仗，全区宣传思想文化事业呈现蓬勃发展的良好态势。

◆2016年4月29日，南昌市第一季度互联网信息工作例会在东湖区召开

◆2016年7月4日，区委宣传部干部到扬农管理处参加“美丽南昌 幸福家园”环境综合整治义务劳动

◆2016年10月31日，区委宣传部开展学习传达中共十八届六中全会及省市区领导干部会议精神活动

◆2016年11月14日，区委宣传部召开观看歌剧《方志敏》工作部署会议

◆2016年10月17日，东湖区举办道德讲堂宣讲活动

中共东湖区委统战部

2016年，东湖区委统战部在区委的正确领导和市委统战部的精心指导下，认真学习贯彻中共十八届五、六中全会精神和全国、省、市统战工作会议精神，高举中国特色社会主义伟大旗帜，求真务实，开拓进取，调动一切积极因素，全面推进各个领域统战工作的开展，为“打造实力东湖、创造活力东湖、塑造魅力东湖”战略目标做出卓有成效的贡献。

◆2016年10月20日，东湖区召开区委统战工作领导小组第一次会议，审议并通过《中共东湖区委统战工作领导小组工作规则（讨论稿）》和《中共东湖区委统战工作领导小组办公室工作细则(讨论稿)》

◆2016年9月19日，东湖区政府就政府工作报告征求党外人士意见

◆2016年6月22日，农工东湖总支开展“学党史、促交流”活动

◆2016年11月10日，东湖区工商联与杭州上城区工商联开展商会工作交流

▸2016年11月22日，南昌市委督察组一行到东湖区督查统战工作

中共东湖区委政法委

2016年，中共东湖区委政法委在市委市政府、区委区政府的正确领导下，在省、市政法委和政法各部门的精心指导下，按照全市政法工作会议提出的要求，紧扣东湖发展中心工作，围绕"三个提升"（提升群众安全感、提升政法部门群众满意度、提升政法部门基层基础工作水平）主要目标，以全国综治工作"南昌会议"为契机，补短板、破难题、夯基础，确保"三个不发生"（不发生有重大影响的群体性事件和有影响的进京上访事件，不发生有重大影响的安全生产事故，不发生有重大影响的公共安全事件），为全区经济社会发展创造良好的社会环境。

◆2016年3月22日，东湖区委政法委组织召开全区2016年综治工作专题部署暨三月份治安形势分析会议

◆2016年7月5日，东湖区在区文化活动中心演艺大厅举办综治维稳干部培训班

◆2016年12月20日，东湖区委常委、政法委书记胡志强（前右）督查扬子洲镇重点整治工作情况

◆2016年8月26日，南昌市委督查组到东湖区指导迎接全国综治工作在南昌召开的筹备工作

《东湖年鉴(2017)》主笔名单

（以姓氏笔画为序）

丁　一	卜　斌	于　凡	万猛根	习　鹤	王　珍
王炳振	邓建平	邓　菁	叶华康	付　佳	朱苏辉
刘　丹	刘　淅	刘　斌	刘　达	刘文勇	刘行曦
刘国华	刘　婷	刘慧堂	温　萍	江泽炉	李　翔
李怡璇	李洪涛	杨　羽	杨爱武	杨璐璐	吴大鹏
吴佩红	何　涛	汪　莉	张宏宇	张　海	张淑华
陆丽娜	陈书伟	陈曼灵	陈璟云	陈耀武	邵宇晖
林如霞	林泽兵	周　凯	周　菁	周　蕾	胡　政
胡皖萍	秦　越	顾　筠	徐艳江	唐文清	唐芸璞
唐澍政	涂　成	陶　辉	陶华娟	黄　耀	黄亚伟
黄　悦	龚　颖	喻伟文	江　莹	谢　宁	裘　洁
熊　莹	熊　瑛				

编 辑 说 明

一、《东湖年鉴》是中共东湖区委、东湖区人民政府主办的一部集资料、知识、信息为一体的年度资料性文献，如实记载东湖区经济社会发展情况，由东湖区属各单位、驻区有关单位提供资料。

二、《东湖年鉴(2017)》以马克思列宁主义、毛泽东思想、邓小平理论、“三个代表”重要思想、科学发展观、习近平新时代中国特色社会主义思想为指导，坚持辩证唯物主义和历史唯物主义的立场、观点和方法，着重记载2016年东湖区自然、政治、经济、文化和社会等各方面情况。本卷年鉴中的综合性资料、数据截至2016年年底，因统计口径等原因，有关部门所用个别数据与统计部门提供的数据不尽一致。凡涉及东湖区国民经济和社会发展的主要数据，概以东湖区统计局公布的数据为准。

三、本卷年鉴以“部类”为单元，“部类”设29个：特载，专记，大事记，东湖概览，中国共产党南昌市东湖区委员会，南昌市东湖区人民代表大会常务委员会，南昌市东湖区人民政府，中国人民政治协商会议南昌市东湖区委员会，群众团体，民主党派·工商联，法治，军事，重大项目建设，商贸流通和服务业，开放型经济，非公有制经济，金融业，财政·税务，经济管理与监督，城市建设和管理，社会管理和服务，教育，科学技术，体育，文化·旅游，卫生，镇、街道办事处、管理处概况，人物，重要文献。

四、本卷年鉴以类目、分目、条目组成框架结构，以条目为主要载体。部分条目因内容需要对比时，涉及到2016年度之前的情况。所载各部门、各单位文字、彩页、插图等由各有关单位供稿并最后审核确定。

五、本卷年鉴内容层次设置是为了方便分类编辑和读者阅读，并不反映严格的科学分类体系，机关、企事业单位等排序和层次并不表示其地位和规模。因编辑水平有限，书中难免有疏漏和错误之处，敬请广大读者见谅并予以指正。

目　　录

特　　载

大事记

东湖概览

中国共产党南昌市东湖区委员会

南昌市东湖区人民代表大会常务委员会

南昌市东湖区人民政府

中国人民政治协商会议南昌市东湖区委员会

群众团体

民主党派·工商联

法　治

军　　事

重大项目建设

商贸流通和服务业

开放型经济

非公有制经济

金融业

财政·税务

经济管理与监督

城市建设和管理

社会管理和服务

教　　育

科学技术

体　　育

文化·旅游

卫　生

镇、街道办事处、管理处概况

人 物

重要文献

特　载

不忘初心勇担当　实在实干促发展
为打造实力东湖、创造活力东湖、塑造魅力东湖而不懈奋斗

——在中国共产党南昌市东湖区第十二次代表大会上的报告

中共东湖区委书记　刘　闯

（2016 年 8 月 28 日）

同志们：

中国共产党南昌市东湖区第十二次代表大会，是在我区全面开启“十三五”发展新征程、阔步迈向全面建成小康社会新目标的关键时刻，召开的一次十分重要的会议。大会主题是：全面落实党的十八大和十八届三中、四中、五中全会精神，认真贯彻省委十三届十一次、十二次全会和市委十届十一次、十二次全会精神，回顾总结第十一次党代会以来的工作，研究部署今后一个时期的发展任务，动员全区上下不忘初心勇担当、实在实干促发展，为打造实力东湖、创造活力东湖、塑造魅力东湖而不懈奋斗！

现在，我受中国共产党南昌市东湖区第十一届委员会委托，向大会作工作报告，请予审议。

一、立足新的历史起点回顾过去，成绩令人鼓舞，我们要在满怀信心中迈进复兴征程

2011 年换届以来，在省委、市委的坚强领导下，区委坚持以毛泽东思想、邓小平理论、“三个代表”重要思想和科学发展观为指导，全面贯彻落实党的十八大和十八届三中、四中、五中全会以及习近平总书记系列重要讲话精神，紧紧围绕省委十六字方针和市委“二十字”总体任务，以坚强的政治定力、战略定力、实干定力，团结带领全区上下，解放思想、克难奋进，圆满完成区第十一次党代会确立的各项目标任务，为实现“十三五”良好开局奠定坚实基础。特别是今年春节前夕，习近平总书记亲临江西视察指导工作期间，深入我区光明社区，对东湖工作给予面对面的指导，给东湖人民送来心贴心的关怀，这是东湖发展之幸、更是东湖人民之福。习总书记的莫大关怀和悉心指导，是推动我区各项事业不断进步的澎湃动力和根本遵循。

——信仰指引航向。五年来，区委坚定理想信念，学深悟透、以知促行，把方向、定战略、优路径，以科学目标定位引领东湖发展

理论素养进一步提升。坚持把思想政治建设放在首要位置，认真学习毛泽东思想、邓小平理论、“三个代表”重要思想和科学发展观，深刻领会党的十八大、十八届三中、四中、五中全会精神以及习近平总书记系列重要讲话精神，进一步坚定中国特色社会主义道路自信、理论自信、制度自信。履职能力进一步增强。紧扣“创先争优”、党的群众路线教育实践和“三严三实”专题教育等学习教育活动，进一步增强广大党员干部运用马

克思主义立场和方法指导实践、推动工作、促进发展的能力和水平。发展路径进一步优化。在广泛调研和反复论证基础上,区委十一届九次全会提出建设“总部经济集聚区、高端商业核心区、南昌文化标志区、城市管理示范区”的目标。实践证明,这一定位,既立足当前,更事关长远,凝聚了全区人民的共同愿景,转化为全区上下干事创业的不竭动力。

——目标凝聚力量。五年来,区委以问题为导向,务实拼搏、加压奋进,兴产业、拓空间、提品质,以实在实干实绩支撑东湖发展

综合实力迈上新台阶。2015 年,全区完成地区生产总值 384.57 亿元,按可比价格计算,较 2010 年年均增长 9.91%;完成固定资产投资 160.25 亿元、社会消费品零售总额 251.88 亿元,较 2010 年年均分别增长 21.38%、10.34%。财政总收入、地方一般公共预算收入分别达到 57.31 亿元、12.32 亿元,较 2010 年年均分别增长 16.15%、13.63%;税收收入占财政总收入比重始终在 90% 以上。发展空间得到新拓展。2011 年以来,累计完成征收土地收储 3665.86 亩、房屋征迁面积 173.45 万平方米、被征迁户 12761 户征迁任务,为产业发展、项目建设、城市功能完善、人居环境改善腾出宝贵空间;2014 年 9 月,扬子洲地区整建制划归东湖,辖区面积扩大两倍,发展后劲显著提升。建管品质实现新突破。全面推进街区标准化、特色化改造。招商引资 10 亿元建设胜利路民国风情步行街,投资 1 亿元建设三经五纬文化街区,投资 1.5 亿元建设中山路民国特色新街区;完成豫章路北延、新公园路等断头路打通工程。初步构建出“天网”“地网”“人网”三网合一的“智慧城管”东湖模式。2015 年,城市管理综合考评全市第一,特别是我们举全区之力,为南昌市成功摘得“全国文明城市”这块金字招牌作出了重要贡献。今年全省精神文明建设工作表彰大会上,东湖区作为南昌市唯一一个省级文明城区接受表彰。

——民生重于泰山。五年来,区委坚持共享发展,以人为本、普惠民生,保基本、兜底线、做实事,以和谐稳定局面服务东湖发展

百姓获得感不断增强。五年来,全区用于保障和改善民生投入占地方公共财政预算支出均在 60% 以上,累计投入资金 37.22 亿元,倾力做好 294 件民生实事。在全省率先打造“10 分钟便民服务圈”“15 分钟公共文化服务圈”“15 分钟卫生服务圈”“15 分钟全民健身圈”“20 分钟优质教育圈”等“民生五圈”。按照“为民所建、为民所用”原则,扎实推进 10 大类 160 项“惠民便民利民”工程。百姓安全感不断提升。按照“治安防控信息化、文明创建纵深化、法治建设规范化、综治建设制度化”的思路,扎实推进“平安东湖”建设;以“高位推动、换位思考、定位施策、到位处置”“四位”工作法,妥善做好信访稳定工作。2015 年公众安全感指数测评,我区成功退出全省后十位。全区赴京非访、到省访数量也呈连年下降态势。

——责任在于担当。五年来,区委从严管党治党,压实责任、严明作风,抓班子、带队伍、夯基础,以一流政治生态保障东湖发展

选人用人导向鲜明。始终突出实在、实干、实绩用人导向,选任干部始终做到“三到三看三结合”:到基层看作风、到一线看实绩、到群众中看民意。始终强调负责担当的责任意识,在全区上下营造起“一级为一级担当,为担当者担当,层层担当,人人都是担当者”的浓厚氛围。基层基础不断夯实。认真落实基层党建工作责任制,扎实推进“连心、强基、模范”三大工程,圆满完成村(社区)“两委”换届工作,加大了“三经费一场所”保障力度,基层党建基础进一步巩固。特别是,我们以习近平总书记视察光明社区重要讲话精神为指引,以省委“三大工程”为抓手,积极探索基层党组织标准化建设。在今年庆祝建党 95 周年大会上,光明社区作为“全国先进基层党组织”受到表彰。反腐倡廉持续深入。以高度的政治自觉落实好党委主体责任和纪委监督责任,持之以恒纠正“四风”,重拳出击惩治腐败,与时俱进扎紧“笼子”,春风化雨注重教育,推动形成不敢腐、不能腐、不想腐的有效机制。近年来,东湖大案要案、涉及领导干部的信访举报件数量,在全市各县区一直处于较低水平,党风政风不断向上向善。政治大局安定团结。区委充分发挥“总揽全局、协调各方”的领导核心作用,充分发挥人大、政府、政协以及人民团体的职能作用;统筹安排好纪检、组织、宣传、统战、政法、人武以及群众团体等方面的工作,使各方面都能各司其职,各尽

其责，安定团结的政治大局持续巩固。

五年的转型之路，得到了上级领导的充分肯定，省委常委、市委龚建华书记褒扬东湖上下充满“干事激情、为民情怀、争先锐气，东湖的干部善攻坚、能攻坚”。

五年的奋斗历程，既是一部爬坡过坎、负重前行的拼搏史，也是一部筚路蓝缕、披荆斩棘的创业史，更是一部勇于创新、与时俱进的改革史。回顾这段历程，我们更加深刻地领悟到——“聚焦聚力”是最重要的法宝；回顾这段历程，我们更加真切地体会到——“敢于担当”是最可贵的品质；回顾这段历程，我们更加强烈地感受到——“为民情怀”是最持久的动力；回顾这段历程，我们更加清醒地认识到——“改革创新”是最有力的武器。总而言之，东湖所有的进步和成就，都是在省委、市委正确领导、亲切关怀下取得的，都是在全区广大干部群众齐心协力、真抓实干中创造的，都是在历届区委凝聚各方力量、打下坚实基础上延续的。在此，我谨代表中共南昌市东湖区第十一届委员会，向所有关心和支持东湖改革发展稳定的同志们、朋友们，表示衷心的感谢并致以崇高的敬意！

在充分肯定成绩的同时，我们也清醒地认识到，一些工作还存在差距和不足，面临的困难和挑战也不容低估。主要是：传统产业支撑乏力，新兴产业尚待培育，稳增长动能不足，经济下行压力持续加大；城市建设与管理不协调、不适应的问题依然存在；各种社会矛盾相互交织且呈现多样性，维护社会稳定的任务仍很艰巨；一些干部作风还不够实，干事创业的热情还没有充分调动起来，党风廉政建设仍需常抓不懈，等等。对此，我们高度重视，将采取有力措施加以解决。

二、置身新的历史方位审视未来，机遇大于挑战，我们要在科学规划中描绘复兴蓝图

抚今追昔，展望未来，东湖已经站在一个新的起点，正处在爬坡过坎、奋力崛起的关键阶段。区委认为，未来五年将是东湖产业升级蜕变期、新老联动起步期、城市建管定型期、深化改革拓展期、民生民享加速期、党的建设提升期。区委坚信，通过“十三五”规划实施，东湖一定能顺利完成转型，实现复兴。

全区未来五年工作的基本思路是：深入贯彻落实中央、省委、市委决策部署，以“创新、协调、绿色、开放、共享”五大发展理念为指引，以市委“二十字”总体任务为遵循，全面推进产业升级、开放升级、区域升级、建管升级、民生升级、党建升级，抢建新节点、再创新高地，加快打造实力东湖，创造活力东湖，塑造魅力东湖。

（一）打造实力东湖，不断强化都市经济的发展支撑

都市经济的发展支撑，根本在产业，关键在项目，基础在空间，必须坚定不移推动产业结构优化升级，推动项目建设提速增效，推动南北双城融合共进，特别是，要以项目建设作为大投入的聚焦点，尽快引爆一批重大产业项目，为发展都市经济、打造实力东湖提供坚实支撑。

1. 把产业发展作为根本支撑，全力推动产业结构优化升级。当前，产业竞争力不强、支撑力不足仍是制约东湖加快发展的最大“软肋”。要始终把强攻产业作为重中之重，以发展“新技术、新产品、新业态、新模式”为方向，全面实施服务业升级行动，着力打造一批优势和特色产业集群。一方面，促进生产性服务业向专业化和价值链高端延伸。加快构建以互联网、现代金融、专业服务等行业为主体的高效生产性服务业体系，引导生产性服务业在区域间形成特色产业集群。互联网产业：顺应新一轮科技革命和产业革命趋势，推动互联网与商贸、医疗、文化、旅游等行业融合发展，提升实体经济创新力和生产力。以阿里巴巴南昌产业带、淘宝江西商学院为龙头，建成一批产业集中区和创新创业平台，打造互联网产业集群，构筑经济发展新优势和新动能。现代金融业：以江西金融租赁有限公司、江西聚融融资租赁有限公司为龙头，以新业态、新业务、新领域为重点，按照“协同互补、错位发展”思路，引进一批创业投资、资产管理、融资服务等新金融机构，培育一批商业保理、融资租赁、消费金融等新金融业态，打造区域性资产管理中心、资本运作中心和金融服务中心。专业服务业：以品牌引领、服务开放、专业提升为方向，以江西省建筑设计研究总院、雷格斯为龙头，重点培育管理咨询、人力资源、保险经代、信用服务、知识产权五大新兴行业，集聚一批具有行业领先地位和品牌影响力的专业服务机构，构建高层次、多门类、规模化专业服务体系。另一方面，促进生活性服务业向精细化和高品质转变。

加快构建以现代商贸、健康养老、文化创意旅游等行业为主体的优质生活性服务业体系,引导生活性服务业在区域间形成优势产业集群。现代商贸业:以打造八一广场—中山路、青山南路两大“百亿商圈”为目标,坚持品牌聚集与品质体验并重,满足需求与创造需求并举,加速传统商贸向现代商贸转型,巩固区域性商贸中心地位。丰富商贸全业态,形成时尚与特色结合、商圈与街区互补、内贸与外贸并进、线上与线下融合的消费新格局,打造全省消费模式引领中心。健康养老服务业:以江西倍邦、江西中科为龙头,充分发挥辖区三甲医院云集的资源优势,着力壮大健康产业“防、治、养”链条,形成精准医疗、移动(智能)医疗、创新医药等新型健康产业集聚态势,打造辐射全省的高端健康服务产业高地;以政策、资金为保障,引导社会资本加大对养老服务业的投入,推进供养型、养护型、医护型养老机构建设,培育一批远程医疗、社区家政服务、候鸟式养老等服务机构,构建以老年生活照料、老年产品用品、老年健康服务、老年体育健身、老年文化娱乐、老年金融服务、老年旅游等为主的养老服务业体系。文化创意旅游业:依托“古、绿、红、宗”四色文化资源,全面推进历史文化街区改造,植入文化、情怀、体验、旅游等元素,形成一路一产业、一路一景观、一路一特色,打造“路随景移、引人入胜”的文商旅融合发展街区;以豫章1号文化科技园、791艺术街区为龙头,突出创意、创新、创造,推动文创成果与市场紧密对接,与资本有机衔接,与科技、金融、互联网深度融合,建设一批文创产业基地、示范园区;探索景区标准化建设,按照“国际视野、历史记忆、经典文化、现代创意”思路,包装策划一批引爆性、引领性文化项目,推动全域景观提升、全时业态配置、全程智能服务、全城氛围营造,打造全省重要都市旅游目的地。

2. 把项目建设作为关键支撑,全力推动项目建设提速增效。当前,全区经济下行压力巨大,面临着“一路向西、四面楚歌”的艰难局面,特别是三分天下有其一的商贸业呈现出“动能不足、热点消退”的严峻态势,止跌刻不容缓。要坚定不移实施项目带动战略,以重大项目的强力引擎驱动经济增长提档加速。一是抓牢招商引资“一号工程”。以国际视野提升招商层次,着力引进一批国字头、领袖型项目,力争一批“国际级”大项目、好项目落户东湖。以开放思维优化招商格局,全面融入国家和省市重大区域发展战略,加快构建“引进来”和“走出去”双向联动的大开放格局。以倒逼机制落实招商责任,严格落实《东湖区关于做好招商引资“六个跟踪”工作的实施意见》,在前期调度、激励考核、政策落地、协调推进、公正执法、责任追究等方面持续发力。二是提速项目建设“动力引擎”。在进度上重“时效”,严格按照“项目化、时间表、责任人”要求,争取早开工、快推进,确保早投产、快见效;在破难中见“成效”,深入研究中央、省、市政策走向,努力破解新常态下产业发展难题;在落地后求“实效”,把每一份合约变成进资,把每一份投资转成收益,确保企业既能在东湖做大做强,又能为东湖经济发展发光发热。要按照“在谈项目促签约,签约项目促落地,落地项目促开工,开工项目促投产”的方针,加快推进重大重点产业项目建设。当务之急要聚焦推进投资35亿元、19万平米体量的青山湖西岸中海地产项目,投资20亿元、40万平米体量的青山湖西岸新城市综合体项目,投资4.5亿元、7万平米体量的青山湖西岸物流产业总部大厦项目,投资5亿元、30万平米体量的紫金城商业街项目,投资15亿元、23万平米体量的青山南路中金国际交易中心项目;紧密对接上海绿地集团、苏宁控股集团,全力推进投资40亿元、27万平米体量的下正街旧改地块项目,投资60亿元、41万平米体量的原省政府1、2号地块项目,充分释放重大项目的引爆性、引领性效应,加速两大“百亿商圈”扩容升级,为稳增长提供强劲动能。上述项目一旦投产见效,预计将拉动固定资产投资增长2~3个百分点、新增税收约30亿元、GDP增长贡献率约0.5~1个百分点。三是强化发展环境“根本保障”。新常态下,过去拼资源、拼政策的传统发展模式已经难以为继,区域之间的竞争越来越突出地表现为发展环境的竞争。要持续打造优质高效的政务环境、宽松公平的市场环境、山清水秀的生态环境。特别是,要继续强化“人人都是招商环境”的理念,推动招商流程再造、服务再造,把东湖服务高地、成本洼地、投资福地的亲商品牌打出去,实现好环境聚好客商的因果良效。

3. 把空间拓展作为基础支撑,全力推动南北双城融合共进。扬子洲地区整建制划归东湖，以赣江为界，我区一江两岸、南北双城格局已现。要按照“全区联动”原则，正确处理旧城发展与新城建设的关系，以南北双城的融合共进不断强化发展的空间支撑。一是以复兴理念引领旧城改造。要充分利用国家棚改政策，继续实施旧城改造，在妥善处理拆、改、留三者关系中推动旧城有序改造、设施完善、功能升级、文化传承、环境改善，为城市活力复兴、经济实力复兴、文化魅力复兴奠定坚实基础。下一步，要按照“整体规划、分步实施、滚动发展”的思路，统筹做好旧改地块规划建设，重点推进青山湖西岸片区开发建设。要立足青山湖西岸江湖资源生态环境、场地工业文化背景及临近旧城中心的优越区位条件，构建通江达湖、兴业宜居的亲水文化休闲目的地，将之打造成东湖新兴增长极及鄱阳湖生态经济区先导示范区。二是以前瞻思维谋划新城建设。现在离扬子洲十年控储解禁还有三年时间，参照哈尔滨太阳岛、长沙橘子洲、厦门鼓浪屿等江心洲（屿）规划建设经验，在策划基础上需尽快启动城市总体规划修编，制定扬子洲土地利用及控制性详细规划，明确扬子洲区域定位、功能定位和产业定位。根据南昌市“十三五”规划纲要部署，综合考虑扬子洲区位条件和资源禀赋，规划应以“生态优先、产城融合、文化内涵、智慧活力”为方向，以“世界标杆的低碳生态之岛”为目标，按照“融入谋发展、对接寻突破、错位求生存”的思路，实现扬子洲与周边区域差异互补、融合共生。同时，为确保扬子洲地区土地“解冻”、建设“开闸”之时具备一个较为成熟的开发条件，我们将在不出让土地前提下适时启动“三大工程”：基础设施工程，力争启动一批内网外联工程，形成内外循环畅通、立体高效便捷的区域交通网络，同时全面推进水、电、气等基础设施升级改造；生态建设工程，依托圩堤改造工程，推进水岸风景带建设，打造“水、岸、滩、堤、路、景”于一体的具有防洪、交通、景观、休闲、娱乐、文化、旅游等多功能的生态水景观；农民安置工程，在规划前提下优先启动扬子洲地区农房征迁及农民安置工程。

（二）创造活力东湖，持续营造干事创业的浓厚氛围

改革是发展的不竭动力。要主动适应全面深化改革新常态，着力消除影响和制约发展的体制性、结构性、基础性矛盾，创造充满生机和活力的新东湖，持续营造干事创业的浓厚氛围。

1. 以思想解放激发发展潜力。思想是行动的先导。面对新形势、新任务、新要求，必须把思想解放作为引领发展、精准破局的先手棋。一是破除“因循守旧”的思想。新常态下，发展的环境、条件、任务、要求等都发生了新的变化。要坚决破除“因循守旧”思想，牢固树立和贯彻落实“五大发展理念”，以理念的创新和转变谋求发展的质变和飞跃。二是破除“得过且过”的思想。当前，东湖面临的形势十分严峻，我们没有慢慢折腾的余地，也没有再往后退的空间，必须坚决破除“得过且过”的思想，加快步伐往前赶，只争朝夕朝前追。三是破除“事不关己”的思想。党把我们放在这样一个位置，是信任，更是重托。干事创业是我们每一个人的本职，推动发展是我们每一个人的责任，要以对历史、对人民高度负责的态度，努力创造经得起历史和人民检验的工作业绩。

2. 以深化改革增强发展动力。坚持问题导向，狠抓重点领域，扭住关键环节，通过深化改革，进一步破除影响发展的体制机制障碍，不断增强区域发展动力。一是打通政府职能转变“关隘”。以转变政府职能、提高行政效能为目标，认真开展新一轮行政机构改革，扎实推进行政审批制度改革，深入推进“三单一网”建设，完善行政权责清单动态调整机制；统筹推进行政审批规范化建设、“一站式”服务、网上审批系统等其它环节改革事项。二是拓展市场主体准入“空间”。以购买市场服务、推进公共服务改革为目标，研究制定政府购买服务实施办法；以强化财力支撑、壮大区级投融资平台为目标，推动政府性融资平台加快转型。三是提升社会体制改革“效益”。深化义务教育、社会保障、社会信用、计划生育、平安建设、食药品安全治理等领域改革，让有限财政投入产生最大社会效益。

3. 以创业创新释放发展活力。积极响应“大众创业、万众创新”国家战略，力争把东湖打造成为全省、全市重要的创新创业策源地。一是多元化培育创业创新“主体”。发挥政府引导、市场资源配置作用，多方培育创新创业主体，重点培育电子商务、旅游文化、金融服务等产业创业主体。二

是专业化搭建创业创新“平台”。鼓励有实力的企业开发建设前沿技术、重大产业共性技术和关键技术研发平台。加快孵化器建设,形成“众创空间(创业苗圃)+孵化器+产业园”孵化链,大力发展众创、众包、众扶、众筹空间。三是特色化打造创业创新“品牌”。按照“政府主导、模式先进、要素集聚、政策叠加”思路,不断强化政策、人才、资金、空间、平台等要素支撑,全面掀起创业创新热潮,力争把东湖打造成“双创”南昌样板区。

(三)塑造魅力东湖,奋力构建特色鲜明的城市品牌

城市是最大的品牌和资源。要坚定不移实施城市品牌战略,按照“民本、生态、文明”融合效应最大化要求,以建管联动美化城市形态,以共建共享优化城市内涵,塑造美化形态与优化内涵相统一的魅力东湖,奋力构建特色鲜明的城市品牌。

1. 建管联动,美化城市形态。以全市城市工作会议精神为指引,牢固树立城市建设为城市管理服务的理念,精心做好城市建管,不断美化城市形态。一是规划上,要以功能定位作为根本遵循。后工业时代的东湖应该是一座宜居宜业宜游之城。要立足“城市,让生活更美好”这一基点,以“功能完善、品位一流”为遵循,以建设低碳、海绵城市为方向,科学管控城市空间立体性、平面协调性、风貌整体性、文脉延续性,着力建设生产空间集约高效、生活空间舒适便利、生态空间清秀悠然、人文环境和谐逸致的城市文明,实现人在尘嚣、悠哉优哉、心守宁静的“诗意栖居”。二是建设上,要以文脉传承作为品质追求。文化是城市品牌的灵魂与核心。东湖作为南昌历史的魂、文化的根,必须承担起传承南昌历史文化的重任。充分发挥旧改对城市规划建设的“纠错”作用和对历史文化的“正本”功能,以“双核引领、街区升级、产业滋养、商旅融合”为方向,以“追溯历史文脉,重建文化地标”为指引,按照“南昌文化标志区”建设总体布局,力争用3-5年时间,推动滕王阁景区与百花洲景区两大核心景区以及重要景点之间实现空间上的连通扩张,开辟一条传承南昌历史文化的大主轴,形成“古、绿、红、宗”四色文化交融互动的有机脉络,将东湖打造成具有广泛知名度和品牌影响力的历史文化名区。三是管理上,要以长效机制作为治本之策。充分运用现代信息和科技手段管理城市,不断提升城市管理信息化水平与科技化程度;遵循“市级决策统筹、区级管治主体、街镇落实执行、社区自治自理、全民积极参与”城市管理体制改革方向,统筹好治标与治本的关系,加快城市管理向常态化、长效化、精细化转变,实现城市环境更洁净、设施管养更精细、城管执法更有力、行业监管更规范、管理手段更智慧,从根本上提高城市管理的科学化、现代化和制度化水平。

2. 共建共享,优化城市内涵。始终坚持以人民为中心的发展思想,让人民在共建共享中有更多获得感。一是守住“民生底线”,让人民生活更舒心。稳步提高社会保障标准和统筹层次,加快构筑“人员范围广覆盖、保障水平多层次、制度办法可衔接、管理服务现代化”的全民社会保障体系;高度关心弱势群体,大力发展慈善事业,积极倡导志愿服务,不断完善扶老、助残、救孤、济困等社会救助体系;加快推进基本公共服务精细化、均等化,既解决好群众物质上的“温饱度”,又满足好群众精神上的“富足感”。二是紧抓“民生热点”,让人民生活更幸福。以群众呼声为“着力点”,以细节关怀为“切入点”,把涉及百姓的“民生热点”谋划好、实施好、落实好。深化社会事业服务领域、拓展服务范围、提升服务水平,以优质教育、医疗、养老、体育健身等为重点,不断丰富“民生服务圈”品牌内涵;统筹推进“智慧城市”建设,构建智能化公共服务体系,继续实施“惠民便民利民”工程,让群众从日常生活中感受到变化、分享到实惠。三是致力“民生和谐”,让人民生活更安定。巩固提升“保文保卫”成果,推动文明城市创建向更高、更深、更广层次发展;深入推进依法治区,不断营造尊法、信法、守法、用法、护法浓厚氛围;加强社会治理创新,结合“智慧城市”建设,在更高起点上统筹设计社会治安防控体系,推动各类基础设施互联互通,推进各类数据集成运用,形成党委领导、政府主导、社会协同、公众参与、法治保障的社会治理格局。

三、肩负新的历史使命认清责任,关键在于担当,我们要在从严治党中强化复兴保障

实现未来五年的宏伟目标,关键在党,关键在人,关键在各级干部。要以习总书记视察江西重要讲话精神以及“七一”重要讲话精神为指引,全

面加强和改进党的建设，为东湖经济社会又好又快发展提供坚强组织保证。

（一）加强思想政治建设，在复杂形势中永葆不忘初心的政治本色

中国共产党带领中国人民实现了从站起来，富起来，到强起来后，如何继续前进？最根本的是永葆不忘初心的政治本色，在坚定理想信念中做到：面对多元价值的意识冲击，始终坚守共产党人的精神家园。要坚定政治方向，站稳政治立场，严守政治纪律，自觉增强政治意识、大局意识、核心意识、看齐意识，做到理论上清醒、政治上清明、作风上清正，始终坚守共产党人精神家园。面对艰巨繁重的历史使命，始终保持共产党人的担当品质。习总书记寄语我们："干部就要有担当，有多大担当才能干多大事业，尽多大责任才会有多大成就"。东湖的美好蓝图要转化为现实、东湖的百姓要过上"悠哉优哉"的幸福生活，需要我们有更大的担当，尽更大的责任。面对新常态下的本领恐慌，始终发扬共产党人的好学传统。时代发展日新月异。要与时俱进加强学习、夯实基础、提升素养，以更为宽广的视野、更加创新的思维、更具务实的操作，不断提高服务发展的能力水平。

（二）加强干部队伍建设，在崇尚荣誉中激发创先争优的澎湃动力

未来五年，东湖依然前路漫漫，特别需要一支崇尚荣誉、创先争优的高素质干部队伍，把东湖荣耀的历史变成灿烂的明天。为此，我们必须做到：一是始终高举"崇尚荣誉·创先争优"的精神旗帜。作为曾经的"首善之区"，我们必须拿出"穷且益坚，不坠青云之志"的锐气，坚持把东湖放在全市、全省乃至全国来定位、来考量，各项工作按照"国内一流、全省品牌、南昌样板、东湖模式"高标推进，让"崇尚荣誉·创先争优"成为十三五时期东湖干部最鲜明的特征、东湖发展最亮丽的底色。二是始终强化"实在实干实绩"的用人导向。"实在"就是忠诚老实、言行一致、表里如一；"实干"就是办实事、求实效，脚踏实地、真抓实干；"实绩"就是努力创造经得起实践、人民和历史检验的工作业绩，以鲜明的用人导向，真正让"吃苦的人吃香、实干的人实惠、有为的人有位"。三是始终恪守"五看五评"的用人原则。群众和服务对象评，看民意；所在部门评，看作风；兄弟县区评，看排位；上级主管部门评，看业绩；分管区领导评，看能力，着力锻造一支"组织靠得住、任务拿得下、群众信得过"的高素质干部队伍。

（三）加强基层组织建设，在"两学一做"中打造坚不可摧的战斗堡垒

党的根基在基层、血脉在基层、活力在基层。要不断强化重视基层、加强基层、服务基层的工作导向。一是增强基层政治定力。巩固深化党的群众路线教育实践活动、"三严三实"专题教育成果，深入开展"两学一做"学习教育，进一步筑牢基层思想政治基础。二是提升基层核心动力。以强化党组织核心引领、优化党组织服务功能为方向，深入实施"十百千万"行动，全面推进村（社区）的组织、制度、队伍、阵地、活动、服务"六个方面"标准化建设，着力打造一批接地气、可推广、见实效的党建品牌，推动"光明"之花遍地绽放。三是激发基层干部潜力。注重从政治上给予关怀、工作上给予关注、生活上给予关心，着力健全基层一线干部培养链，进一步拓展基层干部晋升通道，让表现优秀、实绩突出的干部政治上有奔头、工作上有劲头、生活上有盼头。

（四）加强党的作风建设，在勤政为民中营造风清气正的政治生态

作风关系人心向背和党的事业兴衰成败。要持之以恒地推进作风建设，着力营造风清气正的政治生态。一是以亲民爱民的作风践行宗旨。要始终把人民放在心中最高位置，深入基层访民情、听民声、察民意、解民忧，使"科学发展向上攀登、联系群众向下扎根"成为东湖干部的鲜明特征。二是以久久为功的作风真抓实干。干事创业，绝非一日之功。面对日益艰巨繁重的改革发展稳定任务，要继续发扬"钉钉子"的实干精神，立下愚公志，打好攻坚战，以"咬定青山不放松"的韧劲持之以恒、久久为功，确保想一件谋一件、谋一件干一件、干一件成一件。三是以清正廉洁的作风取信于民。要始终把纪律和规矩挺在前面，用《中国共产党廉洁自律准则》《中国共产党纪律处分条例》《中国共产党问责条例》经常照、天天量，把党规党纪刻印在心、落实在行，做到立身不忘做人之本，为政不移公仆之心，用权不谋一己之利。

(五)加强常委会自身建设,在自我完善中锻铸坚强有力的领导核心

作为全区领导核心,区委常委会将进一步加强自身建设,坚决做到"五个始终":一是始终保持政治定力,严守政治纪律和政治规矩,自觉同党中央保持高度一致,自觉维护党中央权威;二是始终加强能力建设,进一步完善区委中心组理论学习制度,不断提高政策理论水平和领导发展能力;三是始终推进作风建设,密切联系群众,认真落实中央八项规定精神和廉洁自律各项规定,自觉接受各方面监督;四是始终牢记宗旨意识,坚持以人民为中心的发展思想,不断增强人民群众的获得感和幸福感;五是始终注重发扬民主,切实贯彻民主集中制,进一步完善常委会议事规则,认真履行总揽全局、协调各方、凝聚力量重大责任,把常委会建设成为政治坚定、作风过硬、为民服务、敢于担当、善谋实干的坚强领导核心。

同志们,新的征程既充满着挑战与艰辛,更意味着光荣与希望。站在新的历史起点上,让我们紧密团结在以习近平同志为总书记的党中央周围,在省委、市委的坚强领导下,团结带领全区广大党员和干部群众,以更加饱满的干事激情、更加深切的为民情怀、更加昂扬的争先锐气,抢建新节点、再创新高地,为全面打造实力东湖、创造活力东湖、塑造魅力东湖而不懈奋斗!

注释:

1. 市委"二十字"总体任务:2015 年 4 月 24 日召开的市委十届十一次全体(扩大)会议提出,当前和今后一个时期全市工作的总体任务是:抢占制高点、聚焦增长极、提升首位度、共筑"四强梦"。

2."天网""地网""人网"三网合一的"智慧城管"东湖模式:2014 年 8 月 24 日召开的区委十一届九次全体(扩大)会议提出构建"城市管理示范区"的目标,围绕这一目标要打造"天网""地网""人网"三网合一的"智慧城管"东湖模式。"天网":城市综合管理数字化平台,实现管理对象数字化、管理过程数字化、管理手段数字化、管理评价数字化,确保信息采集、受理、派遣、处置、核查、结案等闭合环节无缝衔接、高效运行。"地网":公安、交管、城管、执法等单位共享平台资源,联动执法,实现城市管理职能全覆盖;"人网":四大家领导监督、部门监督、街办社区监督、市民监督的多层次监督体系,实现城市管理监督主体全覆盖。

3. 实力东湖、活力东湖、魅力东湖:2015 年 6 月 8 日,省委常委、市委书记龚建华在东湖调研时提出:一要打造以发展都市经济为引领的实力东湖;二要打造以创新体制机制作驱动的活力东湖;三要打造以美化形态与优化内涵相统一的魅力东湖。实力东湖:都市经济保持平稳较快发展,经济总量、发展质量、增长速度稳步提升,主要经济指标位居全市前列。活力东湖:工作推进机制、行政问责机制、全面改革机制基本定型,完备规范有效的制度体系基本形成,发展活力持续迸发,干事创业氛围愈加浓厚。魅力东湖:城市形态进一步美化,"两型社会"建设深入推进,城市环境显著改善,城市功能不断增强,文明创建纵深拓展,文化底蕴充分彰显,历史文化名区基本成型;城市内涵进一步优化,"智慧城市"初具雏形,城市运行高效智能,民生福祉显著提升,"保障型"民生向"发展型"民生加速转变。

4."智慧城市":这一概念最早由 IBM 于 2010 年正式提出。2014 年 3 月,中共中央、国务院发布《国家新型城镇化规划(2014－2020 年)》,明确提出"推进智慧城市建设";2014 年 8 月 29 日,我国出台《关于促进智慧城市健康发展的指导意见》;2015 年全国两会政府工作报告首次提出"要发展智慧城市",2016 年全国两会政府工作报告再次提及。2015 年 1 月,东湖区顺利通过住建部、科技部实施的"智慧城市"试点评审,成为全市三个国家"智慧城市"试点城区(红谷滩新区、东湖区、高新区)之一。"智慧城市"权威定义是:运用信息和通信技术手段感测、分析、整合城市运行核心系统的各项关键信息,对包括民生、环保、公共安全、城市服务、工商业活动在内的各种需求做出智能响应。其实质是利用先进信息技术,实现城市智慧式管理和运行,进而为城市中的人创造更美好的生活,促进城市的和谐、可持续成长。

(区委办公室)

政府工作报告

（2017年2月16日在东湖区第十六届人民代表大会第二次会议上）

东湖区人民政府区长　高辉红

各位代表：

现在，我代表东湖区人民政府，向大会报告工作，请予审议，并请各位政协委员和列席会议的同志提出意见。

一、2016年工作回顾

2016年，是我区全面实施“十三五”规划的第一年，在市委、市政府和区委的坚强领导下，全区上下主动适应和把握经济发展新常态，不忘初心勇担当、实在实干促发展，较好地完成了区十五届人大六次会议确定的主要目标任务，实现了“十三五”胜利开局。

一年来，我们聚焦经济发展不动摇，综合实力持续壮大

一是经济发展稳中蓄进。全年实现地区生产总值417.69亿元，同比增长8.1%；500万元以上固定资产投资181.92亿元，同比增长13.5%；社会消费品零售总额259.92亿元，同比增长3.2%；完成财政总收入62.9亿元，同比增长9.8%；地方一般公共预算收入12.33亿元，同口径增长10.18%；实际利用内资40.78亿元、外资1.85亿美元，分别同比增长15.07%、22.12%，出口创汇3.4亿美元。税收收入占地方一般公共预算收入比重为82.2%，排名全省、全市前列，分别高于全省、全市13.8和3个百分点。

二是产业势头稳中向好。第三产业全年实现增加值380.57亿元，占比91.11%，对全区经济增长的贡献率达96%，同比提高4个百分点。引进以江西金融租赁为代表的新兴金融机构23家，总投资额达35.21亿元。融资租赁、电子商务、咨询服务等新兴高端业态加速集聚。规模以上电子商务企业50家，年交易额突破90亿元，同比增长320%。江西盈科行网络信息公司成功挂牌“新三板”。区域性商贸中心地位进一步巩固，胜利路商业街区、蓝海梦芭广场夜市街顺利开街，三花实业被评为南昌老字号企业。

三是发展质量稳中有升。全年新增注册企业2150户、注册（认缴）资本117.67亿元，分别同比增长124%和117%，新增注册资金1000万元以上企业217家，同比增长158%。新增“六大产业”企业1355家，同比增长67.08%。新增AAAAA级楼宇商务面积4.8万平方米，新增税收千万元商务楼宇3栋。2016年全区共有目标商务楼宇27栋，楼宇总建筑面积57万平方米，总商务面积43万平方米，入驻目标楼宇企业2070家。

一年来，我们聚焦改革创新不停顿，发展动能持续增强

一是深化改革顺势而为。落实商事制度改革，精简工商登记前置许可110项，精简率达76%；办理“三证合一”企业执照2028户，“五证合一”企业执照478户，个体工商户2909户，个体从业人员7071人。全省第一张个体工商户“两证合一”营业执照在我区首发；率先在全市试点推行企业监管“双随机”抽查工作；积极推进行政审批制度改革，精简行政审批事项11项，精简率7%；深化“三单一网”建设，权力清单、责任清单、市场准入负面清单不断完善，政务服务网加速升级。启动农村产权制度改革试点工作，农村土地确权登记颁证全面完成。顺利完成行政单位公车改革，封存公务用车263辆、拍卖119辆、报废63辆。全面完成驻区省属26家国有企业社区移交工。二是深化“双创”借势而进。豫章1号众创空间、云才众创空间等11家企业入选“洪城众创”；赣昌水产品综合市场、淘鑫电商基地分别入围全市首批商贸企业集聚区和小微商贸企业公共服务平台；樟树林文化生活公园等3家企业顺利获批全市首批小企业创业基地。“财园信贷通”

“惠农信贷通”等平台优势不断发挥,全年为2000余家创新企业和小微企业发放贷款5.17亿元,有效缓解了创新企业和小微企业融资难问题。

三是深化开放乘势而上。积极参加第15届赣港经贸合作、第14届赣台经贸文化交流等商贸活动,成功举办2016(深圳)文化产业招商推介会。全年落户项目222个,进资42.87亿元;其中,5000万元以上项目76个,亿元以上项目18个。同比,千万元以上项目增加38个,增长22.35%;5000万元以上项目增加22个,增长44%;亿元以上项目增加7个,增长63.63%,创历史最好成绩。

一年来,我们聚焦建管并重不松劲,城区品质持续提升

一是城市空间不断拓展。全年分两轮顺利实施了王家庄周边、渊明北路周边等22个地块征迁工作,占地面积420.11亩、征迁面积51.41万平方米、涉及户数3948户,征迁工作实现了“三个率先”:启动全市率先、体量全市率先、速度全市率先。全力做好省、市重大重点项目东湖段征迁工作,完成轨道交通3号线、沿江快速路网东湖段征迁任务,总征迁面积2.99万平方米。严守控违高压线,拆除违法违章建筑283处,面积1.35万平方米,其中扬子洲地区拆除118处,面积近7800平方米。

二是城市功能不断完善。全年投入城市建设资金10.04亿元,同比增长15.8%。投资2.74亿元,实施了东湖路、扬农路等25条道路升级改造,打造了新湖滨西路、三经路等一批精品道路;投资4100万元,打通了讲武堂路等断头路;投资1700万元,对省委北院等3个社区进行了综合整治,建设了洪城、阳明等一批精品社区;投资2.4亿元,启动了贤士湖街区、光明社区的街景改造;投资2.65亿元,启动了滕王阁、紫金城等12处停车场规划建设工作,新增泊位1883个,其中,铁街停车场为全省首个智能化立体停车场。

三是城市管理不断优化。智慧城管平台全年共受理各类案件16万余件,处置率达98%。在全省率先采用小型高压冲洗车精细作业,开创了立体化清扫保洁的新模式,引领全市“马路本色”行动。全市建筑工地围挡、“马路本色”和省人大城市管理专项调研等工作现场会均在我区召开,荣获全市打造核心增长极、实现“四个强起来”城区组建管强起来突出贡献奖第一名。在2016年全省精神文明建设工作表彰大会上,东湖区作为全市唯一一个省级文明城区接受表彰,荣膺全省第五届文明城区;同时,扬子洲镇被评为全省第五届文明村镇。

一年来,我们聚焦民生福祉不懈怠,社会事业持续进步

一是民生工程扎实有力。全年用于保障和改善民生支出12.47亿元,同比增长10%,占全区地方一般公共预算支出的62.3%,共安排、落实了191件民生实事。新装路灯1123盏,在全市率先实现背街小巷路灯亮化全覆盖;改造提升刘将军庙等5个小游园;对榕门路、瓷器街口、火神庙等6处严重积水点进行了彻底整治;完成59处沟管化粪池(清掏)改造;扬子洲地区19个新农村建设点扎实推进;启动了叠山路农贸市场升级改造工程,在全市农贸市场管理每月评比中,我区取得了10个第一、2个第二的好成绩。

二是保障网络扎实有效。就业水平不断提升,城镇新增就业人数10202人,“4050”人员再就业人数2188人,零就业家庭安置率100%。生活保障不断提高,农村、城镇居民最低生活保障标准提高到月均510元;发放城市低保、农村低保等资金2618万元;为80岁以上高龄老人发放生活补贴1451万元;为优抚对象发放补助资金1500万元;实施各类救助4677人次;蝉联全省双拥模范区“七连冠”。医疗保障不断健全,城镇基本医疗保险参保人数达18.46万人,征缴基金总额1.18亿元;工伤保险参保人数1.15万人;打造了全省领先、医养融合的区级失能老人照料中心。住房保障不断改善,首期780户安置房项目全面完工,新开工安置房2531套,为6898户享受公租房家庭发放公租补贴1193万元。

三是社会事业扎实有序。教体工作亮点纷呈。投资2700万元完成东湖小学、扬子洲学校等13所学校的基础设施改造和信息化建设;投入180余万元,为全区中小学生免费发放教科书;面向社会选调、招考教师54名。新增全民健身站点10处,安装、维修各类健身器材180余件,启动了扬子洲镇农民体育健身工程;包揽全省第二届百县青少年“五人制”足球和“三人制”男篮、女篮三

项总冠军；在南昌市第十六届运动会上，以 117 枚金牌的好成绩位列第一名。文化事业繁荣进步。区文化馆建设成为全省首个智能文化馆；全市首个外来务工人员文化活动中心挂牌成立；依托老文化馆成功打造文化传承中心；启动大院、八一桥等 4 个街道文化活动中心建设。开展庆祝建党 95 周年大型歌咏比赛等各类文化活动 180 余场次；“军歌嘹亮边疆行”文化志愿活动成功入选文化部“春雨工程”；原创舞蹈《斑鸠情》获“赣鄱群星奖”；在全省第六届艺术节荣获一等奖 8 个。南昌瓦罐煨汤、胎毛笔、豫章绣制作技艺入选省级非物质文化遗产名录。卫生计生协调发展。投入 578 万元，实施扬子洲社区卫生服务中心危房改造等项目建设；居民健康档案电子建档率 93.4%，基本公共卫生服务人均补助标准提高到 47 元；全国慢病综合防控示范区建设扎实推进，荣膺全国计划生育优质服务示范县区。

一年来，我们聚焦法治东湖不止步，政务环境持续优化

一是政务运行更加规范。健全区政府法律顾问制度，确保旧改征迁等重大事项依法决策、科学决策；认真开展规范性文件合法性审查和备案工作，办理行政复议案件 3 件；全年共办理人大代表建议 42 件、政协委员提案 75 件，办结率、满意率 100%；积极推进经济责任审计全覆盖，完成各类审计项目 39 个，节约财政资金 614.92 万元。“三公”支出经费同比下降 50.52%。

二是服务发展更加深入。全面开展企业降成本优环境专项行动，做好服务发展的“店小二”。在全省首创开展国、地税“一站式”联合办税服务；区领导带队走访辖区重点企业 68 家，收集企业诉求清单、投诉清单和建议清单 58 张，收集问题 112 个，目前已办结 57 个，满意率 100%。全年共办理审批服务类事项 86593 件，按时办结率和满意率均为 100%。

三是稳定局面更加巩固。深化平安东湖建设，圆满完成中央领导视察、全国综治“南昌会议”、2016 南昌国际马拉松等大型活动东湖段的安保任务；打击“盗抢骗”行动战绩全市第一，刑事警情同比下降 36.6%，“黄赌毒”警情同比下降 67%；建成全省首个社区禁毒图书角和全市首个社区戒毒康复集中管理工作站；打造全省首家青少年法治科普安全宣教中心；荣获全国“六五”普法先进区。完成食品、药品抽检 1655 批次，查处“毒油条”“毒粽子”等食品案件 64 起；东湖消防连续三届荣获“全国消防监督执法示范单位”；实现全年重特大安全生产事故“零”发生；劳动关系日趋和谐；公众安全感和公安满意度排位持续前移，双双位居全市主城区第一名，创历史最好成绩。此外，“三看”成绩排名全市第 6，创近年来最好成绩。

与此同时，支持工会、共青团、妇联、红十字会等群团组织发挥作用。人防、史志、档案、妇女儿童、国防动员、老龄、爱国卫生、防汛抗旱、信息化建设等工作得到进一步发展。机关事务、农业农村、法制、残疾人保障、防震减灾、民族、宗教、外事、侨务等工作取得新成绩！

各位代表，发展的历程充满艰辛，取得的成绩来之不易。我们深知，东湖的每一步发展、每一个变化，都得益于市委、市政府和区委的正确领导、科学决策，得益于区人大、区政协和社会各界的有力监督、大力支持，更得益于全区广大干部群众的和衷共济、奋力拼搏。在此，我谨代表区人民政府，向全力支持政府工作的人大代表、政协委员，向所有关心、支持、帮助东湖发展的同志们、朋友们表示衷心的感谢，并致以崇高的敬意！

各位代表，回顾刚刚过去的 2016 年，我们也清醒地认识到当前全区经济社会发展还面临不少困难和问题，主要是：经济下行压力较大，增长动能相对乏力；产业层次不高、规模不大的问题仍然比较突出；城市建管中的一些薄弱环节，还有待进一步改进。对这些困难和问题，我们将采取有力有效措施，积极应对，努力解决。

二、2017 年主要工作

2017 年是党的十九大召开之年，是开启富裕美丽幸福江西新征程的奋进之年，也是打造“实力、活力、魅力”东湖的提升之年，做好今年工作意义重大。我们将在全省、全市新一轮大发展中，敢于担纲领先、走在前列、作出表率。

今年政府工作的总体要求是：深入贯彻习近平总书记系列重要讲话精神和治国理政新理念新思想新战略，全面贯彻落实中央、省委、市委和区委决策部署，聚焦“历史文化名区建设、青山湖西岸开发建设”两大引爆点，走好“产业升级、区域

升级、建管升级、民生升级”四条升级路,动员全区上下阔步复兴征程,再现首善荣光,着力打造实力东湖、创造活力东湖、塑造魅力东湖,为千年东湖复兴于英雄之城,奠定坚实基础。

今年经济社会发展的主要预期目标是:

地区生产总值增长8%,力争9.5%;

500万元以上固定资产投资增长12.5%,力争14%;

社会消费品零售总额增长6%,力争9%;

财政总收入增长6%,力争10%;

地方一般公共预算收入同口径增长6%,力争10%;

利用外资实际到位资金增长10%,力争15%;

实际利用内资增长10%,力争15%;

出口创汇与去年持平,力争1%。

做好今年工作,必须把握好以下原则:

一是贯彻“五大理念”。要牢固树立并切实贯彻“创新、协调、绿色、开放、共享”五大发展理念,坚持用新理念来破解东湖经济社会发展的瓶颈和困局,确保全区经济社会发展始终遵循科学规律、契合时代要求、顺应人民期待,更好地肩负起东湖复兴的使命,不断开创东湖发展新境界。

二是助推“五大作用”。要紧紧咬住全面建成小康社会目标不动摇,积极融入全市打造全省核心增长极的大局,重点围绕发挥“龙头、核心、引领、示范、表率”五大作用,做强做优中心城区,展现东湖新的担当,新的作为。

三是紧扣“八个突出”。要立足东湖实际,着力突出“产业大发展、城市大建管、改革大突破、双向大开放、创新大跨越、生态大提升、事业大统筹、民生大改善”,重点在这八个方面持续发力,积极挖掘增长新动力,厚植发展新优势,为实现产业文明、城市文明、生态文明融合发展,交上优异的“东湖答卷”。

具体来说,重点抓好以下工作:

1. 强化集聚集约,在产业升级上实现新突破

牢牢把握发展第一要务,按照定位要准、布局要优、业态要新的产业发展思路,围绕全区“六大产业”主攻方向,大力推进产业集聚集约,不断推动传统服务业优化升级,现代服务业强势突破。

一是大力发展健康养生服务业。以江西中科、江西倍康为龙头,充分发挥辖区三甲医院云集的资源优势,形成精准医疗、移动智能医疗、创新医药等新型健康产业集聚态势,引进一批养生机构,大力发展婴幼、老年用品等市场。以政策、资金为保障,注重引导社会资本对健康养生服务业的投入,打造辐射全省的高端健康养生服务产业高地,探索建设“南昌康谷”。

二是大力发展文化创意旅游产业。依托樟树林文化生活公园,推进樟脑玩创意空间、东湖众创、缤谷众创等文创项目;加快实施豫章1号文化科技产业园二期工程,引进省、市文化产业协会及省文化产业公共服务平台入驻园区;积极谋划、打造791艺术街区高端艺术盛宴;设立旅游发展专项资金;助推滕王阁创建国家5A级景区,致力形成南昌历史文化集中展示区和创意文化产业核心集聚区。

三是大力发展现代商贸业。紧抓地铁1号线开通,2、3号线建设的机遇,谋划地铁沿线站点商业布局,打造从地下到地上、从站点到周边的立体化地铁商圈模式,加速传统商贸业提档升级,持续壮大八一广场—中山路、青山南路两大“百亿商圈”。把握传统零售向新零售转向的机遇,引导知名连锁商超向社区延伸;加大老字号企业培育力度。

四是大力发展现代金融业。以江西金租、浦发城投、浦发市政为龙头,按照“协同互补、错位发展”思路,力争引进旗计智能、厚本金融等一批创业投资、私募股权、融资服务等新金融机构,培育一批私募金融、文化金融、互联网金融等新金融业态,打造区域性类金融服务中心。

五是大力发展楼宇(总部)经济。积极引进、壮大总部型商贸业,推进苏宁红孩子母婴用品全国采购结算中心落户。依托旧改腾出的空间,在下正街、青山湖西岸沿江一线,重点发展楼宇(总部)经济,着力推进东湖区总部经济大厦建设,积极引进一批工业设计、创意设计、信息服务等区域性总部,打造江西(南昌)总部经济集聚区。

六是大力发展都市工业。随着扬子洲地区整建制划归东湖,辖区面积扩大两倍,给未来发展提供了巨大的承载空间。谋划在扬子洲地区优先布局都市工业,重点发展高新技术产业和高端现代服务业。

2. 强化提质提效，在项目建设上实现新突破

始终坚持以项目为抓手，进一步发挥重点项目对税源培育、基础设施建设和民生改善的带动作用，注重内融外联、招大引强，思想上再加压、举措上再加力、效率上再加速。

一是立说立行抓项目。全年实施产业发展、旧城改造、城市建管、社会民生和基层党建5大类，共计49个重大重点项目，总投资332.8亿元。全力推进投资60亿元的原省政府大院一、二号地块项目，加速引进八一广场周边首个综合体，为“百亿商圈”扩容升级。配合实施洪都北大道、沿江北大道快速路东湖段建设；聚焦推进中金国际交易中心、滕王阁东广场提升改造、青山湖宾馆改造、青山湖西岸路网建设、融创地产等15个项目，既为当前稳增长释放有效需求，也为长远发展提供有力支撑。

二是聚智聚力引项目。积极对接长江经济带、赣江新区、昌九一体化等重大战略，主攻央企聚集的北京、外资密集的长三角、泛珠三角等地，精心策划招商推介活动，在一批国字头、领袖型项目上下功夫。重点推介青山湖西岸等18个地块、800余亩招商资源，引进一批符合产业定位的项目，争取早日释放更多旧改红利。力争引进重大产业项目15个以上，亿元以上项目不少于10个，投资总额突破100亿元，确保在省、市考核排名中进位争先。

三是加速加力促项目。深入开展降成本优环境专项行动，坚持靶向施策，切实减轻企业负担，破解项目难题。继续实施重大项目区领导挂点联系制度，多举措推动项目落地，全面提升项目注册率、进资率、开工率、投产率。聚力要素保障，鼓励民间资本进入公共建设领域，完善项目建设PPP模式。加强行政问责和政务督查，确保重大重点项目有效推进。

3. 强化品质品位，在城区形象上实现新突破

按照干净整齐、畅通有序、文明友善、和谐宜居的目标要求，坚持高起点规划、高水平设计、高标准建设、高效率管理，下大力气改善环境、完善功能、提升品位，确保一年有变化、两年出形象、三年上台阶。

一是注重建设出精品。完善滨江路网建设；对辖区福州东路等43条道路实施“白改黑”；适时启动龙沙路、贤士二路等断头路打通工程；实施广场北路等主次干道的积水点治理；投入25亿元，推进青山北路等3条道路的综合管廊、城市景观带、城市阳台及青山湖西岸22条道路建设；投入3.3亿元，启动八一广场周边、滕王阁景区、佑民寺文化街区综合改造工程；投入3000万元，建设赐福路、射步亭等7个街头小游园；投入1.14亿元，新建豫章后街、渊明北路等10个立体（地下）停车场，新增停车泊位1800余个。

二是注重旧改出亮点。加快旧改进程，先行启动总投资约50亿元，涉及面积58.16万平方米、5700余户的青山南路沿线、象山北路沿线等17个地块的旧改征迁工作。妥善处理好旧城改造“拆、补、改、留”之间的关系，突出产业引领，加快推进原省政府大院一、二号地块征迁步伐；突出文化传承，有序推进百花洲、滕王阁、佑民寺等历史文化街区、景区建设，实现文商旅融合发展。

三是注重管理出模式。以智慧城市建设为契机，以城市管理信息化为支撑，着力打造“一个中心、两个平台”，逐步形成智能化、精细化、扁平化、常态化、长效化“五位一体”城市管理新模式。高位推进“美丽南昌·幸福家园”环境综合整治，逐步实现“五改”全覆盖；升级“马路本色”样板，升级无烟烧烤示范，升级建筑工地管理，升级道路畅通工程；实行“路长制”，探索推行背街小巷环卫作业市场化；大力推广社区“地埋式垃圾桶”设置；按照“八无一干净”的要求，打造文明示范街，设立文明示范岗。不断完善环卫基础设施，新建环卫车辆停车场、建筑垃圾渣余土消纳场和4座垃圾站。积极开展城市建成区违法建设专项治理工作，确保全年完成查处违法建设50%的目标任务。

4. 强化共建共享，在民生改善上实现新突破

围绕率先实现全面小康社会目标，始终坚持财力优先向民生支出、政策优先向民生倾斜、服务优先向民生覆盖，倾力做好年度“十大民生实事”，把让老百姓获得实实在在的实惠，拥有更多获得感、幸福感作为我们工作的出发点和落脚点。

一是大力提升保障水平。持续加大投入，确保用于保障和改善民生的投入占地方一般公共预算支出65%以上，稳步提高社会保障标准和统筹层次。进一步创新体制机制，吸引更多民间资本

参与民生工程建设；实施更加积极的就业政策，力争全年新增城镇就业 1.05 万人；全力实施滕王阁等 4 个街道便民中心和 2 个居家养老站点建设；打造 2 个以上精品示范社区；为社区干部每月增加工资 300 元。推进 3623 户 58 万平方米的二期安置房建设和 4000 余户 67 万平方米的三期安置房建设；推进扬农垦区危房改造工程；深化“救急难”工作；推进社会福利、慈善事业，支持残疾人事业发展。

二是着力提升均衡水平。强化“民生五圈”内涵建设，持续唱响民生品牌。教育方面，投入 1000 万元推进城北幼儿园的建设，缓解城北片区幼儿入园难问题；启动紫金学校建设和天骥学校规划；成立特殊教育资源中心；组队参加全球青少年创新思维大赛。卫生计生方面，谋划编制《健康东湖 2030 规划纲要》；提升扬子洲镇卫生院等基层卫生服务中心硬件设备；推进社区卫生服务中心全科医生签约服务全覆盖；启动居民健康一卡通发行工作；保障“全面二孩”政策顺利实施，落实城镇居民独生子女父母奖励制度。文化体育方面，推进区文化馆、区图书馆总分馆制建设；依托樟树林非遗展示馆，打造非遗产品交易中心；组织庆祝建军 90 周年大型文体活动；编排《文韵东湖》等原创文艺节目，着力推出具有全国影响力的文化精品；创新全民健身站点管理，扎实开展群众体育工作。

三是努力提升安全水平。依托“智慧城市”，推进“大数据”信息化建设，提高智慧防控能力；着力构建常态化打防机制，逐步实现社会治安由“平安创建”向“全民共建”转变，不断提升群众的安全感和满意度；加快信访信息化建设，全力打造“不下班”的网上信访，及时回应群众诉求。加大食品药品监管力度，积极推进食品安全检测检验中心建设，启动 5 个快速检测站建设；开展“洁厨亮灶”工作。继续加强安全生产和应急管理工作，全力维护社会和谐稳定。

5. 强化动能动力，在事业统筹上实现新突破

坚定不移推进深化改革，鼓励创新创业，依靠改革思维破解发展难题，运用科学方法统筹各项事业，大力发展新经济、培育新动能、增创新优势。

一是统筹推进各项改革。持续深化“三单一网”改革，深入推进“放管服”改革；继续抓好农村产权制度改革。整合政府各类服务热线资源，构建统一、便民、高效的 12345 政府服务热线平台。有序推进机关事业单位五险统征、事业单位公务用车改革。积极对接“营改增”等财税体制改革，激发经济持续增长的内生动力。

二是统筹推进创新创业。成立“双创”产业引导基金，加快科技成果转化，扶持中小微创新企业发展。充分利用旧有厂房、闲置楼宇资源，推进现有众创空间向低成本、开放式、便捷化、网络化、集成化的“洪城众创”升级；力争打造 6 家市级创业基地和服务平台。加快产业基金与优质企业的金融对接，力争 2 家企业挂牌“新三板”。

三是统筹推进城乡发展。谋划扬子洲地区顶层设计和开发建设；切实做好扬子洲地区控违和赣江北支物流码头的环境整治工作；继续推进新农村建设和农村清洁工程；巩固畜禽禁养专项整治成果；积极推进水环境保护和“河湖长制”，深入开展“清河行动”，重点加大对“一江两河四湖”生态环境的治理力度，做好区域饮用水源地的保护工作。

6. 强化实在实干，在自身建设上实现新突破

适应新常态、把握新常态、引领新常态，对政府工作提出了更高要求，我们将切实加强政府自身建设，强化法治意识、担当意识，增强执行力、操作力，不断提升政府工作水平。

一是坚持依法行政。完善学法用法制度，推动政府各项工作在法治轨道上运行；以“七五”普法为契机，打造立体式法治科普宣教中心；完成公共法律服务平台建设，实现全区公共法律服务中心全覆盖。自觉接受区人大及其常委会的法律监督、工作监督和区政协的民主监督，切实办好人大代表建议和政协委员提案。

二是坚持实干理政。切实增强政治意识、大局意识、核心意识、看齐意识，一以贯之落实市委、市政府和区委的各项决策部署。保持实干定力，“实”字当头、“干”字为先，以实干出实绩、以实干求实效。大兴担当之风，勤勉敬业、夙夜在公，面对经济下行的压力敢于迎难而上，面对“三化交织”的困境敢于排难前行。不断提高政府工作执行力，努力形成政令畅通、落实有力、运转高效的良好局面。

三是坚持廉洁从政。全面推进政务公开，让

权力在阳光下运行。充分发挥审计、监察职能,突出抓好工程建设、房屋征迁等重点领域、重点环节、重点岗位的监管力度,实行工程建设行为全程留痕制度,深化源头治理。严格落实中央八项规定精神,深化"两学一做"学习教育,严守廉洁从政各项规定,持续推动作风大转变。

各位代表!长风破浪会有时,直挂云帆济沧海。立足新起点,展望新征程,我们深感使命光荣,责任在肩。让我们更加紧密地团结在以习近平同志为核心的党中央周围,在市委、市政府和区委的坚强领导下,担起更大责任,迈出更大步伐,实现更大突破,为助推富裕美丽幸福江西的"南昌样板"、为谱写"美丽南昌·幸福家园"的"东湖篇章"而不懈奋斗,以优异的成绩迎接党的十九大胜利召开!

注释:

1."一个中心,两个平台":智慧城管指挥中心,管理平台、服务平台。

2."五改":2016年12月12日,市委召开"美丽南昌·幸福家园"环境综合整治动员大会,针对城市硬件设施不完善,提出:空中线缆"上改下"、市政道路"白改黑"、城区生态"绿改彩"、地下管网"阻改通"、历史风貌"旧改新"。

3."八无一干净":无占道摊点、无出店经营、无乱吊乱挂、无私搭乱建、无乱贴乱画、无乱堆乱放、无店外作业、无乱停乱放,门前整洁干净。

4."一江两河四湖":"一江"是指赣江东湖段(含扬子洲地区、赣东大堤、富大有堤);"两河"是指抚河故道东湖段(中山桥至新洲闸段)、玉带河东湖段(永外正街至洪都北大道);"四湖"是指东湖、南湖、北湖和青山湖东湖沿线(湖滨西路至江纺桥段)

5. 地下综合管廊:在城市地下用于集中敷设电力、通信、广播电视、给水、排水、热力、燃气等市政管线的公共隧道。

6."三单一网":权力清单、责任清单、市场准入负面清单及政务服务网。

7."五证合一":指在办理工商营业执照、组织机构代码证、税务登记证"三证合一"登记制度改革基础上,再整合社会保险登记证和统计登记证,全面实行"五证合一"登记制度。

8. 年度十大民生实事:

①投资8000万元,建设紫金学校;

②投资1357万元,建设城北幼儿园和谌家访安置小区配套幼儿园二期工程;投资877万元,对百花洲小学等3所学校进行基础设施提升改造;

③投资1.14亿元,新建豫章后街、渊明北路等10个立体(地下)停车场;

④投资3000万元,建设赐福路、射步亭等7个街头小游园;

⑤投资5650万元,对扬农垦区危旧房进行改造;

⑥投资2300万元,新建七里村农贸市场、董家窑临时农贸市场和升级改造叠山路农贸市场;

⑦投资1200万元,打造大院街道、百花洲街道、滕王阁街道、墩子塘街道便民服务中心;

⑧投资800万元,建设食品检验检测中心;

⑨投资600万元,对扬子洲相关水利设施和部分圩堤进行改造建设;

⑩投资600万元,对广场北路等积水点进行整治。

9."民生五圈":"10分钟便民服务圈""15分钟公共文化服务圈""15分钟卫生服务圈""15分钟体育健身圈""20分钟优质教育圈"。

(区政府办公室)

大 事 记

一月

2日

上午，东湖区在区综合服务中心南楼区委常委会议室召开会议，专题讨论《中共东湖区委关于制定全区国民经济和社会发展第十三个五年规划的建议》，并就该材料的修改和完善进行部署。区领导杨文斌主持会议，李云峰、喻国泰、王志勤、唐铭市、夏小兰、张东林、童萍如、胡志强、刘众星出席，区直有关单位和扬子洲镇主要负责人参加。

3日

上午，区领导杨文斌、张东林现场察看紫金城、贤士湖周边、新公园路、中山路、胜利路、百花洲景区、三经五纬项目，调度和部署有关工作的推进。

4日

上午，东湖区在区政府第一会议室召开2016年第1次区长办公会议。区领导李云峰主持，会议审议《东湖区2016年重大重点项目投资计划(送审稿)》等议题。区领导陈曙、张东林、童萍如、杨玉章、胡志强、刘众星出席。

5日

上午，东湖区在区政府常务会议室召开区政府全体成员会议，专题讨论修改提请区第十五届人大六次会议审议的《政府工作报告(讨论稿)》《关于东湖区2015年国民经济和社会发展计划执行情况与2016年国民经济和社会发展计划草案的报告(讨论稿)》《关于东湖区2015年财政总预算执行情况和2016年财政总预算(草案)的报告(讨论稿)》《东湖区国民经济和社会发展第十三个五年规划纲要(讨论稿)》。区领导李云峰主持会议，陈曙、张东林童萍如、杨玉章、胡志强、刘众星出席，各镇(街办、管理处)、区政府各部门主要负责人参加。

下午，东湖区在综合服务中心南楼六层会议室召开第二次全区畅通城区道路交通专项整治活动交账会。会议听取各单位专项整治一周情况汇报，并通报全区整体进展情况。区领导张东林出席会议并部署工作，各街办、贤士湖管理处，区政府有关部门、区创建办主要负责人参加会议。

6日

上午，区委十一届第59次常委会议在区综合服务中心南楼七层常委会议室召开，区领导杨文斌主持。会议审议区委办公室提出的《关于召开中共东湖区委十一届十二次全体(扩大)会议的请示》《审议〈中共东湖区委关于制定全区国民经济和社会发展第十三个五年规划的44建议(送审稿)〉的请示》及杨文斌在区委十一届十二次全体(扩大)会议上关于区委常委会工作的报告、在区委十一届十二次全体(扩大)会议结束时的讲话，区领导李云峰讲话稿等有关材料；审议区政协党组提出的《关于召开政协东湖区第八届委员会第六次会议的请示》《政协东湖区第八届委员会常委会工作报告(送审稿)》等有关材料；审议区政府党组提出的《关于审议〈东湖区2016年重大重点项目投资计划(送审稿)〉的请示》；通报区委领导班子2015年度"三严三实"专题民主生活会征求意见建设情况；审议区委组织部提出的《关于审议〈区委常委会"三严三实"专题民主生活会工作方案(送审稿)〉、〈区委领导班子对照检查材料(送审稿)〉的请示》；研究有关干部人事议题。区领导李云峰、喻国泰、陈曙、王志勤、焦玉庄、唐铭市、夏小兰出席，闵建波、王玮、钟瑛、杜迎春列席。

区委研究，建议免去李良清（1976 年 10 月生，湖南永兴人，大专学历）的中共东湖区纪委常委、委员职务。

区委决定：免去熊凤妹的东湖区政协党组副书记职务；丁兆龙任中共东湖区环境保护局委员会委员。

区委同意：丁兆龙任东湖区环境保护局副局长（正科级）；徐建丰任东湖区环境保护局主任科员；胡军任东湖区滕王阁街道办事处主任科员。

下午，东湖区在区政府常务会议室组织收听收看全国、全省和全市安全生产电视电话会议，区领导李云峰、刘众星和区安委会各成员单位、有关部门主要负责人参加。

7 日

下午，东湖区教育学会第十届六次年会暨“优化教学行为，构建高效课堂”专题研讨会在南昌市育新学校召开，江西省教研室主任余芳霖、南昌市教科所所长黄志远出席会议并讲话。年会论文“优秀组织奖”获奖单位代表、年会征文获奖人员和“骏马杯”教学竞赛获奖人员代表参加会议。

下午，东湖区在区综合服务中心南楼六层常务会议室组织收听收看全国计划生育工作电视电话会议，区计划生育领导小组成员单位和部分区直单位分管领导参加会议，区领导童萍如出席。

9 日

中共东湖区委十一届十二次全体（扩大）会议在区文化活动中心三楼演艺大厅召开。大会书面传达贯彻省委十三届十二次全会、全省经济工作会议和市委十届十二次全会精神，审议并通过《中共东湖区委关于制定全区国民经济和社会发展第十三个五年规划的建议（草案）》，区领导杨文斌主持会议并作重要报告。区领导李云峰从经济层面就 2015 年全区发展情况和 2016 年工作安排进行部署，陈曙对《中共东湖区委关于制定全区国民经济和社会发展第十三个五年规划的建议（讨论稿）》作说明。区委委员、区委候补委员出席大会；不是区委委员、区委候补委员的县级党员领导干部，区纪委委员、区纪工委书记，扬子洲镇、各街道、管理处党政主要负责人，区委各部门、区直各单位、区人大、区政协各委（室、办）党员主要负责人，区创建办、区重点办、区城投公司党员主要负责人，各垂管单位党员主要负责人列席大会；区人大、区政府、区政协非党员县级领导干部，区直单位其他非中共党员主要负责人受邀参加大会；扬子洲镇、各街办（管理处）、区委各部门、区直各单位副科级以上领导干部旁听大会。出席、列席和受邀人员还参加了下午的分组讨论和大会闭幕式。

11 日

上午 9 时，政协东湖区第八届委员会第六次会议在东湖区文化活动中心演艺大厅开幕。大会应到委员 216 人，实到委员 175 人。区领导杨文斌、李云峰、闵建波和大会执行主席王玮、敖晓焕、胡中平、欧阳桃花、郑洪健、冯于水、谢保成在前排就座。大会由王玮主持。大会听取敖晓焕作的政协东湖区第八届委员会常务委员会工作报告、胡中平作的政协东湖区第八届委员会常务委员会关于八届五次会议以来提案办理工作情况报告。区委、区人大、区政府班子成员和全区副县以上领导干部，区政协七届委员会的老领导，区各民主党派负责人及 4 个区垂管单位负责人参加会议。

下午，东湖区在区政府第一会议室召开紫金城项目调度会。在会上，中江地产副总经理刘炜、投资总监彭文涛等介绍紫金城的发展方向及规划目标，并提出现阶段所遇到的问题，相关的各部门提出合理化建议。区领导张东林主持会议并就紫金城项目现阶段问题提出具体的推进办法。区商务局、城建局、财政局、国土资源局、教科体局、统计局和相关街办的负责人参加会议。

12 日

上午，东湖区第十五届人大六次会议开幕。会议应出席代表 223 人，实到 197 人。区领导杨文斌、李云峰、闵建波、王玮、唐铭市、毛惟仁、陈东亮、彭雅琳、余瑾、谢蓉、桂兵在主席台前排就坐。在会上，李云峰作东湖区 2015 年政府工作报告，陈曙作关于《东湖区国民经济和社会发展第十三个五年规划纲要（草案）》的说明。

13 日

上午，政协东湖区第八届委员会第六次会议在区文化活动中心演艺大厅闭幕。会议期间，委员们听取并审议通过《政协南昌市东湖区第八届委员会常务委员会工作报告》和《政协南昌市东湖区第八届委员会常务委员会关于八届五次会议以来提案工作情况的报告》,列席东湖区第十五届人民代表大会第六次会议,听取和讨论《区政府工作报告》《区“十三五”规划纲要》及其他报告。闭幕大会通过八届六次会议提案审查情况报告、政协东湖区第八届委员会第六次会议决议,表彰八届五次会议以来优秀提案和提案办理先进单位。

下午,东湖区十五届人民代表大会第六次会议闭幕,会议历时两天,表决通过《关于东湖区人民政府工作报告》《关于东湖区国民经济和社会发展第十三个五年规划纲要》《关于东湖区 2015 年国民经济和社会发展计划预计执行情况和 2016 年国民经济和社会发展计划的决议》《关于东湖区 2015 年财政预算执行情况和 2016 年财政预算的决议》《关于区人大常委会工作报告和区人民法院、区人民检察院工作报告的决议》。

14 日

上午,南昌市发改委主任黄耀华一行到东湖区调研、指导,区领导陈曙通报东湖区 2015 年工作及十三五规划纲要、2016 年重大重点工作项目等工作。

16 日

上午,东湖区在区综合服务中心南楼区政府常务会议室召开区政府第 54 次常务会,区领导李云峰主持,陈曙、张东林、张恩、童萍如、杨玉章、胡志强、刘众星出席,区政府党组成员余坚、万勇、查秋滚、刘文俊参加。会议审议《关于下达南昌轨道交通 3 号线一期工程建设项目(东湖段)二七北路站房屋征收决定书的请示》《关于下达南昌轨道交通 3 号线一期工程建设项目(东湖段)洪都北大道站房屋征收决定书的请示》《关于下达南昌轨道交通 3 号线一期工程建设项目(东湖段)青山路口至二七北路站区间房屋征收决定书的请示》等议题。

上午,东湖区在区政府常务会议室召开区政府 2016 年第 2 次区长办公会。区领导李云峰主持,陈曙、张东林、童萍如、杨玉章、胡志强、刘众星出席。会议研究扬子洲地区畜禽禁养工作实施过程中猪栏处置等事宜,并听取中金国际交易中心项目有关情况汇报。

20 日

上午,区领导胡志强到扬子洲镇现场察看该镇敬老院建设情况,主要察看敬老院整体环境及食堂、医务室、浴室的建设。扬子洲镇、区民政局主要负责人陪同。

下午,东湖区在区政府常务会议室召开全区做好低温雨雪冰冻天气防范应对工作紧急部署会,区领导李云峰主持,陈曙、张东林、童萍如、杨玉章、胡志强、刘众星出席,各街办(镇、管理处)、区政府各部门和区直有关单位主要负责人参加。会上,区政府各位副区长就分管领域做好低温雨雪冰冻天气的防范应对工作进行专题部署,李云峰就全区防范应对工作提出具体要求。

21 日

上午,东湖区在区政府第一会议室召开全区公车改革工作会议,区领导陈曙主持。区委办、区政府办、区人大机关、区政协机关、区监察局、区委老干局、区编委办、区发改委、区人社局、区财政局、区审计局、区机管局、区企资中心、区行政服务中心管委会和东湖交警大队等单位主要负责人参加。会上,区发改委传达南昌市车改办的文件精神和工作要求,并通报各单位公车改革工作的进展情况,陈曙对下一步工作提出要求。

下午,区领导刘众星会见江西航空投资有限公司总经理伍向阳及海航旅游集团投资部总监文磊一行。区商务局、东湖国土分局、东湖规划分局及步行街管委会等单位负责人参加会见。

下午,东湖区召开全区做好低温雨雪冰冻天气防范应对工作紧急调度会。区领导李云峰主持,陈曙、张东林、胡志强、刘众星出席,各街办(镇、管理处)、区政府各部门和区直有关单位主要负责人参加。会议听取各单位相关落实情况汇报,并要求各有关部门扎实做好各项工作。

22 日

上午,区领导李云峰在辖区滨江路、阳明路、中山桥、民德桥、八一桥引桥等重要路段和关键点位查看并指挥铲冰除雪工作,并强调要全力保障道路畅通和出行安全。

23 日

上午,区领导刘众星到墩子塘集贸市场和华润万家超市检查指导工作,详细听取墩子塘市场负责人关于近期相关工作情况的汇报,并仔细察看华润万家八一店超市商品的供求、价格以及食品安全等情况。区市场监管局和区物业站主要负责人陪同检查。

25 日

下午,区领导王志勤分别走访慰问樊爱清等6名困难党员,代表区委、区政府致以春节问候并送上慰问金,困难党员对党和政府的关心帮助表示衷心感谢。

26 日

上午,区领导桂兵到东湖区滕王阁街道走访慰问民政对象梅银香和优抚对象张利平,为他们送上节日祝福和慰问金。

27 日

上午,东湖区在区政府常务会议室召开全区迎接南昌市2015年度考核评价工作调度会。区领导陈曙主持,会议传达2015年度全市县区考核工作会议精神,并部署有关考核工作。区委办、区政府办、区人武部、区纪委、区委组织部、区委宣传部、区委政法委、区发改委、区财政局等35个单位主要负责人和分管负责人参加。

区领导李云峰、刘众星先后走访江西晟和建设发展有限公司并看望慰问困难群众万春兰、万友强、吴建华。区商务局、区总工会和八一桥街办负责人陪同。

28 日

上午,区领导陈曙、余瑾走访广东海印集团股份有限公司和江西海印餐饮管理有限公司,就公司近期业务经营情况和未来发展规划等事宜进行沟通;拜访阿里巴巴·南昌产业带董事长林浩,交流在南昌经营情况和相关招商事宜。区商务局主要负责人陪同。

上午,区领导胡中平到彭家桥街道走访慰问优抚对象谢文斌等人,为他们送上节日祝福和慰问金。

下午,区领导陈曙到墩子塘街办出席党工委班子成员民主生活会,区纪委第六纪工委主要负责人、墩子塘街办全体班子成员参加。陈曙听取墩子塘街办关于领导班子对照检查情况的汇报,街道党工委班子成员依次开展批评和自我批评。

29 日

上午,区领导刘众星到文教北路、新公园路两个农贸市场督导文明城复查及安全生产工作。

30 日

晚上,南昌市"兴家风、淳民风、正社风"榜样人物发布大会在南昌市广播电视台举行。东湖区3位典型人物——郑小惠、冯华、凌苏作为在"兴家风、淳民风、正社风"方面表现优秀的榜样代表接受表彰。

二月

1 日

上午,区领导张东林会见新疆江西企业联合会(商会)有关负责人吴大军,双方就投资建设新疆赣商回乡创业总部经济基地大楼项目等事宜进行交流。区国土局、区商务局相关负责人参加。

2 日

上午,区领导刘众星率队检查辖区危险化学品企业安全生产工作,先后对中石化滨江加油站、南昌市燃气集团有限公司青山湖中调压站、中石油森茂加油站等单位进行检查。区安监局相关负责人陪同。

3 日

上午,习近平总书记,中央财经领导小组办公室主任、发展改革委副主任刘鹤,中央办公厅常务副主任、总书记办公室主任丁薛祥,江西省委书记强卫,南昌市委书记龚建华、市长郭安等到东湖区彭家桥街道光明社区看望慰问居民群众。习近平视察社区宣传栏和社区服务站办事大厅,了解社区党建工作、便民服务、创建和谐等情况;听取社区通过开设道德讲堂开展社会主义核心价值观培育的情况介绍;参观社区书画室、观看社区合唱团排练。习近平向居民群众发表讲话后还与大家合影留念。

区委决定:黄锦珩任中共东湖区纪律检查委员会第五纪律工作委员会副书记;赵英姿任东湖区机关事务管理局(区委、区政府接待办公室)局长(主任)。

区委同意:黄征任东湖区百花洲街道办事处主任;傅军任东湖区公园街道办事处主任。邱志奇任东湖区大院街道办事处副主任;黄际财任东湖区贤士湖管理处主任;谌洁任东湖区扬农管理处主任;徐国华任东湖区扬农管理处综治办专职副主任。

区委提名:朱莉群任东湖区归国华侨联合会

主席。

4日

上午,东湖区在区政府常务会议室召开区政府党组“三严三实”专题民主生活会,区领导李云峰及区政府党组其他成员逐一进行个人对照检查发言,并开展相互批评。李云峰主持会议,区领导童萍如列席。

上午,东湖区在区政府常务会议室召开区政府2016年第3次区长办公会,研究对垃圾广告整治工程进行审计等事宜。区领导李云峰主持会议,陈曙、张东林、童萍如、杨玉章、胡志强、刘众星出席。

下午,东湖区在区政府第一会议室召开2016年东湖区人大建议、政协提案交办会。会议通报2015年人大建议、政协提案办理情况,并对2016年人大建议、政协提案交办工作进行布置。区领导陈曙主持会议,彭雅琳、胡中平出席,区人大机关、区政府办、区政协机关、区发改委、区财政局、商务局、城建局、文广局、民政局、人社局、城管局、卫计委、教科体局、环保局、房管局、旧改办等27家单位主要负责人参加会议。

5日

上午,区领导刘众星到辖区佑民寺检查安全工作。区政府办、区安监局、公园街办、东湖消防大队、区行政执法分局、东湖交警大队及佑民寺有关负责人陪同。

6日

江西省委常委、南昌市委书记龚建华,南昌市市长郭安,市委常委、副市长刘建洋,市委常委、市委秘书长江晓斌到中山路、胜利路察看两街区改造提升工程,并向全市广大建设者祝贺新春。区领导杨文斌、李云峰陪同。

15日

下午,区领导李云峰、夏小兰、童萍如、刘众星到区商务局就做好2016年全区开放型经济工作进行调研,区政府办、区委宣传部、区财政局、区商务局、区市监局、区发改委、区文广局、区卫计委和区经济办等单位主要领导参加。区商务局汇报了关于2016年全区开放型经济工作的思路、举措、重点项目推进等情况,各单位结合各自职责发言。

17日

下午,由东湖区总工会、区直机关工委、区文化广电旅游新闻出版局、区教育科技体育局联合举办的全区2016年“迎新春闹元宵”职工拔河比赛在区行政服务中心广场举行,比赛历时3个小时,有32支队伍共700余人报名参赛。

晚上,区委十一届第60次常委会议在区综合服务中心南楼七层东会议室召开,区领导杨文斌主持。会议审议区纪委提出的《关于召开中共东湖区纪委十一届六次全体会议的请示》及有关材料;审议区委宣传部提出的《关于审议〈中共东湖区委中心组2016年度理论学习计划〉的请示》;审议区编委提出的《关于审议〈南昌市东湖区城市综合管理协调领导小组办公室主要职责、内设机构和人员编制规定(送审稿)〉的请示》;审议区政府党组提出的《关于审议中金国际交易中心项目有关事宜的请示》;研究有关干部人事议题。区领导李云峰、喻国泰、陈曙、王志勤、焦玉庄、唐铭市、夏小兰、张东林、林正通出席,闵建波、王玮列席。

区委决定:罗长水任东湖区国家安全工作办公室主任;袁庆武任东湖区国家安全工作办公室副主任(挂职锻炼二年);黄承任东湖区社区网格管理中心主任(试用期一年);刘芳林任中共东湖区社会保险事业管理局支部委员会书记(试用期一年);戴江林任中共南昌市八一公园管理处支部委员会书记(试用期一年);谢俊任中共东湖区商务局委员会委员;熊志红任中共东湖区市场物业管理站支部委员会书记(试用期一年);龙昆任中共东湖区文化馆支部委员会书记(试用期一年);周诚明任中共东湖区农村工作办公室党组成员;徐昱任中共东湖区贤士湖管理处工作委员会委员;范婧任中共东湖区贤士湖管理处工作委员会委员;徐国华任中共东湖区扬农管理处工作委员会副书记;赵厚任任中共东湖区企业资产管理服务中心委员会委员。

区委决定:免去罗毛则兼任的中共东湖区委党校第一校长职务。

区委同意:万诚璐任东湖区信息中心主任(试用期一年);郭正凯任南昌市八一公园管理处处长(试用期一年);廖秀文任东湖区商务局主任科员;郁蕾任东湖区方志敏广场管理处主任(试用期一年);张雪影任南昌市第二中西医结合医院院长(试用期一年);周诚明任东湖区农村工作

办公室副主任，免去其东湖区信息中心主任职务；徐昱任东湖区贤士湖管理处副主任（试用期一年）；范婧任东湖区贤士湖管理处副主任（试用期一年）；免去徐国华的东湖区扬农管理处综治办专职副主任职务；赵厚任任东湖区企业资产管理服务中心副主任（试用期一年）；胡天诚任东湖区金融工作办公室副主任（试用期一年）；邓小燕任东湖区防震减灾局局长（试用期一年），免去其东湖区金融工作办公室副主任职务；熊琴任东湖区防震减灾局副局长（试用期一年）。

19 日

下午，东湖区在区政府常务会议室召开区政府第 4 次区长办公会，区领导李云峰主持，会议审议《东湖区公务用车制度改革实施方案（送审稿）》和《东湖区 2016 年开放型经济工作考核奖惩办法（送审稿）》。区领导陈曙、张东林、童萍如、杨玉章、刘众星出席，扬子洲镇、各街办（管理处）、区委各部门和区直各单位主要负责人参加。

22 日

上午，东湖区开放型经济工作会议在区文化活动中心新闻发布厅召开，会议通报 2015 年南昌市开放型经济工作情况和“六个跟踪”情况，总结 2015 年开放型经济工作，部署 2016 年目标任务。区领导杨文斌、李云峰、闵建波、王玮、喻国泰、陈曙、焦玉庄、唐铭市、夏小兰、余瑾、童萍如、刘众星、郑洪健出席，各经济牵头单位、责任单位、区有关单位主要负责人及部分企业代表参加。

24 日

下午，东湖区在区政府常务会议室召开区政府第 5 次区长办公会，区领导李云峰主持，会议审议《关于衔接南昌市人民政府关于取消和调整一批行政权力项目的通知（送审稿）》等议题。区领导陈曙、张东林、童萍如、杨玉章、胡志强出席，各有关单位主要负责人参加。

24—25 日

区领导杨文斌率招商小分队赴深圳开展招商活动，重点推进恒隆广场项目。区领导刘众星、区商务局主要负责人陪同。

25 日

上午，区领导陈曙先后到阿里巴巴南昌产业带基地和东湖区中小企业服务平台调研，听取阿里巴巴南昌产业带项目和东湖区中小企业服务平台近期工作进展情况汇报，并就项目推进中存在的困难和问题进行会商。区发改委相关负责人陪同。

上午，区领导杨文斌与香港恒隆地产助理董事梁焕添一行进行会谈，主要就地块出让、项目建设、项目运营等问题进行深入交流。

25－28 日

区领导李云峰率招商小分队赴北京、山东开展招商活动，先后参观考察北京城建道桥建设集团有限公司、山东齐星铁塔科技股份公司、中国国商金融有限公司、山东黄台电商产业园、齐鲁软件园、韩都衣舍电子商务公司、济南恒隆广场及淄博芝麻开花居民服务公司。区领导闵建波、刘众星和区财政局、区城建局、区商务局、区统计局相关负责人参加考察。

29 日

下午，东湖区在区政府第一会议室召开全区开放型经济工作调度会。会议通报各单位注册项目情况、主要领导外出招商情况，解读“五新”项目，并部署开展省外赣籍企业家情况调查工作。区领导刘众星主持会议，各经济责任单位分管领导参加。

三月

1 日

上午，东湖区在区政府第一会议室召开 2016 年经济考核办法制订工作调度会。会议听取各责任单位对 2016 年经济考核工作的汇报和说明，并对经济考核办法逐条进行研究。区领导陈曙主持会议，区发改委、区商务局、区财政局、区经济办等单位主要负责人参加。

上午，国务院教育督导组一行 5 人到东湖区专项督导春季开学工作，先后到滕王阁保育院、滨江学校和南昌十中等学校，通过询问、听汇报、实地察看等方式进行检查。江西省委教育工委委员、省教育厅总督学汤赛南，省政府教育督导委员会办公室调研员胡定南、省教育厅学校安全稳定处副处长伍斌斌、省公安厅治安总队内部安全保卫处处长邓裕坤，南昌市教育局、市公安局等相关领导陪同督导检查。

2日

下午,区委十一届第61次常委会议在区综合服务中心南楼七层区委第一会议室召开,区领导杨文斌主持。会议学习传达江西省县乡领导班子换届工作会议精神;审议区人大党组提出的《关于审议〈东湖区第十五届人大常委会2016年工作要点与工作安排〉的请示》,区政协党组提出的《关于审议〈东湖区政协2016年度协商工作计划〉的请示》;研究有关干部人事议题。区领导李云峰、喻国泰、陈曙、王志勤、焦玉庄、唐铭市、夏小兰、张东林、林正通出席,闵建波、王玮列席。

3日

上午,江西省委常委、南昌市委书记龚建华,市委常委、市委秘书长江晓斌到东湖区开展专题调研。龚建华要求认真贯彻中央城市工作会议精神,落实全市城市工作会议部署。

下午,区领导李云峰会见到东湖区投资考察的世茂地产南昌公司孙敬放总经理一行,双方就公司意向投资项目事宜进行沟通洽谈。区领导刘众星,区商务局、区房管局、东湖区国土分局、东湖区规划分局负责人参加。

区委决定:免去桂兵的东湖区人大常委会党组成员职务;免去莫显荣的中共东湖区人民法院党组成员职务。

区委同意:免去莫显荣的东湖区人民法院副院长、审判委员会委员、审判员职务。

7日

上午,区领导李云峰会见银泰置地(集团)有限公司副总裁兼宁波区域公司执行董事沈君升一行,双方就银泰置地在东湖选择合适的契机进行投资展开深入交流和探讨。区领导张东林、刘众星,区房管局、区商务局、区国土分局相关负责人参加会见。

下午,东湖区在区政府第一会议室召开全区2016年第二次开放型经济工作调度会,传达区委、区政府主要领导对开放型经济工作调度会的要求,通报全区2016年1—2月份社消数据的报送情况、专业市场统一收银工作的相关情况,分析全区财税工作的严峻形势及下步工作安排。区领导刘众星主持会议,各经济责任单位相关负责人参加。

8日

上午,东湖区召开2016年慢性病和艾滋病综合防控示范区多部门协调会暨计划生育工作布置会,总结2015年度区慢性病与艾滋病综合防控示范区有关工作并布置2016年相关工作,宣读2015年慢性病综合防控示范单位名单,部署2016年计划生育工作。区领导童萍如,东湖区慢性病和艾滋病综合防控示范区各成员单位分管领导,区卫计委有关领导,区疾控中心主任及分管艾滋病、慢性病的副主任参加会议。

上午,区领导刘众星率区安监局负责人,检查区城建局和大院街道办事处的安全生产工作。主要检查两个单位全国“两会”期间的安全生产工作部署、行业领域安全生产监管、安全隐患排查整改、应急救援工作和值班值守工作等工作台账。

下午,东湖区在区委第一会议室召开基层党建项目工作调度会,区领导杨文斌主持会议。会议研究光明社区改造提升、基层党组织标准化建设的方案汇报,听取东湖区老年大学、区党建服务中心、街道便民服务中心等项目进展情况汇报。区领导唐铭市,区委办公室、区委组织部、区老干局、区城建局、区城管局、区教科体局、区文广局、区卫计委、区民政局、区人社局、区综治办、区行政服务中心、八一桥街办、墩子塘街办、百花洲街办、公园街办、大院街办、彭家桥街办、滕王阁街办主要负责人及光明社区负责人参加。

下午,区领导李云峰会见中农联控股有限公司董事长洪宇一行,就企业在南昌投资规划和项目推进合作事宜进行交流洽谈。区领导陈曙出席,区发改委、区商务局、区统计局、区房管局、区国土分局、区规划分局、区农办等单位负责人参加会见。

9日

上午,区领导李云峰会见共青团江西省委青少年事业中心主任毛鸿山及浙江莱根信息科技有限公司董事长李真一行,共同商讨互联网创业项目建设等事宜。

10日

上午,江西省政协“推进城市管理综合执法工作”调研组一行视察东湖区智慧城管项目,区领导李云峰、张东林、冯于水陪同。

上午,区领导李云峰、喻国泰深入街道、社区,实地察看东湖区旧城改造相关项目情况。李云峰一行先后到王家庄、豫章后街、叠山路、文教北路、洪都北大道、青山湖西岸片区、青山南路等路段，沿线旧城改造项目现场，了解项目情况。

下午，东湖区在区政府第一会议室召开全区2016年消防工作会议，通报2015年全区消防工作情况，并对2016年消防工作进行部署。区政府党组成员、办公室主任查秋滚主持，区领导杨玉章出席，区政府办公室、东湖消防大队、区安监局主要负责人，扬子洲镇、各街办（管理处）、东湖公安分局、区监察局、区委政法委、区发改委、区教科体局、区民政局、区财政局、区环保局、区城建局、区城管局、区房管局、区商务局、区文广局、区卫计委等区消防安全委员会成员单位分管负责人，全区各派出所分管副所长参加。

下午，东湖区在区委第一会议室召开旧改指挥部工作会议。听取区旧改指挥部组建情况汇报及2016年第一轮房屋征迁工作方案汇报。区领导杨文斌主持，张东林、胡志强、胡中平出席，区委办公室、区财政局、区房管局、贤士湖管理处主要负责人参加。

下午，区领导闵建波、彭雅琳、桂兵到大院街道调研人大换届工作。

11日

上午，东湖区四套班子领导和区属机关干部职工150余人到扬子洲镇渔业村北岸自然村开展2016新春义务植树活动。

上午，区领导杨文斌、喻国泰、唐铭市、胡志强一行到扬子洲镇、扬农管理处走访，看望镇、管理处班子成员及村（社区）负责人，并在扬子洲镇政府二楼会议室召开控违工作座谈会。区委办公室、区行政执法局、区农办主要负责人，扬子洲镇、扬农管理处全体班子成员及各村（社区）书记、主任参加。

14日

区领导李云峰一行赴北京参观考察北京城建集团建筑工程总承包部，拜访公司总经理董树恩，双方就企业在南昌投资进行广泛交流和探讨。区城建局主要负责人一同考察。

15日

上午，区领导杨文斌、夏小兰、童萍如先后到豫章小学二部、城北学校、育新学校小学部调研教育发展工作。杨文斌一行参观三所学校的校容校貌，了解各学校校园文化建设情况，并在育新学校会议室与区教科体局领导班子及部分学校代表举行座谈。

上午，区领导胡志强会见浙江裕业集团副总裁余永辉、浙江养安享养老产业股份有限公司总经理张安宁一行，双方就东湖区百花洲街道居家养老服务中心项目进行交流讨论。区民政局负责人参加会见。

16日

上午，区领导李云峰会见浙江养安享养老产业股份有限公司总经理张安宁及浙江裕业集团副总裁余永辉一行，双方就养安享项目进行交流。区领导童萍如、胡志强及区民政局、区卫计委、区经济办等相关负责人参加会见。

下午，区领导夏小兰到区城建局就2016年停车场建设工作召开调度会，听取停车场建设的前期筹备进展情况汇报。市政控股集团、区城建局负责人员参加会议。

下午，江西省政协副秘书长、民盟江西省委会专职副主任任江南，民盟江西省委会宣传部副部长赵金华，民盟南昌市委会专职副主委谢华，民盟南昌市委会社会服务部副部长邓丽华一行到东湖区，以“四方书画院”为依托打造文化艺术街区召开座谈会。参会人员围绕“四方书画院”的现状、人文资源、周边资源进行讨论，初步设想东湖区发展文化艺术产业的总体布局、重点项目等。区领导郑洪健、区政府办、区发改委、区文广局、区商务局相关人员陪同。

17日

上午，东湖区在区综合服务中心南楼七层常委会议室召开区委书记议事会，讨论东湖区2016年推进“四区一体”建设七大指挥部工作实施方案，并指出成立七大指挥部（经济发展、旧城改造、城市建管、民生社会事业、党的建设、社会稳定、青山湖西岸工作指挥部）对于该区各项工作的有效统筹运转具有重大意义。区领导杨文斌主持会议，区领导李云峰、喻国泰、陈曙、夏小兰、张东林、陈东亮、彭雅琳、童萍如、杨玉章、胡志强、胡中平、杜迎春出席会议。全区有关部门负责人和区委组织部、区委政法委、区政府办公室、区商务局、区环保局、区法院、东湖交警等单位分管负责人参加会议。

下午，东湖区召开下正街地块旧改项目和沿江北大道快速路征迁工作调度会，会议分别就下正街地块规划、电厂土地收储以及沿江快速路征迁工作进行研究和布置。区领导张东林主持会议，区商务局、区房管局、东湖国土分局、东湖规划分局及中电投公司等相关负责人参加。

下午，区领导李云峰、张东林一行到区城建局就2016年城建工作开展座谈调研。会上，区城建局就该局的基本情况及存在问题进行汇报，并对2016年各项重点项目的进展及下一步工作安排进行重点汇报。

下午，区领导李云峰、陈曙到区财政局调研，听取2016年全区财政预算情况汇报。

18日

上午，东湖区在区综合服务中心南楼六层区政府常务会议室召开区政府第55次常务会，学习传达《关于六起中管干部违反中央八项规定精神问题的通报》和《鹿心社省长在省政府最近召开的一次重要会议上针对有关情况反映提出明确要求》，审议《关于提请区政府审议〈东湖区困难灵活就业参保人员城镇职工基本养老保险助保贷款实施方案（草案）〉的请示》等议题。区领导李云峰主持，陈曙、张恩、童萍如、胡志强出席会议，余瑾、郑洪健列席会议，区政府党组成员余坚、万勇、查秋滚参加会议。

上午，东湖区在区政府六楼第一会议室召开全区财税工作调度会，区领导李云峰主持会议。区财政局对2016年1—2月份全区财税工作开展情况和任务完成情况进行总结和通报，税务部门就部门财税工作开展情况进行汇报。区领导陈曙出席，区政府办公室、区财政局、市国税征收局、市地税直属分局、区国税局、区地税局主要负责人及区协税办全体人员参加。

20日

上午，区领导夏小兰、童萍如到区文化活动中心指导工作。夏小兰一行先后到区文化馆、区图书馆，重点查看区文化馆和区图书馆的智能化建设情况，参观非遗陈列室、群众书画展览室、舞蹈排练厅、戏曲排练厅、图书阅览室。

21日

下午，东湖区在区政府常务会议室召开全区2016年第三次开放型经济工作调度会，会上观看东湖区招商引资宣传片，传达2016年南昌市外向型经济干部专题研讨班的相关教学内容和心得体会，分析近期的社消数据和固定资产投资情况，通报各经济责任单位主要领导外出招商情况，并对赣港会和赣台会的相关工作提出要求。区领导刘众星主持会议，各经济责任单位相关负责人参加会议。

22日

上午，东湖区综治委在区委政法委会议室召开全区综治工作专题部署暨三月份治安形势分析会，传达南昌市综治工作会议精神，通报全区一季度刑事警情，听取综治宣传及提升公众安全感工作进展情况汇报，部署全区综治相关工作。区领导王志勤出席并讲话，区委政法委常务副书记谈浔主持会议，区综治办主任，各镇、街道、管理处综治委主任，以及东湖公安分局治安大队大队长参加。

上午，区领导刘众星在区政府综合大楼南楼第一会议室会见深圳毕路德建筑顾问有限公司首席建筑师、合伙人杜昀一行，双方就推进合作发展事宜进行交流。区商务局、区文广局、扬子洲镇、豫章街办、区机管局相关负责人参加。

23日

上午，南昌市西湖区人大常委会主任马力一行10人到东湖区文化活动中心学习考察，重点考察区文化馆、区图书馆的智能化建设、各场馆设施及功能和免费开放情况。区领导李云峰、闵建波、童萍如陪同。

上午，区领导夏小兰与江西省中融文化产业发展有限公司董事长孙建强就东湖区文化产业协会筹备工作进行商议，包含文化产业协会组织机构设立、文化产业协会章程拟定以及文化产业大厦选址等内容。

上午，东湖区在区政府第一会议室召开紫金城项目相关问题协调会，听取紫金城项目前期相关问题的汇报，就“紫金城”住宅四期等后续项目的报建、项目内2000平方米仓库和10号地块拆迁、商铺退铺相关税费减免和项目西面绿化用地等事宜进行沟通和协调，并形成初步解决方案。区领导李云峰主持，张东林、童萍如、胡志强出席，区政府办、区财政局、区教科体局、区商务局、区房管局、东湖国土分局、东湖规划分局、区国税局、区地税局、董家窑街办、区法制办等单位以及九鼎投资公司相关负责人参加。

24 日

上午，东湖区在区综合服务中心南楼区政府常务会议室召开区政府第 56 次常务会，会议就《新食品安全法》进行法制专题讲座，并审议《东湖区 2016 年第一轮房屋征迁工作实施方案（征求意见稿）》等议题。区领导李云峰主持，陈曙、张东林、童萍如、杨玉章、胡志强、刘众星出席，余瑾、郑洪健列席，区政府党组成员余坚、万勇、刘文俊参加。

上午，东湖区在区综合服务中心南楼区政府常务会议室召开区政府第 6 次区长办公会，审议《关于提请审议东湖区人民政府与江西海印餐饮管理有限公司合作协议的请示》等议题。区领导李云峰主持，陈曙、张东林、童萍如、杨玉章、胡志强、刘众星出席，区政府党组成员余坚、万勇、刘文俊参加。

25 日

上午，东湖区安全生产工作会暨第一季度安委会例会在区政府第一会议室召开。会议总结 2015 年及 2016 年第一季度全区安全生产工作的总体情况，分析安全生产的形势，并对第二季度及 2016 年度的安全生产工作进行部署。区领导刘众星出席会议并讲话，区安全生产委员会各成员单位负责人参加会议。

上午，区委十一届第 62 次常委会议在区综合服务中心南楼七层区委第一会议室召开，区领导杨文斌主持。会议审议区政协党组提出的《关于审议〈东湖区政协 2016 年度协商工作计划和工作要点〉的请示》；审议区委政法委提出的《关于召开 2016 年全区政法工作会议的请示》及相关会议材料；审议区政府党组提出的《审议〈关于表彰 2015 年度全区社会治安综合治理目标管理先进单位、先进集体及先进工作者的决定（送审稿）〉的请示》《审议〈关于嘉奖 2015 年度全区社会治安综合治理目标管理先进单位综治责任人及综治办主任的决定（送审稿）〉的请示》《关于审议〈东湖区 2016 年第一轮房屋征迁工作实施方案（送审稿）〉的请示》《关于审议〈东湖区 2016 年推进“四区一体”建设七大指挥部工作方案（送审稿）〉的请示》；审议区委办公室提出的《关于审议〈东湖区 2016 年度区委常委调研课题（送审稿）〉的请示》《关于审议〈东湖区 2015 年度综合目标管理考核实施意见（送审稿）〉的请示》。区领导李云峰、喻国泰、陈曙、王志勤、焦玉庄、夏小兰、林正通出席，王玮、童萍如、胡志强、刘众星列席。

28 日

上午，区领导闵建波等 10 余人到区文化活动中心考察。闵建波一行重点考察区文化馆、区图书馆的智能化建设情况、各场馆设施及功能和免费开放情况。

上午，区领导杨文斌、李云峰在区综合服务中心南楼七层常委会议室会见北京城建道桥地产投资有限公司、北京城建中地投资有限公司总经理蒯旭一行。企业方代表就有关地下空间综合开发利用项目调整优化后的规划设计方案进行介绍，双方就意向投资项目推进事宜进行沟通洽谈。区领导张东林、刘众星出席，区商务局、区城建局、区人防办、区国土分局、区规划分局、大院街道等单位负责人参加。

29 日

上午，东湖区在区政府第一会议室召开 2016 年全区清明节文明祭扫工作布置会，对 2016 年全区清明节文明祭扫工作方案进行解读，明确各个相关单位的工作职责。区领导胡志强主持会议，区民政局、区委宣传部、区直机关工委、区文明办、区市场监管局、区城管局、区环保局、区教科体局、东湖公安分局、东湖交警大队、东湖消防大队、东湖执法分局，扬子洲镇、各街办、管理处负责人参加。

上午，江西省副省长谢茹、省政府副秘书长陈敏、省妇联副主席黄海燕，到东湖区就妇女儿童两规划实施情况进行调研。谢茹一行参观该区巾帼创客基地——淘宝创意产业大学，对创业大学的创意设计给予肯定并鼓励广大女性在自主创业项目上走出一条新路。南昌市政府办公厅、市妇联等单位负责人，区领导杨文斌、童萍如等陪同调研。

下午，东湖区在区文化活动中心演艺大厅召开区委中心组理论学习（扩大）会。南昌市发展和改革委员会党组成员、总经济师柳华应邀解读南昌市“十三五”规划，从主要内容、重大背景、目标方向、使命要求等方面进行详细阐述。区委、区人大、区政府、区政协班子成员,区人武部部长,区法院院长,区检察院检察长,全区副科级以上领导干部300余人参加会议。区领导夏小兰主持会议。

30日

上午,东湖区在区文化活动中心演艺大厅召开2016年第一轮旧改房屋征迁工作动员大会。区领导杨文斌对2016年第一轮房屋征迁工作进行动员讲话,胡志强对《东湖区2016年第一轮房屋征迁工作实施方案》进行解读。区委、区人大、区政府、区政协县级领导干部,区人武部部长、区法院院长、区检察院检察长;全区副科级以上领导干部,各垂管单位主要负责人;区旧改指挥部各组组长、副组长以及涉及征迁的社区主任、村委会主任(书记)参加会议。

31日

上午,江西省委常委、南昌市委书记龚建华,市委常委、市委秘书长江晓斌,市委常委、宣传部部长龙和南,到东湖区文化活动中心调研该区群众文化活动。龚建华一行参观区文化馆、区图书馆的非遗展览厅、国学堂、戏曲排练厅、曲艺排练厅、少儿阅览室等功能房,查看群众参与文化活动的情况,观看工作人员现场演示网上场馆预约功能和自助办证功能,对文化馆、区图书馆的建设给予肯定。市政府办公厅,市文化广电新闻出版局负责人,区领导杨文斌、童萍如等陪同调研。

下午,东湖区政法工作会议在区文化活动中心演艺中心召开,区领导李云峰主持会议。会议听取2016年东湖区政法工作报告,宣读区委、区政府《关于表彰2015年度全区社会治安综合治理目标管理先进单位、基层先进集体及先进工作者的决定》《关于嘉奖2015年度全区社会治安综合治理目标管理先进单位综治责任人及综治办主任的决定》,并为获得2015年度全区综治先进的集体和个人颁奖。区领导杨文斌、陈曙、王志勤、林正通、谢蓉、杨玉章、胡志强、敖晓焕,区法院院长钟瑛,区检察院检察长杜迎春出席会议。区综治委委员,扬子洲镇、街道、管理处党(工)委书记、专职副书记、综治专职副主任,区综治责任单位党委、党组主要负责人、综治工作分管领导,区委政法委常务副书记、副书记,区委维稳办、区委防范和处理邪教问题领导小组办公室副主任,区网格管理中心主任,区政法各部门副科级以上领导干部,部分村(社区)书记、先进单位代表和先进个人共计218人参加会议。

本月

东湖区率先在全省县区中成立文化志愿者协会,下设文化义演、场地执行、场馆服务、艺术培训和爱心能量5个分会。志愿者协会制定《东湖区文化志愿者管理办法》,实现所有志愿者在线注册、在线计时,建立考核评优机制。

2015年东湖区“贵林社周六剧场”被评为文化部优秀文化志愿服务项目。2016年推出的“新壹天全民音乐会”正在如火如荼地开展。

四月

1日

上午,东湖区在区文化活动中心三楼演艺中心召开2016年推进“四区一体”建设七大指挥部工作动员大会。会议解读《东湖区2016年推进“四区一体”建设七大指挥部工作方案》,并部署相关工作。区领导杨文斌在会上作动员讲话,李云峰主持会议。

下午,东湖区在区文化活动中心四楼新闻发布厅召开全区党群工作会议。区领导杨文斌、喻国泰、焦玉庄、唐铭市、夏小兰出席,李云峰主持会议,各相关单位100余人参加。杨文斌在会上就如何做好2016年全区党群工作发表讲话。

下午,区领导刘众星到胜利路步行街管委会开展工作调研,听取管委会负责人对招商引资、日常管理、街景打造及展会活动等各项工作的汇报,各相关部门就步行街业态提升、管理职责等方面的问题提出意见建议。区商务局、百花洲街办、滕王阁街办及区执法局女子中队相关负责人参加调研。

2日

上午,东湖区在区政府常务会议室召开区旧城改造指挥部第1次会议,区领导李云峰主持会议,张东林、胡志强、胡中平出席。会议听取工作进展及下一步工作安排;就摸底、宣传、培训等情况,打赢2016年征迁工作首轮战役,做好信访稳定等工作进行部署；对旧改总指挥部人员组建、工作安排、调度机制、简报宣传、培训安排等工作提出要求。区旧改指挥部各组组长、办公室成员参加会议。

5 日

上午，共青团江西省委书记曾萍，副书记孙鑫、廖良生率领团省委各部室部长深入东湖区刘将军庙社区、状元桥社区开展工作调研。曾萍一行分别调研“童心圆梦”公益性社区少年宫开展情况、南昌市太阳花社会工作服务中心承接的青年空间服务项目，听取太阳花社会工作服务中心负责人的汇报，并对两个项目给予肯定。团市委主要负责人、区领导李云峰等陪同调研。

下午，东湖区在区政府常务会议室召开全区城市管理工作调度会，区领导张东林主持。会上观看近期城市管理中出现的各种问题视频，并解读城市管理考核办法。区政府办、区综管办、区城建局、区城管局、区执法局主要负责人，扬子洲镇执法中队，各街道、贤士湖管理处城管办和执法中队负责人参加。

6 日

上午，区领导李云峰、陈曙、刘众星到豫章街道进行调研。李云峰一行先后走访滨江、上沙窝、新星、四经路等社区，视察社区办公用房和相关配套设施，询问社区工作进展情况，并在豫章街道四楼会议室召开座谈会，听取街道相关工作情况汇报及相关单位提出的意见、建议。区政府办、区民政局、区财政局、区商务局、区协税护税办等单位相关负责人参加调研。

下午，区领导杨文斌、李云峰分别会见南昌中海地产有限公司总经理徐斯伟一行，就中海地产摘牌获得东湖区硅酸盐制品厂南、长北侧地块的开发相关事宜进行交流。区领导刘众星，区商务局主要负责人参加会见。

7 日

上午，东湖区在区政府常务会议室召开全区《国有土地上房屋征收补偿方案（征求意见稿）》论证会，区领导胡志强主持会议。会上宣读《国有土地上房屋征收补偿方案（征求意见稿）》，听取各街办人大代表和政协委员对方案的意见、建议。有关单位分管领导，相关街办各 1 名人大代表和政协委员参加会议。

下午，区领导李云峰会见深圳同路集团董事长陈高峰一行，双方就 2016 东湖区·深圳文化产业招商推介会方案策划事宜进行交流。区领导夏小兰、刘众星，区发改委、区商务局、区统计局、区文广局等单位负责人参加会见。

8 日

上午，东湖区在区政府常务会议室召开区政府第 57 次常务会，会上观看《“媒体啄木鸟”行动》光盘，审议《东湖区 2016 年经济发展工作考核办法（送审稿）》等议题。区领导李云峰主持会议，陈曙、张东林、胡志强、刘众星出席，区政府党组成员余坚、万勇、查秋滚参加会议，区领导张恩、余瑾、郑洪健列席会议。

上午，东湖区在区政府常务会议室召开区政府第 7 次区长办公会，会议审议《东湖区 2016 年度区政府领导班子成员调研课题（送审稿）》。区领导李云峰主持，陈曙、张东林、胡志强、刘众星，区政府党组成员余坚、万勇、查秋滚参加。

上午，东湖区在区综合服务中心南楼宣传部会议室召开东湖区·深圳文化产业招商推介会筹备会。会议听取文化产业招商推介会工作筹备情况、拟推介项目和签约项目情况的汇报，并部署推介会相关工作。区领导夏小兰主持会议，区委宣传部、区商务局、区文广局主要领导，扬子洲镇、各街办、扬农管理处、贤士湖管理处分管领导以及辖区 20 多家文化企业负责人参会。

上午，区领导刘众星会见欣隆（香港）集团股东吴剑飞、江西华民实业公司董事长何競功一行，就华民实业增资事宜进行友好沟通，区卫计委、区商务局负责人参加会见。

下午，东湖区在区政府常务会议室召开 2016 年区“休闲农业·秀美乡村”活动月工作部署会，区领导胡志强主持。会议听取活动月的实施方案、具体活动内容的介绍，并部署活动月的相关工作。区委宣传部、区财政局、区文广局、区委老干局、团区委、区农办、扬子洲镇相关领导，扬子洲森美生态园和菇事汇农庄代表参加会议。

11 日

上午，区领导张东林会见南昌中海地产公司总经理徐斯伟一行，就青山湖西岸相关项目合作事宜进行交流，区商务局主要负责人参加会见。

下午，东湖区在区政府第一会议室召开全区

2016年第四次开放型经济工作调度会，区领导刘众星主持。会议学习“营改增”的相关业务知识，通报各经济责任单位上报的“五新”项目、主要领导外出招商情况和5000万元以上项目注册及视频拍摄情况。各经济责任单位相关负责人参加会议。

下午，东湖区在区综合服务中心南楼七层常委会议室召开旧城改造工作调度会，专题研究全区2017年旧城改造计划。会议听取区旧改办提出的《东湖区2017年旧城改造计划(送审稿)》。区领导杨文斌主持会议，李云峰、陈曙、张东林、胡志强、胡中平出席会议。区委办公室、区房管局、区旧改办、区财政局、区城建局、区国土分局、区规划分局、区城投公司及各街办、贤士湖管理处主要负责人参加会议。

下午，南昌市残联理事长余颖一行到东湖区残疾人培训中心指导南昌市百乡千人“淘宝云客服”残友创业就业基地培训情况。余颖一行详细了解该项目的进展情况，并对项目相关工作提出要求，

12日

江西省人大常委会副主任谢亦森，省人大常委会委员、内司委主任委员胡宪和副主任委员赵锦成、陈友锦以及委员罗慧芬，省司法厅党组书记、厅长沙闻麟和副厅长肖良等一行到东湖区法治科普安全宣教中心参观调研。谢亦森一行参观法治科普宣教中心的各个展区，详细了解法治宣传工作进展情况。区领导杨文斌、闵建波、童萍如、杨玉章以及区司法局、区教科体局主要负责人陪同调研。

13日

下午，东湖区召开2016年食品安全工作会议，传达南昌市食品安全监管工作会议精神，总结2015年全区食品安全工作，部署2016年食品安全重点工作，会上区政府与扬子洲镇、各街办(管理处)签订2016年食品安全工作目标责任书。区领导刘众星主持会议，陈曙出席，扬子洲镇、各街办(管理处)主要领导、区食品安全委员会各成员单位相关领导参加。

上午，区委十一届第63次常委会议在区综合服务中心南楼七层区委第一会议室召开，区领导杨文斌主持。会议审议区政府党组提出的《关于审议〈东湖区2015年经济工作考核奖励意见(送审稿)〉的请示》《关于审议〈东湖区2016年经济发展工作考核办法(送审稿)〉的请示》《审议〈东湖区人民政府关于开展国有土地上房屋征收司法强制执行工作的实施意见(试行)(送审稿)〉的请示》《审议〈关于实施河湖管理“河湖长制”加快推进水生态文明建设的意见(送审稿)〉的请示》《关于表彰2015年度人口和计划生育工作先进单位和先进个人的请示》;审议区委组织部提出的《关于成立东湖区领导班子换届筹备工作领导小组的请示》《关于成立东湖区乡镇领导班子换届工作领导小组的请示》;听取东湖区换届工作第一阶段进展情况汇报。区领导李云峰、喻国泰、陈曙、王志勤、焦玉庄、唐铭市、夏小兰、张东林、林正通出席，闵建波、王玮、童萍如、刘众星列席。

15日

上午，区领导李云峰会见上海浦发银行江西省行投行部常超总经理等一行，双方就意向在东湖区设立南昌浦发城投城市投资一号管理中心等事宜进行沟通洽谈。区领导陈曙、刘众星，区商务局、区金融办负责人参加会见。

上午，东湖区召开东湖区·深圳文化产业招商推介会前期工作推进会。会议听取推介会前期筹备工作的具体内容及策划思路，并部署相关工作。区领导夏小兰主持会议，区委宣传部、区商务局、区文广局、区统计局以及江西日报传媒集团、深圳同路创意集团相关负责人参会。

下午，东湖区在区综合服务中心南楼七层常委会议室召开汇报会，专门听取光明社区、百花洲街区、贤士湖街区改造设计方案汇报。区领导杨文斌主持，李云峰、唐铭市、张东林出席。区城建局、区教科体局、区文广局、区规划分局、彭家桥街办、光明社区、百花洲街办、公园街办、董家窑街办、贤士湖管理处主要负责人参加。

18日

上午，区领导胡志强到扬子洲地区察看防汛工作情况。胡志强深入扬子洲电排总站，莘洲段防汛物资储存点，渔业段防汛物资储存点，长村、林场及扬农段圩堤堤顶整修现场进行察看。区农办、扬子洲镇、扬农管理处主要负责人参加。

东湖区在区政府第一会议室召开全区2016年第五次开放型经济工作调度会，传达区委常委

会研究全区经济工作时对各经济责任单位的要求，分析全区开放型经济工作的形势，学习“营改增”相关业务的知识，听取各经济责任单位对开放型经济工作动态的汇报。区领导刘众星主持会议，各经济责任单位相关负责人参加。

19日

上午，江西省工商局副巡视员袁建军一行到东湖区豫章1号文化科技园调研，就园区如何发展广告产业、建设省级广告产业园提出指导性意见。区领导夏小兰陪同，江西日报社副总编辑王少君、产业园开发管理办公室副主任杨建智，区文广局主要负责人参加调研。

19日—20日

区领导李云峰率招商小分队赴杭州进行招商活动，分别考察余杭梦想小镇、钱江新区城市阳台、中海御道路一号、浙江万马集团等，了解项目的发展情况及投资设想，并就东湖区主导产业打造与企业方进行交流。区领导王玮、张东林，区商务局、国土分局、规划分局、区团委、大院街办等部门负责人参加考察。

20日

上午，南昌市委常委、政法委书记刘家富到东湖区调研政法工作。刘家富听取该区政法综治工作开展情况的汇报，对东湖区在政法工作方面做出的成绩给予肯定，并对该区下一步的政法综治工作提出具体要求。

江西省政协副主席郑小燕一行到东湖区疾控中心调研二类疫苗采购管理工作。调研组听取区疾控中心的工作汇报，参观疾控中心预防接种门诊，查看疫苗储存和运输冷链设施装备情况，并对区二类疫苗的管理工作给予肯定。南昌市政协副主席龙国英以及市、区相关部门负责人陪同调研。

21日

上午，区领导李云峰、夏小兰带领招商小分队赴深圳福田区政府，就举办东湖区2016·深圳文化产业招商推介等事宜进行交流座谈。双方就文化产业招商推介会上如何邀商、合作办会、签订框架合作协议等事宜进行讨论。福田区委副书记、区长肖亚非和副区长夏炀，福田区发改局、宣传部、科创局、文产办、经促局、企服中心、区委区府办、区文产协会和东湖区商务局、文化局、统计局及江西日报等主要负责人参加。

上午，区领导李云峰、夏小兰带领招商小分队前往深圳同路集团进行考察，双方就2016东湖区·深圳文化产业招商推介会方案策划事宜进行交流。

上午，天津市武清区政协研究室主任马春祥，政协委员、区科协主席艾玉田等一行到东湖区智慧城管监督指挥中心参观指导工作。马春祥一行仔细了解中心平台建设及运行情况。区领导敖晓焕陪同。

22日

上午，区领导刘众星会见中节能绿色建筑产业有限公司总经理助理黄晓栩一行，双方就企业在东湖区有关投资意向事宜进行沟通交流。

23日

下午，区领导李云峰到扬子洲地区视察指导防汛工作。李云峰先后察看扬子洲电排总站、莘洲段物资料石厂和渔业段防汛物资料石厂、扬子洲圩堤，区领导张恩、区农办及扬子洲地区等相关负责人参加。

上午，区委十一届第64次常委会议在区综合服务中心南楼七层区委第一会议室召开，区领导杨文斌主持。会议学习传达《中共江西省委办公厅印发〈关于在全省党员中开展“学党章党规、学系列讲话，做合格党员”学习教育实施方案〉的通知》（赣办发〔2016〕13号）文件精神；审议区委组织部提出的《关于审议〈东湖区贯彻落实省委、市委“两学一做”学习教育动员部署会精神的意见（送审稿）〉的请示》《关于召开中国共产党东湖区第十二次代表大会的请示》；审议区委统战部提出的《关于成立区委统战工作领导小组的请示》。区领导李云峰、喻国泰、陈曙、焦玉庄、唐铭市、夏小兰、张东林出席，闵建波、王玮列席。

26日

下午，东湖区在区综合服务中心南楼宣传部会议室召开2016深圳文化产业招商推介会前期筹备工作调度会。会议通报同路策划公司工作团队的近期工作进展、需要协调解决问题及下一步工作计划，解读2016深圳文化产业招商推介会执行方案和宣传方案，并针对推介会相关工作提出具体工作要求。区领导夏小兰主持，刘众星出席，江报集团产业园、区委宣传部、区商务局、区文广局、区统计局、区机管局相关负责人及同路策划公司工作团队参加。

27 日

上午,第五届"休闲农业秀美乡村"活动月东湖区专场暨进贤县文化交流专场文艺活动在樟树林文化生活公园举行。活动共有10个节目,形式有舞蹈、独唱、对唱、葫芦丝演奏等。

下午,区领导刘众星先后对东湖区乐豆家央央春天、百大众兴77号便利店进行检查,详细了解便利店的建设标准、建设计划、服务范围、营业状况,并对店面的便民功能给予肯定。区商务局相关负责人参加。

晚上,"东湖区外来务工人员文化活动中心"挂牌成立,与此同时,东湖区外来务工人员第二届庆"五一"文艺活动隆重开幕。文艺活动共有11个节目,均为外来务工人员自编自演。

28 日

上午,江西省精神文明建设工作表彰大会在南昌召开。东湖区获评"第五届省级文明城市",是南昌市唯一获此殊荣的城区,区领导李云峰代表东湖区上台领取奖牌。

下午,东湖区在区综合服务中心南楼区政府常务会议室召开区政府第58次常务会,会议观看《"媒体啄木鸟"行动》光盘,审议《东湖区城市综合管理工作考核办法(送审稿)》等议题。区领导李云峰主持,陈曙、张东林、童萍如、杨玉章、刘众星出席,余瑾列席,区政府党组成员余坚、万勇、查秋滚、刘文俊参加。

下午,东湖区在区政府常务会议室召开区政府2016年第8次区长办公会,审议《东湖区市场监管局关于公开招聘市场监督管理员、信息员工作方案》等议题。区领导李云峰主持,陈曙、张东林、童萍如、杨玉章、刘众星,区政府党组成员余坚、万勇、查秋滚、刘文俊参加。

本月

东湖区企业挂牌"新三板"工作迎来"开门红"——江西盈科行网络信息股份有限公司成功在中小企业股份转让系统("新三板")挂牌,成为南昌市2016年第一批"新三板"挂牌公司,股票代码837118。

东湖区图书馆开展外国文学名著插图展。活动展出20多块图文并茂的精美展板,读者可以更加直观地接触名著,对经典作品进行"深阅读"。

在江西省旅发委组织的2015江西旅游商品大赛中,由东湖区文化广电旅游新闻出版局推荐的"青花系列"刺绣项链荣获一等奖,"滕王阁邮票笔筒""滕王阁青花瓷盘"荣获三等奖。同时,"青花系列"刺绣项链被国家旅游局授予"中国百佳旅游商品"称号。

东湖区贤士花园、新公园路、墩子塘、四经路、花园角5个农贸市场获得"2015年度南昌市星级农贸市场"称号。

东湖区董家窑街道团工委成为首批"全国城市街道区域化团建示范创建单位"。

东湖区非遗项目——豫章绣、南昌瓷板画、吉州窑参加在澳门威尼斯人金光会展中心举行的澳门非物质文化遗产暨古代艺术国际博览会。

东湖区"斯汀格尔杯"中小学生足球比赛在光明学校成功举办。育新学校、光明学校获得中学组冠、亚军,南京路小学、东湖小学、育新学校、豫章小学、光明学校获得小学男子甲组前五名,南京路小学、豫章小学、育新学校、光明学校获得小学男子乙组前四名,南京路小学、东湖小学、红星小学、豫章小学获得小学女子组前四名。育新学校、光明学校、南京路小学、东湖小学代表东湖区参加南昌市第六届体育节足球比赛。

经东湖区非物质文化遗产保护中心申报,距今有近三百年历史的"豫章绣"成为江西省级非物质文化遗产项目。豫章绣传承人余正连、周南英在北京加入中国非遗保护联盟创意手工专业委员会。

东湖区在江西省青少年业余训练综合成绩中名列第一,并取得2015年青少年锦标赛、百县运动会、输送运动员三个总分第一名好成绩,荣获2015年度全省青少年业余训练"十强县"荣誉称号。

在南昌市第五届全民健身运动会启动仪式暨2016年"五一杯"南昌市第二届足球、羽毛球锦标赛颁奖仪式上,东湖区羽毛球代表队荣获第一名,足球代表队荣获第五名,东湖区获得"最佳组织奖"。

五月

3 日

上午,东湖区召开全区城市综合管理工作总

结表彰暨2016年城市综合管理工作动员部署大会,区领导李云峰主持会议。会议通报表扬全区2015年度城市综合管理工作先进单位和个人,总结2015年度区城市综合管理工作并部署2016年度区城市综合管理重点工作。南昌市城管委主任杨保根、区领导杨文斌出席会议并讲话。区领导张东林、杨玉章、胡志强、冯于水,区委各部门、区直各单位、各镇(街道、管理处)、东湖公安分局、东湖消防大队、各村(社区)有关负责人参加会议。

下午,东湖区在区文化活动中心演艺大厅举行"活动东湖·律动五四"青年节闭幕式暨五四系列活动颁奖仪式。闭幕式分为实力东湖、活力东湖、魅力东湖、同心东湖四个篇章;颁奖仪式现场授予毛振德,刘志昇等16人第一届"东湖青年五四奖章"。共青团江西省委副书记伍复康出席活动。区领导李云峰、闵建波、王玮以及团中央全国学联办、共青团南昌市委、哈尔滨工程大学机电学院、哈尔滨工程大学教育发展基金会、南昌工学院团委等单位有关领导和嘉宾出席闭幕式。

下午,区领导李云峰一行赴江西移动公司,就大数据在政府政务、城市管理、公共安全等领域的应用与江西移动集团客户部总经理吴恒等进行深入交流,区政府办等部门负责人陪同。

下午,东湖区在区综合服务中心南楼八层宣传部会议室召开2016深圳文化产业招商推介会筹备工作调度会,区领导夏小兰主持。会议解读2016深圳文化产业招商推介会活动方案并明确工作任务;听取各单位提出的意见和建议,并提出具体工作要求。江报集团产业园、区委宣传部、区商务局、区文广局、区统计局、区机管局、区台办以及相关街办负责人参会。

4日

上午,南昌市委常委、副市长华清一行到东湖区调研,先后到区长巷村(起凤路)和香江家具城旧改项目、阿里巴巴·南昌产业带项目、区文化馆、图书馆、智慧城管等地察看项目,听取工作情况汇报,了解东湖经济社会发展情况。区领导李云峰、陈曙、张东林、童萍如、杨玉章、胡志强陪同。

上午,南昌市政协主席周关、副主席熊晓武到东湖区百花洲街道就"兴家风、淳民风、正社风"活动进行专题调研。周关一行实地察看百花洲街道人生阅览室、邮政路社区和刘将军庙社区,听取东湖区开展"三风"活动的工作汇报并给予高度肯定。区领导杨文斌、敖晓焕陪同调研。

下午,南昌市残疾人自强模范和优秀残疾人工作者先进事迹首场巡回演讲报告会在区文化活动中心演艺大厅举行,报告团成员作演讲报告。区领导胡志强主持,市残联理事长余颖以及区直各单位、扬子洲镇、各街办(管理处)残联理事长约300多人参加报告会。

东湖区成功举办校园集体舞选拔赛。邮政路小学、百花洲小学、南京路小学分别获得前三名,代表全区参加南昌市第六届中小学生幼儿体育节校园集体舞比赛。

5日

上午,东湖区禁毒工作会议在区政府6楼会议室召开。会议解读区《关于进一步加强全区禁毒工作的意见》《社区戒毒社区康复工作站建设方案》,进一步贯彻落实上级禁毒委相关会议及文件精神,分析毒情形势,部署下阶段全区禁毒工作。区领导杨玉章出席会议并讲话。区禁毒委副主任,区禁毒委各成员单位分管领导,各镇、街道、管理处主要领导及分管领导参加会议。

下午,东湖区小学英语教师口语才艺展示活动在滨江学校泽才楼三楼演播厅举行,共有来自17个学校近40位教师参加。百花洲小学、南京路小学、邮政路小学、育新学校、豫章小学和滨江学校晋级南昌市决赛。

6日

上午,南昌市规划局等有关部门及北京城建集团一行就八一广场地下商业项目的可行性进行实地考察勘测。区领导张东林,区商务局、区城建局、区国土分局、区规划分局等单位负责人参加。

上午,东湖区防震减灾局与墩子塘街道马家池社区,在马家池休闲广场联合举办以"防震宣传进万家,平安相伴你我他"为主题的宣传活动,受理市民咨询200余人次,发放印有防震知识的环保袋600余只,宣传册600余份。

上午,东湖区召开"学党章党规学系列讲话做合格党员"学习教育动员部署会,区领导李云峰主持会议。会议书面传达习近平总书记关于"两学一做"学习教育重要指示精神、全国学习教育工作座谈会议精神及江西省、南昌市"两学一做”学习教育动员部署会议精神,部署下阶段“两学一做”工作。区领导杨文斌出席并讲话,喻国泰、陈曙、焦玉庄、唐铭市以及各镇(街道、管理处)、区委各部门、区直各单位党委(党组、党支部)、区属科级事业单位党组织有关负责人参加会议。

8日

上午,2016年全国青少年校园足球特奥融合组江西海选赛在南师附小落下帷幕。作为“江西省特奥运动足球训练基地”的东湖区培智学校足球队代表全区参加此次比赛,并获得第二名。

9日

上午,江西省民政厅副厅长饶剑明一行到东湖区居家养老服务中心观看“减少灾害风险,建设安全城市”主题文艺宣传演出活动,区民政局主要负责人陪同参观。

10日

上午,南昌市委常委、政法委书记刘家富一行到东湖区育新路公园社区,就平安小区创建工作进行实地考察调研。刘家富一行认真听取全区及大院街道平安小区创建整体情况的简要汇报,了解公园社区平安小区创建工作前期筹备情况及存在的困难。南昌市委政法委副书记关强,区领导李云峰、杨玉章以及市委政法委研究室、区委政法委、区综治办、大院街办、公园社区主要负责人陪同调研。

下午,东湖区卫计委与区公安局在卫计委会议室联合召开肇事肇祸严重精神障碍患者排查工作阶段性总结及应急处置协调会。会议听取各社区卫生服务中心负责人对前期摸排工作的总结,并部署下一步肇事肇祸严重精神障碍患者的有关工作。辖区各社区卫生服务中心负责人及精防人员、各派出所精防负责人共42人参加。

11日

上午,东湖区“5·12”防震减灾宣传周公益演出在八一公园百花大舞台举行,宣传活动以“防震减灾,共建和谐家园”为主题,有防震减灾知识宣传咨询、心肺复苏医疗急救技能演练、现场互动问答以及文艺演出活动。

上午,“唤你上场”中国篮球协会——东莞篮球学校——标准化篮球公益培训活动在东湖区育新学校展开,由NBA委派至中国的篮球技术总监布鲁斯为育新学校的同学上篮球课。

下午,由东湖区和江西日报传媒集团联合举办的深圳文化产业招商推介会在深圳市福田区香格里拉大酒店举行。会议推介重点项目,涵盖地产、金融、科技、传媒、文化设计、非物质文化遗产、园区运营等众多领域,有18个项目达成合作约定,签约总金额达115.7亿元。东湖区、福田区相关部门的领导以及苏宁集团、中海地产、昆吾九鼎投资等98家企业的150余名代表参加。

下午,财政部驻江西省财政监察专员办事处到东湖区开展最低生活保障补助资金的预算监管工作,对全区2015年度的低保资金预算使用情况进行监管审查,审查低保资金发放、统计、管理等方面的情况。区财政局工作人员协同提供相关审查材料。

下午,东湖区爱卫办在区文化活动中心新闻发布厅举办全区病媒生物防制知识培训班,邀请南昌市卫生有害生物防制协会会长饶美容授课。各街办卫生专干及社区干部共100余人参加培训。

东湖区在八一公园“生命之家”科普宣传基地举行以“减少灾害风险,建设安全城市”为主题的防震减灾公益演出活动。南昌市防震减灾局副局长邓保良,区领导童萍如、冯于水出席活动。

江西省戒毒药物维持治疗省级工作组一行到东湖区开展工作督导检查,检查组听取书面汇报,并对门诊的机构人员、规章制度、设备设施、药品管理、地方支持及部门职责落实情况进行现场评估。

12日

上午,江西省民政厅厅长刘金、副厅长饶剑明到八一广场参加东湖区红十字会雄鹰应急救援志愿者服务站开展的“人人学急救,急救为人人”主题活动,听取雄鹰救援总队的工作汇报,观看雄鹰志愿者举办的生命体验课堂。

区领导李云峰、夏小兰、刘众星带领东湖文化企业和相关部门负责人参观第十二届中国(深圳)国际文化产业博览交易会,该区滕王阁的一江两岸灯光秀和泥塑技艺现场展示参展。

13日

下午,东湖区在区委常委会议室召开区委书记议事会,区领导杨文斌主持会议。会议研究迎接省政府领导调研工作方案和迎接上级对光明社区督查工作方案，讨论对全区部分单位重新拟定“三定”方案事项和推进村（社区）党组织标准化建设实施方案。区领导李云峰、喻国泰、陈曙、唐铭市、张东林、彭雅琳、杨玉章、胡志强、刘众星出席。区直有关部门和各镇、街道办事处、管理处主要负责人以及光明社区主要负责人参加会议。

区委决定：免去齐艳莉的东湖区总工会主任科员职务，退休；免去舒江红的东湖区住房保障和房产管理局副主任科员职务，退休；免去任相椿的东湖区城市管理局副主任科员职务，退休；免去林霞的中共东湖区委统战部主任科员职务，退休；免去王丽萍的东湖区政协研究室主任科员职务，退休。齐艳莉、舒江红的退休时间从2016年1月起算，任相椿的退休时间从2016年2月起算，林霞、王丽萍的退休时间从2016年4月起算。

15日

晚上，江西省话剧团经典剧场举行为期3天的全省优秀舞蹈作品展演，东湖区选送的毓秀艺术团原创舞蹈《斑鸠情》参加此次展演活动。全省共有15支代表队上演56个优秀舞蹈作品。

16日

下午，南昌市副市长张根水、市商务局局长吕娄一行视察东湖区天虹微喔华远和平广场便利店。张根水一行详细地了解便利店的建设标准、服务范围、营业状况，对便利店的便民功能给予肯定并提出意见、建议。区领导刘众星陪同。

下午，东湖区召开全区“救急难”试点工作会议，区领导胡志强主持。会议听取区“救急难”试点工作开展情况的工作汇报。扬子洲镇、各街办（管理处）以及区有关单位相关负责人参加会议。

南昌市妇幼保健院督导组一行4人对东湖区2016年第一季度基本公共卫生服务项目及妇幼健康服务项目工作进行综合督导检查。督导组采取听取汇报、查阅资料、实地查看等方式进行严格督导。

江西省疾控中心督导组一行对东湖区艾滋病高危人群干预工作进行现场督导，重点查看区抵挡暗娼干预工作。督导组深入辖区抵挡暗娼的活动场所，对哨点监测工作开展现场质量控制，同时就下一步项目实施提出具体要求。

东湖区召开全区未成年人社会保护试点工作会议，区领导胡志强主持。会议听取区未成年人社会保护试点工作开展情况的汇报。扬子洲镇、各街办（管理处）以及区有关单位相关负责人参加会议。

17日

上午，四川省宜宾市翠屏区政协副主席刘万荣一行到东湖区智慧城管监督指挥中心，了解中心平台建设以及运行情况。区领导冯于水陪同，区城管局相关人员参加。

上午，东湖区在区政府常务会议室召开青山湖西岸地块专项调度会，区领导李云峰主持。会议听取青山湖西岸地区市政道路和管线建设、“城市阳台”方案设计、宗地商业比例、青山湖西岸地区拆迁等问题的汇报。区领导张东林、刘众星出席，区发改委、贤士湖管理处、彭家桥街办、区旧改办、区国土分区、区房管局、区商务局、东湖规划分局、区城投公司等单位相关负责人和中海地产南昌公司有关人员参加会议。

上午，南昌市药监局副局长熊中高一行到东湖区对肉制品经营及监管情况进行督导检查。熊中高一行察看新公园路农贸市场、花园角农贸市场，检查市场当天肉制品的价格及经营户采购销售的票据、肉制品供求及食品安全监管等情况。区领导刘众星、区市场监管局相关负责人陪同检查。

18日

首届“万步有约”职业人群健走激励大奖赛东湖区启动仪式在区疾控中心举行，仪式上听取科学健走讲座，共102人参加。

江西省委办公厅秘书处干部职工到东湖区方志敏广场开展“两学一做”学习教育活动。

江西省、南昌市疾控中心组织专家组对东湖区登革热监测工作进行督导。督导组先后到八一公园、环湖路冶金设计院居委会等地进行检查，了解区登革热监测工作的开展情况。

19日

上午，共青团南昌市委书记盛炜到大院街道及辖区单位开展调研，走访辖区单位省农业厅、省粮食局，并与机关党委书记、团支部书记进行会谈。

下午，东湖区在区政府常务会议室召开胜利路步行街灯光设计方案汇报会，区领导李云峰主持。会议听取胜利路步行街灯光设计方案的汇报和各单位就方案提出的意见、建议。区领导刘众星,区城建局、区城管局、区商务局、区文广局、百花洲街道、滕王阁街道、步行街管委会等单位主要负责人和上海澳辉照明电器有限公司总经理蒋以新一行参加会议。

20日

上午,东湖区在区文化活动中心演艺中心举办全区副科级以上领导干部法治讲座,邀请南昌市国家安全局有关专家进行授课,区领导王志勤主持。讲课专家结合发生的时事热点事件,介绍国家安全形势,分析国家安全在传统层面和非传统层面存在的现实威胁和危机。区四大家部分班子成员、区检察院检察长,各镇(街办、管理处)副科级以上领导,区委各部门、区直各单位副科级以上领导,垂管单位主要负责人共300余人参加。

江西省基础教育质量监测与评估中心主任李江明一行到东湖区督查2016年国家义务教育质量监测准备工作。检查组一行在区教科体局听取区2016年国家义务教育监测工作的阶段性总结汇报,前往八一嘉实希望小学、扬子洲学校、三十中、师大附小、育新学校和三中巡查监测现场准备情况。南昌市教育局有关领导负责人陪同检查。

22日

上午,东湖区区直机关公车改革取消车辆专场拍卖会在区文化活动中心演艺大厅开拍,经过近两个小时的竞拍,80辆公车全部成交,成交总价约139.2万元。区领导陈曙,区发改委、区机管局等有关单位负责人出席拍卖活动。

23日

下午,东湖区在区政府第一会议室召开全区2016年第六次开放型经济工作调度会,区领导刘众星主持。会议学习江西省委常委、南昌市委书记龚建华在全市招商引资工作"一季一研究"工作调度会上的讲话,通报招商引资"小三看"项目督查预审工作情况,分析全区开放型经济工作形势,听取各经济责任单位的开放型经济工作动态汇报。各经济责任单位相关负责人参会。

长沙市委党校青干班成员一行到东湖区方志敏广场开展"两学一做"学习教育活动。

24日

晚上,区委十一届第65次常委会议在区综合服务中心南楼七层区委第一会议室召开,区领导杨文斌主持。会议审议区纪委提出的《关于对何平等人的违纪问题立案调查的请示》;审议区委组织部提出的《关于审议〈在全区党员中开展"学党章党规、学系列讲话,做合格党员"学习教育实施方案(送审稿)〉及相关工作安排的请示》《关于审议〈推进基层党组织标准化建设的实施意见(送审稿)〉的请示》;审议区政府党组提出的《审议〈关于实施河湖管理"河湖长制"加快推进水生态文明建设的意见(送审稿)〉的请示》《审议〈关于印发东湖区区管河湖河(湖)长名单的通知(送审稿)〉的请示》《关于审议〈南昌市东湖区裕丰大厦周边地块旧城(棚户区)改造引进社会资本合作协议书(送审稿)〉、〈东湖区裕丰大厦周边地块旧城(棚户区)改造项目房屋征收货币成本资金管理协议(送审稿)〉的请示》《关于审议〈殷家巷社区地块旧城改造项目三方协议书(送审稿)〉的请示》;研究有关干部人事议题。区领导李云峰、喻国泰、陈曙、王志勤、焦玉庄、唐铭市、夏小兰、张东林出席,闵建波、王玮列席。

区委决定:肖自强任中共东湖区委员会保密机要局局长,免去其中共东湖区委员会办公室副主任兼机要局局长(正科级)职务;免去邹翔的中共东湖区委员会办公室副主任职务;免去熊雯的中共东湖区纪律检查委员会第三纪律工作委员会副书记职务;免去梁友文的中共东湖区人民法院党组成员职务;免去熊九胜的中共东湖区人民检察院党组副书记职务;免去陈福元的中共东湖区人民检察院党组成员、纪检组长(正科级)职务;免去陈丽芬的中共东湖区人力资源和社会保障局委员会委员职务;免去喻燕忠的中共东湖区人力资源和社会保障局委员会委员职务;免去徐钟星的中共东湖区环境保护局委员会委员职务;免去徐强的中共东湖区城市管理局委员会委员(副科级)职务;邹斌任中共东湖区扬子洲镇委员会副书记;杨人伟任中共东湖区扬子洲镇委员会委员,免去其东湖区农村工作办公室党组成员职务;欧阳以林任中共东湖区扬子洲镇委员会委员、中共东湖区扬子洲镇纪律检查委员会书记;刘玲任中共东湖区扬子洲镇委员会委员,免去其中共东湖区扬子洲镇劳动就业和社会保障服务中心支部委员会书记职务;周志辉任中共东湖区扬子洲镇委员会委员;免去付桂生的中共东湖区扬子洲镇委员会委员职务;免去熊汗猛的中共东湖区扬子洲镇委员会委员、中共东湖区扬子洲镇纪律检查委员会书记职务;免去章斌的中共东湖区扬子洲镇委员会委员职务;免去黄理平的中共东湖区扬子洲镇委员会委员职务;聂华任中共东湖区八一桥街道工作委员会委员;李伟军任中共东湖区八一桥街道工作委员会委员;免去姜治国的中共东湖区八一桥街道工作委员会委员职务;免去车向阳的中共东湖区八一桥街道工作委员会委员职务;免去李娟的中共东湖区八一桥街道工作委员会委员职务;王尔雄任中共东湖区豫章街道工作委员会委员;免去万黎明的中共东湖区豫章街道工作委员会委员职务;免去罗贤红的中共东湖区豫章街道工作委员会委员职务;免去章干的中共东湖区墩子塘街道工作委员会委员职务;免去吴德智的中共东湖区百花洲街道工作委员会副书记职务;免去饶昌平的中共东湖区公园街道工作委员会副书记职务;李磊任中共东湖区公园街道工作委员会委员,免去其东湖区事业单位登记管理局局长(副科级)职务;免去程振坤的中共东湖区公园街道工作委员会委员职务;免去朱晓磊的中共东湖区大院街道工作委员会委员职务;免去徐根明的中共东湖区董家窑街道工作委员会委员职务;免去余金财的中共东湖区董家窑街道工作委员会委员职务;免去唐辉的中共东湖区彭家桥街道工作委员会副书记职务;彭梵任中共东湖区彭家桥街道工作委员会委员;免去徐志红的中共东湖区彭家桥街道工作委员会委员职务;免去汤晓辉的中共东湖区彭家桥街道工作委员会委员职务;免去胡家斌的中共东湖区滕王阁街道工作委员会副书记职务;谢雪珍任中共东湖区滕王阁街道工作委员会委员;免去黄宏安的中共东湖区滕王阁街道工作委员会委员职务;免去熊炯文的中共东湖区滕王阁街道工作委员会委员职务;免去吴晓琴的东湖区机关事务管理局副科级干部职务;免去范洪的中共东湖区企业资产管理服务中心委员会副书记职务;徐锐锋任中共东湖区企业资产管理服务中心委员会委员;徐玲玲保留副科级待遇,免去其中共东湖幼儿园支部委员会书记职务;罗玲任中共东湖区妇幼保健计划生育服务中心支部委员会书记,免去其中共东湖区妇幼保健所支部委员会书记职务;颜兴伟保留副科级待遇,免去其中共东湖区疾病预防控制中心支部委员会书记职务。

接洪组干函〔2016〕55 号文件通知,区委决定:唐榕星任中共东湖区扬子洲镇委员会书记;免去郭保庚的中共东湖区扬子洲镇委员会书记职务。

区委提名:何承恩任东湖区人大常委会教科文卫工作委员会主任科员,免去其东湖区人大常委会教科文卫工作委员会主任职务;范洪任东湖区人大常委会内务司法工作委员会主任科员。

区委同意:徐钟星任东湖区环境保护局主任科员,免去其东湖区环境保护局副局长(正科级)职务;免去熊雯的东湖区监察局第三监察分局局长职务;免去欧阳以林的东湖区人民政府行政投诉中心主任(副科级)职务;免去陈丽芬的东湖区人力资源和社会保障局副局长、东湖区行政学院副院长(兼)职务;免去赵小玲的东湖区安全生产监督管理局副局长职务;免去陈胜强的东湖区人民防空办公室(东湖区民防局)副主任(副局长)职务;免去杨人伟的东湖区农村工作办公室副主任职务;聂华任东湖区八一桥街道办事处副主任,免去其东湖区八一桥街道办事处综治办专职副主任职务;李伟军任东湖区八一桥街道办事处副主任,免去其东湖区百花洲街道办事处综治办专职副主任职务;免姜治国的东湖区八一桥街道办事处副主任职务;免去李娟的东湖区八一桥街道办事处副主任职务;王尔雄任东湖区豫章街道办事处副主任(试用期一年);免去万黎明的东湖区豫章街道办事处副主任职务;免去罗贤红的东湖区豫章街道办事处副主任职务;免去章干的东湖区墩子塘街道办事处副主任职务;免去刘伟杰的东湖区百花洲街道办事处副主任职务;李磊任东湖区公园街道办事处副主任;免去程振坤的东湖区公园街道办事处副主任职务;免去朱晓磊的东湖区大院街道办事处副主任职务;免去余金财的东湖区董家窑街道办事处副主任职务;彭梵任东湖区彭家桥街道办事处副主任,免去其东湖区彭家桥街道办事处综治办专职副主任职务;免去徐志红的东湖区彭家桥街道办事处副主任职务;免去汤晓辉的东湖区彭家桥街道办事处副主任职务;谢雪珍任东湖区滕王阁街道办事处副主任(试用期一年);免去黄宏安的东湖区滕王阁街道办事处副主任职务;免去熊炯文的东湖区滕王阁街道办事处副主任职务;张焰任东湖区人民政府行政服务中心管理委员会主任,免去其东湖区行政服务中心主任职务;免去范洪的东湖区企业资产管理服务中心主任职务;徐锐锋任东湖区企业资产管理服务中心副主任(试用期一年);免去万可谦的东湖区金融工作办公室主任、东湖区商务局主任科员职务;周敏保留副科级待遇,免去其东湖区图书馆馆长职务;吕艳芳任东湖区妇幼保健计划生育服务中心主任,免去其东湖区妇幼保健所所长职务。

区委同意:周志辉任东湖区扬子洲镇人民武装部部长(试用期一年);免去黄理平的东湖区扬子洲镇人民武装部部长职务。

区委同意:梁友文任东湖区人民法院主任科员,免去其东湖区人民法院副院长职务。陈福元任东湖区人民检察院主任科员;免去熊九胜的东湖区人民检察院副检察长(正科级)职务;免去万国和的东湖区人民检察院反贪污贿赂局政委职务。

区委提名:王棠棣任东湖区妇女联合会主任科员,免去其东湖区妇女联合会主席职务。

接洪组干函〔2016〕55 号文件通知,区委提名:邹斌任东湖区扬子洲镇人民政府镇长;免去唐榕星的东湖区扬子洲镇人民政府镇长职务。

区委提名:付桂生任东湖区扬子洲镇人大主席,免去其东湖区扬子洲镇常务副镇长职务;免去邹斌的东湖区扬子洲镇人大主席职务;周海波任东湖区扬子洲镇人大副主席;杨人伟任东湖区扬子洲镇人民政府常务副镇长;陶伟明任东湖区扬子洲镇人民政府副镇长;郭名新任东湖区扬子洲镇人民政府副镇长;免去章斌的东湖区扬子洲镇人民政府副镇长职务。

25 日

下午,东湖区在区综合服务中心南楼六层区政府常务会议室召开区政府第 60 次常务会,区领导李云峰主持。会议观看《“媒体啄木鸟”行动》光盘,审议《关于请求印发东湖区突发公共卫生事件应急预案和东湖区突发公共事件医疗卫生救援应急预案的请示》等议题。区领导陈曙、张东林、童萍如、胡志强、刘众星出席,余瑾、郑洪健列席,区政府党组成员余坚、万勇、查秋滚、刘文俊参加。

下午,东湖区在区政府常务会议室召开区政府 2016 年第 9 次区长办公会,区领导李云峰主持。会议审议《东湖区深入开展货运车辆超限超载治理工作方案(草案)》等议题。区领导陈曙、张东林、童萍如、胡志强、刘众星,区政府党组成员余坚、万勇、查秋滚、刘文俊参加会议。

下午,贵州省政协副主席左定超一行 10 人,到东湖区滕王阁街道社区卫生服务中心考察基层医疗卫生服务和公共卫生服务工作。考察组参观卫生服务中心诊室,了解和咨询社区中心公共卫生、健康教育、预防接种的工作细节,听取实施国家基本公共卫生服务项目情况。江西省政协文卫体委副巡视员招则庆、副调研员侯疆等陪同。

江西省、南昌市“扫黄打非”办联合督查组到区文广局,对全区“扫黄打非”专项行动开展情况、市场清查情况、案件查办情况等工作进行督导检查。

江西省商业联合会秘书长周钟鸣一行到东湖区樟树林文化生活公园,就企业评选省级诚信示范企业工作进行实地考察。考察组详细了解企业各项工作开展及在诚信度方面的具体情况。区商务局相关人员及樟树林文化生活公园执行总经理黄奇陪同考察。

25—26 日

东湖区在区文化活动中心剧场举行“跨越时空的井冈山精神”——庆祝中国共产党成立 95 周年大型群众歌咏比赛。比赛由区委宣传部、区直机关工委、区文化广电旅游新闻出版局、区教育科技体育局联合举办。全区各镇、街道、管理处,区直各单位党员和群众代表组成的 30 支代表队参加比赛。

26 日

下午,南昌市金融办和东湖区人民政府在八一公园百花大舞台举办以“抵制非法集资、共创和谐社会”为主题的东湖区 2016 年防范和打击非法集资宣传演出活动。活动通过文艺演出、发放资料、宣传讲解、咨询互动、案例展示、播放宣传教育片等多种形式,向社会公众宣传非法集资等各类经济犯罪活动的概念特征、表现形式、常见手段,揭示此类违法犯罪活动的欺骗性、风险性和危害性。南昌市金融办副主任邓峰，区领导陈曙、刘众星出席活动。

区领导刘众星到区中小企业服务平台，就推动企业上新三板工作进行调研，区发改委、区中小企业服务有限公司及相关企业负责人陪同。

28—29 日

南昌市三人篮球班级联赛（大区赛）在市第二中学和凤凰城上海外国语学校室内篮球馆举行。全市 126 支队伍计 750 名运动员参与比赛。东湖区育新学校获初中男子组第一名、初中女子组第一名、小学男子组第二名，滨江学校获初中女子组第二名，豫章小学获小学组第四名。

30 日

上午，东湖区在紫金城商业街区九鼎公司会议室召开紫金城商业改造提升项目调度会，区领导杨文斌主持。会议研究项目推进中存在的具体问题，并成立项目推进联合指挥部。区领导张东林出席，九鼎公司负责人王亮、刘炜等，金螳螂设计公司魏国志以及区有关部门负责人参加。

下午，以南昌市政府办公厅副主任何琦为组长的招商引资“小三看”项目督查预审小组一行察看东湖区招商引资产业类项目。督查小组先后察看区新湖滨西路改造项目、江西金融租赁公司和胜利路人防平战结合工程项目。区领导陈曙、刘众星陪同。

西藏自治区各地市体育局局长组成的观摩团在该区体育局副巡视员朱安乐带领下到东湖区光明社区参观考察社区群众体育工作，江西省体育局副局长王勇、群体处处长曾伟等陪同参观。

31 日

上午，在 2016 年全省残疾人体育工作会上，组委会对东湖区培智学校在全国第九届残运会暨第六届特奥会所取得的成绩给予嘉奖，对熊卫华、郭泽华、刘子庆 3 名教练员记三等功。

下午，国家卫计委科教司金生国司长一行到百花洲街道社区卫生服务中心考察住院医师规范性培训工作。江西省卫计委科教处、计财处有关负责人以及南昌市卫计委有关负责人陪同考察。

下午，区领导李云峰一行到胜利路步行街察看胜利路步行街地下商业街工程，区委办、区政府办、区商务局及属地街办和步行街管委会相关负责人参加。

本月

在南昌市棋类项目（个人）锦标赛暨 2016 年“南昌市棋王赛”上，东湖区青桥学校获得五子棋 10 岁男子组团体冠军、五子棋 10 岁女子组团体亚军、国际跳棋 12 岁男子组团体亚军；邮政路小学获十个团体第一名，取得十个奖杯，荣获南昌市优秀组织奖；东湖小学获得围棋团体第一名。

2016“胜杰杯”中小学生篮球赛在育新学校初中部、滨江学校、阳明学校、豫章小学二部举行，区属 20 所中小学的 50 支中小学篮球队共 600 名小队员参加。历经 9 天 124 场比赛，育新学校、青桥学校、城北学校夺得中学男子组前三名，育新学校、滨江学校、青桥学校夺得中学女子组前三名，邮政路小学、育新学校、东湖小学、城北学校、豫章小学、青桥学校、向荣小学、滕洲小学夺得小学男子组前八名，右营街小学、东湖小学、邮政路小学、豫章小学、城北学校、百花洲小学、向荣小学、南京路小学夺得小学女子组前八名。育新学校、青桥学校、滨江学校在 9 月份代表全区参加南昌市第六届体育节初中组篮球比赛。

扬子洲镇获“江西省第五届文明村镇”荣誉称号，并被市爱卫办表彰为“2015 年度市级爱国卫生工作先进单位”。

樟树林文化生活公园荣获南昌市企业联合会（企业家协会）2015 年度年会暨表彰大会的 3 项大奖：樟树林文化生活公园荣获南昌市优秀企业，江西樟树林文化生活公园有限公司董事长赵建国荣获 2015 年度南昌市优秀企业家，江西樟树林文化生活公园有限公司汪佳荣获 2015 年度南昌市企联系统先进个人。

江西非物质文化遗产樟树林展示馆被南昌市妇女联合会授予“南昌市留守流动儿童关爱基地”称号。

六月

1 日

上午，南昌市委常委、副市长华清到东湖区残联培训中心开展工作调研。华清参观培训中心各个培训室，观看残疾人合唱团表演并与合唱团成员合影留念，询问现场学员的学习、工作情况。南昌市政府副秘书长、市政府办公厅主任黄小华以及市残联主要负责人，区领导杨文斌、胡志强陪同调研。

上午，“营改增”纳税人、江西省京西宾馆财务人员到东湖区国地税联合办税大厅成功完成纳税申报，办税大厅为其成功开出税额为131402.94元的增值税完税证明，东湖区四大“营改增”纳税人首期申报成功。

2日

上午，区领导杨文斌先后到八一广场、中山路、章江路、环湖宾馆及南京西路淘宝大学周边等地查看路面积水、抢险排涝情况。

上午，东湖区在区政府常务会议室召开区政府2016年第10次区长办公会议，审议《关于提请兑现通联支付网络服务股份有限公司江西分公司等8家企业2015年招商引资优惠政策的请示》等议题。区领导李云峰主持，陈曙、张东林、童萍如、杨玉章、胡志强、刘众星出席，区政府党组成员万勇、查秋滚、刘文俊参加。

上午，东湖区在区综合服务中心南楼六层区政府常务会议室召开区政府第61次常务会议，审议《关于下达东湖周边（洪都北大道两侧——青山南路立交桥下南地块）等7个地块旧城（城市棚户区）改造项目房屋征收决定书的请示》。区领导李云峰主持，陈曙、张东林、张恩、童萍如、杨玉章、胡志强、刘众星出席，余瑾、郑洪健列席，区政府党组成员查秋滚、刘文俊参加。

上午，东湖区2016年“安全生产月”系列活动正式启动。区领导李云峰、刘众星等现场观摩“安全生产月”相关宣传活动，听取区安监局活动期间的相关部署。

上午，区领导刘众星调研东湖区部分药品生产经营企业。刘众星一行先后到南昌汇雄科技有限公司、南昌白云药业有限公司等企业，了解企业发展现状、未来发展规划以及在发展运营中遇到的困难和问题。

3日

下午，区领导杨文斌在区委第一会议室会见中国电建华东院市场总监兼投资管理部主任沈一鸣一行，双方就基础设施建设、街区改造等方面的合作进行交流。中国电建江西火电建设公司总经理邹胜萍，区领导张东林参加会见。

4日

上午，东湖区召开全区村（社区）党组织标准化建设动员大会。区领导杨文斌出席并讲话，唐铭市作动员讲话，喻国泰主持会议。区领导陈曙、王志勤、焦玉庄、夏小兰、彭雅琳、胡志强出席会议。区推进村（社区）党组织标准化建设工作领导小组全体成员，各镇（街道、管理处），区委各部门、区直各单位主要负责人和各村（社区）党组织书记参加会议。

上午，东湖区在区政府常务会议室召开旧城改造征迁工作调度会议，通报全区2016年第一轮房屋征迁工作进度情况，解读各地块征收时间节点及相关工作注意事项，听取各分指挥部旧改工作进展情况汇报。区领导李云峰主持，陈曙、王志勤、唐铭市、夏小兰、张东林、胡志强出席，区旧改指挥部各组组长、各责任单位负责人参加会议。

5日

上午，全区迎接南昌市招商引资“小三看”的项目调度会在区委常委会议室召开。会前，与会人员先后对江西康健生殖医院、江西金融租赁公司、胜利路人防平战结合工程3个项目进行现场察看。区领导杨文斌、李云峰、陈曙、童萍如、刘众星出席，区委办、区政府办、区城建局、区商务局、区卫计委和相关街办及企业负责人参加。

7日

上午，区领导刘众星到钟鼓楼、花园角、五纬路和董家窑4个农贸市场检查督导工作。刘众星详细了解蔬菜、肉制品、海鲜等产品的供货渠道、产品质量、食品安全监测以及环境卫生和市场安全生产等情况。区商务局相关负责人参加检查。

下午，区领导杨文斌、李云峰、张东林、童萍如、刘众星就南昌市招商引资“小三看”活动路线和点位进行现场察看，对沿途环境卫生、美化绿化、沿街店招等提出具体要求。区委办、政府办、城建局、综管办、商务局、卫计委、金融办、交警大队和相关街办、企业负责人参加。

上午，区领导李云峰到东湖区5个高考考点巡视，分别到考卷押送组、视频监控组、考务组了解工作。

8日

下午，江西省委常委、南昌市委书记龚建华，市委常委、市委秘书长江晓斌及市委办公厅第六党支部全体党员，到方志敏广场开展“两学一做”学习教育专题活动。龚建华一行参观方志敏广场和方志敏爱国事迹陈列馆。区领导杨文斌参加学习活动。

11 日

江西省文化厅、省非遗文化保护中心、东湖区文化广电旅游新闻出版局、东湖区文化馆、东湖区图书馆、江西非物质文化遗产樟树林展示馆、南昌市集邮协会等单位，在樟树林文化生活公园联合举办“文化传播，技艺传承”非遗日活动。活动包括：传统文化邮票展示、状元礼仪展示、阅读成英才书展、端午节俗体验、民间手工艺人技艺展示等。

12 日

下午，江西省委常委、南昌市委书记龚建华率考察组到东湖区考察招商引资项目推进及产业发展情况，先后察看南昌康建生殖医院、江西金融租赁股份有限公司、胜利路平战结合人防工程 3 个项目。南昌市委副书记欧阳海泉、市人大常委会主任蔡社宝、市政协主席周关以及市委、市人大、市政府、市政协班子成员，各县区（开发区、新区）党政主要领导、市直有关部门和招商引资“六个跟踪”单位负责人等参加考察。区领导杨文斌、李云峰以及区四套班子有关领导陪同考察。

14 日

晚上，区委十一届第 66 次常委会议在区综合服务中心南楼七层区委第一会议室召开，区领导杨文斌主持。会议审议区纪委提出的《审议〈关于集中整治和查处基层侵害群众利益不正之风和腐败问题的实施方案（送审稿）〉的请示》；审议区委组织部提出的《关于中国共产党东湖区第十二次代表大会代表名额分配的请示》《关于中共东湖区扬子洲镇第一届委员会委员和纪律检查委员会委员候选人预备人选的请示》；审议区政府党组提出的《关于审议〈殷家巷社区地块旧城改造项目三方协议书（送审稿）〉的请示》；审议区人大党组提出的《关于做好我区区、镇两级人民代表大会换届选举有关工作安排意见的请示》《关于召开全区区、镇两级人大换届选举工作会议的请示》《关于报送设立区、镇两级选举委员会组成人员及街道、管理处选举指导组建议名单的请示》《关于报送东湖区第十六届人民代表大会代表名额分配及选区划分方案的请示》；审议区委统战部提出的《关于审议〈政协东湖区第九届委员会换届及人事安排工作方案（送审稿）〉的请示》；审议区编委提出的《关于审议〈南昌市东湖区人大机关职能配置、内设机构和人员编制规定〉、〈政协南昌市东湖区委员会机关职能配置、内设机构和人员编制规定〉等 8 个三定方案的请示》；审议区委办公室提出的《请求审议〈关于 2015 年度全区综合目标管理绩效考核结果的通报（送审稿）〉的请示》。区领导李云峰、喻国泰、陈曙、王志勤、焦玉庄、唐铭市、夏小兰、张东林出席，闵建波、王玮、彭雅琳列席。

16 日

上午，东湖区区、镇两级人大换届选举工作会在区文化活动中心三层召开。会议对组织工作和宣传工作进行部署。区领导闵建波出席并讲话，彭雅琳主持会议，毛惟仁、陈东亮、余瑾、谢蓉、桂兵出席。区选举委员会成员，区委各部门、区直各单位、扬子洲镇、各街道（管理处）、各社区居委会（村）相关负责人参加。

下午，东湖区选举委员会召开第一次会议，讨论通过《南昌市东湖区人民代表大会换届选举工作方案》《东湖区区、镇两级人大换届选举工作宣传方案以及换届选举工作日程安排》。

下午，东湖区在区综合服务中心南楼六层区政府常务会议室召开区政府第 62 次常务会，观看《“媒体啄木鸟”行动》光盘，审议《关于请求审议〈2016 年东湖区民生工程实施意见（送审稿）〉的请示》等议题。区领导李云峰主持，陈曙、张东林、张恩、童萍如、胡志强、刘众星出席，余瑾、郑洪健列席，区政府党组成员余坚、万勇参加。

下午，东湖区在区政府常务会议室召开区政府 2016 年第 11 次区长办公会，审议《关于建议整合东湖区食品安全检验检测资源的请示》等议题。区领导李云峰主持，陈曙、张东林、童萍如、胡志强、刘众星出席，区政府党组成员余坚、万勇参加。

下午，南昌市政协副主席熊晓武到东湖区大院街道院一社区开展“两学一做”学习教育活动调研，并召开座谈会。区领导王玮以及大院街道党工委负责人、社区党员代表参加。

17 日

上午，东湖区委中心组“两学一做”学习教育第一次专题学习在区委常委会议室举行。学习围绕"坚定执着追理想"展开,观看《咬定青山不放松——习近平总书记论理想信念的八个关键词》专题片。区领导杨文斌主持,区四套班子领导参加。

下午,东湖区2016年度公共机构节能健步走活动在区政府南楼大门口举行,全区各级公共机构节能单位500余名干部职工参加活动。

22日

上午,《南昌日报》、南昌电视台、南昌电台、南昌新闻网、《南昌晚报》等多家市级主流媒体到东湖区开展集中采访活动,就该区基层党建标准化建设工作进行现场交流。区领导唐铭市、夏小兰出席,区委组织部、区委宣传部、区民政局、公园街道、彭家桥街道、扬子洲镇、豫章街道等有关负责人参加。

上午,江西省文明办主任张天清到东湖区百花洲街道刘将军庙社区开展"三风"工作专题调研。张天清一行察看社区卫生环境、老年活动室、图书阅览室、道德讲堂、居史馆,参观社区文化墙、公共服务中心、展厅,听取特色"三风"活动开展情况汇报。南昌市政协副主席辛利杰、市文明办主任李新建,区领导王玮、夏小兰陪同调研。

24日

上午,由东湖区禁毒委主办,东湖区疾控中心和东湖公安分局缉毒大队共同承办的"无毒青春,健康生活"大型宣传活动在八一公园举行。活动现场设置大型背景墙,利用展板向市民宣传毒品的相关知识,发放宣传折页2000余份。区卫生计生委、区疾控中心、东湖公安分局缉毒大队等相关单位相关负责人以及美沙酮门诊专业人员、各街道社区戒毒康复工作站工作人员参加活动。

26日

下午,江西省委副书记刘奇到东湖区开展工作调研。刘奇先后走访光明社区、淘宝大学江西商学院、江西金融租赁有限公司。江西省委常委、南昌市委书记龚建华,市长郭安,市委副书记欧阳海泉,市委常委、市委秘书长江晓斌,区领导杨文斌、李云峰等陪同调研。

"文化东湖·秀美洲上"活动周暨扬子洲镇第三届番茄节在扬子洲镇上房番茄文化广场闭幕。活动历时10天,开展"洲尚番茄崽崽评选活动""爱心番茄进社区公益活动""乡村大戏台""洲尚农民趣味运动会""最美扬子洲采风"等10余个系列活动,吸引南昌市民及各方游客约3万

2016年6月22日,江西省文明办主任张天清一行到东湖区刘将军庙社区调研"三风"工作

人。江西省文化厅副厅长郎道先出席闭幕式。

《篮球部落》公益计划江西支教活动（南昌站）在豫章小学（二部）闭幕，此次活动分理论学习及实践教学两个部分，来自全市100多位体育教师参加。

27日

下午，东湖区在区政府第一会议室召开2016年第二季度全区安全生产工作会，总结2016年第二季度全区安全生产工作的总体情况，解读《安全生产监管执法年活动方案》，安排部署第三季度及全年的安全生产工作。区领导刘众星出席会议并讲话，区安全生产委员会各成员单位负责人参加会议。

28日

上午，区领导唐铭市到八一桥街道走访辖区困难党员，了解他们的身体状况和家庭情况，并送上慰问金。

30日

上午，江西省委书记、省长鹿心社到东湖区看望慰问老党员和生活困难党员，并向他们致以节日祝福。省委常委、省委秘书长朱虹，省委常委、南昌市委书记龚建华，区领导杨文斌陪同走访。

东湖区举办“两学一做”主题演讲比赛。全区各级党组织选拔推荐的14名选手，紧扣“两学一做”主题，畅谈对学习教育活动的体会。区领导唐铭市为获奖选手颁奖。

本月

东湖区四套班子领导分别走访部分先锋模范党员、建国前老党员、生活困难党员，代表组织向他们致以中国共产党成立95周年的节日问候和美好祝福，并为他们送上节日慰问金。

东湖区选送的大合唱《游击队之歌》《卢沟谣》在南昌市“跨越时空的井冈山精神”庆祝中国共产党成立95周年大型群众歌咏比赛上，以全场最高分获得一等奖。

东湖区选送的童声大合唱《游击队之歌》在江西省“光辉的历程永恒的誓言”庆祝中国共产党成立95周年大型群众歌咏比赛上，荣获三等奖。

在2015年全省中小学“素质教育月”活动中，邮政路小学被江西省中小学德育工作办公室授予“2015年全省校园文化特色学校”荣誉称号。

七月

5日

下午，东湖区教育系统2016“年度教师”评选活动在滨江学校多媒体报告厅举行，朱艳婷获区教育系统“年度教师”，周晶、李丽、熊淑萍、梁敏、李芸获区教育系统“年度教师”提名奖。区领导童萍如，区教科体局及该系统单位党政相关领导、教师代表共计300余人参加活动。

6日

上午，江西省委常委、南昌市委书记龚建华，南昌市委副书记欧阳海泉，市委常委、组织部部长陈德寿到东湖区专题调研基层党组织标准化建设工作。龚建华一行到扬子洲镇前洲村、豫章街道洪城社区、大院街道二七北路社区察看基层党组织“六室三站一平台”建设情况，并召开座谈会听取有关工作汇报。区领导杨文斌，区长李云峰参加调研。

7日

上午，东湖区在扬子洲镇政府一楼会议室召开全区防汛工作部署会，听取各责任单位的防汛工作情况汇报，通报防汛形势、部署防汛工作。区领导胡志强主持，区外洪圩堤防御责任单位负责人、区防汛办全体人员参会。

下午，东湖区在区政府常务会议室召开区政府2016年第13次区长办公会，审议《关于请求拨付2015年、2016年PPP项目前期费用的请示》等议题。区领导李云峰主持，陈曙、张东林、童萍如、胡志强、刘众星出席，区政府党组成员余坚、万勇、查秋滚参加。

下午，东湖区在区综合服务中心南楼六层区政府常务会议室召开区政府第63次常务会，听取区防汛形势汇报，观看《“媒体啄木鸟”行动》光盘，审议《关于提请审议东湖区开展降低企业成本优化发展环境专项行动工作方案等议题的请示》等议题。区领导李云峰主持，陈曙、张东林、童萍如、胡志强、刘众星出席，余瑾、郑洪健列席，区政府党组成员余坚、万勇、查秋滚参加。

8日

上午，江西省委常委、南昌市委书记龚建华，市委常委、秘书长江晓斌,副市长朱志群到东湖区巡查指导防汛工作。龚建华一行到富大有堤彭家桥街道和贤士湖管理处交界的积水处察看险情、了解应急处置情况。区领导杨文斌、李云峰、喻国泰、胡志强等陪同。

上午,区领导唐铭市及区委组织部一行到扬子洲镇熊万村开展防汛工作,实地察看水情及防汛物资。

下午,东湖区在区综合服务中心南楼七层常委会议室召开区委书记议事会议,传达南昌市关于全国综治工作"南昌会议"筹备调度会议精神并部署相关工作,听取社区撤并整合工作汇报,研究下正街、省政府等地块项目进展。区领导杨文斌主持,李云峰、喻国泰、陈曙、王志勤、唐铭市、张东林、彭雅琳、余瑾、谢蓉、胡志强、刘众星、胡中平出席。区有关部门主要负责人,扬子洲镇、各街道(管理处)党工委书记等参加会议。

晚上,区领导李云峰到扬子洲镇圩堤管理站指导防汛工作,实地察看水位变化情况及防汛物资。

晚上,区领导焦玉庄一行沿中山西路至滕王阁一路查看汛情,主要查看大堤情况及防汛物资储备点,了解防汛物资及人员安排等工作情况。

9 日

上午,区领导杨文斌、李云峰、胡志强察看富大有堤电厂段原罗非鱼养殖池堤后出水点,并明确处理要求。

下午,区领导李云峰到区防汛指挥部办公室察看防汛指挥室和防汛值班室,查看防汛值班记录,并听取区防汛工作情况汇报。

区领导陈曙、陈东亮、敖晓焕一行到扬子洲镇重要堤防、险工险段及涵闸度汛工作的第一片区(三联村、为民村、庙后村、前洲村)开展防汛工作。

10 日

上午,东湖区在熊万村村委会召开第二指挥部防汛工作会议,听取扬子洲镇和相关村的防汛工作情况汇报。区领导唐铭市、童萍如、郑洪健,区检察院检察长杜迎春出席。会后,区领导和区直有关部门负责人到相关挂点村查看排涝站穿堤涵和抗旱穿堤涵等险工险段情况。

下午,东湖区召开第四指挥部防汛工作布置会,通报水情雨情,传达省市区防总有关指示精神,听取防汛工作情况汇报并安排部署防汛工作。区领导夏小兰主持会议。

11 日

上午,东湖区在扬子洲镇莘洲村召开第三指挥部防汛工作会议,听取扬子洲镇的防汛工作情况汇报。区领导焦玉庄、毛惟仁、刘众星、谢保成出席。

下午,区领导杨文斌到扬子洲、扬农管理处对辖区圩堤前洲电排站、扬子洲电排站、莘洲内堤电排站等地进行巡查,并听取扬子洲镇、扬农管理处对历年险工险段处置、人员物资的安排等情况的汇报。区领导唐铭市、张东林参加巡查。

下午,区领导杨文斌、焦玉庄、唐铭市、夏小兰、张东林一行人到扬子洲镇及扬农管理处视察指导防汛工作,先后到前洲村电排站、上房村圩堤管理站、莘洲村物资储备点、渔业村料石厂、长村村段圩堤、扬农管理处圩堤等地,查看各点位水情和防汛准备工作。

晚上,区领导李云峰率队对全区市容环境进行突击巡查督导,先后到阳明路、中山路、南京西路、叠山路、贤士二路、文教路等辖区 22 条主次干道察看市容保洁工作,督导蓝天行动夜市烧烤整治。区领导张东林,各街办(管理处)、区政府办、区执法局、区综管办等单位主要负责人参加。

12 日

上午,南昌市总工会、团市委、市妇联主要负责人一行到东湖区彭家桥街道光明社区开展工作调研。调研组一行参观光明社区文化便民设施,就"党建带群团"工作召开专题座谈会。区领导唐铭市、、欧阳桃花以及有关部门负责人和青年社会组织、青年志愿者代表等 20 余人参加座谈。

上午,区领导胡志强带领区农办有关负责人到扬子洲镇开展防汛工作,先后到三联圩堤段、三联排涝站、赣昌砂石配送中心、前洲电排站、滕洲电排站、镇圩堤管理站、莘洲防汛物资储存点,察看各点位水情。

上午,区领导刘众星到扬子洲镇莘洲村开展防汛工作,查看莘洲电排站、莘洲小堤自排闸等防汛现场,并沿扬子洲圩堤桩莘洲村段进行巡查。

13 日

上午,区领导杨文斌到中山路视察中山路街景综合改造工程,对沿线地面建设、景观绿化、店招设置、施工点位等进行察看，详细了解工程整体进度、安全施工等情况。区城建局、公园街办、百花洲街办负责人陪同察看。

上午，区领导杨文斌到各外洪圩堤责任段检查指导巡堤查险工作，先后巡查新洲闸和富大有堤电厂段原罗非鱼养殖池堤后出水点。区领导喻国泰、陈曙、焦玉庄、唐铭市、夏小兰、胡志强、胡中平、冯于水等一同巡查。

区领导陈曙、陈东亮、敖晓焕一行到扬子洲三联村督查防汛工作，听取三联村重要堤防、险工险段及涵闸度汛情况汇报，并到三联赣江北桥段、电排站查看水情。

13－15 日

区领导李云峰率队赴深圳开展系列招商活动，先后考察深圳市淘淘谷信息技术公司、中国水利水电第七工程局等企业，拜访深圳建艺集团、深圳市铁汉生态环境股份公司。区领导刘众星，区政府办、财政局、城建局、商务局、文广局、卫计委等部门负责人参加。

14 日

下午，区领导童萍如到扬子洲镇新村村开展防汛工作，对新村村三处险工险段进行巡查，并查看河湖水位及自排站、穿堤涵管的情况。

下午，区领导毛惟仁到扬子洲镇渔业村开展防汛工作，查看该村圩堤段的水位情况。

下午，区领导陈曙到扬子洲镇开展防汛工作，先后到前洲村查看前洲电排站，到上房村察看险工险段并听取防汛情况汇报，到渔业村了解渔民汛期作业情况。

下午，区领导杨文斌到“两学一做”学习教育联系点光明社区，为社区党委、普通党员上党课。

15 日

下午，区领导李云峰、胡志强到扬子洲地区各外洪圩堤责任段开展防汛巡堤查险工作，先后巡查前洲闸、前洲排涝站、熊万村羊羊牧场堤边、上房南堤防汛站、莘洲小堤、扬农圩堤、林场村北堤。区政府办、区防汛办、扬子洲镇、扬农管理处等相关单位负责人参加。

16 日

上午，东湖区在扬农管理处召开防汛工作部署会，区领导杨文斌主持。会议听取扬农管理处的防汛工作情况汇报。区领导夏小兰、童萍如、胡志强，区法院院长钟瑛出席。扬农管理处班子成员，区委办、区委宣传部等相关负责人参加。

18 日

下午，东湖区在区综合服务中心南楼六层区政府常务会议室召开区政府第 64 次常务会，听取区环保局传达南昌市赣江城区饮用水源地环境综合整治工作会议精神，审议《东湖区社区居委会规模调整工作实施方案的请示》等议题。区领导李云峰主持，陈曙、张东林、童萍如、刘众星出席，余瑾、郑洪健列席，区政府党组成员余坚、万勇、查秋滚参加。

下午，东湖区在区政府常务会议室召开区政府 2016 年第 14 次区长办公会，审议《关于新建中大路环卫设施停车场的请示》等议题。区领导李云峰主持，陈曙、张东林、童萍如、刘众星出席，区政府党组成员余坚、万勇、查秋滚参加。

下午，东湖区召开迎接南昌市计生督查调研工作汇报会，听取全区 2016 年计生工作汇报。南昌市计生督查调研组长、市卫计委副主任黄立发，区领导童萍如出席，区卫计委主要负责人以及有关单位分管领导参加会议。

19 日

上午，东湖区在扬子洲防汛抗旱指挥部召开关于做好洪峰过境防御外洪圩堤工作部署会，分析水情雨情，就应对洪峰过境防汛工作进行部署。区领导胡志强主持，区农办、扬子洲镇、扬农管理处有关负责人参加。

下午，东湖区召开防汛工作调度会，传达南昌市《关于做好洪峰过境防御外洪圩堤的紧急通知》并部署防汛抗洪工作。区领导杨文斌主持，喻国泰、陈曙、唐铭市、夏小兰、张东林、彭雅琳、刘众星、敖晓焕、胡中平、欧阳桃花、郑洪健、冯于水出席，扬子洲镇、各街办、管理处，区直各单位有关负责人参加。

晚上，区领导胡志强到扬子洲地区巡查指导防汛工作，先后到熊万村圩堤段、上房村圩堤段、莘洲村圩堤段、扬农管理处圩堤段、林场村圩堤段等地，视察水情，并了解各防汛值班点的值班情况。

晚上，区领导喻国泰到扬子洲镇开展防汛工作，先后到熊万村、前洲村、圩堤管理站、莘洲村等地，查看水情及险工险段，并听取各村防汛工作开展情况汇报。

20 日

上午,区领导毛惟仁到扬子洲镇渔业村防汛点现场督查防汛工作。

上午,在南昌市"六五"普法总结暨"七五"普法启动动员大会上,东湖区荣获"2011—2015 年全国法治宣传教育先进县(区)",滨江学校法制副校长王文宪荣获"全国法制宣传教育模范个人"和市级"法制宣传教育模范",区司法局副局长胡猛、马家池社区主任余玉兰荣获"全省法治宣传教育先进个人"。

21 日

上午,南昌市政协副主席陈斌和部分市政协委员到东湖区调研全市农贸市场建设改造工作。陈斌一行察看钟鼓楼、花园角农贸市场硬件设施、环境卫生管理和农药残留检测等情况,并召开农贸市场建设管理工作座谈会。市政协有关部门、市商务局有关负责人,区领导刘众星、郑洪健及区商务局主要负责人参加调研。

27 日

上午,江西省委常委、宣传部部长陈俊卿到东湖区,对辖区的省话剧团、省歌舞剧院、省木偶剧团和南昌剧院等省直国有文艺院团演出场馆进行调研。省纪委驻省委宣传部纪检组长李晓浩,省委宣传部副部长黎隆武,省文化厅厅长池红、副厅长郎道先,南昌市委常委、宣传部部长龙和南等参加,区领导杨文斌、夏小兰等陪同调研。

28 日

上午,东湖区召开全区领导干部大会,宣读南昌市委关于东湖区新一届领导班子换届人选决定。市委常委、纪委书记卢作全,市委组织部副部长黄国平出席。杨文斌主持会议。

晚上,东湖区在区委第一会议室召开紫金城街区改造工作调度会,听取区城建局及南昌九鼎公司的专题汇报。区领导刘闯主持,高辉红参加。

东湖区在彭家桥街道光明社区举行"纪念唐山大地震 40 周年"科普宣传和应急救护培训活动,发放宣传册约 1000 余份,宣传资料约 2000 余份,现场体验应急救援群众约 200 余人,受理市民咨询约 300 余人次。活动由区红十字会和区防震减灾局联合举办,江西省防震减灾局副局长柴劲松、南昌市防震减灾局副局长邓保良等出席活动。

29 日

上午,区领导刘闯、高辉红、陈曙、喻国泰、王玮、夏小兰、张恩一行到江西省军区、南昌警备区开展走访慰问活动。区委办、区政府办、区民政局、豫章街办、公园街办等单位主要负责人参加。

下午,区领导刘闯、高辉红、夏小兰到紫金城街区,察看街区改造项目进展情况,听取有关工作情况汇报。区城建局、南昌九鼎公司负责人陪同。

30 日

上午,区领导刘闯、陈曙、胡洪水、刘光荣、陈俊到扬子洲镇、扬农管理处开展工作调研。听取扬子洲镇、扬农管理处负责人就经济发展、社会稳定等有关工作情况的汇报。区农办、区城建局、区城管局、区环保局、扬子洲镇、扬农管理处等有关负责人参加。

下午,东湖区召开区旧城改造征迁工作调度会,听取旧改工作进展情况汇报。区领导刘闯主持,陈曙、焦玉庄、胡洪水、刘光荣、夏小兰、胡志强、张恩、陈俊、童萍如、陈国梁、万勇、万明、杨峻出席。区房管局、彭家桥街道、豫章街道、八一桥街道等有关单位负责人参加。

本月

东湖区毓秀艺术团原创舞蹈《斑鸠情》在 2016 年第十七届全国群星奖暨江西省赣鄱群星奖的选拔赛中,荣获舞蹈类赣鄱群星奖,并报送中央参加全国群星奖的评选。

东湖区组织申报的南昌泥塑和南昌玉雕两个项目成功入选南昌市第五批非物质文化遗产项目名录。

东湖区代表队"传承者团队"在 2016 第二届"中国创翼"青年创业创新大赛(南昌赛区)中获得三等奖。

八月

1 日

下午,东湖区在区文化活动中心三楼召开南昌市委"两学一做"学习教育宣讲报告会,解读中央学习教育方案和省委、市委学习教育实施方案。区领导刘闯出席并讲话,区四套班子部分领导出席,各镇(街道、管理处)党政主要负责同人,区委各部门、区直各单位、各人民团体主要负责人，部分领域基层党组织负责人参加。

区领导喻国泰一行走访辖区南昌南联物资采购办，了解部队单位的生产生活状况，并送上节日慰问金。

2 日

上午，区领导刘闯一行走访慰问江西省军区司令部调研室、武警东湖消防大队和优抚对象熊礼发家，向驻区官兵致以节日问候。

上午，区领导刘闯、陈曙、胡洪水、唐铭市、刘光荣、陈俊、万勇、胡薇到彭家桥街道就街道经济社会发展及党组织建设情况展开调研。刘闯一行到光明社区了解社区建设和群众生活，并召开座谈会听取相关工作汇报。区商务局、区城管局、区发改委等部门负责人参加。

下午，东湖区召开全区党建工作调度会，听取各单位工作汇报。区领导刘闯主持，高辉红、陈曙、胡洪水、唐铭市、刘光荣、彭雅琳、谭阿莉、万勇出席。区委办、区委组织部、区委宣传部、区老干局、区房管局、区监察局、区财政局、区民政局主要负责人及各镇（街道、管理处）党（工）委书记参加。

3 日

上午，区领导刘闯、胡洪水、唐铭市、刘光荣、陈俊、胡薇到董家窑、八一桥街道就经济发展、社会稳定、基层党建展开调研。区委办、区发改委、区财政局、区商务局、区行政执法东湖分局等部门负责人参加。

上午，区领导高辉红、万明到区城管局、区执法局对东湖区城市管理工作展开调研，开展座谈、听取汇报，了解城市管理工作基本情况。

下午，东湖区召开全区经济运行调度会，听取各单位就相关工作完成情况的汇报。区领导刘闯主持，夏小兰、万勇、胡涛湘出席，区委办、区台办、区发改委、区财政局、区商务局、区经济办、区金融办、区国税局、区地税局、区工商联等单位主要负责人参加。

区领导高辉红、夏小兰一行走访东湖区人武部，向部队官兵致以节祝福。

接中共南昌市委洪干字〔2016〕56 号文件通知，经省委常委会研究同意，市委决定：刘闯任中共南昌市东湖区委委员、常委、书记；免去杨文斌的中共南昌市东湖区委书记、常委、委员职务。

接中共南昌市委洪干字〔2016〕57 号文件通知，市委提名：高辉红为南昌市东湖区人民政府区长候选人；免去李云峰的南昌市东湖区人民政府区长职务。

晚上，区委十一届第 67 次常委会议在区综合服务中心南楼七层区委第一会议室召开，区领导刘闯主持。会议学习讨论《中国共产党问责条例》；审议区委办公室提出的《关于明确区委书记、副书记和常委分工的请示》；研究有关干部人事议题。区领导高辉红、陈曙、焦玉庄、胡洪水、唐铭市、刘光荣、夏小兰、陈俊、胡志强、张恩出席，闵建波、喻国泰、王玮列席。

区委决定：喻国泰任中共南昌市东湖区人大常委会党组书记；免去闵建波的中共南昌市东湖区人大常委会党组书记职务；彭雅琳任中共南昌市东湖区人大常委会党组副书记；免去毛惟仁的中共南昌市东湖区人大常委会党组副书记职务；谭阿莉任中共南昌市东湖区人大常委会党组成员；万里涛任中共南昌市东湖区人大常委会党组成员；高辉红任中共南昌市东湖区人民政府党组书记；免去李云峰的中共南昌市东湖区人民政府党组书记职务；夏小兰任中共南昌市东湖区人民政府党组副书记职务；免去陈曙的中共南昌市东湖区人民政府党组副书记、东湖区行政学校第一校长职务；陈国梁任中共南昌市东湖区人民政府党组成员；万明任中共南昌市东湖区人民政府党组成员；杨峻任中共南昌市东湖区人民政府党组成员；免去张东林的中共南昌市东湖区人民政府党组成员职务；免去杨玉章的中共南昌市东湖区人民政府党组成员职务；免去胡志强的中共南昌市东湖区人民政府党组成员职务；免去刘众星的中共南昌市东湖区人民政府党组成员职务；欧阳桃花任中共南昌市东湖区政治协商委员会党组副书记；免去敖晓焕的中共南昌市东湖区政治协商委员会党组副书记职务；余坚任中共南昌市东湖区政治协商委员会党组成员，免去其中共南昌市东湖区人民政府党组成员职务；胡薇任中共南昌市东湖区政治协商委员会党组成员；免去胡中平的中共南昌市东湖区政治协商委员会党组成员职务；梁洪任中共南昌市东湖区人民法院党组书记；免去钟瑛的中共南昌市东湖区人民法院党组书记职务。

接中共南昌市委宣传部洪宣字〔2016〕34号文件、中共南昌市委政法委洪政法干函〔2016〕6号文件函复,区委决定:胡洪水任中共南昌市东湖区委宣传部部长;免去夏小兰的中共南昌市东湖区委宣传部部长职务;胡志强任中共南昌市东湖区委政法委书记;免去王志勤的中共南昌市东湖区委政法委书记职务。

4日

上午,区领导高辉红看望慰问东湖公安分局滨江宾馆安保人员,查看、了解分局安保工作开展情况。东湖公安分局、区政府办主要负责人参加。

区领导刘闯、陈曙、胡洪水、唐铭市、刘光荣、陈俊、胡薇到豫章街道、墩子塘街道和贤士湖管理处开展经济发展、社会稳定、基层党建等工作调研。通过召开座谈会、听取汇报的方式,详细了解街道(管理处)的各项基本情况。区委办、区发改委、区财政局、区商务局、区行政执法东湖分局等部门负责人参加。

5日

上午,东湖区举行区第十五届人大常委会第三十四次会议,表决决定接受李云峰辞去东湖区人民政府区长职务的请求,审议并投票通过任命高辉红为东湖区人民政府副区长,决定为代理区长。区领导闵建波主持会议。

上午,区领导刘闯、陈曙、胡洪水、唐铭市、刘光荣、陈俊、胡薇到公园街道、大院街道就经济发展、社会稳定、基层党建等相关工作展开调研。区委办、区发改委、区统计局、区财政局、区商务局、区行政执法东湖分局等部门负责人参加。

下午,区领导刘闯拜访江西省财政厅厅长胡强,就省政府1、2号地块项目开发等事宜进行会谈,重点推进明确项目实施主体、土地价格评估及拟定规划条件等工作。区委办、区财政局、区商务局相关负责人参加。

6日

上午,东湖区在区综合服务中心南楼六层区政府常务会议室召开区政府第65次常务会,观看《"媒体啄木鸟"行动》光盘,审议《关于调整区政府领导同志分工的请示》,听取关于2016年东湖区民生工程实施意见、东湖区开展降低企业成本优化发展环境专项行动、东湖区社区居委会规模调整,以及2016年东湖区市政设施综合改造PPP项目等相关工作的汇报。区领导高辉红主持,夏小兰、童萍如、陈国梁、万勇、万明、杨峻出席,区政府党组成员查秋滚、刘文俊参加。

上午,区领导刘闯、陈曙、胡洪水、唐铭市、刘光荣、陈俊、胡微先后到百花洲和滕王阁街道,调研经济社会发展情况。区委办、区发改委、区统计局、区财政局、区商务局、区行政执法分局等部门和单位负责人参加。

7日

上午,2016年东湖区"全民健身日"活动暨东湖区第五届全民健身运动会启动仪式在豫章小学二部举行,区全民健身活动站点的健身团队及健身爱好者代表100余人参加。

8日

上午,江西省人大常委会有关部门领导伍再谦、谢碧联、陈永华、肖任根和省建设厅副厅长吴昌平等11人到东湖区调研城市建管工作。调研人员先后视察中山路街景综合改造工程、胜利路步行街街景改造及地下商业街区开发项目、"三经五纬"街景改造和豫章门小游园建设情况,观看城管女子执法中队执勤,在三经路观摩小型机械设备精细化冲洗作业演示,视察智慧城管中心指挥现场,察看起风路的建筑工地规范化围挡展示。南昌市人大常委会副主任崇江林,区领导高辉红、万明陪同调研。

下午,东湖区召开全区重大重点项目调度会,了解全区重大产业类项目(紫金城商业项目,省政府1、2号地块商业改造项目,南昌"中金国际交易中心"项目,青山湖西岸城市综合体等)推进情况,分析存在问题,研究部署下一步工作。区领导刘闯主持,陈曙、喻国泰、唐铭市、夏小兰、陈俊、童萍如、万勇、杨峻、胡薇出席。区委办、区政府办、区发改委、区财政局、区城建局、区规划分局、区旧改办、彭家桥街道、贤士湖管理处等单位负责人参加。

下午,区领导胡志强到公园街道察看综治"三项建设"工作进展情况,先后察看街道综治中心建设情况、上营坊社区综治中心建设工作和经堂巷社区平安小区打造工作。公园街道、区委政法委有关领导参加。

9日

上午,东湖区委中心组"两学一做"第二次专题学习会在区常委会议室召开，区领导刘闯主持。专题学习以“实事求是闯新路”为主题，听取就学习习近平总书记“七一”重要讲话的专题辅导报告，并就围绕主题进行专题研讨。区四套班子部分领导及法、检两院负责人参加。

下午，区领导胡洪水开展文化工作调研，先后到区文化馆、区图书馆参观各场馆设施、功能房，了解全区公共文化服务、免费培训、智能化建设等情况，并在区文化局会议室听取全区文化工作情况汇报。

下午，区领导刘闯、万勇拜访绿地集团江西房地产事业部常务副总经理任虎，就下正街商务楼宇项目的规划方案与存在的问题进行沟通协调。区商务局相关负责人参加。

下午，江西省工商联副主席谭文英一行 3 人到东湖区就加强县级工商联“五好建设”开展调研。谭文英一行听取该区工商联在招商引资、参政议政、宣传教育、组织建设、社会公益事业等方面的工作汇报。南昌市工商联有关负责人、区领导焦玉庄以及区工商联负责人等参加调研。

南昌市委提名副区长杨峻到区民政局调研工作，听取区民政局及各下属单位负责人的工作情况汇报。

10 日

上午，区领导刘闯、陈曙、胡洪水、唐铭市、胡志强、陈俊、万明到东湖公安分局、东湖交警大队就交通管理、社会治安、作风建设进行调研。

下午，南昌市委提名副区长杨峻分别到区农办、区行政服务中心调研工作，听取相关单位的工作情况汇报。

下午，东湖区在区常委会议室召开全区领导干部大会，通报全区信访维稳工作形势，传达江西省、南昌市纪委关于党员干部党风政纪的工作要求。区领导刘闯主持会议并讲话，区四套班子成员、区法检两院主要领导出席会议，各镇（街道、管理处）党委（党工委）及区委各部门、区直各单位（党组、党支部）主要负责人参加。

下午，区委十一届第 68 次常委会议在区综合服务中心南楼七层区委第一会议室召开，区领导刘闯主持。会议听取《东湖区开展降低企业成本优化发展环境专项行动工作方案》《2016 年东湖区市政设施综合改造 PPP 项目实施方案》《东湖区社区居委会规模调整工作实施方案》《东湖区村（社区）党组织标准化建设工作经费管理和使用办法》的汇报；讨论区委办公室提出的《关于调整东湖区全面深化改革领导小组等 4 个领导机构组成人员的请示》；讨论区纪委提出的《关于给予何平、李国新、邓汝发、黄际财党内严重警告处分的请示》。区领导高辉红、陈曙、胡洪水、唐铭市、刘光荣、夏小兰、陈俊、胡志强、张恩出席，闵建波、喻国泰、王玮列席。

11 日

共青团南昌市委书记盛炜一行到东湖区调研学校少先队工作，先后到百花洲小学和育新学校进行调研。区领导陈曙、陈俊会见调研组一行人员。

南昌市委提名副区长杨峻到东湖区社会福利院，视察区失能老人照料中心工程的进展情况。

上午，区领导胡志强到豫章街道视察综治中心和平安小区建设工作，先后到豫章街道便民服务中心、滨江社区和洪城社区进行察看。区委政法委有关负责人、豫章街道党政主要负责人参加。

上午，区领导高辉红、夏小兰到区财政局调研财税工作，通过开展座谈、听取工作汇报，详细了解区财税工作基本情况。

下午，南昌市侨联党组书记、主席刘小坚到东湖区调研基层侨联工作，听取区侨联贯彻落实中央党的群团工作会议精神汇报和侨界代表发言，考察区侨法宣传点五纬路社区及侨资企业。区领导焦玉庄以及区侨联全体机关干部、部分侨界代表参加。

下午，东湖区召开第二届推选和宣传最佳优化民营经济发展环境县（市、区）活动工作布置会，解读江西省总商会、《江西省日报》社联合下发的《关于开展第二届推选和宣传最佳优化民营经济发展环境县（市、区）活动的通知》（赣商会字〔2016〕2 号）和《关于开展第二届推选和宣传最佳优化民营经济发展环境县（市、区）活动工作方案》文件要求以及投票规则。区工商联负责人胡涛湘主持会议，区政府副区长提名人选万勇、全区各经济责任单位分管领导参加。

下午，区领导陈俊到区旧改指挥部开展工作调研并召开座谈会，听取指挥部各组组长工作情况汇报，解读征地拆迁过程中的相关程序和规定。

区政府副区长提名人选万勇参加。

下午，东湖区在区政府常务会议室召开全区安全生产会议，落实江西省安全生产会议精神，部署全区安全生产工作。区领导高辉红主持，市委提名副区长杨峻出席，全区各相关单位分管负责人参加。

晚上，区领导胡洪水参加东湖区文明办和百花洲街道联合举办“传承之旅”健步行活动，健步路线全程约3公里，有100余市民参与。

12日

下午，区领导刘闯、高辉红在南昌画院杏花楼会见清华大学资深教授熊澄宇一行，双方就东湖未来发展方向和模式进行探讨和交流。区领导童萍如、胡薇参加。

14日

下午，区领导高辉红、万明、杨峻前往扬子洲镇视察永久基本农田建设和违法建设用地整改情况，听取整改落实情况的汇报，并察看基本农田划定工作。区政府办、东湖国土分局、东湖规划分局、区环保局、区农办、扬子洲镇等有关部门主要负责人参加。

15日

上午，区领导高辉红、喻国泰、万勇到大院街办察看省政府一号征迁地块情况，大院街办主要负责人、区商务局和区房管局相关负责人参加。

上午，区领导胡志强到扬农管理处指导综治“三项建设”工作，察看综治中心四个窗口及绿苑社区“三室一窗口”建设工作。区委政法委、区综治办、区网格中心主任有关负责人，扬农管理处班子成员、扬子洲派出所负责人等参加。

下午，区委十一届第69次常委会议在区综合服务中心南楼七层区委第一会议室召开，区领导刘闯主持。会议审议区委组织部提出的《关于确定全区各单位出席中国共产党南昌市东湖区第十二次代表大会代表候选人预备人选的情况报告》《东湖区出席市第十一次党代会代表候选人初步人选名单》。区领导高辉红、陈曙、焦玉庄、胡洪水、唐铭市、刘光荣、夏小兰、陈俊、胡志强、张恩出席，闵建波、喻国泰、王玮列席。

16日

上午，区领导刘闯、陈曙、胡洪水、唐铭市、刘光荣到东湖执法分局调研工作。刘闯一行观看执法分局执法队伍的队列训练，并展开座谈、听取工作情况汇报。

上午，区领导刘闯、陈曙、唐铭市走访慰问部分离退休老干部，代表区委、区政府为他们送去问候和祝福。

上午，区领导万勇会见深圳铁汉生态环境股份有限公司副总裁姜谋余一行，双方就铁汉生态投资打造海绵城市相关项目事宜进行沟通。区商务局相关负责人参加会见。

上午，区领导童萍如到扬子洲卫生院实地察看危房改造项目进展情况。童萍如听取关于危房改造进展情况的汇报，并对项目在进展过程中遇到的问题进行现场调度。区卫计委、扬子洲镇主要负责人参加。

上午，区领导唐铭市、南昌市委基层办主任张六顺一行到扬子洲镇前洲村看望驻村见习的6名大学生村官，听取见习大学生村官工作、生活汇报，参观他们的住宿点和前洲文化大院。

区委决定：免去刘小玲的东湖区公园街道办事处主任科员职务，退休；免去徐洪生的东湖区政协专委会主任科员职务，退休；免去胡学文的东湖区发改委主任科员职务，退休；邓国金退休。刘小玲的退休时间从2016年6月起算，徐洪生、胡学文的退休时间从2016年7月起算，邓国金的退休时间从2016年8月起算。

17日

上午，区领导高辉红到东湖区蓝海购物广场、南昌百货大楼、瑞颐大酒店3家重点帮扶企业进行调研，了解企业在经营发展中存在的问题、企业的发展规划和建议诉求。区政府办公室、区商务局有关负责人参加。

上午，区领导陈曙先后走访江西华章汉辰担保集团股份有限公司、南昌市东湖区中金财信小额贷款股份有限公司、大新银行（中国）有限公司南昌分行及江西省金融租赁有限公司，开展挂点产业帮扶企业活动。区金融办、区财政局、区商务局、区经济办（楼宇办）和区机管局等单位有关负责人参加。

上午，区领导刘闯、喻国泰、夏小兰、万勇调研全区重大重点项目（包括紫金城商业项目、青山湖西岸旧改项目、青山湖西岸物流产业总部大厦项目、南昌“中金国际交易中心”项目、胜利路步行街改造项目、滕王阁东广场旧改项目),实地察看项目推进情况。区委办、区发改委、区旧改办、董家窑街道、彭家桥街道、贤士湖管理处、区城投公司等单位负责人参加。

下午,东湖区在区政府第一会议室召开全区土地例行督察情况整改工作部署会,解读《东湖区土地例行督察情况情况整改工作方案》。区政府副区长提名人选万明主持,区政府办公室、东湖国土分局、区监察局、区发改委、区财政局、区人社局、区城建局、东湖规划分局、区执法局、区农办、区金融办、扬子洲镇、董家窑街办相关负责人参加。

下午,东湖区在区政府常务会议室召开全区经济运行调度会,通报全区上一阶段经济运行情况。区领导夏小兰主持会议,万勇出席,区发改委、区财政局、区统计局、区教科体局、区民政局、区人社局、区城建局、区城管局、区市场监管局、区房管局、区环保局、区商务局、区文广局、区卫计委、区企资中心、区工商联、区委台办、区金融办以及各镇、街办、管理处等单位主要负责人和分管领导参加。

18 日

上午,区委第十一届第 70 次常委会议在区综合服务中心南楼七层区委第一会议室召开,区领导刘闯主持。会议讨论区委组织部提出的有关干部人事议题;审查各选举单位选出的《中共东湖区第十二次代表大会正式代表名单》;讨论区委组织部提出的《东湖区出席市第十一次党代会代表候选人预备人选圈选办法》;讨论区委办公室提出的《关于召开中共东湖区委十一届十四次全体会议的请示》;讨论区委组织部提出的《中共东湖区第十二届委员会委员、候补委员和区纪委委员候选人预备人选建议名单及说明》。区领导高辉红、陈曙、焦玉庄、胡洪水、唐铭市、刘光荣、夏小兰、陈俊、张恩出席,闵建波、喻国泰、王玮列席。

上午,区领导刘闯会见江西航空投资有限公司董事长伍向阳、华融致远投资管理有限责任公司总经理曾晓旦一行,三方就江西航投及华融投资在东湖区项目投资意向事宜进行沟通洽谈。区领导万勇出席,区财政局及区商务局等单位负责人参加。

上午,东湖区召开紫金城项目一期工程推进工作调度会,听取紫金城项目建设方关于施工进展情况的汇报。区领导夏小兰主持会议,区城建局、区商务局和九鼎投资公司相关负责人员参加会议。

上午,区领导万明先后走访安邦财产保险股份有限公司江西分公司、南昌市东湖区捷信小额贷款有限公司、中泰证券股份有限公司南昌叠山路证券营业部及南昌市东湖区邦信小额贷款有限公司,开展挂点产业帮扶企业活动。区政府办、区金融办有关负责人参加。

下午,东湖区召开全区 2016 年第一轮房屋征迁再动员大会,分析研究上半年征迁工作问题,安排部署下半年旧改征迁工作。区领导刘闯出席并讲话,高辉红主持会议,区四套班子成员、法检两长出席,区各责任单位主要负责人参加。

区领导谢保成到全区部分重点企业进行调研,先后走访江西明和置业公司、江西宝元商贸公司、江西省羽圣贸易公司、江西海印餐饮管理公司。区委政法委、区商务局、百花洲街办等相关负责人参加。

接市纪委洪纪组〔2016〕26、45 号文件批复,区委决定:黄超任中共东湖区纪律检查委员会委员、常委、副书记,免去其中共东湖区纪律检查委员会第三纪工委书记职务;肖迎春任中共东湖区纪律检查委员会委员、常委、副书记,免去其中共东湖区纪律检查委员会第一纪工委书记职务;万慧任中共东湖区纪律检查委员会委员、常委;傅子松任中共东湖区纪律检查委员会委员、常委;金栋任中共东湖区纪律检查委员会委员、常委;免去鞠跃春的中共东湖区纪律检查委员会副书记、常委、委员职务;免去余坚的中共东湖区纪律检查委员会副书记、常委、委员职务。

区委决定:金栋任中共东湖区纪律检查委员会第一纪检监察室主任;免去其湖区人民检察院副科级检察员职务。

区委决定:肖迎春任中共东湖区人民政府党组成员。

接市纪委洪纪组〔2016〕26、45 号文件批复,经研究,区委提名:肖迎春任东湖区监察局局长;免去余坚的东湖区监察局局长职务。

19 日

上午,区领导高辉红、万勇到东湖区沃尔玛八一店、百盛百货两家重点帮扶企业开展调研活动,区政府办、大院街道、百花洲街道,区商务局主要负责人和分管负责人参加。

上午,区领导刘闯、夏小兰走访调研全区部分重点总部楼宇企业,先后到招商银行南昌分行、央央春天投资大厦和江西省建筑设计研究总院,与企业负责人进行座谈。

下午,区领导高辉红、万明到贤士湖街区和光明社区视察街区(社区)改造提升项目,区政府办、区城建局、区城管局、董家窑街办、彭家桥街办主要负责人参加。

下午,南昌市委换届选举督导组第四小组到东湖区就区委领导班子换届工作情况进行督导,并召开换届选举现场工作情况汇报会,听取区委班子换届工作进展情况及换届风气监督工作情况汇报。区领导刘闯、闵建波、喻国泰、王玮、唐铭市、刘光荣以及区换届工作领导小组各工作小组组长参加。

下午,区领导刘闯、高辉红在区常委会议室会见昌工控股集团董事长葛彬林一行。区领导夏小兰、陈俊、童萍如、万勇以及区委办公室、区政府办公室、区房管局、东湖国土分局主要负责人参加。

区领导杨峻到玖龄养老服务中心筹备处、南昌市第二按摩医院、居家养老服务中心开展工作调研。

21 日

上午,东湖区在区政府常务会议室召开全区消防和安全生产工作部署会,传达南昌市夏季消防检查联席会议精神,通报8月20日东方大厦火灾事故进展;通报全区安全生产工作形势,部署下一步工作。胡志强主持会议,区领导高辉红讲话,陈国梁、杨峻出席,区消防安全委员会成员,各镇(街道)、管理处的主要负责人参加。

22 日

下午,区领导杨峻到区旧改指挥部第五分指挥调研全区集体土地房屋征迁工作,察看分指挥部办公情况,听取集体土地房屋征迁工作的情况汇报。

接中共南昌市委洪干字〔2016〕59、64号文件通知,市委决定:高辉红任中共南昌市东湖区委委员、常委、副书记;陈曙任中共南昌市东湖区委副书记;胡洪水任中共南昌市东湖区委委员、常委;刘光荣任中共南昌市东湖区委委员、常委、纪律检查委员会书记;陈俊任中共南昌市东湖区委委员、常委;胡志强任中共南昌市东湖区委委员、常委;张恩任中共南昌市东湖区委委员、常委;免去李云峰的中共南昌市东湖区委副书记、常委、委员职务;免去喻国泰的中共南昌市东湖区委常委、纪律检查委员会书记职务;免去王志勤的中共南昌市东湖区委常委、委员职务;免去张东林的中共南昌市东湖区委常委、委员职务;免去林正通的中共南昌市东湖区委常委、委员职务;免去陈建军挂任的中共南昌市东湖区委副书记、常委、委员职务。

接南昌市委洪干字〔2016〕60、70号文件通知,市委提名:梁洪任南昌市东湖区人民法院院长;免去钟瑛的南昌市东湖区人民法院院长职务。

接南昌市委洪干字〔2016〕73号文件通知,市委决定:闵建波保留正县级;毛惟仁保留副县级;陈东亮保留副县级;敖晓焕保留副县级;胡中平保留副县级。

23 日

上午,区委十一届第71次常委会议在区综合服务中心南楼七层区委第一会议室召开,区领导刘闯主持。会议讨论区委组织部提出的调整上报南昌市委关于中共东湖区第十二届委员会委员、候补委员和区纪委委员预备人选的请示事宜。区领导高辉红、陈曙、焦玉庄、胡洪水、唐铭市、刘光荣、夏小兰、陈俊、胡志强、张恩出席,闵建波、喻国泰、王玮列席。

上午,区领导高辉红、万明到五纬路和董家窑两个农贸市场察看拆迁重建工作,区政府办、区商务局、区房管局、东湖国土分局、东湖规划分局主要负责人参加。

下午,东湖区召开全区街道文化活动中心建设工作调度会,听取各街道文化活动中心建设情况汇报,传达南昌市文化局相关会议精神。区领导童萍如主持会议,区文广局、八一桥街办、墩子塘街办、大院街办、滕王阁街办等单位分管领导参加。

24 日

上午,区领导胡志强、谢保成到区重点工业企业——扬子洲镇白云药业开展工作调研。区委政法委、区发改委、扬子洲镇有关负责人参加。

下午,区领导杨峻到扬子洲镇南昌海源油库

检查指导安全生产工作，主要了解油库安全自查、安全信息化以及突发应急等情况。扬子洲镇、区安监局主要负责人参加。

下午，东湖区召开紫金城广场一期项目调度会，商议广场相关使用权限和绿植维护方式，协调广场施工方面存在的问题，确定紫金城路步行街二楼商户入驻完成的时间节点。区领导夏小兰主持，区城建局、区商务局与紫金城广场项目负责人参会。

晚上，中共东湖区委十一届十五次全体会议在区委常委会议室召开，高辉红主持会议。审议通过《中共南昌市东湖区第十一届委员会工作报告》《中共南昌市东湖区纪律检查委员会工作报告》。区领导刘闯、陈曙、闵建波、喻国泰、王玮、焦玉庄、胡洪水、唐铭市、刘光荣、夏小兰、陈俊、张恩，区委委员万里涛、万勇、欧阳桃花、谭阿莉及区委候补委员参加会议。

晚上，区委十一届第72次常委会议在区综合服务中心南楼七层区委第一会议室召开，区领导刘闯主持。会议讨论区委办公室提出的《中共南昌市东湖区第十一届委员会工作报告》和区纪委提出的《中共南昌市东湖区纪律检查委员会工作报告》；讨论区委组织部提出的《关于提请审议〈中共南昌市东湖区第十二次代表大会代表资格审查情况报告〉的请示》《关于提请审议〈中共南昌市东湖区第十二次代表大会代表团组成方案及召集人建议名单〉的请示》《关于提请审议〈东湖区第十二次党代会主席团、主席团常务委员会和代表资格审查委员会建议名单〉的请示》《关于提请审议〈全区党费收缴、使用和管理的报告〉的请示》《中共南昌市东湖区委第十二次代表大会选举办法（草案）》《东湖区出席南昌市第十一次党代会代表选举办法（草案）》《中共南昌市东湖区第十二届委员会第一次全体会议选举办法（草案）》《中共南昌市东湖区第十二届纪律检查委员会第一次全体会议选举办法（草案）》；讨论区委组织部提出的确定《中共南昌市东湖区第十二届区委委员、候补委员和区纪委委员、常委、副书记候选人预备人选建议名单及说明》；讨论区委办公室提出的《中共南昌市东湖区第十二次代表大会日程安排》《中共南昌市东湖区第十二次代表大会列席代表名单》《中共南昌市东湖区第十二次代表大会秘书长、副秘书长、秘书处机构设置及负责人建议名单》《关于召开中共南昌市东湖区委十一届十五次全体会议的请示》。区领导高辉红、陈曙、焦玉庄、胡洪水、唐铭市、刘光荣、夏小兰、陈俊、胡志强、张恩出席，闵建波、喻国泰、王玮列席。

25日

上午，区领导万勇到美特斯邦威服饰股份有限公司南昌销售公司调研工作，主要了解企业目前经营状况和发展规划。区商务局、胜利路步行街管委会相关负责人参加。

上午，东湖区召开区党代会前期筹备工作调度会，通报党代会筹备情况，听取各责任单位的前期准备工作汇报。区领导陈曙主持会议，区委办、区政府办、区纪委、区委组织部、区委宣传部、区维稳办、区文广局、区市监局、区卫计委、区机管局、东湖公安分局、东湖交警大队负责人参加。

下午，东湖区旧城改造房屋征收第一分指挥部召开动迁工作会议，宣读《2016年东湖区旧城改造房屋征收工作第一分指挥部工作实施方案（草案）》。区领导陈曙主持会议，焦玉庄、毛惟仁、彭雅琳、欧阳桃花、谭阿莉、余坚出席，第一指挥部各征迁责任单位负责人参加。

下午，东湖区在区旧改指挥部召开全区旧城改造工作调度会，研究旧改主要问题及南昌市轨道交通3号线二七北路沿线、洪都北大道沿线所涉点位征迁工作。区领导陈俊主持会议，万勇出席，区旧改指挥部各组负责人参加。

26日

下午，东湖区在区政府常务会议室召开全区第40次城市综合管理调度暨迎接全市城市综合管理专项整治活动季度考核工作部署会，区领导万明主持会议。会议传达南昌市第43次城市综合管理调度会议精神，通报8月份全区城市综合管理工作情况，部署迎接全市城市综合管理专项整治活动季度考核工作并进行培训。区领导高辉红出席并讲话，区政府办、区综管办、区城管局、区执法局等18个责任单位主要领导、分管领导和各镇（街道）、管理处的主要负责人、城管办主任参加会议。

27日

下午，中国共产党南昌市东湖区第十二次代

表大会举行预备会议,通过大会主席团名单、秘书长名单及大会代表资格审查委员会名单,通过大会议程、大会秘书处的工作任务及机构设置,观看换届纪律警示片《镜鉴》。南昌市换届选举第四现场督导组组长、市委保密机要局调研员余俊杰出席,区领导刘闯主持会议。

28 日

上午,中共东湖区第十二次代表大会在区文化活动中心演艺大厅开幕。大会应到代表 338 人,实到 334 人。会议听取刘闯作的《不忘初心勇担当,实在实干促发展,为打造实力东湖、创造活力东湖、塑造魅力东湖而不懈奋斗》的工作报告和区纪律检查委员会的书面报告。南昌市委常委、纪委书记卢作全到会指导并讲话,市换届选举第四现场督导组组长、市委保密机要局调研员余俊杰出席。大会主席团常务委员会成员刘闯、高辉红、陈曙、闵建波、喻国泰、王玮、焦玉庄、胡洪水、唐铭市、刘光荣、夏小兰、陈俊、胡志强、张恩在主席台前排就座,大会主席团成员在主席台就座。区领导高辉红主持会议,陈曙致开幕词。

上午,南昌市委常委、市纪委书记卢作全,区领导刘闯、高辉红、闵建波、王玮、陈曙、刘光荣、彭雅琳、余瑾、桂兵等及部分参会党代表到区委打造"东青号"移动志愿服务站参观指导。

下午,区委领导刘闯、高辉红、陈曙、焦玉庄、胡洪水、唐铭市、刘光荣、夏小兰、陈俊、胡志强、张恩一行依次到 11 个代表团分组讨论点,看望出席区第十二次党代会的代表。

下午,区委十一届第 73 次常委会议在区综合服务中心南楼七层区委第一会议室召开,区领导刘闯主持。会议讨论区委组织部提出的《区委推荐区第十六届人大代表候选人建议名单》;讨论区人大常委会党组提出的《中共东湖区人大常委会党组关于区第十六届人民代表大会代表名额分配及选取划分方案(草案)》。区领导高辉红、陈曙、焦玉庄、胡洪水、唐铭市、刘光荣、夏小兰、陈俊、胡志强、张恩出席,闵建波、喻国泰、王玮、彭雅琳出席。

30 日

上午,中共南昌市东湖区第十二届委员会第一次全体会议在区委常委会议室召开,会议选举产生中共南昌市东湖区第十二届委员会常务委员会委员、书记、副书记,通过中共东湖区第十二届纪律检查委员会第一次全体会议选举结果的报告。区领导刘闯主持会议并讲话。

上午,中共南昌市东湖区第十二届纪律检查委员会第一次全体会议在区纪委会议室召开,会议通过《中国共产党东湖区纪律检查委员会第一次全体会议选举办法》,通过监票人员名单,选举中共东湖区十二届纪委常委,选举中共东湖区第十二届纪律检查委员会书记、副书记。区领导刘光荣主持会议。

晚上,东湖区在区委常委会议室召开全区房屋征迁工作调度会,通报全区 2016 年第一轮房屋征迁工作进展情况,全面梳理第一轮房屋征迁工作。区领导高辉红主持会议,刘闯出席并讲话。区旧改指挥部各组组长,各分指挥部指挥长、副指挥长,各分指挥部办公室主任等参加。

31 日

上午,江西省委常委、南昌市委书记龚建华,市委副书记欧阳海泉,市委常委、市委秘书长江晓斌到东湖区百花洲街道调研基层党建和社区服务等工作。龚建华等察看社区"手抄三风"报、人生阅览室、爱心银行等项目展示。

上午,东湖区召开全区安全生产工作会,传达南昌市安全生产工作会议精神。区领导杨峻主持,区安委会成员单位相关负责人参加。

下午,东湖区旧城改造房屋征收第一分指挥部召开征迁调度工作会议,传达区旧改工作调度会精神,听取征迁工作进展情况汇报。区领导陈曙主持,焦玉庄、毛惟仁、彭雅琳、欧阳桃花、谭阿莉、余坚出席,各征迁责任单位参会。

下午,区委十二届第 1 次常委会议在区综合服务中心南楼七层区委第一会议室召开,区领导刘闯主持。会议审议区人大常委会党组提出的《中共东湖区人大常委会党组关于调整区、镇两级选举委员会成员的请示》;审议区委组织部提出的《政协东湖区第九届委员会委员候选人建议名单》。区领导高辉红、陈曙、焦玉庄、胡洪水、唐铭市、夏小兰、陈俊、胡志强、张恩出席,闵建波、喻国泰、王玮列席。

晚上,东湖区在区委第二会议室召开全区旧改征迁工作调度会,研究第一分指挥部征迁工作相关问题并听取工作情况汇报。区领导陈俊主持，万勇出席。

本月

东湖区文化企业江西樟树林文化生活公园有限公司荣获江西省商业联合会“省级诚信示范企业”。

九月

1日

上午，区领导高辉红到墩子塘街办调研，并在马家池社区出席东湖区第37选区人大代表候选人与部分选民代表见面会。区政府办、墩子塘街道负责人参加。

上午，区领导胡洪水到南昌市雄鹰救援队东湖红十字志愿服务站开展工作调研，了解志愿服务中队的日常工作及发展计划。

下午，东湖区征兵工作领导小组会议在区政府第一会议室召开，区领导高辉红主持会议。会议通报2015年全区征兵工作完成情况，传达2016年上级征兵有关任务和要求，介绍2016年全区征兵工作进展情况，研究征兵工作领导小组成员调整、征兵工作先进单位和个人表彰等相关事项。

下午，区领导胡志强出席贤士湖管理处在起凤路指挥部召开的2016年农房征迁动员部署大会，并对相关工作发表讲话。

下午，东湖区在区委第一会议室召开全区旧改征迁工作调度会，听取第二分指挥部的征迁工作情况并研究下一步工作。区领导陈俊主持，万勇出席会议。

区领导杨峻到扬子洲镇检查指导新农村建设工作，实地查看三联村、为民村、滕洲村和上房村的新农村建设点的工程进展情况，听取相关镇、管理处负责人的汇报。区农办、扬子洲镇有关负责人参加。

2日

下午，区领导刘闯、陈曙、陈俊参加区委办公室机关党支部召开的“两学一做”学习教育暨“崇尚荣誉，创先争优”专题学习会。会议学习栗战书在中央办公厅“七一”专题党课上作的《继承弘扬中办优良传统和作风推动“三服务”工作再上新台阶》报告、入党誓词等党务基础知识，观看专题片《咬定青山不放松——习近平总书记论理想信念的八个关键词》。

下午，东湖区在区委第二会议室召开全区旧改征迁工作调度会，听取第三分指挥部近期征迁工作情况并研究下一步工作。区领导陈俊出席并讲话，万勇主持会议。

5日

上午，区领导刘闯到公园街道戴家巷社区出席第55选区代表候选人与选民见面会。

下午，东湖区旧城改造房屋征收第一分指挥部召开征迁调度工作会议，通报各责任单位序号领取及预签约情况。区领导陈曙主持会议，焦玉庄、毛惟仁、彭雅琳、欧阳桃花、谭阿莉、余坚出席。

下午，东湖区在区委第二会议室召开全区旧改征迁工作调度会，主要研究第一分指挥部征迁工作。区领导陈俊出席并讲话，万勇主持会议。

6日

上午，区领导刘闯、胡洪水、陈俊、胡志强到东湖区法院调研工作并与区法院班子成员开展座谈。

下午，南昌市非公有制经济代表人士综合评价工作领导小组到东湖区开展督导调研，听取该区非公有制经济代表人士综合评价工作进展情况汇报。区领导焦玉庄参加调研。

下午，东湖区在区委第二会议室召开全区旧改征迁工作调度会，听取第二分指挥部工作情况汇报并研究相关问题。区领导陈俊出席并讲话，万勇主持会议。

下午，东湖区在区文化活动中心新闻发布厅举行政企座谈会，主要介绍全区经济社会发展情况和招商安商举措。区领导刘闯、高辉红、胡洪水、陈俊、万勇参加，夏小兰主持会议。阿里巴巴·南昌电子商务产业园、豫章1号文化科技园、江西金融租赁公司、江西健康之路信息服务有限公司等互联网、文化、金融、健康医疗产业行业共20家龙头领军企业受邀参会。区有关部门主要负责人及27个经济责任部门主要负责人参加座谈。

7日

上午，景德镇市珠山区委副书记高翔一行到东湖区考察调研社区建设（基层党建）工作。区领导陈曙、胡洪水、谭阿莉陪同考察,区委办、区委组织部、区民政局、彭家桥街道、墩子塘街道、公园街道相关负责人参加。

上午,区领导高辉红、夏小兰走访慰问离退休老干部。区政府办、区委组织部、区老干部局相关负责人参加走访。

上午,区领导万明到南昌市重点项目新湖滨西路改造项目工地现场检查施工情况,要求相关单位制定项目施工具体计划,确保2016年10月底完工。

下午,区领导夏小兰到彭家桥街道建新社区出席第81选区代表候选人与选民见面会。

下午,东湖区在区政府六楼会议室召开"河湖长制"工作会议,传达江西省、南昌市"河湖长制"会议精神,安排部署"河湖长制"具体工作。区领导杨峻主持会议,各镇(街办、管理处)及相关单位分管负责人参加。

下午,区领导陈俊在区委第二会议室主持召开全区旧改征迁工作调度会,主要研究第三分指挥部征迁工作。

7-9日

区领导刘闯、喻国泰、万勇率招商小分队赴南京、上海开展招商考察活动,先后与苏宁控股集团董事长张近东一行、浦发银行总行投资银行部副总经理刘梅女士、绿地控股集团副总裁陈磊一行及上海月星集团有限公司董事长丁佐宏进行会谈。区财政局、区商务局、大院街办、东湖国土分局、东湖规划分局负责人参加考察。

8日

上午,区领导高辉红、夏小兰、万明到八一桥街办就经济发展、城市建管、社会民生等相关工作展开调研,了解街办近年来经济社会发展情况。

上午,区领导陈俊在区委第二会议室主持召开全区轨道3号线点位征迁工作调度会,区旧改指挥部、区房管局相关责任人参加。

下午,区领导陈俊在区委第二会议室主持召开全区旧改征迁工作调度会,听取第四分指挥部征迁工作情况汇报并研究相关工作。区政协副主席提名人选谢华出席。

国家卫计委法制司副司长梁金霞到东湖区调研全面两孩政策实施情况。梁金霞一行先后到豫章街道服务大厅、洪城社区、光明社区了解全面两孩政策实施以来的生育登记服务制度和工作开展情况。江西省卫计委副主任李晓琼,南昌市副市长姚燕萍,市卫计委副主任黄立发以及区领导童萍如陪同调研。

9日

下午,东湖区旧城改造房屋征收第一分指挥部召开征迁调度工作会议,通报各责任单位序号领取情况及预签约情况,研究讨论房屋征迁中遇到的疑难问题。区领导陈曙主持会议,毛惟仁、欧阳桃花出席,第一分指挥部各征迁责任单位负责人参会。

下午,区领导陈俊在区委第二会议室主持召开全区旧改征迁工作调度会,主要听取第五分指挥部办公室前期准备工作汇报并研究下一步工作。

10日

上午,东湖区第32个教师节庆祝大会暨首届"年度教师"风采展在南昌市滨江学校泽才楼三层演播厅举行,活动观看年度教师风采视频展播及主题演讲,并为年度教师及提名奖获得者颁奖。区领导刘闯、高辉红、陈曙、闵建波、王玮、胡洪水、童萍如出席,江西省首届"感动江西十大教育年度人物"提名奖教师、优秀教师代表等300余人参加活动。

12日

上午,区领导刘闯、万勇到北京银行南昌分行走访调研,了解银行发展状况及需要协调解决的问题。区财政局、区金融办和墩子塘街办有关负责人参加。

下午,区领导陈俊在区委第二会议室主持召开全区旧改征迁工作调度会,主要研究第一分指挥部征迁工作。

下午,区领导唐铭市到八一桥街道大士院西区社区党总支开展"两学一做"专题党课讲学。

13日

上午、区领导陈曙、唐铭市到滕王阁街道民巷社区检查指导基层党组织标准化建设工作。

上午,东湖区在区委第二会议室召开殷家巷旧改地块综合体项目调度会,听取董家窑街道的有关工作全面汇报。区领导陈俊主持会议,区旧改办、贤士湖管理处、区信访局、区法制办、区国土局、区规划局相关责任人及区政府法律顾问、区旧改指挥部法律顾问参加。

下午，区领导陈俊在区委第二会议室主持召开全区旧改征迁工作调度会，主要研究第二分指挥部征迁工作。

南昌市领导龚建华、谢一平、蔡社宝、周关到市委第一会议室，与市委机关干部职工一起参加东湖区第十六届人民代表大会代表选举104选区选举投票；区领导刘闯、陈曙、闵建波、喻国泰、王玮等到区综合服务大楼南楼一层大厅，与区委机关干部职工一起参加东湖区第十六届人民代表大会代表选举77选区选举投票。

14日

下午，东湖区旧城改造房屋征收第一分指挥部召开征迁调度工作会议，通报各责任单位征迁进度，听取各责任单位的工作进展情况汇报。区领导陈曙主持会议，焦玉庄、毛惟仁、彭雅琳、欧阳桃花出席，第一分指挥部各征迁责任单位负责人参加。

下午，区领导陈俊在区旧改指挥部第二会议室主持召开区旧改指挥部工作调度会，主要研究中金黄金项目所涉地块房屋征迁、区企资中心下属企业房屋征迁等工作。区领导万勇出席，区旧改指挥部各组负责人参加。之后，陈俊在区委第二会议室主持召开全区旧改征迁工作调度会，主要研究第三、第四、第五分指挥部征迁工作。

下午，共青团江西省委副书记廖良生、团南昌市委书记盛炜到南昌市滨江学校，参加由共青团东湖区委和东湖区检察院联合举办的2016年江西省未成年人保护宣传周系列活动。区领导刘闯、陈曙参加。

下午，区领导刘闯、胡洪水、唐铭市、刘光荣、陈俊、胡志强到区检察院开展工作调研，参观区检察院办案大厅、远程提讯室、未检工作室、院史陈列室等处，并与区检察院领导班子和各科室主要负责人进行座谈。

18日

下午，东湖区召开全区部分重大重点项目调度会。会议听取光明社区提升改造项目、贤士湖街区改造项目、紫金城商业提升改造项目、青山湖西岸项目推进情况的汇报，并对各个项目进展情况进行逐个梳理，研究部署下一步项目推进计划。区委书记刘闯主持，区领导陈曙、焦玉庄、唐铭市、陈俊、彭雅琳、万勇出席。区委办、区发改委、区财政局、区城建局、区统计局、区规划分局、区商务局、彭家桥街办、董家窑街办、区旧改指挥部、光明社区等有关单位负责人参加。

19日

上午，区领导杨峻调研挂点的重大重点项目进展情况，察看2013年度垦区危旧房改造工程和贤湖村产业用地商业楼宇项目推进情况。扬农管理处、贤士湖管理处主要负责人参加。

上午，江西省委常委、南昌市委书记龚建华到东湖区调研停车场建设、安置房建设情况。

下午，共青团九江市委书记宋晓好、共青团抚州市委书记陈素芳一行到东湖区彭家桥街道光明社区调研并考察“东青号”移动志愿服务站和光明社区青年空间建设情况。区领导陈曙以及共青团东湖区委、彭家桥街道党工委主要负责人陪同考察。

下午，东湖区旧城改造房屋征收第一分指挥部召开征迁调度工作会议，区领导陈曙主持，毛惟仁、彭雅琳、欧阳桃花以及第一分指挥部各征迁责任单位主要领导参会。

下午，东湖区召开政府工作报告征求意见会，就《政府工作报告（征求意见第五稿）》听取各民主党派、工商联、无党派代表人士的意见和建议。区领导高辉红出席并讲话，焦玉庄、万勇、郑洪健以及各民主党派、工商联和知联会负责人参加。

晚上，区领导刘闯、高辉红召集相关单位负责人召开停车场建设专题调度会，听取关于全区11个停车场建设情况、计划的汇报。区领导万明出席，区委办、区政府办、区城建局、区旧改指挥部、区房管局、贤士湖管理处、市政控股集团有关负责人参加。

20日

上午，江西省关工委副主任王飚、南昌市关工委常务副主任田新芳一行到东湖区扬子洲镇、彭家桥街道开展工作调研。王飚一行参观前洲村文化活动中心，听取镇、村两级的工作汇报；到七里街社区、光明社区了解基层关工委组织“三级联创”工作。区领导陈曙以及区有关单位负责人陪同。

下午，东湖区第一轮旧城改造工作调度会在区政府六楼会议室召开，会议通报旧改征迁工作进度情况，总结分析旧改征迁前期问题并部署下一步旧改征迁工作。区领导刘闯出席并讲话，高辉红主持会议,区四套班子成员、法检两长以及区各责任单位主要负责人参会。

晚上,南昌市委常委、宣传部部长龙和南到东湖区文化传承中心,调研传统文化项目传承发展情况,并观看“贵林社”首场演出。区领导刘闯、高辉红、胡洪水、童萍如、胡薇陪同调研。

21 日

上午,南昌市中级人民法院党组书记居国屏到东湖区法院指导工作。区领导刘闯、高辉红、胡志强以及区法院党组书记、代院长梁洪等陪同。

下午,南昌市小区配套幼儿园回收管理工作督查组一行到东湖区开展工作督查。区领导童萍如,区政府办、区教科体局、区发改委、区财政局、区房管局、东湖国土分局、东湖规划分局相关人员参加。

晚上,区委十二届第 2 次常委会议在区综合服务中心南楼七层区委第一会议室召开,区领导刘闯主持。会议学习传达《周泽民书记在省委反腐败协调小组会议上的讲话精神》《关于我省 4 起省管干部违反中央八项规定精神问题的通报》;审议区人大常委会党组提出的《关于召开南昌市东湖区第十六届人民代表大会第一次会议的请示》《南昌市东湖区人大常委会工作报告(送审稿)》《南昌市东湖区人民法院工作报告(送审稿)》《南昌市东湖区人民检察院工作报告(送审稿)》;听取区政府办公室关于《东湖区人民政府工作报告》起草说明的汇报;审议区政协党组提出的《关于召开政协南昌市东湖区第九届委员会第一次会议的请示》;审议区委办公室提出的《关于审议〈区委领导同志批示件办理工作细则(送审稿)〉的请示》《审议〈关于进一步做好服务保障区委日常工作规范高效运转有关事项的通知(送审稿)〉的请示》。区领导高辉红、陈曙、焦玉庄、胡洪水、唐铭市、刘光荣、陈俊、胡志强、张恩出席,闵建波、喻国泰、王玮、梁洪、杜迎春列席。

22 日

上午,区领导陈国梁到东湖区法治科普安全宣教中心调研,先后参观禁毒教育和法治科普安全宣教中心各个展区,了解禁毒宣传工作和法治安全宣传工作进展情况。

上午,区领导陈俊在区旧改指挥部主持召开全区旧城改造工作调度会,万勇以及区旧改指挥部各组负责人参加。

上午,区领导陈国梁到东湖区司法局开展工作调研,先后参观区法治科普安全宣教中心、滕王阁司法所、区社区矫正管理中心、公证处,听取区司法行政工作情况汇报。区司法局班子成员参加。

23 日

上午,江西省旅游集团董事长曾少雄和外国客商考察团一行到东湖区扬子洲镇三联村滩头地块实地考察。区领导高辉红、万勇以及区商务局、扬子洲镇主要负责人陪同考察。

下午,东湖区召开全区基层党组织标准化建设调度会,通报各镇、街道、管理处党组织标准化建设情况。区领导唐铭市主持,各镇、街道、管理处党(工)委书记、全区基层党组织标准化建设领导小组成员单位相关负责人参加。

南昌市委副书记谢一平到东湖区调研经济社会发展工作,先后参观豫章 1 号文化科技园、彭家桥街道光明社区、淘鑫电子商务产业园。区领导刘闯、高辉红、陈曙、胡洪水、胡薇陪同。

24 日

晚上,南昌市副市长姚燕平到东湖区文化传承中心,调研传统文化项目传承发展情况,并观看“贵林社”演出。区领导童萍如、胡薇陪同。

25 日

上午,东湖区委中心组理论学习(扩大)会在区文化活动中心演艺大厅召开。会议学习观看中央纪委监察部副部长王令浚讲解《中国共产党问责条例》辅导录像。区领导刘闯主持并讲话,区四套班子成员、区法检两院主要负责人出席,各镇、街道、管理处党政主要负责人,区委各部门、区直各单位主要负责人参加。

上午,东湖区综治信访稳定会议在区文化活动中心演艺大厅召开,区领导刘闯出席并讲话,胡志强传达市全国综治工作“南昌会议”协助筹备会议精神及有关文件要求。区四套班子成员、法院检察院主要负责人出席,各镇、街道、管理处党政主要负责人,区委各部门、区直各单位主要负责人参加。

上午,东湖区青少年女篮“梦之队”摘得江西省第二届百县青少年“三人制”篮球运动会桂冠。东湖区此次参加江西省第二届百县青少年“三人制”篮球运动共派出青少年足球、男篮、女篮三支队伍，包揽三项总冠军，创江西百县青少年运动会记录。

上午，南昌市豫章小学刘佳丽老师携其设计制作的教具《模拟现实星空观测仪》在江西省中小学实验说课比赛中，荣获小学科学组一等奖，这也是东湖区科学教师连续4届获此殊荣。

下午，东湖区旧城改造房屋征收第一分指挥部召开征收调度工作会议，通报征收工作进展情况。区领导陈曙主持会议，焦玉庄、毛惟仁、彭雅琳、谭阿莉、欧阳桃花、余坚出席，第一分指挥部各征收责任单位主要领导参会。

26日

上午，区领导杨峻到扬子洲镇调研挂点的重大重点项目推进情况、农村清洁工程和“河湖长制”工作。

下午，南昌市第十一次党代会代表、东湖区委书记刘闯做客南昌广播电视台党代会现场演播室接收访谈。访谈中，刘闯回顾东湖区经济社会发展成果，分析东湖发展所面临的新形势，并畅谈未来发展的战略定位和规划。

27日

下午，东湖区在区政府第一会议室召开全区农产品质量安全监管工作会，布置全区治理农田残膜等污染及农产品质量安全监管工作和农产品质量安全监测任务，下达全区农产品质量安全责任书。区领导杨峻主持会议，区发改委、区财政局、区市场和质量监管局、区卫计委、扬子洲镇、扬农管理处、贤士湖管理处、东湖公安分局等部门分管负责人参加。

下午，区领导陈国梁参加在滕王阁景区举行的消防知识讲座及消防演练。该活动由滕王阁街办主办，演习出动两辆消防车，有20余名消防员、120名工作人员及300名游客参与。

28日

上午，区领导谢保成出席扬子洲镇政协联络小组在该镇一楼会议室召开的扬子洲镇政协委员见面会。

上午，区领导夏小兰、胡志强对中金国际交易中心项目进行督导并召开座谈会，听取项目进展情况、存在问题的汇报。区政府办、区发改委、区房管局、区城管局、区执法局、区规划分局、贤士湖管理处等相关职能部门主要负责人参加。

下午，区领导焦玉庄、夏小兰对青山湖西岸物流产业总部大厦项目进行实地督导并召开座谈会，听取项目进展情况、存在问题的汇报。区政府办、区发改委、区商务局、区房管局、区经济办、彭家桥街办等相关职能部门主要负责人参加。

29日

上午，区领导闵建波、夏小兰以及部分人大代表先后到紫金城商业提升改造项目、中金国际交易中心项目、青山湖西岸物流产业总部大厦项目现场进行视察，并在区政府常务会议室听取2016年全区重大重点项目推进总体情况汇报。

上午，区领导高辉红在区政府会客室会见苏宁置业集团投资开发中心副总监沈翠香、华南开发部投资总监张政华等一行，双方就苏宁控股集团“六大业务板块”的发展现状及江西地区的投资规划进行交流。

晚上，区委十二届第3次常委会议在区综合服务中心南楼七层区委第一会议室召开，区领导刘闯主持。会议学习传达《中共中央宣传部关于湖北省委严肃处理恩施州委、利川市委中心组学习突出问题的通报》和《关于戴晓明等同志在私人会所接受吃请问题的通报》；审议区政府党组提出的《审议〈关于在全区公民中开展法治宣传教育的第七个五年规划（2016－2020年）（送审稿）〉的请示》《关于审议〈东湖区临时救助实施细则（试行）（送审稿）〉的请示》《关于审议〈区政府工作报告（送审稿）〉的请示》；审议区委宣传部提出的《关于组织推荐省文明家庭候选名单工作的请示》；审议区委统战部提出的《关于调整区委统战工作领导小组的请示》《关于调整东湖区宗教工作领导小组的请示》《关于调整东湖区非公有制经济代表人士综合评价工作领导小组的请示》《政协南昌市第十四届委员会委员推荐人选（东湖区）名单》《政协南昌市第十四届委员会委员考察人员（东湖区）名单》《东湖区非公有制经济代表人士综合评价参考名单》；审议区委组织部提出的《南昌市第十五届人民代表大会东湖区代表候选人名单》《政协南昌市东湖区第九届委员会常委组成人员名单（草）》。区领导高辉红、陈曙、焦玉庄、胡洪水、唐铭市、刘光荣、夏小兰、陈俊、胡志强出席，闵建波、喻国泰、王玮、杨峻列席。

30 日

上午,区领导陈俊在区旧改指挥部主持召开全区旧改征迁工作调度会,主要研究和部署旧改相关工作。区领导万勇出席,区旧改指挥部各组负责人、各分指挥部办公室及法律顾问参加会议。

十月

6 日

下午,东湖区全国综治工作"南昌会议"协助筹备工作调度会在区政府常务会议室召开。区领导高辉红主持会议,刘闯作重要讲话,胡志强、陈国梁、万明、杨峻、梁洪、杜迎春出席。刘闯传达省市主要领导对会议筹备工作的指示精神,并就会议协助筹备的具体工作进行部署,胡志强、杜迎春、梁洪、杨峻、万明、陈国梁先后就分管相关工作发言,区综治办、区维稳办、区信访局、区综管办就相关口工作进行汇报。区委办、区人大办公室、区政府办、区政协办公室,区委各部门、区直各单位、各镇(街道)、管理处及东湖消防大队等主要负责人参加会议。

7 日

上午,区领导高辉红、夏小兰、万明调研该区城建口项目。高辉红等先后到 320 支路、下正街拆迁点、后墙路、天泉水都、刘将军庙社区、朱德军官教育团、福州支路、光明社区和紫金城等地,察看各点位所涉及的道路改造、停车场建设、休闲广场改造、断头路打通等项目进展情况。区政府办、区城建局、区综管办、豫章街办、滕王阁街办、百花洲街办、公园街办、彭家桥街办主要负责人参加。

8 日

下午,南昌市政府党组成员、提名副市长凌卫到东湖区调研工作。凌卫一行先后到 791 艺术街区、豫章 1 号文化科技园,参观 791 美术馆、天逸阁艺术中心、橙果策划、卓然基因、火种文化等处,详细了解企业发展现状、企业特色、取得的成效、发展规划等。区领导高辉红、夏小兰、童萍如、胡薇陪同调研。

晚,区领导刘闯主持召开全区干部大会,专门传达贯彻落实中共南昌市第十一次代表大会精神。

晚上,区委十二届第 4 次常委会议在区综合服务中心南楼七层区委第一会议室召开,区领导刘闯主持。会议审议区委组织部提出的《关于成立东湖区第十六届人民代表大会第一次会议临时党委和各代表团成立临时党支部的请示》《南昌市东湖区第十六届人大常委会组成人员名单(草案)》。区领导高辉红、陈曙、焦玉庄、胡洪水、唐铭市、刘光荣、夏小兰、陈俊、胡志强、张恩出席,闵建波、喻国泰、王玮列席。

9 日

上午,区领导高辉红、陈俊、万勇到区房管局调研工作。高辉红听取房管局领导班子的工作汇报,肯定房管局前一阶段的工作和该局提出的"以旧城改造为中心、以公房管理为根本、以招商引资为抓手、以安全稳定为基础"工作思路,并对房管局今后的工作提出要求。

下午,东湖区旧城改造房屋征收第一分指挥部召开征收调度工作会议,就洪都北大道周边地块维稳工作进行专项部署和安排。区领导陈曙主持会议,毛惟仁、彭雅琳、谭阿莉、欧阳桃花、余坚出席,第一分指挥部各征收责任单位及彭家桥派出所主要负责人参会。

下午,区领导陈俊在区旧改指挥部主持召开全区旧改征迁工作调度会,主要部署当前旧改工作和研究 2017 年旧改拟启动项目,要求以高度责任心、强烈使命感做好各项攻坚工作。区旧改指挥部、区房管局、区企资中心、贤士湖管理处负责人及法律顾问参加会议。

南昌市委宣传部、市委老干部局、市旅发委和南昌旅游集团公司共同主办,市滕王阁管理处、东湖区滕王阁街办共同承办,江西电视台都市频道、江汉文化传媒有限公司共同协办的首届滕王阁九九重阳"爱您一生一世"金婚盛典活动在滕王阁景区主阁广场隆重举行。活动以"爱您一生一世"为主题,以"情满重阳,爱在夕阳"为口号,面向社会征集 99 对身体健康、行动方便的金婚伴侣,评选出 9 对模范金婚夫妻参加金婚盛典联欢会。南昌市委常委、宣传部部长龙和南宣布活动开幕,市委老干部局、市旅发委有关领导以及区领导刘闯出席。

10 日

上午,区领导刘闯、胡洪水、童萍如、胡薇到樟树林文化生活公园和 791 艺术街区调研该区文化产业。刘闯一行考察樟脑玩众创空间、东湖众创空间、缤谷众创空间、非遗展示馆等，详细了解园区运营情况和企业发展规划；参观791美术馆、拜望得、天逸阁艺术中心，与企业负责人进行座谈。区委办、区发改委、区财政局、区商务局、区文广局、区统计局、董家窑街办、豫章街办等主要负责人参加。

11日

上午，中国人民政治协商会议南昌市东湖区第九届委员会第一次会议在东湖区文化活动中心演艺大厅隆重开幕，区领导王玮主持会议。政协东湖区第九届委员会有委员238名，到会223名，符合政协章程规定。南昌市政协副主席龙国英到会指导并讲话，市换届选举现场督导组代组长熊本伯出席大会。区领导刘闯代表区委祝贺大会胜利召开。大会听取《政协东湖区第八届委员会常务委员会工作报告》《政协东湖区第八届委员会常务委员会关于提案工作情况的报告》，宣读《区政协八届六次会议优秀提案和提案办理先进单位》表彰决定，并表彰区政协八届六次会议优秀提案和提案办理先进单位。

12日

上午，东湖区第十六届人民代表大会第一次会议在区文化活动中心演艺大厅隆重开幕。南昌市委常委郭毅，市人大党组成员、副主任申少平，市换届选举现场督导组代组长熊本伯出席大会。本次大会应到代表238人，实到228人，符合法定人数。区领导高辉红代表区人民政府作政府工作报告，大会表决通过《东湖区第十六届人民代表大会第一次会议选举办法（草案）》。

下午，南昌文化产业“创新创业、跨界发展、金融互联”主题论坛举行，南昌市委常委、宣传部长龙和南出席。市委宣传部、各县（区）委宣传部、部分市直单位的负责人参加论坛活动。东湖区委副书记、代区长高辉红，《南昌日报》社总编辑万利平，南昌广播电视台台长张金洁，南昌市委宣传部文化产业发展处处长万晓龙，江西画店总经理刘少俊，699文化创意园董事长盛柯，中融文化产业发展有限公司董事长孙建强，中国银行江西省分行公司金融部总经理柯建勋，中国银行江西省分行个人金融部总经理陈国辉出席活动。高辉红就东湖区“怎么样使文化产业孵化，使孵化的东西能够变成生产力”接受主持人访谈。

下午，区领导刘闯、高辉红、陈曙分别与人大、政府新一届班子候选人及政协新一届班子候选人到人大、政协各代表团，看望出席此次人大会议和政协会议的代表和委员。

13日

上午，东湖区第十六届人民代表大会第一次会议第二次全体会议在区文化活动中心演艺大厅召开，与会代表听取东湖区人大常委会工作报告、区法院工作报告和区人民检察院工作报告。

下午，历时四天的政协南昌市东湖区第九届委员会第一次会议，圆满完成各项议程，在区文化活动中心演艺大厅胜利闭幕。本次会议应到委员238人，实际到会219人，符合政协章程。会议由区领导欧阳桃花主持。区领导刘闯、高辉红、陈曙、闵建波、喻国泰等在主席台前排就座。大会选举产生政协东湖区第九届委员会主席、副主席、秘书长和常务委员：王玮当选为区政协主席，欧阳桃花、谢保成、冯于水、谢华、余坚、胡涛湘、胡薇当选为副主席，谢建平当选为秘书长，王妮娜、张庆川等26人当选为政协东湖区第九届常务委员。大会表决通过《政协东湖区第九届委员会一次会议提案审查情况报告》和《政协东湖区第九届委员会第一次会议决议》。大会在雄壮的中华人民共和国国歌声中胜利闭幕。

14日

下午，历时四天的东湖区第十六届人民代表大会第一次会议，圆满完成各项议程，在区文化活动中心演艺大厅胜利闭幕。本次大会应到代表238名，实到代表224，符合法定人数。会后，举行新一届东湖区人大常委会组成人员和东湖区人民政府区长、副区长，区人民法院院长向宪法宣誓就职仪式，区领导刘闯主持宣誓仪式。大会以无记名投票方式选举喻国泰为东湖区第十六届人民代表大会常务委员会主任，选举彭雅琳、余瑾、谢蓉、郑洪健、谭阿莉、万里涛为区第十六届人民代表大会常务委员会副主任，选举万雯、万云初等19人为区第十六届人民代表大会常务委员会委员；高辉红当选为东湖区人民政府区长，夏小兰、童萍如、陈国梁、万勇、万明、杨峻当选为南昌市东湖区人民政府副区长；梁洪当选为南昌市东湖区人民法院院长；杜迎春当选为南昌市东湖区人民检察院检察长。大会以举手表决的方式通过《关于东湖区人民政府工作报告的决议》《关于东湖区人大常委会工作报告的决议》《东湖区人民法院工作报告的决议》《东湖区人民检察院工作报告的决议》。

16 日

下午,东湖区投资环境说明会在区文化活动中心新闻发布厅举行。区领导刘闯致辞,高辉红主持会议,陈曙、陈俊、万勇出席。万勇在会上就东湖区产业和重点项目进行介绍和推介,客商代表迪克森国际教育集团执行长黄盈瑄、台湾唯医生技股份有限公司大中华区销售总监黄国栋进行交流发言。区相关单位与客商进行项目签约,共签约项目 4 个,签约总金额 3200 万美元。区委办、区台办、区政府办、区教科体局、区城建局、区城管局、区商务局、公园街办等单位主要负责人参加。

17 日

下午,东湖区在区文化活动中心开展道德讲堂宣讲活动。区领导刘闯、南昌大学第二附属医院副院长罗军会见与会嘉宾章金媛、王婷并出席道德讲堂活动。区领导胡洪水主持宣讲活动。90后美女护士王婷作为“敬业者”代表走上东湖区道德讲堂,讲述自己和她的“高颜值”手术笔记背后的故事。全国道德模范提名奖获得者、南丁格尔奖获得者章金媛与王婷进行现场交流。各镇、街道、管理处,区委各部门,区直各单位有关负责人参加活动。

区领导张恩携医带药到扬子洲镇开展扶贫帮困活动。张恩一行来到英雄大桥下设立的临时医疗点,免费为 50 余名村民测量血压,给予医疗及保健指导,向村民们免费发放价值约 4000 元的常用药品;还先后到林场村贫困学生郭天赐、万谦的家中送上助学金。

18 日

上午,区领导刘闯、万明到辖区三经路支路、光明社区、天泉水都立体停车场、刘将军庙小游园改造等建设工程现场,调研重点民生工程建设情况。区城建局、区城管局、区执法分局、区综管办等有关责任单位负责人参加。

下午,区领导夏小兰在区政府常务会议室主持召开财税工作调度会,通报全区 1-9 月份财税收入完成情况以及各经济责任单位新增项目税收完成情况。各镇(街办)、管理处主要负责人和分管领导,各区直经济责任单位分管领导及协税办全体人员参加会议。

19 日

上午,区领导刘闯、陈俊、万勇到青山南路沿线、上营坊周边、滕王阁东广场周边、象山北路周边、下水巷周边等地块,察看全区下半年棚户区旧城改造项目,详细询问各地块周边环境和房屋建筑情况,听取相关单位的情况介绍。

下午,东湖区在区政府常务会议室召开全区第一轮旧城改造工作调度会,总结分析当前工作中存在的问题并对下一步工作进行再部署。区领导刘闯出席并讲话,高辉红主持会议,焦玉庄、唐铭市、夏小兰、余瑾、杨峻分别代表各分指挥部作工作发言。区四套班子成员、法院检察院负责人,区各责任单位主要负责人参加会议。

20 日

上午,东湖区召开区委统战工作领导小组第一次会议,审议并通过《中共东湖区委统战工作领导小组工作规则(讨论稿)》和《中共东湖区委统战工作领导小组办公室工作细则(讨论稿)》。区领导万勇主持会议,刘闯作重要讲话,焦玉庄、唐铭市出席。

下午,区领导刘闯在区政府常务会议室主持召开全区部分重大重点项目调度会,听取各责任单位关于项目进展情况的汇报,逐一梳理各个项目中存在的问题,明确解决方案、推进步骤和完成时限。区领导焦玉庄、夏小兰、胡志强、万勇、万明出席。区政府办、区发改委、区财政局、区城建局、区房管局、区商务局、豫章街办、百花洲街办、董家窑街办、彭家桥街办、滕王阁街办、贤士湖管理处、东湖国土分局、东湖规划分局、东湖执法分局,以及部分项目施工方代表参加会议。

21 日

上午,区领导高辉红、夏小兰、胡志强到东湖公安分局调研,并与分局领导和基层干警座谈。高辉红一行先后到八一桥派出所、缉毒大队等基层所队及分局办案中心,了解公安基层打防工作开展情况,查看相关所队视频监控室、执法办案区等场所。东湖公安分局、区政府办等相关人员参加调研和座谈。

上午十时，东湖区四套班子在家领导和成员集中收听收看纪念红军长征胜利80周年大会直播盛况。区委各部门，区直各单位和各镇（街道、管理处）也以党支部为单位，组织领导干部和群众收听收看。

区委常委会研究，建议：肖迎春任东湖区监察局局长，免去其东湖区第一纪工委书记职务。

22－23日

区领导刘闯、万勇、胡薇率队赴北京进行招商活动。刘闯一行先后拜访北京市文化局产业发展处林增伟处长，原解放军艺术学院演出处处长、电视艺术中心艺术总监、导演程辉老师等文艺界专家，就东湖区文化产业发展方向和前景等问题进行深入交流；参观北京物美商业集团股份公司及旗下大型实体超市，就企业入驻东湖区事宜与集团总裁CEO张斌先生、执行董事于剑波博士等进行友好、深入会谈。区委办、区文广局、区商务局有关负责人从随同。

23日

上午，区领导高辉红、夏小兰、杨峻到扬子洲镇开展工作调研，了解当地经济社会发展情况，对于下一步工作提出要求。

25日

上午，区领导陈俊在区旧改指挥部主持召开全区旧改征迁工作调度会，主要研究部分项目地块存在的问题，强调要在依法依规前提下，全力化解制约攻坚的瓶颈和难题，确保征迁工作圆满完成。区旧改指挥部、第三分指挥部、区法制办、区房管局、区企资中心、贤士湖管理处相关负责人及法律顾问参加会议。

下午，由南昌市档案局副局长余小勇任组长的市委第二督查组来到东湖区，就该区贯彻落实市委办公厅、市政府办公厅《关于开展〈进一步加强和改进新形势下全市档案工作的实施意见〉》情况开展专项督查。督查组认真听取该区关于贯彻落实市两办《实施意见》的自查报告，对东湖区学习、宣传及落实《实施意见》的情况和措施以及区委、区政府对档案工作的支持、保障情况进行详细了解，对东湖区档案工作给予充分肯定并提出宝贵意见。区领导陈曙、万明陪同督查。

区领导刘闯、陈曙先后到区纪委、区委组织部调研指导工作，听取区委常委、纪委书记刘光荣代表区纪委就当前工作情况及下一步工作打算做的汇报和区委常委、组织部部长唐铭市代表区委组织部就本部门基本情况和相关工作作的汇报。刘闯充分肯定纪检部门和组织部门的工作，并对这两个部门的干部分别提出更高要求。

27日

上午，中共东湖区委中心组“两学一做”学习教育在区政府常务会议室举行，区领导刘闯主持会议并讲话，在家的区四套班子成员、区法院检察院负责人参加会议。区领导胡洪水、唐铭市、彭雅琳、余瑾、杨峻、欧阳桃花就此次学习主题“艰苦奋斗攻难关”分别发言，刘闯就下一步学习教育活动和年底各项提出具体要求。

下午，区政府召开全体会议，学习传达省、市政府全体会议精神，贯彻落实市、区党代会精神，分析当前形势，研究部署下一阶段工作。区领导夏小兰主持会议，高辉红作重要讲话，童萍如、陈国梁、万勇、万明、杨峻出席。区委办公室、区人大办公室、区政协办公室、区纪委、区委宣传部等部门相关负责人应邀参加。

下午，区领导高辉红在区综合服务中心南楼六层区政府常务会议室主持召开区政府第1次常务会和2016年第18次区长办公会，观看《“媒体啄木鸟”行动》光盘，审议《关于印发〈东湖区实施“河湖长制”工作方案〉的请示》等议题。区领导夏小兰、童萍如、陈国梁、万勇、万明、杨峻出席，区政府党组成员查秋滚、刘文俊参加。

28日

区委十二届第5次常委会议在区综合服务中心南楼七层区委第一会议室召开，区领导刘闯主持。会议学习传达南昌市贯彻落实党委（党组）意识形态工作责任制座谈会会议精神及《关于实行工程建设行为全程留痕制度的暂行规定》和《中共南昌市委议事决策规则》文件精神；审议区政府党组提出的《审议〈关于明确区政府领导同志分工（送审稿）〉的请示》《关于审议〈东湖区实施“河湖长制”工作方案（送审稿）〉的请示》《关于审议〈东湖区优化投资发展环境评议评价活动实施细则（送审稿）〉的请示》；审议区委办公室提出的《关于审议〈中共东湖区委议事决策规则（送审稿）〉的请示》。区领导高辉红、陈曙、焦玉庄、胡洪水、唐铭市、刘光荣、夏小兰、陈俊、张恩出席，喻国泰、王玮列席。

区领导刘闯到“两学一做”学习教育联系点董家窑街道紫金城社区,为社区党委、普通党员上党课。刘闯对“两学一做”的含义、内容及“两学一做”学习教育开展背景和深刻意义进行阐释,并结合社区实际,提出具体学习要求。区领导唐铭市参加。

中共东湖区扬子洲镇委员会业余党校正式成立,并设立庙后分部,以“提高守法意识,预防涉农职务犯罪”为主题的党校第一课也正式开讲。该镇15个行政村的村干部、党员及群众代表齐聚一堂,共同聆听第一堂课。在活动过程中还举行“洲尚志愿者联盟”及庙后党员爱心服务队的授旗仪式,镇机关青年志愿者及庙后党员爱心服务队成员代表分别接受志愿者旗帜和绶带,光荣地成为“洲尚志愿者联盟”当中的一员。

29日

上午,南昌市第十六届运动会在南昌县新体育馆圆满落幕,东湖区代表团共收获117枚金牌,位列金牌总数第一,荣获竞技体育贡献一等奖、体育道德风尚奖。

晚,东湖区召开全区领导干部大会,对全区学习宣传贯彻党的十八届六中全会精神进行动员。区领导刘闯主持会议并讲话,高辉红在会上传达党的十八届六中全会精神和省、市领导干部会议精神。区委、区人大、区政府、区政协领导班子成员,区法院、区检察院主要负责人出席会议,各镇(街道、管理处)及区委各部门、区直各单位等主要负责人参加。

31日

上午,区领导胡洪水出席区委宣传部在区综合服务中心南楼八层会议室召开的机关干部大会并讲话,会议传达学习党的十八届六中全会精神。

上午,区领导陈曙、唐铭市到贤士湖管理处长巷村、贤湖村调研指导两村党组织标准化建设工作。

十一月

2日

上午,东湖区在区政府常务会议室召开简化优化公共服务流程方便基层群众办事创业工作布置会,解读相关工作方案,讲解和部署信息公开、政务公开、12345政府服务热线等工作,并进行培训。区领导夏小兰、杨峻出席,区政府各部门、区直有关单位分管负责人参加。

下午,区领导高辉红接受南昌新闻网专访,就东湖产业发展、旧城改造、民生工程及城市建管等方面与媒体交流。

3日

上午,东湖区在区政府常务会议室召开2016年社区教育工作部署会暨“全民终身学习活动周”开幕式。会议宣读《关于表彰2015年社区教育工作及“全民终身学习周”活动先进单位和先进个人的决定》,解读教育部等九部委《关于进一步推进社区教育发展的意见》,部署社区教育工作和2016年“全民终身学习活动周”有关工作。区领导童萍如出席并讲话,各镇、街办、贤士湖管理处和区有关部门分管领导参加。

上午,区领导陈曙、唐铭市到墩子塘街道阳明社区、大院街道二七北路社区和滕王阁街道民巷社区调研指导基层党组织标准化建设工作。

区委办公室党支部组织召开“两学一做”专题教育暨党员干部“批评与自我批评”专题民主生活会。会议学习十八届六中全会精神和会议通过的《关于新形势下党内政治生活的若干准则》《中国共产党党内监督条例》等文件,并开展批评与自我批评。区委办公室主任、党支部书记杨斌主持会议。

区委决定:免去涂华明的东湖区司法局主任科员职务,退休;免去邓汝发的东湖区城管局主任科员职务,退休;免去李荣君的东湖区住房保障和房产管理局主任科员职务,退休。涂华明、邓汝发、李荣君的退休时间从2016年10月起算。

4日

上午,区领导陈俊在区旧改指挥部主持召开全区旧改征迁工作调度会,主要研究旧改相关工作,部署2016年第二轮房屋征迁工作。区旧改指挥部,第一、二分指挥部,区民政局、区企资中心相关负责人及法律顾问参会。

下午,东湖区召开全区安全生产工作会,传达南昌市安全生产工作会议精神,安排部署区集中整治非法成品油市场有关工作。区领导杨峻主持,区安委会成员单位相关负责人参加。

5 日

下午，东湖区在区政府常务会议室召开经济运行调度会，通报全区经济运行情况并部署下一步工作。区领导夏小兰主持，高辉红讲话，万勇出席，区政府办、区财政局、区统计局、区发改委、区金融办、区商务局、扬子洲镇、各街办(管理处)主要负责人参加。

7 日

下午，东湖区召开全区宣传思想工作会议，传达南昌市加强意识形态工作座谈会精神，部署党委(党组)中心组学习、公共文明指数测评、“东湖荣誉榜”评选活动、省党代会期间社会环境布置、“兴家风、淳民风、正社风”活动等有关工作。区领导胡洪水出席并讲话，各镇(街道、管理处)，区委各部门、区直各单位有关负责人参会。

8 日

上午，区领导高辉红、夏小兰、胡志强、杨峻到贤士湖管理处调研工作。高辉红一行先后到起凤路指挥部、贤湖村党建活动中心、长巷村香樟小区等地，了解贤士湖管理处各项工作开展情况。

9 日

上午，区领导刘闯、陈曙、陈俊、童萍如、陈国梁、万明察看南昌国际马拉松赛(东湖段)赛事路线环境布置情况。区委相关部门、区直相关单位、各镇(街道、管理处)相关负责人参加。

下午，杭州市上城区工商联及企业家代表一行 22 人到东湖区考察，先后参观豫章一号产业园、下正街地块和淘宝商学院，并在区综合服务中心南楼八层会议室展开座谈。区领导焦玉庄、胡涛湘陪同。

东湖区设立分会场收听收看中央宣讲团在江西省举行的党的十八届六中全会精神报告会。四套班子部分领导，法院、检察院院长，各镇(街道、管理处)、区委各部门、区直各单位、各垂管单位党政主要负责人参加。

10 日

区领导高辉红赴上海参观上海康耐特旗计智能科技股份有限公司，并与公司董事长刘涛、副总裁涂传希等人就相关项目投资进行洽谈。区审计局、区商务局、区金融办有关负责人陪同。

11 日

上午，区领导胡洪水到贤士湖管理处调研城中村农民公寓物业化管理工作，分别走访长巷村紫云小区、香樟小区，七里村嘉兴小区和贤湖村便民惠民服务站。

14 日

下午，东湖区召开驻区国有企业社区移交工作推进会，听取各相关街办开展驻区国有企业社区移交工作的情况汇报，安排部署下一阶段工作。区领导杨峻主持会议，各相关街办和区直相关部门分管负责人参加。

下午，区领导高辉红、万明骑行到辖区马拉松赛段考察市容环境整治情况，先后察看叠山路、榕门路、湖滨西路、洪都北大道等路段。区政府办、区综管办、区城建局、区城管局等部门负责人参加。

15 日

上午，区领导高辉红、夏小兰、胡志强到东湖区检察院调研工作。高辉红一行听取区检察院 2014 年以来的工作情况介绍。

16 日

上午，区领导陈曙、唐铭市到董家窑街道锦苑春天社区调研社区党组织标准化建设工作。

下午，区领导杨峻先后到东湖区青少年宫、董家窑街道五纬路社区等地就防震减灾工作开展调研。

17 日

上午，东湖区召开国际马拉松比赛筹备工作调度会，通报马拉松赛前期筹备工作完成情况和下一步工作计划。区领导高辉红主持会议，刘闯作重要讲话，区四套班子全体成员，区法院院长、检察院检察长出席，区委办公室、区人大办公室、区政府办公室、区政协办公室、区纪委以及各镇(街办、管理处)等责任单位主要负责人参加。

上午，东湖区召开经济工作调度会，分析解读全区经济指标相关情况并听取各单位相关工作完成情况的汇报。区领导高辉红主持，刘闯作重要讲话，区委办、区政府办、区相关经济责任单位及各镇(街道、管理处)主要负责人参加。

上午，东湖区召开全区领导干部大会，重点传达江西省委书记鹿心社作的《深入贯彻新发展理念大力弘扬井冈山精神为决胜全面小康建设富裕美丽幸福江西而奋斗》报告精神。区领导高辉红主持会议，刘闯作传达讲话，区四套班子成员，区法院院长、检察院检察长出席，区委办公室、区人大办公室、区政府办公室、区政协办公室、区纪委以及各镇（街办、管理处）等单位主要负责人参会。

上午，区领导王玮、欧阳桃花、谢保成、冯于水、谢华、余坚、胡涛湘、胡薇及政协部分常委一行20余人到胜利路步行街改造项目、刘将军庙小游园提升改造工程、贤湖村党群服务中心、长巷村和紫金广场提升改造等项目视察。区领导夏小兰陪同视察。

下午，区委十二届第6次常委会议在区综合服务中心南楼七层区委第一会议室召开，区领导刘闯主持。会议学习传达中央纪委书记王岐山在《人民日报》的署名文章《全面从严治党承载起党在新时代的使命》；通报2016南昌国际马拉松赛东湖区相关工作筹备情况；审议区政府党组提出的《审议〈关于实施全面两孩政策改革完善计划生育服务管理的实施意见（送审稿）〉的请示》《关于审议〈东湖区2016年第二轮房屋征迁工作实施方案（送审稿）〉的请示》《审议〈关于建立全区公共法律服务平台的意见（送审稿）〉的请示》《关于审议〈南昌苏宁广场项目（广场北路周边地块）投资协议书〉等合同文本的请示》；审议区委办公室提出的《审议〈关于调整区委督促检查工作领导小组等4个领导机构组成人员（送审稿）〉的请示》《审议〈关于印发区委全面深化改革领导小组专项小组组成人员名单〉的请示》。区领导高辉红、陈曙、焦玉庄、胡洪水、唐铭市、刘光荣、夏小兰、陈俊、胡志强、张恩出席，喻国泰、王玮、童萍如、万勇列席。

18日

下午，东湖区在区文化活动中心演艺中心召开全区“六五”普法总结表彰暨“七五”普法启动动员大会，总结全区“六五”普法工作，部署“七五”法治宣传教育任务，表彰2011—2015年全国、全省、全市法治宣传教育先进集体和个人代表。区领导刘闯作重要讲话，高辉红、陈曙、胡志强、谢蓉、陈国梁、谢华出席，各镇（街道、管理处）党（工）委书记、分管领导及普法业务部门负责人，区委各部门、区直各单位分管领导和普法业务部门负责人，各司法所所长，部分受表彰的“双先”代表，社区、村主任和区属学校校长共280余人参加会议。

19日

下午，区领导刘闯、高辉红、万明骑行察看南昌国际马拉松赛（东湖段）沿线各点位准备情况。区委办、区政府办、区综管办、区城建局、区城管局等主要负责人参加。

21日

上午，区领导刘闯、陈曙、唐铭市、胡志强到贤士湖管理处，调研该处管辖村住宅小区推进党建标准化、物业化管理及平安小区建设工作。

22日

上午，东湖区2016年第二轮房屋征迁工作动员大会在区委常委会议室召开，区领导高辉红主持会议，刘闯作重要讲话，胡洪水、陈俊、余坚、胡涛湘、胡薇出席。

23日

上午，区领导胡薇率区政协教卫文体委员会委员到豫章1号文化科技园、区文化馆、区图书馆考察文化工作。

上午，区领导刘闯、陈曙、胡志强到区信访局视频接访室开展公开接访活动，并参加南昌市信访工作电视电话会议。区委办、区信访局、各街道、各单位相关负责人参加。

上午，东湖区在区政府常务会议室召开2016年全区重大重点产业项目调度会，通报全区2016年重大重点产业项目的推进情况，听取项目当前进展、存在问题和推进举措的汇报，安排部署项目的推进工作。区领导高辉红主持，夏小兰出席，区发改委、区楼宇办等15个部门的主要负责人和中金黄金、阿里巴巴、中海地产等10个项目业主单位负责人参会。

下午，东湖区委中心组理论学习（扩大）会在区文化活动中心演艺大厅举行，邀请中共南昌市纪委副县级纪检员王中伟进行辅导讲课，解读《关于实行工程建设行为全程留痕制度的暂行规定》的出台背景、主要内容和精神实质。区领导刘闯主持会议，区四套班子成员、法院院长、检察院检察长出席，各镇、街道、管理处党政主要负责人，区委各部门、区直各单位主要负责人参加。

24日

下午，东湖区召开区安委会成员扩大会议，通报江西省丰城市国电丰城电厂三期在建项目冷却塔施工平桥吊倒塌事故情况，同时就贯彻落实南昌市安全生产会议精神及全区安全生产工作进行部署。区领导杨峻主持会议，区安委会成员单位相关负责人参加。

25 日

上午，南昌市委常委、常务副市长肖玉文到东湖区地税局，针对深化国地税合作、联合办税工作进行调研。区领导刘闯、高辉红、夏小兰参加调研。

下午，区领导王玮、谢华率区政协社会和法制委员会部分委员先后到区青少年法治科普安全宣教中心、滕王阁街道司法所、区社区矫正管理中心和东湖公证处，考察区司法行政工作。

下午，区领导高辉红、万明调研区城建口建设项目。高辉红一行先后到西万宜巷停车场、东万宜巷道路改造路段、豫章后街停车场、箭道巷道路改造路段、民德路停车场、朱德军官教育团、八配家委会等地，察看各点位所涉及的背街小巷道路改造、停车场建设、断头路打通、社区环境综合整治等项目进展情况。区政府办、区城建局、八一桥街办、豫章街办、墩子塘街办、百花洲街办、公园街办、彭家桥街办主要负责人参加。

26 日

上午，东湖区在区政府常务会议室召开全区经济工作调度会，听取各单位相关工作完成情况汇报。区领导夏小兰主持会议，区发改委、区商务局、区统计局主要负责人，各镇（街道、管理处）主要负责人及协税办全体人员参加。

27 日

下午，东湖区召开全区安全生产工作布置会议，对安全生产工作进行部署。区领导高辉红、杨峻出席。

29 日

上午，区领导刘光荣到樟树林文化生活公园、791 艺术街区、方志敏广场调研东湖区文化工作。

下午，区领导高辉红、谭阿莉、陈国梁、杨峻到辖区在建工地、学校等地督导安全生产工作情况。高辉红一行分别到力高澜湖国际在建工地、爱国路小学、包家巷 1－7 号和强威大厦察看情况。

本月

纪念红军长征胜利 80 周年暨南昌市中小学校歌合唱比赛活动中，东湖区邮政路小学（校歌）《微山湖上传歌声》、豫章小学（校歌）《远方的客人请你留下来》获得小学教师组一等奖，东湖区邮政路小学（校歌）《天路》、东湖区豫章小学（校歌）《鼓浪屿之波》获得小学生组一等奖，育新学校（校歌）《大海啊，故乡》获得中学生组二等奖，滨江学校（校歌）《保卫黄河》获得三等奖。邮政路小学（校歌）《天路》、豫章小学（校歌）《鼓浪屿之波》被选送参加江西省第四届中小学生合唱节。

东湖区文化馆选送的参赛选手谭菁携作品《最后的情怀》，在第六届江西省艺术节暨首届微故事演讲大赛中，荣获一等奖。

十二月

1 日

下午，江西省委常委、副省长、南昌市委书记殷美根到东湖区开展工作调研。殷美根先后到青山湖西岸、光明社区、淘宝江西馆（淘宝大学江西商学院）、阿里巴巴・南昌产业带进行考察，并提出具体意见、建议。市委常委、市委秘书长郭毅随同调研。

2 日

下午，区领导刘闯、陈曙、胡志强到东湖公安分局调研工作。刘闯一行先后到八一桥派出所、墩子塘派出所、缉毒大队等基层所队及分局合成作战中心考察，并在东湖公安分局召开座谈会。区领导陈国梁，区委办、分局相关所队主要负责人参加。

3 日

上午，区领导高辉红、万明一行骑行到大街小巷、建筑工地、集贸市场、社区庭院、公园湖面、停车场项目建设点暗访，了解全区迎接全国文明城市复检和江西省公共文明指数测评等工作准备情况。区政府办、区综管办、区城建局、区城管局主要领导参加。

4 日

上午，区领导陈俊在区旧改指挥部主持召开全区旧改征迁工作调度会，听取各分指挥部征迁情况汇报。区领导万勇出席，区旧改指挥部、各分指挥部办公室、区企资中心、区房管局、贤士湖管理处等部门负责人参加。

上午,东湖区召开安全生产大检查、大整治工作调度会。区领导杨峻主持,高辉红出席并讲话,区政府办、区安监局、区委宣传部、区城建局、区房管局、各镇(街道、管理处)、区城投公司负责人参加。

5 日

国家第二次地名普查工作监理和质量评估组到东湖区指导工作。评估组一行听取区地名普查工作情况汇报,检查区地名普查工作的成果资料,到滕王阁等地核查地名的属性及空间地理数据。江西省区划地名处处长吴金勇,南昌市地名办主任万继海,区领导谭阿莉、杨峻陪同。

下午,区领导高辉红、夏小兰到东湖区国税局调研工作。高辉红一行先后到区国税局办税大厅查看国地税窗口互设、设备互设等共建办税服务情况,并与区国税局全体班子成员进行座谈。

6 日

上午,南昌市政协主席周关,副主席周智安、李广振、陈匡辉、朱东、黄耀华、黄清玉、熊志刚、万敏一行到东湖区调研工作。周关一行先后到青山湖西岸旧改与安置房项目现场、戴家巷社区等地了解东湖区经济发展、城市建管和“三风”工作开展情况,并出席在区综合服务大楼七层常委会议室的座谈会。区领导刘闯、高辉红、陈曙、王玮陪同。

7 日

晚上,区领导高辉红、万明到全区主次干道、背街小巷、社区庭院暗访环卫工作。区城管局主要负责人参加。

8 日

上午,东湖区在区综合服务中心南楼七层区委常委会议室召开区政府第 4 次常务会,观看《“媒体啄木鸟”行动》光盘,学习传达江西省委办公厅、省纪委办公厅《关于全省深化全面从严治党“两个责任”视频培训会主会场缺席迟到情况的通报》和省委办公厅、省政府办公厅《印发〈江西省环境保护督察反馈意见〉和鹿心社同志讲话的通知》,审议《关于请求审议〈关于调整东湖区经济发展工作领导小组等 41 个领导机构组成人员的请示〉》《关于请求审议〈关于调整东湖区开放型经济工作领导小组等 15 个领导机构组成人员的请示〉》等议题。区领导高辉红主持会议,夏小兰、童萍如、陈国梁、万勇、万明、杨峻出席,陈俊列席,区政府党组成员查秋滚、肖迎春、刘文俊参加。

上午,区领导陈曙、唐铭市、彭雅琳察看洪城社区、刘将军庙社区、紫金城社区等 12 个党建标准化社区(村)工作情况。

下午,东湖区召开全区基层党建标准化流动现场会,通报全区基层党建标准化工作情况,调度全区基层党建标准化工作。区领导陈曙主持会议,刘闯作重要讲话,唐铭市出席,各镇(街道、管理处)党(工)委书记、副书记,区直有关单位分管领导参加。

9 日

上午,区领导杨峻到区市场监管局董家窑分局和辖区青桥学校食堂、海底捞火锅店、江西中医院食堂等餐饮单位检查督导安全生产工作,并查看江西中医院门诊部的部分电梯及其年检维保安全运行情况。区市场监管局主要负责人参加检查。

上午,南昌市委常委、市纪委书记吴伟柱到东湖区调研工作。吴伟柱先后到彭家桥街办光明社区、新湖滨西路改造工程项目现场、淘宝大学江西商学院、豫章一号文化科技园、方志敏广场,了解各项工作开展情况,并出席在区综合服务大楼七层常委会议室召开的座谈会。区领导刘闯、高辉红、刘光荣参加调研,区四套班子领导参加座谈。

南昌市政府“财园信贷通”督导组到东湖区就“财园信贷通”工作展开座谈调研,听取区“财园信贷通”领导小组的工作汇报。区领导万勇、区“财园信贷通”领导小组全体成员、部分合作银行及企业代表参加座谈会。

10 日

上午,区领导王玮、欧阳桃花、谢保成、冯于水、谢华、余坚、胡涛湘、胡薇参加区政协在区文化活动中心演艺大厅进行的委员培训。培训会由江西省政府参事、省社会主义学院客座教授、省政协理论研究会副秘书长王国龙,省政协委员、农工党南昌市委会副主委许秀柏授课。

上午,东湖区在区政府第一会议室召开全区建管口 2016 年工作总结和 2017 年工作计划汇报会,听取各单位的情况汇报。区领导高辉红主持,万明参加会议。

下午，高辉红一行实地察看全区各建管口重点项目的具体施工情况。区政府办、区综管办、区城建局、区城管局、区城投公司、区环保局主要负责人参加。

13 日

上午，东湖区在区政府第一会议室召开社会民生事业口 2016 年工作总结和 2017 年工作务虚会，听取各单位的情况汇报。区领导高辉红主持，童萍如出席，区政府办、区教科体局等相关单位主要（分管）负责人参加。

下午，东湖区在区文化活动中心演艺大厅举行十八届六中全会精神宣讲报告会，传达江西省委办公厅、省政府办公厅下发的《关于进一步严肃会风会纪》的文件精神，邀请南昌市发改委党组成员、总经济师柳华解读十八届六中全会精神。区领导刘闯主持，区四套班子部分成员，出席，全区副科级以上干部参加。

晚上，东湖区在综合服务中心南楼七层常委会议室召开贯彻落实“美丽南昌 · 幸福家园”环境综合整治推进大会，传达南昌市“美丽南昌幸福家园”环境综合整治动员大会精神。区领导高辉红主持会议，刘闯出席并讲话，区四套班子成员，区法院、检察院负责人，区委各部门、区直各单位，各镇（街道、管理处）党政主要负责人参加。

14 日

下午，区领导陈俊在区旧改指挥部召开全区旧改征迁工作调度会，主要研究农房征迁和安置房建设等问题。区旧改指挥部、贤士湖管理处、第三分指挥部办公室负责人及法律顾问参加会议。

16 日

上午，东湖区召开纪念区关工委成立 20 周年暨全区关心下一代工作表彰大会，总结工作经验，部署下一步工作任务，并对先进集体和个人进行表彰。南昌市关工委第一副主任田新芳出席会议并讲话。区领导唐铭市主持会议，刘闯、童萍如、彭雅琳、余坚参加。

下午，区委十二届第 7 次常委会议在区综合服务中心南楼七层区委第一会议室召开，区领导刘闯主持。会议学习传达江西省委常委、省纪委书记孙新阳在全省市县纪委书记培训班上的讲话精神和南昌市推荐提名江西省出席党的十九大代表候选人工作会议精神；审议区委组织部提出的《关于调整区委人才工作领导小组组成人员的请示》；审议区政府党组提出的《审议〈关于调整东湖区开放型经济工作领导小组等 16 个领导机构组成人员〉的请示》《关于审议〈东湖区公共服务事项清单（送审稿）〉的请示》《关于审议〈东湖区环境保护督察反馈问题整改方案（送审稿）〉的请示》；审议区委办公室提出的《关于审议〈东湖区全面深化改革工作分类考核评价办法（试行）（送审该）〉的请示》。区领导高辉红、焦玉庄、胡洪水、唐铭市、刘光荣、夏小兰、陈俊、胡志强出席，喻国泰、王玮列席。

18 日

上午，正威国际集团、深圳市文化创意行业协会陈鹤平秘书长一行到东湖区参观海昏侯出土文物成果展，并考察豫章 1 号文化科技园、天逸阁艺术中心、樟树林文化生活公园。区领导高辉红、胡洪水、万勇、胡薇以及区文广局、财政局、商务局相关负责人陪同。

19 日

下午，区委十二届第 8 次常委会议在区综合服务中心南楼七层区委第一会议室召开，区领导刘闯主持。会议听取区委统战部关于市委督查组来东湖督查统战工作的情况汇报；研究有关干部人事议题。区领导高辉红、陈曙、焦玉庄、胡洪水、唐铭市、刘光荣、夏小兰、陈俊、胡志强出席，喻国泰、王玮列席。

区委决定：肖丽任中共东湖区委办公室副主任，免去其中共东湖区委办公室副科级督查专员职务；毛青任中共东湖区委组织部副部长（兼）、中共东湖区人力资源和社会保障局委员会书记，免去其中共东湖区委组织部常务副部长职务；免去万里涛的中共东湖区委组织部副部长（兼）、中共东湖区人力资源和社会保障局党委书记职务；免去丁凯的东湖区精神文明建设指导委员会办公室主任职务；熊汗猛任中共东湖区纪律检查委员会第一纪工委书记；免去熊丽芳的中共东湖区发展和改革委员会委员会委员职务；舒小红任中共东湖区教育科技体育局委员会书记；免去陈光辉的中共东湖区教育科技体育局委员会副书记职务；免去万晓玲的中共东湖区教育科技体育局委员会委员职务；许前佐任中共东湖区民政局委员会书记;免去谭阿莉的中共东湖区民政局委员会书记职务;黄理平任中共东湖区人力资源和社会保障局委员会委员;免去刘国清的中共东湖区人力资源和社会保障局委员会委员职务;周春雷任中共东湖区城市管理委员会委员会书记,免去其中共东湖区城市管理局委员会书记职务;钟华任中共东湖区住房保障和房产管理局委员会书记;免去周凯的中共东湖区住房保障和房产管理局委员会书记职务;焦旭晖任中共东湖区商务局委员会书记,免去其中共东湖区财政局党组成员职务;免去郭小玲的中共东湖区商务局委员会书记职务;免去张璇的中共东湖区商务局委员会委员职务;熊林梁任中共东湖区城市管理行政执法局委员会书记,免去其中共南昌市城市管理行政执法局东湖区分局委员会书记职务;免去叶青的中共南昌市右营街小学支部委员会书记职务。

接洪组干函〔2016〕128 号文件通知,区委决定:免去许前佐的东湖区豫章街道党工委书记职务。

区委提名:肖黎超任东湖区人民代表大会法制专门委员会主任委员,免去其东湖区人民代表大会常务委员会选举任免联络工作委员会副主任职务;朱晓磊任东湖区人民代表大会代表履职服务中心主任。

区委提名:查秋滚任东湖区人民政府办公室主任;易年忠任东湖区发展和改革委员会主任;舒小红任东湖区教育科技体育局局长;免去陈光辉的东湖区教育科技体育局局长职务;罗咏琴任东湖区司法局局长;肖迎春任东湖区监察局局长;许前佐任东湖区民政局局长;免去谭阿莉的东湖区民政局局长职务;万勇任东湖区财政局局长;毛青任东湖区人力资源和社会保障局局长;免去万里涛的东湖区人力资源和社会保障局局长职务;陈峰任东湖区审计局局长;李青峰任东湖区环境保护局局长;万晓荣任东湖区城市建设局局长;周春雷任东湖区城市管理委员会主任,免去其东湖区城市管理局局长职务;钟华任东湖区住房保障和房产管理局局长、东湖区卫生和计划生育委员会主任;免去周凯的东湖区住房保障和房产管理局局长职务;焦旭晖任东湖区商务局局长;免去郭小玲的东湖区商务局局长职务;胡薇任东湖区文化广电旅游新闻出版局局长;廖军任东湖区统计局局长;王君健任东湖区市场和质量监督管理局局长;胡雪洪任东湖区安全生产监督管理局局长;熊林梁任东湖区城市管理行政执法局局长,免去其南昌市城市管理行政执法局东湖区分局局长职务。

区委同意:黄理平任东湖区人力资源和社会保障局副局长;免去熊丽芳的东湖区发展和改革委员会副主任(正科级)职务;陈光辉保留正科级;免去万晓玲的东湖区教育科技体育局副局长(正科级)职务;免去焦旭晖的东湖区财政局副局长、东湖区协税护税办副主任职务;刘国清保留副科级;免去黄惠的东湖区审计局总审计师职务;王力任东湖区扬子洲镇副主任科员;胡波任东湖区扬子洲镇副主任科员;祝顺林任东湖区扬子洲镇副主任科员;免去朱晓磊的东湖区大院街道办事处劳动和社会保障所所长职务;张璇任东湖区金融工作办公室主任。

区委提名:余绪鹏任共青团东湖区委员会副书记(挂职锻炼一年);于兰任共青团东湖区委员会副书记(挂职锻炼一年)。

区委提名:熊丽芳任东湖区妇女联合会主席。

区委同意:王力任东湖区扬子洲镇副主任科员;胡波任东湖区扬子洲镇副主任科员;祝顺林任东湖区扬子洲镇副主任科员。

21 日

下午,东湖区旧城改造房屋征收第一分指挥部召开征收调度工作会议,通报各责任单位工作进度及完成兑付未交钥匙情况。区领导陈曙主持会议,焦玉庄、毛惟仁、彭雅琳、谭阿莉、欧阳桃花、余坚出席,区老干局、滕王阁街办、彭家桥街办、扬农管理处、彭家桥派出所、法律顾问及业务组相关负责人参会。

下午,东湖区召开 2016 年圣诞节期间安全稳定工作会议。区领导杨峻主持,区有关部门负责人及南昌市基督两会负责人参加会议。

晚上,区领导高辉红、胡志强、陈国梁、杨峻、胡薇到辖区娱乐场所开展安全检查。高辉红一行先后到五月花、Muse、C2、CD1925、COCO 及路易等六家酒吧进行检查并提出具体要求。区公安、安监、消防等部门负责人参加。

22 日

上午,区领导陈曙到扬子洲家禽实验中心场

调研,了解家禽实验中心场的基本情况。

23日

上午,江西省委常委、副省长、南昌市委书记殷美根到东湖区豫章街道三经路与二七北路交会处参加集体劳动,清理卫生死角,还到豫章街道聆江社区,就开展环境综合整治听取基层干部和社区群众意见。

下午,南昌市政协主席周关和市政协机关干部到东湖区扬子洲镇江夏庙后文化广场参加环境卫生整治活动,并听取镇村干部和村民代表对环境综合整治的意见、建议。

24日

上午,江西省委常委、副省长、南昌市委书记殷美根,市人大常委会主任陈德寿,市政协主席周关以及市领导刘瑄、郭毅、华清、朱敏华、涂建生、宋铀、黄耀华、黄清玉,到东湖区参加南昌市"全民清洁家园"大行动,分别到各自挂点联系镇(街道)、管理处,与干部群众一道参加义务劳动。区领导刘闯、高辉红、记陈曙、喻国泰、王玮等区四套班子成员也分别到挂点单位开展义务劳动。

上午,江西省直机关工委书记彭世东、副书记李跃进与100余名省直机关干部到董家窑街道豆芽巷社区与干部群众一道开展"全民清洁家园"大行动。

27日

上午,区领导胡志强到扬子洲镇查看三联村鹏举路段重点整治工作情况和"万家嘉苑"平安小区的创建情况,还先后到前洲村、滕洲村、莘洲村、为民村、熊万村察看村级综治中心和工作台账。

28日

下午,区委十二届第9次常委会议在区综合服务中心南楼七层区委第一会议室召开,区领导刘闯主持。会议审议区纪委提出的《关于给予章斌、钟雄开除党籍处分的请示》《审议〈关于加强区委反腐败协调小组工作的意见(送审稿)〉的请示》《关于调整区委反腐败协调领导小组组成人员的请示》;审议区委组织部提出的《东湖区推荐提名江西省出席党的十九大代表候选人推荐人选建议名单及说明》《审议〈关于2017年度区委领导班子民主生活会工作方案(送审稿)〉的请示》;审议区政府党组提出的《关于调整我区区管河湖河(湖)长名单的请示》;审议区委办公室提出的《关于召开中共东湖区委全体会议的请示》。区领导高辉红、陈曙、焦玉庄、胡洪水、唐铭市、刘光荣、夏小兰、陈俊、胡志强出席,喻国泰、王玮列席。

30日

上午,东湖区召开区委全体会议,听取关于东湖区推荐提名江西省出席党的十九大代表候选人推荐人选建议名单及说明,审议并通过《东湖区推荐提名江西省出席党的十九大代表候选人推荐人选建议名单》。区领导刘闯主持会议,高辉红、陈曙、王玮、焦玉庄、胡洪水、唐铭市、刘光荣、夏小兰、胡志强、张恩、陈国梁、万勇、万明、杨峻、欧阳桃花、杜迎春及其他区委委员、候补委员出席。

下午,东湖区召开区委中心组理论学习(扩大)会,邀请国家统计局综合司副司长、新闻发言人毛盛勇解读中央经济工作会议精神。区领导高辉红主持会议,区四套班子部分成员,区法院院长、检察院检察长出席,全区副科级以上领导干部,区发改委、区财政局、区统计局、区商务局、区金融办等单位共300人参加。

下午,江西省档案局副局长谭向文带领省国家档案馆规范化管理评估组,到东湖区档案馆开展评估验收该馆晋升省一级档案馆工作。评估组听取区档案馆的自查报告,察看区档案馆档案库房、业务和技术用房、查阅大厅、爱国主义教育基地、数字化档案系统、档案安全监控系统和各项档案业务建设情况,并对晋升测评材料进行审阅。经过综合测评,东湖区档案馆以97分通过评估验收。区领导高辉红、万明参加。

本月

南昌市南京路小学校长杨舸作为江西省代表,参加在广州市举行的全国第二届小学青年教师语文教学观摩活动,并获得一等奖。

东湖区文化馆选送的广场舞蹈《火红的红土地》荣获由文化部公共文化发展中心和中国文化馆协会主办的"欢联四季"——全国百姓广场舞活动"全国展演季"的优秀作品奖。

东湖区被国家卫计委命名为"2014—2016年全国计划生育优质服务先进单位"。

(区史志办公室)

东湖概览

综　述

东湖区地处南昌市东北部,区域面积56.95平方千米,辖1个镇、9个街道办事处和2个管理处。截至2016年年底,全区总人口527473人,其中,男性270438人,女性257035人。出生人口5137人,其中男性2661人,女性2476人,出生率为9.78‰;自增率为4.14‰。辖区拥有园林绿地面积471.43公顷,绿化覆盖面积471.56公顷,公共绿地面积280.92公顷,城区绿化覆盖率29.64%,人均公园绿地面积7.17平方米。

2016年,东湖区综合实力持续提升。一是经济指标平稳增长。全年实现地区生产总值417.69亿元,500万元以上固定资产投资181.92亿元,社会消费品零售总额259.92亿元,完成财政总收入62.9亿元,地方一般公共预算收入12.33亿元,实际利用内资40.78亿元、外资1.85亿美元,税收收入占地方一般公共预算收入比重为82.2%,排名全省、全市前列。二是产业发展动力持续增强。第三产业全年实现增加值380.57亿元,占比91.11%。引进金融机构23家,规模以上电子商务企业50家。全年新增注册企业2150户、注册(认缴)资本117.67亿元。新增企业1355家,新增AAAAA级楼宇商务面积4.8万平方米,新增税收千万元商务楼宇3栋。

2016年,东湖区民生事业蓬勃发展。一是全面提高民生保障水平。全年用于保障和改善民生投入资金12.47亿元,新增就业10202人,零就业家庭安置率100%;农村、城镇居民最低生活保障标准提高至月均510元,实施各类救助4677人次,连续第七次荣获"全省双拥模范区"称号;城镇基本医疗保险参保人数18.46万人,基金征缴达1.18亿元;首期780户安置房项目全面完工,新开工安置房2531套,为6898户享受公租房家庭发放公租补贴1193万元。二是打造特色亮点,推进社会事业持续发展。教育事业均衡发展,投资3000万元对区属13所学校基础设施进行维修改造,投入185.4万元为全区中小学生发放免费教科书;文化事业亮点纷呈,建成全省首个智能文化馆,挂牌成立全市首个外来务工人员文化活动中心,启动4个街道文化活动中心建设;卫生事业协调并进,荣膺"全国计划生育优质服务先进县区";体育事业成绩喜人,新增全民健身站点10个,新增各类体育场地2000余平方米;进一步拓展和深化"民生五圈"品牌内涵,打造城区品质生活高地。

2016年,东湖区城市建管成效显著。一是发力"旧改",实现城市空间腾挪。全年分两轮实施王家庄周边、渊明北路周边等22个地块征迁工作,占地面积420.11亩、征迁面积51.41万平方米;完成轨道交通3号线、沿江快速路网东湖段征迁任务,总征迁面积2.99万平方米。二是加大投入,凸显城市建设品味。全年投入城市建设资金10.04亿元,实施东湖路、扬农路等25条道路升级改造,打造新湖滨西路、三经路等一批精品道路,打通讲武堂路等断头路,建设洪城、阳明等一批精品社区,启动贤士湖街区、光明社区的街景改造和滕王阁、紫金城等12处停车场规划建设工作。三是强化管理,打造城市管理范本。在全省、全市率先实行小型机械化"一扫、二运、三洗、四拖"精细化作业;在大院、彭家桥等街办试点打造街办"智慧城管"平台,全年受理各类案件16万件，处置率达98%。该区荣膺全省第五届文明城区，扬子洲镇被评为全省第五届文明村镇。

2016年，东湖区政务环境不断优化。全区从规范政务运行、强化服务提质、巩固稳定局面三个方面大力提升行政效能。健全区政府法律顾问制度，开展规范性文件合法性审查和备案工作，推进经济责任审计全覆盖；开展企业降成本优环境专项行动，首创国、地税“一站式”联合办税服务；完成中央领导视察、全国综治“南昌会议”、2016南昌国际马拉松等大型活动东湖段的安保任务，打击“盗抢骗”行动战绩全市第一，荣获全国“六五”普法先进区，公众安全感和公安满意度排位双双位居全市主城区第一名，创历史最好成绩。

2016年，东湖区政治生态不断净化。一是抓好思想政治建设，把深入开展“两学一做”学习教育作为党建工作的首要任务和有力抓手。各单位严格按照《东湖区“两学一做”学习教育实施方案》要求，制定学习计划、精心安排活动日程，采取集中学习与交流研讨、知识问答、演讲比赛、征文竞赛等多种形式掀起学习教育活动热潮。二是全面推进基层党建标准化建设。按照“整体提升、全面过硬”要求抓好基层组织建设，全年共有48个示范、达标村（社区）党群服务中心全部建成并投入使用，办公服务场面积均达到500平方米以上。三是抓好干部队伍建设。始终遵循“实在实干实绩”用人导向，恪守“五看五评”用人原则，逐步形成心齐气顺、健康向上的干事创业氛围；持续推进党风廉洁建设，逐步形成“清正”生态。

（区史志办公室）

自然环境

【地理位置】 地处南昌市东北部，位于北纬28°40′15″—28°47′50″、东经115°50′39″—115°58′50″之间。东面由南往北沿洪都北大道、青山湖西岸、富大有堤、赣江南支为界与青山湖区相连，沿赣江中支为界和南昌县相邻；南面与西湖区相接，以北京西路、八一广场南端、八一大道、中山路、中山桥、中山西路为界；西濒赣江与新建区、青山湖区接壤，以赣江主航道中线为界；北与新建区、南昌县为邻。

【地形地貌】 地势西南高东北低，境内最高点位于民德路西海拔27.2米，最低点位于赣江中线海拔16.4米。

【河流湖泊】 北傍赣江，西连抚河，东临青山湖，内含东湖、南湖、北湖、贤士湖，区域内水系分布合理，环境宜人。

【气候】 属盆地气候，其特点是四季分明。年平均气温17.5℃，1月平均气温5.0℃，极端最低气温-9.3℃（1972年2月9日）；7月平均气温29.6℃，极端最高气温40.6℃（1961年7月23日）。平均气温年较差24.6℃，年平均日照时数1903.9小时，年总辐射4819千卡/平方厘米。

【自然灾害】 主要有水灾、风灾等，多发生在5月至10月。

（区史志办公室）

历史沿革

东湖区是古老南昌城一个重要组成部分。北魏年间，郦道元著《水经注》中，即有东太湖的记载，唐宋以后至今，均称东湖。清代南昌旧城的五门——章江门、德胜门、永和门、广润门和顺化门的一部分地区以及3条大街（中大街、西大街、东大街）均在辖区内。1926年南昌正式改市后，开始改为区、保建置。1949年解放初期为第一区、第二区，同年10月撤区。1951年8月恢复第一区、第二区。1955年4月分别称名东湖区、胜利区。1980年6月两区合并统称东湖区。1997年11月，根据南昌新城发展规划，将豫章街道办事处昌北街的5个居委会划归昌北开发区管辖。2004年9月7日，国务院批准（国函〔2004〕70号）《南昌市人民政府关于市辖区老城区行政区划调整的决定》，东湖区青山路街道办事处划归青山湖区，青山湖区的长巷、公园、七里、贤湖、永和、永溪6个行政村纳入东湖区管辖，并成立贤士湖管理处。2014年9月16日，南昌市政府印发《南昌市人民政府关于将扬子洲镇从青山湖区划归东湖区管辖的通知》〔洪府字（2014）34号〕，10月9日上午，又专门开会明确扬农管理处也一并从青山湖区划归东湖区管辖；10月24日，扬子洲镇和扬农管理处分别举行划归东湖区管辖揭牌仪式,标志着东湖区正式对扬子洲镇和扬农管理处行使管辖权。之后,东湖区行政区划保持至今。

东湖区的区位优势独特鲜明。中华人民共和国成立以后,东湖区一直是省会中心城区,是南昌市的一个重要行政区。南昌市第一条马路,是区内的民德路;全省第一条商业步行街,是区内的胜利路步行街。辖区内驻有省级领导机构及中央、省部属单位,江西歌舞剧院等省级艺术团体和江西艺术剧院、江西体育馆等众多重要文体场所,江西省人民医院等全省三甲以上知名医院,中国人民银行以及四大国有银行的省级分行,江西师范大学、南昌大学医学院等高等院校均坐落其中。东湖区北依赣江水道,城区干道纵横交错,基础设施完善,社会资源丰富,人流、物流、信息流、资金流枢纽地位突出。

东湖区的人文环境源远流长。域内"滕阁秋风""苏圃春蔬""东湖夜月""章江晓渡""龙沙夕照"等南昌著名的"豫章十景",江南名楼滕王阁、千年古刹佑民寺、唐朝水观音亭、宋朝百花洲等名胜古迹,朱德旧居、朱德军官教育团、贺龙指挥部、叶挺十一军指挥部旧址等一批人文历史景观蕴含着深厚的文化底蕴,尽显南昌市"山水都市、现代新城、历史文化名城"三城底蕴,红色、绿色、古色、宗色"四色"旅游方兴未艾。

东湖区自古风景秀丽、人文荟萃、繁华万千,一直是智者纵横、商贾云集、百业兴旺之地。跨入21世纪,东湖区被确定为全省"县域经济发展综合改革试验区"的唯一城区,该区深入贯彻落实科学发展观,围绕打造实力东湖、创造活力东湖、塑造魅力东湖目标,驶上了发展的快车道。先后获"全国推进义务教育均衡发展先进地区""全国科技进步先进区""全国民政工作先进区""全国文化先进县(区)""全国和谐社区建设示范城区""全国计生优质服务先进区""全国群众体育先进区"等近几百项国家级、省级荣誉。东湖区已成为南昌市人气最旺、商业最繁华的城区之一。

眺"落霞与孤鹜齐飞,秋水共长天一色"美景,观"一江两岸"新貌,东湖区厚重的历史文化积淀与现代商业繁荣交相辉映,积淀了2000多年的古老文明,成就了现代都市的繁华美景,令人流连忘返。

(区史志办公室)

风景名胜

【概况】 东湖区有许多名胜古迹和闻名遐迩的人文景观。南昌著名的"豫章十景"胜迹在辖区就有"滕阁秋风""苏圃春蔬""东湖晓月""章江晓月""龙沙夕照"。全区拥有文化遗址2处,文物保护单位共9家,其中,国家级文物保护单位4家,省级文物保护单位3家,市级文物保护单位2家。辖区水网密布,园林坐落,古老名胜交融于奇妙自然风光之中,江南文化古城的独特风貌构成了城区特有的旅游资源。

【杏花楼(曾名水观音亭)】 市级文物保护单位,坐落在市区中心的南湖湖心岛,即今"水观音亭"。湖心观音亭建自唐代。据传明正德年间(1506—1521年)曾为宁王朱宸濠之妻娄妃的梳妆台,万历年间(1573—1620年),一度为相国张位(字明成)别墅,称"杏花楼"。汤显祖、刘应秋、吴应宾等人在此曾多有吟咏。清时,因祀娄妃,募捐修建,始名为"因是庵",乾隆五十三年(1788年)重修时改称"观音"。有巷通广济桥,巷口额称"湖心观音阁",俗称"水观音亭"。1919年民间募捐重修。1983年年底重加修缮。现南昌画院设在此。

【佑民寺】 省级重点文物保护单位,坐落于南昌市八一公园北面,东湖东岸。始建于南朝梁天监年间(502—519年),初名上蓝寺,又因寺傍一井时闹蛟患,后建一大佛镇之,故太清初(547年)改称大佛寺。唐开元年间,改称开元寺。该寺先后修复、重建7次,1929年定名佑民寺。寺内后殿有巨型铜佛,高1.6丈,重1.8万公斤。前殿有千佛缸,缸外装饰90余个佛像,另有南唐所铸铜钟1只。佑民寺殿宇雄伟,是江西省著名的古代寺院,在东南亚佛教界有一定影响。

【滕王阁】 位于南昌市西北部沿江路赣江东岸,始建于唐永徽四年(653年),为唐高祖李渊之子李元婴任洪州都督时所创建,阁以其封号命名。上元二年(675年),洪州都督阎公重修此阁,王勃写成《秋日登洪府滕王阁饯别序》,此阁因"落霞与孤鹜齐飞,秋水共长天一色"而流芳后世。先后重建达29次之多,今主阁落成于1989年10月8日,是1985年按照梁思成绘制的《重建滕王阁计划草图》重建的。滕王阁共九层,濒邻赣江,面对西山,距唐代阁址百余米,主体建筑为宋式仿木结构;与湖北黄鹤楼、湖南岳阳楼并称为"江南三大名楼",是南昌市的标志性建筑之一。2001年1月核准为首批国家AAAA级旅游景区。

【佑民寺钟楼】 位于南昌市佑民寺右侧。为一栋4层四角形花岗石建筑,建于1929年。上悬铜钟,为南唐大将林仁肇于乾德五年(967年)铸。重5032公斤,高2.3米,围长4.9米。林仁肇为南唐南都留守、南昌尹,后被后主毒死。是南昌三宝(普贤铁像、佑民寺铜钟、宋代铜钟)中仅存的一宝。

佑民寺钟楼

【钟鼓楼】 位于南昌市东湖西岸、状元桥南。楼原名岑楼,创建年代失考。南唐时节度使林仁肇施铜铸巨钟悬楼上。明洪武年间(1368—1398年)楼倾斜,遂移钟普贤寺。万历十六年(1588年),知府范涞复修,明末毁于兵火。清初江西巡抚蔡士英复建。楼高33.3米、广16.7米,飞檐高栋,可以俯瞰东湖。楼悬大钟,大20围,重600钧。"钟鼓楼中,终夜钟声撞不断"。因"钟、中、终、撞"四字同音,颇不易对,故人称为绝对云。

【状元桥】 位于南昌市东湖和南湖的交界处,是两湖的分界桥。建于明万历四十七年(1619年),过去是石拱小桥,南昌人称之为"广济桥"。清朝乾隆年间,江西大庾人戴衢亨才华出众,80天当中从乡试到殿试连中三元,皇帝召见,钦点头名状元。后南昌知县钱志遥主持修建并将"广济桥"改为"状元桥"。1935年改为混凝土平桥,1996年南昌市政府整治四湖时再次修缮。

【洗马池】 位于南昌市胜利路中段。汉高祖五年(前202年),灌婴进驻南昌,常饮马、洗马于此,故名。原为赣江岸沙洲,中有一池,面积约333平方米,深3.3米,四周生有绿草。次年,置豫章郡,灌婴筑城于今市区东南皇城寺,立木栏以护东、西、南三面。池的北面,为范仲华所居,作轩于池上,名"临清栾"。

【贡院(贡院井)】 位于南昌市八一公园内。八一公园原系宋明两朝贡院。清康熙二十年(1681年)巡抚宋世鼎又将设在进贤门内的清代贡院迁于东湖故址(即今八一公园内)。南昌贡院共有49口贡井,以供考生、考官饮水之用。其中最大的那口叫贡院井,井口比人头还小,据说是为了防止有人名落孙山而跳井自杀。

【东湖书院】 位于南昌市百花洲街办刘将军庙社区,宋嘉定四年(1211年)隆兴府通判丰有俊倡建于李寅涵虚阁故址。其地风景极佳。继任知府袁燮又"縻钱二百万,米百余石,以竟其役。"规制益广,合三十有四间。并奏闻朝廷,赐额"东湖书院",又发文征求江南西路11郡图书充实其中,日用经费赖东湖部分收入与公田之租。四方学者众。嘉定中陆持之曾任山长。嘉定十六年(1223年)计使滕强恕兼府事。移东百余米长。宋代黄翰、李燔、饶鲁曾讲学其中,江万里,程文海在此游学。

【宁王府】 位于南昌市子固路。为明宁献王朱权改封南昌后所营建。朱权系朱元璋第十六子(《明史》说是第十七子),原封大宁。朱棣(成祖)约其起兵,夺取建文帝位后,遂被改封南昌,建宁王府。府第规模宏伟，雕梁画栋，十分华美。因年代久远，风雨侵蚀，都已倒毁，仅头门尚存。头门两壁还嵌有明娄妃所写的“屏翰”二大字，高2.7米，宽2米，用青石刻成。为历代宁王居住之所。正德年间（1506—1521年）宁王朱宸濠起兵谋夺武宗帝位，失败后宁王府废。清代改为藩署。新中国成立前后，南昌市政府、江西省文艺南昌市民俗博物馆学院（后改为文艺学校）均曾设于此。

【娄妃墓】 位于南昌市沿江路华光庙8号门前。娄妃系明太祖朱元璋十六子（一说十七子）朱权之孙宁王宸濠妻。明正德十四年（1519年）宁王朱宸濠欲反，娄妃曾泣谏不听，后以诗讽之。宁王反叛被巡抚南赣都御史王守仁（即王阳明）平定被擒，于槛车中泣曰：“昔纣用妇人言亡天下，我以不用妇人言亡其身，今悔恨何及！”后娄妃亦投江自尽，王守仁收其尸葬之。清乾隆初年，江西布政使彭家屏修其墓时碑题“前明宁王庶子宸濠娄妃墓在此”。乾隆四十一年（1776年）署布政使吴翥堂重修。后人钦娄妃之贤烈，墓经多次修缮。娄妃手书“屏翰”二字石刻，今仍保存完好。“屏翰”喻国家之重臣。中华人民共和国成立后，墓经多次维修，为南昌有名古迹。

【八一公园】 位于南昌市区的东湖之中，北临民德路，南临中山路，东滨苏圃路，由东湖、百花洲及东湖东岸陆地组成。面积约26.27公顷，其中陆地面积6.4公顷、水面面积19.8公顷。唐宪宗元和三年（802年），观察使韦丹为除水患，首倡治湖、浚淤植柳，后遂有“万柳堤”及“黄金堤”。杜牧曾赞其为“十顷平湖柳堤合”，自此以后东湖即为著名风景湖，清代为贡院，1932年辟为湖滨公园，1946年4月3日改称为中正（介石）公园。1950年7月定名为八一公园，公园可分为湖区和陆区两部分。园内有“水木清华馆”“苏圃”“九曲桥”“柳堤”等著名景点和建筑。“豫章十景”中的“东湖月夜”和“苏圃春蔬”就在园中。

【百花洲】 位于南昌市东湖湖心，状元桥和三道桥之间。原有三洲，其中两洲现在八一公园内，一洲为省图书馆、少年宫所在地。原为水泽之乡，被东湖（旧名东太湖）萦回环抱。其北一洲叠石成峰，土阜孤耸，亭峙其巅，故称“冠鳌亭”。东一洲深入湖心，为宋隐士苏云卿灌园处，名为苏翁圃。南宋绍兴年间（1131—1162年），豫章节度使张澄在此建“讲武堂”以习水军。清乾隆十一年（1746年），江西布政使彭家屏书“百花洲”碑。唐代诗人张九龄、杜牧，宋代词家辛弃疾均留有描绘百花洲旖旎风光的词章。“豫章十景”中的“东湖夜月”“苏圃春蔬”二景均在此间。

【叶挺指挥部旧址】 全国重点文物保护单位，坐落在南昌市苏圃路南昌二中校园内，原为心远中学的教学楼。为砖瓦结构工字形二层楼房，面积907.20平方米。1927年，国民革命军第11军24师司令部、办公室、会议室、电话总机房及警卫部队驻地。1927年7月30日下午2时，叶挺在此召开了第11军第24师营以上及师直机关军官会议，传达中国共产党关于武装起义的决定，部署战斗任务。南昌起义后，叶挺任国民革命军11军军长，此楼即为11军指挥部。解放后经人民政府修缮，基本保持了原貌，并于1977年8月正式对外开放。

【朱德军官教育团旧址】 全国重点文物保护单位，坐落在南昌市八一大道58号。清末是训练清军的场所，后改为江西陆军“讲武堂”。占地几公顷，前后三进共四五十间房，另有礼堂及操场。1927年春，朱德在这里创办军官教育团并亲任团长，培养了一批革命武装干部，其中一部分人参加了南昌起义，这里成为南昌革命活动的一个基地和堡垒。抗日战争时期大部分建筑被毁，未毁建筑已按原貌进行了恢复。

【贺龙指挥部旧址】 全国重点文物保护单位，全国爱国主义教育基地，坐落在南昌市子固路95号。原为中华圣公会宏道堂，是一座中西合璧的古建筑，1927年7月下旬，贺龙率领国民革命军第21军参加南昌起义，军指挥部设在宏道堂，在此举行过多次策划起义行动的重要会议，1927年8月1日凌晨，贺龙、刘伯承、周逸群在此指挥了武装起义。大楼前三层窗口仍留有当年敌方炮弹弹痕。旧址小楼有贺龙等起义领导人当年的卧室，军官会议室的复原陈列，大楼大厅设有《贺龙元帅生平展》。

【花园角二号】 位于南昌市八一公园至朱德军官教育团旧址之间。是“八一”南昌起义时周恩来、朱德的旧居。为砖木结构两层楼房，有前后两进，面积436.92平方米。1927年春，朱德在南昌创办军官教育团,为便于开展革命活动,租下这所住宅。6月间,时任江西省政府主席朱培德以“礼送”共产党人出境为名,迫使朱德离开江西。7月,为准备起义,朱德从武汉返南昌,仍居此。7月下旬,周恩来从武汉秘密到南昌,首先会见朱德。第一天就住在此住宅的厅堂里。旧居的一层北侧是朱德的卧室,南、北前房及正房是警卫员的住房。二层北侧是郭沫若的住房,他曾在此写下“请看今日之蒋介石”。

【蒋介石南昌行营】 位于南昌市中心的东湖百花洲上。1928年10月,国民政府江西省图书馆依东湖而建,但在其落成仅两个月的时间,蒋介石刚刚结束与阎锡山、冯玉祥、李宗仁等军阀的中原大战,便亲临南昌市策划指挥“围剿”工农红军。因此,省图书馆成了“海陆空军总司令南昌行营”,是江南五省所谓的“剿匪”总部,被时人称为第二首都。蒋介石把二层西面作为办公室。前楼地面二层,下为地下室。地下室为水牢,曾关押过百余名红军指战员和苏区干部,方志敏、陈赓等曾被蒋介石押解至此亲自劝降。因此,“南昌行营”的存在可以见证中国共产党反抗国民党反革命“围剿”的历史。

【南昌市民俗博物馆】 位于南昌市子固路95号。创建于1988年,为中国目前唯一的一座省会民俗博物馆。博物馆展览主要有4个部分:南昌婚俗、儿童服饰、吉祥图案、中国岁月风俗画。所收藏及展示以江西剪纸,民间绣品,南昌地区民间习俗最具特色。先后举办了江西儿童绣品展、江西傩文化展、南昌婚俗展等一系列专题展览。

【八一广场与八一起义纪念塔】 八一广场地处南昌市八一大道核心地段,占地7.8万平方米,原称人民广场,是南昌的窗口,也是南昌市民活动的中心,每年在此会举办各种各样的政务和商务活动。广场以“八一”历史文化为主题,分两轴三区:两轴为南北向广场主轴线、东西向广场景观副轴线,三区为南部纪念区、中部中央文化区、北部休闲区。八一起义纪念塔耸立在广场南段,为英雄城的城徽;1977年8月1日为纪念八一南昌起义五十周年破土兴建,1979年1月8日落成。塔呈长方体,总高45.5米;塔身正北面是叶剑英元帅题写的“八一南昌起义纪念塔”九个铜胎鎏金大字,下嵌“八一南昌起义简介”花岗石碑;塔身基座有27个台阶,意指一九二七年。

【江西革命烈士纪念堂】 位于南昌市八一大道北段,建于1953年。纪念堂前的广场中心有一座红军战士塑像。堂前厅有毛泽东手迹“死难烈士万岁”! 正厅祭坛上立有纪念碑,由朱德题字:“革命烈士永垂不朽!”陈列柜中,珍藏25万余名革命烈士名册。两边厅陈列第二次国内革命战争时期的10个战斗史迹。二、三楼陈列300多位烈士生平斗争事迹、遗著和遗物等。

【方志敏广场(方志敏爱国事迹陈列馆)】 南昌市爱国主义教育基地,位于南昌市下沙窝滨江边,该地带也是方志敏烈士的就义之地。2007年9月中旬动工,2008年8月6日竣工并向市民开放。广场占地约1万平方米,分为“红色畅想”革命足迹区、“铁骨忠魂”塑像纪念区、“薪火传承”文化景观区等三大功能区。广场中央有方志敏雕像,左右两边矗立了四块纪念墙,上面刻写着毛泽东、邓小平、江泽民、胡锦涛对方志敏的怀念之情和赞美之词。广场建设的宗旨是打造爱国主义教育基地、党风廉政教育基地和新的红色旅游基地。

【江西省博物馆】 坐落在南昌市赣江、抚河环抱的新洲上,东临抚河,南接中山桥,西面赣江,北依滕王阁。占地4万平方米,建筑面积3.5万平方米,展厅面积1.3万平方米,1999年10月1日落成并正式对外开放,该馆将历史、自然、革命三个博物馆合在一起,形成大型综合性博物馆,馆舍主体建筑造型取材明代景德镇御窑出土白瓷三管器,历史馆、革命馆、自然馆三馆合一,将古代陶瓷艺术与现代建筑风格巧妙地融于一体。馆内中心广场矗立大型青铜雕塑《时空》,由3根仿商代青铜器上的扉棱提梁、仿国宝级文物商代立鹿四足青铜甗和伏鸟双尾虎以及火炬4个部分组成,寓意灿烂文明,源远流长;物华天宝,人杰地灵;星星之火,可以燎原。

【江西省科技馆】 全国科普教育基地,坐落于赣江之滨,与滕王阁相毗邻,占地面积4.6万平方米,建筑面积1.6万平方米,总投资1.45亿元。2000年4月动工兴建,2002年9月22日开馆。由天工厅、智慧厅、开物厅三个展厅和序厅、航空航天、交通能源、生命奥秘、儿童天地等十四个展区,以及4D影院、穹幕影院和院士厅、儿童科学乐园、青云厅、国际会议厅、世纪广场等配套设施组成。它以展览教育、实验教育、培训教育为基本功能,是中国中部6省中建设规模最大、展示内容最全、科技含量最高的科技馆。

【八一大桥】 位于南昌市区北部,新桥于1997年9月29日通车。是江西省第一座斜拉桥,为双独塔双索面斜拉桥,总造价4.4亿元。主桥长1040米,主跨4×160米,塔高103米。全桥共有斜拉索144根,主桥桥面宽28米,双向车道,可通行55吨重型车辆,设计日流量2.32万车次。大桥外型雄伟壮观,不锈钢栏杆上嵌有汉白玉十二生肖图案。在两座桥塔上,镶嵌着江泽民题写的桥名。在南北桥头地面,广植奇花嘉木,并仿建成有江西省盛名风著的浔阳楼、郁孤台、牡丹亭、龙珠阁。南岸桥头石雕黑白双猫,敏捷灵动;北岸桥头铜铸双狮,威风凛凛。

【青山湖风景区】 位于南昌城区东北,北依赣江。古时因湖四周山丘环抱,山色青青而得名。湖面南北长近5公里,东西宽1.5公里,水域面积300公顷,陆地面积近65公顷,承担着南昌城区52平方公里雨水污水调蓄。2001年10月,南昌市委、市政府决定把青山湖整治工程列为建设花园城市的标志性工程。工程计划总投资2.8亿元。相继建成了相思林公园、湖滨公园、燕鸣岛公园。整治后的青山湖显现出欧式风格,是公共休闲的大型城市公园。

【相思林公园】 位于南昌市青山湖的西岸,呈"飞"字状,是青山湖风景区的一个组成部分。湖滨地块长约540米,最宽处约80米,最窄处约15米。隔湖滨路还有一处矩形地块,长约50米,宽约38米,两块地合称相思林公园,总面积2.4公顷。相思林公园分为4个主题,从左到右依次分别为"人生有约""心心相印""天地之合""比翼齐飞",表示对情侣们的美好祝愿和深切祝福。灯光雕塑"城市之韵"是相思林公园标志性的灯光小品。

(区史志办公室)

行政区划

【概况】 2016年,东湖区辖扬子洲镇和八一桥、豫章、墩子塘、百花洲、公园、大院、董家窑、彭家桥、滕王阁9个街道办事处以及贤士湖、扬农2个管理处。全区设93个社区居民委员会、12个单位社区、21个村民委员会。

【扬子洲镇】 辖1个社区居民委员会:青扬社区;15个村民委员会:三联村、联民村、为民村、庙后村、前洲村、新村村、滕洲村、熊万村、上房村、莘洲村、长村村、渔业村、南洲村、林场村、臣港村。

【八一桥街办】 辖7个社区居民委员会:大士院南区社区、大士院西区社区、大士院北区社区、叠山路西社区、豫章后街社区、芭茅巷社区、裘家厂社区。

【豫章街办】 辖11个社区居民委员会:四经路社区、洪城社区、滨江社区、下沙窝社区、经纬路社区、东濠街社区、上沙窝社区、下正街社区、江药社区、新星社区、聆江社区;辖1个单位社区:爱国社区。

【墩子塘街办】 辖8个社区居民委员会:党家巷社区、张家厂社区、墩子塘社区、马家池社区、右营街社区、下水巷社区、北湖社区、阳明社区;辖2个单位社区:省儿童医院社区、江中社区。

【百花洲街办】 辖11个社区居民委员会:刘将军庙社区、状元桥社区、火神庙社区、南湖路社区、杨家厂社区、桂旺巷社区、邮政路社区、包家巷社区、小金台社区、渊明北路社区、白马庙社区;辖1个单位社区:市一医院社区。

【公园街办】 辖5个社区居民委员会:上营坊社区、环湖路社区、戴家巷社区、经堂巷社区、民德路社区。辖3个单位社区:省妇保社区、江西宾馆社区、市冶金设计院社区。

【大院街办】 辖7个社区居民委员会:省府院内一社区、省府院内二社区、公园社区、体苑社区、二七北路社区、广场北路社区、林苑社区;辖1个单位社区:八配社区。

【董家窑街办】 辖19个社区居民委员会：贤士一路社区、贤士二路社区、贤士花园一社区、贤士花园二社区、南京西路南社区、南京西路北社区、殷家巷社区、南永和路社区、青桥社区、青山南路社区、金家山社区、豆芽巷社区、五纬路社区、朱家湖社区、新华社区、青阳社区、锦苑春天社区、紫金城社区、杏苑社区；辖3个单位社区：佘山路社区、江纸社区、江医社区。

【彭家桥街办】 辖13个社区居民委员会：北京西路社区、文教路社区、福州路北社区、文教路北社区、江中花园社区、李家庄社区、光明社区、七里街社区、青山北路社区、建新社区、湖滨南路社区、新祺周社区、观欣社区；辖1个单位社区：江西师大社区。

【滕王阁街办】 辖9个社区居民委员会：子固路社区、榕门路社区、滕王阁社区、铁街社区、上凤凰坡社区、民巷社区、李家巷社区、章江路社区、射步亭社区。

【贤士湖管理处】 辖6个村民委员会：长巷村、公园村、七里村、贤湖村、永和村、永溪村。

【扬农管理处】 辖2个社区居民委员会：德成社区、绿苑社区。

（邓建平）

城区环境

【概况】 2016年，东湖区空气质量优良天数为318天，优良率达到86.9%，保持在优良水平。东湖区的地表水主要监测东湖、北湖、南湖水质，达到国家Ⅳ类标准；主要地表水水体达到功能要求。通过强化环境监督管理，城区环境质量状况一直保持优良。

【饮用水】 2016年，东湖区饮用水源地水质达标率100%。

【环境质量主要指标】 2016年，二氧化硫年日平均值18.4（微克/立方米）；二氧化氮年日平均24.2（微克/立方米）；可吸入颗粒物年日平均值55.9（微克/立方米）；降尘每月7.75（吨/平方公里）；

【声环境】 2016年，东湖区域环境噪声平均值53.12分贝，城区交通干线噪声平均值69.7分贝。

（谢　宁）

民族·宗教

2016年，东湖区牢牢把握"共同团结奋斗，共同繁荣发展"的民族工作主题和宗教工作方针政策，不断加强和改进民族宗教事务管理，实现辖区内民族宗教领域和谐稳定。

2016年，全区共有22个少数民族，约646户1271人，其中常驻人口574户1146人，暂住（流动）少数民族约72户125余人。流动人口主要从事清真餐饮、民族风味食品和特色商品经营，以回族、维吾尔族、藏族居多。

截至2016年年底，全区共有佛教、道教、基督教三大宗教，经批准登记的宗教活动场所有12个，其中区属管理的场所9个，分别是：佛教1个（扬子洲淡斋寺）、道教2个（三郭庙、郭公庙）、基督教6个（青山堂、灵恩、化纤厂、新货村、光明、扬子洲仰恩堂）；市属管理的场所3个，分别是佛教1个（佑民寺）、基督教2个（清钟堂、志道堂2个教堂）。全区宗教有教职人员90人，信教群众5232人，其中佛教信徒770人、道教信徒130人、基督教登记堂点受洗信徒4332人，慕道友82人。

（丁　一）

人口发展状况

【概况】 2016年，东湖区卫生和计划生育委员会落实四个全面战略布局，以"五大发展理念"为指导，围绕阳光诚信和谐计生的理念，坚持计划生育基本国策，扎实推进人口计生工作。截至2016年年底，全区总人口539036人，已婚育龄妇女99066人。全区共出生婴儿5591人，出生率为10.27‰，人口自然增长率为5.75‰，出生性别比为106.69，晚婚率为88.59%，已婚育龄妇女综合节育率为85.89%。

2016年，区卫计委全面落实计划生育家庭奖励扶助、独生子女伤残、死亡家庭特别扶助、计生家庭新农保配套优惠补助、阳光助学、中考加分、爱心保险等各项奖励优惠政策。全区全年计划生育利导政策投入资金440.4万元,惠及1370人。积极组织开展计划生育各项技术服务,建立情感呵护、温情计生、人文关怀等新型服务模式,着力推进国家免费孕前优生健康检查项目,累计完成免费孕前优生健康检查1631对。同时,为全区失独家庭积极提供再生育技术服务,并全程跟踪随访。此外,流动人口服务管理不断加强,建立流动人口信息平台监管制度,加大对平台的运用、指导和监管,在全区开展流动人口基本公共卫生计划生育服务均等化工作。截至年底,共登记流动人口数46197人,与社区卫生服务机构共同建立流动人口健康档案30829份(电子档案和纸制档案),占全区总流动人口66.7%,使流动人口与户籍人口享受同等卫生计生服务。

(万猛根)

表1 **2016年东湖区人口及其变动情况**

单位	年末总户数(户)	年末总人口(人)									本年度人口变动(人)									
		合计	合计		性别		年龄				出生			死亡			迁入		迁出	
			非农业人口	未落常住户口人员	男	女	18岁以下	18~35岁	35~60岁	60岁以上	合计	男	女	合计	男	女	省内迁入	省外迁入	迁往省内	迁往省外
八一桥街办	10344	32398	31546	852	16017	16381	4132	6661	14939	8466	275	141	134	186	111	75	114	39	93	109
豫章街办	17222	55212	53988	1224	26494	28718	8165	10257	22615	12951	618	327	291	192	118	74	239	148	71	288
墩子塘街办	12388	39615	38544	1071	18897	20718	5593	7695	16544	8712	381	204	177	155	85	70	62	52	46	147
百花洲街办	16879	56369	54982	1387	27118	29251	8108	12546	22681	11647	519	269	250	177	89	88	93	99	242	307
公园街办	11195	36949	35985	964	17274	19675	5912	6763	14892	8148	407	225	182	114	61	53	98	73	51	161
大院街办	12091	56860	55532	1328	28993	27867	7627	18723	20129	9053	525	283	242	131	83	48	206	240	440	887
董家窑街办	30030	93456	91239	2217	45662	47794	15978	19164	36756	19341	1121	615	506	215	126	89	467	184	153	464
彭家桥街办	9238	28193	27404	789	13886	14307	4389	5893	11148	5974	308	163	145	63	38	25	105	59	298	304
滕王阁街办	11336	35596	34731	865	17206	18390	5128	6998	14606	7999	360	199	161	120	63	57	123	38	28	137
贤士湖管理处	6181	18099	17068	1031	8587	9521	2591	3693	7064	3720	230	128	102	77	46	31	82	32	39	72
扬农管理处	727	2066	1825	241	1026	799	387	689	421	568	126	55	71	22	10	12	86	16	9	5
扬子洲镇	9335	32507	31943	564	15394	17113	2205	3004	6642	3152	466	263	203	40	29	11	116	25	11	13
东湖区	146966	486223	445470	40753	236554	249669	75130	107704	190418	112971	5336	2872	2464	1492	859	633	1791	1005	1481	2894

(李　光)

经济运行概述

【概况】 2016年,在区委区政府的正确领导下,全区上下主动适应和把握经济发展新常态,紧紧围绕建设"打造实力东湖、创造活力东湖、塑造魅力东湖"目标,善于攻坚、勇于争先,全区经济呈现稳中有进的态势。据初步核算,全区地区生产总值达417.69亿元,按可比价计算,同比增长8.1%。其中:第一产业实现增加值0.67亿元,同比下降46.7%;第二产业实现增加值36.44亿元,同比增长5.3%,第三产业实现增加值380.57亿元,同比增长8.6%。三次产业比重为:0.16:8.73:91.11。人均生产总值79495元。在全区生产总值中,非公有制经济实现增加值188.30亿元,按可比价计算增长9.0%,占全区生产总值的比重达45.1%。

【不断扩大固定资产投资规模】 2016年,东湖区全年实现固定资产投资181.92亿元,同比增长13.5%,其中房地产投资7.44亿元,同比下降12.5%。全年城镇投资施工项目491个。其中,新开工项目477个;计划投资亿元以上项目12个,比2015年同期多4个。2016年,城镇以上固定资产投资中第一产业完成0.49亿元,第二产业完成21.97亿元,第三产业完成159.46亿元。三次产业投资比例为0.3:12.1:87.6。

【推动消费品市场稳定运行】 2016年,东湖区全年社会消费品零售总额259.92亿元,同比增长3.2%。按行业分:批发业零售额32.8亿元,同比增长2.4%;零售业零售额195.36亿元,同比增长2%;住宿业零售额4.04亿元,同比增长9%;餐饮业零售额27.72亿元,同比增长12.7%。按数据结构分:限额以上企业实现零售额106.82亿元,同比增长0.3%。2016年末,全区共有亿元市场4个,实现成交额53.75亿元,同比增长10.4%。

【财税收支呈良好态势】 2016年,东湖区全年实现财政总收入62.90亿元,同比增长9.8%,其中:地方一般公共预算收入12.33亿元,同口径同比增长10.2%,税收收入10.13亿元,同比下降0.92%,非税收入2.19亿元,同比增长4.69%。全年地方一般公共预算支出20.01亿元,同比增长10.10%。其中,公共安全支出2.69亿元,同比增长22.09%;教育类支出3.37亿元,同比增长9.37%;城乡社区支出3.37亿元,同比增长39.13%;医疗卫生支出1.89亿元,同比增长4.85%。

【促进建筑业健康稳定发展】 2016年,全区资质以上建筑业企业65家,其中有工作量企业60家。实现建筑业总产值135.17亿元,建筑业增加值31.1亿元,增速达7%;其中:建筑工程产值达108.09亿元,安装工程产值达20.05亿元。全区建筑业从业人员22948人,建筑业企业签订合同额287.24亿元,房屋建筑施工面积为188.37万平方米。

【促进外向型经济稳步增长】 据海关统计,东湖区2016年内资企业(含中央、省市属公司)实现进出口总额34391万美元。全年全区实际利用外资18532万美元,同比增长22.12%;现汇进资8796万美元,现汇比例47.46%;全年实际利用内资40.78亿元,同比增长15.07%。

【实现居民收入持续增长】 2016年,东湖区城镇居民收入继续保持较快增长,城镇居民人均可支配收入36440元,同比增长8.1%;区属在岗职工年平均工资为65360元,同比增长22.66%。

(刘慧堂)

城乡居民生活水平

【概况】 2016年,东湖区在城乡居民收入快速增长的同时,居民消费支出稳中有升,居民消费选择更加多元化,消费领域不断拓展,消费结构趋于优化,生活消费质量得到有效地提升。

【城市居民收入水平】 2016年,东湖区属在岗职工年平均工资为65360元,同比增长22.66%;城镇居民人均可支配收入36440元,同比增长8.1%。

【城乡居民消费特点】 2016年,东湖区城镇居民消费结构趋于优化,生活质量显著提高,城镇居民人均消费支出23259元,增长3.6%。一是改善居住条件,强调生活质量。2016年,东湖区城镇居民人均用于居住方面的消费支出7764元,同比增长26.7%;居住消费支出的持续增长,反映出城镇居民对居住条件要求的不断提高。居民住房内部装修风格多元化、环保型和功能性要求成为导致居住类消费支出增加的一大因素。二是食品档次不断提升,追求科学、健康饮食。随着生活质量的提高和食品消费不断增长,居民在饮食观念、饮食方式、饮食标准上都发生较大变化,饮食上更加注意膳食结构,追求科学、平衡和合理的膳食。2016年,城镇人均食品烟酒支出为8596元,同比增长10.0%。三是注重教育投资,讲究文明生活。2016年,城镇居民人均用于教育支出为891元,同比增长16.4%。教育的发展能提高国民素质、促进社会文明进步.而社会文明的进步又会要求进一步发展教育来支撑社会文明的持续发展和提高,因此,城镇居民越来越重视提高家庭成员的文化素质和修养.对教育的投资力度也不断加强。

表 2　　**2016 年东湖区经济、财政收入人均水平**

指　　标	绝对值(亿元)	增长(%)	人均水平(元)
地区生产总值	417.69	8.1	79495
财政总收入	62.90	9.8	11971
地方财政一般预算收入	12.33	10.2	2346

说明:地方一般公共预算收入增速为同口径增速

(徐　莹)

省部级及以上领导到东湖区考察

【概况】 2016 年,中共中央总书记、国家主席、中央军委主席习近平,江西省委书记、省长鹿心社,江西省委副书记刘奇,江西省委常委、副省长、南昌市委书记殷美根,时任江西省委常委、南昌市委书记龚建华和江西省委常委、宣传部部长陈俊卿等其他领导均到东湖区考察调研、指导工作。各级领导充分肯定东湖区在经济发展、社会事业等方面工作所取得的成绩,并提出新的要求。

【习近平视察光明社区】 2 月 3 日,在江西省委书记强卫、省长鹿心社的陪同下,中共中央总书记、国家主席、中央军委主席习近平一行来到南昌市东湖区彭家桥街道光明社区视察工作,看望慰问干部群众,送去党中央的新春祝福。习近平总书记观看社区宣传栏,到社区服务站办事大厅考察了解社区党建、便民服务、创建和谐等工作情况,听取社区开设道德讲堂开展社会主义核心价值观培育的情况介绍,参观社区书画室,观看社区合唱团的排练表演,并在社区广场向闻讯而来的居民群众发表简短讲话。

2016 年 2 月 3 日,习近平总书记到东湖区光明社区看望居民群众并接受小朋友书写的新春大“福”

【龚建华多次到东湖区调研指导工作】 2016 年,时任江西省委常委、南昌市委书记龚建华多次到东湖区开展工作调研,看望基层干部。2 月 5 日下午,龚建华与南昌市长郭安专程赴东湖区看望慰问基层干部,向大家并通过他们向全市基层干部和广大群众致以新春祝福。3 月 3 日,龚建华到东湖区听取城市建设管理工作汇报,充分肯定东湖区城市建设管理的创新探索、有益实践,并希望全区以“五大提升工程”为引领,努力打造城市建管的“南昌样板”。3 月 31 日上午,龚建华走进东湖区文化馆和图书馆等基层群众文化活动场所,调研全市群众文化工作。7 月 6 日上午,龚建华到东湖区扬子洲镇前洲村、豫章街道洪城社区、大院街道二七北路社区、彭家桥街道光明社区专题调研基层党组织标准化建设工作。7 月 7 日,龚建华到富大有堤东湖区段水厂养殖场堤外察看积水现场,指导防汛工作。8 月 31 日上午,龚建华又到东湖区部分街道社区和乡镇村组,调研基层党建、城市管理和社区服务等工作。

【龚建华率“小三看”考察组调研东湖】 6 月 12 日下午,2016 年全市招商引资“小三看”活动大幕拉开。江西省委常委、南昌市委书记龚建华率考察组深入东湖区实地察看了解招商引资项目推进及产业发展情况。龚建华一行察看东湖南昌康健生殖医院、江西金融租赁股份有限公司、胜利路平战结合人防工程三个项目。龚建华在考察中指出，强攻产业是铸就核心增长极的不二选择，招商引资是实现产业发展“强起来”的唯一路径。要抢抓机遇，乘势而上，勇做项目建设“先锋队”，争当发展升级“撑旗手”，努力营造“千军万马抓招商、千方百计引项目”的浓厚氛围，为全市产业发展展雄风、早日实现“四强”梦提供不竭动力。

【刘奇到东湖区走访调研】 6月26日，江西省委副书记刘奇到东湖区调研，并走访慰问老党员和困难党员。刘奇一行到东湖区光明社区察看社区便民服务中心、党员活动室、农贸市场等；走进淘宝大学江西商学院，在培训室与年青创客亲切交流，勉励大家抓住机遇、坚定信心，积极投身创新创业大潮，闯出一番事业；调研江西金融租赁有限公司，听介绍、看项目、问规模，要求公司大胆探索、做强做优，充分发挥金融创新的引领作用，助力全省高新技术企业发展和产业升级。刘奇在调研中强调，要牢固树立“党建+”理念，以新思路新机制新手段全面提升基层党建工作水平，充分发挥基层党组织战斗堡垒和党员先锋模范作用，引领和保证南昌向更高水平发展、向更高目标迈进。江西省委常委、南昌市委书记龚建华，南昌市长郭安等参加走访调研。

【鹿心社到东湖区走访慰问】 6月30日上午，江西省委书记、省长鹿心社到东湖区看望慰问老党员和生活困难党员，向他们致以诚挚问候和节日祝福。鹿心社走进董家窑街道豆芽巷社区朱湖路50号(东湖花园)建国前老党员施汗琴家中，与她促膝聊天。鹿心社说：“明天就是我们党95岁生日。您是新中国成立前参加革命并入党的老党员，为中国革命和建设事业作出了贡献。我代表省委、省政府来看望您。”鹿心社要求各级党委政府加强基层组织和社区建设，尤其是要把社区建设成为综合性服务平台，为困难党员和广大群众解难题、办实事，让他们切实感受到党和政府的关心与爱护。江西省委常委、省委秘书长朱虹，江西省委常委、南昌市委书记龚建华等参加走访慰问。

【陈俊卿到东湖区调研】 7月27日上午，江西省委常委、宣传部长陈俊卿到东湖区，分别对辖区内省话剧团、省歌舞剧院、省木偶剧团和省京剧团南昌剧院等省直国有文艺院团及演出场馆进行调研。

【殷美根到东湖区调研】 12月1日下午，江西省委常委、副省长、南昌市委书记殷美根到东湖区调研。殷美根到东湖区青山湖西岸，了解该片区旧改棚改与安置房建设情况；到光明社区，察看办事服务大厅、党员之家、老年服务站、多功能服务室；到淘宝江西馆(淘宝大学江西商学院)、阿里巴巴·南昌产业带，殷美根指出，电商平台推动工业品下乡、农产品进城，开拓市场空间、降低交易成本，各城区要适应经济发展新常态，加快互联网等高效服务业发展，不断做强都市经济，提升产业核心竞争力。殷美根在调研中要求全区干部群众以更大的责任、更大的步伐、更大的突破，大力推动产业集聚集约，着力提升城区品质品位，努力实现民生共建共享，在全市新一轮大发展中开辟新天地、展现新作为。

【谢一平到东湖区调研城市管理工作】 12月7日下午，中共南昌市委副书记谢一平到东湖区调研城市管理工作。谢一平来到东湖区沿江北大道，观看环卫工人作业场景，对东湖区“马路本色”行动所取得的成绩给以高度肯定。调研中，他要求东湖区再接再厉，进一步提升城区品质品位，增强责任意识，为“美丽南昌. 幸福家园”环境综合整治再作新贡献。

【殷美根到东湖区参加“美丽南昌. 幸福家园”活动】 12月23日，江西省委常委、副省长、南昌市委书记殷美根到东湖区豫章街道三经路与二七北路交会处，与正在劳动的干部群众一起挥锹、铲土、装车……打扫生活垃圾，清理卫生死角，共同打造洁净宜居的美丽家园。结束劳动后，殷美根来到豫章街道聆江社区座谈，就开展环境综合整治听取基层干部和社区群众意见。他要求市、区、街道坚持问题导向，对大家反映的问题和提出的意见全面梳理并逐一解决；同时，要总结经验、形成制度，从根本上解决影响城市环境的“症结”。殷美根号召广大市民，多宣传、多支持、多参与全市环境综合整治，确保实现“一年有变化、两年出形象、三年上台阶”。

(裘　洁)

中国共产党南昌市东湖区委员会

综　述

2016年，在市委、市政府的正确领导下，中共东湖区委全面贯彻党的十八大和十八届三中、四中、五中、六中全会精神以及习近平总书记系列重要讲话精神，认真落实省委、市委决策部署，主动适应从严治党新要求、经济发展新常态，紧紧围绕"打造实力东湖、创造活力东湖、塑造魅力东湖"战略目标，大力弘扬"崇尚荣誉·创先争优"东湖精神，深入开展"两学一做"学习教育，圆满完成区镇两级换届工作，统筹做好稳增长、促改革、拓空间、提品质、惠民生、优党建等各项工作，基本完成全年预定目标任务，实现"十三五"良好开局。

聚焦经济发展不动摇，综合实力稳步提升。坚持稳中求进工作总基调，在指标运行、招商引资、项目建设上全面发力，经济发展呈现"运行稳、后劲足、动能强"的良好态势。一是指标运行稳。全年实现地区生产总值417.69亿元，同比增长8.1%；500万元以上固定资产投资181.92亿元，同比增长13.5%；社会消费品零售总额259.92亿元，同比增长3.2%；完成财政总收入62.9亿元，同比增长9.8%；地方一般公共预算收入12.33亿元，同口径增长10.18%；税收收入占地方一般公共预算收入比重为82.2%，排名全省、全市前列。二是产业后劲足。第三产业全年实现增加值380.57亿元，占比91.11%，对全区经济增长的贡献率达96%，同比提高4个百分点。引进以江西金融租赁为代表的新兴金融机构23家，总投资额达35.21亿元。融资租赁、电子商务、咨询服务等新兴高端业态加速集聚。规模以上电子商务企业50家，年交易额突破90亿元，同比增长320%。江西盈科行网络信息公司成功挂牌"新三板"。三是增长动能强。2016年，在产业、旧城改造、基础设施、社会事业与民生工程、基层党建五大类上共筹划实施48个总投资约301.33亿元的重大重点项目。全年新增注册企业2150户、注册(认缴)资本117.67亿元，同比分别增长124%和117%，新增注册资金1000万元以上企业217家，同比增长158%。新增"六大产业"企业1355家，同比增长67.08%。

注重建管联动不偏废，城市面貌显著改善。始终把城市作为最大的品牌和资源，按照"春燕筑巢、经营小家"的理念，科学有序地推进城市建设和管理。一是旧改有序推进。全年分两轮顺利实施王家庄周边、渊明北路周边等22个地块征迁工作，占地面积420.11亩，征迁面积51.41万平方米，涉及户数3948户。二是建设凸显品位。扎实推进街区标准化、特色化改造，胜利路民国风情步行街、三经五纬文化街区、中山路民国特色新街区；投资启动贤士湖街区、紫金城街区、光明社区等三大街区改造。同时，扎实推进交通基础设施改善，豫章路北延、新公园路等断头路如期打通。启动滕王阁、紫金城等12处停车场规划建设工作，新增泊位1883个。其中，铁街停车场为全省首个智能化立体停车场。三是管理成为示范。一季度城市管理综合考评第二名，二季度第一名；下半年"马路本色"行动专项考核始终位居全市前列。在2016年度全省精神文明建设工作表彰大会上，东湖区作为南昌市唯一一个省级文明城区接受表彰，荣膺全省第五届文明城区。

致力民生福祉不松劲，社会事业全面进步。深入践行共享发展理念，扎实做好各项民生实事，群众获得感和幸福感不断增强。“基本民生”保障有力。2016年全区用于保障和改善民生投入资金12.47亿元，约占一般公共预算支出的62.3%。“热点民生”统筹有方。进一步深化和拓展“10分钟便民服务圈”“15分钟公共文化服务圈”“15分钟卫生服务圈”“15分钟全民健身圈”“20分钟优质教育圈”等“民生五圈”品牌内涵；扎实推进老城区停车场建设等18大类143项民生工程。“底线民生”坚守有为。妥善做好信访稳定，十八届六中全会、省市党代会等重大活动期间未发生一起赴京非访事件；扎实推进平安建设，2016年公众安全感指数测评列全省第68位，为南昌市主城区第一名。

深化党的建设不止步，政治生态不断优化。以高度的政治自觉深化落实全面从严治党主体责任，在思想建设、组织建设、队伍建设、廉洁建设等方面持续发力。一是持续推进思想政治建设，“合格”意识逐步强化。深入开展“两学一做”学习教育，专题集中学习讨论四次，开展巡回宣讲4场次，召开全区“两学一做”学习教育专题培训会。二是持续推进基层组织建设，“光明”之花逐步绽放。按照“整体提升、全面过硬”要求，全面推进基层党建标准化建设。截至年底，48个示范、达标村（社区）党群服务中心全部建成并投入使用，办公服务场所面积均达到500平方米以上。三是持续推进干部队伍建设，“实干”氛围逐步浓厚。始终遵循“实在实干实绩”用人导向，恪守“五看五评”用人原则，心齐气顺、健康向上的干事创业氛围正在形成。持续推进党风廉洁建设，“清正”生态逐步形成。深化正风反腐，保持高压态势，扎紧制度“笼子”，注重思想教育。

（李怡璇）

区委重要会议

【中共东湖区委十一届十二次全体（扩大）会议】 1月9日，在区文化活动中心三楼演艺中心召开，区委书记杨文斌主持会议。会议的主要内容是：书面传达省委十三届十二次全会、全省经济工作会议和市委十届十二次全会精神，审议并通过《中共东湖区委关于制定全区国民经济和社会发展第十三个五年规划的建议（草案）》。区领导李云峰从经济层面就2015年全区发展情况和2016年工作安排进行部署，陈曙对《中共东湖区委关于制定全区国民经济和社会发展第十三个五年规划的建议（讨论稿）》作说明。区委委员、区委候补委员出席大会；不是区委委员、区委候补委员的全区副科级以上领导干部受邀参加会议。

【中共东湖区委十二届一次全体会议】 8月30日，在区综合服务中心南楼七层区委常委会议室召开，区委书记刘闯主持会议。会议的主要内容是：选举中国共产党南昌市东湖区第十二届委员会常务委员会委员和书记、副书记，通过中国共产党南昌市东湖区第十二届纪律检查委员会第一次全体会议选举结果的报告。

【区委常委会议】 2016年，中共东湖区第十一届委员会共召开15次常委会议，时任区委书记杨文斌主持8次，区委书记刘闯主持7次；中共东湖区第十二届委员会共召开9次常委会议，区委书记刘闯主持9次。

（李怡璇）

区委重要决策

【概况】 2016年，中共东湖区委积极发挥核心引领作用，全面统筹，带领全区上下加快经济社会又好又快发展。先后制定并印发《中共东湖区委关于扎实组织党员通读〈中国共产党廉洁自律准则〉和〈中国共产党纪律处分条例〉的通知》《东湖区2016年推进“四区一体”建设七大指挥部工作实施方案》《中共东湖区委、东湖区人民政府关于实施河湖管理“河湖长制”加快推进水生态文明建设的意见》《关于实施全面两孩政策改革完善计划生育服务管理的实施意见》。

【关于通读“准则”和“条例”的通知】 2月4日，区委印发《中共东湖区委关于扎实组织党员通读〈中国共产党廉洁自律准则〉和〈中国共产党纪律处分条例〉的通知》。加强党的建设，贯彻落实省委、市委通知精神，督促全区各级党组织和党员干部进一步深入学习贯彻“准则”和“条例”,唤醒党章意识,增强党员的组织纪律观念。促使党员领导干部发挥表率作用,自觉践行廉洁自律规范,带头维护纪律的严肃性和权威性,为全区“十三五”良好开局、早日实现“四区”目标提供坚强纪律保证。

【关于推进“四区一体”具体实施方案】 3月31日,区委、区政府印发《东湖区2016年推进“四区一体”建设七大指挥部工作实施方案》,为深入推进“四区一体”建设,加快打造实力东湖、活力东湖、魅力东湖,按照分工负责、分线作战要求,成立经济发展、旧城改造、城市建管、民生社会事业、青山湖西岸开发建设、基层党建项目建设、信访维稳七大工作指挥部,全区主要工作(重大重点项目)分类纳入各指挥部,按照“项目化、时间表、责任人”的机制集中推进,奋力开创“四区一体”建设新局面。

【关于实施“河湖长制”的相关意见】 5月30日,区委、区政府印发《关于实施河湖管理“河湖长制”加快推进水生态文明建设的意见》。为积极策应全省生态文明先行示范区战略的实施,做好全市水生态文明建设和农村水环境治理工作,进一步推进全区河湖管理工作制度化和规范化,依据各个河流、湖泊及全区实际,重点以问题为导向,按照“一河(湖)一策”要求,制定切实可行的河湖治理方案,建立健全与东湖经济社会发展水平相适应的长效河湖管护体系。

【中共南昌市东湖区委议事决策规则】 11月1日,区委印发《中共南昌市东湖区委议事决策规则》,为充分发挥区委总揽全局、协调各方的领导核心作用,推进区委决策的制度化、规范化和科学化,进一步提升区委的执政能力和领导效能,根据《中国共产党章程》《中国共产党地方委员会工作条例》《中共南昌市委议事决策规则》等有关规定,结合全区实际,制定《中共南昌市东湖区委议事决策规则》。

【关于实施全面两孩政策的实施意见】 11月29日,区委、区政府印发《关于实施全面两孩政策改革完善计划生育服务管理的实施意见》。为贯彻落实《中共中央、国务院关于实施全面两孩政策改革完善计划生育服务管理的决定》和省委省政府实施意见精神,积极稳妥实施全面两孩政策,推进计划生育服务管理改革,推动计划生育工作由控制人口数量为主向调控总量、提升素质和优化结构并举转变,由管理为主向更加注重服务家庭转变,由主要依靠政府力量向政府、社会和公民多元共治转变,为全区经济社会发展创造良好的人口环境。

(李怡璇)

区委中心组理论学习

【概况】 2016年,中共东湖区委中心组扎实开展“两学一做”学习教育,深入学习贯彻省、市、区委重要会议精神,围绕全区经济社会发展中心工作,充分发挥中心组理论学习的示范、带动和辐射作用,为打造实力东湖、塑造活力东湖、创造魅力东湖提供思想保证、精神动力和理论支持。

【扎实开展“两学一做”学习教育】 5月6日上午,东湖区召开“学党章党规,学系列讲话,做合格党员”即“两学一做”学习教育动员部署会。区领导杨文斌、李云峰、喻国泰、陈曙、焦玉庄、唐铭市出席会议。各镇(街道、管理处)、区委各部门、区直各单位党委(党组、党支部)、区属科级事业单位党组织有关负责人参加会议。李云峰主持会议并讲话,就如何贯彻落实好“两学一做”学习教育活动作出三点强调;杨文斌就如何做好全区“两学一做”学习教育提出三点要求。2016年,围绕“学党章党规,学系列讲话,做合格党员”,区委组织领导干部开展四次专题学习,副县级以上领导干部结合各自实际,谈认识、说感受、讲体会,思想受到洗礼、认识得到提高、党性得到加强。

【中共十八届六中全会精神专题宣讲报告会】 12月13日下午,东湖区十八届六中全会精神宣讲报告会在区文化活动中心三楼演艺大厅举行。区委书记刘闯主持会议并讲话。部分区四套班子成员、区法院院长出席学习会,全区副科级以上领导干部参加会议。报告会邀请南昌市发改委党组成员、总经济师柳华授课。柳华以形象的语言、生动的事例全面解读十八届六中全会精神,整个报告深入浅出、详实具体,具有很强的针对性和启发性，对全区干部群众全面理解和准确把握十八届六中全会精神具有很强的指导意义。学习结束后，刘闯就进一步学习宣传贯彻好十八届六中全会精神作重要讲话。

【中央经济工作会议精神专题学习会】 12月30日上午，中共东湖区委中心理论学习（扩大）会在区文化活动中心三楼演艺大厅召开。区长高辉红主持会议并讲话，区四大家班子成员、区法检两长出席会议。全区副科级以上领导干部，区发改委、区财政局、区统计局、区商务局、区金融办中层干部共300人参加会议。会议邀请国家统计局综合司副司长、新闻发言人毛盛勇解读中央经济工作会议精神。毛司长的辅导报告详实具体，具有很强的针对性和启发性，为东湖区全体领导干部做好2017年度和往后一个时期的经济工作指明方向、提供遵循。学习结束后，高辉红就落实中央经济工作会议精神强调三点意见，并要求：要做好2017年度工作谋划，全力推进重大重点项目，加快培育壮大新兴动能，不断提高发展质量和效益。在力争常规工作争先进位的同时，突出做好“三看”活动筹备、安全生产和社会稳定工作，确保2016年收尾交出满意答卷、2017年开头迈出有力步伐。

（裘　洁）

东湖区举行区委中心组理论学习（扩大）会

纪律检查与行政监察工作

【概况】 2016年，东湖区纪检监察机关深入贯彻党的十八大、十八届历次中央全会和习近平总书记系列重要讲话精神，按照全面从严治党要求和中央、省、市纪委部署，忠诚履行党章赋予的监督责任，聚焦监督执纪问责，顺利完成年初制定的各项工作任务。

【区纪委科室人员构成】 2016年，区纪委机构完成改革，内设8个科室，6个纪工委，1个直属事业单位——巡查办公室。核定委局机关行政编18个，纪工委行政编18个，巡查办事业编18个，总共54个行政、事业编。截至年底，实有在编在岗人员42人。

【区纪委第十一届六次全会】 2月19日，中国共产党东湖区第十一届纪律检查委员会第六次全体会议召开。全会认真学习贯彻十八届中央纪委六次全会和省纪委十三届六次全会、市纪委十届六次全会精神。全会审议并通过喻国泰代表区纪委常委会所作的《将责任举过头顶，把纪律挺在前面，切实履行全面从严治党神圣职责》的工作报告。会议强调：2016 年是全面实施“十三五”规划、“五年决战同步全面小康”的开局之年，是贯彻实施新准则和条例的头一年，也是换届之年，做好党风廉政建设和反腐败工作意义重大。2016 年工作总体要求是：深入贯彻党的十八大和十八届历次全会精神，认真学习贯彻习近平总书记系列重要讲话精神，全面落实十八届中央纪委六次全会、省纪委十三届六次全会、市纪委十届六次全会部署，忠诚履行党章赋予的职责，聚焦监督执纪问责，坚持从严治党、依规管党，强化标本兼治、强化改革创新、强化党内监督，推动落实党风廉政建设“两个责任”，把纪律挺在前面，持之以恒落实中央八项规定精神，着力解决群众身边的不正之风和腐败问题，保持惩治腐败高压态势，建设忠诚干净担当的纪检监察队伍，全力推动风清气正的“廉洁东湖”建设步伐。

【第十二届纪律检查委员会第一次全体会议】 8 月 30 日，东湖区第十二届纪律检查委员会第一次全体会议召开，经全会选举并报请中共东湖区第十二届委员会第一次全体会议批准，刘光荣当选为中共东湖区第十二届纪律检查委员会书记，谌卫东、黄超、肖迎春当选为中共东湖区第十二届纪律检查委员会副书记，梁霁野、李娜、万慧、傅子松、金栋当选为中共东湖区第十二届纪律检查委员会常务委员。会议号召全区纪检监察机关要践行忠诚干净担当，强化监督执纪问责，奋力夺取廉洁东湖建设新胜利。

【协助党委落实好主体责任】 2016 年，区纪委(监察局)找准职责定位，全方位协助区委落实主体责任，实现“两个责任”互补、互融、互促。一是重要工作积极建言。截至年底，区纪委向区委常委会汇报重要议题 12 个，起草《区委关于落实把纪律挺在前面要求的实施细则》等重要文件 3 个，协助区委更快掌握、更准理解、更好落实市委、市纪委各项部署决策。二是重点任务认真牵头。认真履行社会评价、集中整治、纪律审查等工作的牵头责任，组织召开动员会、调度会 7 次，将工作任务分解，压实全区各级党组织、纪检组织“两个责任”，形成齐抓共管、同抓落实的生动局面。三是重大政策深入宣教。注重对党员干部的正面引导和警示教育，协调区委组织部、宣传部，将党风廉政教育列为全区干部教育重要内容，在区委常委会、中心组(扩大)会议上专题学习工程留痕等内容 6 次，做到警钟长鸣、木鱼长敲。在南昌市纪委举办的六中全会知识竞赛中，区纪委按照区委刘闯书记指示，主动邀请县处级领导、深入发动基层党员及干部、积极鼓励居民群众参与，参赛率居县区组首位。四是重用人选严格把关。牢牢守住严肃换届风气的纪律关口，对拟提任对象信访件核查 6 人次，签字背书。取消涉嫌严重违纪的政协委员候选人资格 1 人，取消拟提拔科级干部考察资格 1 人，最大限度地确保新提任、拟重用人选政治上可靠、经济上清白。

【加强监督问责力度】 2016 年，东湖的干部纪律意识、规矩意识、规范意识总体上比较强，但区纪检监察机关始终秉承“没有监督的信任等于放任”这一理念，持续释放“严管就是厚爱”“问责就是负责”“理解就要支持”三种信号，用监督促自律，以问责促担当。一是严格巡察。把巡察作为党内监督的重要方式，启动两轮对 8 个单位的政治巡察。巡查中，主要围绕“四个着力”，聚焦治党管党、政纪纪律、作风建设等政治内容，深入查找问题。两轮巡察后，对于发现的一些问题线索，区纪委实行销号式管理，采取函询谈话、立案调查和进一步核实的举措跟进并解决问题。二是严查“四风”。针对违反八项规定精神行为穿上隐身衣、易反弹回潮的问题，区纪委按照“节假日必查、工作日抽查”要求，开展明察暗访 22 次。特别是中央巡视组在赣期间，区纪委深刻汲取典型案例教训，组织力量对一桌饭、私人会所等问题进行为期 1 个月的集中查访，严防死守，确保类似情况在东湖发生的概率为零。三是严肃问责。没有问责，责任就落不下去。区纪委认真学习贯彻党内问责条例，对履行责任不力人员问责 17 人，对有关单位在目标绩效管理考核中扣分 12 个，取消评先评优资格 2 个。换届后，又按照市纪委“一案双查”要求，对分管干部发生严重“四风”问题的人员进行立案，让“有权就有责、有责要担当、失责必问责”成为实实在在的行动。

【严肃查处违纪违法案件】 2016 年，区纪委(监察局）立案14起，给予党政纪处分16人，重点查处扬子洲镇村干部熊伟贪污集体资产、原个私办主任钟雄公款私存等大案要案，圆满完成市纪委交办的一起“双规”案件，为国家挽回经济损失700余万元。结合省、市纪委部署的重点工作，查处违反八项规定精神问题案件3起、侵害群众利益问题3起、收送红包1起、违插问题1起，典型案例一律通报曝光。

【加大执纪审查力度】 2016年，区纪委（监察局）始终坚持“惩前毖后、治病救人”的方针，把握审查政策，匡正执纪导向，治病树、拔烂树、护森林，把纪律挺在前面。一是函询谈话强推进。注重从信访举报、明察暗访、政治巡察等渠道收集掌握党员干部苗头性、倾向性违纪行为，本着“有病治病、无病强身”观念，对违纪边缘的干部咬咬耳朵、扯扯袖子甚至猛击一掌，函询谈话33次，抓早抓小、动则辄咎，防止党员干部在纪律和法律间做自由落体运动。二是腐败现象零容忍。坚持有腐必反、有贪必肃，聚焦三类“重点人”，始终保持惩治腐败的高压态势。三是执纪要求严落实。一方面，认真落实习近平总书记“三个区别开来”的重要指示精神，建立容错纠错机制，旗帜鲜明支持干事者、鼓励创业者、宽容失误者、惩治腐败者，为担当者担当，为负责者负责。另一方面，深刻学习领会省纪委《关于把握运用监督执纪“四种形态”的指导意见（试行）》精神，严格把握各种形态转换的政策界限和使用条件，坚持一把尺子量到底，防止过严和过宽。同时，始终将安全文明作为办案生命线守稳护牢，确保零事故。2016年，市纪委高度关注的函询谈话数、立案数、通报数分别同比增长43.5%、100%、50%。值得一提的是，东湖立案增长率10月份居全省17位，查处、通报3起违反八项规定精神案例，得到市纪委吴伟柱书记的批示鼓励。

【设计“三位一体”纪律教育】 2016年，区纪检监察机关致力打造“宣传阵地”。结合区委在所有社区（村）建设标准化基层党建示范点达标点工作，把党风廉洁建设教育融入大党建工作中，与组织部门齐抓共管，一起部署、一起宣传、一起推动，参照光明社区标准打造，宣传廉洁文化，开办纪律讲堂。截至年底，第一批示范点完成7个，41个示范点处在建设中。同时与各单位联动，启用198块LED屏滚动宣传正风肃纪要求和成效。致力打造“学纪场所”。区纪委精选党纪书刊，在区图书馆和有条件的街办建设“党纪书屋”，为党员干部系统学习党纪政纪提供幽静、崇敬、上进的学习条件。致力打造“交流平台”。区纪委全年共建立学习微信群582个，改版廉文美文月刊，刊载一些党员干部的学习体会文章，既学习党纪，又总结经验，更碰撞思想。

【开展“三大整治”攻坚战】 2016年，区纪委（监察局）坚持不懈开展“三大整治”攻坚战。“红包”治理共收到主动上交款13笔，合计4.53万元，处在核实查处阶段的“红包”收送4人；“违插”治理共收到主动上交不正当利益16笔，合计5.36万元，特别是为贯彻落实市委办公厅印发的《关于实行工程建设行为全程留痕制度的暂行规定》，区委专门以区委中心组学习（扩大）会形式，邀请南昌市纪委副县级纪检员王中伟作宣讲辅导，区委刘闯书记主持，全区各单位副科级以上干部300余人参加，取得很好的警示效果。“集中整治”收集问题线索34个，通报典型案例2个，涉及6人。为使“集中整治”工作引向深入，区委、区政府召开再动员、再部署、再落实工作会，通过发动群众提、甩掉包袱找、发现问题改、部门联动推、跟踪问效督等措施，加大“集中整治”后两个阶段工作力度。针对上半年全区违反“八项规定”问题零查处、零通报，被省纪委通报，被市纪委约谈的现状，区纪委加强执纪审查，共查处3起案例，通报3起，退出“零查处、零通报”序列，没有给市纪委拖后腿，市纪委吴书记专门批示给予鼓励。

【推动落实“两个责任”】 2016年，区纪委（监察局）除规定的签订主体责任状和监督责任状，较真碰硬抓考核，对履责不力人员通报批评并责令书面检查8人次，诫勉谈话9人，压实主体责任外，下半年，区纪委对查办的违纪违法案件坚决落实“一案双查”，既追究违纪人员，又查分管领导，追究单位党委党组主体责任，共有2个单位的分管领导被问责通报，起到警示作用，有效地推动“两个责任”落实。

【做好“社会评价”工作】 2016年，区纪检监察机关共召开社会评价工作调度会6次。下半年，动员干部深入一线,走访群众10万余户,发放联系卡片10万余张,收集并解决建议80余条;区委、区政府主要领导率先垂范,深入企业问需问计,共收集100余条意见建议并制定整改措施。区纪委党风室抽样调查到户率和知晓率,都基本达到100%。特别是针对企业评价干部满意度不高的问题,区委、区政府启动优化投资发展环境评议评价活动,每年3次从1.2万多家企业中每次抽样320家现场对政府职能部门进行打分评议,提出建议。区委对排名后三名的职能部门主要负责人分次数分,无违反计划生育证明给予约谈、通报直至组织调整的问责处理,既提升服务效率,又推动评价工作。

【加强队伍建设】 2016年,区纪检监察机关不断加强自身队伍建设,提升履职能力。一是常委带头,班子示范。对常委班子成员分工合理调整,明确既要管好业务工作,又要管好分管干部,做到做事做人表率履职,管事管人"一岗双责"。二是制度带领,规矩干事。出台区纪委常委会议事规则等内部管理制度,重点工作任务实行项目化推进,形成扛责任谋事、靠规矩干事、以担当成事的良好氛围。三是"晨会"带动,比学赶超。十余年如一日坚持每天"晨会"制度,拓宽"晨会"内容,既学政治理论,又研专业知识,既落实上级要求,又掌握全区动态,使纪检监察工作与中心工作同频共振,浓厚爱学、善学、比学的机关文化。四是常态化学习培训。截至年底,共有20人参加中央纪委培训班,10人参加省市纪委办案,4人参加省市巡视(巡察)工作,干部能力有效提高。五是项目化推进工作。把每年纪委全会部署细化为具体任务,明确时间表、路线图、责任人,项目化推进。开展纪检监察创新工作评比、廉政文化沙龙等特色活动。六是人性化内部管理。发挥机关支部和工会作用,关注干部身心健康,解决干部实际困难,支持干部进步成长。

【自觉接受监督】 2016年,区纪委(监察局)认真开展群众路线教育实践活动、"三严三实"专题教育和"两学一做"活动,深入查找突出问题,剖析原因,认真整改。建立健全内部监督机构和制度,落实"十个严禁",严明审查、巡察、保密纪律,认真开展会员卡清理活动,净化干部朋友圈、社交圈。

(吴学锋　周　蕾)

区委办公室工作

【概况】 2016年,区委办公室在区委的正确领导和市委办公厅的精心指导下,紧紧围绕全区中心工作,积极发挥"坚强前哨,巩固后院"职能,按照"规范、严谨、务实、高效"的工作标准,努力提升"三服务"水平,圆满完成年度各项目标任务,荣获东湖区(2015—2016年度)区级文明单位、区社会治安综合治理目标管理先进单位、区综合目标考核优胜奖等称号。

【充分发挥组织协调作用】 2016年,区委办公室继续牢固树立政治意识、大局意识、核心意识、看齐意识,围绕区委中心工作,积极主动地参与政务,充分发挥参谋助手、督促检查、协调综合"三个作用",全面做好服务上级党委、服务本级党委、服务基层和群众"三个服务"。日常工作中注重纵向业务交流,积极向市委办公厅汇报工作情况,并及时完成相关任务;深化横向合作衔接,与五大家办公室注重沟通协调,在工作中通力合作,及时就重要工作的安排部署进行协商沟通。为强化全区党委办公系统工作统一性和专业性,2016年开展各类业务调研、培训、指导,形成共同进步良好局面。

【提升办文办会质量】 2016年,区委办公室认真做好全区重大会务、重要活动的统筹,规范各类会议的筹备等各项工作,增强办会工作的规范性和计划性,提供优质高效的会议服务。2016年初以来,在办公室全体工作人员努力下,深入开展"两学一做"专题教育活动,较好地完成区委全会、全区领导干部大会、第十二次党代会、省市领导来区考察等重大活动的筹办工作。推行文件印发层级负责制,确保各级文件的起草、校对、审签程序完善、规范。同时,持续深入贯彻落实中央八项规定,厉行勤俭节约,反对铺张浪费,严把文件、会议审批关。截至年底,办公室共发文118份;共组织召开20次会议,办文办会效率和水平得到进一步提升。

【有序推进信息工作】 2016年，区委办公室围绕全区中心工作，全面实现信息工作的“扩源提质增效”目标，精准服务区委决策，充分发挥党委信息参谋助手主渠道作用。推进载体再升级。按照“规范科学、应需供给”的原则，对《今日东湖信息》刊物进行升级改版，实行日刊制。创立《东湖信息(全市动态)》刊物，重点承载兄弟县区好经验、好做法采编稿件。适应微信公众号等新型媒体发展趋势，不断增强网罗信息的手段。对区属各单位微信公众号、门户网站、工作简报进行每日扫描，及时收集整理相关信息稿件。通过强化横向联系，纵向沟通，推动稿件共享机制、提高东湖区稿件的上稿率，提高信息工作实效。全年编辑出刊《今日东湖信息》刊物170期，《东湖信息(全市动态)》10期。向市委办公厅报送信息短篇稿件500余篇，信息专报30余篇，分别被市委办公厅采用300余篇信息短篇稿件，10余篇信息专报稿件。其中《东湖区推进党建标准化建设孕育“光明之花”遍地绽放》等五篇专报得到市委领导批示。

【扎实开展督促检查工作】 2016年，区委督查室在区委的正确领导下，紧紧围绕区委中心工作，紧扣区委的重大决策和重要工作部署，按照“围绕中心、有效切入，突出重点、主动作为，抓住关键、发挥作用”的工作思路，丰富督查工作内涵，健全督查运行机制，扎实开展督促检查工作，不断提高督查工作效率。一是围绕上级党委政府各项决策部署抓落实，二是围绕区委、区政府各项重大决策部署抓落实，三是围绕区委、区政府领导讲话批示要求狠抓落实。在督查方式上，坚持创新方式方法，坚持重点督查与专项督查相结合，坚持主动谋划与及时受命相结合，坚持自行督查与联合督查相结合，坚持督查与协调服务相结合，保证区委、区政府决策的有效落实。

【深入落实调查研究工作】 2016年，区委办公室围绕区委中心工作，主动开展工作决策过程中的各类调查研究工作，为领导决策的顺利实施提供参考。按照区委的要求，组织、指导、协调全区各单位的调研工作；为区委领导及时准确地了解社情民意，区委办公室对经济社会发展有重大影响的事件，对需要提请区委领导高度关注的热点、难点、焦点问题，整合为内部参考资料。强化调研工作载体建设。内参刊物《东湖决策参考》按照“启思想、聚智慧、谋工作”的要求改版为《东湖决策参阅》，刊物实行综合版与单行版并行，其中综合版设置“产业发展与经济”“社会事业与民生”“党建与机制创新”“城市建设与改造”“城市管理与社会管理”等栏目，全年出刊20余期。刊物立足于全区经济社会发展需要，站在全局性、战略性、综合性、长期性的角度，对相关问题开展超前研究和跟踪研究，为区委决策提供区外好经验、全国好模式，充分发挥决策参谋助手作用。

【做好文稿起草工作】 2016年，区委办公室以提升文字能力为目标，以服务日常工作为旨要，扎实做好文稿起草工作，不断提升文稿立意高度、内容深度、价值向度，为领导决策、工作部署、任务落实更好发挥参谋助手作用。一是强化信息共享。加强与上级对口部门沟通交流，及时掌握上面信息动态。密切与各科室交叉互动，通过网上朋友圈、分享讨论群让各科室信息资源利用最大化。二是强化总结提升。深入开展案例剖析，对各类文稿进行深入分析，汲取经验得失，在总结中挖掘新理念、提炼新观点、赋予新内涵，不断提高文稿起草能力和文稿作品质量。三是强化学习借鉴。以开放的姿态广泛学习，向书本学、向实践学、向群众学，不断汲取前人智慧和知识养料，推动文稿写作水平迈上新台阶。截至年底，共完成大小文稿200篇。

【严格落实机要保密工作】 2016年，区委办公室继续将安全保密工作放在重要位置，通过日常工作安排增强全体成员的安全保密理想信念和责任使命。在全区开展保密工作的宣传教育，并且印发保密工作宣传手册；为更好地实现各级工作安全保密落到实处，2016年，对全区各单位的保密安全开展监督检查，特别是对重点涉密单位和岗位的监督指导，要求切实做好网络保密管理、上网信息审批和涉密人员管理。根据省市要求，区委办公室还在保密设施方面进行完善，力争做到精确管控、动态管控、全程管控，严防各类失泄密事故发生。在保密工作方面，充分发挥机要密码通信的主渠道作用，做到通信绝对畅通，严格双人监管制度，确保密码绝对安全。日常工作中继续严格执行值班制度，确保各类电报文件的接收、登记、保管、呈办、落实工作无一遗漏,各项工作安全运行。

【拓宽民声通道】 2016年,区委办公室不断完善单位信访接待制度,全年共接听群众来电15余次,办理回复电子邮件及信访转办件18余件,人民网给区委书记留言板14条,省委“民声通道”核办件3件,市委“民声通道”核办件21件,省、市级转办件77件,区级转办件161件,办结回复率100%。

【开展“两学一做”专题教育活动】 2016年,区委办公室为深入贯彻落实中央、省委、市委和区委关于深入开展“两学一做”专题教育活动有关要求,积极开展“两学一做”为标尺的支部活动,对标党章党规,在全体党员干部中积极开展批评与自我批评活动,切实做到红脸出汗,深刻反思并进行自我整改。同时还通过民主生活会、日常学习等方式,学习党的政策和相关工作要求,提升全体干部的政治敏锐度。

(李怡璇)

组织工作

【概况】 2016年,中共东湖区委组织部在区委的坚强领导下,在市委组织部的正确指导下,以党的十八届五中、六中全会精神及习近平总书记系列重要讲话精神为统领,以推进“两学一做”学习教育、基层党建标准化建设为契机,严格选优配强全区各级领导班子,不断加强基层组织、党员队伍、干部队伍、领导班子建设,为全区的经济社会发展提供坚实的组织基础和人才保证。

【全力做好区镇两级党委换届工作】 2016年,根据省、市委关于县区委换届工作的总体安排部署,在市委的正确领导下,在省、市委换届选举督导组的精心指导下,区委组织部认真做好区镇两级党委换届事宜。在指导好扬子洲镇党委做好换届工作后,制定下发《关于做好党代表选举工作的通知》,明确代表条件、代表构成比例和分配原则、代表产生办法、程序和时间要求,并督促168个选举单位认真履行“三报三审”程序,选举产生出席区第十二次党代表大会代表338名;根据市委关于中国共产党南昌市第十一次代表大会代表选举工作的相关要求,对市党代会代表候选人初步人选逐个进行考察,与区党代表候选人一同征求纪检、审计、综治、计生、信访、公安等方面的意见,签订党代表候选人承诺书。在东湖区第十二次党代会上,顺利选举产生新一届区委领导班子和区纪委领导班子,选举结果实现领导班子配备改革的目标要求,优化区“两委”班子的整体素质结构,为全区“十三五”规划的顺利实现和经济社会又好又快发展提供坚强的领导核心和组织保证。

【召开基层党建工作述职评议会议】 2016年2月16日,东湖区在区文化活动中心四楼新闻发布厅召开2015年度镇(街道、管理处)党(工)委书记抓基层党建工作述职评议会议。会议听取扬子洲镇、各街道(管理处)党(工)委书记2015年度抓基层党建工作的述职,并组织参会人员进行评议。市委组织部领导,区委常委,区委党建工作领导小组成员,扬子洲镇、各街道、各管理处党(工)委书记,扬子洲镇、各街道、各管理处的熟悉了解基层党建工作情况的“两代表一委员”、基层党员干部和群众代表等85人参加会议。

【扎实开展“两学一做”学习教育】 2016年,区委组织部制定全区“两学一做”学习教育实施方案,全面启动“两学一做”学习教育。全区各级党组织陆续开展四个专题的集中学习讨论,610个基层党组织书记全部在所在支部讲授党课902次;县级党员领导干部、各镇(街道、管理处)党政正职、区直各单位负责人普遍尝试用PPT、微信等形式为基层党员开展党课教育。全区共建立学习教育微信群610个,涵盖全区7147名党员。“东湖发布”、东湖党建APP也嵌入“两学一做”“微学堂”栏目,网站日点击数百余次,微信关注千余人,做到党员“线上学”与“线下学”结合。认真开展党员“先锋创绩”活动,全区8600余名村(社区)党员在2016年度承诺事项14000多个。深入推进党员干部在居住地社区开展志愿服务活动,52支进村(社区)“连心”小分队、24位“第一书记”、120位“双助理”,769名机关在职党员下到挂点村(社区)开展志愿服务工作,做到“连心”全覆盖。

【大力推进基层党建七项重点任务】 2016年,区委组织部结合"两学一做"学习教育,先后开展党员组织关系集中排查、党代表和党员违纪违法未给予相应处理情况排查清理、基层党组织按期换届专项检查、党费收缴使用管理工作专项检查情况、推进非公企业和社会组织党的组织覆盖和工作覆盖、抓党建促脱贫攻坚工作、机关党员干部学习教育情况七项重点工作,共排查失联党员 241 人,排查出任期届满、一年内未换届党组织 2 个,非公企业、社会组织各 1 个,补缴党费 1586864.68 元,并于 11 月底完成"两个覆盖"工作。

【积极推动基层党组织标准化建设】 2016 年,区委组织部制定下发《关于推进村(社区)党组织标准化建设的实施方案》,在全区村(社区)中选取 48 个达标、示范点,深入推进基层党组织在组织、制度、队伍、阵地、活动、服务方面的"六个标准化"建设,统一规范达标、示范点党群服务中心"六室三站"制度上墙及制度台账内容、式样、材质,并全部标注新设计的"东湖党建"Logo。

【做好干部选拔任用工作】 2016 年,区委组织部严格贯彻落实《干部选拔任用工作条例》,把好领导职数、推荐提名、考察任免三关的操作执行,积极探索"为发展配备干部"的导向机制,"靠制度选任干部"的选拔机制,"让群众评价干部"的监督机制。始终坚持"人岗相适"的用人导向,把"想干事、能干事、能办成事"的优秀干部提拔到领导岗位上,让干部有工作的环境和干事的平台。围绕军转干部安置、"三类人员选拔"和区、镇两级换届工作,提交区委常委会任免科级干部 5 批次,调整干部 140 人次,其中提拔重用干部 31 人次,平职交流及其他 109 人次,其中从"三类人员"中选拔 10 名担任乡镇、街道领导班子成员。

【加强干部教育培训】 2016 年,区委组织部组织扬子洲镇、各街道(管理处)、区直各单位主要负责人共 40 人参加浙江大学培训,并选派 6 名县级干部参加市委党校县干班培训,5 名科级干部参加市委党校青干班培训。

(黄　悦)

宣传工作

【概况】 2016 年,东湖区围绕经济社会发展、基层党建、民生福祉、旧城改造等各项重点工作,全年共在市级以上媒体上稿 2465 篇,同比增长 10.4%。其中,中央"三报两台"61 篇(条),同比增长 56.4%,《江西日报》上稿 181 篇,江西省电视台和广播电台上稿 108 篇,《南昌日报》上稿 516 篇(其中头版稿件 92 篇,头条稿件 50 篇),南昌电视台《每日新闻》上稿 352 条。除《光明日报》外,中央主要媒体上稿任务全部完成,全面完成省级媒体上稿任务,总分在 12 个县区(开发区)中排名第二,在主城区中排名第一,创历史最好成绩。

【精心策划组织多场宣传战役】 2016 年,东湖区围绕全区中心工作,开展系列集中宣传活动,推出一批有影响的重头稿件:策划关于习近平总书记到光明社区视察基层工作回访的宣传活动,撰写"弘扬井冈精神 决胜全面小康——习近平总书记春节前夕赴江西看望慰问回访记""传承红色基因 让人民生活蒸蒸日上"2 篇稿件;组织关于基层党组织标准化建设的宣传活动,撰写"以党建标准化孕育光明之花遍地绽放""谋远固本抓党建 与时俱进强基石——东湖区狠抓基层党组织标准化建设"2 篇稿件;策划关于第十二届深圳文博会的宣传活动,撰写"东湖区 2016(深圳)文化产品招商推介会签约 115 亿元""东湖区赴深圳招商签下 18 个项目"2 篇稿件;组织开展关于民生"五圈"的宣传活动,撰写"'民生五圈'托起百姓幸福生活""东湖区'民生五圈'圈圈为民 居民幸福指数步步高"2 篇稿件。

【打造"护士笔记"宣传热点】 10 月 9 日,南昌大学第二附属医院手术室护士王婷的上台笔记爆红网络,区宣传部第一时间向市委宣传部提交选树典型情况报告,同时主动对接辖区单位南昌大学第二附属医院党委,邀请中央、省、市多家媒体走进手术室采访"护士笔记"的主人公王婷和她的同事们。系列文章、专题报道等相继在中央电视台《24 小时》、江西日报 2 版头条、江西省电台、江西晨报、江南都市报、南昌日报、南昌晚报及各级媒体微信公众号推出,引起强烈反响。10 月 17 日下午,东湖区以"崇尚荣誉、创先争优"为主题,邀请二附院护士王婷、护士长方亮等走进东湖区道德讲堂为全区党员干部、居民群众讲述"护士笔记"的故事,全国道德模范提名奖获得者、南丁格尔奖章获得者章金媛也受邀作现场点评,人民网、凤凰网、江西日报、南昌发布等二十余家中央、省、市媒体对活动进行报道。

【开播《东湖新闻》】 2016年,东湖区在南昌电视台新闻综合频道搭建电视媒体新窗口,开办《东湖新闻》栏目。栏目于每周二、四、六晚首播,次日重播,成为展示东湖良好形象的新平台。

【连续三年荣获全市优秀政务新媒体】 2016年,东湖区政务微博共发布信息6350条,政务微信共发布信息1514篇,订阅数和互动率稳步提升,平均阅读量提高50%,进一步唱响东湖"政能量",在全市新媒体工作考评中连续三年荣获"全市优秀政务新媒体"。为提高发布信息的阅读量,政务微信对订阅用户进行精准定位,针对不同需求,设置"今日头条""你造吗""东湖荣誉榜"等八大专栏,精心包装并着重发布政务信息,使政务信息占总发布数的70%以上,平均阅读量提高50%。"今日头条"专栏通过图文并茂和制作H5页面等形式对区党代会、区两会等重大会议和活动进行深度报道。"你造吗"专栏每周发布东湖一周文化活动预告,第一时间提供活动时间、地点、主题、内容、公交或地铁路线以及预约方式并开展赠票活动,实现与群众点对点的互动,把文化惠民的触角深入到广大市民之中。"东湖荣誉榜"专栏通过图文推介、视频展示、投票活动等多种形式开展"人生中的第一粒纽扣""东湖好人""最美教师"等正能量、主旋律的活动,展现出东湖干群创新争优、敬业奉献的精神风貌。

【加强新媒体平台建设】 2016年,区委宣传部指导各镇、街道、管理处,区委各部门、区直各单位30余个单位和4个文化企业融入平台,在全区搭建起新媒体"微矩阵"平台,不断提升东湖区发布影响力。通过"南昌东湖区发布"微信公众号上的"微矩阵"页面,网友可以一键了解全区各部门、辖区文化产业的资讯。同时,它还成为及时反馈处理民声诉求的平台,拓展网络问政的深度与广度。

(裘 洁)

统一战线工作

【概况】 2016年,东湖区委统战部在区委的正确领导和市委统战部的精心指导下,认真学习贯彻中共十八届五中、六中全会精神,紧扣习近平总书记视察江西时提出的"一个希望、三个着力、四个坚持"要求,主动适应新常态,展示新作为,全区各领域统战工作取得新成效。

【成立区委统战工作领导小组】 4月,成立以东湖区委书记为组长,各相关单位主要领导为成员的中共东湖区委统战工作领导小组,10月份调整人员并召开中共东湖区委统战工作领导小组第一次会议,会议对历年东湖区的统战工作进行总结,并对后续的统战工作提出要求,为东湖区"大统战"工作格局的建立奠定基础。

【协助做好人大、政协换届工作】 2016年,东湖区委统战工作紧紧围绕中央、省委、市委、区委的换届工作相关精神,严格落实关于党外人士政治安排的名额比例要求,取得良好成效。党外人士安排职数取得新突破,党外人大代表名额90名,占代表总数的38%,党外人大常委8名,占常委总数的32%;党外政协委员名额146名,占委员总数61%;党外政协常委19名,占常委总数的73%。党外人大代表、政协委员所占比例均排在全市前列。

【加强党外干部队伍建设】 2016年,全区有党外领导干部24名,其中,党外县级领导干部7名,党外科级领导干部17名。选送1名党外县级干部参加省委统战部组织的培训班。选送1名党外领导干部参加市委党校青干班学习,选送3名党外领导干部参加南昌市党外中青年领导干部高级研修班,全年共组织200余人次参加各类培训,全面完成培训计划。

【推进多党合作事业发展】 2016年9月和12月,东湖区分别召集全区各民族党派、工商联负责人和非公有制经济代表人士,通报东湖区经济社会发展情况,并就政府工作报告、有关重大政策措施和重大重点项目征求意见建议。帮助民主党派围绕区委中心工作和社会热点问题选好课题,组织调研,形成参政议政提案,全区各民主党派共完成调研报告7篇。在2016年两会上,党外人大代表共提交议案29件,党外政协委员共提交提案54件,切实履行民主党派参政议政、民主监督的职责。

【开展和谐共建活动】 2016年，区统战部组织各民主党派以“同心双共建”为主题，进社区开展和谐共建活动。民革东湖总支与二七北路社区开展春节送温暖活动；民盟东湖支部开展送教下乡活动，组织盟员教师到乡村小学支教，提高学校的教学水平；民建东湖总支在刘将军庙社区开展春节送温暖活动，发放慰问金2000余元，组织会员到阳明小学向困难学生捐赠辅导教材4000余册；民进东湖总支在榕门路社区开展咨询服务活动；农工东湖总支先后在百花洲社区开展送温暖活动，在南湖路社区开展送健康进社区义诊活动；九三学社东湖支社在光明社区开展送法律进社区活动。

【促进非公有制经济健康发展】 2016年，区统战部引导非公经济人士积极参与社会公益履行社会责任，先后组织非公经济人士在董家窑、百花洲街办开展“进社区、送温暖”主题活动，为贫困群众送去慰问金和慰问食品，共计2万多元。积极参与东湖区中小企业公共服务平台建设。先后为非公企业解决各类纠纷9起，挽回经济损失60余万元。

【维护民族宗教界团结稳定】 2016年，东湖区广泛开展走访少数民族代表人士活动，巩固平等团结、互助和谐的社会主义民族关系。坚持依法管理宗教事务，发挥牵头协调作用，坚持重大节日活动走访宗教活动场所，指导做好安全排查工作。积极开展禁放爆竹、文明敬香工作，切实维护宗教活动场所和谐稳定。全年全区未发生涉及民族宗教因素的群体性事件。

（吴大鹏）

政法委与综治工作

【概况】 2016年，在市委市政府、区委区政府的正确领导下，在省、市政法委和政法各部门的精心指导下，东湖区政法机关按照全市政法工作会议提出的要求，紧扣东湖发展中心工作，围绕“三个提升”（提升群众安全感、提升政法部门群众满意度、提升政法部门基层基础工作水平）主要目标，以全国综治工作“南昌会议”为契机，坚持问题导向，聚焦短板，破解难题，综合施策，弘扬“四有”东湖精神，深入推进平安东湖建设，有力地推动全区治安状况持续改善，全区公众安全感和政法部门满意度稳步提升。确保“三个不发生”（不发生有重大影响的群体性事件和有影响的进京上访事件，不发生有重大影响的安全生产事故，不发生有重大影响的公共安全事件），较好地完成各项工作任务。

【加强矛盾化解】 2016年，区政法机关按照“方案实施、高位推动、项目推进、归口管理”的原则，组建由区委常委、政法委书记为指挥长，法、检、公三长为副指挥长的信访维稳指挥部，把矛排工作与中心工作、重点项目推进同部署、同落实。截至年底，全区各级人民调解组织共调解案件1200余件，涉及金额2085.99万元，排查矛盾219次，预防纠纷240起。围绕涉稳涉访、涉恐，以各类专项行动为载体，先后清查重点高危人员411名，主动发现处置非正常访583批次1206人次。

【提升处置突发事件能力】 2016年，区政法机关积极争取区委区政府支持，将东湖公安分局辅警大队由210人扩编至340人，常态落实24小时武装巡逻制度，确保遇有暴恐事件“一分钟到场处置”。稳妥处置出租车司机、后八轮司机聚集上访等一大批有广泛社会影响的大型群体性事件。召开警医座谈会，建立高效密切的警医联动机制，对各类苗头性医患纠纷快速处置、及时化解。

【严格落实综治工作机制】 2016年，东湖区建立并实施每月社会治安形势分析研判和通报机制，全年共召开治安形势分析研判会议12次，全区综治责任单位向区综治委述职。落实矛盾纠纷排查调处工作协调会议纪要月报制度，完善矛盾纠纷排查调处“云平台”日常运行机制，将“云平台”系统纳入到综治专网系统。截至年底，共召开12次矛盾纠纷调处工作协调会，通过“云平台”系统录入矛盾纠纷700余件，确保全区矛盾纠纷排查调处“云平台”运行实时、准确、高效。

【严查重点案件】 2016年，东湖区组建合成作战中心，实现情报、图侦、网侦、技侦等侦控力量一体化运作，并配套建立每日会商、积分考评、战果分配等运行机制，对大要案件专班攻坚、多侦联动、精准打击。坚持小案当作大案办，进一步完善受理工作规范及打击侵财、毒品犯罪常态机制;推进公安派出所队二级联勤室建设,配齐硬件、配强人员,对侵财现案开展研判分析。1－10月,先后破获盗抢侵财类案件2058起,刑事拘留942人,打掉新疆籍扒窃等多个团伙,破获盗窃医院病人财物等多起系列案件。快速侦破盗窃书法名家原创艺术品案,追回艺术品180余件。建立26支便衣抓现队伍,根据警情研判结果,全天候布防在高发案区域,力捕现行。共抓获街面盗抢现行228人,刑事拘留121人,极大地震慑街面违法犯罪活动。

【着力加强治安防控】 2016年,东湖区全面完成综治中心、信息化、网格化管理"三项"建设,建成区、镇(街道、管理处)、村(社区)三级综治中心133个。配备725名网格员,开通138条综治专网,共计录入78万余条各类综治信息,完成网格地图显示693个,发放手机终端925台。在原有的2363个监控探头的基础上,新安装840个"天网"监控探头,纳入"天网"指挥平台系统,实现监控网络全覆盖、无盲点。将"天网"探头和社会视频接入镇、街道、管理处综治中心,进一步提高公共安全视频使用效率,有力地震慑犯罪行为。全年利用"天网"工程和人脸识别监控系统,共破获侵财现案131起,抓获人犯223人,其中通过人脸识别系统破获案件近30起。

【加大投入建设智慧平安小区】 2016年,区财政投入400余万元,采取服务外包的形式,打造大院街道育新路平安小区、贤士湖管理处七里小区等10个"治安好、环境美、服务优"的智慧平安小区;安装具有人脸识别功能的监控摄像头,并配备专业保安人员24小时巡逻,进一步提高住宅小区防控能力。

【重拳出击抓整治】 2016年,东湖区大力开展打击黄赌违法犯罪集中统一行动,建立专项考核奖惩机制,紧盯重点区域、场所及网络,打掉暗藏在城中村、出租房、酒店公寓内的多个"黄赌"窝点,破获微信招嫖、网络赌博等新型黄赌案件,先后破获涉黄涉赌刑事案件12起,刑事拘留30人,查处行政案件1191起1668人。组织多部门对八一桥休闲广场开展集中整治,集中力量打击整治桥下摆摊设点、占道经营以及打麻将、扑克、牌九等涉赌问题和不文明行为,出动人员259人次,清理占道牌桌188桌,取缔泡脚、流动摊点257个,收缴占道折叠桌、椅180余个,集中整治行动取得良好效果。

【严格管控肇事肇祸精神病人】 2016年,东湖区对已有肇事肇祸行为的重点精神病人,建立全区重性精神疾病监管治疗防治网络,出台《东湖区肇事肇祸精神病人个案奖励和处罚办法(试行)》,鼓励全区范围内任何组织和个人参与肇事肇祸精神病人管控,对认定管控成功的个案以"以奖代补"方式给予相应的奖励经费,有效地避免再次发生危害社会稳定的突发事件。

【加强防范邪教工作】 4—7月,东湖区共有380余人参加南昌市开展的"百镇千村"反邪教警示教育宣讲活动,宣讲范围覆盖到全区各镇(街道、管理处)、村(社区),村小组长、社区主任(书记),参加率达100%。发放反邪教宣传手册15000余份、反邪环保手袋5000余个。为发挥典型示范的引领作用,通过"无邪教创建"先进村、先进社区、先进学校等一批典型示范点,引领全区"无邪教创建"活动有序开展。2016年2月,滕王阁街道上凤凰坡社区、公园街道民德路社区、百花洲街道火神庙社区荣获全国"无邪教创建"示范点称号。

(陶　辉)

信访工作

【概况】 2016年,东湖区信访局紧紧围绕全区稳定大局,立足本职岗位,深入贯彻落实中共十八大和十八届三中、四中、五中和六中全会精神及习近平总书记关于信访工作的重要论述,全面深入开展"两学一做"学习教育,牢记服务宗旨,努力适应新形势、新变化,不断开拓探索、大胆创新,为全区政治、经济、社会发展做出应有的贡献。

【健全信访工作领导体制】 2016年,区委、区政府主要领导始终带头履行信访工作"第一责任"的职责,对重要信访事项亲自参与解决,亲自批阅群众来信,亲自接待上访群众。区信访工作联席会议建立动态调度机制和信息共享机制,区联席会议召集人、区信访工作党政分管领导经常性、规律性召开调度会。其他区领导按照"一岗双责"

对分管领域的信访工作负直接责任，具体抓好各项工作的落实。区委、区政府将信访工作列入全区目标管理的综合考核任务，做到信访工作同各部门工作任务紧密结合，同部署同考核，有效地加强信访工作的责任落实。

【实行领导接访下访制度】 2016年，区委、区政府班子成员和区人大、区政协主要领导以及区法院院长、区检察院检察长每个工作日轮流到区信访局接待群众来访并进行视频接访，全年区领导到区信访局接访共283次。同时，坚持领导下访制度，区领导经常到挂点的镇、街道、管理处现场协调矛盾纠纷，及时解决信访隐患和不稳定因素。在旧城改造拆迁、地铁建设征收等工作中，包片区领导都驻点社区、村，随时接待群众反映问题，现场答疑解难。

【实行区领导包案制度】 2016年，东湖区对于上级交办和本级排查出来的信访突出问题，由区信访联席会议办公室进行认真筛选后，实行区、责任单位两级领导包案。包案工作严格落实“六定六包”，即定责任单位、定责任领导、定责任人、定督办单位、定办理要求、定办结时限，包接访劝返、包调处化解、包教育疏导、包救助帮扶、包人员稳控、包协调依法处置。确保领导干部“真包案、包真案”，先后对64件重点信访事项落实领导包案。区信访工作联席会议办公室对区领导包案的信访问题调处化解及稳控工作进行跟踪，汇总后报区委、区政府主要领导、分管领导，有效地推动问题的解决。

【拓展群众利益诉求表达渠道】 2016年，东湖区充分发挥网上信访和省、市长手机信箱、区长信箱便捷高效的特点，以“网上信访拓展年”活动为契机，引导群众以网电形式反映诉求，共受理转办群众网上信访、手机信箱、来信共691件，占全区信访总量的60.6%，同比上升11.9%，通过网电信等反映诉求占信访总量的比重逐年上升。

【调度调处信访突出问题】 2016年，区委、区政府主要领导经常性召开信访工作研判会，并多次集中调度重点信访事项。区联席会议召集人、区信访工作党政分管领导经常性、规律性召开调度会，加强对重要敏感时期赴京访工作和“大排查、大化解、大治理”活动等重点工作的安排部署，对每个调度的信访问题都按照“一个领导、一套班子、一个方案、明确时限、落实责任”的要求，制定具体调处化解方案，调度化解一批重点信访积案。

【积极推进信访问题化解】 2016年，区信访工作联席会议对重点信访问题每周调度一次，听取工作推进情况，会商化解办法。区分管领导及包案区领导对重点信访人保持常态化的约谈，及时了解信访人的诉求底线及思想动态，劝导信访人通过正常途径反映诉求，同时通过信访人的亲属和朋友做工作，建立互信感情，稳定缓和信访人的情绪。截至年底，经大力调处，东湖区化解19件上级交办和区本级排查的重点信访问题。另有一批信访人经帮扶及思想疏导后，情绪得到稳定。

【救助帮扶困难信访人】 2016年，对一些跨市、跨区、跨部门的“三跨三分离”信访问题，区领导及区联席办加强与省、市联席办及涉事单位的联络沟通，主动了解案由，找准问题症结，力争形成化解合力。区政府自2011年设立解决特殊疑难信访问题专项资金账户，每年拨款100万元。对一些难以化解的“三跨三分离”及难以确定责任主体的历史遗留复杂疑难信访案件，信访人生活确实困难的，东湖区在切实做好信访人思想疏导基础上，引导信访人以救助帮扶方式解决纠纷。截至年底，共使用特殊疑难信访问题专项资金70万元，化解信访积案12件。

【积极服务中心工作】 2016年，为保障全国“两会”，综治工作“南昌会议”等重大会议、重要接待，区信访局先后派出干部300余人次进行信访保障值班。围绕全区旧城改造和地铁建设房屋征收工作，接待由房屋征收引发的群众赴省到市来区访共计130余批2500余人次。

【不断推进信访信息化建设】 2016年，区信访局依托江西信访网上服务中心系统，全面推进阳光信访建设，把网上信访打造成群众信访的主渠道。结合全省“基础工作提升年”“网上信访拓展年”“信访积案化解攻坚年”等活动，将全区范围内的群众来信、来访、来电、网上投诉等不同渠道反映的信访事项全部纳入江西信访网上服务中心统一流转，实现对信访形式、工作过程、工作范围的“三个全覆盖”，实现办理过程和结果的“可查询、可跟踪、可督办、可评价”，实现及时就地解决信访问题，增加信访工作的透明度和公信力。

（刘　浙）

对台工作

【概况】　2016年，在区委、区政府的正确领导下，市委台办的精心指导下，东湖区委台办认真贯彻中央对台工作大政方针，紧紧围绕祖国统一和经济发展两大主题，以坚定的信心、创新的精神、务实的作风，扎实的工作，稳步推进对台工作，较好地完成省、市台办下达的目标任务。区台办在对台经贸工作、联络交流工作及涉台宣传调研工作等多方面的工作成效显著，被南昌市委台办授予全市对台工作综合先进单位称号。

【扎实推进对台经贸工作】　2016年，区台办根据东湖区的区位优势和产业特点，坚持以交流为渠道，以项目为载体，以落实为关键，采取各种措施，扎实有效地开展对台经贸合作。截至年底，实际利用外资433万美元，现汇82万美元，实际利用内资6950万元人民币，新增税收81.70万元人民币，引进注册资金5000万内资项目3个（其中省外5000万内资项目1个），注册资金1000万内资项目2个，新引进台资项目3个。

【台湾嘉义县粗溪村现代农业交流团到访】　2016年，为更好地推动两岸的深入交流，加深两岸人民的相互了解，在市委台办的指导下，东湖区扬子洲镇上房村与台湾嘉义县粗溪村接对子。6月7—11日，台湾嘉义县粗溪村现化农业交流团共38人到东湖区扬子洲镇进行现化农业考察，并就精致农业进行深入的探讨。因正值端午佳节，38个台湾同胞第一次在大陆吃粽子过端午，两岸情、一家亲的氛围格外浓烈。考察交流中，双方对大棚温度的调控、虫害的控制、产品质量的把控、精品的培育进行经验交流，并建立长效的联系和沟通方式，为东湖区未来的高端精致农业打下基础。

【区经贸考察团赴台考察】　2016年，为做好"赣台会"客商邀请、项目签约工作，9月12—16日，由区长高辉红为团长的东湖区经贸文化交流考察团一行6人赴台开展一系列有针对性的招商、推介活动。考察团马不停蹄地走访企业、拜访客商、洽谈项目，大大地增进台湾朋友对东湖区的了解，为东湖区"赣台会"客商邀请、项目签约打下坚实基础。

【参加第十四届"赣台会"】　2016年，第十四届"赣台会"在南昌举行。东湖区委台办邀请6个团组、33位有投资意向的台商参会，是历年"赣台会"邀请台商最多的一次。邀请的台商涉及电商、健康、教育培训、机器人、医疗等多个行业。区台办分别制定接待个案，做到专人陪同、专用车辆、专案接待；在具体接待工作中，区台办注意把热情、周到、细致的服务体现在活动的每一个细节，用热诚的态度招待台商，用热心的服务打动台商，用热烈的交流吸引台商。6个团组返台后，均通过微信对东湖区热情、周到、细致的服务表示感谢。在此次"赣台会"上，东湖区政府与台湾唯医生技股份有限公司签订500万美元的项目合同书，项目随后在东湖辖区内完成项目落地。

【召开东湖区投资环境说明会】　2016年的"赣台会"期间，区委区政府以会会友，以会招商，决定面向台商在全区召开东湖区投资环境说明会。区领导万勇主持，50位台商参会，区领导刘闯、高辉红、陈曙、陈俊在会上与台商进行深入的交流互动。在大会上，东湖区成功与水纱莲健康文创集团、两岸通股份有限公司、迪克森教育训练中心3家企业签订总投资达2700万美元的项目合作意向书。

【开展涉台宣传调研】　2016年，全区共刊出涉台宣传专栏102期，内容丰富、参与面广，进一步扩大涉台教育的影响面，提高广大群众参与涉台教育的主动性；同时，区台办针对台湾局势向市台办报送对台工作信息4篇，均被刊用。为更好地了解岛内形势，区台办对从台湾回到南昌的市民进行回访。撰写《蔡英文当局的信任危机正濒临爆发》《蔡英文应慎选海基会人事的"红绿灯"》《怀抱浪漫主义过度亲日，台当局后果不可不慎》三篇与台湾时局密切相关的调研信息。

【不断提升涉台服务水平】　2016年，区台办以"台商行程第一时间知晓，台胞困惑第一时间掌握，台企困难第一时间帮助"为工作出发点，用"真心、诚心、耐心"不断提升涉台服务水平，先后为台企唯医生技股份有限公司、黄盈瑄等台企台胞台属协调解决企业注册、办公选址等问题，使台胞台属怀着希望来，带着满意归。特别是黄盈瑄女士多次表示，北上广都不想去，就认定东湖，因为有东湖台办，就有了家。这给予区台办的高度赞誉，激励着每一个台办工作人员把工作做得更好更细。

【开展春节走访慰问活动】 2016 年腊八节，区台办牵手江西省赣台交流服务中心，为全区 30 名困难户送上新年红包、被子、热水壶、台湾糖果等物品。让老百姓感受到政府的关怀和彼岸兄弟的情谊。

（胡　政）

老干部工作

【概况】 2016 年，东湖区老干部工作以中共十八大，十八届三中、四中、五中、六中全会和习近平总书记系列重要讲话精神为指导，按照全国和省、市离退休干部“双先”表彰大会和老干部工作会议的要求，以落实好老干部的政治、生活待遇为主线，进一步加强离退休干部党支部建设，继续做好“双高期”老干部的管理服务工作，突出重点，突破难点，求真务实，狠抓落实。较好地完成年度工作任务，并获得全省老干部工作先进集体荣誉称号。截至 2016 年年底，全区共有离休干部 55 人（其中移交到区属地管理的省属改制企业离休干部 27 人），副县级以上（含享受副县级待遇）的退休干部 105 人，离退休干部总数 160 人。全区共有 9 个离退休党支部，离退休干部党员 357 名。

【组织离退休干部观看新闻】 2 月 4 日上午，为了让离退休干部及时了解中央的政策，重点学习习总书记的讲话精神，区委老干部局组织部分离退休干部在区老干部活动室一起收看中央新闻联播。主要内容为习近平总书记到江西看望广大干部职工的新闻和中央出台《关于进一步加强和改进离退休干部的工作的意见》消息。

【赴省委老干部局学习】 2 月 22 日下午，区领导杨文斌、唐铭市带领区直机关工委、区委老干部局、光明社区主要负责人赴省委老干部局学习、考察、交流。座谈会上，省委老干部局副局长王海燕对东湖近年来的发展给予充分肯定，对东湖区委、区政府高度重视老干部工作和社区党建工作给予高度评价。省委老干部局三处处长康京华、一处处长邓国良分别就区委老干部局两个阵地建设和光明社区党建工作情况作分析概括性发言，并就全区围绕《关于进一步加强和改进离退休干部工作的意见》开展老干部工作提出宝贵的意见和方向性的指导。

【区关工委召开工作会议】 3 月 1 日上午，2016 年度全区关心下一代工作会议在区政府四楼会议室召开。会议听取区关工委 2015 年的工作总结，部署 2016 年的工作任务，要求各单位要以关工委成立 20 周年为契机，大力加强宣传做好下一代关工委工作。区领导唐铭市出席会议，并发表重要讲话。区委组织部副部长、老干局局长龚武红，各街道、管理处党工委副书记、常务副主任、联络员，区直各单位分管领导参加会议。

【西湖老年大学到东湖交流】 3 月 4 日上午，西湖区老年大学校长李书记带领西湖区街道及相关工作人员到东湖老年大学参观、考察、交流。东湖区老年大学校长殷晓欣、老干部局副局长、老年大学副校长程莉主持交流活动。交流会上，学校以《规范办学、打造品牌、推进老年大学持续发展—创建省级老年大学示范校工作汇报》为题，从办学宗旨、组织保障、制度建设、教学质量等方面作简单介绍。之后，双方就场地办学、师资力量、如何准备创建省级老年大学示范校等进行深入探讨。会后，学校组织西湖区人员现场参观。

【市委老干局到东湖调研】 4 月 1 日，南昌市委组织部副部长、市委老干部局局长凌菲带领相关工作人员到东湖考察、调研。区领导唐铭市等参加调研活动。凌菲在调研中对区老干部局“两个阵地建设”的工作进行指导，要求要规范科学地管理好老年大学和老干部活动中心两个阵地。

【省委老干局到东湖调研】 4 月 1 日上午，江西省委老干部局三处处长康京华、一处处长邓国良到区老干部局就基层党建工作进行考察、调研。区领导唐铭市参加调研活动。调研会上，区老干部局就 2016 年党建、离退休老干部安置等工作进行汇报，重点介绍计划在光明社区打造的新项目——社区老年大学和社区老年活动中心，并阐述工作计划。

【参观外省老年大学】 2016年4月6日—7日，为提高工作水平与质量，加强对外借鉴学习交流，区老干部局程莉副局长率领相关工作人员赴武汉市常青老年大学和湖北省老年大学，进行为期两天的学习考察。考察团先后参观武汉市常青老年大学和湖北省老年大学，并获得以下三个方面的启示和收获：一是制度完善，主题鲜明；二是管理精细，专人负责；三是服务周到，亲情体验。此次考察活动对东湖提升改造区本级和社区老年大学具有重要意义。

【举办“习近平同志系列重要讲话精神”讲座】 4月29日上午，区委老干部局组织近百名离退休老干部，在区老干部活动中心(老年大学)二楼会议室举行“学习习近平系列讲话精神”讲座，邀请南昌市委党校基础理论部专家丁志猛老师作题为《深刻学习总书记系列讲话精神，不断提高理论知识水平》的讲座。全局干部职工和离退休老干部认真聆听，气氛热烈。

【传达学习上级办公厅印发的文件精神】 4月29日上午，区委老干部局组织近百名离退休老干部，在区老干部活动中心(老年大学)二楼会议室学习传达中央办公厅、国务院办公厅印发的《关于进一步加强和改进离退休干部工作的意见》文件精神。

【市委老干部局到东湖调研】 5月5日上午，南昌市委组织部副部长、市委老干部局局长凌菲，市委老干部局副局长黄素萍一行到东湖区就中央办公厅、国务院办公厅下发的《关于进一步加强和改进离退休干部工作的意见》进行调研。调研组先就《意见》的有关内容征求区离退休干部代表的意见。并着重在党费划拨比例、离退休支部建设和医疗垫付标准等八个方面和与会人员进行交流、探讨，离退休干部代表结合全区离退休支部建设工作提出意见和建议。

【组织退休老干部春游】 5月18日上午，区委老干部局组织近80名离退休老干部到扬子洲镇参观新农村建设点，老干部先后参观森美生态园、菇事汇庄园和葡萄园。活动让老干部感受到农村建设之美，既放松心情，又锻炼身体。

【市关工委到东湖调研】 根据《关于开展调查研究工作有关事项的通知》(洪关发【2016】5号)文件精神，为进一步推动市、区关工委工作再上台阶，2016年5月24日上午，南昌市关工委常务副主任纪自麟、罗苏明，市关工委秘书长黄杰一行到东湖实地调研。市关工委一行先后调研扬子洲镇双百工程、东湖区爱国主义教育基地和东湖区青少年科普基地。召集有关人员召开座谈，了解当地贫困家庭的工作、生活情况，对困难村民表达关心和鼓励。

【举行“六一”扶助慰问金发放仪式】 5月27日，区2016年“六一”扶贫助学慰问金发放仪式在东湖区文化中心演艺厅举行。区领导唐铭市、童萍如等出席仪式。活动为20名贫困学生代表发放慰问金。扶贫助学慰问金的发放，是东湖区认真落实市关工委进一步做大做强“双百工程”的重要工作之一，得到一致好评。

【区委书记走访慰问老干部】 8月16日上午，区领导刘闯、陈曙、唐铭市走访慰问部分离退休干部，为他们送去党和政府的关怀，向他们介绍全区的经济社会发展情况，并听取他们的建议和意见。区委老干部局长龚武红参加走访。

【区长走访慰问离休干部】 9月7日上午，区领导高辉红一行走访慰问朱昭明等离休老干部。高辉红详细询问老干部生活和健康情况，叮嘱他们保重身体，并祝老干部们节日快乐。他表示，要向老干部学习严于律己、无私奉献的精神，要把老干部工作放在首位，关心照顾好老干部，多办实事，多送温暖。

【举办首届九九重阳金婚盛典活动】 10月9日上午，在区委老干部局大力支持下，东湖区首届“金婚盛典”活动在滕王阁主区广场举行。活动面向社会征集99对身体健康、行动方便的金婚伴侣，并在其中评选出9对模范金婚夫妻，携手共赴此次金婚盛典联欢会。南昌市委组织部副部长、老干部局局长凌菲，市委常委、宣传部部长龙和南，市委宣传部副部长罗水长，市委老干部局副局长黄素萍，市旅发委主任陈清华，区委书记刘闯等领导出席此次活动。

(温　萍)

区直机关党的工作

【概况】 2016年,东湖区直机关党建工作机关在区委的坚强领导、市直机关工委的正确指导下,紧紧围绕区委、区政府的核心工作,全面贯彻落实中共十八届五中、六中会议精神及习近平总书记系列重要讲话精神,突出全面从严治党的主题,以"服务中心、建设队伍"为目标,扎实开展"两学一做"学习教育,认真履行机关党建职责,切实加强机关党的思想、组织、作风、制度等各方面建设,为建设实力、活力、魅力东湖提供坚强保证。

【全面开展"两学一做"学习教育】 2016年,区直机关工委把深入开展"两学一做"学习教育作为机关党建工作的首要任务和有力抓手,引领区直机关39个党(总)支部深入贯彻落实区委有关部署和要求,精心组织、统筹安排、扎实推进。要求各单位严格按照《东湖区"两学一做"学习教育实施方案》的要求,紧密围绕各单位实际制定学习计划、精心安排活动日程,采取集中学习与交流研讨、知识问答、演讲比赛、征文竞赛等多种形式纷纷掀起学习教育活动热潮。统一采购"四个专题"学习读本、《中国共产党廉洁自律准则》《中国共产党纪律处分条例》《中国共产党章程》等材料,下发"三会一课"学习记录本和党员活动记录本,订制党员佩戴的胸章,为直属党组织的学习教育提供强有力的保障。要求各支部建立微信群,利用"微视频""微党课""微知识"等加强学习。要求各级党组织书记在所在支部讲党课,到基层联系点讲党课,开展党课"微视频"征集、展播活动。要求全体机关党员撰写学习心得体会,建立整改台账。2016年,区直机关工委进行集中宣讲4次,举办"两学一做"专题培训班2次,围绕"两学一做"开展党务工作培训2次,演讲比赛1次,各级党组织共建立微信群39个,收集心得体会587篇,整改台账587个。

【全面夯实党建工作基础】 2016年,区直机关工委以党员的发展和管理为抓手,通过做好发展党员、民主评议、机制建设等方式,做好机关党建工作。在发展党员上,机关工委共转正7人,成为预备党员3人,发展对象4人,在以上14人里面,80后有11人,90后有3人,党员发展呈现年轻化的良好态势。在民主评议上,认真部署民主评议和处置不合格党员工作,全部工作于12月31日前完成。在机制建设方面,严格落实"三会一课"、民主生活会,机关党组织会议记录、组织生活的活动档案等工作台账制度进一步健全。认真开展基层党建工作七项重点任务,做好党费补缴、失联党员排查、支部按期换届等各项工作。

【组织机关党员开展志愿服务活动】 2016年,区直机关工委积极开展机关干部在居住地的志愿服务活动。580余名机关干部志愿者将志愿服务活动与"三风"活动相结合,充分发挥机关党员干部"兴家风、淳民风、正社风"活动中的示范带头作用,大力开展区直机关在职党员进社区志愿服务活动,不断创新志愿服务形式和载体,扩大志愿服务范围,积极弘扬"奉献、友爱、互助、进步"的志愿服务精神,送"三风"进社区、到基层、给群众,倡导真善美、传递正能量,影响和带动基层党员干部和人民群众讲文明、树新风,营造我为人人、人人为我的良好社会风尚。精心组织600名干部志愿者队伍,参与到南昌国际马拉松赛事当中,在东湖区赛段的各个点位承担秩序维护、加油呐喊、文艺表演等相关职能,为赛事的成功举办发挥应有的作用。

【认真开展"连心"工程】 2016年,区直机关工委积极开展"连心"工程,选派5位"第一书记"和16位"双助理",在协调解决便民服务、扶贫帮困、志愿服务、应急救援、加强创新社会管理等方面发挥积极的作用。通过落实工作责任、建立工作台账、抓好上下衔接、强化宣传推动,"连心"点村党组织的战斗力得到进一步增强,民生得到进一步改善,贫困户得到进一步关怀,机关党员干部的群众工作能力和深入基层的工作作风得到进一步提高。

(黄　悦)

精神文明建设工作

【概况】 2016年,东湖区精神文明建设紧紧围绕培育和践行社会主义核心价值观这条主线,以荣获全省文明城区为契机、以社会主义核心价值观为推动、以崇尚荣誉榜样力量为引领、以开展志愿服务活动为抓手,营造出良好的文明环境,切实提升全区的文明水平。

【获评全省第五届文明城市(区)】 2016年,区委、区政府高度重视文明创建工作,区领导亲自挂帅调度指挥,多次召开动员会议进行部署。全区上下纷纷采用传统媒介、新兴媒体等多种形式宣传24字核心价值观、创建口号、公益广告、"三风"活动等内容,使文明创建活动成为市民日常生活谈论的热门话题。同时,全区上下纷纷采用黑板报、宣传栏、户外公益广告标语、电子显示屏等方式大力宣传创建活动,渲染浓厚创建氛围。2016年4月,东湖区被评为江西省第五届文明城市(区),为南昌市唯一获奖城区。截至年底,共评选出东湖区2015—2016年度文明单位188个、文明社区(村)31个、南昌市第十六届文明单位146个、2015—2016年度南昌市文明村镇文明社区22个。

【开展道德模范评选活动】 2016年,培智学校教师王华英、区文广局干部郑小惠、桂旺巷社区居民程应清成功当选南昌市第四届道德模范,其中"一毛钱奶奶"程应清被评为全省第四届道德模范。南昌大学第二附属医院呼吸内科况九龙入选爱岗敬业"中国好人"2016年2月榜单,扬子洲镇邮政投递中心投递员郭国珍入选爱岗敬业"中国好人"6月榜。下发《"东湖荣誉榜"评选活动实施方案》,通过全区群众百姓的广泛评选,每季度以乡镇、街道和区直系统为单位推荐,评选一批助人为乐、见义勇为、诚实守信、敬业奉献、孝老爱亲的先进典型。在八一公园等公共场所设立大型公益宣传牌,将这些由群众自己推荐产生的先进典型矗立到群众中,再通过南昌电视台东湖新闻栏目、南昌新闻网东湖之窗和东湖区政府网等媒体,让先进典型的事迹家喻户晓,同时,还将把先进典型请进道德讲堂,让道德讲堂成为讲好东湖故事、凝聚东湖力量的一个好平台。

【举办志愿服务活动】 2016年,东湖区指导全区所有社区按照"十个一"标准完成社区学雷锋志愿服务工作站建设,对社区志愿服务的招募、培训、认定、褒奖等各个环节进行规范,光明、滨江、上营坊、火神庙等多个社区的志愿服务材料成为全市迎接文明城国检的主要佐证材料。刘将军庙社区荣获2016年度宣传推选学雷锋志愿服务"四个100"先进典型活动"全国最美志愿服务社区光荣称号",是南昌市唯一一个获此殊荣的社区。1月21日,东湖区启动"温暖还乡人"志愿服务活动,并在青山客运站陆续开展各类志愿服务活动。此外,印制4500套帽子吊牌小红旗,在辖区内15条重要交通路口、公交站台开展"我奉献我快乐"志愿服务活动。截至年底,东湖区志愿服务活动累计安排志愿者600余名,服务时长4500余小时,服务人群6000余人次,发出各类宣传册700余份。

【形成"奖状博览会"品牌特色】 2016年,东湖区将八一公园、南京路小学、经纬府邸小区、省水利设计院生活小区等点位作为价值观主题阵地进行打造。继续念好"广、小、久、实"四字诀,以更高标准、更实举措深化全区"三风"活动,推进社会主义核心价值观落地开花。11月18日,江西省文明办主任现场参观考察豫章小学,"奖状博览会"备受关注,成为一大亮点。12月16日,中国文明网主办的"好家风网上行"传递接力活动在洪城社区举办,活动现场开设"奖状"博览区,豫章小学学生现场讲述奖状及背后的感人故事,推动好家风的传播,传承和弘扬优良家风,培育社会正能量。1月20日下午和1月23日上午,东湖区分别在八一公园、光明社区举办两场美丽南昌·幸福家园"我人生的第一粒扣子"故事会,活动现场分别从"自立自强""顽强坚韧""严于律己""无私奉献"四个角度诠释传承优良家风、培养和践行社会主义核心价值观的感人故事。

(裘　洁)

编制管理工作

【概况】 2016年,东湖区编委办公室坚持"以科学发展观为统领,编制工作为经济社会发展服务"的指导方针,按照省、市编办机构编制管理工作的总体部署和要求,紧紧围绕年初制定的各项工作目标,强化机构编制管理,狠抓落实,努力工作，不断创新，较好地完成各项工作任务。

【严格落实选人用人主体责任】 2016年，区编办以制度为依据，严把进人关。认真执行年度编制使用计划申报制度；继续严格执行进人核编制度；建立机关事业单位政策性安置由编办事先提供岗位制度；建立系统内领导干部交流必须事先核编核职数管理制度；建立强化相关部门之间的配合协调机制。

【有效落实控编减编工作】 2016年，区编办结合东湖区实际，认真贯彻落实全省控编减编工作：一是认真比对，测算两年内自然减员数，剩余超编人员通过其他措施进行超编消化，如区内调整调动，鼓励人员参加省、市遴选等。行政超编单位：经过测算，2016年通过自然减员消化3人，其他措施消化1人；2017年可通过自然减员消化2人，其他措施消化26人（区内人员调动，力争2017年12月前全部消化到位）。事业超编单位：2017年10月前，通过其他措施消化6人（如区内人员调动、区事业编制调剂等）。二是按照中央和省、市决策部署，为确保财政供养人员今后只减不增，继续坚持“编制管理—计划控制—人员调配—财政供给”四位一体的综合制约机制，强调区机关事业单位凡满编或超编的，不得新录用或调入人员。严禁“先进后出”，变相超编进人。政策性安置人员，由区编办在有空编的单位提供进人岗位，不得超编进人。严格遵守进人先核编的政策规定，以确保在当年用人计划内进人。三是结合东湖区实际，按照“严控总量、盘活存量、优化结构、增减平衡”的要求，采取总量管理、动态调整的办法，再进行一次事业单位机构编制调整，通过核减职能少、工作任务不饱满部门的人员编制，加强事关中心、全局工作和重大民生保障方面的人员力量，妥善解决“严格控制机构编制与满足事业发展需要”的矛盾，做到严控编制与事业发展相得益彰。四是10月迎接南昌市编办对东湖区控编减编等工作的实地督查，就东湖区控编减编工作、超编专项整治、2014年以来清理整治“吃空饷”、政府机构改革“三定方案”和机构编制纪律等工作的落实执行情况听取汇报，查阅相关档案资料，并初步反馈督查情况，提出相关意见和要求。南昌市编办对东湖区上述工作的落实情况给予充分肯定，并推荐东湖区作为南昌市县区编办代表参加全省严控总量创新编制管理交流推进会，使东湖区得以在一个更高更广的平台上与全省编办同仁切磋交流，共同进步。五是利用机构编制实名制系统，完成东湖区机构编制统计年报工作，为东湖区统计相关数据提供技术支持。

【做好“三单一网”相关工作】 2016年，东湖区编办不断强化行政审批，严格权责清单，规范和监督权利运行机制，全力衔接行政权利项目和清单动态调整工作。根据省审改办《关于开展国务院和省政府取消下放行政审批事项落实情况专项督导工作的通知》（赣审改办发〔2016〕8号），东湖区自2013年6月以来国务院和省政府取消下放行政审批事项，共计37项目行政审批事项，全部承接到位。对涉及市政府发文取消的审批事项，东湖区按照规定对相关涉及单位进行转发，并征求意见，形成正式文件后报区政府审议，与2013年数据对比，行政审批事项减少29项目。对国务院及省市发文下放或取消的事项，东湖区严格按照相关管理办法，认真组织相关业务单位逐条逐项认真核对，形成正式文本报区政府审议发文，积极对权责清单及行政审批目录进行更新调整并将动态调整情况对外公布。根据《南昌市政府办公厅关于印发清理规范市政府部门行政审批中介服务工作方案的通知》（洪府厅发〔2015〕104号）和《东湖区人民政府办公室关于印发清理规范区政府部门行政审批中介服务工作方案》（东府办发〔2015〕70号）文件精神，东湖区对行政审批项目涉审中介服务事项进行清理，共保留行政审批项目涉审中介服务事项9项，取消中介服务事项1项，调整中介服务事项14项。

【进一步规范事业单位登记管理工作】 2016年，区编办以《事业单位登记管理暂行条例》和《实施细则》为依据，完成设立登记2次，变更登记152次。东湖区142个事业单位提交年度报告。

【抓好事业单位分类工作】 2016年，为全面完成东湖区事业单位分类工作，区编办按照坚持政事分开、事企分开的原则，坚持实事求是的原则，坚持事业单位公益性的原则开展各项工作。1月，完成第二批32个事业单位分类工作。

【全力做好统一社会信用代码赋码工作】 2016

年,区编办做好宣传发动工作并召开培训会,专门下发通知文件到区委各部门、区直各单位,明确赋码对象、赋码时间、赋码流程及工作要求,同时印制服务指南,确保赋码工作顺利开展。截至9月,东湖区事业单位实现年度报告完成率100%和赋码率100%,截至11月,共有46个机关、群团单位完成赋码。

【实现网上名称管理两个“全覆盖”】 2016年,区编办按照省、市编办的统一部署,扎实推进网上名称管理工作,共完成行政事业单位中文域名注册207个,中文域名注册率100%;东湖区共有行政事业单位自建网站12个,已挂网络标识12个,挂标率100%,圆满完成中文域名及挂标全覆盖的工作要求。

【落实事业单位信息管理工作】 2016年,区编办根据省、市编办工作要求,对东湖区事业单位法人登记信息数据进行认真清理,区分情况予以规范。共清理出3个已撤销但未办理注销登记的事业单位并发催办函,限期申请注销登记,未按时完成的予以冻结。

【开展事业单位法人公示信息抽查工作】 2016年,区编办进一步加强对事业单位法人的监督管理,通过单位自查、网络监测、实地核查相结合的方式,按2%的比例抽查7个事业单位(其中实地核查2个),做到仔细核对、详细记录,及时发现、处理问题。

(陈璟云)

党史与地方志工作

【概况】 2016年,东湖区史志工作始终保持服务全区中心、完成上级任务、开展本职业务三个“不含糊”的工作态度,以开展党史宣传教育和《东湖年鉴》编纂工作为主要抓手,围绕纪念中国工农红军长征胜利80周年和建党95周年、编纂《东湖年鉴(2015)》和《东湖年鉴(2016)》等卓有成效地开展工作,史志工作取得显著成绩,区史志办获得2016年度南昌市方志(年鉴)工作先进集体,有1人次获得江西省党史系统先进工作者荣誉称号。

【坚持月度大事记编写和信息上报工作】 2016年,区史志办编写《东湖大事记》12期、约9万字;每月向《南昌大事记》(内刊)上报东湖大事信息,累计编发上报东湖大事信息稿件190篇、约1.7万字,用稿110篇,准确、及时地反映了东湖区发生的大事和史志工作最新动态。

【完成《东湖大事记(2015)》编印工作】 3月,区史志办按照时间先后顺序,以月、日编排,认真完成了《东湖大事记(2015)》的编印。该书为年度大事记(内部资料),以编年体为主,约6万字,收集了2015年全区发生的大事、要事,比较全面、客观反映了当年东湖区经济社会发展各方面的情况。

【《党史文苑》征订工作取得新成效】 2016年,区史志办根据省、市党史部门的工作要求,充分利用党史理论刊物《党史文苑》杂志方便开展党史宣传、学习、研究的优势,广泛做足区属单位订阅《党史文苑》的工作,得到全区各单位的大力响应,当年完成订阅数160份,为历年之最。

【做好2016年省、市年鉴的组稿工作】 3月,按照2016年《江西年鉴》《南昌年鉴》编辑委员会的工作要求,区史志办按照年鉴编纂体例要求,将2016年度比较有影响和代表性的反映东湖区经济社会发展的大事、要事及部分图片资料,编写成文稿材料,分别向省、市年鉴编纂部门上报4000字和8000字文稿,同时上报图片资料各7张,有关上报材料均被《江西年鉴(2016)》和《南昌年鉴(2016)》分别采用。

【制定下发《东湖年鉴(2016)》编纂工作方案】 3月,区史志办根据往年编纂工作需要,从指导思想、篇目结构、稿件要求、篇目及撰稿单位分工等方面详尽、规范地编写了《〈东湖年鉴(2016)〉编纂工作方案》,并以东办字〔2016〕6号文件下发全区贯彻落实。

【完成《东湖年鉴(2015)》《东湖年鉴(2016)》初稿编写】 2016年,区史志办根据《东湖年鉴2015》《东湖年鉴2016》编纂方案的要求,对全区各单位上报的文稿资料进行组稿、改写、审稿、校核等工作,全面完成两卷年鉴的文字材料改编,合计约140万字,同时,收集各类图片资料900余幅,为下一步完成两卷年鉴的出版发行、交流工作打下良好基础。

【《东湖年鉴(2014)》出版发行】 2016年12月,由中共东湖区委、东湖区人民政府主办,《东湖年鉴》编纂委员会编写的《东湖年鉴(2014)》正式出版发行。该书由方志出版社公开出版,约62万字,全面记述了2013年东湖区政治、经济、文化、社会生活以及人文与自然等各方面的主要资料和信息,为社会各界提供了较为翔实的地情资料,具有较强的权威性、指导性、实用性和可读性。全书图文并茂,表现形式多样,设29个部类,用图167张(其中彩色图片139张,黑白插图28张),表格37张,共324页,印数500册。

【积极参与全区中心工作】 2016年,区史志办坚持大局意识,在做好本职工作的同时,坚持到挂点社区、行政村开展"民情家访"、文明创建和帮扶贫困青少年等活动。4月,投入到化纤厂宿舍参与旧城改造房屋征收动迁工作,7月,到扬子洲镇三联村开展抗洪抢险工作,较好完成区委、区政府交办的工作任务。

(陈耀武)

党校工作

【概况】 2016年,东湖区委党校全面贯彻《干部教育培训工作条例》,充分发挥干部教育培训的主渠道、主阵地作用,以实际工作需要为导向,注重党校教学质量,创新培训理念、教学内容、培训模式,努力提升培训效果,大力推进干部教育培训工作的科学化、制度化、规范化。截至年底,区委党校共举办各类培训班4期,参训人员500余人次。其中:举办以党员发展对象培训班1期,共90余人;社区(村)书记培训班1期,共200余人;与市统计局联合举办从业资格继续教育培训班2期,共200余人。

【培训党员发展对象】 10月,区委党校配合区委组织部举办党员发展对象培训班,共计90余人。培训围绕学习党的基本知识、端正入党动机、重温党史以及党员的权利与义务、中共十八届五中全会热点解读等内容展开,并组织学员参观方志敏烈士纪念馆。学员在培训中进行思想汇报、撰写学习体会,并参加结业考试。通过培训,党员发展对象对党的认识得到加强,理想信念更加坚定。

【举办社区(村)书记培训班】 11月,为推进和谐社区建设,提高社区干部素质,进一步夯实社区领导班子的素质和能力,区委党校密切配合区委组织部举办社区(村)书记培训班,参训人员200余人。培训采取专题辅导讲座、观看电视专题片和分组自学、讨论等形式,重点学习习近平总书记系列重要讲话精神,中央、省委、市委关于加强作风建设的一系列制度规定和开展教育实践活动的重要文件精神,进一步增强全区社区(村)干部服务百姓的工作能力和水平。

【举办从业资格继续教育培训班】 2016年,区委党校积极与外单位加强交流,争取到与南昌市统计局联合举办统计从业资格及继续教育培训班。培训班分2期举办,共200余人参加,主要围绕《统计法基础知识》《统计基础知识与统计实务》等内容展开。

【积极做好旧城改造房屋动迁工作】 4月,根据全区统一安排部署,区委党校积极参与化纤厂王家庄片区地块旧城改造房屋征收与补偿工作。校领导带领党校征迁工作人员,逐户进行沟通宣传工作,向征迁户耐心解释相关政策,尽可能地赢得群众的理解和支持。经过全校工作人员的共同努力,全部任务数业主均签订正式征收协议。

【落实公车改革相关工作】 2月,根据区委要求,区委党校着手进行公务用车改革工作。为切实做好此项工作,党校专门成立公车改革工作领导小组,为车改的顺利实施提供组织保障。车改领导小组坚持"三个有利于"原则,即有利于转变工作作风,促进机关勤政廉政;有利于节省财政开支;有利于调动广大干部职工的工作积极性。坚持"谁主抓、谁负责"的原则,充分发挥各处室的优势,增强工作合力,并明确任务、要求、时限和责任,建立监督处理机制。对于享受公务用车货币化补贴人员的名单、起始时间、执行标准一律在全校大会上公开。截至年底,区委党校圆满完成区委下达的各项公车改革任务。

【积极参与文明单位评选工作】 2016年,区委党校坚持以“打基础、强素质、树形象”为重点,按照“重在建设、贵在坚持、注重实效”的原则,全面动员、开展文明单位创建活动。党校有力地推进全校三个文明建设的协调发展,提升职工队伍的文明素质和机关的文明形象,促进各项工作目标任务的完成,并荣获“东湖区2016年度文明单位”称号。

(周　凯)

机关事务管理和接待工作

【概况】 2016年,东湖区机关事务管理局围绕区委、区政府中心工作,紧扣全区经济发展目标和“打造实力东湖、创造活力东湖、塑造魅力东湖”建设目标,以“更细、更实、更活”为基本要求,坚持解放思想、求真务实,切实履行“管理、保障、服务”职能,做到服务到位、保障有力、素质适应、机制创新。全局干部职工团结一心、共同努力,为区机关的正常有序高效运转提供有力保障。截至年底,获得2016年度全市公共机构节能先进县区、东湖区综治先进单位等殊荣。

【加强党风廉政建设】 2016年,区机管局以党员干部为重点,结合“两学一做”教育及纪念红军长征胜利八十周年活动,扎实开展坚定理想信念教育、权力观教育和廉洁从政教育,逐步完善制度体系。一是坚决贯彻执行“中央八项规定”。二是坚持用制度管人、用制度管事、用制度管权。严格执行领导干部廉洁自律的有关规定,充分发挥制度的约束作用,抓好党风廉政责任制的落实。三是完善制度体系,建立健全财务管理制度,规范财务运行行为。

【做好入驻新大楼准备工作】 2016年是东湖区新办公大楼搬迁入驻的第一年,区机管局就大楼工程验收、物业管理、机关食堂、办公设施设备调配、机关大院环境布置、停车场管理、门禁卡发放等工作,积极做好对接并迅速实施开展。机管局全员出动,运用不到两个月的时间,对接理顺各项工作,迅速实现机关大院办公秩序井然、大院环境整洁、物业管理规范、机关食堂运营良好、办公设施设备逐步到位的目标。区机管局为机关大院提供强有力的后勤保障,确保新办公大楼正常、高效运转。

【推行公务用车制度改革】 2016年,东湖区公车改革进入倒计时。根据省市公车制度改革的相关要求,区机管局成立公车改革领导小组,积极开展实施公车改革工作。主要完成以下工作:一是公车收缴。共计收缴区机关事业单位公务用车252辆,对收缴公车进行资料整理、违章记录核销、统一封存管理等,确保参改单位一个不漏,单位公车一辆不漏。二是建立公车服务平台。由东湖区机管局负责组建国有独资,具有法人资格的“东湖区公务用车服务中心”,涵盖两个平台(重大调研接待应急用车平台、综合执法执勤用车平台),为车改单位提供公务用车服务,并于5月1日正式开始运营。三是公车拍卖。全区共计收缴公车252辆,其中需报废63辆,公车服务平台需留用70辆,需拍卖119辆。区机管局坚持“公平、公正、公开”的原则,在广泛征求意见的基础上,根据省市相关文件精神,在全市县区一级政府中率先组织公车拍卖,顺利实施两批次的公车拍卖。5月22日,第一批次拍卖公车80辆,无一流拍,评估总价为50.30万元,拍卖成交总价为139.20万元,溢价率176.74%。7月22日,第二批次拍卖39辆,无一流拍,评估总价为49.10万元,成交总价为82万元,溢价率67.01%,。四是车辆报废。根据全区公车实际情况,共计完成63辆公车报废手续。

【加强机关食堂管理】 2016年,区机管局指定专人负责机关食堂,加强管理,丰富菜品品种,提高菜肴质量,改善服务态度。制订周食谱,周食谱由一把手把关,根据季节,精挑细选,注重营养搭配。严把食品安全和卫生关,抓好机关餐饮后勤服务,无任何食品安全事故发生,机关干部对膳食满意度极大提高。

(张　海)

南昌市东湖区人民代表大会常务委员会

综　述

2016年是“十三五”规划的开局之年，也是东湖承前启后、继往开来的一年。一年来，东湖区人大及其常委会在中共东湖区委的领导下，认真学习中共十八大和十八届三中、四中、五中、六中全会精神，以及习近平总书记系列重要讲话精神，坚持观大势、谋全局，毫不动摇坚持人民代表大会制度，依法履行监督职能，全年共听取和审议“一府两院”专项工作报告19项，作出重大事项决定决议10项，开展专题调研4次，对11件规范性文件依法备案审查，办理、交办代表意见、建议111件，依法任免国家机关工作人员50人次，为推动全区经济社会发展和民主法治建设发挥应有作用。加强对经济转型升级的监督，围绕经济社会发展重大问题，认真听取并审议区开放型经济、生态文明建设等工作情况报告，组织代表对紫金广场、力高澜湖花园等区重大重点项目开展视察，为立足科学发展、提升开放水平、优化产业结构、加快经济转型升级提供决策参考。听取并审议区农办工作情况报告，不断开创新农村建设新局面。在市人大会议期间，组织代表向大会提交关于适时启动扬子洲“解冻”前期工作意见建议，全力支持区人民政府抢抓战略机遇期，促进工作主张尽快落到实处。加强对计划和预算执行情况的监督，依法听取并审议计划、预算及审计工作报告，批准区级财政决算，增强预算执行约束力，确保财政资金的使用效率，保障经济平稳健康运行。继续推进“食品药品安全南昌行”活动。听取区市场和质量监督管理局工作情况报告，继续跟进未成年人保护工作，听取并审议区教科体局关于义务教育均衡发展工作情况报告。继续推进安全防控体系建设，听取并审议传染病防治、安全生产工作情况报告。继续开展“道路交通安全南昌行”活动。以推进2015年年底畅通城区道路交通调研报告成果的转化为立足点，切实抓好东湖承办的13件交通改善建议项目的落实。继续聚焦民生实事项目建设。及时协调解决项目推进过程中的具体问题等意见建议，让更多的发展成果惠及人民。加强司法监督，听取并审议区人民法院立案工作情况报告、区人民检察院公诉工作情况报告，及“法检”两院上半年工作情况报告等，为东湖发展提供有力的司法保障。听取2015年开展规范性文件备案审查工作情况报告，督促“一府两院”制定规范性文件依法报送区人大常委会备案审查制度。加强普法和法律执行情况的监督，全面总结“六五”普法工作，作出第七个五年法治宣传教育决议，对环境保护法、食品药品安全法、未成年人保护条例等实施情况开展执法检查。深化闭会期间代表小组活动。定期组织区“一府两院”向代表通报工作，完善代表履职服务平台建设，加强法律法规和业务知识培训，加强意见、建议办理实效。认真落实省、市、区人大换届选举工作会议精神，顺利选举产生区第十六届人大代表238名。为坚持和完善人民代表大会制度、发展社会主义民主政治提供坚实的组织保障。

重要会议

【概况】　2016年，区人大常委会认真学习贯彻《关于与时俱进创新发展人大工作的意见》精神，主动适应新常态对人大工作的新要求,着力强化新形势下人大职能建设,充分利用人大常委会会议制度,推进履职理念、履职机制、履职方式、履职能力等多个层面的创新转型,努力提高人大常委会会议审议各项报告的质量和成效,推动全区人大工作和建设不断取得新突破、谋求新作为、实现新发展。

【区十五届人大六次会议】 于1月11—13日,在东湖区文化中心四楼举行。出席会议代表共计223人。大会共举行3次全体会议,3次主席团会议。会议听取和审议东湖区人民政府工作报告;审查和批准东湖区国民经济和社会发展第十三个五年规划纲要(草案);审议和批准东湖区2015年国民经济和社会发展计划执行情况及2016年国民经济和社会发展计划草案的报告(书面);审议和批准东湖区2015年财政预算执行情况和2016年财政预算草案的报告(书面);听取和审议东湖区人大常委会工作报告;听取和审议东湖区人民法院工作报告;听取和审议东湖区人民检察院工作报告。并表决通过上述各项报告决议。

【区十六届人大一次会议】 于10月11—14日,在东湖区文化中心四楼举行。参会的区人大代表共计238名,列席人员51名。大会共举行3次全体会议,5次主席团会议。会议听取和审议东湖区人民政府工作报告、东湖区人大常委会工作报告、东湖区人民法院工作报告、东湖区人民检察院工作报告,并表决通过上述各项报告决议。选举产生新一届东湖区人大常委会主任、副主任、委员,东湖区人民政府区长、副区长,东湖区人民法院院长,东湖区人民检察院检察长,以及东湖区出席南昌市人民代表大会代表60名。大会是在全区上下认真贯彻市、区委党代会精神之际,全面贯彻落实中共十八大和十八届三中、四中、五中全会以及习近平总书记系列重要讲话精神,全面开启东湖“十三五”发展新征程、全面建成小康社会新目标的关键时刻召开的,对于全区统一思想和认识、凝聚智慧和力量、增强信心和决心,实现“十三五”开好局、起好步,具有重大意义。与会代表务实审议各项报告,以对东湖发展高度负责的精神建言献策,使大会通过的各项报告及决议符合“创新、协调、绿色、开放、共享”五大发展理念的要求,符合东湖区情实际,符合人民群众的愿望,促进全区经济持续健康发展和社会和谐稳定。

【区十五届人大常委会第三十次会议】 于2月25日在区人大常委会会议室召开。会议组织学习《中华人民共和国选举法》《中华人民共和国全国人民代表大会和地方各级人民代表大会代表法》《中华人民共和国地方各级人民代表大会和地方各级人民政府组织法》;传达省、市人大会议精神,通过区十五届人大常委会2016年工作要点与安排;听取区人大常委会内司委关于2015年开展规范性文件备案审查工作情况报告;并讨论表决人事议题。出席会议的区人大常委会委员共计19人,列席会议的有区人民法院院长钟瑛、区人民检察院检察长杜迎春、区人民政府办公室主任查秋滚,区人大常委会办公室副主任唐芸璞,区人大常委会选任联工委副主任肖黎超,八一桥、豫章、彭家桥街道人大工委主任。

【区十五届人大常委会第三十一次会议】 于4月28日在区人大常委会会议室召开。会议听取并审议区人民政府关于办理区第十五届人大六次会议代表意见、建议情况的工作报告、区卫计委关于传染病防治工作情况报告、区人民法院立案工作情况报告、区人民检察院公诉工作情况报告。出席会议的区人大常委会委员共计20人,列席会议的有区人民法院院长钟瑛、区人民检察院检察长杜迎春、区人民政府办公室主任查秋滚,区人大常委会办公室副主任唐芸璞,区人大常委会选任联工委副主任肖黎超,八一桥、豫章、彭家桥街道人大工委主任。

【区十五届人大常委会第三十二次会议】 于6月15日在区人大常委会会议室召开。会议听取并审议区教科体局关于全区义务教育均衡发展情况的报告;表决通过《区、镇两级人民代表大会换届选举有关问题的决定》《关于设立区、镇两级选举委员会组成人员及街道、管理处选举指导组名单》的议案,以及《关于东湖区第十六届人民代表大会代表名额分配及选区划分方案》的议案,并讨论人事议题。出席会议的区人大常委会委员共计19人,列席会议的有区委常委、常务副区长陈曙,区人民法院院长钟瑛、区人民检察院检察长杜迎春、区人民政府办公室主任查秋滚,区人大常委会选任联工委副主任肖黎超，以及八一桥、豫章街道人大工委主任和部分区人大代表。

【区十五届人大常委会第三十三次会议】 于7月11日在区人大常委会会议室召开。出席会议的区人大常委会委员共计20人。会议表决通过《东湖区人民代表大会常务委员会关于调整区、镇两级人大代表换届选举时间的决定》。

【区十五届人大常委会第三十四次会议】 于8月5日在区人大常委会会议室召开。会议听取并审议区开放型经济工作情况汇报；听取区2016年上半年经济运行情况和下半年经济工作安排的汇报、区人民法院上半年工作报告、区人民检察院2016年上半年工作报告；并讨论人事议题。出席会议的区人大常委会委员共计20人，列席会议的有区人大党组书记喻国泰，区人大副主任候选人郑洪健、谭阿莉，区政府副区长童萍如，区人民法院副院长胡昊，区人民检察院检察长杜迎春，区人民政府办公室主任查秋滚，区人大常委会选任联工委副主任肖黎超，以及八一桥、彭家桥、豫章街道人大工委主任。

【区十五届人大常委会第三十五次会议】 于9月2日在区人大常委会会议室召开。会议讨论表决人事议题。出席会议的区人大常委会委员共计20人，列席会议的有区人大党组书记喻国泰，区人民政府党组副书记夏小兰，区人大副主任候选人郑洪健、谭阿莉、万里涛，区人民法院副院长胡昊，区人民检察院检察长杜迎春，区人民政府办公室主任查秋滚，区人大常委会选任联工委副主任肖黎超，以及八一桥、彭家桥、豫章街道人大工委主任。

【主任会议】 3月，东湖区人大常委会召开第一次主任会议，听取区市场和质量监督管理局工作情况报告；5月，召开第二次主任会议，听取区农办工作情况汇报。

监督工作

【概况】 2016年，区人大常委会围绕“创新、协调、绿色、开放、共享”五大发展理念，努力做到服务中心抓监督重点，顺应民意抓监督热点，锲而不舍抓监督难点，有力地推动监督工作与发展大局融入融合。

【开展传染病法贯彻实施情况执法检查】 2016年，区人大常委会针对影响居民健康，阻碍经济社会发展的慢性病这一重大公共卫生问题和社会问题，开展传染病防治工作情况调研，听取并审议区卫计委关于传染病防治工作情况汇报。通过开展专题调研、工作座谈等形式，找出存在问题，改善工作机制，提升服务质量和居民生活质量。

【推进义务教育均衡发展】 2016年，区人大常委会针对东湖区义务教育均衡发展中出现的学校间发展差距过大、教师队伍素质参差不齐和教育资源配置不合理等问题，听取并审议区教科体局关于义务教育均衡发展情况汇报。通过实地调研，了解现状，分析原因，听取汇报，提出建议。

【开展“道路交通安全行”活动】 2016年，区人大常委会根据南昌市人大常委会统一部署，继续开展“道路交通安全南昌行”专项监督活动。2016年是“道路交通安全南昌行”活动的收官之年，为巩固活动成果，不断提升东湖交通管理水平，区人大常委会以推进2015年年底市人大常委会蔡社宝主任带队形成的畅通城区道路交通调研报告成果转化为立足点，切实抓好市人大常委会2015年年底交办的“畅通城区”35处（东湖13处）交通改善建议项目的落实，跟踪督促整改，在办理过程中改进工作，依靠群众，服务群众，总结活动四年来的经验做法并实现制度化，通过了解道路交通相关法规实施情况、重点建议办理成效“回头看”、组织人大代表和市民群众实地察看道路交通设施建设等方式，督促政府和行业部门强化法治观念、为民意识，进一步提高城市管理水平，“在城市建设管理上强起来”。

【加大办理信访工作力度】 2016年，区人大及其常委会坚持以“三个代表”重要思想为指导，认真做好每一件人民群众的来信来访工作。依法按程序办理，依法对受理的信访事项进行交办、转办和督办，耐心听取申述意见，详细解答来访者提出的疑问。对反映的问题属实、应依法办理的案件，加大协调力度跟踪督办，并将办理结果及时答复信访人，使来信来访者问题得到圆满解决。对来访者要求一时解决不了的案件，会同司法机关共同做好解释工作，对上级有关部门交办转办的信访件，及时回复上级部门。截至年底，共接待人民群众来信来访10批15人次，受理转办的5件（其中上级交办转办的3件，写信给主要领导2件），通过司法解释劝访5件，完成办结的有5批10人次，办结率100%。

【做好省人大内务司法联系点各项工作】 2016年，区人大常委会内务司法工作委员会作为全省人大内务司法联系点，先后就《江西省人民代表大会常务委员会关于开展第七个五年法治宣传教育的决议（草案征求意见稿）》《关于在全区公民中开展法治宣传教育的第七个五年规划（2016—2020年）》（征求意见稿）《江西省军人军属权益保障条例（草案征求意见稿）》等法案和条例草案开展意见征集工作，为法规的制定奠定群众基础。

【实行任命人员向宪法宣誓制度】 2016年，区人大常委会为认真贯彻《全国人民代表大会常务委员会关于实行宪法宣誓制度的决定》和《江西省实施宪法宣誓制度办法》，切实规范区人大及其常委会选举和任命的国家机关工作人员的宪法宣誓工作，自2016年10月，实行任命人员向宪法宣誓制度。

【强化常委会自身建设】 2016年，区人大常委会坚持不断创新，积极进取，主动适应形势和任务要求，改进工作作风，加强自身建设，着力提升常委会及其机关履职能力和工作水平。继续巩固党的群众路线教育实践活动成果，扎实开展“三严三实”和“两学一做”专题学习，严守政治纪律，强化“四个意识”，锤炼严实作风。实施国家工作人员向宪法宣誓制度。坚持常委会党组学习制度，认真举办好每季度的法律法规知识讲座，全面提升人大及其常委会运用法治思维和方式开展工作、解决问题的能力。认真落实党风廉政建设责任制，开展党章、准则和党内监督条例的学习，不断加强和规范党内政治生活，努力营造风清气正的干事环境。特别是在区委的重视和支持下，规范设立法制专门委员会、农村和城乡建设环境保护工作委员会、备案审查工作委员会、预算审查工作委员会以及代表履职服务中心，常委会机构设置更为完善，机关工作更加规范有序。在常委会会议室投入使用电子表决设备，使常委会组成人员的意愿更加真实独立，体现对民主和法制的尊重。

代表工作

【概况】 2016年，区人大常委会立足增添代表履职能力、增进代表整体活力、增添代表工作动力，加强和改进代表工作，注重代表履职服务保障，增强代表建议办理实效，尤其是高度重视人大代表换届工作，顺利完成换届选举。

【代表意见、建议办理情况】 2016年，区人大常委会及时听取区人民政府关于代表意见、建议办理工作情况报告，把提高代表对办理结果的满意率作为重点，促进政府及相关承办单位规范办理流程，加强与代表的沟通、交流，深入了解代表提出建议的意图和具体情况，使办理工作成为推动全区经济和社会各项事业发展的重要保证。区十五届人大六次会议期间，代表共提出的40件意见、建议，均在法定时间内办理完毕，答复率和满意率均达为100%。十六届人大一次会议所收到的71件意见、建议也均依法交办，办理水平显著提高。

【深化代表闭会期间履职活动】 2016年，全区12个代表小组围绕以“扶贫济困共享发展”为主题的“代表行”活动，共计走访困难群众210余人次，送出慰问物资及现金8万余元，帮助群众反映解决问题200余件。区人大常委会定期组织区“一府两院”向代表通报工作，保障代表知情知政。完善代表履职服务平台建设，加强法律法规和业务知识培训，邀请代表参与常委会监督、调研、视察等工作。代表们充分发挥专业优势，反映人民群众呼声，为提高常委会工作质量发挥重要作用。

【做好换届选举工作】 2016年，区人大常委会认真落实省、市、区人大换届选举工作会议精神，以宪法、选举法、代表法等法律法规为准则，严格依法办事，充分发扬民主，顺利选举产生区第十六届人大代表238名。常委会依据代表法有关规定和代表实际，及时划分代表小组，健全代表活动网络，完善常委会组成人员联系代表制度，针对换届后新代表比较多的实际情况，开展代表履职培训，为坚持和完善人民代表大会制度、发展社会主义民主政治提供坚实的组织保障。

人事任免

【概况】 2016 年，根据工作需要，区人大常委会依法选举产生新一届区人大常委会主任、副主任、委员；区政府区长、副区长；区法院院长、区检察院检察长，以及东湖区出席南昌市第十五届人民代表大会代表。审议通过区人民政府、区人民法院、区人民检察院和区人大常委会主任会议提交的人事议案 10 个，依法接受 8 人辞职，任免国家机关工作人员 50 人次。

【选举、任免情况】 区十六届人民代表大会第一次会议，选举喻国泰为东湖区第十六届人民代表大会常务委员会主任，彭雅琳（女）、余瑾（女）、谢蓉（女）、郑洪健、谭阿莉（女）、万里涛当选为南昌市东湖区第十六届人民代表大会常务委员会副主任。选举万雯（女）、万云初、万江田、王小文（女）、车丽娟（女）、帅钢华、史桂鹤、付桂生、冯玉成、吁斌、肖黎超（女）、张耀华（女）、陈明华、陈魏华、欧阳华、唐芸璞（女）、陶柱华、董斌、熊丽芳（女）为南昌市东湖区第十六届人民代表大会常务委员会委员。选举高辉红为东湖区人民政府区长，夏小兰（女）、童萍如（女）、陈国梁、万勇、万明、杨峻当选为南昌市东湖区人民政府副区长。选举梁洪为南昌市东湖区人民法院院长，杜迎春（女）当选为南昌市东湖区人民检察院检察长。王玉燕（女）、王惠蓉（女）、毛顺茂、方永棣、邓浪萍（女）、艾建华、帅钢华、帅盛武、申继明、付园萍（女）、白雪（满族）、吁辉、朱晔、朱艳婷（女）、朱敏华、任虎、刘闯、刘锐明、江爱华（女）、许强、孙圆圆（女）、李云峰、李吁红（女）、杨文斌、杨征宇、肖贤（女）、肖萍（女）、肖国民、何志勇、张工、张小康、张和海、张耀华（女）、陈贞珍（女）、陈洪海、纯一、范丽红（女）、罗时坤、罗贤泰、罗咏琴（女）、周亮、郑建生、居国屏、赵玉梅（女）、高辉红、郭毅、陶成、勒伟栋、黄琰（女）、黄国富、谌天伟、揭建刚、喻国泰、喻建华、喻新文、温显来、赖慰冰、蔡爱民、谭小锋、熊国荣当选为东湖区出席南昌市第十五届人民代表大会代表。

区十五届人大常委会第 30 次会议，表决通过《关于接受桂兵同志辞去东湖区人大常委会副主任职务请求的决定》；选举周兰春、张强、周敏、金栋为东湖区人民检察院检察委员会委员。

区十五届人大常委会第 32 次会议，免去莫显荣的南昌市东湖区人民法院副院长、审判委员会委员及审判员职务，免去齐进斌的南昌市东湖区人民法院民事审判第二庭副庭长职务、王宏瑞的南昌市东湖区人民法院审判员职务、杨明的南昌市东湖区人民法院审判员职务，选举许群为南昌市东湖区人民法院审判委员会委员、赵国文为南昌市东湖区人民法院网事审判庭庭长。

区十五届人大常委会第 34 次会议，通过《关于接受李云峰同志辞去东湖区人民政府区长职务请求的决定》，免去何承恩的东湖区人大常委会教科文卫工委主任职务。选举高辉红为南昌市东湖区人民政府副区长、代区长。

区十五届人大常委会第 35 次会议，表决通过《关于接受闵建波等同志辞去东湖区选举委员会职务请求的决定（草案）》和区人大常委会主任闵建波所提的《关于提请任免陈俊等同志职务的议案》；通过区人民法院院长钟瑛所提的《关于提请决定任命梁洪同志为东湖区人民法院副院长的议案》、区人大常委会《关于接受钟瑛同志辞去东湖区人民法院院长职务请求的决定（草案）》《关于提请任命梁洪同志为东湖区人民法院代理院长的议案》。

（唐芸璞）

南昌市东湖区人民政府

综 述

2016年，是东湖区全面实施“十三五”规划的第一年，全区上下主动适应和把握经济发展新常态，广大干部群众和衷共济、奋力拼搏，为推进“四区”建设不懈努力，着力构建实力雄厚、活力动感、魅力彰显的新东湖，实现“十三五”胜利开局。

全区经济社会发展呈现良好态势。全年实现地区生产总值417.69亿元，500万元以上固定资产投资181.92亿元，社会消费品零售总额259.92亿元，完成财政总收入62.9亿元，地方一般公共预算收入12.33亿元。税收收入分别高于全省、全市13.8和3个百分点。第三产业全年实现增加值380.57亿元，对全区经济增长的贡献率达96%。引进以江西金融租赁为代表的新兴金融机构23家，总投资额达35.21亿元。江西盈科行网络信息公司成功挂牌“新三板”。全年新增注册企业2150户、注册(认缴)资本117.67亿元，新增注册资金1000万元以上企业217家，新增“六大产业”企业1355家，新增AAAAA级楼宇商务面积4.8万平方米，新增税收千万元商务楼宇3栋。

坚定不移深化改革创新，各项改革事业成绩斐然。落实商事制度改革，精减工商登记前置许可110项；办理“三证合一”企业执照2028户，“五证合一”企业执照478户。全省第一张个体工商户“两证合一”营业执照在全区首发；率先在全市试点推行企业监管“双随机”抽查工作；积极推进行政审批制度改革；深化“三单一网”建设。启动农村产权制度改革试点工作，顺利完成行政单位公车改革工作，全面完成驻区省属26家国有企业社区移交工作。11家企业入选“洪城众创”；2家企业入围全市首批商贸企业集聚区和小微商贸企业公共服务平台；3家企业顺利获批全市首批小企业创业基地。积极参加第15届赣港经贸合作、第14届赣台经贸文化交流等商贸活动，成功举办2016(深圳)文化产业招商推介会。全年落户项目222个，进资42.87亿元，创历史最好成绩。

注重城区品质提升，强力推进城市建管工作。全年全区分两轮顺利实施22个地块的征迁工作，征迁面积51.41万平方米、涉及户数3948户。严格落实控违工作，拆除违法违章建筑283处，面积1.35万平方米。不断完善城市功能，全年投入城市建设资金10.04亿元打造精品道路、建设精品社区，并启动停车场规划建设等工作。优化城市管理执法，利用智慧城管平台受理各类案件16万余件，在全省率先采用小型高压冲洗车精细作业，引领全市“马路本色”行动。在2016年全省精神文明建设工作表彰大会上，东湖区作为全市唯一一个省级文明城区接受表彰，荣膺全省第五届文明城区。

大力发展社会事业，不断增进民生福祉。全年支出12.47亿元推进各项民生工程，共安排、落实191件民生实事。全年新装路灯1123盏，对5个小游园进行改造提升，彻底整治6处严重积水点，完成59处沟管化粪池改造，扎实推进扬子洲地区19个新农村建设点。编密织牢社会保障网络：城镇新增就业人数10202人，农村、城镇居民最低生活保障标准提高到月均510元，城镇基本医疗保险参保人数达18.46万人，为6898户享受公租房家庭发放公租补贴1193万元。促进教育、文化事业繁荣进步:投资2700万元完成13所学校的基础设施改造和信息化建设;新增全民健身站点10处,安装、维修各类健身器材180余件;建设全省首个智能文化馆、全市首个外来务工人员文化活动中心;开展庆祝建党95周年大型歌咏比赛等各类文化活动180余场次;南昌瓦罐煨汤、胎毛笔、豫章绣制作技艺入选省级非物质文化遗产名录。

全力推进法治建设,营造优质高效的政务环境。通过健全区政府法律顾问制度、开展规范性文件合法性审查和备案工作,逐步规范政务运行。通过开展企业降成本优环境专项行动,以及国、地税"一站式"联合办税服务,强化"为民服务"的理念。通过深化平安东湖建设、开展各项安全生产活动,和谐稳定的良好局面得到巩固和发展。全年全区重特大安全生产事故"零"发生,公众安全感和公安满意度排位持续前移,"三看"成绩排名全市第6。

区政府会议

【概况】 2016年,东湖区人民政府根据市委、市政府和区委的部署,围绕经济社会发展各项工作,共召开区政府常务会议19次,区政府办公例会20次,工作会议180余次。

【区政府常务会议】 2016年,区政府共召开19次常务会议。其中:区长李云峰主持,副区长陈曙、张东林、童萍如、杨玉章、胡志强、刘众星,区政府党组成员、区监察局局长余坚,区政府党组成员、区财政局局长万勇,区政府党组成员、区政府办公室主任查秋滚,区政府党组成员、区政府办公室正科级督查专员刘文俊出席的包括第54次至64次常务会议;区长高辉红主持,副区长夏小兰、童萍如、陈国梁、万勇、万明、杨峻,区政府党组成员、区监察局局长肖迎春,区政府党组成员、区政府办公室主任查秋滚,区政府党组成员、区政府办公室正科级督查专员刘文俊出席的包括第65次至67次常务会议以及换届后召开的第1次至5次常务会议。

第54次常务会,1月16日上午召开。会议审议并原则同意区房管局草拟的《关于下达南昌轨道交通3号线一期工程建设项目(东湖段)二七北路站房屋征收决定书的请示》《关于下达南昌轨道交通3号线一期工程建设项目(东湖段)洪都北大道站房屋征收决定书的请示》和《关于下达南昌轨道交通3号线一期工程建设项目(东湖段)青山路口至二七北路站区间房屋征收决定书的请示》。

第55次常务会,3月18日上午召开。会议学习传达《关于六起中管干部违反中央八项规定精神问题的通报》(中纪通〔2015〕12号),以及《鹿心社省长在省政府最近召开的一次重要会议上针对有关情况反映提出明确要求》(省政府办公厅每日要情第34期),审议并原则同意区人社局草拟的《东湖区困难灵活就业参保人员城镇职工基本养老保险助保贷款实施方案》、区综治委草拟的《关于表彰2015年度全区社会治安综合治理目标管理先进单位、先进集体及先进工作者的决定(送审稿)》和《关于嘉奖2015年度全区社会治安综合治理目标管理先进单位综治责任人及综治办主任的决定(送审稿)》、区教科体局草拟的《关于2016年拟向社会公开招聘75名中小学(园)教师的请示》和《关于确定东湖区2016年部分学校维修改造和信息化建设项目的请示》。

第56次常务会,3月24日上午召开。会前举办法制讲座,听取新《食品安全法》解读。会议审议并原则同意区经济发展、城市建管、旧改、社会民生、青山湖西岸、信访维稳、基层党建七大指挥部工作方案,审议并原则同意区旧改指挥部草拟的《东湖区2016年第一轮房屋征迁工作实施方案(征求意见稿)》、区人社局草拟的《关于在全区范围内购买政府公益性岗位的请示》、区卫计委草拟的《关于请求表彰全区计生工作先进单位和先进个人的请示》。

第57次常务会,4月8日上午召开。会议观看《"媒体啄木鸟"行动》光盘,审议并原则同意区财政局草拟的《关于对区直单位2015年经济工作进行奖励的请示》和《关于对各镇、街办、管理处2015年经济工作进行奖励的请示》、区经济办草拟的《东湖区2016年经济发展工作考核办法(送审稿)》、区农办草拟的《关于实施河湖管理"河湖长制"加快推进水生态文明建设的意见(送审稿)》、区政府办草拟的《东湖区人民政府关于开展国有土地上房屋征收司法强制执行工作的实施意见（送审稿）》、区企资中心草拟的《关于报送南昌市标准件七厂改革方案审核的请示》和《关于报送南昌微型电机厂改革方案审核的请示》、豫章街办草拟的《关于请求审议〈南昌市东湖区裕丰大厦周边地块旧城（棚户区）改造引进社会资本合作协议书〉和〈东湖区裕丰大厦周边地块旧城（棚户区）改造项目房屋征收货币成本资金管理协议〉的请示》。

第58次常务会，4月28日下午召开。会议观看《"媒体啄木鸟"行动》光盘，审议并原则同意区综管办草拟的《关于请求审议〈东湖区城市综合管理工作考核办法（送审稿）〉的请示》和《关于请求审议〈关于召开全区城市综合管理工作总结表彰暨2016年城市综合管理工作动员大会的方案〉的请示》、区政府办草拟的《关于请求审议滕王阁东广场旧改项目被征收人王志刚国家赔偿决定（送审稿）的请示》、区人社局和区财政局联合草拟的《关于东湖区促进就业资金2016年度收支预算编制的请示》、区商务局草拟的《关于提请审议〈2016深圳文化产业招商推介会活动方案〉的请示》，审议区教科体局草拟的《关于请求发放东湖区教科体系统离退休教职工综治目标管理先进单位奖励的请示》，并布置"五一"期间有关工作。

第59次常务会，5月6日下午召开。会议审议并原则同意区政府办公室草拟的《东湖区2016年法治政府建设工作要点（送审稿）》、区农办草拟的《关于明确东湖区区管河湖河（湖）长名单的请示》、区房管局草拟的《关于下达东湖区叠山路沿线一期（墩子塘）地块旧城（城市棚户区）改造项目房屋征收决定书的请示》、区编委办草拟的《关于请求审定下发〈东湖区人民政府部门行政审批中介服务事项清单〉的请示》和《关于请求审定下发〈东湖区人民政府部门关于做好国务院取消部门行政审批事项衔接工作的通知〉的请示》。

第60次常务会，5月25日下午召开。会议观看《"媒体啄木鸟"行动》光盘，学习传达省、市领导对《关于省养老服务中心项目进展拖期问题的通报》的批示精神，以及市委办公厅《关于加强舆论监测引导切实维护社会稳定的通知》，审议并原则同意区卫计委草拟的《关于请求印发〈东湖区突发公共卫生事件应急预案（修订稿）〉和〈东湖区突发公共事件医疗卫生救援应急预案（送审稿）〉的请示》、区市场监管局草拟的《关于印发东湖区食品安全事故应急预案（修订稿）的请示》、区商务局草拟的《关于审议南昌市重点产业投资引导资金合作协议的请示》、区发改委草拟的《关于阿里巴巴南昌产业带项目房产租赁的请示》和《关于申请拨付阿里巴巴南昌产业带开办费的请示》、区机管局草拟的《关于请求核拨区公务用车服务中心年度运营预算经费的请示》。

第61次常务会，6月2日上午召开。会议审议并原则同意区房管局草拟的《关于下达东湖周边（洪都北大道两侧——青山南路立交桥下南地块）等7个地块旧城（城市棚户区）改造项目房屋征收决定书的请示》。

第62次常务会，6月16日下午召开。会议观看《"媒体啄木鸟"行动》光盘，审议并原则同意区政府办公室草拟的《2016年东湖区民生工程实施意见（送审稿）》、区发改委草拟的《东湖区"争项目、争资金、争政策"工作奖励办法（修订稿）》、区城建局草拟的《关于请求将光明社区综合整治工程等4个项目纳入PPP项目的请示》、区教科体局草拟的《东湖区学前教育三年行动计划（2017—2019年）（送审稿）》、贤士湖管理处草拟的《关于"中金"项目要求返还集体土地出让溢价资金的请示》。

第63次常务会，7月7日下午召开。会议听取区防汛办关于防汛形势的汇报，并对下一步防汛工作进行部署；观看《"党风政风执线"和"媒体啄木鸟"行动》光盘，审议并原则同意区发改委草拟的《东湖区开展降低企业成本优化发展环境专项行动工作方案》《关于成立东湖区降低企业成本优化发展环境专项行动领导小组的通知》和《东湖区领导挂点产业帮扶企业活动方案》，以及区房管局草拟的《关于下达东湖区裕丰大厦地块城市棚户区（旧城）改造项目房屋征收决定书的请示》和《关于下达东湖周边（阳明路以北—王家庄周边地块）城市棚户区（旧城）改造项目房屋征收决定书的请示》。

第64次常务会，7月18日下午召开。会议学习传达南昌市赣江城区饮用水水源地环境综合整治会议精神，审议并原则同意区社区建设领导小组草拟的《东湖区社区居委会规模调整工作实施方案的请示》、区党建标准化建设领导小组办公室草拟的《东湖区村（社区）党组织标准化建设工作经费管理和使用办法（草）》、区城建局草拟的《关于提请审议〈2016年东湖区市政设施综合改造PPP项目实施方案〉（送审稿）的请示》、区教科体局草拟的《关于审议〈东湖区乡村教师支持计划（2015—2020年）实施办法〉（草）的请示》。

第65次常务会，8月6日上午召开。会议观看《“媒体啄木鸟”行动》光盘，审议并原则同意区政府办公室草拟的《关于调整区政府领导同志分工的请示》，听取区政府办公室关于《2016年东湖区民生工程实施意见》的汇报、区发改委关于《东湖区开展降低企业成本优化发展环境专项行动工作方案》的汇报、区社区建设领导小组关于《东湖区社区居委会规模调整工作实施方案》的汇报，以及区城建局关于《2016年东湖区市政设施综合改造PPP项目实施方案》的汇报。

第66次常务会，9月26日晚上召开。会议观看《“媒体啄木鸟”行动》光盘，传达学习市纪委《关于转发省纪委〈关于我省4起省管干部违反中央八项规定精神问题的通报〉的通知》和市委办公厅《印发〈关于实行工程建设行为全程留痕制度的暂行规定〉的通知》，审议并原则同意区民政局草拟的《关于请求印发〈东湖区临时救助实施细则（试行）〉的请示》、区普法办草拟的《关于印发〈在全区公民中开展法治宣传教育的第七个五年规划的通知〉的请示》、区审改办草拟的《关于请求审定下发〈东湖区简化优化公共服务流程方便基层群众办事创业工作方案〉的请示》、区房管局草拟的《关于下达东湖区香江家具城周边（洪都大桥周边地块）城市棚户区（旧城）改造项目房屋征收决定书的请示》，审议《政府工作报告（送审稿）》。

第67次常务会，10月12日上午召开。会议审议并原则同意区房管局草拟的《关于下达东湖区广场北路周边地块旧城改造项目房屋征收决定书的请示》。

第1次常务会，10月27日下午召开。会议观看《“媒体啄木鸟”行动》光盘，审议并原则同意区农办草拟的《关于印发〈东湖区实施“河湖长制”工作方案〉的请示》、区优化投资环境领导小组办公室草拟的《关于请求印发〈东湖区优化投资发展环境评议评价活动实施细则〉的请示》、区人社局和区财政局草拟的《关于调整东湖区其他事业单位绩效工资基本标准线有关问题的请示》、区房管局草拟的《关于下达东湖区青山湖西岸南昌发电厂地块城市棚户区（旧城）改造项目房屋征收决定书的请示》。

第2次常务会，11月16日上午召开。会议观看《“媒体啄木鸟”行动》光盘，学习传达王岐山署名文章《全面从严治党承载起党在新时代的使命》和《区委领导同志批示件办理工作细则》，审议并原则同意区卫计委草拟的《关于印发〈中共东湖区委、东湖区人民政府关于实施全面两孩政策改革完善计划生育服务管理的实施意见〉的请示》、区法治东湖建设领导小组办公室草拟的《关于呈报〈关于建立全区公共法律服务平台的意见〉的请示》、区旧改指挥部草拟的《关于请求审议〈东湖区2016年第二轮房屋征迁工作实施方案（送审稿）〉的请示》。

第3次常务会，11月16日晚上召开。会议审议并原则同意区商务局草拟的《关于提请区政府与苏宁控股集团签订项目投资协议相关事宜的请示》。

第4次常务会，12月8日上午召开。会议观看《“媒体啄木鸟”行动》光盘，学习传达省委办公厅、省纪委办公厅《关于全省深化全面从严治党“两个责任”视频培训会主会场缺席迟到情况的通报》，以及省委办公厅、省政府办公厅《印发〈江西省环境保护督察反馈意见〉和鹿心社同志讲话的通知》，会议审议并原则同意区政府办公室草拟的《关于请求审议〈关于调整东湖区经济发展工作领导小组等41个领导机构组成人员的请示〉》和《关于请求审议〈关于调整东湖区开放型经济工作领导小组等15个领导机构组成人员的请示〉》、区审改办草拟的《关于请求审定下发东湖区公共服务事项清单的请示》、区环保局草拟的《关于以区委、区政府名义印发〈东湖区环境保护督察反馈问题整改方案〉请示》。

第5次常务会，12月27日晚上召开。会议书面通报旧改征迁工地环境问题，学习传达《中华人民共和国审计法》，审议并原则同意区农办草拟的《关于调整我区区管河湖河（湖）长名单的请示》、区房管局草拟的《关于下达东湖周边（阳明路以南二期——赐福路象山北路、东万宜巷、下水巷周边、南昌二中侧、上营坊、胜利路民德路、渊明北路、子固路后墙路、花园角菜场南沿)地块城市棚户区(旧城)改造项目房屋征收决定书的请示》。

【区政府办公例会】 2016年,区政府共召开20次区长办公例会,参加会议的人员为区政府区长、副区长以及区政府办公室主任、区监察局局长、区政府办公室正科级督查专员等。第1—14次区长办公会由李云峰主持,第15—20次区长办公会由高辉红主持。

第1次办公例会,1月4日上午召开。会议审议并原则同意区发改委草拟的《东湖区2016年重大重点项目投资计划(送审稿)》、区文广局草拟的《关于请求拨付豫章1号产业园区门口电缆交接箱工程经费的请示》,审议区政府办公室草拟的《李云峰区长在区委十一届十二次全会上的讲话》,并安排相关工作。

第2次办公例会,1月16日上午召开。会议审议并原则同意区城投公司草拟的《关于请求借款用于落实1亿元启动资金整改事项的请示》,研究扬子洲地区猪栏拆除有关工作,听取中金国际交易中心项目有关情况的汇报,并对相关工作进行安排。

第3次办公例会,2月4日上午召开。会议审议并原则同意区委办公室和区政府办公室等11个单位草拟的《关于拨付东湖区2015年"三看"活动经费的请示》、区城建局草拟的《关于请求拨付工程款及前期费用的请示》、区房管局草拟的《关于请求拨付我局下属洪宝物业公司榕门路92号店面有关支付款项的请示》,审议区城管局草拟的《关于请求对2014年东湖区垃圾广告整治工程进行审计的请示》、区商务局草拟的《关于提请审议东湖区人民政府与江西海印餐饮管理有限公司合作协议的请示》、墩子塘街办草拟的《关于拨付2011年社区环境综合整治工程(南昌供电公司住宅小区标段)经费的请示》和《关于拨付2011年社区环境综合整治工程——党家巷社区(永内谌家巷)整治工程经费的请示》。

第4次办公例会,2月19日下午召开。会议审议并原则同意区公车办草拟的《东湖区公务用车制度改革实施方案(送审稿)》、区商务局草拟的《东湖区2016年开放型经济工作考核奖惩办法(送审稿)》。

第5次办公例会,2月24日下午召开。会议审议并原则同意区文广局草拟的《关于妥善解决乡镇(公社)老放映员历史遗留问题的实施方案(送审稿)》、区机管局草拟的《关于明确入驻新办公大楼工作人员餐费及理发财政补贴的请示》、区编委办草拟的《东湖区人民政府关于衔接南昌市人民政府关于取消和调整一批行政权力项目的通知(送审稿)》、区经济办草拟的《关于南昌大道投资有限责任公司招商引资优惠政策的请示》、区市场监管局草拟的《关于请求解决我局刘伟民等8人编制问题的请示》、区人社局草拟的《关于请求解决我区公益性岗位安置"两参"人员的请示》。

第6次办公例会,3月24日上午召开。会议审议并原则同意区商务局草拟的《关于提请审议东湖区人民政府与江西海印餐饮管理有限公司合作协议的请示》和《关于提请审议支持江西华赣文化旅游传媒集团有限公司迁入东湖区发展的请示》。

第7次办公例会,4月8日上午召开。会议审议并原则同意区政府办草拟的《东湖区2016年度区政府领导班子成员调研课题(送审稿)》。

第8次办公例会,4月28日下午召开。会议审议并原则同意区市场监管局草拟的《关于提请审议〈东湖区市场和质量监督管理局公开招聘市场监督管理协管员、信息员工作方案〉的请示》。

第9次办公例会,5月25日下午召开。会议审议并原则同意区城建局草拟的《东湖区深入开展货运车辆超限超载治理工作方案(草案)》、扬子洲镇草拟的《关于恳请帮助解决扬新路维修改造项目地下排水工程经费的请示》,讨论市委办公厅、市政府办公厅《关于开展招商引资"小三看"活动的通知》,听取区教科体局关于发放教科体系统离退休教职工有关生活补助的报告。

第10次办公例会,6月2日上午召开。会议审议并原则同意东湖公安分局草拟的《关于解决分局相关经费的请示》、区经济办草拟的《关于提请给予平安产险江西分公司等3家企业"一事一议"招商引资优惠政策的请示》和《关于提请兑现通联支付网络服务股份有限公司江西分公司等8

家企业2015年招商引资优惠政策的请示》。

第11次办公例会，6月16日下午召开。会议审议并原则同意区市场监管局草拟的《关于建议整合东湖区食品安全检验检测资源的请示》、区教科体局草拟的《关于请求批准2016年暑期部分学校(单位)小型维修计划的请示》、区综合应急救援大队草拟的《关于东湖区扬子洲镇综合性应急救援队伍建设相关事宜的请示》、东湖消防大队草拟的《关于开展消防工作目标绩效考核的请示》、墩子塘街办草拟的《关于将原区政府食堂调剂给我街办打造文化活动中心、老年大学、社区办公用房的请示》、区商务局草拟的《关于申请拨付淘宝大学江西商学院基地开办费的请示》、区人社局草拟的《关于申请南昌大道投资有限责任公司优惠扶持政策的请示》、区发改委草拟的《关于申请拨付阿里巴巴·南昌产业带项目后续开办费的请示》、区综合服务中心及文化活动中心建设领导小组办公室草拟的《关于申请追加区综合服务中心及文化活动中心建设经费的请示》、区环保局草拟的《关于请求以区政府名义印发东湖区生态环境监测网络建设方案(试行)的请示》，审议扬子洲镇草拟的《关于对扬子洲镇协税护税工作进行差异化考评的请示》，听取区经济办关于南昌市东湖区原政府办公大楼租赁合同的汇报。

第12次办公例会，6月20日下午召开。会议审议并原则同意区经济办草拟的《关于提请审议〈南昌市东湖区经营性房产租赁合同(东湖区原政府办公大楼租赁合同)〉的请示》、区金融办草拟的《关于请求同意大新银行(中国)有限公司南昌分行增加租赁办公用房的请示》。

第13次办公例会，7月7日下午召开。会议审议并原则同意区城建局草拟的《关于请求拨付2015年、2016年PPP项目前期费用的请示》和《关于请求对2016年“三迎”项目进行评审的请示》。

第14次办公例会，7月18日下午召开。会议审议并原则同意区城管局草拟的《关于新建中大路环卫设施停车场的请示》、扬子洲镇草拟的《关于恳请解决扬子洲镇各村村干、聘干和退休干部工资发放缺口的请示》、区商务局草拟的《关于贤士花园农贸市场升级改造工程漏报少报列入审计的请示》，审议区民政局草拟的《东湖区玖龄养老服务中心项目合作协议的请示》，听取贤士湖管理处关于请求拨付长巷村谌家坊、李家庄被征迁户逾期过渡费的报告。

第15次办公例会，8月22日下午召开。会议学习市纪委《关于学习贯彻省纪委〈关于6起基层侵害群众利益不正之风和腐败问题的通报〉精神的通知》(洪纪字〔2016〕66号)和市纪委《关于贯彻落实省纪委〈关于陈阳霞、程子亮等同志在私人会所组织和接受吃请问题的通报〉的通知》(洪纪字〔2016〕81号)，学习传达省委常委、市委书记龚建华在2016年南昌市开放型经济干部秋季培训班开班仪式上的讲话精神，审议并原则同意区人社局草拟的《关于选调黄海帆等25名教师的请示》，区政府领导通报上周主要工作和本周工作安排。

第16次办公例会，9月7日上午召开。会议审议并原则同意区教科体局草拟的《关于请求与熊雨维等5人签订师范生免费教育协议的请示》、区财政局和区人社局草拟的《关于申请增加全区机关单位及教育系统津贴补贴资金的请示》、区卫计委草拟的《关于请求办理固定资产无偿调拨的请示》，通报关于补发东湖区社区干部工资的有关情况。

第17次办公例会，9月26日晚上召开。会议审议并原则同意区城管局草拟的《关于将机械化清扫冲洗工作移交区城管局清扫队的请示》和《关于购置“马路本色”环卫机械化作业车辆的请示》、东湖消防大队草拟的《关于申请高危补贴经费的请示》、区教科体局草拟的《关于请求拨付2016年校园维修改造工程进度款的请示》、区车改办草拟的《关于我区公车改革中涉及车辆报废的请示》。

第18次办公例会，10月27日下午召开。会议审议并原则同意区市场监管局草拟的《关于提请审议〈东湖区“实施洁厨亮灶治理餐桌污染”工作方案〉的请示》、区综管办草拟的《关于请求印发南昌国际马拉松赛(东湖段)市容环境整治工作方案的请示》、区民政局草拟的《关于请求印发〈关于做好2016年义务兵家庭优待金发放工作的通知〉的请示》和《关于呈报〈东湖区民生资金监督检查工作实施方案〉的请示》、区卫计委草拟的

《关于请求开展2016年度全区干部职工体检的请示》、东湖消防大队草拟的《关于请求审议〈东湖区推广安装独立式感烟火灾探测报警器的专项工作方案〉的请示》、东湖公安分局草拟的《关于进一步加强东湖公安分局直属机动巡逻大队建设相关问题的请示》、区教科体局草拟的《关于请求接收宗木夏梓免费师范生的请示》和《关于请求拨付2014年校园改造工程第三期进度款的请示》、区城建局草拟的《关于请求拨付2016年老旧小区(街区)综合整治工程项目市级补助资金的请示》。

第19次办公例会,11月16日上午召开。会议审议并原则同意区执法局草拟的《关于请求印发〈东湖区城市建成区违法建设专项治理工作行动方案〉请示》,研究2016南昌国际马拉松赛有关工作,并布置相关工作。

第20次办公例会,12月21日上午召开。会议审议并原则同意东湖公安分局草拟的《关于印发《东湖区贯彻落实〈南昌市养犬管理条例〉实施意见》的请示》、区农办草拟的《关于请求印发〈东湖区进一步提升农村生活垃圾处理水平的实施意见〉的请示》、区民政局草拟的《关于审议〈东湖区关于做好2016年度退役士兵安置工作的意见〉的请示》、区行政服务中心管委会草拟的《关于申请网上审批系统升级改造经费的请示》的请示。

【工作会议】 2016年,区政府围绕经济建设、城市管理、社会民生、社会稳定等方面工作,共召开各类会议200余次。

东湖区公车改革工作会议。1月21日上午,在区政府第一会议室召开东湖区公车改革工作会议。会议要求:一是要全力推进。公务用车制度改革对加强党风廉政建设、节约财政开支、降低行政成本、优化资源配置具有重要意义,全区各单位要提高认识,切实把公车改革的各项措施落到实处;二是要加强沟通。全区各单位要认真贯彻落实国家和省、市公车改革工作会议精神,加强与市有关部门的沟通,把握好车改的基本原则,严格按照相关工作要求,密切配合,严肃纪律,确保全区公车改革顺利稳妥推进。

东湖区关于做好低温雨雪冰冻天气防范应对工作紧急调度会。1月21日下午,在区政府常务会议室召开东湖区做好低温雨雪冰冻天气防范应对工作紧急调度会。会议指出,全区上下要高度重视和充分认识冰雪灾害天气可能带来的严重影响,要按照全市的统一部署,积极应对,确保各项应急预案科学制定,措施到位,责任到人,努力把灾害损失降到最低。会议要求,要按照前期紧急部署会的要求扎实做好各项工作;进一步加强对重点路段、重要部位的保障工作,及时排除隐患,确保道路畅通;行政执法、青年团员等4支百人突击队24小时待命,做好应急战备工作;要加大对建筑工地、危旧房等重点区域排查,切实预防冰冻雨雪灾害发生;要做好流浪乞讨人员的救助和困难群体的走访慰问工作;要加大宣传,加强舆论引导和天气预警,全方位保障人民群众生命财产安全。

东湖区迎接全市2015年度考核评价工作调度会。1月27日上午,在区政府常务会议室召开东湖区迎接全市2015年度考核评价工作调度会。会议要求,一要高度重视。各有关单位要牢固树立东湖荣誉感和责任感,对全区负责、对工作负责,亲自抓好贯彻落实。二要抓紧跟进。各责任单位要进一步深入分析工作要求、吃透考核内容,按照区考核办的工作安排扎实做好各项工作,争取做到"得满分、保高分、少扣分"。三要加强对接。各责任单位要加强与上级部门的沟通与联系,听取意见,争取支持,尽全力完成工作任务。

东湖区政府党组"三严三实"专题民主生活会。2月4日上午,在区政府常务会议室召开区政府党组"三严三实"专题民主生活会。会议要求,一要在增强看齐意识上持之以恒。自觉地向中央、省委、市委和区委看齐。二要在坚定理想信念上持之以恒。筑牢精神支柱,对党绝对忠诚,始终在思想上、政治上、行动上与党中央保持高度一致。三要在守纪律讲规矩上持之以恒。始终把区政府党组班子自身建设放在重中之重的位置,服从组织决定,确保中央、省、市和区委的各项政令得到执行。四要在狠抓问题整改上持之以恒。建立"问题清单"制度,对查摆出来的问题一件一件抓好整改落实。五要在敢担当重实效上持之以恒。进一步激发经济发展活力,进一步提升城市建管水平,进一步夯实民生事业基石,努力将专题教育的成果转化为加快"四区"建设的良好实效。

东湖区2016年开放型经济工作会议。2月

22日上午，东湖区开放型经济工作会议在区文化活动中心四楼新闻发布厅召开。会议指出，全区上下务必认清三个形势：一是东湖严峻的发展形势。受省市行政中心外迁、省级金融商务区战略、电子商务冲击等影响，东湖区位边缘化、产业空心化日益加剧。二是招商工作激烈的竞争形势。东湖资源相对匮乏，土地、楼宇资源等要素保障滞后，招商工作组织水平不高。三是干部能力不足的紧迫形势。招商队伍专业化程度不够，招商能力体系建设亟待加强。会议强调，全区上下务必要树立三种意识：一是“归零”意识，成绩代表过去，要重新出发掀起招商工作新热潮；二是“争先”意识，要放眼全省找坐标、立足全市站前列，敢打敢拼，敢于争先；三是“担当”意识，要提振精气神，强化责任心，增强操作力。会议要求，全区上下务必推进三项工程：一是把招商引资作为“一把手”工程、全民工程来推进，进一步明确任务、落实责任、强化调度、形成氛围；二是把招商项目作为经济工作“第一重点”来把握，进一步创新方式、强化考核、优化环境，打造具有东湖特色的招商模式；三是把服务企业作为党委政府服务经济发展“第一工程”来对待，在服务企业中多一份热心、多一份贴心，让企业家更舒心、更暖心。

2016年东湖区消防工作会议。3月10日下午，在区政府六楼第一会议室召开东湖区2016年消防工作会议。会议强调：一是要肯定成绩，坚定信心。当前全区干事创业氛围浓厚，消防隐患整治更加有力，宣传手段更加出新，部门联动更加密切，典型效应更加明显，为全区经济社会发展创造了良好的环境。二是要认清短板，防范风险。各单位要认真分析消防工作中存在的问题和风险，加强隐患排查整治，常抓不懈，常态化管理。三是要突出重点，真抓实干。厘清责任，完善体系；排查整治，清剿火患；立足实战，加强应急；夯实基础，强化保障，扎实做好2016年全区消防工作。

东湖区财税工作调度会。3月18日上午，在区政府六楼第一会议室召开全区财税工作调度会。会议强调：一要高度重视。财税工作是全区的重点工作，各单位要凝聚力量，迎难而上，确保全面完成年初确定的各项目标任务。二要研判政策。结合“营改增”工作逐渐铺开和“金税三期”平台上线，科学谋划我区财税工作发展裂变的新路径。三要协同配合。区财政局、区协税办要加强与各税务部门之间沟通交流，共同深挖税源潜力，为全区产业转型升级，经济提质增速打下坚实基础。

2016年第一轮旧改房屋征迁工作动员大会。3月30日上午，在区文化活动中心三楼演艺大厅召开2016年第一轮旧改房屋征迁工作动员大会。会议要求，各单位要立即启动摸底工作，确保深入扎实，全面了解被征迁群众的具体情况；要确保资金充裕，为征迁工作提供资金支撑；各单位要选派有经验的、有工作干劲的干部，以昂扬的精神状态、团队精神、毅力勇气、耐心方法投入到征迁工作中去；征迁工作要明确节点，强化调度，合理安排预征收公告、征收令的发布，针对疑难问题限时解答；各单位开展工作要讲究工作方式，确保社会稳定；同时严肃纪律，征迁工作要依法依规，不触碰法律法规红线，确保房屋征迁工作按照计划要求顺利完成。会议强调，一是统一思想，坚定必胜的决心。充分认识首战必胜的重要意义，充分认识旧城复兴的重大契机，充分认识改善民生的重点关切。二是全力以赴，不辱光荣的使命。要抓牢政策宣讲这个基础，抓好“三个”集中这个关键，抓定完成任务这个决心，抓住和谐稳定这个要求。征迁单位要集中时间，集中人员，集中精力，入户宣讲人员要做到“真懂”“腿勤”“口严”，确保征迁工作和谐顺利。三是从严要求，务求更好的实效。做到强化调度，强化宣传，强化考核，确保坚持依法征迁、阳光征迁、平安征迁，圆满地完成2016年度第一轮征迁工作。

东湖区城市综合管理工作总结表彰暨2016年城市综合管理工作动员部署大会。5月3日上午，东湖区召开全区城市综合管理工作总结表彰暨2016年城市综合管理工作动员部署大会，一批先进单位和个人获得表扬。会议要求，东湖区城市综合管理工作要将目标牢牢定位在“干干净净、漂漂亮亮、井然有序、和谐宜居”的目标上，要用最广的视野，最好的模式，最优的服务，最严的要求做好城市综合管理工作，力争探索总结出一套全国领先的现代城市综合管理标准模式，把东湖区城市综合管理打造成全市城市综合管理工作的典范。会议强调，一是以每次归零的心态持续发力，二是以精细化管理为手段奋力争先，三是以功在不舍的恒心埋头苦干，全区上下要紧紧围绕“干干净净、漂漂亮亮、井然有序、和谐宜居”的目标，不断创新思路，创新方法，创新工作，实现城市长效常态管理，固化文明城市创建成果，为实现文明东湖、魅力东湖、活力东湖做出应有的贡献。

东湖区禁毒工作会议。5月5日上午，全区禁毒工作会议在区政府6楼会议室召开。会议进一步贯彻落实上级禁毒委相关会议及文件精神，分析当前毒情形势，部署安排下阶段全区禁毒工作，特别是社区戒毒社区康复工作站建设。会议指出，一是要认清形势，统一思想，充分认识禁毒工作极端重要性；二是要健全体系，明确责任，真正形成禁毒工作全区一盘棋；三是要突出重点，强化措施，推动社区戒毒社区康复工作站建设；四是要加强保障，严格考核，全力确保各项禁毒工作取得实效，为维护全区和谐稳定大局，创建平安东湖做出更大贡献。

东湖区旧城改造征迁工作调度会。6月4日上午，在区政府常务会议室召开区旧城改造征迁工作调度会。会议要求，一是必须加快工作进度，严格按照时间节点和目标要求全力推进。二是必须加强协调对接，要积极与征迁地块所牵涉到的各有关单位进行协调对接，尽快协调落实好相关政策，为相关地块的征迁扫除障碍；三是必须抓好信访维稳，明确有关信访稳定问题的责任单位，严格按照“四包”原则做好征迁中的信访维稳工作；四是必须落实经费保障，总指挥部要严格执行数据日报制度，在第一时间掌握工作进度的前提下，依照工作进展情况及相关规定，及时向各分指挥部核拨相关经费。

东湖区关于做好洪峰过境防御外洪圩堤的部署会。7月19日上午，在扬子洲防汛抗旱指挥部召开关于做好洪峰过境防御外洪圩堤工作部署会。会议要求，一是要高度重视，领导靠前指挥。各责任段指挥部和有关单位要切实加强领导，组织好防范应对工作。二是要突出重点，落实应对措施。各指挥部要增加巡堤人员力量，各责任段巡堤人员要加强巡堤密度，延伸巡堤范围，密切关注水面情况，发现疑似险情要及时报告、及时处置。三是要综合施策，加强技术指导。充分发挥专业技术人员和长期从事防汛工作防汛经验丰富人员的作用综合施策，重点对35处穿堤建筑物落实人员，实行24小时巡查值守，加强历年来险工险段、圩堤较低责任段的巡查力度，确保绝对安全、万无一失。四是要强化调度，严肃工作纪律。要坚决克服疲劳厌战情绪、麻痹松懈思想和侥幸心理，确保把值班、巡查、信息报送等项制度落实到位。切实抓好区、镇、村三级应急队伍的值班备勤工作，确保应急队伍随时准确到位，做到召之即来，来之能战，战之能胜。

东湖区土地例行督察情况整改工作部署会。8月17日下午，在区政府第一会议室召开全区土地例行督察情况整改工作部署会。会议要求：一要统一思想认识。各责任单位要提出针对性的具体整改思路，把握好整改的要求及时间节点；二要加强协调配合。各责任单位密切配合、相互沟通、信息共享，形成整改合力；三要明确整改举措。各单位要明确所涉问题整改的目标，并落实好具体整改措施；四要确保通过验收。各单位将整改情况及进展及时向区土地例行督察整改工作领导小组汇报，做好迎接检查验收准备，确保验收通过。

东湖区消防和安全生产工作部署会。8月21日上午，在区政府常务会议室召开全区消防和安全生产工作部署会。会议指出，一是认识进一步提高，始终绷紧安全生产这根弦。全区各单位要在思想上切实引起高度重视，坚持问题导向，不断强化底线思维和红线意识，在事关消防、安全、稳定的问题上寸步不让，坚决防范。二是责任进一步明确，不断完善责任体系。各级党委政府、涉及安全生产的各个部门要有大局意识，对安全监管工作共同担当，共同负责，亲力亲为，同时要建立健全部门之间联运衔接机制，联动联合，落实责任。三是措施进一步强化，严防死守确保安全。要强化排查，各相关部门和单位会后第一时间开展安全巡查排查工作，不留死角；要强化整改，针对排查出来的问题要迅速整改到位，不留隐患；要强化演练，各单位要居安思危，制定预案，加强演练，提高处置能力，确保能够第一时间、最大效率、最好效果进行妥善处置。会议强调，各单位要根据会议精神尽快开展相关工作，把安全生产作为发展工程、生命工程、民生工程抓紧抓好，实现安全生产形势持续稳定好转，为东湖经济发展和社会稳定提供坚强的安全保障。

全区街道文化活动中心建设工作调度会。8

月23日下午，在区政府第一会议室召开全区街道文化活动中心建设工作调度会。会议要求：一是要及时汇报，要引起街道主要领导的重视，必须确保按照省、市的要求完成八一桥街办等4个街道文化活动中心的建设任务；二是要加紧推进，要严格按照市里制定的建设标准进行施工，要尽可能缩短办理相关手续的时间，尽早开工；三是要确保完成，要明确责任、明确人员，倒排工期，确保在规定的时间节点前完成建设任务。

东湖区2016年重大重点项目再动员再部署大会。9月7日，东湖区2016年重大重点项目再动员再部署大会在区委常委会议室召开。会议要求，一是以思想为引领，进一步统一思想抓项目。各单位要把推进重大重点项目工作统一到贯彻落实党代会精神的高度上来，把心思和精力集中到抓项目建设上来，把思想统一到促进全区经济发展上来。二是以问题为导向，进一步推进落实抓项目。各项目牵头单位要列出问题清单，明确责任分工，确保各个项目的每个环节、每个层面有人抓、有人管、有人负责。挂点区领导要扑下身子，靠前指挥，对重大问题要亲自协调、亲自研究、亲自落实。三是以督查为抓手，进一步加强督查抓项目。要建立督查督导机制，以时限为节点，倒排时间表。定期督查，按时通报，及时督促，确保顺利完成年度项目建设任务。

东湖区政企座谈会。9月6日下午，在区文化活动中心新闻发布厅举行政企座谈会。会议指出，东湖区始终把招商引资工作当成强区兴区的“一号工程”，政策上先后出台一系列奖励政策和扶持办法；经济上帮助企业实现银企对接，着力破解企业融资难问题；服务中做到怀亲商之心、恪尽安商之职、务尽富商之力，在有赢无赢、先赢晚赢、多赢少赢中，让企业有赢、先赢、多赢；在有为无为、快为慢为、多为少为中，让企业有为、快为、多为。

东湖区“河湖长制”工作会议。9月7日下午，在区政府六楼会议室召开东湖区“河湖长制”工作会议。会议强调，“河湖长制”是一件大事，务必统一思想，以高度的责任感抓好此项工作；“河湖长制”是一件难事，务必抓住关键，以实干的精神推进此项工作；“河湖长制”是一件要事，务必齐抓共管，以强大的合力推动此项工作取得实效。

东湖区农产品质量安全监管工作会。9月27日下午，在区政府第一会议室召开全区农产品质量安全监管工作会。会议强调：一是按照“四个最严”（最严谨的标准、最严格的监管、最严厉的处罚、最严肃的问责）的要求，把农产品质量安全工作作为重要的民生工程来抓；二是针对存在的问题，要继续深化农资打假和农产品质量安全执法监管工作，着力抓好农业投入品监管、生产过程管控、案件查处力度三个环节；三是着力构建明确清晰的责任体系，推动农产品生产经营者诚信守法，抓紧建立管用的长效机制。

东湖区简化优化公共服务流程方便基层群众办事创业工作布置会。11月2日上午，东湖区简化优化公共服务流程方便基层群众办事创业工作布置会在区政府常务会议室召开。会议要求，一是要强认识，转观念，借此机会按照中央、省、市要求进一步简化完善行政审批，方便群众办事；二是要明职责，领任务，把简化优化公务服务流程作为重要工作来抓；三是要抓培训，重协调，由区政府办、区编办、区行政服务中心等牵头单位组织业务培训，各相关单位协同配合，共同做好该项工作；四是要严督导，保时效，相关单位要高度重视，严格把关，为防止工作遗漏和错误，将启动问责机制，以确保任务圆满完成。

东湖区全区经济运行调度会。11月5日下午，全区经济运行调度会在区政府常务会议室召开。会议指出，全区经济运行工作一要看形势，高度重视，各经济责任部门要牢固树立大局意识、责任意识，站在讲政治、顾大局的高度，切实增强危机感、使命感，把经济运行调度作为一项中心工作来抓，确保完成既定目标任务，这是一项政治任务、刚性要求，没有退路，没有任何讨价还价的余地；二要摆问题，找准差距，一个地区经济发展情况如何，从数据上就能得到最直观的体现，从全区三季度经济数据及分数排名的表格上，各单位要结合实际情况，查找问题，找到差距；三要动脑筋，找到办法，要加强指导、加强培训、加强调度、加强摸排、加强招商、加强入统，切实把区委、区政府的要求转化为实际行动和扎实成效；四要多互动，强化督查，区政府督查室要联合业务部门对全区经济工作进行督查，对工作出色、指标完成情况好的单位要通报表扬,对工作没进展、指标完成情况差的单位要批评谈话。

东湖区“南昌国际马拉松”筹备工作调度会。11月12日上午,南昌国际马拉松比赛东湖区筹备工作调度会在区政府常务会议室召开。会议指出,南昌国际马拉松比赛是一次国际性的赛事,各项筹备工作进入扫尾阶段,一定要严格按照市委、市政府的部署和要求,进一步查找问题、对标整改,全力以赴完成好各项工作任务,确保此次马拉松赛取得圆满成功。会议强调,一是要与时间赛跑,争分夺秒抢进度。各项工作要紧锣密鼓的进入收尾,对于各项工作要实行清单管理,责任到人,对急难问题要尽快落实,确保按照时间节点完成任务。二是要与问题赛跑,千方百计找办法。对于筹备工作中出现的问题,要列出问题清单,以问题为导向,反向思考,逆向思维,分析可能出现的各种突发情况,提前介入,确保东湖赛段不出现任何安全隐患。三是要与自己赛跑,借势而为促发展。

东湖区“六五”普法总结表彰暨“七五”普法启动动员大会。11月18日下午,在区文化活动中心三楼演艺中心召开全区“六五”普法总结表彰暨“七五”普法启动动员大会,会议总结全区“六五”普法工作,部署“七五”法治宣传教育任务,对2011—2015年全国、全省、全市法治宣传教育先进集体、个人代表予以表彰。会议指出,一定要准确把握和突出抓好当前和今后五年法治宣传教育工作的重点,努力消除法治宣传教育的“盲区”和“死角”,要探索与时俱进的新方式新路径,使全区法治宣传教育工作始终朝着正确轨道深入推进。会议要求,一要统一思想,迅速传达会议精神;二要加大宣传,营造良好普法氛围;三要围绕中心,切实抓好贯彻落实。

东湖区社会民生事业口2016年工作总结和2017年工作务虚会。12月13日上午,在区政府第一会议室召开社会民生事业口2016年工作总结和2017年工作务虚会。会议强调,一是要强化“学在东湖”品牌,扩大名校优势和影响,不断补齐短板,为市民提供优质教育;二是要优化“医在东湖”格局,要充分利用辖区内优质医疗资源,不断提升区本级公共卫生服务水平;三是要固化“食在东湖”模式,要继续保持对食品药品安全监管的高压态势,保证群众“舌尖上的安全”;四是要亮化“养在东湖”形象,要着眼长远、提早谋划,按照医养结合模式,实现健康养老、信息化养老。

区政府办公室工作

【概况】 2016年,在区委、区政府的正确领导下和市政府办公厅的关心指导下,区政府办公室以中共十八大精神和十八届四中、五中、六中全会精神为指引,紧紧围绕区政府中心工作,坚持“省里创一流、市里争先进、区里树标杆”的工作标准,解放思想,团结一致,更新观念,转变职能,优化服务,开拓创新,充分发挥办公室综合、协调、服务、督办四大职能,较好地完成各项工作任务,促进政府工作的高效运转。

【持续推进政务督查督办】 2016年,区政府办公室强督查、促落实,持续推进政务督查督办工作。建章立制,理顺督查机制、严格问责标准,全面提高督查问责成效。围绕重大重点项目建设、旧城改造、城市建管、招商项目、消防安全等重点工作,进行深入细致的实地督查。对于落实不到位的人和事,实行既督查又督办,坚决杜绝拖拉、误事以及中梗阻等现象的发生,确保各项工作的落实。全年,重大事项督办核查到位率、专项督查核查到位率均为100%。强化人大建议政协提案办理的专项督查,办理人大代表建议42件,政协提案75件,办结率、满意率均为100%。

【全面提升办文办会工作水平】 2016年,区政府办公室重规范、促高效,有效提升办文办会办事水平。一是建立健全学习调研、文稿起草、审核把关等一系列文字工作的运行机制,全年共草拟印发各类政府文件1600余件,精心撰写领导各类会议发言材料和其他重要文稿近100篇70余万字。二是精心筹备和保障区政府常务会议、办公会议,广泛收集议题、充分准备材料、事前会商到位,坚持做到情况不明的不上会,不符合法定程序的不上会;认真办理区政府专题调度会等各类政府会议,充分准备领导发言材料、投影设备等相关工作,并做好会议内容的记录、会议精神的传达,切实保障会议取得良好效果;协助筹备和保障各类全区性会议。三是协助相关部门做好各类大型活动的保障工作，统筹协调、保障旧城改造、迎接市“三看”活动等一系列活动的顺利进行。

【积极开展政务公开和电子政务】 2016年，区政府办公室抓公开、促透明，全面加强政务公开和电子政务建设。围绕区委、区政府工作重点，认真部署政务信息报送、处理工作，积极向省、市报送重要信息，发挥政务信息对外展示形象、争取支持，对内沟通交流、推动工作的载体作用。优化整合政府网络资源，根据省、市的要求在政府网站上优化设置政府信息公开专栏，向全社会公开发布政府信息。2016年，全区各部门共报送信息500余条，主动公开各类政务信息2.8万余条，涵盖关于企业、群众切身利益的法律法规、地方规范性文件，取得良好的经济效益和社会效益。同时，以“三单一网”建设为契机，健全网站功能，在区政府网强化东湖问计、在线访谈、行政复议等栏目互动功能，加强书记信箱、区长信箱、民声通道等便民栏目管理，全年“民声通道”等栏目共受理群众投诉330余件，办结率为100%。

【强化应急管理体系建设和能力建设】 2016年，区政府办公室紧紧围绕全市应急管理工作部署和区委、区政府重点工作，坚持预防为主、预防与应急相结合，强化预测预警、隐患排查和监管督办，不断加强应急管理工作。一是及时研究决定全区突发公共事件应急工作重大决策和工作意见，严格贯彻执行《东湖区突发公共事件总体应急预案》，构建分工合理、权责明确、行动有力的应急管理体系。二是指导各部门逐步健全应急预案和各专项工作应急预案，应急管理体系进一步完善。三是成功开展社区防灾避灾综合演练等应急演练，全面加强预案演练和应急管理宣传教育。四是加强“低温雨雪冰冻”“两节两会”“森林防火”“防汛抗洪”“抗冰救灾”等敏感期值班制度，应急办全体人员全天候值守，确保各类值守应急工作得到及时处理。

【不断加强自身建设】 2016年，区政府办公室切实增强政治意识、大局意识、核心意识、看齐意识。一是始终将学习作为推动工作的重要手段，着力提升干部素质，打造过硬队伍，牢固树立终身学习的理念，积极组织落实中共十八届五中全会精神主题学习，以学促干、以干促学。二是严格落实中央八项规定精神，深化“两学一做”学习教育，严守廉洁从政各项规定，持续推动作风大转变。保持实干定力，“实”字当头、“干”字为先，以实干出实绩、以实干求实效，不断提高区政府办工作的执行力。三是重视机关文化建设，在全办干部倡导和弘扬“忠诚服务、激情奉献、规范高效、勤政廉洁”的核心价值观，凝聚干事创业良好氛围。

法治政府

【概况】 2016年，东湖区法制工作在省、市政府法制部门的指导下，在区委、区政府的高度重视和正确领导下，以中共十八大精神和十八届四中、五中、六中全会精神为指引，以贯彻落实《全面推进依法行政实施纲要》为主线，以全面推进依法行政、建设法治政府为目标，重点围绕区委、区政府中心工作，创新依法行政机制，当好区政府法律顾问参谋，很好地完成各项工作任务。

【强化高位推动】 2016年，东湖区围绕建设“法治东湖”共识，注重高位推动。完善学法用法制度，在区政务常务会上定期安排学习法制知识。完善法制工作考评实施方案，将法治工作纳入政府目标责任，明确考核内容、考核方式、评分标准，同经济发展工作同部署、同考核。下发《东湖区法治政府建设指标体系》《东湖区2016年法治政府建设工作要点》，提出全区2016加强和改进依法行政工作的具体意见，切实加强法治工作力度。

【优化政务环境】 2016年，区法制办坚持“主动服务、创新服务、优质服务、高效服务”。截至年底，审查备案政府招商引资合同、招标合同等民商事合同300余件，为政府决策提供法律意见和建议400余次，为全区重点项目推进提供法制支持。对口联系工程项目，深入全区旧城改造现场，提供优质高效的法律服务。

【加强复议调解工作】 2016年，区法制办建立健全行政复议责任制，拓宽行政复议受案渠道，进一步完善各街道(管理处)设立行政复议案件受理点、社区网络运行平台设置行政复议网络受理点的受理模式。全年，区法制办积极受理、依法办理各类行政复议案件,收到行政复议申请3件,依法受理行政复议申请3件,全部办结,办结率达100%。推动建立行政调解与人民调解、司法调解相衔接的大调解联动机制。完善"诉调对接""检调对接""公调对接"各项机制,强化"三调联动"进社区工作。全年,全区各行政主体开展行政调解数量千余件。

【开展案卷评查】 2016年,区法制办组织实施"案卷评查月活动",印发《关于开展2015年度行政执法案卷评查活动的通知》,对行政执法案卷评查活动进行部署。全年共抽查22个行政执法部门和街办(管理处)的行政执法案卷60宗,其中行政处罚案卷29宗、行政许可案卷31宗。从实体、程序、文书及案卷整理都逐项评析、逐案登记。组织选送8宗优秀案卷(8宗行政处罚、5宗行政许可)参加市法制部门的优秀案卷评选活动。

【规范政府决策】 2016年,东湖区健全重大决策议事规则,严格遵循重大决策经过区政府常务会议,或者区长办公会集体讨论决定,并在会前交由区政府法制机构进行合法性审查。完善重大事项社会稳定风险评估机制,健全决策失误纠错改正机制。完善重大决策听取意见制度,完善重大行政决策事项听取人大、政协意见制度,重大行政决策事项依法提请同级人大或其常委会审议决定制度。

【做好规范性文件管理】 2016年,东湖区执行《东湖区规范性文件管理办法》,围绕"有件必备、有备必审、有错必纠"的目标,抓住起草、审查、决定、公布、备案、清理等关键环节,使规范性文件管理工作走上规范化轨道。

【加强法治工作宣传】 2016年,区法制办制定《2016年区政府常务会议学法计划》,安排区政府常务会学习《中华人民共和国安全生产法》及相关知识等4个法律文件。集中开展各类法律宣传日、法律宣传周、法律宣传月活动、安全生产宣传月活动等活动。全年全区机关干部集中学法20余次。加大法治信息报道和宣传力度,全年共报送法治工作信息40余篇。

外事侨务工作

【概况】 2016年,东湖区外事侨务办公室在区委、区政府的正确领导和省、市外侨办的具体指导下,认真贯彻落实中共十八大、三中、四中、五中、六中全会议精神和中央"八项规定",严把因公出国(境)审批关,开展对外友好交流,秉承"依托社区,凝聚侨心,深化双向服务;以人为本,依法护侨,促进社会和谐"的工作理念,紧紧围绕区委、区政府的中心工作,积极发挥外事侨务工作的职能作用,开拓创新,积极进取,全区外事侨务工作取得了长足的进步。

【严把因公出国(境)审批关】 2016年,东湖区严格审批因公出国(境)。一方面,严格审批纪律和程序,将全区科级以上领导干部名册纳入东湖公安分局出入境管理科同步管理,并及时更新名单,切实做到动态管理,严格控制无实质性内容出访。另一方面,提供优质服务,本着急事急办,特事特办的原则,及时地完成区领导出国(境)任务审批、政审、护照办理、签证申请等工作,保证顺利出访。

【开展对外友好交流合作】 2016年,东湖区认真做好辖区企事业单位邀请外国人来辖区内和辖区内企业申领APEC商务旅行卡等相关事宜的初审工作,为江西庆祥实业发展有限公司等多家企业走出去和请进来等事宜进行审批,并经常性进行上门服务。

【不断提高为侨服务水平】 2016年,东湖区外事侨务工作把提高服务意识摆在重要位置。一是强化基础性台账。在侨情普查工作的基础上,做好全区侨务台账的日常管理,为下一步积极有效地调动侨界力量,更好地利用侨务资源助力"三个东湖"建设。二是强化送温暖服务。关心归侨侨眷的实际生活,坚持开展春节期间归侨侨眷知名人士和困难户走访慰问工作,加强日常走访和联系,妥善解决归侨侨眷在生活工作中遇到的实际困难,使广大归侨侨眷共享改革发展成果。

信息化建设工作

【概况】 2016年，东湖区坚持以推进全区信息化建设为重点，进一步加强政务资源的整合和利用，各项工作都取得较好成效。在“2016年度江西省电子信息技术应用先进单位评选”活动中，荣获2016年度江西省电子信息技术应用先进单位称号。

【建设公文转输平台】 2016年，为进一步推进区电子政务建设，实现安全的公文传输，东湖区全力推进商密网公文转输平台建设，该平台以商用密码技术为基础，信托互联网构建网络信任体系，解决网络空间中各种行为主体身份的保密性、真实性与可信性问题，从而实现公文传输的安全、稳定、可靠。平台分为保密安全服务子系统、公文流转系统、消息服务子系统和移动客户端。截至年底，全区共71个单位购置电子印章，通过扫描、上传、制作等步骤，完成电子印章认证系统平台建设，并可以互传文件。系统从10月开始运行，在平稳运行的3个月内共发送文件181份，有效地提高全区的办公效率，节省办公经费。

【建设政务服务网系统一期工程项目】 2016年，根据省市关于建设政务服务网的要求，区信息中心承担建设区政务服务网的技术保障任务，完成政务服务网系统一期工程项目建设。为节约硬件投入，将系统部署于市经济信息构建的云计算平台中，保障系统的安全、稳定运行。系统由个人办事、法人办事、行政审批、公共服务和阳光政务五个模块组成，具有高效、透明、易用等特点，东湖区共有20个单位系统中公开行政权力清单和部门责任清单，通过该系统建设，完善上线事项的办事指南，优化网上审批流程，提升网上办事的服务水平，方便群众办事。2016年11月，系统顺利通过省经济信息中心的验收，正式上线。

【其他信息工程建设】 2016年，区信息中心协助区政法委完成全省综治专网的建设，协助区档案局完成档案专网系统的建设，协助区规划局完成规划专网的建设。

（丁　一）

中国人民政治协商会议南昌市东湖区委员会

综　述

2016年，在中共东湖区委的坚强领导和市政协的关心指导下，区政协高举中国特色社会主义伟大旗帜，全面贯彻中共十八大和十八届三中、四中、五中、六中全会精神，深入贯彻习近平总书记系列重要讲话精神，牢牢把握团结和民主两大主题，坚持围绕中心，服务大局，主动作为，扎实履行政治协商、民主监督、参政议政职能，为推进全区经济建设、政治建设、文化建设、社会建设和生态文明建设做出积极贡献。

顺利完成换届工作。在区委的领导下，10月10日至13日，东湖区召开区政协九届一次会议，会议始终把加强党的领导贯穿始终，统筹谋划，精心组织，从严从实，有序推进，顺利地完成区政协的换届工作。

政治协商取得新进展。2016年，区政协首次出台年度协商工作计划，有序地推进政治协商制度化、规范化和程序化建设。全年区政协共召开2次大会和6次常委会。区政协扎实做好政治协商，主要归功于三个方面的努力。一是专题协商献务实良策。区政协城建委多次组织委员到区综管办、城管局和街道社区等职能单位进行细致调研，并撰写调研报告。12月8日，东湖区召开专题民主协商会，区长高辉红对《关于提升东湖区城市环境管理标准化精细化水平的调研》报告予以重要批示。二是对口协商建睿智之言。区政协紧扣党政关心、干群关注的重大问题，积极开展对口协商。如文史学习和“三胞三属”联谊委员会就公共文化服务体系标准化均等化建设与区文广局开展对口协商，就如何推进全区公共文化建设提出有针对性的意见和建议，得到区文广局的积极回应。三是提案协商促成果转化。区政协高度重视提案的办理质量，切实促进提案的成果转化。如作为区政协八届六次会议的重点督办提案《关于在中小学普及急救知识的建议》，在提案办理完成后，区政协组织调研形成专题调研报告报送至区领导和省市政协组织，召开工作落实协调会。区教科体局联合区红十字在区属各学校开展“人人学急救、急救为人人”应急救护培训进校园活动，区红十字会还开展应急救护培训进社区、进机关活动，共组织培训活动36场，培训6000余人，发放救护手册5000本，提案落实成效明显。

民主监督获得新推动。一是以视察为依托知情议政。区政协主席会议成员和部分区政协常委对全区胜利路步行街改造项目、刘将军庙小游园提升改造工程、贤湖村党群服务中心、长巷村和紫金广场提升改造等重点项目和民生工作开展监督性视察，促进相关工作按区委、区政府要求稳步推进。二是以提案为抓手建言献策。八届六次会议共收到提案69件，立案68件，转社情民意1件。提案真实地反映人民群众对加快经济发展、提升生活质量的迫切愿望和要求，提出许多解决问题的真知灼见，为区委、区政府科学决策提供重要参考。

参政议政展现新成效。一是立足区情民意，找准工作切入点。区政协认真撰写一批具有较好参考价值的调研报告，积极主动地为区委、区政府和有关党政部门提供科学决策的参考意见，并得到区领导的高度肯定。二是完善履职平台，发挥委员主体作用。将所有委员按不同特长、职业、界别划分到各专委会当中，为委员提供一个新的履职活动平台。11 月中下旬，区政协 6 个专委会分别组织委员就全区司法行政、新农村建设、文化产业发展、城市建管、经济发展等工作开展专题调研视察活动，让委员亲耳听，实地看，为以问题为导向的政协调研视察活动及协商课题做选题准备。

重要会议

【概况】 2016 年，区政协共召开 2 次政协委员全体会议，6 次政协常委会议。

【政协东湖区第八届委员会第六次会议】 2016 年 1 月 10—13 日，区政协第八届委员会第六次会议在区文化活动中心演艺大厅举行。会议应到委员 216 人，实到委员 175 人。会议审议通过区政协副主席敖晓焕代表常委会所作的工作报告、区政协副主席胡中平代表常委会所作的关于提案工作情况的报告；列席东湖区第十五届人民代表大会第六次会议，听取和讨论区政府区长李云峰所作的政府工作报告、区“十三五”规划纲要及其他报告。会议强调，“十三五”时期，是全区实现“四区一体”建设的重要时期。《东湖区国民经济和社会发展第十三个五年规划纲要》立足东湖所处的发展阶段，积极回应全区人民期待，紧紧围绕在全市率先全面建成小康社会奋斗目标，更加注重生态环境保护，更加注重创新驱动，更加注重民生建设，着力实施产业升级、现代都市、改革创新、生态创优和共享发展等五大战略，对于保持全区经济社会持续健康发展有着十分重要的意义。区政协各参加单位和全体委员要为全面实现“十三五”规划宏伟蓝图奋力前行。2016 年，是“十三五”规划的开局之年，是全区提质升级战略加速推进的关键之年。区政协各参加单位及全体委员要充分发挥人民政协协商民主重要渠道和专门协商机构的重要作用，积极履行政协职能，主动参与全区经济建设、政治建设、文化建设、社会建设和生态文明建设，为推动全区科学发展献计出力，努力开创全区人民政协事业发展新局面。

【政协东湖区第九届委员会第一次会议】 2016 年 10 月 10—13 日，区政协第九届委员会第一次会议在区文化活动中心演艺大厅举行。会议应到委员 238 人，实到委员 223 人。会议听取和讨论市政协领导和区委书记刘闯的重要讲话；听取并审议通过政协东湖区第八届委员会常务委员会工作报告和提案工作情况的报告；列席东湖区第十六届人民代表大会第一次会议，听取并讨论高辉红代区长所作的《政府工作报告》及其他报告；选举产生政协东湖区第九届委员会主席、副主席、秘书长和常务委员会委员。会议认为，2011—2015 年，在中共东湖区委的坚强领导下，区政协八届委员会常务委员会牢牢把握团结和民主两大主题，充分发挥政协组织的协商民主重要渠道和专门机构作用，围绕中心，服务大局，认真履行政治协商、民主监督和参政议政职能，为促进全区经济社会又好又快发展做出积极贡献。会议指出，《政府工作报告》对五年来工作的总结客观实在，对未来发展提出的目标令人鼓舞，符合东湖实际，反映全区各界人民群众的期盼。同时，委员围绕全区经济社会发展中的重大问题、事关民生的热点难点问题，畅所欲言，建言献策。会议强调，2016 年，是“十三五”规划的开局之年。“十三五”的五年，是东湖区爬坡过坎、奋力崛起的关键阶段，是东湖产业升级的蜕变期、新老联动起步期、城市建管提升期、深化改革拓展期和民生民享的加速期。区政协九届委员会要认真把握新形势，继承和发扬人民政协的优良传统，紧紧围绕区第十二次党代会确立的发展目标，勇于开拓，敢于创新，适应新常态，展现新作为，在新的起点上努力开创全区政协工作的新局面。

【区政协八届二十五次常委会议】 1 月 13 日上午，在东湖区综合服务中心南楼四楼区政协常委会会议室举行。应到委员 33 名，实到委员 25 名。会议听取政协街道委员联络小组召集人汇报各组讨论情况。审议通过区政协八届六次会议决议（草案）。

【区政协八届二十六次常委会议】 3 月 28 日下午，在东湖区综合服务中心南楼四楼区政协常委会会议室举行。应到委员 33 名，实到委员 25 名。会议专题学习全国政协十二届四次会议精神；审议通过 2016 年区政协常委会工作要点；听取区农办主任张志忠关于全区农村工作的情况通报，听取区房管局局长周凯关于全区 2016 年旧城改造工作的情况通报。

【区政协八届二十七次常委会议】 6月28日上午,在东湖区综合服务中心南楼四楼区政协常委会会议室举行。应到委员33名,实到委员27名。会议听取区市场和质量监督管理局工作的情况通报;听取区政府办公室有关提案办理工作的情况通报;协商通过提案表彰决定名单(草案)。

【区政协八届二十八次常委会议】 9月23日上午,在东湖区综合服务中心南楼四楼区政协常委会会议室举行。应到委员33名,实到委员29名。审议通过《关于召开政协南昌市东湖区第九届委员会第一次会议的决定》(草案),区政协九届一次会议议程(草案);协商确定区政协九届委员会委员建议名单(草案),区政协九届一次会议日程(草案),政协东湖区第八届委员会常务委员会工作报告(草案),政协东湖区第八届委员会关于提案工作情况报告(草案),区政协九届一次会议小组划分和各组召集人建议名单(草案),区政协九届一次会议主席团成员、大会秘书长建议名单(草案),区政协九届一次会议主席团常务主席建议名单(草案),区政协九届一次会议执行主席建议名单(草案),区政协九届一次会议提案审查委员会委员建议名单(草案),区政协九届一次会议大会秘书处及各组负责人名单(草案),区政协九届一次会议列席人员名单(草案),区政协九届一次会议相关会议主持人、报告人名单(草案)。

【区政协九届一次常委会议】 10月27日下午,在东湖区综合服务中心南楼四楼区政协常委会会议室举行。应到委员35名,实到委员29名。会议协商通过区政协九届委员会专门委员会设置的决定,专委会主任、副主任人选和对口联系界别、对口联系单位部门,协商通过区政协九届常委会2016年工作安排。

【区政协九届二次常委会议】 12月28日上午,在东湖区综合服务中心南楼四楼区政协常委会会议室举行。应到委员35名,实到委员32名。会议听取区财政局有关财税工作的情况通报,审议通过《关于召开政协南昌市东湖区第九届委员会第二次会议的决定》(草案);政协南昌市东湖区第九届委员会第二次会议的议程、日程安排(草案);政协东湖区第九届委员会常务委员会工作报告(草案);政协南昌市东湖区第九届委员会第二次会议的执行主席名单(草案)、秘书长名单(草案)、会议秘书处及各工作组负责人名单(草案)、委员分组名单(草案)和会议主持人、报告人(草案)等组织名单。

提案工作

【概况】 2016年,区政协八届六次会议以来,共收到个人和集体提案69件。立案68件,未予立案的1件提案按规定作为社情民意转交有关部门处理。68件提案均办复。提案人表示满意的64件,基本满意的4件,满意率为94.12%。

【提案办理工作】 2016年,区政协提案工作继续坚持"围绕中心、服务大局、提高质量、讲求实效"的工作方针,坚持提案是关键、办理是核心、解决问题是目的,注重提高提案工作的整体水平,着力推进提案办理协商。把协商贯穿于提案工作的全过程,确定7件重点提案,通过重点提案协商、专题会议协商等形式,深入推动提案的办理工作,提案办理协商广泛多层工作格局进一步完善。换届伊始,针对新委员多的特点,区政协编印《政协东湖区第八届委员会提案集锦》,供委员学习提案知识和借鉴提案写作经验,以更好地发挥提案在履行政协职能、服务经济社会发展中的作用。

表3 **政协东湖区第八届五次会议以来优秀提案一览表**

提案号	优秀提案	提案人	提案人所在单位
第1号	《关于在恢复历史文化老街时应兼顾传统商业文化的建议》	谢　斌	东湖区机管局
第2号	《关于尽快设立东湖区产业引导资金的建议》	农工党东湖总支	—

续表 3

提案号	优 秀 提 案	提案人	提案人所在单位
第 17 号	《关于建立东湖区工间操制度的建议》	李玉群	南昌市第一医院
第 18 号	《关于完善后“二孩”时代学前教育规划的建议》	付青波	东湖区信访局
第 24 号	《关于东湖区引进国际学校或实验学校的建议》	民进东湖总支	——
第 27 号	《关于在中小学普及急救知识的建议》	王蓓蓓	江西省计划生育协会
第 45 号	《关于加强露天烧烤治理的建议》	舒蕙玲	东湖区疾控中心
		王国平	东湖区卫计委
		王红美	东湖区卫计委
第 49 号	《关于加强对我区小型餐饮行业监督管理的建议》	赵赣涛	东湖区职工学校
		邓文辉	南昌市劳动监察处
第 52 号	《关于加快推进医养结合养老模式发展提高老年人生活质量的建议》	曾武兵	东湖区公园街办
第 57 号	《关于加强对非机动车及行人交通秩序管理的建议》	熊 伟	东湖区发改委

调研考察

【概况】 2016 年，区政协组织、引导各参加单位和全体委员通过调研视察、专题协商和座谈研讨等多种渠道和形式，知情问政，参政议政，从不同方面、不同角度、不同层次建诤言、献良策、谋实招，为区委、区政府科学决策提供参考，为促进全区经济社会发展发挥作用。一些调研报告得到党委、政府主要领导的批示。

【关于产业引导资金可行性的调研】 2016 年，产业引导资金在扶持地方产业发展和招商引资工作中的作用越来越大，纵观各地产业引导资金，数量也呈越来越多的趋势，对各地产业发展和招商引资起到的撬动效应将逐步显现。农工党东湖总支经过对各地产业引导资金的发展现状和东湖区设立的可行性进行调研，提出以下建议：设立东湖区投资引导资金逐年投入，滚动发展，使用方向上指定用于对东湖区确定的重点产业进行直接扶持与投资引导；由东湖区投资引导资金发起设立独资创业投资有限责任公司，将政府不便于直接补贴内容纳入该平台；以政府独资创业投资有限责任公司为 LP，发起设立特定产业创业投资基金。

【关于完善城区学前教育规划的建议】 2016 年，随着全面两孩时代来临，未来几年东湖区预计会新增不少幼儿进入幼儿园，在区幼儿教育资源本来就紧张的情况下，“入园难、入园贵”问题将会进一步加剧甚至长期困扰幼儿家长，影响全区教育事业的发展。区政协教文卫体委员会就完善东湖区学前教育规划提出以下措施：合理规划学前教育前景；加强财政资金保障力度；增加学前教育用地供应；加快改建扩充幼儿园数量；加大对社会办园的扶持；提高幼儿教师待遇；建设高素质幼师队伍。

【关于提升城市环境管理水平的调研】 2016 年，为促进全区城市环境管理水平进一步提升，区政协人口资源环境城乡建设委员会开展关于提升东湖区城市环境管理标准化精细化水平的调研，调研组先后到区综管办、区城建局、区城管局、区执法局和墩子塘街办等部门和单位进行座谈调研，并赴北京市、南京市等外地考察学习，通过梳理基本情况、存在问题，提出以下建议：进一步创新思路，建立完善城市环境管理标准化体系；进一步理顺机制、健全队伍，保障经费；进一步发挥“智慧城市”平台作用，推进城市管理精细化；进一步加强宣传引导力度,提升辖区居民的文明素养。

【关于做好青少年安全教育工作的建议】 2016年,东湖区提案委在重点提案《关于在中小学普及急救知识的建议》办理完成后,召开工作落实协调会,就完善全区青少年安全教育工作,提出以下建议:深化课程改革保证教材适用性;各部门联动搭建教育资源平台;建立相应师资队伍并保持稳定;加强安全教育财政资金保障力度;保证青少年安全教育实践场地。

【关于推进“两创”工作情况的调研】 2016年,为了解全区推进大众创业万众创新工作情况,为经济发展建言献策,区政协经济科技委员会通过走访、座谈等形式,对东湖“大众创业、万众创新”工作进行调研。调研报告首先梳理全区“两创”工作开展情况及存在的问题,然后提出建议:进一步强化协调联动机制。建立定期联席会议制度,按时沟通、及时改进,提高认识,加强领导;形成梯度服务模式。对现有创新创业服务内容及服务对象进行分析,针对服务对象不同提供相应服务;充分发挥已认定的孵化平台、创客空间的作用。完善东湖区平台、空间服务体系,建立服务标准,同时形成数据收集机制,并根据数据及时调整服务手段或方向。

【调研淘宝商学院和阿里巴巴产业带】 3月9日上午,区政协副主席郑洪健率区政协经科委部分委员到淘宝商学院、阿里巴巴产业带和豫章一号调研。

【调研东湖区文化艺术产业】 3月16日下午,江西省政协副秘书长、民盟江西省委会专职副主委任江南、民盟南昌市委会专职副主委谢华到东湖区就以“四方书画院”为依托打造文化艺术街区,发展文化艺术产业开展调研。区政协副主席郑洪健参加调研。

【考察公共文化服务建设工作】 3月30日,区政协主席王玮率区政协主席会议成员和部分“三胞三属”专委会委员,对全区公共文化服务建设工作进行主席会议考察。主席会议成员和委员先后到彭家桥街道文化活动中心,董家窑街道文化活动中心和区文化馆、图书馆考察,认真听取区文化局和街道工作介绍,详细了解活动中心的建设和运行情况。

【调研“三风”活动】 5月4日上午,南昌市政协主席周关深入东湖区百花洲街道刘将军庙社区和邮政路社区调研“兴家风、淳民风、正社风”活动开展情况,并在街道召开座谈会。区政协主席王玮参加调研。

【调研全区经济社会发展】 12月6日上午,南昌市政协主席周关率市政协班子到东湖区调研。周关一行先后到青山湖西岸旧改与安置房项目现场、戴家巷社区调研,并车览新湖滨西路改造项目,详细了解东湖区经济发展、城市建管和“三风”活动开展情况。

民主监督

【概况】 2016年,区政协坚持寓监督于经常性工作之中,充分运用视察、调研、提案等载体,畅通渠道,广开言路,有力地推进民主政治建设。

【开展监督性视察】 2016年,区政协坚持以组织监督性的视察调研活动为主,多种形式配合,增强民主监督实效。11月18日上午,区政协主席会议成员和部分区政协常委对区胜利路步行街改造项目、刘将军庙小游园提升改造工程和紫金广场提升改造等重点项目和民生工作开展监督性视察,查实情,讲实话,谋实策,促进相关工作按区委、区政府要求稳步推进。区委常委、常务副区长夏小兰全程参与视察,认真听取委员的建议。

【强化提案办理落实】 2016年,区政协领导班子坚持把提案工作当成一项全局性的工作来抓,积极参加提案的办理、调研、督办和考察等活动。区政协八届六次会议以来的64件提案均在规定时限内办理完毕,提案人表示满意的64件,基本满意的4件,满意率为94.12%,基本满意率为5.88%。

团结联谊

【概况】 2016年,区政协坚持团结和民主两大主题,充分发挥最广泛爱国统一战线组织的优势,更加紧密地联系各党派团体和社会各界，积极开展对外联谊和友好交往，着力营造团结民主的和谐氛围，凝聚东湖发展的强大合力。

【团结民主迈上新台阶】 2016年，区政协充分发挥协调关系、凝心聚力的作用，支持和鼓励各民主党派、工商联、无党派人士以党派、团体的名义，围绕经济社会发展中的重要问题以及人民群众关心关注的热点难点问题，开展调查研究，撰写调研报告，反映社情民意，提交联名提案，主动邀请他们参加政协的协商议政活动，联合开展视察、调研等活动，为各民主党派、工商联、无党派人士履行职能搭建平台，进一步巩固和发展统一战线上的大团结、大联合；广泛开展对外联谊，加强与外地政协的联系与交流，先后接待四川省攀枝花市东区政协考察团、天津市武清区政协考察团、四川省宜宾市翠屏区政协考察团等地县区政协组织来东湖区考察政协工作。

【扎实推动“三风”主题活动】 2016年，区委、区政府将“三风”活动纳入到全区党建工作和精神文明创建中统筹考虑、不断推动，全区形成党委领导、政府支持、政协牵头、委员带头、上下联动、广泛参与的“三风”活动良好发展格局。一是区政协办公室和区委宣传部多次召开工作部署会，推进“三风”活动，全区各单位将“三风”活动主题结合单位本职工作，开展一系列特色活动，推动活动的常态化开展。二是制定东湖区的“三风”示范点建设标准，12月16日，区政协主席会议对上报的10个示范点进行视察，查看达标情况，以点带面推动“三风”活动上水平；区政协对在2016年“三风”活动中表现优秀的区教科体局、百花洲街办和光明社区等14个单位给予表彰。东湖区推荐的3名干部职工被评为南昌市2016年度“三风”榜样人物。

（刘　婷）

群 众 团 体

综 述

2016年，东湖区各群团组织充分发挥“聚合带动、桥梁纽带、创新探索”三大作用，以实干之风取得的成绩可圈可点。全区各级群团组织在区委的坚强领导下，大力弘扬“崇尚荣誉·创先争优”东湖精神，坚持围绕中心、服务大局，发挥各自优势，搭建平台载体，聚强工作合力，在助推经济发展、促进和谐稳定、维护群众利益、加强自身建设等方面做了大量工作，为推动全区各项工作做出积极贡献。概括起来就是“发挥三大作用取得三项新成绩”：一是发挥聚合带动作用，服务大局创新荣誉。工会组织深入推进“十百千万”工作，先后被评为市“建千家工会组织”行动工作先进单位、市工会工作督查考核一等奖。工商联组织积极向国内外客商推介东湖，先后引进江西亿信集团有限公司等9家企业落户，税收任务超额完成。共青团组织带领志愿者积极投身“美丽南昌·幸福家园”环境整治等重点工作，并荣获首批“全国城市街道区域化团建示范创建单位”。各级群团组织积极参与南昌国际马拉松、旧城改造等工作，有力地保障全区阔步复兴征程。二是发挥桥梁纽带作用，帮扶群众出新成效。深入基层、贴近百姓，切实把党委的关怀送到群众中去。共青团组织实施“赣青圆梦”“彩虹工程”“圆梦微心愿”等志愿服务活动，帮助贫困儿童实现“微心愿”179个，募集20万元资助贫困学生、孤儿共372人。总工会组织开展“迎新春，送温暖”活动，慰问困难职工540名，发放帮扶资金84万元。残联组织扎实做好全国残疾预防综合试验区工作，完善全区残疾预防工作体系。红十字会募集爱心物资捐款34万元，受惠困难群众1600余人。三是发挥创新探索作用，阵地建设有新亮点。工会组织新建工会150家，新增会员1758人，“春风行动”活动持续深入，提供用工岗位6000余个。共青团组织创新打造“东青号”移动志愿服务站，推进镇、街道“青年空间”阵地建设，新建豫章壹号等非公企业团组织。妇联深入推进“妇女之家”创建工作，豫章街道滨江社区林国英等5人荣获市优秀“妇女之家”专管员。科协组织创新科普平台，辖区星期8小镇跻身全国科普教育基地行列，打造全省科普示范社区——大院街道公园社区、彭家桥街道江中花园社区。这些成绩的取得，是区委、区政府正确领导的结果，是上级各群团部门大力支持的结果，是各群团组织奋力进取的结果。

（区史志办公室）

职工工作

【概况】 2016年，东湖区职工工作围绕全区中心工作，以“十百千万”总体思路全面落实工会各项工作任务，取得一定成效。截至年底，共获得南昌市工会工作督查考核一等奖、南昌市“建千家工会组织”行动工作先进单位、全省工会经审工作先进集体、南昌市第十六届文明单位、全区社会治安综合治理目标管理先进单位等荣誉称号。

【全力推进“十百千万”工作】 2016年，是“十百千万”工作收官之年。区总工会认真贯彻落实《南昌市十项职工群众工作标准》，扎实推进工会工作标准化、制度化、规范化建设，打造一批标准工会样板,8家单位被评为“市级标准工会”,4家单位被评为“五十佳”市级标准工会。区总工会领导和干部每人每年确定1个调研课题,挂点联系具有代表性的重点企业进行调研。深入凯莱大饭店、相思林酒店、南昌天奥、江西聚拓矿业有限公司等企业,了解企业职工生产生活状况,征求企业对全区工会工作的意见和建议,为全区工会工作的开展提供重要参考。通过筛选,上报2篇调研文章并被刊登在市总工会网站和《南昌工会》。截至年底,全区新建工会150家,新增会员1758人,新增农民工761人,超额完成市总工会下达的目标任务,并被南昌市“十百千万”工作领导小组评为“建千家工会组织”行动先进集体。此外,开展“四送”温暖活动:“春送岗位”,3月15日,“春风行动”招聘活动在胜利路名秀广场举办,有86余家企业参与招聘,提供用工岗位6000余个;“夏送清凉”,炎炎夏日,区总工会为交警、环卫工人、社区干部等一线职工送上绿豆、冰糖等消暑物品近5万元;“金秋助学”,帮助困难职工子女就学18人,发放助学金7.2万余元;“冬送温暖”,春节前夕,区总工会开展“迎新春,送温暖”集中慰问活动,为540名困难职工,发放帮扶资金84万元。陪同区领导走访慰问4名生活困难和大病职工,发放慰问金2400元,为他们送去新春的祝福和党的温暖。

【积极服务职工群众】 2016年,区总工会指导辖区工会和企业工会广泛开展区域性、行业性工资集体协商活动。全区签定单独工资专项合同290份,涵盖职工9000多人,行业性(区域性)工资专项集体合同90份,覆盖企业2431个,涵盖职工13000余人。全面推广“南昌职工卡”工作,发放南昌职工卡3000多张,推荐凯莱大饭店、国美电器、上海童梦管理有限公司三家大型非公企业与市总工会职工卡签订合作协议。通过全区工会的共同努力,全年共完成124余万元互保金,为近6800余名职工办理职工互助保障,为18名职工办理大病理赔,金额达34万元。

【开展多种形式的劳动竞赛】 2016年,以“践行新理念、建功十三五”为主题,各基层工会和辖区非公企业立足各自单位、行业实际情况,开展多形式、多层次劳动竞赛活动,区总工会开展全区工会知识竞赛活动;区卫计委举办口腔技能竞赛、静脉注射法、穿脱隔离衣、埃博拉出血热应急处置演练暨技能大赛;区城建局举办植物造型的修剪、常见病虫害的识别与防治、行道树细化管护、绿地细化养护等内容和“建功立业大竞赛”清掏比赛等劳动竞赛。全年,全区共开展各类劳动竞赛活动18次,参加的干部职工达1274人次。

【做好选树服务劳模工作】 2016年“五一”劳动节前夕,全区积极做好“南昌市劳动模范”评选推荐上报工作,4月28日,郭小玲(区商务局书记、局长)、万晓荣(区城市建设局党委书记、局长)、吴彬文(区地方税务局局长)、杨征宇(贤士湖管理处党工委书记)、张金陶(区社会福利院负责人)、郭剑青(区文化馆群文科科长)、陈金香(百花洲街道办事处火神庙社区居委会书记、主任)、范丽红(南昌市祥华农业发展有限公司董事长)、郭树长(扬子洲镇上房村番茄种植户)、刘云娟(彭家桥街道办事处光明社区居委会党委书记、主任)、裘明金(南昌凯莱大饭店有限公司保安经理)、陶国庆(扬子洲镇前洲村村委会主任)、陶柱全(贤士湖管理处七里村村民委员会党支部书记)、徐春芳(扬子洲镇南洲村党支部书记),受到南昌市委、市政府的表彰,荣获南昌市“先进工作者”和“劳动模范”的光荣称号。为大力弘扬劳模精神,区总工会在全区不断营造学习劳模、争当劳模、关爱劳模的良好氛围,通过制作宣传栏和大型户外宣传展板、拍摄公益性专题视频等多种形式对劳模的先进事迹进行宣传报道。2016年,继续加强劳模服务和管理工作,组织近两届劳模进行免费体检,对困难劳模进行帮扶,对全区劳模进行慰问。全年共慰问省市劳模164人,发放春节慰问金10.05万元。

【加强服务职工场所建设】 2016年,区委、区政府和市总工会高度重视东湖职工服务场所建设,分别在场地和资金上给予帮助和支持,通过独建和资源共享的方式,分别打造“东湖区职工服务中心”“东湖区职工文化活动中心”“东湖区法律援助工作站”“东湖区职工劳动争议调解中心”,为职工群众提供帮扶、维权、文体活动等一条龙服务。2016年,职工服务场所建设通过市级验收,获得市总10万元经费支持。区总工会拨款3万多元支持滕王阁街道李家巷社区职工文化活动场所建设、榕门路社区平安小区创建、扬子洲镇前洲村职工书屋建设,受到当地群众的拥护和称赞。

【开展丰富多彩的文体活动】 2016年,为活跃职工文体生活,提升职工凝聚力和战斗力,区总工会举办"迎新春闹元宵"职工拔河比赛、工会干部健康咨询和跳绳活动、全区干部职工中医理疗活动、全区女职工免费瑜伽培训班、"国宝+国球"南昌市职工乒乓球冠军邀请赛、"中国梦·劳动美——我与祖国同精彩"文艺比赛、"迎中秋·庆国庆"职工谜语竞猜等系列文体活动,共有2000余名干部职工参加,在"国宝+国球"南昌市职工乒乓球冠军邀请赛中,东湖区荣获团体冠军;在职工谜语竞猜中,东湖区荣获团体三等奖。

(林如霞)

青少年工作

【概况】 2016年,共青团东湖区委在区委、区政府的领导和关心下,立足实力东湖、活力东湖、魅力东湖建设,通过强组织、聚队伍、重品牌、提宣传,凝聚东湖青年投身"四区"建设的青春实力,在全区广大团员青年的共同努力下,全区各级团组织将"崇尚荣誉·创先争优"精神植入骨髓,各级团、队组织不辱使命,获得"全国城市街道区域化团建示范创建单位""全省少先队工作示范校""2016年全市共青团工作先进单位"等全国荣誉1项,全省荣誉10项,全市荣誉27项,向社会进一步弘扬新风正气,传递正能量。

【强效提升自身组织建设】 2016年,团区委乘着习近平总书记视察南昌的东风,落实区委指示精神,结合"两学一做"学习教育活动,通过专家讲、实地看、现场议、互相评等多种方式开展各级各类团干部培训班,先后邀请团中央全国学联办柏贞尧主任、团省委少年部长范伟成、团市委书记盛炜、省教研员周自兴老师为全区团干授课,培训人次累计达千人次,大大地提升团干的业务水平。此外,推动下一级团委书记配备以及列席同级党(工)委会议制度,新建豫章1号、阿里巴巴电商产业园、乐豆家等非公企业团组织,新增覆盖非公企业团员青年上百人。团中央、团省委、团市委的领导相继下沉东湖区帮助基层共青团工作,累计达到130余天。

【加强"青年空间"阵地建设】 2016年,团区委按照街道建"专卖店"、社区建"专柜"的思路,通过新建、转化、合作等方式,在全区各镇、街道均建成1个具有特色的青年空间,由团干部、青少年社工、青年志愿者、青年社会组织等力量组建服务队伍,切实提升青年空间服务管理水平,有效地为周边青少年提供服务。其中光明社区青年空间"玩具接力坊"、刘将军庙社区青年空间"爱心银行"和紫金城社区青年空间等项目在省、市各项调研中屡获好评,特别是在全省共青团工作流动现场会中,来自全省各地市的团市委书记、团县(区)委书记参观东湖青年空间建设,对区青年空间初见成效、"童心圆梦"公益性社区少年宫的活动所取得的实效予以高度赞扬。

【树立志愿服务新品牌】 2016年,团区委创新打造"东青号"移动志愿服务站,旨在将其打造成为"展示东湖形象的名片、提供公共服务的平台、开展志愿服务的基地、实现便民惠民的窗口"。"东青号"集宣传推广文明创建、参与社会管理创新、开展团委业务工作、提供便民惠民服务等功能为一体,自八月运营以来坚持节假日无休,在步行街明秀广场、社区、学校等地提供信息咨询、道路指引服务,雨伞、移动充电器、免费书籍借阅,社区"移动影院",应急药品等20余项便民服务,还为国际马拉松、第四届世界绿发会、东湖区"两会"、青山客运站春运等重大活动提供志愿服务,累计服务人数近万人。八月时任中共南昌市委常委、市纪委书记卢作全,十月时任市人大党组成员、副主任申少平,市政协副主席龙国英以及区四套班子领导分别莅临"东青号"参观指导,并对"东青号"无间断地开展志愿服务,树立东湖志愿服务新品牌予以充分肯定。

【举办丰富多彩的青年活动】 2016年,为丰富团员青年的文化生活,加强团组织的凝聚力和活力,团区委全年活动不断,亮点层出。为应对2016年的低温雨雪冰冻天气,组建东青应急突击队和"东青应急车队"上路扫雪铲冰,开展24小时免费道路救援;依托东青志愿者协会,联合全区高校志愿者联盟、社会联盟和网络联盟，组织常态化开展“青清行动——文明青年行”生态文明志愿服务活动，活动覆盖八一公园、胜利路步行街、沿江路周边等多个区域，区出新幼儿园团支部等3个团组织长效开展志愿服务活动频率高、效果好，成功推报获评南昌市“青年文明号”创建单位；开展第一届“相约青春牵手东湖”大型公益单身联谊活动，为青年搭建婚恋交友平台，真正成为青年朋友的“娘家”；组织开展“喜迎新年”公益观影活动，增进青年间交流；春运期间依托“东青号”移动志愿服务站在青山客运站开展“温暖还乡人”志愿服务活动。团区委全年举办开展各类文体志愿活动覆盖青年4410人次，有效地提升团组织的吸引力和凝聚力。

【五四活动唱响青春主旋律】 五四期间，团区委策划开展“活力东湖·律动五四”青年节系列活动。通过开展“青春ing，我们在东湖”书法摄影绘画大赛、开展“我的青春我来秀”五四乒乓球友谊赛等青年喜闻乐见的文体活动丰富全区青年业余生活，激发东湖青年勇于拼搏奋进的青春活力；开展第一届“东湖青年五四奖章”评比表彰活动，培育宣传各级各类“东湖好青年”16名，提名奖9名。全区参与五四系列活动人数累计达1200余人次。团中央、团省委、团市委、区人大、区政府、区政协等各级领导出席五四活动闭幕式，团区委还牵线哈尔滨工程大学，整合资源将10台3D打印机全部赠送区属学校用于教育教学，“五四”系列活动的成功举办获得各级领导和全区团员青年的一致好评，掀起全区五四青年活动的热潮。

【实施“赣青圆梦”行动】 2016年，团区委以“3·5”学雷锋日为契机，常态化开展“彩虹工程”“圆梦微心愿”等品牌志愿服务活动。组织团干、团员青年和社会爱心人士前往SOS儿童村，开展“大手牵小手、圆梦微心愿”活动，向儿童村捐赠善款，并认领“微心愿”。全年帮助贫困儿童实现“微心愿”179个，捐助贫困学生、孤儿372人，发放慰问金额共19.2万元，撬动社会资源服务精准脱贫工作。在团市委的帮助下整资源、搭平台，在区光明社区、刘将军庙社区、新华社区、二七北路社区开展“童心圆梦”公益性社区少年宫，为社区贫困青少年免费提供绘画、手工、书法课程，让贫困家庭孩子在家门口享受到全免费的优质教育。

2016年3月5日，共青团东湖区委牵手SOS儿童村开展“大手牵小手、圆梦微心愿”活动

【指导全区少先队工作再上新台阶】 2016年,团区委在全市范围内率先组织召开少先队工作会议,选聘2名兼职全区少先队总(副总)辅导员,20名校级辅导员。举行全省首次少先队活动课程专题培训班。区少先队代表南昌市参加全省少先队说课大赛拔得头筹,区属少先队辅导员作为全市唯一代表参加全国第七次少代会,东湖区少工委活动获全国少工委微信转载,团带队工作显著迈上新台阶。

【打造网络宣传阵地】 2016年,团区委开通"东青好声音"短信渠道并升级打造全新微信公众号——东湖区共青团,微信开设"东青微课堂"专栏,每周六开通微课。"五四"期间,微信平台粉丝关注量短短一个月内达八万人,全年2次单篇最高点击阅读量达10万+,在全省范围开展的网络投票活动中,取得网络投票全省第一的好成绩,WCI指数稳定保持400+。中央、省、市新闻媒体及党报党刊全年报道东湖区共青团工作达38次,有效地唱响东湖区共青团"好声音"。

(于 凡)

妇女工作

【概况】 2016年,东湖区妇女工作牢牢把握维权与发展两条主线,区妇联团结带领全区各级妇联组织和广大妇女,适应新常态,抢抓新机遇,展现新作为,推动妇女儿童各项事业的全面发展。

【发放两癌贫困母亲救助金】 2016年,区妇联及时更新贫困两癌母亲数据库,积极申报"贫困母亲两癌救助"中央专项彩票公益金,全年共为2名两癌贫困母亲发放中央专项彩票公益金20000元。

【发放市级救助金】 2016年春节前夕,东湖区为丁伟华等8名贫困单亲母亲、罗小云等5名贫困妇女儿童,发放共计8000元的南昌市贫困单亲母亲专项救助金和6000元的市妇联贫困妇女儿童维权救助金。

【扶贫帮困迎新年】 2016年春节期间,区妇联积极开展区级结对帮扶送温暖活动,共走访慰问25位贫困母亲、儿童,共发放1万元慰问金和7200余元慰问品。

【为贫困母亲拍"全家福"】 三·八前夕,东湖区聘请专业摄影师为辖区10户贫困母亲家庭,开展"温情传递,呼唤幸福,为贫困母亲拍全家福活动",向各户家庭赠送一套全家福相册和一幅全家福带框照。

【组织三八维权周法制宣传活动】 3月3日上午,区妇联、区检察院在豫章街道滨江社区方志敏广场开展"建设法治中国·巾帼在行动——维权服务进社区、进家庭、到身边"法制宣传活动,为居民群众提供法律咨询、宣传活动。活动共发放宣传单/册300余份,悬挂横幅3条,宣传活动做到范围广、内容全、形式新、效果实,取得良好的宣传效果。

【组织收听收看视频会议】 3月4日上午,区妇联组织街道(镇、管理处)、区直单位、区属系统、区妇儿成员单位妇联(妇委会)分管领导及专干,各派出所"妇女维权投诉站"负责人共100余人,在区政府6楼常务会议室收看省妇联《反家庭暴力法》万人宣讲活动视频会议。宣讲会对《反家庭暴力法》进行认真细致的讲解,内容主要包括对家庭暴力的范畴、预防、处置、人身安全保护令和法律责任等几方面的规定划分。

【开展庆三八相关活动】 3月8日上午,区妇联组织基层妇女干部55人,到扬子洲镇庙后村祥华农场开展关爱农村贫困留守妇女儿童活动暨义务植树活动,与10名贫困留守妇女、儿童结对,发放帮扶资金(物品)5000元,并共同种下象征希望的40余棵桃树。

【做好信访维稳工作】 4月底,东湖区在市、区妇联和南昌三套政法频道记者、律师、心理专家的团队式介入下,圆满地调解百花洲街道状元桥社区的高梅英老人来访诉其子不光啃老、不工作还有家庭暴力的信访案件。

【开展艾滋病防治知识宣传】 4月20日,在彭家桥街道江中花园社区,区妇联组织开展妇女"面对面"艾滋病防治知识竞赛活动,通过发放防艾宣传材料宣讲防艾知识,向广大妇女群众普及艾滋病防治知识,进一步增强艾滋病防治宣传教育效果。

【开展访贫问苦送温暖活动】 5月母亲节前夕，东湖区开展走访慰问贫困母亲弘扬“感恩母爱，关爱母亲”的传统美德活动，共走访慰问12位贫困母亲，并发放6000元慰问金。

【开展走访慰问贫困留守儿童活动】 六一前夕，区妇联组织爱心妈妈志愿者分别到安义县乌溪村小学、新建县南矶乡中学、东湖区光明学校，开展心连心关爱农村留守儿童活动，共为40位留守儿童发放9000元慰问金、价值8410元的书籍和5400元的书包。

【迎市两规划督导组调研】 7月12日下午，南昌市两规划督导小组一行4人到区妇幼保健所，就如何遏制全区两规划婚检率下降趋势进行调研，提出要通过积极引导、加大宣传等举措，提升群众主动婚检意识和提高婚检率。

【妇女之家创建工作获得肯定】 2016年，东湖区扬子洲镇、彭家桥街道光明社区、百花洲街道状元桥社区荣获市优秀“妇女之家”称号，豫章街道滨江社区林国英等5人被评为市优秀“妇女之家”专管员。

（刘　达）

归国华侨工作

【概况】 2016年，东湖区侨联在区委、区政府的正确领导下，在省市侨联的关心指导下，深入学习贯彻中共十八届五中、六中全会精神，充分发挥桥梁纽带作用，凝聚侨心、汇聚侨力，将服务东湖经济社会发展大局与为侨服务相结合，各项工作稳步推进。

【参加华人学生作文大赛】 12月，区侨联积极参加第十八届华人学生作文大赛，共征集辖区内学生作文100余篇。

【开展爱心助侨活动】 2016年，东湖区侨联帮助多名归侨侨眷解决实际困难。春节、中秋期间走访辖区内的20余位困难归侨侨眷，给他们送去共计16000元的慰问金和慰问品。

【开展侨法宣传活动】 8月，区侨联开展侨法宣传月活动，深入社区，通过制作侨法宣传栏，开展侨法知识讲座等多种形式的活动，宣传《中华人民共和国归侨侨眷权益保护法》及其实施办法，同时邀请法律专家为归侨侨眷讲解涉及自身利益的法律法规，得到广大归侨侨眷的欢迎。

【履行参政议政职能】 2016年，区侨联积极参与政治协商和民主监督，支持侨界代表委员为侨界群众的切身利益表达意愿。在区两会期间，侨界代表向东湖区人大提交议案2件，向东湖区政协提交提案8件。

（吴大鹏）

残疾人工作

【概况】 2016年，东湖区残疾人联合会在区委、区政府的正确领导下，在市残联的精心指导下，在有关部门和社会各界的大力支持下，认真学习习近平总书记系列重要讲话精神，紧紧围绕市委对新时期残疾人工作提出的“全省站首位，全国有地位”的总要求，着眼于实现残疾人生活更加殷实，精神更加丰富，人格更有尊严，全面加快推进残疾人小康进程。进一步完善残疾人工作体系，以加强残疾人社会保障和残疾人服务体系建设为重点，坚持深入实际，以人为本的工作方针，实施残疾人幸福工程，着力推进残疾人事业现代化。不断夯实残疾人事业发展基础，使全区残疾人康复、教育、就业、文化体育、组织建设、维权等各项工作均走在全市的前列，被评为“南昌市文明单位”“残疾人工作先进县区”。

【实施残疾人康复工程】 2016年春节期间，东湖区共走访慰问贫困残疾人341人，发放慰问金共计11.62万元；为284名残疾人免费配发辅助器具；为50名听力残疾人安装助听器；为250名精神残疾人发放免费服药代金券。发放残疾人护理补贴2360人，金额131.63万元；生活补贴2152人，金额123.51万元。

【完善残疾人各项服务设施】 2016年，东湖区成立“东湖区仁爱之家智力残疾儿童康复中心”和“东湖区仁爱之家残疾人日间照料中心”，总面积1100平方米，由民非机构（仁爱之家）投资100余万元进行装修，配备无障碍扶手、无障碍卫生间、防滑地面等无障碍设施。截至年底,收治轻度精神残疾患者40人,填补江西省民办服务机构的空白;打造2个社区康复站,为辖区内1000余名老人、残疾人员提供康复服务。

【做好全国残疾预防综合试验区工作】 2016年,中残联确立东湖区为“全国残疾预防综合试验区”,开展高危孕产妇产前筛查、儿童残疾筛查诊断、残疾评定、残疾预防宣传教育等重点人群干预项目。区残联不断完善残疾预防工作体系,为提升基层产前筛查、儿童残疾筛查、残疾评定等服务能力,提高全社会残疾预防意识,打下坚实基础。

【开展残疾人基本服务状况和需求调研】 2016年,区残联根据实际情况制定《东湖区落实〈全国残疾人基本服务状况和需求信息数据动态更新工作〉实施方案》,并召集区统计局,区财政局,各镇、街办、管理处分管领导及民政助理员召开工作部署会,按照每位持证残疾人20元的标准落实调查登记工作经费。对全区7731人进行基本需求和服务状况入户登记并将登记信息全部进行网上录入。

【开展残疾人“十三五”精准康复工作】 2016年,区残联结合全年全国残疾人基本服务状况和需求调查,为全区2634名有康复需求的残疾人建立康复档案。截至年底,共为400余位残疾人提供药物、辅具配发、功能训练、护理等方面的精准康复服务。

【开展职业技能培训】 2016年,区残联开设摄影培训3期、电脑培训7期、中西面点培训3期、盲人按摩培训5期、淘宝云客服培训1期、手工编织培训1期、缝纫培训1期、书法培训1期,共培训333人次。出色完成南昌市“淘宝云客服、百乡千人”项目试点工作,聘请残友集团讲师进行授课,20名学员经过一个月的刻苦学习,全部通过淘宝云客服线上考核,成功取得工号,上岗率达到100%。

【多渠道帮助残疾人就业】 2016年,区残联通过组织有创业需求的残疾人,参观金刚指盲人按摩店、大云美编织店等残疾人就业点,举办就业创业座谈、残疾人专场招聘会等形式帮助残疾人就业。组织培训学员参观南昌大众餐饮有限公司就业基地,并与南昌大众餐饮有限公司签订残疾人就业战略合作协议,帮助残疾人就业。11月16日,区残联培训中心到南昌朝阳凤调味品有限公司进行实地考察,听取负责人对该公司的建设规模、生产成本、市场价格等方面的详细介绍,就业培训中心对公司安全生产、产品营销、人才引进等方面提出许多合理化建议。此外,致力打造“南昌盲人按摩品牌”,投资19.8万元提升打造三家盲人按摩店。

【积极开展宣传工作】 2016年,区残联在南昌一套《新闻说报》栏目报道9次;政法频道报道1次;南昌一套《每日新闻》栏目报道1次;在《南昌日报》三版分别刊登康复、教就、宣传文化3次报道。9月5日,《中国残疾人》记者禹玲玲一行到东湖区残联采访指导工作。在省残联网站刊登稿件100篇,在市残联网站刊登112篇,在区残联网站刊登164篇。街道、社区充分发动残疾人专职委员作用,上门入户宣传办证政策,截至年底,共办理残疾人证2832本。

【积极开展文体活动】 2016年,东湖区成功举办“2016年闽赣残疾人文化艺术交流东湖区专场”演出;承办“南昌市残疾人自强模范和优秀残疾人工作先进事迹首场巡回演讲报告会”,区熊春平理事长作为优秀残疾人工作先进者在全市各县、区进行巡回演讲。共举办3次线上文艺汇演活动(元宵节、世界地球日、端午节);组织听障人士前往南昌市黄马乡凤凰沟景区举办春季“花为媒,春之歌”摄影大赛;结合“全国助残日”举办东湖区残疾人艺术团文艺汇演。在线组织“浪漫七夕”情歌对唱比赛,举办道德讲堂,举办第四届残疾人“幸福杯”家庭才艺大赛,得到广大残疾人士广泛称赞。

【做好残疾人维稳工作】 2016年,区残联认真做好接待残疾人来访工作,工作人员力争做到热情接待。一方面注重向残疾人宣传解释有关政策,另一方面积极帮助他们协调解决问题。对上级转来的信访问题,工作人员认真处理,及时回复;对到上级部门上访的残疾人,工作人员第一时间赶到现场做说服解释工作;对来访要求帮助解决就业问题的,工作人员一一做好登记,并积极与相关企业联系,帮助推荐就业,得到残疾人士的理解和信任。

（胡皖萍）

科普工作

【概况】 2016年，东湖区科普工作以邓小平理论和“三个代表”重要思想为指导，深入贯彻中共十八届五中全会、习近平总书记系列重要讲话精神和五大发展理念以及中国科协第八次全国代表大会精神，认真落实《科普法》和《全民科学素质行动计划纲要》，紧紧围绕区委、区政府的中心工作和市科协工作的总体部署，按照打造“实力东湖、活力东湖、魅力东湖”要求，牢牢把握“四区一体”建设目标。区科协全面创新科普理念和服务模式，精细分类，精准推送，全面提升科普覆盖面和实效性，突出重点，打造特色科普，不断强化责任意识，硬化管理措施，各项工作成效显著。2016年，东湖区科协组织得到省、市科协的充分肯定，取得多项荣誉：大院街道公园社区、彭家桥街道江中花园社区被省科协评为“省科普示范社区”；大院街道院一社区被评为全省“社区科普益民计划”项目奖补单位；大院街道公园社区、彭家桥街道江中花园社区被市科协评为“市科普示范社区”；扬子洲镇熊万村被评为“市党员科普致富示范创建村”；南昌星期8小镇被评为“全国科普示范基地”。

【强化科普队伍建设】 2016年，各街道、扬子洲镇、贤士湖管理处皆对科协组织进行调整，各社区(村)完善科普小组，健全区、街、社区(村)三级网络。强化科普队伍建设，对基层科协主席和科协秘书长进行多次业务培训。此外，各单位分别组织一支30人以上的“科普志愿者”队伍，为“科教进社区”活动持续有效地开展打下坚实的组织基础。

【营造浓厚科普氛围】 2016年，区科协认真贯彻落实《全民科学素质行动计划纲要》，组织开展“科普之春”“科普之夏”“科普之秋”“科普之冬”“全国科技活动周”“全国科普日”等活动。依托《纲要》，利用多媒体、宣传栏、展板、板报等各种宣传手段，围绕环保低碳、防震减灾、卫生保健等群众关心的热点问题广泛开展宣传活动。1—8月份举办各类科普图片巡展6场次，科普讲座5场，大型“科普宣传咨询活动”6场，发放“科学在我们身边”科普丛书、“低碳生活从我做起”系列丛书、“不要滥用抗生素”“防新型诈骗小绝招”“环境保护知识及法规宣传手册”等科普宣传资料共5万余册。

【开展“科技活动周”活动】 2016年，东湖区“科技活动周”于5月14—21日在全区开展。活动围绕“节能有道，节俭有德”开展节能宣传活动，传播节能理念，普及节能知识，积极推广绿色、低碳发展理念；加强有序用电，鼓励节约用电，倡导绿色消费，践行节约行动，形成浓厚的节能降耗社会氛围。

【开展“全国科普日”活动】 9月20日，由南昌市科协、区科协、区教科体局、区老科协主办的2016年东湖区全国科普日活动启动仪式暨科普活动展示在樟树林文化广场举行，活动围绕2016年度全国科普日主题“创新放飞梦想，科技引领未来”展开，星期8小镇、缤谷众创空间组织科普展示活动，南大医学院的大学生志愿者开展义务咨询，活动共发放科普宣传资料8000余册。

【开展“百场科普报告进社区”活动】 2016年，“科学，让生活更美好——2016年度江西省百场科普报告进社区活动”在墩子塘街道马家池社区举行，活动邀请到大学生志愿者为社区居民开展科普讲座，讲课内容通俗易懂，深受居民欢迎。

【加大科普设施建设力度】 2016年，区科协投入经费到有条件的社区新建科普画廊及科普宣传栏，并统一为社区订购《科普天地》《科普系列挂图》等科普图刊6种，保证有科普画廊的社区每月更换一次的需要。制作科普展板图片4套(60幅)，内容有“绿色生活”“保护环境从我做起”“地震科普知识图片”“食品安全知识”等，全年新建科普宣传画廊3处共20余米，有效地夯实社区科普工作的基础。

【凸显科普志愿者活动特色】 2016年，区科协开展富有特色的“科普直通车”活动。结合区位优势，开展横向联动，积极与辖区单位，人大、政协科技界代表和委员，统战对象中的科技人员，教科体局等联系合作,组织专家开展“科普知识直通车社区行”活动;围绕防灾安全、医疗安全、食品安全、交通安全等系列安全知识开展“安全直通车校园行”活动;围绕鄱阳湖生态经济区建设和实施科技创新“六个一”工程两大战略任务,与教科体局联合组织人大、政协科技界代表和委员,统战对象中的科技人员等开展“送科技直通车企业、乡村行”活动;围绕关注民生,关爱社会为主题的志愿服务精神,开展“志愿服务进社区”活动。

【打造扬子洲镇农村科普示范点】 2016年,区科协开展扬子洲镇农村科普工作的调查摸底,做好对接完善科协组织工作。依据其实际情况,有针对性地开展切实有效的带动扶持工作。做好对省科普示范基地前洲村花卉苗木科普基地、熊万村万家田园农民专业合作社波尔山羊特种养殖科普基地、长村村藤果类蔬菜种植科普基地等绿色环保科普基地的打造,与省、市农函大对接,开展重点科普活动,注重农民实用技术和技能培训,提高农民致富本领;充分利用市、区科协科普培训优势,采取聘请省、市专家举办培训班,现场技术咨询,示范讲解等方式,积极发挥农村科技带头人、科技示范户和科普员的作用,引导村民普遍崇尚科学,反对迷信,形成科学文明、积极向上的生活观念和生活方式。

【开展丰富多彩的青少年科普活动】 2016年,区科协结合城区科普工作的特点,创建科普示范学校,加大科技辅导员队伍建设,提高广大青少年科技教育工作者的能力和水平,积极开展各类主题日科普宣传、青少年创新科技大赛、航模创新大赛、大学生科普志愿者进校园活动等各类具较高影响与特色的专题科普活动。

(江 莹)

红十字会工作

【概况】 2016年,东湖区红十字会工作深入贯彻落实中共十八大和十八届三中、四中、五中、六中全会精神,深刻领会习总书记系列重要讲话精神,遵照区委区政府的安排部署,践行“三严三实”和“两学一做”,坚持党风廉政建设,紧密联系群众,改革创新、锐意进取,取得不俗的成绩。

【突破单天无偿献血量纪录】 7月8日,区红十字会组织辖区人员进行无偿献血。全天献血量达42900毫升,成功献血人数达175人,数量突破2012年至2016年的单天献血纪录,在献血的过程中涌现多个先进模范人物。

【做好动员捐献工作】 经过区红十字会的动员,截至2016年年底,全区共有60人登记自愿捐献干细胞,1人登记捐献遗体,此项工作获得南昌市红十字会颁发的先进奖牌。

【提升救助实力】 2016年,区红十字会不断拓宽筹资渠道,提升救助实力。全年共筹得物资价值320385元,现金38475元。物资和现金全部通过送温暖、助学等方式捐给有需要的人群,受惠人数达1656人。

【加大宣传报道力度】 2016年,区红十字会进社区宣传约30余次,向政府网、南昌市红十字网、东湖区微信公众平台等网媒投稿约50余篇,通过电视台栏目向全市播报2次大型培训活动。

【强化组织队伍建设】 截至2016年年底,区红十字会共有72家会员单位,12个基层红十字组织,3个志愿者服务队,红十字志愿者人数约1000名。全区红十字系统团结一心,同甘共苦,想干事、能干事的精神风貌彰显全区红十字系统强硬的组织能力和强大的凝聚力,其中青少年会员和女性会员发挥的作用也日渐明显,区红十字会通过进学校宣讲和培训的方式,引导青少年会员健康成长。

【抓好志愿服务工作】 2016年,区红十字会的志愿者和志愿者服务队不余遗力地服务社区居民,以人道奉献的红十字精神,助力辖区的“三风”建设。截至年底,共6名红十字志愿者被评为“南昌市优秀红十字志愿者”,1个志愿者服务队被评为“南昌市优秀红十字志愿者服务队”。

【开展邮协义卖活动】 8月10日上午,在省政府大院一社区,区红十字会组织南昌市集邮协会,联合省政府大院社区集邮协会开展义卖捐款活动。协会成员积极踊跃,热情参与,爱心善款不断汇聚。此次义卖捐款活动,共筹集善款5175元整。活动募集的全部善款将通过都昌县红十字会用于帮助当地的受灾群众。

【打造扶危帮困品牌】 2016年，区红十字会规范送爱心流程，做到事前评估、事中监测、事后总结，开启东湖特色模式，打造东湖爱心品牌。此外，区红十字会巩固历年公益项目成果，继续开展“博爱送万家”活动，陆续将爱心送到成千上万的困难群众手中，深受辖区居民的赞誉。

【携手社区筹建服务站】 2016年，区红十字会携手董家窑街道豆芽巷社区，联合南昌市雄鹰救援队在全省率先筹建东湖区红十字雄鹰救援志愿者服务站，组建东湖区雄鹰救援中队，充分发挥社区“党建+党员”的模范先锋作用，获得不少居民的点赞，同时得到省市领导和区领导的认同。

【设立救援中队】 东湖区红十字雄鹰救援中队于2016年6月正式建立，截至年底，共开展学校安全教育活动10场、社区安全培训5场、出动应急救援任务4次，普及安全逃生知识惠及人数共达2000余人，寻找失踪老人并平安送回家2位。

【组织区直干部开展急救培训】 6月20日，区红十字会聘请章金媛爱心团队的专业救护师资，在区新闻发布中心会场组织区直机关干部开展应急救护知识技能培训，培训内容为心肺复苏和创伤包扎等急救技能，共80余名机关干部参加培训。

【开展基层干部培训活动】 7月27日，东湖区在区新闻发布中心会场组织区属社区（村）干部开展应急救护技能培训活动，培训的师资为南昌市雄鹰救援队的专业救援人员，培训的内容为徒手心肺复苏技术，培训目的是让基层干部学会急救技术，同时方便基层干部向居民传播普及急救理念。共120余名干部参加培训。

【组织学生参加应急救护培训】 2016，区红十字会陆续进入14所学校，开展14期应急救护培训，共培训1537名学生，并择优颁发150张“小小救护员”证书。

【扎实推进旧城改造工作】 4月，在叠山路沿线一期墩子塘片区的征迁工作中，区红十字会表现突出，不仅完成征迁任务排名第一，还积极配合新闻记者的采访宣传，总结共享拆迁经验。

【稳步开展综治平安创建工作】 2016年，在区委区政府领导的关心下，在区综治办的指导下，在相关兄弟部门的配合下，东湖区红十字会获得“区社会治安综合治理目标管理先进单位”称号。

【深化改革创新】 2016年，区红十字会在应急救护培训工作方面不断创新模式、改进方法，全年共举办36期应急救护培训活动，参训人员达6000余人。一是家门口接受培训。采取区红十字会主办，各街道（镇、管理处）红十字组织承办的方式开展应急救护培训进社区活动，让居民就近接受培训，用群众易于接受的方式培训，确保培训工作进展顺利。二是特色培训课程进校园。立足辖区实际，设置适合中小学生学习的特色应急救护培训课程，且全年有序地将应急救护培训活动推进校园。三是培训获得实效。每位参训人员必须亲手在模拟人身上练习，区红十字会择优颁发荣誉证书，培训效果显著。

（陶华娟）

民主党派·工商联

综　述

2016年，东湖区有民主党派东湖总支(支部、支社)6个，即民革东湖总支、民盟东湖支部、民建东湖总支、民进东湖总支、农工东湖总支、九三学社东湖支社。共有支部25个，成员712人。

全年各民主党派先后3次参加区委、区政府召开的通报会、协商会，就东湖区2016年度的社会经济发展情况提出意见建议。同时，利用参加全区“两会”的机会，提交提案、议案30余条。积极参加区委统战部组织的“党委出题、党派调研、政府采纳、部门落实”活动，精心组织力量，深入开展调查研究，形成调研文章7篇。

2016年，各民主党派深入学习贯彻中共十八届五中、六中全会精神。与对口联系社区开展和谐共建活动。在区委统战部的指导下，加强自身组织建设，广泛开展“坚定信念、服务发展、争做贡献”主题教育活动，继承和发扬老一辈党外人士与党风雨同舟的优良传统，激励全区各民主党派成员为东湖区经济社会更好更快发展提供支持。

表4　**2016年东湖区各民主党派基本情况**

序号	党派名称	人数(人)	支部数(个)	主　要　领　导
1	民　革	246	7	主　委:周胜明 副主委:帅钢华　周晓勤　易小春　于文凯　余学军
2	民　盟	34	–	主　委:肖　贤(女) 副主委:郭爱香(女)　杨林青(女)　魏　群(女)
3	民　建	197	6	主　委:赵赣涛 副主委:王树珊(女)　裘　峻　邓文辉　王妮娜(女)　晏明智
4	民　进	150	7	主　委:郑洪健 副主委:陈魏华　胡涛湘(女)　李吁红(女)
5	农工党	53	4	主　委:陈贞珍(女) 副主委:熊丽萍(女)　赵青武　张毓琴(女)
6	九三学社	32	1	主　委:何志勇 副主委:练　红(女)

中国国民党革命委员会
南昌市东湖区总支委员会

【概况】 2016年，民革东湖总支在中共东湖区委、民革南昌市委会和各级统战部门的关心、支持和帮助下，紧紧围绕东湖区委、政府的中心工作，以政治交接为主线，全面加强自身建设；以建言献策为重点，认真履行参政议政、民主监督职能，发挥自身优势，积极开展社会服务，各项工作取得新进展，为东湖区和谐发展做出积极贡献。

【履行参政议政职能】 2016年，在市区两会换届中，民革东湖总支1人当选市人大代表，3人当选市政协委员，其中周胜明当选市政协常委；区级两会代表委员达到16人。两会期间提交区级提案2件，在大会交流发言3次。提交市级提案3件。应邀担任市、区级各部门监督员、监察员、督导员的党员8人次，充分发挥民主监督作用，做到监督不越位、帮忙不添乱。

【开展和谐共建活动】 2016年，民革东湖总支2次与二七北路社区开展和谐活动，民革东湖总支在南昌县南新乡友好大队开展送医下乡义症双月调研活动；总支依托南昌民革法律咨询服务中心组织的法律咨询活动、对社区贫困群众的访贫问苦活动均得到社会的普遍赞誉和一致好评。

【开展纪念活动】 2016年，民革东湖总支抓好“同心”教育。根据民革中央十二届十二次全会和中共省委统战部情况通报会精神，民革东湖总支认真开展“弘扬民革优良传统，同心共促东湖发展”学习教育活动，聚焦东湖“四区”建设发展目标，深刻领会区委区政在新形势下的系列新理念、新要求，确保结合实际，与时俱进研究部署区委会工作。

【吸收新会员】 2016年，民革东湖总支向有关部门推荐党员4人，选派6名党员外出参加各种学习教育培训；积极稳妥地发展新生力量，严把入口关，推荐2名党员担任支部主委；高度注重党员发展质量，全年发展新党员3人，均为本科及以上学历。

【开展专题调研】 2016年，民革东湖总支在南昌县南新乡友好大队开展送医下乡义症双月调研活动，活动中发现：乡村医疗服务存在很大隐患，弱智、残疾较为普遍，乡村老人无医疗保健及就医意识；留守儿童缺乏周到的关爱。

中国民主同盟
南昌市东湖区支部委员会

【概况】 2016年，民盟东湖支部积极履行参政党职能，扎实推进自身建设，为东湖区的经济建设、文化教育等各项事业的蓬勃发展竭尽全力，各项工作取得良好成绩。主委肖贤获2016年“黄浦杯”长三角城市群“我的教改试验”征文二等奖。盟员熊芳获东湖区“全区关心下一代工作先进个人”。盟员李学俊的自营企业被评为江西省中小企业协会专精特新企业委员会理事单位。盟员谭蓓蓓获得中国语文报刊优秀指导老师一等奖，她所带的班级被评为优秀班集体。

【履行参政议政职能】 2016年，民盟东湖支部有市人大代表1人，区政协委员4人，区政协常委熊芳提交的《关于希望市政府及有关部门扶持省体育局重启地下停车库新建项目的建议》《关于铁柱万寿宫遗址保护和利用的建议》《关于垃圾站错时集中清运的建议》等提案得到相关部门的重视和采纳。

【开展调查研究工作】 2016年，民盟东湖支部围绕区委、区政府中心工作，不仅组织专题调研，同时组织全体盟员在本职工作中选择课题进行调研，协助区政协开展课题调研活动。4月，组织盟员调研东湖区青少年安全教育现状，参观区青少年安全教育基地，设计东湖区青少年安全教育调查问卷并进行全区摸底调查，撰写调研报告《东湖区青少年安全教育现状及建议》，并上交区政协。郭中桔在江西《都市家教》杂志发表论文《浅谈如何培养农村小学生的阅读理解能力》。

【积极服务社会】 春节期间，民盟东湖总支联系省市著名书法家到大众商场门口为广大市民撰写、赠送春联，共赠送春联300余幅，深受广大群众的好评。

【开展"烛光行动"】 2016年,民盟东湖总支组织盟员教师开展送教下乡活动,与乡村教师互相交流教学心得,帮助乡村学校提高教学质量,受到广大师生的一致好评。

中国民主建国会 南昌市东湖区总支委员会

【概况】 2016年,民建东湖总支充分发挥密切联系经济界的特点和优势,努力提高履行参政党智能水平和自身建设能力,积极献计出力,为促进东湖区科学发展和社会各项事业做出贡献。

【履行参政议政职能】 2016年,民建东湖总支共有会员197人,担任省级人大代表1人,市级以上人大代表和政协委员的4人,担任区人大代表5人,区政协委员16人(其中常委2人)。总支在东湖区政协换届大会上撰写的《加快扬子洲发展的对策建议》被政府重视和采纳。

【积极服务社会】 2016年,民建东湖总支与百花洲街办刘将军庙社区开展和谐共建活动,春节前期慰问社区10户困难家庭,并发放慰问金2000元;总支会员根据自身岗位的特点,以"思源"为平台,推进服务社会实践;企业家王武伟一直关心东湖区的教育事业,积极为全区各所小学捐赠图书,10月9日,总支主委赵赣涛、副主委邓文辉、综合二支部主任万昆和王武伟到东湖区阳明路小学捐赠课外辅导教材4000余册。

【慰问环卫工人】 10月26日是江西省环卫工人节,民建东湖总支与对口联系单位东湖区市容局的领导前往第一线慰问正在马路上辛勤工作的环卫工人,给环卫工人带去生活慰问品,感谢他们为东湖区的环卫工作所做出的贡献。

【看望SOS儿童村孤儿】 6月1日下午,民建东湖总支组织部分会员前往SOS儿童村看望慰问住在儿童村里的孤儿,给孩子们送去"六一"节礼物和温馨祝福,向辛勤工作的老师们致以亲切问候。在SOS儿童村,会员亲切地看望在这里生活的孩子,并为他们送去大米、拖鞋、洗浴用品、书、糖果等节日礼物,鼓励他们好好学习,长大后成为有用的人才。

中国民主促进会 南昌市东湖区总支委员会

【概况】 2016年,民进东湖总支和会员认真学习贯彻中共十八大和十八届五中、六中全会精神,认真履行参政党职能,在参政议政、民主监督、服务社会和加强党派自身建设等方面,取得新的成绩:陈魏华被评为民进全国先进个人;程玉玲、胡嫩寒、杜影、姚红珍、胡嫩寒、刘玉荣、蒋玉清获得民进南昌市委会2016年"建功立业、建言献策"优秀会员光荣称号;会员朱敏、姚红珍获得2016年度政协东湖区优秀政协委员光荣称号;青年教师周昕敏参加东湖区"向幸福出发"演讲比赛并荣获一等奖。

【参观"秋收起义"修水纪念馆】 9月25日,民进东湖总支组织会员到修水县参观"秋收起义"修水纪念馆。在"秋收起义"修水纪念馆里,全体人员都感受到革命老根据地的红色文化,感慨颇多。会员将优良的革命传统铭刻在心,决心发扬秋收起义的革命精神,努力工作,建设好美丽家园。

【履行参政议政职能】 2016年,时任区人大代表、政协委员的会员共撰写11篇提案(议案),其中有1篇为集体提案。

【开展送教下乡活动】 5月27日下午,民进东湖总支班子成员及12名会员到扬子洲南林小学开展送教下乡活动。来自南昌市豫章小学的胡嫩寒老师和南昌师范附属实验小学的张珂老师分别为南林小学的学生讲课。课后,会员和南林小学的老师进行座谈研讨,互相交流教书体会、听课感受及困惑思考。随后,民进东湖总支主委郑洪健代表民进东湖总支向南林小学捐赠一批书籍,并表示民进东湖将进一步加强与乡村学校的联系交流,继续开展篮球进校园、名师进课堂的活动,丰富乡村教师和学生的学习生活。

【开展扶贫助学活动】 2月3日下午,民进东湖总支主任郑洪健一行四人与滕王阁街道榕门路社区干部,一同看望总支帮扶学生魏昕昊、喻娜,并为每个学生家庭送上400元慰问金和过年礼品。2月26日下午,"1%工程"贫困家庭关爱行动捐赠仪式在东湖区桂旺巷举行。仪式上，大华服装实业有限公司董事长涂桂英向困难群众罗小芸捐赠一万元人民币，表达关爱救助之情，并鼓励她积极配合治疗，战胜心里困难。5 月 17 日下午，民进江西省委会、子固路社区“手拉手共创平安，心连心构筑和谐”暨“1%”工程资助贫困学生助学金发放仪式在东湖区滕王阁街道章江园街心花园举行。仪式上，举办方分别向贫困学生喻娜、魏昕昊、张嘉瑜、万彩虹、徐晟文、徐诗悦各捐赠 500 元，江西创力投资集团董事长邓凰保先生为贫困户罗小云捐赠 1 万元。6 月 6 日上午，民进东湖总支协助开展的“1%工程——放飞足球梦想”的足球捐赠仪式在扬子洲学校举行。太平人寿保险公司南昌市分公司向南昌市东湖区扬子洲学校、八一嘉实希望小学、南林小学、红星小学、滕洲小学、滨江学校捐献足球 91 个。9 月 10 日，共青团江西省委、民进江西省委会、江西省青少年发展基金会携手南昌超大牌爱心联盟，在国际会展中心举行“用爱筑家牵手圆梦让我们的爱像泉水一样流淌——2016‘1%工程’关爱贫困助学行动”。仪式上，超大牌爱心联盟向“1%工程”捐赠人民币 5 万元，用于资助 50 名优秀贫困中小学生，东湖民进总支带领子固路社区、滕王阁社区等 15 位贫困学生及其家长来到“1%工程”红谷滩国际会展中心活动现场，接受每人 1000 元的捐赠。

中国农工民主党南昌市东湖区总支委员会

【概况】 截至 2016 年年底，中国农工民主党南昌市东湖区总支共有党员 53 人，下设 4 个基层支部。2016 年，农工东湖总支在中共东湖区委和农工党南昌市委会的坚强领导下，团结带领全区党员紧紧围绕“打造实力东湖，创造活力东湖，塑造魅力东湖”目标，认真履行参政党职能，大力加强自身建设，各项工作取得新的成绩，荣获农工南昌市委会“2016 年度全面先进基层组织”称号，陈贞珍、刘怀京、万江田、胡阳 4 名党员荣获农工南昌市委会“2016 年度先进个人”称号。

【履行参政议政职能】 2016 年，农工东湖总支积极运用提案履行职能，由农工东湖总支主委陈贞珍主笔的集体提案《关于尽快设立东湖区产业引导资金的建议》荣获东湖区政协八届六次会议以来优秀提案。

【着力推动基层组织建设工作】 2016 年，农工东湖总支有步骤、有计划地发展高素质人才，促进总支党员队伍的年龄结构、学历机构和知识结构的优化发展，2016 全年共吸纳培养新党员 3 人。

【开展义务帮扶进社区活动】 2016 年，农工东湖总支立足党派优势，经常性地开展医疗服务进基层活动，为群众提供义诊咨询、健康讲座、扶贫捐助等大型社会服务活动。6 月 7 日，在传统节日端午节来临之际，农工东湖总支率部分党员到东湖区百花洲街道慰问社区困难群众。活动现场，党员为辖区 22 户困难群众送上大米、牛奶、食用油等生活必需食用品，并与居民进行亲切交谈，了解他们的生活情况，祝福他们端午安康。7 月 11 日上午，农工东湖总支开展“第八个全国高血压日·知晓你的血压”义诊走进南湖路社区活动。活动现场，工作人员为居民测血压，填写健康问卷表，并为居民讲解高血压的预防和高血压应该注意的饮食问题，活动得到社区居民的热烈欢迎和一致好评。

【开展“学党史、促交流”主题活动】 6 月 22 日，农工东湖总支在区文化中心六楼会议室组织开展党员活动，区政协副主席冯于水应邀参加。党员刘怀京为与会人员带来一堂主题为“中国农工党早期领导人”的主题党课。长达一小时精彩、详尽的党史讲座，使所有到会党员深刻了解中国农工民主党的光荣历史。随后，到会党员一同参观东湖区图书馆。

九三学社南昌市东湖区支社

【概况】 2016 年，九三学社东湖区支社发挥自身优势和特点，加强自身组织建设，努力提高参政议政水平，为打造实力东湖、活力东湖、魅力东湖做出应有的贡献。

【加强自身建设】 2016 年，九三东湖支社发展社员 1 名，2 名社员参加市委统战部组织的党外理论培训班，1 名社员参加市委统战部组织的科级干部党外理论培训班,获社市委先进基层组织称号。

【履行参政议政职能】 2016年,九三东湖区支社共有市级人大代表1名,市政协常委1名,区政协副主席1名,区政协常委2名,区政协委员5名。向市人大提交建设1件,区政协集体提案1件,个人提案3件,区政协副主席谢保成组织社员完成全区社区公共文化中心体系建设的调研报告。

【组织社会服务】 2016年,九三东湖支社组织社员共建和谐社区、光明社区开展“送法律进社区”活动1次,对社区3名困难群众进行帮扶。

(吴大鹏)

东湖区工商业联合会

【概况】 2016年,区工商业联合会在区委、区政府的正确领导下,在市工商联和区委统战部的精心指导下,以党的十八届六中全会和习近平总书记系列重要讲话精神为指导,紧紧围绕区委、区政府的中心工作,始终紧扣“两个健康”成长的工作主题,为大力推进“四区”建设目标做出积极的贡献。截至年底,辖区共有1个镇商会,10个街道商会,1个家具行业商会,1个叠山路商会,1个东湖闽东商会,1个市民营企业家东湖分会,会员近600名。会员企业主要是辖区主要从事酒店、餐饮、休闲、商贸流通以及金融等现代服务业的中小型企业。2016年,在区工商联有领导班子中,有主席(总商会会长)1人,党组书记、常务副主席1人,专职副主席1人,兼职副主席14人,副会长9人。共有常委56人,执委94人。

【超额完成全年经济指标任务】 2016年,区工商联作为区经济责任部门之一,超额完成区委、区政府年初下发的经济指标任务,具体为:完成内资9220万元人民币,占全年的102.44%;完成外资438万美金,占全年的104.29%;完成现汇115万美金,占全年的109.52%;完成税收近120万元,占全年的300%。高标准地完成全年的经济指标任务。

【抓好招商引资工作】 2016年,区工商联以经济工作为中心,全力抓好招商引资工作。区工商联全年引进的项目有江西亿信集团有限公司、江西海印餐饮管理有限公司江西总部等近20多个项目。全年先后接待浙江、广东、上海、北京等地来东湖考察、投资的客商40余人次。陪同外地客商到旧改地块、青山湖西岸、华远和平里、央央春天、扬子洲镇进行实地察看,就落户东湖进行沟通和协商。区工商联先后组织招商小分队赴深圳、山东、上海等地开展招商活动,并梳理省、市、区的各项政策,集优成本,向来访的客商宣传推介。

【做好创建、拆迁工作】 2016年,区工商联每周五到挂点社区参加楼道清理、垃圾搬运等劳动,为社区居民营造干净整洁、文明健康的生活环境助力;每次接到房屋征收工作任务,区工商联积极做到第一时间学习文件、宣讲政策、做好表率,全年共完成第一轮10户房屋的征迁工作,以及第二轮4户房屋的征迁工作。

【落实防汛工作】 2016年,根据东防指〔2016〕4号文件和东防办〔2016〕13号文件的通知要求,区工商联牢固树立“安全第一、常备不懈、预防为主、防重于抗”的思想,克服麻痹和侥幸心理,召开部署会,成立非公人士防汛应急突击队,制定防汛工作应急预案。对责任堤段400米实行分组24小时巡查值守,按要求落实巡查责任。

【积极参政议政】 2016年,区工商联先后推荐非公经济代表人士担任市区两级人大代表和政协委员。年初,组织会员代表、委员参与政府领导座谈、沟通,组织会员就全区非公有制经济发展中的难点、热点及重点问题深入基层开展调查研究。两会期间,委员和代表共提交提案5件。区工商联多次深入全区民营企业,通过发放调查问卷、召开座谈会等方式进行调研。撰写《2016年东湖区区域经济发展现状研究》《东湖区民营经济发展报告》(2014—2016)和《东湖区非公有制经济蓝皮书三个阶段》。及时准确地反映东湖区民营经济发展状况,为区委、区政府提供决策作有益参考。

【切实服务企业】 2016年,区工商联借助政府部门和社会力量,积极组织企业参加各类经贸活动,为企业搭建交流平台。组织企业家代表赴沿海经济发达城市学习考察交流,与大连市甘井子区和杭州市上城区工商联缔结友好商会。召开主席

(会长)会议,组织学习中共十八大六中全会精神和省、市、区党代会精神及时事政治要闻。6月,邀请南昌市委党校赵坤教授,专门为执委班子就"两学一做"开展专题讲座。开展执委以上会员生日蛋糕送祝福活动,并组织执委以上人员在康桥体检中心进行健康体检,两项活动均得到企业家的充分肯定和赞许。推荐辖区卓尔珠宝、鹏润国美等两家上规模民营企业参加全市100强企业争先创优评选活动。

【注重维护商会权益】 2016年,区工商联加强与职能部门的沟通联系,发挥会员在省工商联系统、区纪委、区地税的环境监督员作用。积极配合市联开展关于法制环境调研、问卷填报及数据收集、报送并撰写评估报告。积极引导商会开展维权服务,并建立维权台帐,按时填报维权数据报表。累计处理维权案件9件,为会员挽回损失近60万元。

【树立社会主义核心价值观】 2016年,区工商联定期组织非公经济人士学习十八大三中、四中、五中、六中全会精神和省、市、区党代会精神及时事政治要闻,通过教育培训进一步提高全区民营企业家自身素质和管理水平。引导非公经济人士积极参与社会公益、履行社会责任,先后组织非公经济人士在董家窑、百花洲街办开展"进社区、送温暖"主题活动,为贫困群众送去慰问金和慰问食品,共计2万多元。

【扎实推进商会建设】 2016年12月,区工商联召开第五届二次执委(扩大)会,顺利增补13名企业家成为区工商联五届执行委员会委员,并对优秀会员和积极先进分子进行表彰。为认真贯彻《南昌市2015年"五好"县(区)工商联建设工作实施方案》(洪联发〔2015〕12号)文件精神,区工商联搬迁至新办公大楼后,制作荣誉墙、宣传栏,重新购置一批档案柜、档案盒等档案设备,拿出一间办公室作为资料室,将所有文件材料重新整理归档,做到"六有"(有人员、有牌子、有场所、有制度、有经费、有活动)。进一步推进档案的规范化、制度化、信息化建设。研究出台《东湖区工商联(总商会)第五届执委会管理办法》《东湖区工商联(总商会)考核评比办法》《东湖区工商联(总商会)主席(会长)值班制》。重新制定办公室制度,梳理分工。完成规范化建设,建立健全相关制度,各项制度相应上墙。组织建设是区工商联基础性的工作,区工商联在实践中不断加大组织建设力度,积极适应民营经济发展对工商联组织建设的工作提出新要求。区工商联通过加强会员发展、加强基层商会建设、做好非公有制经济人士的政治安排工作等方式,不断夯实组织力量,获得2016年度全国"五好"县级工商联荣誉称号。

【开展非公党建工作】 2016年,区工商联党组积极发挥职能作用,坚持定期或不定期深入民营企业党支部指导创先争优活动和基层组织建设年工作的开展。截至年底,共深入企业支部指导工作12次,组织企业支部开展学习活动6次。区工商联先后组织会员赴宜春铜鼓秋收起义纪念馆、江西省博物馆,开展非公经济人士理想信念教育实践活动。

(秦　越)

法　治

公　安

【概况】　2016年,南昌市公安局东湖分局在市公安局党委和区委、区政府的坚强领导下,面对繁重艰巨的社会维稳任务和复杂多变的治安形势,紧紧围绕“五位一体”总体布局和“四个全面”战略布局,以“双保双提升”为主线,全力推进“四项建设”和公安改革。不断创新理念、完善机制、强化手段、夯实基础,出色地完成各项公安工作任务,社会治安呈现出“四降、四升、五个不发生”的良好态势。公安工作和队伍建设取得显著成效,获得全省“执法质量考评优秀单位”、全市“综治南昌会议天网工程建设先进单位”“平安家庭创建活动先进集体”等荣誉称号;分局的“全警情录人+”及“双提升”创新做法得到郑为文副省长、涂建生副市长等领导的批示表扬,并在省、市推广。

【切实做好维护社会稳定工作】　2016年,东湖公安分局常态化落实排查管控、武装巡逻、应急处置等反恐机制,稳妥处置群体性事件213起,行政拘留挑头闹事及赴京非访人员23人,解决长期堵路闹访的难题;处置10人以上医闹事件12起,全国首期医疗安全管理培训班专程到分局驻院警务室观摩学习;圆满完成习近平总书记、李克强总理等中央领导人来南昌考察、中央巡视组来赣巡视“回头看”视察的警卫任务及G20杭州峰会、全国综治工作“南昌会议”、国际马拉松赛等警卫安保任务152次,荣立集体三等功2次。

【积极服务全区经济社会发展大局】　2016年,东湖公安分局围绕旧城改造房屋征迁工作,抽调75名警力,对应18个征迁地块,成立5个征迁项目维稳组及调查稳控、应急处突工作组,并召开严厉打击“三强”违法犯罪工作会议,对工程实施过程中的各类违法行为及时处置,对4名进京非正常上访人员依法行政拘留。

【不断提升破案攻坚能力】　2016年,东湖公安分局紧盯“黑拐枪”“盗抢骗”、非法集资和电信诈骗等群众反映强烈的违法犯罪活动,严厉查处“黄赌毒”等社会丑恶现象。全年共破刑事案件3022起、刑事拘留1078人、行政拘留数2408人,分别同比上升10.3%、11.5%和12.1%。实现年内命案全破;抓获公安部B级逃犯万某等3名命案网逃;快速破获“7·14”“7·17”两起涉枪案件,得到副省长、公安厅长郑为文的批示表扬。

【全市打击“盗抢骗”行动获片区第一】　2016年,在贯穿全年的“春雷”“夏季风暴”“秋风”三个打击“盗抢骗”专项行动中,东湖公安分局打破常规,全警参战,行动战绩均位居全市前列、片区首位,分局1人被市局提名一等功、2人记三等功。

【全省缉毒会战成绩全市第一】　2016年,东湖公安分局在为期四个月的全省缉毒会战中,共刑事拘留132人,查处吸毒人员554人,送强制戒毒122人,破获两起省级毒品目标案。战绩位居全市第一,有6个派出所成绩进入全市前十。

【开展“黄赌毒”整治行动】　2016年,针对群众反映强烈的“黄赌”问题,东湖公安分局采取零容忍整治,共破获黄赌刑案13起,刑事拘留31人,查处行政案件331起672人,分别同比上升321%、158%、103%和167%,彻底清除扬子洲三联村、八一桥等黄赌乱点区域。创新宣传发动方式,召开全区场所业主大会,发放《公开信》1 万余份。2016 年“黄赌毒”警情同比下降 67%,并实现单日“零”起的历史突破,降幅位居全市第一。

【提升街面防控能力】　2016 年,东湖公安分局建立指挥、情报一体化警情研判分析机制和警情高发派单督导制,实现精确布警;整合警力资源,组建 110 巡逻车、流动警务车、带犬巡逻、徒步巡逻等 6 支常态化巡逻队伍,每日街面警力达 400 余人。同时,建立 26 支便衣抓现队伍。截至年底,共抓获街面盗抢现行 228 人,刑事拘留 121 人。

【加强智慧城市建设】　2016 年,东湖公安分局新建天网探头 840 余个,总数达 2366 个,并将 1775 个社会探头纳入天网系统。在各派出所建立“警情汇总研判、视频巡查追踪、值守指挥调度”多位一体的情指室,组建 50 余人的视频辅警队伍,开展“探头 + 鼠标”视频巡防工作,并被评为“全国综治南昌会议天网工程建设先进单位”。

【提升群防群治效能】　2016 年,东湖公安分局创新开展“平安医院”“平安商场”创建活动,建立医警医企例会机制,搭建内保微信群,常态化开展治安通报、线索交流机制,收集违法犯罪线索 20 余条;指导医院、商场及小区加大人防、物防、技防投入,组建社区义务巡逻、治安信息员、平安志愿者等群防群治队伍。部分案件高发小区持续实现零发案。

【“双提升”工作取得历史最好成绩】　2016 年,东湖公众安全感由 2015 年的全省 89 名进位至 68 名,公安满意度由全省 44 名进位至 20 名,位居全市前三、主城区第一,取得历史最好成绩。东湖公安分局全市公安机关民调评警成绩排名第一。全市前五名的派出所中,分局包揽 4 个。全市前 30 名的社区民警中,分局包揽 20 余名,民调评警成绩取得历史性突破。

【显著改善基层办公用房条件】　2016 年,针对基层所队办公用房“旧暗小”、车辆装备“缺坏损”、基层警力“老弱少”的难题,在区委、区政府的倾力支持下,东湖公安分局积极争取,多方协调,全力解决。调配 2000 余平米区属用房至基层所队,并统一租赁 2456 平方米的民房,2016 年是分局办公用房增加最多、规模最大的一年。

【执法办案硬件升级换代】　2016 年,东湖公安分局调配 15 辆区属公车;投入 60 余万元,对执法办案设备逐步更换;将 40 余名新警及 160 余名辅警分配至基层所队,有效地缓解基层瓶颈难题。

【持续推进科技强警战略】　2016 年,东湖公安分局建设派出所、刑侦责任区中队 16 个所队二级联勤室,极大地增强基层所队信息化破案能力,先后破获现案 2686 起,破现案率同比上升 4 个百分点;自主打造包含 20 亿条警务信息的数据库,并研发重点人员预警系统,提升研判能力;开展分局“大采集、大培训、大应用”及全警情录入工作,走在全市前列。

【提升社会管理效能】　2016 年,东湖公安分局分类制定网吧、旅店业管理意见,常态化采取全面清查、高频检查、定期抽查等方式,辖区旅店业、网吧“四实”登记率和上传率位居全市第一;召开全区特种行业、娱乐场所业主大会,发放《致全区娱乐服务场所业主的一封信》,既要求场所业主规范经营、严格自律、守法经营,又发动场所业主参与监督民警执法行为,得到社会各界的广泛好评,社会治安管控效能显著提升。

【加强队伍作风建设】　2016 年,东湖公安分局全面落实党风廉政建设,落实全员尿检,开展廉政谈话 90 余人次,八小时外活动报告 50 余人次、民警家属经商活动报告 149 人次;狠抓违纪重点人员管理,发现违纪苗头人员 11 人,并跟踪动态管理;狠抓日常作风养成,规范民警着装,严格日常考勤,并定期通报;狠抓警辅队伍管理,召开辅警、巡防员专题座谈会,清退有违纪苗头的警辅人员 25 人;狠抓执级问责,主动查处民警违纪案件 2 起 2 人,并通过纪委约谈等方式,追究相关单位领导“一岗双责”责任,队伍违纪率控制在 0.3% 以内,远低于全省、全市平均水平。分局队伍管理经验得到市局党委委员、驻市局纪检组组长李永春的高度肯定。

【日益彰显队伍活力】　2016 年,东湖公安分局将警营文化与业务工作同步推进:倡导“每日学习一小时”活动,每半月组织一期警营夜校,邀请分局业务骨干或外单位专家授课,提升队伍素质;每月编发一期《东警时报》,大力弘扬分局先进典型和突出业绩等正能量;举办集体登山、警营才艺赛、警运会、迎新团拜等系列文体活动,活跃警营氛围。在省厅专业比武中,社区民警考核荣获全市集体、个人"双第一",荣获省厅、市局民警才艺赛一等奖及全省公安微课程赛二等奖,全力打造"幸福工作,快乐生活"的警营文化品牌。

【持续增强队伍凝聚力】 2016 年,东湖公安分局提高福利待遇,不断增强队伍凝聚力。一是开展多次问卷调查,全面掌握民警、辅警心声,并积极回应,常态落实打击犯罪、压降警情、专项行动等方面的考核奖励办法,对专项行动实行加码奖励,真正体现奖优罚劣。二是扩建民警食堂,提高伙食标准,全额发放政策性奖励。三是在建立民警工会的基础上,将 720 人的辅警、巡防员纳入工会,落实免费体检、节日慰问等政策。同时,启动两级副科选拔,将 13 名警务人员提拔任用。

(邵宇晖)

检　察

【概况】 2016 年,是实施"十三五"规划和全面建成小康社会决胜阶段的开局之年。在区委和市检察院的领导下,在区人大及其常委会的监督下,在区政府、区政协和社会各界的支持下,区人民检察院忠实履行监督职能,主动融入中心工作,各项检察工作稳步推进。在全省第十七次检察工作会议上,区人民检察院被评为全省先进基层检察院,并被省人民检察院荣记集体二等功,先后获得全国检察新媒体建设运营百强院和全国检察门户网站建设百佳院、全省第十四届文明单位、省级青少年维权岗等荣誉称号。

【依法保障促进非公有制经济健康发展】 2016 年,区人民检察院采取有效措施依法保障和促进非公有制经济健康发展。一是建立常态化联络机制。定期对辖区内的非公企业进行走访,零距离了解非公企业的司法需求,并因需施策,积极主动提供法律宣传、法律咨询、犯罪预防等法律服务。二是加强犯罪预防。结合历年查办的非公企业犯罪典型案例,深入分析犯罪特点和原因,着力在主动防控、关口前移和制度预防上下功夫,进一步夯实预防犯罪基础。三是改进办案方式。结合"规范司法深化年"活动,制定涉及非公企业的办案要求和办案纪律,依法维护非公企业正常经营秩序与合法权益,努力做到帮助非公企业挽回和减少经济损失。

【稳步推进金融检察工作】 2016 年,区人民检察院在成立金融检察办案组后,全力护航辖区金融稳定。一是内外联动高效办理案件。充分发挥捕诉一体的办案优势,科学统筹安排办案力量,对于复杂疑难案件,分管副检察长参与办案,把关案件质量;对涉案金额大、人数多,存在一定上访风险的案件,提前派员介入,掌握办案主动权。二是加强调研破解办案症结。定期对相关类案办理过程中发现的问题进行分析、讨论,并提出有针对性的解决措施。三是发送检察建议参与综合治理。及时对办理的金融犯罪案件进行分析,针对个案发送检察建议,帮助金融机构建立健全规章制度,堵塞漏洞。四是妥善接访化解涉案矛盾。在办案的同时,与侦查机关及本院控申部门密切配合、信息联动,共同提前做好涉检信访上访应对预案,通过来电来访接待,认真听取记录意见诉求,及时疏导、化解案件矛盾纠纷。

【着力加强行政执法监督】 2016 年,区人民检察院针对行政执法领域中怠于履行职责或者不履行职责的问题,及时向职能部门提出完善制度、加强管理的意见和建议,促进依法行政。一是明确监督重点。通过多种渠道和途径发现和排查行政行为违法线索,重点对行政执法机关在生态环境、资源保护、食品安全等领域的不作为、乱作为、慢作为等行政违法行为的进行监督。二是丰富监督方式。以"检察蓝"守护"赣江绿"为主题,与环保、渔业渔政等行政机关共同发起保护赣江水行动,通过设立生态检察工作站,完善一系列工作机制,有力提升生态环境治理"两法衔接"水平。针对媒体及群众反映强烈的赣江河道内非法电力捕捞现象,口头建议市渔业渔政局开展打击电力捕捞专项整治行动得到落实,市渔业渔政局在行动中共查处违法电捕案件 19 起。三是注重监督实效。强化跟踪监督,对发出的检察建议要求行政机关在规定期限内书面回复 ,认为行政机关不采纳检察建议理由不成立的，及时提请上级院跟进监督。

【投入应用远程提讯系统】 2016年，为有效破解人案矛盾、提高办案效率，区人民检察院远程提讯系统正式投入应用。该系统配有一条20米专线电路，采用高清网络模式，具备远程讯问对话、远程打印笔录、录音录像及数据留存等功能。系统专用的提讯室由该院和市第一看守所各辟出一间办案用房，同步进行改造而成。系统启用后，承办检察官只需在检察院远程提讯室提审、制作讯问笔录，同时由检察院法警负责在看守所办理提解还押手续、看管现场、核对签名等工作。该系统主要用于案情简单、事实清楚、犯罪嫌疑人认罪的审查逮捕、审查起诉案件的提审。

【采取措施加强反贪办案工作】 2016年，区人民检察院采取系列措施，反贪污贿赂犯罪工作取得新突破，共立案查处贪污贿赂职务犯罪案件8件17人。一是线索来源多渠道。开通举报热线，坚持检察长接待日、公开接访、带案下访和重点约访制度，广泛搜集案件线索。定期派员深入辖区机关、企事业单位和街道社区走访，从中捕捉涉案信息。加强与纪委、行政执法机关及其他司法机关的密切联系，对较为复杂、牵涉面广的案件线索，积极争取上级院的支持，确保查办工作顺利进行。二是集中力量办窝案。注重分析办结案件，认真总结发案规律和侦查经验，有效运用挖窝查串、滚动深挖的方法，努力把案件查深查透。坚持以案带案、以点带面、举一反三地进行深挖细查，努力实现办案规模效应。三是力量调配一体化。建立分工合作、协调统一的办案机制，实现全院一盘棋，缩短办案周期，提升办案质效。四是严把司法规范关。及时制定周密的安全预案，严格执行一案三卡制度和全程录音录像等制度，完善和落实非法证据排除机制，有效保障律师执业权利，确保司法文明规范。

【严厉打击危害食品安全犯罪】 2016年，区人民检察院围绕打击危害食品安全犯罪持续发力。截至年底，共批捕危害食品安全犯罪案件20人，提起公诉14人，法院作出有罪判决12人。一是多渠道拓宽线索来源。向社区群众发放相关法律法规、典型案例、维权知识等宣传材料8000余份，依托门户网站、“两微”平台推送相关案件信息30余条，引导鼓励群众主动提供案件线索。深入推进“两法衔接”，对行政执法部门2014年以来受理的1400余件行政处罚案件进行摸排案件线索。同时，关注当地报纸、电视、网络等媒体报道，敏锐捕捉热点新闻事件背后的案件线索。二是抓机制提高办案质量。一方面，对重特大、疑难案件及媒体曝光、群众反响强烈的案件，将提前介入关口前移到行政执法环节，第一时间派指导执法人员依法收集固定、完善补强证据。另一方面，整合内部资源，在侦监、公诉部门分别指定办案经验丰富的干警专门办理此类案件。对监督立案的案件，实行谁主办、谁监督的原则，及时督促侦查机关快侦快结。三是讲方法巩固办案实效。结合办案，通过悬挂法律标语、发放宣传单、个案警示等方式，广泛开展宣传教育活动，提高群众的食品安全意识和预防应对风险的能力。多次联合行政执法部门对流动摊贩、校园周边、城郊结合等重点区域开展执法专项检(稽)查，检查餐饮单位500余家。

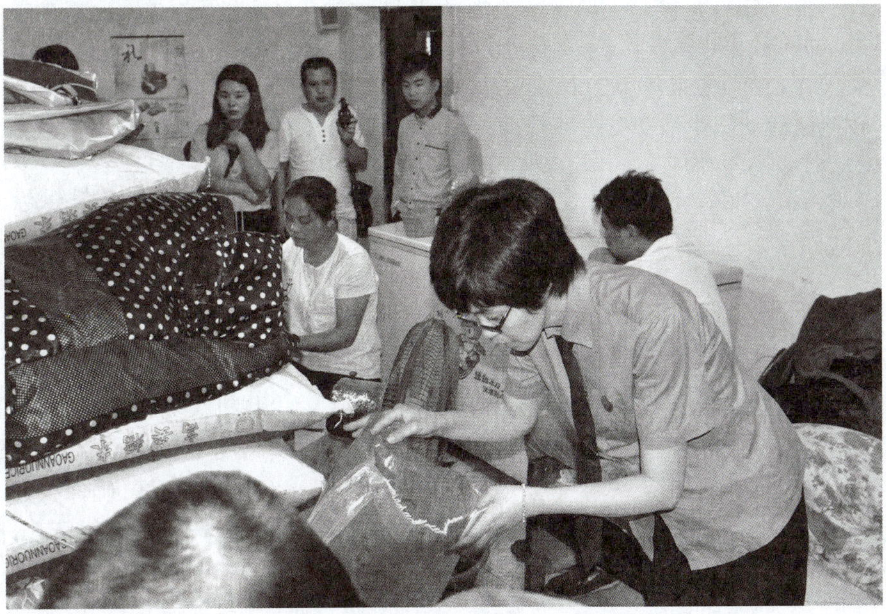

2016年5月24日，东湖区检察院开展“食安风暴”专项打击行动

【精准预防助力辖区工程建设】 2016年，区人民检察院立足检察职能，采取有效措施在辖区医院新院区等工程建设中开展职务犯罪精准预防。一是深入调查研究，把准预防工作重点方向。主动深入建设、财政、国土等部门，了解制度法规落实情况，获取开展专项预防“第一手材料”。出台《关于在医院新院区工程建设中开展职务犯罪专项预防的实施方案》，明确专项预防工作重点方向。二是注重方法措施，确保预防制度落到实处。组建工程建设领域职务犯罪预防宣讲团，针对关键岗位、重点人员开展警示宣传教育。针对重大工程建设“工期长、环节多”的特点，将专项预防的整体目标和任务分解到项目建设各个阶段，随时介入监督，确保各项预防制度落到实处。三是探索机制创新，提升预防工作实效。牵头有关部门建立联席会议制度，定期召开会议通报工程建设工作进展情况，研究预防工作遇到的困难和问题，提出有针对性的解决措施。

【设立4个生态检察工作站】 2016年，为深入推进生态检察专项监督活动，区人民检察院分别在扬子洲镇、东湖区环保局、红谷滩新区城市管理与环境保护局及市渔业渔政管理局设立生态检察工作站。工作站的主要职责为：密切与所驻行政执法机关的合作，通过督促履职、联合执法等方式，依法、及时对重点单位和群众反映强烈的生态领域违法犯罪案件进行查处；构建“两法”衔接信息共享平台，定期召开联席会议，实现法制宣传及案件移送、受理、监督等办案环节的有效对接；为生态领域行政执法活动提供法律支持和帮助。

（何　涛）

法　院

【概况】 2016年，区人民法院在区委的正确领导，区人大及其常委会的有力监督，区政府、区政协及社会各界的关心、支持下，紧紧围绕全区工作大局，始终坚持“努力让人民群众在每一个司法案件中都感受到公平正义”的目标和“司法为民公正司法”工作主线，忠实履行宪法和法律赋予的职责，全面加强自身建设，各项工作取得新的进展。全年共受理各类案件12319件，同比增长32%，审结11438件（含旧存），同比增长54.4%；月均结案953件，收结案数首次双双破万件。截至年底，区法院共有10个集体、10名个人受到表彰，被评为“全省优秀法院”。

【做好刑事审判工作】 2016年，区人民法院受理刑事案件954件1120人，审结972件1095人。严厉打击非法吸收公众存款、集资诈骗犯罪，促进民间融资规范化，审结相关案件6件，涉案金额1.67亿元。严厉打击毒品犯罪，净化社会环境，审结涉毒案件142件。认真贯彻证据裁判原则，建议侦查机关补充侦查20次，建议检察机关补充起诉1次，启动非法证据排除程序2次。坚持惩罚犯罪和保障人权并重，依法对1名被告人的部分犯罪宣告无罪。扎实推进庭审实质化，3名证人出庭作证，为3名无监护人的未成年人指定合适成年人到场参加庭审。加强与社区矫正机构的对接，依法撤销2名罪犯的缓刑。

【开展民商事审判工作】 2016年，区人民法院受理民商事案6485件，审结6006件。其中审结金融借款、小额担保公司贷款案件783件，为金融企业清收不良贷款16.43亿元。妥善审理婚姻继承、物权确认等与百姓利益密切相关的案件，发出全市首张人身安全保护令，为遭受家庭暴力的妇女提供法律保护。向司法鉴定机构发送司法建议，统一医疗纠纷司法鉴定程序，提高鉴定意见公信力。强化审判监督，依法对7件案件提起再审，维护司法公正。

【抓好行政审判工作】 2016年，区人民法院坚持支持、监督和协调三管齐下，妥善化解行政纠纷。全年受理行政诉讼案件292件，审结298件。审理中法院加强协调和解，努力把矛盾化解在诉前诉中，原告主动撤诉42件，如省内25家小型发电厂诉省发改委行政收费政策答复案，经过反复协调后，省发改委主动撤销行政行为，原告撤诉，双方矛盾得到妥善化解。指导行政机关出庭应诉，增强行政机关负责人应诉信心，4名行政首长出庭应诉。高度重视涉民生重大案件审判，采取实地调查等方式了解案情，确保公正裁判，审结李隆椿等173人诉省环保厅环保行政许可案。

【审理诉省环保厅环保行政许可案】 2016年，区人民法院依法审理诉省环保厅环保行政许可案。中国恩菲工程技术有限公司（简称“恩菲公司”）拟在赣州市赣县王母渡镇新兴村榴坑里新建赣州市第二垃圾处理场，委托江西省环境保护科学研究院编制《环境影响报告书》，并书面向被告省环保厅请示审批该报告书。被告省环保厅对上述报告书进行审查，并于2013年7月9日在官方网站公示《环境影响报告书》简本（公示期内未收到对该报告书的意见和建议），同时咨询江西省环境保护厅环境工程评估中心对该报告书的技术审查评估意见。2013年8月22日，被告省环保厅对恩菲公司的请示作出批复，在同意落实《环境影响报告书》提出的污染控制措施、环境风险防范措施及达到本批复要求的前提下，同意该项目按《环境影响报告书》提供的拟建地址、性质、生产规模、生产工艺和污染防治对策及措施进行建设，并于2013年9月9日在政府网站公告该审批结果。原告李某等人称申请政府信息公开后，于2016年4月28日才获知该批复，认为被告所批复的《环境影响报告书》中公众参与存在弄虚作假、选址不合理等问题，被告审批程序不合法，请求判令撤销被告省环保厅作出的199号批复。区法院经审理，依法驳回原告起诉。

【落实案件执行工作】　2016年，区人民法院共受理执行案件4588件，执结4162件，执结到位金额12.2亿元。法院深化“总对总”“点对点”网络查控系统应用，提交查询申请77403份，冻结存款申请1955份，冻结银行存款2.69亿元。在闹市区电子屏曝光“老赖”153人，录入全国法院失信被执行人名单库5488人，限制出境147人，决定司法拘留153人，罚款18人23.6万元，移送拒执犯罪线索6件6人，促使一批“老赖”（即失信被执行人）主动履行义务。多措并举查找隐匿财产，搜查11次，强制审计2件，强制清场11次，强制扣押10次。加快财产的变现速度，强制拍卖房产51套、汽车2辆，实现拍卖款3909.1万元。扎实开展“夏日风暴”“秋季行动”等专项执行活动，执行工作得到《新闻联播》《人民日报》等媒体的关注报道。

【积极参与综合治理】　2016年，区人民法院积极推动纠纷多元化解，对接医调中心化解医疗纠纷，司法确认调解协议100件；加强诉前调解，化解纠纷67件。认真做好未成年人犯罪预防，邀请学生参观法院86人次；在未成年人保护宣传周期间，走进学校开展法制宣传。维护正常信访秩序，依法判处一名在信访终结后仍多次非正常上访、恶意缠访闹访的信访人刑罚。

【切实保障民生权益】　2016年，区人民法院严厉打击危害食品安全犯罪，审结“毒油条、毒包子、毒海鲜、毒粽子”案件8件。扎实开展“冬日融冰”集中执行活动，着力解决涉民生案件的执行难问题。努力化解涉诉信访，切实解决群众的合法合理诉求，接待群众来信来访88人次，律师参与化解信访案件2件。

【优化诉讼服务】　2016年，区人民法院升级诉讼服务中心功能，增设法律援助窗口，方便当事人申请和接受法律援助；增设诉讼服务自助终端，当事人刷二代身份证即可查询自己的案件流程信息。开通网上申诉信访平台，便利群众反映问题；开通审判综合服务平台，方便群众获取审判执行信息；实行诉讼风险提示，提醒群众合理选择诉讼，对涉及江西精彩生活有限公司的414件案件依法裁定不予受理。

【落实司法救助】　2016年，区人民法院为37名困难群众依法减、免、缓交诉讼费24.6万元；为特困刑事被害人、执行申请人、涉诉信访人落实司法救助金55万元；为被告人指定辩护人32人次，为盲聋哑、少数民族被告人指定翻译人11人次。

【完善办案机制】　2016年，区人民法院推进改革创新，进一步完善办案机制。一是改革审判权运行。主动做好司法改革衔接工作，完善主审法官负责制，出台《关于审判权运行机制的暂行规定》，厘清审判委员会、院长、庭长、主审法官的职责，大部分裁判文书直接由主审法官签发，不再逐级审批，做到“审理者裁判，裁判者负责”，提高审判质效。二是推进案件繁简分流。推广专业化审判，成立审判团队审理金融案件，指定专人办理轻微刑案和道路交通等简易案件。推广远程视频方式开庭和模板化判决书。三是改革民事审判方式。在全市率先尝试适用小额诉讼程序审理物业纠纷案件，确立“小额诉讼+批量化解”的物业纠纷化解模式，全年共受理物业纠纷案件996件，审结704件。四是推动执行机制创新。探索执行悬赏机制和执行案件律师调查令制度，同时与公安检察机关联合出台《关于进一步加强执行协调配合工作实施办法》，合力打击拒执行为。探索内部管理新机制,合理配置资源,规范执行案件流转,提高执行效率。

【从严管理转作风】 2016年,区人民法院深入开展“两学一做”学习教育,教育干警牢固树立“四种意识”,确保干警严守政治纪律和政治规矩。坚持用制度管人管事,出台干警绩效考核规定,采取月考、季考、年考三结合方式,提高干警积极性。打造管理“红脸墙”,通过大屏幕晒绩效、不规范文书和不规范行为,督促干警转变作风、规范司法。同时进一步加强业务培训,视频培训干警48人次,组织参加上级法院培训98人次。加强审判管理,评查案件1161件,通报问题3个,组织庭审观摩33次,公开不规范判决书8份,倒逼干警提升司法能力。通过遴选招录优秀青年法官2名,招聘书记员17名,审判力量进一步增强。

【自觉接受监督】 2016年,区人民法院依法接受人大监督和政协民主监督,向人大常委会专题报告立案信访工作,办复代表委员建议、提案和督办案件5件,组织代表委员视察法院工作23人次,邀请代表委员参观法院、旁听庭审20人次,向人大代表寄发《东法之窗》1200余份。依法接受检察机关法律监督,认真办理检察建议,邀请检察长列席重大复杂案件审判委员会会议。自觉接受各方监督,到辖区10个乡镇街道和2个管理处走访,听取群众对法院工作的意见建议;上网公布生效裁判文书3552份,开展庭审网络直播42次;有效管理“两微一网”、法院邮箱等平台,及时向社会公布工作举措、审执动态等工作信息,发表各类宣传报道780篇,协助制作广播电视新闻49条。

(刘国华)

司法行政

【概况】 2016年,东湖区司法行政系统在区委、区政府的正确领导下,在省、市司法行政部门的帮助指导下,深入贯彻省、市、区三级党代会精神,紧紧围绕区委、区政府的中心工作,坚持“有为才有位”的工作思路,不断创新工作形式、提升工作水平,为打造实力东湖,创造活力东湖,塑造魅力东湖提供坚强有力的法治保障。2016年,经过区司法行政系统的不懈努力,江西省南昌市东湖区被评为2011—2015年全国法治宣传教育先进县(市、区);东湖区司法局被评为2011—2015年全省法治宣传教育先进单位;东湖区普法办被评为2011—2015年全市法治宣传教育先进普法办;东湖区司法局滕王阁司法所、八一桥司法所、公园司法所荣获全省第二批“五好司法所”荣誉称号;罗咏琴、李乓等荣获全区社会治安综合治理目标管理先进单位综治责任人;曾晓芳荣获基层综治工作先进个人。

【推进法治宣传教育工作】 2016年,东湖区全面完成“六五”普法工作,并被评为全国“六五”法治宣传教育先进县区,在全市法治宣传教育工作会议上,作为唯一县区作交流发言。全区1个先进集体、1个先进个人受到全国表彰;1个先进集体、2个先进个人受到全省表彰;10个先进集体、11个先进个人受到全市表彰。迅速启动“七五”普法工作,区委区政府出台“七五”普法规划,区人大常委会出台“七五”普法决议,高规格召开“六五”普法总结暨“七五”普法启动大会,区委书记、区长等四套班子领导出席会议。认真落实“谁执法谁普法”责任制,推动国家机关履行普法责任。高标准地打造东湖区法治安全科普宣教中心,与“法治大篷车”、百花生态普法园、“东湖微普法”微信公众号等形成“线上+线下”立体化格局,增强普法教育的实效性。

【实现法律顾问制度全覆盖】 2016年,东湖区深入贯彻落实中共十八届三中、四中全会关于“普遍建立法律顾问制度”“保证法律顾问在制定重大行政决策、推进依法行政中发挥积极作用”的要求,全区各党政机关、国有企业、事业单位、人民团体、街道组织均聘请法律顾问,同时覆盖社区(村),率先在县区层面实现法律顾问聘用率100%。

【做好公证服务工作】 2016年,东湖区进一步推进公证规范化、信息化建设,加强公证质量监管,实现“接待当事人热心、办理公证细心、处理问题公心”的“三心”服务。东湖公证处积极参与东湖区旧城改造及公共租赁住房房源分配摇号等全区重点工作,并为困难群众开设“绿色通道”,减免相关费用,取得很好的社会效应,实现办理涉外公证业务的“破冰”之举,完善东湖公证处红谷滩分部的建设。2016年,东湖公证处与区法律服务中心共同建立“东湖公证处人民调解室”，较好地解决公证办理过程中的矛盾纠纷。

【提升法律援助工作实效】 2016年，区司法局着力完善法律援助制度，在原群众团体组织中建立法律援助工作站的基础上，在区人武部、南昌警卫处、总后南昌教导队等六处团级以上部队单位设立法律援助工作站，在111家社区（村）设立法律援助联络点，全区法律援助工作覆盖率达到100%。全年全区共办理各类法律援助案件200件，接待来访群众285人次，接听“148”法律援助热线来电776人次。

【规范指导人民调解】 2016年，区司法局结合全国文明城复检等中心工作，按照“六有”“四规范”要求，抓好各乡（镇、街道）、村居人民调解组织及专业性人民调解组织建设。发挥好人民调解化解矛盾纠纷的“第一道防线”和“三调联动”的作用。围绕全区开展的旧城改造、经济建设、城市管理等中心工作，积极发挥各级人民调解组织的作用，为群众服务，深入一线调解矛盾纠纷。在百花洲、豫章等基层司法所开展试点，依托基层法律服务所成立人民调解委员会，聘请法律专业人士开展人民调解，化解矛盾纠纷，取得良好的社会效果。截至年底，全区各级人民调解组织共调解案件1468件，涉及金额1403.22万元，排查矛盾300余次，预防纠纷392起。

【落实特殊人群管理工作】 2016年，区司法局尽职尽责、多措并举，切实加强对特殊人群的管理。截至年底，累计接收矫正对象746人，累计解除矫正580人，在矫人员137名，社区矫正终止人数29人（含收监、变更居住地转出社区服刑、死亡），矫正对象衔接率、教育率、指纹录入率、信息核查率、GPS定位率均为100%。从2012年开始，全区共接收刑满释放人员1000余人，安置帮教率100%。2016年全年组织服刑人员远程会见99次，将安置帮教工作拓展延伸到监所。拓宽刑满释放人员的安置就业渠道，积极鼓励他们自主创业，为他们争取政策支持，使大部分刑满释放人员解决生活来源，极大地预防和减少重新犯罪。

【组织社会力量参与管理工作】 2016年，东湖区在矫正中心建立“王警官”工作室，有效地探索社会力量参与社区矫正的新路子。司法部社区矫正管理局综合处副处长郭健带领调研组到东湖区调研，对全区社区矫正工作取得的成绩给予充分肯定。郭健指出，希望东湖区积极推进落实社区矫正制度改革，继续创新实践，争取形成更多可复制、可推广的东湖经验。新法制报对此工作以《“王警官工作室”蹚出社区矫正新路》为题进行整版专题报道。

【开展特殊人群管理活动】 2016年，区司法局与区人民检察院联合，开展多次矫正执法宣传和检查工作。4月18日，区人民检察院联合豫章司法所举办“尊重和维护被监管人合法权益”宣传教育活动；年中及年末，区人民检察院对全区社区矫正工作进行执法检查。重大节日、重要会议期间，特别是“南昌会议”期间，区司法局高度重视，召开专项工作调度会，严密安排国庆假期及全国综治现场工作会期间局机关及各司法所值守、对社区矫正对象走访等工作，做到矫正对象零脱管。

【不断加强司法行政队伍建设】 2016年，区司法局扎实开展“两学一做”学习教育，创新开展“情系调解，不忘初心”演讲比赛等主题活动。深入开展“五好司法所”创建活动，加强司法所规范化建设。加强干部培训工作，通过“请进来、走出去”，组织司法所长赴厦门、南宁及省内、市内参加省、市相关培训活动及学习考察活动，提高整体业务水平及自身素质。深入落实全面从严治党“两个责任”，着力加强反腐倡廉宣传教育，努力构建风清气正的政治生态。

（叶华康）

仲　裁

【概况】 2016年，东湖区劳动人事争议仲裁委员会负责辖区范围内企业、个体经济、民办非企业单位等组织（省属企业除外）与劳动者以及机关、事业单位、社会团体（省、市直事业单位除外）与其建立劳动关系的劳动者之间，因确认劳动关系；订立、履行、变更、解除和终止劳动合同；工作时间、休息休假、社会保险、福利、培训以及劳动保护；劳动报酬、工伤医疗费、经济补偿或者赔偿金等发生的争议案件的调处。仲裁委员会下设东湖区劳动人事争议仲裁院,具体承办各项事务以及仲裁案件的受、处理。仲裁院设在东湖区人力资源和社会保障局,截至年底,仲裁院配有4名专职仲裁员。

【明确工作目标】 2016年,区人社局以提高东湖区调解员、仲裁员素质能力为核心,以强化大局意识、服务意识为先导,以提高劳动人事争议处理效能为目标,广泛开展"仲裁大练兵、素质大提高、作风大转变"主题教育活动,努力造就一支政治坚定、业务精湛、作风优良、公平公正、真情为民的专业化调解、仲裁员队伍,促进东湖区劳动人事争议调解仲裁事业健康发展,构建和谐劳动人事关系,为维护东湖区社会经济发展提供人才保障和智力支持。

【建立健全三方协调机制】 2016年,区仲裁委员会进一步加强政府行政部门、工会组织和企业代表组织三方对涉及劳动关系方面的重大问题进行沟通和协商,建立和谐稳定的劳动关系环境。建立区协调劳动关系三方会议机制,定期召开三方会议,研究和解决关系用人单位和劳动者之间的一些热点和难点问题,积极维护劳动关系双方的利益,充分保护、调动和发挥广大职工和企业的积极性,防范和化解劳动关系矛盾而引发的群体事件。

【加强仲裁机构实体化建设】 2016年,在区委、区政府的支持下,区仲裁委员会大力加强劳动人事争议仲裁机构和仲裁员队伍的建设。设立全额拨款事业单位性质的东湖区劳动人事争议仲裁院,并配备3名全额拨款事业编制人员,完成区仲裁机构的实体化建设。积极选派人员参加省人社厅举办的仲裁员业务培训,提高东湖区仲裁员职业化、专业化水平。2016年,根据市人社局下发的《关于调整我市劳动人事争议仲裁案件管辖权限的通知》,积极调整区仲裁院的受案范围。针对受案范围调整后的案件增长造成的人员压力,区人社局在不断加强仲裁院的人员配备外,还积极谋划聘请区工会干部、律师等符合条件的人员担任兼职仲裁员,充实仲裁员队伍建设。既能解决区仲裁院专职仲裁员人手不足的现状,又改变以往只由劳动部门一家审理劳动人事争议案件的局面,为全区的和谐劳动关系缔造更加良好的环境。

【完善仲裁制度建设】 2016年,区仲裁委不断完善区劳动人事争议仲裁各项规章制度,改进办案方式、办案程序,加强对办案的管理和监督。针对争议案件的发展趋势和复杂的劳动关系现状,积极研究改革庭审方式,简化办案程序,健全重大疑难案件合议制度,缩短审理时间,提高办案效率,增强仲裁工作的权威性和公信度。加强与人民法院的协调配合,搞好仲裁与诉讼的衔接,共同做好争议处理工作。增强劳动人事争议仲裁机构的调解功能,在处理争议时,坚持"调裁结合、以调为主"的原则,采取案前调解和案中调解相结合的方式,尽量将争议在仲裁期间通过调解得到解决,切实地发挥仲裁调解在处理争议中的职能作用。

【切实维护劳资双方权益】 2016年,区人社局热心接待来信来访,耐心回答来访者的咨询,积极宣传法律、法规和政策,为用人单位和劳动者提供满意的服务。一是提高服务意识,上门为用人单位解决疑难问题,针对用人单位存在的问题进行具体的分析和判断,并提出解决问题的方法,预防争议的发生。二是加强预防职能,严把审核关。对用人单位在办理解除劳动者劳动关系的备案手续时,对不符合法律程序的手续一律不予备案。同时,督促、指导用人单位完善手续,杜绝争议隐患。区仲裁委全力协助做好维稳工作,全年参与处理较大的群访、信访事件4起,耐心向争议双方宣传劳动保障法律、法规,并告知工作流程和步骤,积极引导双方用合理、合法的方式解决争端。积极做好劳动人事争议案件的调处工作,2016年共受、处理各类劳动人事争议仲裁案件77起,全部顺利结案,共为劳动者挽回各类经济损失148.8万余元。区属10个街道和乡镇的劳动争议调解中心共受理各类争议162件,全部调解处理结案,切实维护劳、资双方的合法权益。

(喻伟文)

军　事

民兵和预备役部队

【概况】 2016 年,是东湖区人民武装工作整顿、备战、改革、规划之年,区人武部认真贯彻省军区、警备区有关指示要求,紧紧围绕年度重点任务,积极推进各项工作落实。坚持以学习贯彻习总书记系列重要讲话精神为指导,以“两学一做”专题教育为抓手,以军事斗争准备为龙头,突出举旗铸魂,聚焦形成能力,持续改作风正风气保稳定,全区民兵预备役建设呈现出协调发展、稳步推进的良好势头,2016 年度被省军区评为“安全工作先进单位”。

【抓实思想政治建设】 2016 年,区人武部始终把思想政治建设摆在首位。一是深入学习习总书记系列重要讲话和全国“两会”精神,扎实开展“学党章党规、学系列讲话、做合格党员”活动。二是加强典型宣传,与区委宣传部组织开展纪念中国工农红军长征胜利 80 周年系列活动。三是做好思想稳定工作,加大经常性思想教育力度,开展“讲政治、顾大局、守纪律”思想大讨论活动。四是学习教育扎实有效,以理论学习和主题教育为抓手,通过开展集中学习、讨论交流、参观见学、专题调研、撰写心得和党课辅导等形式多样的活动,引导干部职工在改革之年按照“平稳过渡、科学民主、夯实基础、稳步发展”的目标思路,大力改作风治歪风,以清风正气的政治生态促改革、求稳定、谋发展。

【狠抓自身队伍建设】 2016 年,区人武部狠抓力量建设,应急应战能力显著提升。一抓方案修订。修订完善“五战”1 个总案 5 个分案 11 个子案,完成抢险救灾、应急救援、反恐维稳三类非战争行动预案。二抓实战化训练。突出抓好首长机关业务基础训练,落实每周一晚上参加警备组织的军事理论学习研讨,周二、四晚上本部展开集中学习等制度;3 月份,按照警备区的统一部署,在湾里教导队组织防化专业骨干集训,取得较好训练效果,集训情况在省军区政工网进行报道。三抓民兵整组。整组过程中,区人武部实行分片包干责任制,成立以 3 名干部带队的整组工作督导组,部领导分别包片,每个干部职工包 1 ~ 2 个基层武装部,明确工作标准、目标责任、完成时限。每天深入基层面对面督查指导,及时召开会议研究制定措施,每周对整组工作进行 1 次讲评和通报,确保整组工作顺利推进。四抓日常战备工作落实。突出加强“春节”和“两会”期间的战备工作。按照上级指示要求,落实各类值班分队和人员以及装备器材,修订完善各类行动预案。加强情况分析研判和民兵情报信息员的管理,及时与地方信访部门沟通协调,及时掌握信访动态,有针对性地做好防范准备。五抓征兵工作。紧紧围绕提高大学生征集比例的目标要求,以征兵工作“五率”量化考评标准为抓手,按照“全过程筹划、全员额参与、全领域督导”的工作思路,加强组织领导、广泛宣传发动、积极挖掘潜力、严格审查把关、确保阳光征兵,各项工作进展顺利。

【紧抓安全建设】 2016 年,区人武部坚持把安全稳定作为部门建设的保底工程,对“人车枪弹密财营院”等安全管理重点,加大力度、强化管控,确保安全稳定。坚持制度落实,组织军警民联防演练;严格岗位责任,签订安全责任状,组织重要岗位人员政治考核;加大经费投人,建设门防设备,更新录像监控系统,改造门禁系统,加强车辆技术检测,提高安全防范系数。全年共组织安全形势分析6次。

【提升后勤综合服务水平】 2016年,区人武部注重在抓规范、抓制度、抓效益、抓建设、抓节约上下功夫,后勤建设取得较好的发展。一是开展资源节约活动。严格落实按计划开支、按权限审批、按要求采购、按标准验收制度,加强买、用、管、收等环节监控,防止“跑、冒、滴、漏”等现象发生。二是严格落实财经制度。主要抓财经纪律情况的检查和公务接待费不合理开支的自查整改,共查找整改5个方面12个问题,并全部整改到位。三是抓好空余房地产租赁整改。按照上级要求,强力推动军队房地产租赁项目终止工作。

【浓厚党管武装氛围】 2016年,区委、区政府坚持把武装工作摆上重要位置,加强组织领导,形成工作合力,狠抓工作落实,为扎实推进军事斗争准备积极创造条件。区委、区政府领导十分重视、关心、支持武装工作,大项军事活动坚持亲自参加、重点难点问题亲自协调解决、重大政策出台亲自把关定向。区人武部积极响应“爱驻地、有作为”号召,注重在参建中用兵练兵强兵。年初以来,先后组织人武部机关干部职工、基层专武干部和民兵预备役人员,积极参与全民清洁家园、全国文明城市创建、地铁三号线土地征收等活动,用实际行动为东湖区经济社会建设做贡献,以作为赢得地位。

【组织民兵整组工作】 2016年,区人武部按照建用一致原则,将全区民兵作战力量进行调整。4月下旬至5月上旬,对各类民兵分队进行普遍点验,4月下旬,应急连、应急专业救援分队接受警备区点验拉动;5月1日,区应急排接受省军区节日战备安全检查应急拉动。两次实装应急拉动点验的人员、装备均按规定时间结集到位,应急分队精神状态好、到点率高,得到上级首长机关充分肯定。

【进行专业分队训练】 3—4月,区人武部选派人员集中在警备区教导大队和南昌县进行专业跨区骨干联训。通过外聘防化教员,租借兄弟单位装备器材,牵头组织全市的防化专业骨干集训和防化综合演练,取得较好效果。

【开展兵役征集工作】 2016年,区人武部紧紧围绕提高大学生征集比例的目标要求,以征兵工作“五率”量化考评标准为抓手,按照“全过程筹划、全员额参与、全领域督导”的工作思路,加强组织领导、广泛宣传发动、积极挖掘潜力、严格审查把关、确保阳光征兵,各项工作进展顺利。

【推进战备建设工作】 2016年,区人武部适应指挥管理新体制,健全完善日常战备工作制度规定,保持战备工作正规有序。投入25万元购置智能显控交互系统,完成视频系统升级改造,实现平战时上下互动、军令畅通的目标。此外,着眼遂行防汛任务,投入12万元购置2艘冲锋舟和相关保障器材。

【做好精准扶贫工作】 2016年,区人武部始终把助力老区脱贫攻坚作为政治任务,重点发力、强力推进,确保扶贫工作落到实处。一是按表推进精准扶贫。根据警备区《2016年东塘村扶贫工作项目推进及任务区分表》明确的扶贫项目,区人武部投入三十余万元,完成居民广场、进出道路、猪圈鸡舍、路灯改造、光伏发电站等项目建设并验收完毕。二是扎实开展走访慰问。元旦春节期间,部领导先后上门走访慰问13户贫困党员、困难职工和助学对象,及时了解帮建情况以及家庭生活情况,提供力所能及的资助;积极响应区委区政府号召,组织干部职工参加“慈善一日捐”活动,社会反响较好。三是帮助解决实际问题。落实精准扶贫要求,为扬子洲镇林场村2名贫困生提供3000元(每人资助1500元)助学金,帮助他们完成学业。

(朱苏辉　谌宇杰)

消防部队

【概况】 2016年,在南昌消防支队、东湖区委、区政府的正确领导下,东湖区公安消防大队各项工作都紧紧围绕2016年重点工作目标任务展开,坚持防火、灭火工作两手抓,继续深入清剿社会面火灾隐患,不断推进社会单位“四个能力”建设,全面提升火灾防控力,推进部队正规化建设,提高部队战斗力,全面建设人民满意的消防队伍,确保火灾形势和部队内部“两个稳定”。2016年东湖消防大队成绩显著,被江西消防总队评为“全省执法质量先进单位”。同时被评为“江西省第十四届文明单位”“南昌市第十六届文明单位”“东湖区(2015—2016年度)文明单位”。另外,大队还获得东湖区优化投资发展环境评议评价活动第一名。

【全年接处警情况】 2016年,东湖消防大队共接警464起,其中抢险救援出动296起(含抢险救援和增援其他城区),灭火出动168起(其中垃圾火22起、电线火24起、交通工具火19起)。全年消防车出动6662辆,出动警力4631人,抢救被困人员143人,疏散人员385人,抢救直接财产价值3292万元,为东湖区乃至南昌市经济社会快速、协调、持续发展创造一个和谐稳定的消防安全环境。

【狠抓岗位大练兵】 2016年,东湖消防大队高度重视岗位大练兵,早动员早部署,坚持“练为战”,不断提升部队战斗力。一是干部带头,全员参训,大队主官身先士卒,掀起岗位练兵活动高潮;二是科学练兵,在训练中讲究方法,注重科学,大、中队在业务训练中摸索出一些简单、适用的方法;三是奖惩分明,为工作落到实处,东湖消防大队党委结合实际研究制定奖惩措施,设立岗位练兵奖励经费,同时向各中队每月下发岗位练兵专项补助经费,促进基层练兵开展。2016年,在全市岗位练兵比武竞赛中,渊明路中队取得团体总分第五的好成绩;三经路专职队在全市政府专职消防队伍比武竞赛中,取得第一名的好成绩。

【创新工作模式】 2016年,东湖消防大队整合监督执法警力和文员辅警人力资源,创新大队级部队管理、消防监督工作模式,定量化考评标准,使用手机办公软件,提高工作效率,加强绩效考核。将审批和日常监督相分离、监督检查和行政处罚相分离。防火监督工作由副大队长分工签批,大队长负责对整个执法工作管理和监督,同时设立专职执法督察组,加强规范执法。

【强化党风廉政建设】 2016年,大队实行审验分离、监管和处罚分离等制度,既提高工作效率,又减少不廉洁行为发生的概率。大队将“严格执法、热情服务”的要求,渗透到监督执法中,使大队执法干部牢固树立“为人民服务,为社会服务,为经济建设服务”的思想,率先推行便民利民服务措施,不断完善信访工作机制,建立信访工作责任追究和倒查制度;大队微信公众号中开设业务查询功能和群众评价体系,开展消防监督执法回访,全力提升群众满意度。

【实行分行业管理】 2016年,东湖消防大队将全区二级消防安全重点单位按分行业管理,每个执法监督干部分管2~4个行业。每季度组织召开重点单位行业例会,讲解相关消防安全法律法规,对行业特性进行消防安全分析。每个行业设立一至两个优秀消防安全管理单位(场所),组织行业负责人、管理人进行参观学习。日常工作中利用大队微网站、微信群等平台开展网络宣传与交流,有效地推动各行业消防安全责任意识。

【严格监督执法消除火灾隐患】 2016年,东湖消防大队按照南昌市消防支队和东湖区委、区政府的统一部署,结合消防安全形势,圆满地完成“两会”“G20峰会”、全国综治“南昌会议”、重要节假日等消防安保任务,以及夏季火灾防控工作。会同相关部门开展10大消防安全专项整治行动,全面地提升全区消防监督管理效能,确保消防安全形势平稳。截至年底,东湖消防大队共检查单位2473家次,发现火灾隐患3134处,督促整改火灾隐患2711处,下发《责令改正通知书》1617份,临时查封176家,办理消防行政处罚案件102起,责令停产停业18家。

【强化综合性应急救援体系建设】 2016年,东湖消防大队以微型消防站为支点,建立区域互查互检和通讯联络、应急响应机制,定期开展安全互查和应急调度、联合作战、战斗支援等方面演练,逐步实现联防区域内“一点着火,多点出动,邻里互助,协同作战”,提高区域联防协作能力,强化区域消防安全保障。2016年,扬子洲政府消防站建成并完成17名政府专职消防员的征召工作。

【加大消防宣传力度】 2016年,东湖消防大队开通“东湖消防”微信公众号,加大消防安全教育宣传力度。同时东湖消防大队宣传教育科消防文员分行业每人每天为重点单位、街办、社区开展“四个能力”授课,并增加消防安全巡查内容,提高其消防安全管理能力。2016年,大队投入专项经费35余万元,印制各类消防安全资料、彩色宣传扇子免费向居民群众、社会单位发放;印制3万余本消防安全教育读本给辖区所有中小学生,开展开学消防第一课的宣传活动。

表5 **2016年东湖区分区域火灾综合情况**

项目		火灾数(起)	死亡(人)	受伤(人)	直接财产损失(元)
合计		168	0	2	712780
东湖区	扬子洲镇	4	0	0	23920
	八一桥街办	13	0	0	10750
	豫章街办	20	0	0	30150
	墩子塘街办	7	0	0	6108
	百花洲街办	21	0	0	21150
	公园街办	12	0	0	28700
	董家窑街办	47	0	1	472202
	彭家桥街办	20	0	0	88600
	滕王阁街办	14	0	1	18200
	贤士湖管理处	6	0	0	900
	大院街办	4	0	0	12100
	扬农管理处	0	0	0	0

表6 **2016年东湖区月季火灾综合情况**

项目		火灾数(起)	死亡(人)	受伤(人)	直接财产损失(元)
合计		168	0	2	712780
一季度	1月	6	0	0	31200
	2月	10	0	0	12200
	3月	12	0	1	43050
	小计	28	0	1	86450
二季度	4月	14	0	0	28150
	5月	7	0	0	2050
	6月	23	0	1	123152
	小计	44	0	1	153352
三季度	7月	14	0	0	78600
	8月	25	0	0	320300
	9月	17	0	0	13808
	小计	56	0	0	412708
四季度	10月	14	0	0	33150
	11月	10	0	0	4520
	12月	16	0	0	22600
	小计	40	0	0	60270

(龚 颖)

人民防空

【概况】 2016年，东湖区人防工作贯彻落实全省人民防空会议精神，按照“长期准备、重点建设、平战结合”的工作方针，紧紧围绕“把握机遇、融合发展，加快推进人防建设社会化进程”的年度工作思路，精心谋划，扎实工作，被南昌市人防办评为“南昌市人防专业队伍整组先进单位”和“南昌市工程维护管理先进单位”。

【抓好党风廉政建设工作】 2016年，区人防办在实际工作中，突出做到“三个坚持”：一是坚持从学习教育入手，切实增强党员领导干部执行党风廉政建设制度规定的自觉性。二是坚持制度规范，做到关口前移，有效预防违法违纪现象的发生。三是坚持在执行廉政建设过程中不断完善监督机制，为建立内部权力运行相互制约监督机制，一把手以主要精力抓全局、抓重点、抓监督。

【做好人防整组工作】 2016年，依据南昌市人防办的要求，区人防专业队伍整组训练工作分两步，各集中在一段时间进行。第一时段为3月22日至4月20日。按照“坚持便于组织，便于指挥，便于行动”的原则，实现布局科学、结构合理、专业优化、管理严格、可靠管用的目标，对全区14个人防专业队伍的人员进行调整。第二时段为5月15日至10月20日。区人防办便根据选定科目和训练内容，召开训练动员会，结合选定单位实际拟定训练计划。7—10月期间，抽调1～2个专业分队的人防专业队伍进行组训，落实训练内容。为建立一支快速反应，应急救援人防专业队伍奠定坚实的基础。

【大力宣传普及人防知识】 2016年，在全国“5·12”防灾减灾日和“9·18”防空警报试鸣期间，区人防办开展系列人防知识宣传活动。在“5·12”全国防灾减灾宣传日中，区人防办在固定宣传橱窗里张贴宣传画和悬挂横幅10余条，并积极参与区防灾减灾委举办的社区火灾逃生观摩演习活动。在“9·18”国耻日宣传教育中，向学校发送《人民防空》1500本，全区初中学生人防知识教育率达100%；向各街办社区发送“9·18”宣传画册1000张；并在9月18日上午进行“9·18”防空警报试鸣和演练工作。

【强化已建成人防工程的维护管理】 2016年上半年，雨水偏多，区人防办加强对易受洪水侵袭的人防工事采取加固措施，对工事漏水、裂缝进行封堵、排水、抽湿、维护，并在此基础上加强巡查力度，完善维护检查的记录和做好备案。对老化的电线线路设备、磨损的通风排水设备元件和过期消防器材及时更换。

【狠抓人防通信警报建设】 2016年，区人防办进一步明确各警报台所在单位的管理责任，确定具体管理人员，做到每月一次检查，每季一次维护，警报社会化管理率达100%；推进警报自动化建设，完成前期各项准备工作。并于6月在新区政府大楼新增警报器一台。9月18日，按南昌市人防办统一部署和要求，圆满完成警报试鸣演习，警报试鸣率达100%。

（涂　成）

重大项目建设

综　述

2016年,面对旧城改造、轨道建设等历史契机,东湖区实施项目带动战略,以项目拉动投资、以项目盘活土地、以项目激发活力。全区全年共实施48个重大重点项目,总投资约315.93亿元。其中,产业发展类项目17个,总投资246.63亿元;旧改安置房建设类项目3个,总投资30.77亿元;城市建管类项目12个,总投资34.54亿元;社会民生事业类项目11个,总投资3.52亿元;基层党建类项目5个,总投资0.47亿元。投资规模同比增长30亿元,为东湖区历史之最。

重大项目陆续竣工。市级重大重点项目中,胜利路步行街改造一期、紫金广场改造两个项目如期完工。产业发展类项目中,阿里巴巴南昌产业带、豫章1号文化科技园两个项目正式运营。城市建管类项目中,智慧东湖、湖滨西路、七里街变电站、扬子洲道路提升改造、中山路街景改造、三经五纬路改造、城区道路维修改造7个项目全面竣工。社会民生事业项目中,校园建设及基础设施提升、社区药物维持治疗门诊改造、笑声体验式购物中心3个项目投入使用。

民生项目加速推进。东湖区在2016年重大重点项目投资计划中共安排11个重大民生建设项目。启动青山湖宾馆、子固路等12处停车场建设;启动刘将军庙、光明社区5个小游园的提升改造工程;完成育新学校(初中部)、阳明学校等6个学校的校园基础设施建设和环境提升改造工程;完成大院、墩子塘等4个街道的文化活动中心打造;完成东湖区社区药物维持治疗门诊改造项目,启动扬子洲镇社区卫生服务中心危房改造工程;新装路灯1123盏,在全市率先实现背街小巷路灯亮化全覆盖;对榕门路、瓷器街口、火神庙等6处严重积水点进行彻底整治;完成59处沟管化粪池(清掏)改造;启动叠山路农贸市场升级改造工程。

项目推进更加细化。在《东湖区重大重点项目管理办法》《东湖区重大重点项目推进调度办法》和《东湖区重大重点项目推进工作考核办法》的基础上,进一步细化和完善项目推进机制。继续实行区领导挂点项目制,实行"计划表、责任人"的推进机制。强化调度和考核,每周一调度、每月一考核。开展"抓项目、促投资"专项督查行动,对落后于计划进度的项目实行问责机制。年终的考核中更加凸显项目的带动效益,对投资体量大、社会反响好的重大项目优先进行奖励。

表7　**2016年东湖区重点工程项目一览表**

类　别	项目名称	项目地址	项　目　简　况
在建项目	阿里巴巴·南昌产业带项目	阳明东路	阿里巴巴南昌产业带项目围绕全市重点纺织服装、制笔、食品、日用产品、新材料等产业,将传统生产型企业转型升级,帮助南昌市生产制造型企业提升竞争力,拓展销售渠道,实现"南昌买,南昌卖",成为全市最具价值的电子商务网上交易平台

续表 7

类　别	项目名称	项目地址	项　目　简　况
在建项目	豫章 1 号文化科技园项目	阳明东路	深圳华嵘集团与江西日报传媒集团联合打造豫章路 1 号文化科技园，园区集文化产业、科技产业、大学生创业实训基地为一体，分两期建设，一期占地 20 亩，以豫章路 1 号江报老大院为主体；二期将扩展至 50 余亩
	胜利路步行街街景改造及地下商业街区项目	胜利路	二期项目叠山路地下商业、配建停车场工程：西起棕帽街与叠山路交叉口，东至象山路与叠山路交叉口，长约 650 米
	紫金广场改造项目	紫金城	紫金广场建设项目总用地面积 55137 平方米，预计建设总投入 8000 万元
	青山湖西岸中海地产项目	青山北路	项目建设地块位于青山北路青山湖西岸地块，占地面积约 90 亩，建筑面积 19 万平方米
	青山湖西岸新城市综合体项目	青山湖西岸	青山湖西岸地块建设新城市综合体，占地面积约 160 亩，建设体量 40 万平方米
	贤湖村产业用地商业楼宇项目	贤士湖管理处	1. 洪茂大厦：总占地面积 10.3 亩，拟建筑面积约 2.8 万平方米，共 22 层，地下室 2 层，地下两层 4500 平方米。 2. 贤士湖大厦：总占地面积 4.1 亩，拟建筑面积约 1.7 万平方米，共 17 层，地下 2 层。
	政府旧大楼招商项目	东湖区原政府	拟对政府搬迁后的旧大楼进行整体改造提升，打造总部产业园
	滕王阁东广场提升改造工程项目	滕王阁	滕王阁东门至胜利路的休闲仿古商业街
	临江商务区滨江片区旧改地块商业提升项目	熊邓片区	熊邓片区：征迁总占地面积约 75.2 亩；沙滩、魏村片区：征迁总占地面积约 75.95 亩；下沙沟片区：征迁总占地面积约 56 亩；滨江片区：征迁总占地面积约 149.8 亩
	交通银行及周边地块商业改造提升项目	胜利路中段	胜利路中段胜利路以东 109 号 ~ 145 号、电政路以西 8 号 ~ 28 号地域规划范围内，占地面积 6.4 亩，完成楼宇建设
	青山湖西岸基础设施改造工程项目	青山湖西岸	西岸片区道路路网建设工程、湖滨西路改造工程、七里街 220 千伏变电站工程
	道路维修改造项目	东湖区城区	城区断头路打通工程：完成朱德军官教导团道路、贤士二路的打通；在征收完成的基础上，启动龙沙路打通建设工程 城区道路维修改造工程：完成对赣桥南路、子固路、李家巷、文教北路、下水路、铁街、东湖路、厚墙路、大顺路、福州东路、上沙窝路、证券街、旭照路、皇殿侧路、福州支路等 25 条道路的维修改造提升工程 扬子洲道路提升改造工程：完成扬农路、扬新路、鹏举中路的续建工程，对扬子洲路网路灯更新完善
	街景改造项目	东湖区城区	中山路：辖区内中山路建筑外墙立面综合整治 三经五纬路：三经路至富大有堤段综合改造 贤士湖街区改造：包括贤士一路、贤士二路、贤士湖周边 光明社区改造：基础设施提升、服务功能植入、社区内涵升华、人居环境构筑

续表7

类　别	项目名称	项目地址	项　目　简　况
在建项目	社区环境综合整治项目	东湖区城区	对刘将军庙社区、省委北社区、市委宿舍家委会3处社区进行社区环境综合整治,改善硬件条件,建设“智慧社区”
	智慧东湖(城管网格化建设)项目	东湖区城区	2016年增加500个高清探头,新增加高清探头智能喊话等功能;继续完善平台软硬件设施建设,在完善智慧城管的基础上向智慧城市功能延伸
	停车场建设项目	东湖区城区	青山湖宾馆停车场、滕王阁停车场、上沙窝地块停车场、下沙窝地块停车场、豆芽巷停车场、紫云路停车场、香江家具城停车场、熊邓村停车场、蓑衣荚停车场、子固路(铁街口)停车场、后墙路(子固路)停车场、紫金城停车场共12个停车场
	小游园建设项目	刘将军庙、光明社区	完成刘将军庙、光明社区2个小游园的提升改造工程
	校园基础设施建设及环境提升改造项目	东湖区城区	完成育新学校(初中部)、阳明学校、扬子洲学校、八一嘉实小学、南林小学、红星小学六个学校的校园基础设施建设和环境提升改造工程
	街道文化活动中心项目	东湖区城区	打造大院、墩子塘、滕王阁、八一桥四个文化活动中心
	社区卫生服务中心项目	东湖区城区	扬子洲镇社区卫生服务中心危房改造 东湖区社区药物维持治疗门诊改造项目,改造面积约1400平方米 东湖区疾病预防控制中心检验业务用房改造项目,重点对预防接种门诊、卫生应急、检验与实验室等改造,改造面积约2500平方米
	笑声体验式购物中心项目	东湖区城区	引进社会资本建设,充分挖掘老年人用品需求市场,满足老年人生活健康需求
	集贸市场提升改造项目	叠山路、董家窑	叠山路农贸市场改造、董家窑临时菜场建设项目
	2013年垦区危旧房改造工程	扬农管理处	项目占地约15亩,建筑面积2.2万平方米,集中新建住宅220套
	居家养老中心项目	东湖区城区	利用社会资本建设,打造集健康养老、快乐养老、文化养老、智慧化养老为一体的居家养老示范项目
	光明社区提升改造项目	光明社区	对光明社区整体环境和软硬件设施进行全面改造
	基层党组织标准化建设项目	东湖区城区	在全区10个社区推进基层党组织标准化建设,推广光明社区党建模式
	区老干部活动中心(老年大学)项目	东湖区城区	项目拟选址东湖图书馆进行改造建设,项目改造总面积约2000平方米
	党建服务中心项目	东湖区文化活动中心	项目拟选址区文化活动中心进行改造建设,项目改造面积500平方米

续表 7

类　别	项目名称	项目地址	项　目　简　况
在建项目	街道便民服务中心项目	东湖区城区	八一桥、墩子塘、百花洲、公园、大院、滕王阁 6 个街道建设“五星级”便民服务中心
拆迁项目	省政府 1、2 号地块商业改造项目	东湖区城区	在省政府 1、2 号地块量身打造大型国际级高档商业综合体项目，城市地标性建筑。项目总建筑面积超过 30 万平方米
	殷家巷旧改地块综合体项目	殷家巷	东至京九铁路以西，南至福州路以北，西至二七北路以东，北至南京西路以南，该地块占地 27.36 亩，打造商业综合体
	下沙窝旧改地块文化产业项目	下沙窝	东至规划路，南至上、下沙窝路，西至二粮库西侧，北至省森林工业局用地边线，占地 37 亩
	下正街旧改地块商务楼宇项目	下正街	东至爱国路，南至八一桥匝道，西至沿江北大道，北至江西医院宿舍，征迁地块面积 121.77 亩，可建设用地面积 61.7 亩（含中电投还建产业大厦用地 10 亩），拟打造高端商务楼宇项目
	青山湖西岸七里村还建房项目	青山湖西岸	洪都北大道以东，富大有路以南，青山北路以北，中大路以西；占地面积 237 亩，总建筑面积约 65 万平方米，其中地上建筑面积约 50 万平方米，地下车库约 15 万平方米
	熊邓村（贤湖佳苑）、上沙窝（东湖小区）、起凤路（长巷新区）旧城改造安置房项目	熊邓村、上沙窝、起凤路	贤湖佳苑：位于贤士湖路以北，规划路两侧。总用地面积 25.32 亩，总建筑面积 5.17 万平方米 东湖小区：位于上沙窝路以北，三经路以西，二经路以东。总用地面积 28.55 亩，总建筑面积 5.93 万平方米 长巷新区：位于起凤路以南，和巷路以西。总用地面积 54 亩，总建筑面积 11.48 万平方米
	金家山、香江家具城（香江佳苑）旧城改造安置房项目	金家山、香江家具城	香江佳苑 A12：位于青山南路以南，起凤路以西，金家山路以北。总用地面积 33.5 亩，总建筑面积 9.43 万平方米 香江佳苑 C08：位于青山南路以南，起凤路以东，赣桥南路以西。总用地面积 62.67 亩，总建筑面积 15.73 万平方米
申报项目	中金国际交易中心项目	贤士湖管理处	项目规划建设成：中金旗舰店、奢侈品会所店集群、写字楼、五星级酒店及酒店式公寓为一体的“高端商业消费 MALL”，总建筑面积约 17 万平方米
	青山湖西岸物流产业总部大厦项目	青山北路	青山北路以西占地面积 70.68 亩，容积率 3.2，拟建物流产业总部大楼面积约 7 万平方米

（吕素敏）

社会事业和民生工程项目

【概况】 2016 年，东湖区聚焦民生福祉不懈怠，社会事业持续进步。用于保障和改善民生支出 12.47 亿元，同比增长 10%，占东湖区一般公共预算支出的 62.3%，共安排、落实 191 件民生实事。新装路灯 1123 盏，在南昌市率先实现背街小巷路灯亮化全覆盖；改造提升刘将军庙等 5 个小游园；

对榕门路、瓷器街口、火神庙等6处严重积水点进行彻底整治;完成59处沟管化粪池(清掏)改造;启动叠山路农贸市场升级改造工程,在2016年南昌市农贸市场管理每月评比中,东湖区取得10个第一、2个第二的好成绩。

【七里村还建房项目】 青山湖西岸农房及城镇安置房工程(七里村五个地块)分为三个标段,第一标段:青山湖西岸七里村农民拆迁安置房工程(A、B地块)(控规CD101-A03部分地块),项目位于洪都大道以东、青山北路以北,项目用地面积约2.26公顷,建筑面积约5.66万平方米(计容),总投资估算约2亿元。第二标段:青山湖西岸农房及城镇安置房工程(C地块)(控规CD101-B01地块),项目位于洪都大道以东、七里路以南、童子桥路以北、青山支路以西。项目用地面积约9.55公顷,建筑面积约28.65万平方米(计容),总投资估算约8.8亿元。第三标段:青山湖西岸七里村安置房工程(D、E地块),D地块(控规CD101-D05地块)位于青山支路以东、电厂路以西、童子桥路以南、青山北路以北;E地块(控规CD101-D06地块)位于电厂路以东、中大路以西、童子桥路以南、青山北路以北。项目用地约4.03公顷,总建筑面积约19.6万平方米,总投资估算约7亿元。截至2016年年底,C地块处在施工阶段,土方整体开挖完成45%;工程桩、围护桩完成施工;土钉墙完成40%;幼儿园基础完成30%。其余4个地块因土地收储、拆迁、高压线未迁移等原因暂未开工。

【停车场项目】 2016年,为缓解日益严峻的停车矛盾,加快推进东湖区停车场建设,东湖区重点启动辖区内停车场建设项目。区城建局对辖区内现状停车泊位及停车数量进行全面摸查,对现状停车问题、停车改善建议等征询各方面意见,并委托南昌市城市规划设计研究总院形成《东湖区停车场三年建设专项规划》。截至年底,东湖区停车场建设项目共建设完成7处停车场,分别是下沙窝地块停车场(200个泊位)、豆芽巷停车场(80个泊位)、上沙窝地块停车场(85个泊位)、紫金城生态停车场(256个泊位)、青山湖宾馆停车场(288个泊位)、省委停车场(88个泊位)、滕王阁停车场(186个泊位),共计1183个泊位数。项目总投资4000万元,于3月开工,12月竣工。

【小游园项目】 2016年,东湖区利用历年拆违拆临、旧城改造、道路退让遗留的街角零星空地,采取保留现有绿化、拆墙透绿、“见缝插绿”等设计理念,新建和改造一批街头小游园,达到市民出行“300米见绿,500米见园”的景观效果,尽可能多地为市民腾出更多的活动空间,真正做到在改善周边居住环境的同进也满足市民健身娱乐的需求。截至年底,东湖区投入资金250余万元,新建三经路街头小游园、提升改造刘将军庙街头小游园,建设面积约4500平方米。建设中采取保留现有绿化、拆墙透绿,更换树种等设计理念,通过铺设广场地面,放置健身器材、安装休闲椅凳并进行楼房外立面处理及周边环境改造等多种措施,将单一的绿化改为多功能休闲广场,为市民提供更多的休闲健身场所。项目于6月开工,11月竣工。

【校园基础设施建设及环境改造项目】 2016年,校园建设及基础设施提升工程项目是东湖区的重大重点项目之一。主要建设任务包括育新学校初中部和阳明学校的基础设施改造工程,以及扬子洲镇扬子洲学校、八一嘉实小学、南林小学、红星小学等学校的环境提升,项目计划总投资2700余万元。改造项目主要包括室内外装饰装修、功能房改造、运动场改建、校园道路整修、园林绿化、教学设备更新等。东湖区委、区政府成立校建工作领导小组,制订推进方案。各项目单位高度重视,明确分工,制订工作推进计划,通过公开招投标手续确定施工中标单位。在暑假期间,各参建单位克服困难,在规定时间内,圆满完成建设任务,6所学校均以崭新的面貌迎接新学期的到来。

【街道文化活动中心项目】 2016年,根据《南昌市街道综合文化活动中心标准化实施方案》精神及要求,东湖区全年共投入资金1100余万元,按照“统一标志标识、统一功能设定、统一设施设备、统一管理制度、统一服务标准”的原则,完成大院、墩子塘、滕王阁、八一桥四个街道文化活动中心的标准化建设,实现东湖区街道综合文化活动中心的全覆盖。街道综合文化活动中心设有多功能文化活动厅、图书阅览室、电子阅览室、培训室等功能房,是集文化、教育、科普、体育、信息服务等多功能于一身的综合性公益文化设施，能够为社区居民提供书报阅读、公共电子阅览、团体活动、教育培训、健身娱乐、影视放映、展览展示、网络信息等各类健康有益的公共文化服务。

（吕素敏）

城市建设和管理项目

【概况】 2016年，东湖区把城市建设和管理工作摆在突出位置，强力提升城区品质。2016年投入城市建设资金10.04亿元，同比增长15.8%。实施东湖路、扬农路等25条道路升级改造，打造湖滨西路、三经路等一批精品道路；启动讲武堂路断头路打通工程；对省委北院等3个社区进行综合整治，建设洪城、阳明等一批精品社区；启动贤士湖街区、光明社区的街景改造；启动滕王阁、紫金城等12处停车场规划建设工作，新增泊位1883个。

【湖滨西路改造项目】 湖滨西路工程项目西渠整体覆盖长2950米、断面2孔(5.4－8)×(3.3－3.5)米，单孔(9.5－13)×(3.3－3.5)米、巡游道布置于现状西渠改造后的箱涵上，其基本平行现状湖滨西路，道路全长约2710米，双向两车道，道路宽8.5米；新建游步道布置于青山湖与洪都大道之间相思林公园绿化带内，连接湖滨西路和湖滨南路游步道，宽6米，现状湖滨西路作游步道使用；主要建设内容包括渠道覆盖、道路、排水、绿化、照明、交通设施等工程，道路等级为城市游览性支路，总投资约1.45亿元。项目于2015年6月开工建设，于2016年10月完成竣工验收并通车，在2016年南昌市三看活动中得到各级领导的高度认可。

【道路维修改造项目】 2016年，为改善居民出行环境，提升生活品质，东湖区政府投资1.2亿元，对辖区道路进行维修改造。主要对辖区内急需改造的建德观等25条道路进行改造，改造内容包括排水管改、路灯、路面、绿化、强弱电下地等，改造车行道面积约7.3万平方米，改造人行道面积约3万平方米。通过改造，东湖辖区内改造道路处道路积水、排水堵塞、“空中蜘蛛网”等问题得到解决，周边居民出行环境得到改善，城市环境得到美化。项目于2月开始施工，12月全部竣工。

【街景改造项目】 2016年，东湖区街景改造项目总长约7.7公里，总投资1亿元。项目于2015年开工建设，2016年5月全部竣工。三经五纬街景改造工程规划区域属于东湖区豫章街道范围内，东以三经路为界，南以阳明路为界，西北至滨江大道。经纬路原为南昌民国时期的第一个别墅区，记载着城市发展的历史印记，蕴含着深厚的文化底蕴和人文情怀，此次改造本着“尊重历史，保护遗存；尊重现状，切实可行；综合治理，有效实施”的原则，保护传统居住建筑外部空间换进的历史真实性，保护完善传统街道格局和传统建筑，打造古朴典雅的社区新形象，浓缩南昌历史，反映近代民国的城市街区，对其历史风貌进行恢复，再现民国时期的建筑整体风格。涉及范围有：一经路、二经路、三经路、富有路、一纬路、二纬路、三纬路、四纬路、爱国路、滨江社区支路、盐业公司支路、豫章路共12条道路的街道环境提升改造。改造内容主要有：道路路面改造、围墙改造、树池改造、人行道铺装、路灯改造、绿化改造等。

【社区环境整治项目】 2016年，东湖区一些老旧社区存在的道路破损严重、排水管道堵塞、社区环境差，无休闲场所等问题日益突出。为改善社区居民环境，提升社区居民生活品质，东湖区政府对辖区内刘将军庙社区，省委北院社区两个社区进行社区综合环境整治，总投资110万元。改造的内容包括排水、路面、外立面、新建小型休闲广场、绿化、强弱电下地等项目。项目利用小区有限的空间打造小型居民锻炼休闲场地，给予居民锻炼休闲的空间。特别是背街小巷的路灯亮化，极大地改善小区内晚上的出行环境。项目于6月开工，11月全部竣工。

【220千伏变电站项目】 2016年，青山湖西岸220千伏变电站项目总投资1.8亿元，占地约11.64亩，位于南昌市电厂南边围墙以北，电厂升压站东南方向150米，站址南面距离青山北路150米，东面距离储运公司铁路100米。该变电站建设规模为：主变远期3×180兆伏安，本期2×180兆伏安。该输变电工程为户外变电站，地块长80米，宽86米。项目于2015年6月开工建

设，2016年10月，项目正式竣工并投入使用。

【首建全省智能化停车场】 2016年，由于城市道路机动车日益剧增，出现道路严重堵塞，发生占用道路、绿地停车现象，严重破坏城市环境。为解决“停车难、乱停车”问题，区城建局认真调研，组织专家论证，挖掘城区资源，于2016年9月，投资约1000万元，新建面积约为3400平米的子固路（铁街口）立体停车库。子固路（铁街口）停车场为七层机械平移式停车楼，是全省首个智能化立体停车场，智能化立体停车场凸显“节省空间、存车安全便捷、综合投资少、配置灵活、改善环境”特点，空间利用率比建筑自走式停车场提高75%，车主在进入车库时只需停车刷卡或交费后，即可存取车。一般一次存取车时间不超过2分钟，且智能化立体停车设施采用全封闭或半封闭式设计，车辆存放后，能避免风吹、雨淋、日晒、被盗、被撬及被剐蹭等问题，新型智能化立体停车设施不仅增加市区停车位，还可以减少尾气排放及土地覆盖，实现人车分流，有效地改善行车及人居环境。

【整体改造紫金广场】 2016年，东湖区把“紫金城”商业广场盘活列入全区重大重点工程，项目位于沿江北大道以南、旭照路以东，起凤路以北，证券街以南的区域，紧邻沿江景观走廊，于2016年8月开工建设。建设总面积约5.5万平方米，投入资金8000万元，其中硬质铺装面积1.8万平方米，生态停车场面积1.1万平方米，景观园林区面积2.6万平方米。紫金广场新增车位面积约1.4万平方米，车库新增车位415个。商业街区西立面长度约400米，建筑立面高度约35米，钟楼立面高度79米，外立面造型复杂，建筑形式多变，预计2017年1月竣工。紫金广场将成为“城市地标级商业配套广场”和滨江景观地标，以及南昌的文化、商业、旅游地标，形成“南有秋水广场、北有紫金广场”的城市格局。

【胜利路步行街一期街区开街迎客】 2016年，历时两年打造，总投资12亿元的胜利路步行街一期商业街区于12月初开街迎客。该项目依托胜利路商圈，对胜利路步行街地上地下整体改造，提升传统商业步行街的档次和业态。一期改造北起叠山路与胜利路交会处，南至中山路与胜利路步行街交会处，长约650米，宽16—20米，建筑面积约3.8万平方米。东湖区还对整个胜利路步行街及周边建筑进行立面改造、配建停车场工程。整个商业街区整体以民国时期建筑风格为基准，在现有建筑的具体情况和尊重居民既有意见的基础上，追求视觉统一有序的变化，营造出百年老街和现代商业相融合的气氛，打造出南昌乃至全国的商业标杆。

【建设城区小游园】 2016年，为贯彻落实市委、市政府关于开展“美丽南昌·幸福家园”环境综合整治活动精神，按照区委、区政府的统一部署，区城建局于9月起提升改造刘将军庙街头小游园、新建三经路街小游园，工程于12月竣工，共投入建设资金约250余万元，建设面积约4500平米，达到市民出行“300米见绿，500米见园”的景观效果，真正做到在改善周边居住环境的同时满足市民健身娱乐的需求。

（吕素敏　周　菁）

新竣工的豫章路小游园

商贸流通和服务业

综　述

2016 年，东湖区继续围绕“大众创业、万众创新”的工作目标，认真贯彻落实中央、省、市提出的各项改革创新举措，结合东湖区商贸工作实际，不断抢抓机遇、创新思路，通过积极引导限下销售企业转向限上企业、指导企业申报老字号、商贸集聚区、公共服务平台项目等方式，在扶持企业创新做强的同时，推进城区商贸业的持续发展。2016 年，东湖区实现地区生产总值 417.69 亿元，同比增长 8.1%；500 万元以上固定资产投资 181.92 亿元，同比增长 13.5%；社会消费品零售总额 259.92 亿元，同比增长 3.2%；完成财政总收入 62.9 亿元，同比增长 9.8%；地方一般公共预算收入 12.33 亿元，同口径增长 10.18%；实际利用内资 40.78 亿元、外资 1.85 亿美元，分别同比增长 15.07%、22.12%，出口创汇 3.4 亿美元。税收收入占地方一般公共预算收入比重为 82.2%，排名全省、全市前列，分别高于全省、全市 13.8 和 3 个百分点。全年新增注册企业 2150 户、注册（认缴）资本 117.67 亿元，分别同比增长 124% 和 117%，新增注册资金 1000 万元以上企业 217 家，同比增长 158%。新增“六大产业”企业 1355 家，同比增长 67.08%。新增 AAAAA 级楼宇商务面积 4.8 万平方米，新增税收千万元商务楼宇 3 栋。2016 年全区共有目标商务楼宇 27 栋，楼宇总建筑面积 57 万平方米，总商务面积 43 万平方米，入驻目标楼宇企业 2070 家。2016 年，东湖区第三产业全年实现增加值 380.57 亿元，占比 91.11%，对全区经济增长的贡献率达 96%，同比提高 4 个百分点。引进以江西金融租赁为代表的新兴金融机构 23 家，总投资额达 35.21 亿元。融资租赁、电子商务、咨询服务等新兴高端业态加速集聚。规模以上电子商务企业 50 家，年交易额突破 90 亿元，同比增长 320%。江西盈科行网络信息公司成功挂牌“新三板”。区域性商贸中心地位进一步巩固，胜利路商业街区、蓝海梦芭广场夜市街顺利开街，三花实业被评为南昌老字号企业。

2016 年，东湖区积极参加第 15 届赣港经贸合作、第 14 届赣台经贸文化交流等商贸活动，成功举办 2016（深圳）文化产业招商推介会。全年落户项目 222 个，进资 42.87 亿元。其中，5000 万元以上项目 76 个，亿元以上项目 18 个。千万元以上项目同比增加 38 个，5000 万元以上项目同比增加 22 个，亿元以上项目同比增加 7 个，创历史最好成绩。豫章 1 号众创空间、云才众创空间等 11 家企业入选“洪城众创”；赣昌水产品综合市场、淘鑫电商基地分别入围全市首批商贸企业集聚区和小微商贸企业公共服务平台；樟树林文化生活公园等 3 家企业获批全市首批小企业创业基地。“财园信贷通”“惠农信贷通”等平台优势不断发挥，全年为 2000 余家创新企业和小微企业发放贷款 5.17 亿元，有效地缓解创新企业和小微企业融资难问题。

（刘　丹）

商贸业管理服务

【概况】 2016 年，东湖区城区商贸业以集聚知名品牌、发展特色商业，整合优势资源、优化产业结构，加强政府服务、强化功能聚合等为目标，着力于提升现有商业街的档次和规模。通过做有利于提升老百姓生活水平的民生工程,东湖区商业贸易更接地气,更有人情味。改善民生与发展经济相辅相成,解决东湖区民生问题与推进经济建设紧密相连,“民生工程”把发展经济、发展生产力和人民的利益紧密地结合起来,完整地体现东湖区经济建设的目的。东湖区商贸流通业的发展,大大地保障社会供给,不断方便人民群众生活,拉动经济增长,形成东湖区多种经济成分并存,平等竞争,共同发展的格局。此外,为配合胜利路步行街年初地面恢复,东湖区陆续地举办元宵、春节等系列活动,大大地带动胜利路步行街的人气与消费,取得较好的经济与社会效益。

【打造民生工程城市名片】 2016 年,为切实做好市民菜篮子工程,确保市民“舌尖上的安全”,区商务局全面贯彻落实区委区政府为民办实事的宗旨,稳步推动东湖区农贸市场的升级改造工作。积极完善市场管理新理念,紧紧围绕“赏心、舒心、连心、放心、贴心”的“五心”目标,打造既符合东湖特色,又适应时代发展要求、具有前卫特征的品牌农贸市场。在农贸市场管理上,局领导及物业站领导主动靠前、亲临一线,常常不打招呼到市场检查,发现问题及时整改。肉菜溯源工作一直走在全市前列,前三季度评比均取得第一的好成绩。区商务局致力于打造南昌品牌,创立东湖模式,商务部部长助理刘海泉察看东湖区农贸市场时,给予高度评价。2016 年,先后有吉林省商务厅、湖北省崇阳县及省内兄弟县(市、区)的市场管理部门到东湖农贸市场考察学习,区商务局把来访考察当作平台,充分展示全区市场建设和管理的特色亮点,打造特色城市名片。

【促进商贸流通持续发展】 2016 年,东湖区成功举办“南昌·东湖百花洲购物节”,活动既聚集人气,又获得商机,同时拉动区域经济发展。此外,将蓝海梦芭广场购物美食夜市街打造为民生、文化、旅游、商业共同体,成为南昌知名的白天亮丽精彩、晚上浪漫休闲之地。在促进改革创新上,区商务局继续围绕“大众创业、万众创新”的工作目标,认真贯彻落实中央、省、市提出的各项改革创新举措,结合东湖区商贸工作实际,不断抢抓机遇、创新思路。成功申报南昌三花实业有限公司入选 2016 南昌市老字号企业;成功申报南昌赣昌水产品综合大市场(中小型商品市场)、江西淘鑫电商基地(大中型电商产业园)、江西大美科技股份有限公司(综合类公共服务平台)为首批南昌市商贸企业集聚区和小微商贸企业公共服务平台;成功申报中国邮政速递物流股份有限公司江西省分公司入围南昌市第一批物流标准化试点项目。通过指导企业申报老字号、商贸集聚区、公共服务平台项目等方式,在扶持企业创新做强的同时,推进城区商贸业的持续发展。

【推动步行街区长足发展】 2016 年,区政府引资 9.8 亿元,对胜利路步行街进行升级改造,将步行街打造成为地上、地下资源优势互补、错位经营的“一站式”商业中心。自开街以来,区商务局通过“文化搭台、经贸唱戏”的活动形式,采取市场运作的方式,大力发展会展业,使会展产业成为发展步行街经济的重要平台。全年共举办 28 次会展及公益活动,逐步形成一种“以展会商,以展扬名,以展聚财,以展兴市”的良好局面。此外,按照《全国“百城万店无假货”活动示范街标准》,对沿街各商户的经营品种、文明经商行为进行规范,树立步行街放心、诚信、文明的经营形象。“3·15”消费者权益日活动期间成功举办消费者投诉、咨询接待日活动,取得良好的社会效果。组建一支素质高、责任心强的专业协防队伍,纠正各类违章行为,调解纠纷,保护商家利益,切实防控各类犯罪的发生。加强日常管理,处理城管网所查违规现象 68 起,整治占道经营、流动摊点 66 起,收缴违规使用音响设备 9 台(套)。通过综合整治,出店经营、占道经营、噪音扰民现象得到有效遏制。1—10 月,步行街营业额达到 14 亿元,不仅增加政府财政收入,还解决近 5000 名下岗、待业人员的就业问题,为政府和社会做出贡献。

(江泽炉)

胜利路步行街商贸活动

【概况】 胜利路是江西省南昌市的一条百年老街,清代定名中大街,民国 17 年(1928 年)更名为德胜路,抗战胜利后曾改称中正路,新中国成立后正式定名为胜利路。曾被誉为南昌的“上海南京路”，一直都是南昌商业繁华的象征。2001年9月，东湖区委、区政府投资将胜利路改造成集休闲娱乐、观光购物为一体的江西省首条全封闭式商业步行街。2016年1月1日，封闭一年半施工的胜利路步行街全面开街，12月10日，胜利路地下商业街盛大开业。截至年底，胜利路步行街共有商铺258家，商户经营范围主要为照相器材、珠宝眼镜、品牌服饰和国内外知名餐饮等，营业面积近10万平方米，超过1000千平方米卖场的商家有10余户。胜利路步行街逐渐成为远近闻名、广大市民和游客最为喜爱的休闲购物场所，也日益成为南昌市乃至江西省展示商业繁荣和城市文明建设的重要窗口。2016年，步行街日均人流量超过10万人次，节假日更是达到30万~50万人次，营业额和税收也呈上升趋势。

【明确发展现状】 2016年，由于红谷滩新区建设速度的加快，城市中心的逐步西移，全市“一江两岸”发展新格局初步形成。加上南昌经济高速发展，城区建设日新月异，各城区都先后建立商业街和城市商业综合体以及电商的影响。胜利路步行街作为老城区中心商业街，车流量大、道路拥挤、交通堵塞、公共服务设施老化等问题接踵而至。同时，步行街内的商家基本以国内外二、三线品牌居多，一些低端品牌（甚至是山寨品牌）占据着大量步行街的资源。如果胜利路步行街在配套设施、经营模式、经营理念继续以中小低端商业为主，将逐渐失去重要的商业地位。

【厘清发展思路】 2016年，东湖区以“南提北拓”的发展主战略为引导，借助地铁一号线开通的契机，以建设最具特色和竞争力的标志性商业街区为目标，以增强胜利路步行商业街区聚合辐射能力为主线，以创建名街名店，提升胜利路步行商业街区品牌影响力为重点，坚持规划先行，政策引导，优化服务，科学管理，加快打造胜利路步行商业街区的建设步伐，努力实现胜利路商业街区集购物街、休闲街、娱乐街、餐饮街和体验街于一体的“五街合一”趋势；集地上、地下和空中于一体的“立体化”趋势；集大、中、小店为于一体的“生态化”趋势；集点、线、面于一体的“街区化”趋势；集名街、名店、名品于一体的“品牌化”趋势；集商业、旅游、文化于一体的“商旅文合一”的趋势。致力于将胜利路步行街打造成为“南昌名片、城市客厅、休闲乐园、消费天堂”，将胜利路步行街的服务功能、结构、档次、形象等方面进行全面调整与提升。

【发挥区位优势】 2016年，步行街完成区政府再次投入巨资进行的全面升级改造，成为地上、地下资源优势互补、错位经营的“一站式”商业中心。地上部分修缮民国优秀建筑，恢复民国时期欧式哥特风格建筑外立面和圆顶，打造民国风情街。地下部分拟与南昌地铁一号线中山路出口实现无缝对接，形成百年老街和现代商业的完美融合。

【划分区域范围】 2016年，胜利路步行街“非”字形商业街区以胜利路步行街为中心（北起叠山路，南至中山路），包括胜利路步行街附近的民德路段（东起象山北路，西至子固路）、建德观路西段（东起象山北路，西至步行街）、李家路（东起步行街，西至子固路）、繁荣路、出新路（北起叠山路，南至后墙路）、后墙路（东起象山北路，西至子固路）等范围。

【规划发展方向】 2016年，东湖区结合步行街的建筑风格和历史文化底蕴，秉承“高品位打造、精细化建设、规范化管理、优质化服务”的发展理念，确定具体功能定位规划，分别打造成为各具风情的特色商业街，逐步改善胜利路步行街的整体环境，提升商业规模档次，以加强胜利路步行街的辐射功能，充分做精做细每个项目，形成胜利路步行街“非”字形商业街区格局。

【提升文化品位】 2016年，东湖区深入挖掘步行街赣文化历史底蕴，增加民俗风情以及赣文化特色的景观雕塑设置，营造安全、品位、便捷、舒适的休闲购物环境，使胜利路步行街成为休闲、购物、娱乐、旅游、文化、展会等多功能为一体的步行商业街区。

【做好党建工作】 2016年，东湖区步行街管理委员会党支部按照区商务局党委部署，深入开展“两学一做”学习实践活动，成立领导小组，通过学习党章、学习习总书记系列重要讲话精神、查摆问题、提出整改措施等活动，促使党员进一步坚定理想信念、提高党性觉悟。

【优化管理机构】 2016年，步行街管委会有正式职工14名,聘用人员69名(其中:协管员25名,保洁员36名,内勤5名,外勤3名),内设"二科一室一公司"(管理科、宣传科、办公室、洪士达服务有限责任公司)。主要负责管理胜利路步行街日常工作,促进胜利路步行街市场繁荣。

【加强日常管理】 2016年,步行街管委会严格内部管理,实施新的考勤管理、早读晨会制度,并采用脸谱识别考勤机,严格考勤制度。此外,在街内进行24小时全天候巡逻,对占用道路、店面门头装修和户外广告进行有效地管理。截至10月30日,共处理城管网所查违规现象68起,整治占道经营、流动摊点66起,收缴违规使用音响设备9台(套)。通过综合整治,胜利路步行街经营秩序得到明显改善,出店经营、占道经营、噪音扰民现象得到有效遏制。

【开展维稳工作】 2016年,步行街管委会认真抓好元旦、春节、清明、五一、端午、中秋、国庆等重要节假日及"两会"等重大会议期间的安全稳定工作,建立健全领导带班、值班制度。

【举行商贸活动】 2016年,由于步行街进行综合改造,商务促销及公益活动大幅减少。截至年底,共举办各类活动38次,其中公益活动5次,大小商务及企业形象展示活动33次。举办的公益活动有:2月举办的书法家为市民书写春联活动,8月举办的南昌艾玛妇产医院"2016七夕艾玛艺术胎教之旅——音乐嘉年华"活动,9月举办的南昌牙防所全国爱牙日公益宣传活动等。

(江泽炉)

楼宇(总部)经济

【概况】 2016年是改革攻坚的关键之年,东湖区重点楼宇年税收保持平稳发展,全年楼宇税收实现9.5亿元。新增AAAAA级楼宇商务面积4.8万平方米,新增税收千万元商务楼宇3栋。2016年全区共有目标商务楼宇27栋,楼宇总建筑面积57万平方米,总商务面积43万平方米,入驻目标楼宇企业2070家。截至年底,新增注册企业2150户,同比增长124%;注册(认缴)资本117.67亿元,同比增长117%;新增注册资金1000万元以上企业217家,同比增长158%;新增"六大产业"企业1355家,同比增长67.08%。

【进行原政府办公大楼招租招商】 3月,为做好叠山路136号东湖区原政府办公大楼的招商招租工作,切实保证国有资产保值增值,根据《东湖区系统、街道、区直单位经营性房产租赁管理规定》和东湖区经济发展招商引资相关文件精神,结合全区重点发展的六大产业——总部(楼宇)经济、现代商贸商务业、金融服务业、互联网产业、文化创意旅游产业、健康养老服务业进行产业定位。通过报纸、张贴公告等多种形式公开发布招租招商信息,招租招商用途主要为商务写字楼。

【完成原政府办公大楼竞标评审】 6月2日,在新政府大楼文化活动中心三楼投标室召开原东湖区政府办公大楼招商招租工作评审会,区政府办、区租赁办、区楼宇办、区财政局、区发改委、区商务局、区机管局、区金融办等部门参加竞标评审会议。竞标企业有国商互联(北京)电子商务有限公司、江西省中融文化产业发展有限公司、江西省洪城一卡通投资有限公司、上海沂居投资管理有限公司4家企业,根据竞标企业租房的用途、详细的运营方案或可行性研究报告,包括行业地位、发展前景、盈利模式、税收收益、经营风险等多个方面进行评估。最后由江西省洪城一卡通投资有限公司中标。

【组织领导挂点帮扶总部楼宇企业】 8月,为贯彻落实市委、市政府关于开展降低企业成本优化发展环境专项行动的工作部署,按照《东湖区开展降低企业成本优化发展环境专项行动工作方案》,组织开展好领导挂点产业帮扶企业活动,帮助企业降成本减负担,促进企业发展。根据产业分类,成立"6+2"挂点帮扶小组,即6大支柱产业+双创企业+重点企业。总部楼宇企业帮扶小组由区委书记刘闯、区委常委常务副区长夏小兰、楼宇办主任廖军挂点帮扶积极落实税费减免等涉企优惠政策,协调解决融资难、用工难等生产要素制约问题,帮助争取各级各类支持企业发展的项目和资金。

【召开政企座谈会】 9月6日下午,为促进新时期东湖经济平稳健康发展,东湖区召开以"新经济、新东湖、新发展"为主题的政企座谈会,邀请全区大型总部企业参会，其中有阿里巴巴南昌电子商务产业园、豫章1号文化科技园、江西金融租赁公司、江西健康之路信息服务有限公司等互联网、文化、金融、健康医疗产业行业共20家龙头领军企业。会上，各参会人员面对面进行交流座谈，倾听意见建议，并对东湖区经济发展建言献策。共同为东湖经济提速、总量扩增做出更大贡献。

（蔡　勇）

集贸市场建设

【概况】 2016年，区商务局在区委、区政府的坚强领导下，在上级业务部门的高度重视和具体指导下，在全局上下的共同努力下，按照年度计划和工作要求，以打造农贸市场为龙头，以提高管理水平为导向，以服务广大市民为目标。区商务局挖掘潜力促发展，集聚智慧攻难关，创新思维找出路，精准发力求突破，努力打造以农贸市场为主体的民生工程。2016年，东湖区共有13个农贸市场，其中墩子塘、董家窑、新公园、新建德观、四经路、贤士花园、花园角7个农贸市场为东湖区市场物业管理站自营市场；叠山路、章江路2个农贸市场为东湖区市场物业管理站“托管”市场；文教北路农贸市场为区属单位自营市场；其余上沙窝、五纬路、灵应桥、钟鼓楼4个市场为个体自主经营市场。其中董家窑市场为临时市场。

【取得瞩目成绩】 2016年，东湖集贸市场建设屡获佳绩。一是在南昌市农贸市场管理评比中，东湖区取得9次第一、2次第二的好成绩。二是贤士花园、新公园路、墩子塘、四经路和花园角5个农贸市场获得“南昌市星级农贸市场”称号，区商务局获得区城市综合管理工作先进单位。三是肉菜追溯工作屡创佳绩：前11个月中，农贸市场达标经营户数量全市第一，东湖区月总数据上传量、农贸市场环节月数据上传量、超市环节月数据上传量均排在第一名。此外，商务部部长助理刘海泉考察东湖农贸市场时，给予高度评价；2016年先后有吉林省商务厅、湖北省崇阳县等外省兄弟单位到东湖农贸市场考察学习，省、市、县区的市场管理部门到东湖农贸市场考察学习市场改造和管理经验的考察活动达7批次，全区市场建设和管理的特色亮点得到进一步展示。

【稳步推进改革创新】 2016年，区商务局积极完善市场管理新理念，紧紧围绕“赏心、舒心、连心、放心、贴心”的“五心”目标，打造既符合东湖特色，又适应时代发展要求具有前卫特征的品牌农贸市场。“五心”市场的建设破常规，重特色，高品位。视觉上朝着“赏心”努力，采取超市化布局，植入绿色休闲区域，打造美观的购物环境；环境上朝着“舒心”尽力，营造人性的停车空间、休闲空间、安居空间，解决群众的后顾之忧；体验上朝着“连心”下力，全力推进“智慧市场”“体验市场”“直销市场”，完善必备的功能设施；服务上朝着“暖心”着力，重点抓好“经营户之家”便民设施建设，购置微波炉、热水瓶等必要的生活及休闲用品，为群众提供温馨的便民享受；质效上朝着“放心”给力，全面做到明码标价常态化、追溯查询网络化、农残检测制度化，坚持严格的监管标准，使居民群众买菜更加轻松、方便，童叟无欺，确保市民买到放心产品，守护市民“舌尖上的安全”。

【严格规范市场管理】 2016年，经过多年的实践，东湖区积累到丰富的农贸市场管理经验，逐步形成具有东湖特色的农贸市场管理品牌，主要概括为“四个机制”。一是实施监管机制，确保市场正常运行。除物业站的常驻管理人员之外，还建立多级监管机制，即市场监管员日常巡查、区商务局干部每日监督、区领导不定期检查的三级督导体系，并借助“微信平台”，创建市场管理微信群，市场管理员以及督察人员每日上报各市场管理情况，做到有问题及时沟通反馈。二是启动攻坚机制，突出问题整改到位。对各市场现状和存在的突出问题进行客观分析，科学判断。针对环境较差，问题特别突出的农贸市场，区相关部门多次组织干部进行集中整治，协同攻关，取得明显的效果。三是运用协调机制，市场管理规范有序。制定《东湖区农贸市场管理实施方案》，明确各部门职责。各镇、街道（管理处）牵头，联合工商、执法、卫生、城管、消防等部门组成综合执法队伍，每日对辖区农贸市场占道经营及出店经营现象进行全面整治。四是形成考核机制，发现问题及时问责。严格按照《东湖区农贸市场管理考核办法》《东湖区农贸市场管理奖罚实施细则》，形成严格的责任追究制度,对在督查过程中发现的问题均要求限期整改,如整改不到位,或屡次发生相同问题,相关市场管理人员将被追究责任。

表8 **2016年东湖区主要集贸市场一览表**

名　称	营业面积(平方米)	摊位数(个)	电　话	详细地址	备　注
墩子塘农贸市场	3400	209	86818387	右营街18号	自营
新公园农贸市场	1100	230	86254083	新公园路21－1号	自营
四经路农贸市场	980	129	88606305	阳明路33号	自营
董家窑临时农贸市场	3000	263	88604027	龙沙路证券街	物管站租赁经营
新建德观农贸市场	620	130	86779807	出新路59号	物管站租赁经营
叠山路农贸市场	1100	150	18779123525	叠山路556号	物管站托管
花园角农贸市场	1600	124	13979158819	戴家巷64号	单位经营
文教北路农贸市场	1800	135	88502393	文教北路180号	租赁经营
五纬路农贸市场	1000	130	13970828468	五纬路69号	租赁经营
章江路农贸市场	980	100	86709643	子固路72号	个人经营
钟鼓楼农贸市场	1800	162	86791969	渊明北路89号	个人经营
贤士花园农贸市场	2600	300	88627007	贤士花园小区	个人经营
上沙窝农贸市场	970	75	86836946	上沙窝21号	集体经营

(江泽炉)

日用百货经营

【概况】 2016年,受经济下行影响,大型传统百货业发展缓慢,精品超市、社区连锁便利店成为百货零售业发展重点。日用百货消费人群发生变化,80后、90后等逐步由非主流消费群体升级为主流消费群体,顾客结构、购物渠道及消费习惯随之发生较大变化。随着智能手机的普及,实体零售商业常识手机端结算,消费者通过网络对所购商品进行比价,商品营销回归性价比。同时电子商务的兴起对传统商业实体店带来的巨大冲击,使传统百货业态面临转型升级。

【实现社会消费品零售额正增长】 2016年,东湖区社会消费品零售总额完成259.92亿元,同比增长3.2%,其中限额以上批发零售业和住宿餐饮业零售额完成106.82亿元,同口径同比增长0.3%。其中批发零售业企业完成102.3亿元,同比增长0.35%;住宿餐饮业企业完成4.5亿元,同比下降2.06%。

【抓住机遇助推发展】 2016年,东湖区大力推进特色商业街建设进程,积极招引龙头企业、知名企业、品牌企业、特色企业、老字号企业入驻。胜利路步行街地上地下全面升级改造,结合地铁口商业优势,使步行街以成熟商业中心的新发展,带动周边区域商业经济,促进全区经济发展。同时,以特色商业街为纽带,积极打造八一广场商圈、象山路—中山路商圈、城北片区商圈、北京西路商圈,打造一批高端百货、主题百货和专题卖场,形成从地下到地上、从站点到周边的立体化地铁商圈模式,着力打造综合地铁商业轴。另一方面,把握传统零售向新零售转向的机遇,引导知名连锁商超向社区延伸,大型城市综合体等新型业态开启日用百货消费新模式,满足市场消费需求。

【寻求新方式新理念】 2016年,为进一步扩大全区商贸类企业对外开放的视野和理念,了解全球范围内相关产业发展及产品开发的新动态和新方向,区商务局积极帮助企业“走出去”对接中国乃至国际领先品牌家庭用品生产商及供应商。7月25日至8月2日，区商务局通过实地走访、电话沟通等方式积极组织多家商贸类企业参加第110届中国日用百货商品交易会。第110届中国日用百货商品交易会(简称“百货会”)，汇聚日用家居行业2000余家国内外领先供应商，吸引来自40个国家和地区，以及国内大中城市和三、四级市县的60000余专业买家，为生产商和供应商提供新的销售动力，展示面向未来的各种创新业务发展方式和产品趋势，是充分了解日用家居产品行业最新产品和采购趋势不可错失的重要平台。

【百货行业整体依旧处于下滑趋势】 2016年，东湖区域内三个大型百货零售类企业共计完成33.7亿元，同比下降2%。百货大楼城东店与新概念百货的关闭，八一店地铁开通后续交通的不便，以及财富广场也受到八一广场公交站点取消的影响，经营状况不容乐观。

表9　**2016年东湖区大型商场、超市一览表**

名　称	营业面积(平方米)	日均人流量(人)	电　话	详细地址
百货大楼中山店	48000	23000	0791－86222592	南昌市东湖区中山路1号与八一大道交界
步步高胜利路店	6178	2500	0791－86811725	南昌市胜利路235－239号
南昌百盛	29000	7000	0791－86728888	南昌市东湖区中山路177号与象山北路交界
财富购物广场	30000	9000	0791－86238888	东湖区八一大道347号与中山东路交界
华润万家八一大道店	12000	8000	0791－86219254	东湖区八一大道358号(近江西饭店)与民德路交界
沃尔玛深国投百货有限公司南昌八一广场分店	18000	10000	0791－86216215	南昌市东湖区八一大道333号(万达购物广场旁)与中山东路交界
南昌亨得利黄金珠宝	950	1200	0791－86616375	南昌市胜利路26号
南昌亨得利钟表眼镜	1140	1200	0791－86616375	南昌市胜利路46号

(刘　丹)

旅馆住宿业

【概况】 2016年，随着居民消费结构的逐步升级，加上旅游、会展及各种大型活动的强力推进，东湖区旅馆住宿业呈现出良好的发展态势，行业规模不断壮大，经营形式日趋丰富，不仅满足不同层次的消费需求，也为繁荣市场、促进就业和扩大内需发挥着积极作用。2016年，东湖区积极开展招商引资，不断创新发展，通过政府支持、引导、吸引外来资本和民间资本进入住宿业，推动东湖区旅馆住宿业整体水平迈向一个新的台阶。

【深入开展旅馆大排查】 2016年，为切实保障群众生命财产安全，确保辖区内不发生重大火灾事故，东湖大队深入辖区各大旅馆，特别是人员密集场所周边的中、小规模旅馆进行消防安全隐患排查整治，增强业主的消防安全意识，提高消防安全工作管理水平，切实筑牢旅馆行业安全“防火墙”。大队采取普查与抽查相结合、白天查与夜间查相结合的方式，先后深入多家旅社进行消防安全“地毯式”大检查。检查中，大队检查人员本着“发现一处、整改一处、教育一处”的原则，重点检查各旅馆装修、开业前是否办理消防审核、验收手续；营业期间是否存在疏散通道、安全出口被锁闭、封堵的情况；安全疏散指示标志、应急照明灯是否缺少、损坏；疏散通道、疏散楼梯和安全出口的数量、宽度，火灾事故应急照明的设置、位置、数量是否符合消防技术规范要求等。检查人员每到一家，均严格按照消防安全标准进行检查，不留死角，并积极督促旅馆业主全面落实消防安全责任制和防火安全责任制。检查人员要求旅馆业主加大消防安全方面的资金投入,购置足量的消防器材,日常加强对消防设施、器材的维护管理,完善内部防火巡查制度,制订灭火疏散应急预案。同时认真开展自查自改活动,防止消防火灾的发生,杜绝各类安全事故的发生。针对全区大部分小规模旅馆普遍存在的消防设施数量不足、消防通道堵塞、安全出口闭锁以及员工消防安全素质参差不齐等问题,大队执法人员对发现的火灾隐患决不姑息迁就,形成严查严治的高压态势,要求能够当场整改的一律当场整改;不能当场整改的,责令限期整改;存在严重安全问题的,坚决实行关停措施。此次行动强有力地惩治旅馆行业消防违法行为、消除火灾隐患,再一次为中、小旅馆业主敲响消防安全警钟,促使他们提高消防安全意识,自觉遵守消防安全规章制度,切实为全区消防安全稳定营造良好的环境。

【住宿餐饮业出现下滑趋势】 2016 年,东湖区旅馆住宿业在经过整整 3 年的调整期后,在 2016 年出现好转迹象,但截至 12 月又呈现下降态势。截至 12 月,区旅馆住宿业累计完成零售额 4.5 亿元,同比下降 2.06%,较上月下降 1 个百分点。全区仍有较多中型住宿餐饮业企业营业额呈负增长状态,企业生存状况还是十分严峻。

表 10　**2016 年东湖区主要宾馆旅店一览表**

名　称	星　级	床位数（个）	餐位数（个）	电　话	详细地址
江西宾馆	5	380	550	86206666	八一大道 368 号
东方豪景花园酒店	5	468	2780	86288888	民德路 411 号
南昌凯莱大酒店	5	490	300	86708855	沿江北大道 39 号
江西饭店	4	540	950	88858888	八一大道 356 号
南昌观园楼商务酒店	4	200	400	86376699	二七北路 258 号
南昌百瑞四季酒店	4	244	410	88688198	洪都北大道 10 号
南昌七星商务酒店	4	360	360	88866666	南京西路 225 号
南昌洪都宾馆	4	600	200	88829999	阳明路 249 号
京西宾馆	4	267	180	88850666	省府大院南一路 9 号
阳光假日酒店	3	180	100	82108888	二七北路 520 号
名豪商务宾馆	2	100	–	82198800	象山北路 162 号
欧客快捷酒店	2	162	50	82126888	象山北路 243 号
多伦多大酒店	3	90	–	86767999	榕门路仿古街 91 号
如家快捷酒店	2	180	50	86777888	象山北路 237 号
锦江之星	2	197	30	82198999	民德路 255 号
惠苑宾馆	2	200	200	86221333	福州路 4 号
南昌瑞颐大酒店	5	470	256	87777777	沿江北路 69 号

（刘　丹）

餐饮业

【概况】 2016 年,东湖区餐饮业经过三年的调整期,开始出现好转现象,逐步呈现回升趋势。餐饮业结构调整转型虽初显成效,但餐饮业从传统经营模式向现代经营模式的转变力度仍需加强,注重品牌经营,企业才能做大做强。

【迎接信息化餐饮新时代】 互联网技术加速整合传统餐饮资源,针对餐饮业开发的软件应用平台大量产生,给传统餐饮业带来深刻变革,推动传统餐饮经营模式更新换代。2016 年,东湖区多家餐饮企业借力网络平台,开启餐饮在线服务模式,从线上搜索、点餐、订餐、支付、点评等服务,到线下与快递公司合作,及时提供餐饮服务,为消费者带来信息化的餐饮体验。餐饮业网络化经营时代全面到来。

【积极开展“文明餐桌”行动】 2016 年,为大力弘扬勤俭节约、艰苦奋斗的精神,进一步深化广大社区居民文明行动,充分发挥餐饮企业群众性精神文明创建中的窗口示范作用,东湖区积极开展“文明餐桌”行动。各社区组织志愿者、中小学生上门,对各餐饮经营店主进行面对面宣传,让他们积极参与“文明餐桌”行动,引导他们向前来消费的顾客推广“计划点菜,菜肴分餐,剩菜打包,餐前洗手”等良好习惯。并组织社区工作人员、文明劝导员,积极向辖区沿街铺面、企事业单位、各居民小区宣传“文明餐桌”行动的实质意义,教育引导居民珍惜资源、爱惜粮食、杜绝浪费、崇尚节约、文明就餐。此次宣传活动,受到广大市民群众的普遍欢迎,弘扬了科学健康新风尚。

【开展餐饮业排查整治行动】 2016 年,为进一步巩固小餐饮店创建整治成果,全面提升东湖区小餐饮店食品安全整体水平,保障公众饮食安全,东湖区积极开展为期一个月的小餐饮店大排查大整治活动。整治活动在巩固小餐饮店示范街和示范店创建成果的基础上,继续打造一批示范街和示范店,以点带面,引领全区小餐饮店在硬件设施投入和食品安全自身管理上进一步提升。区相关部门对辖区小餐饮店进行全面巡查,指导和督促业主做到亮证经营、从业人员持健康合格证明上岗、餐具清洗消毒规范、食品采购验收索证索票及台账记录等各项制度落实。对新开办的无证小餐饮店提前介入,上门进行技术指导,简化办证程序,积极服务和真诚帮扶小餐饮店达标,实现小餐饮店“布局基本合理、设施基本齐全、制度基本完善、安全基本保障”的目标。

表 11 **2016 年东湖区大型餐饮店一览表**

名　称	营业面积（平方米）	餐位数（个）	电　话	详细地址
0791 赣菜新概念	2800	500	86273333	南昌市福州路 56 号
0791 尚厨	3000	500	86373333	福州路东魅一号
新东方大酒店	4000	1000	86709997	沿江中路 18 号
江湖味道	1600	600	88855068	环湖路 101 号
柴火大队	1800	500	88626777	沿江北大道
阳光春天大酒店	2000	400	86391688	福州路 98 号老字号
一觉渔味店	4200	1000	88602799	阳明南路 226 号
法国小厨	90	30	86100100	榕门路 100 号
向塘土鸡店	2000	600	86220060	福州路 3 号
南昌相思林金岛饭店	3000	150	88528811	洪都大道 711 号
南昌市东方豪景大酒店	2140	428	86288888	明德路 411 号
川味红螺馆	180	120	86210993	民德路 123 号
红牛大酒店	2000	500	86801269	叠山路 563 号
新五斗粮农庄	1300	200	88681777	三经路女职学院斜对面
川锅一号	1000	100	88699289	佘山路 66 号
独一处寿福城	2000	500	86705555	民德路 195 号
百盛后街美食	2000	2500	88715175	中山路百盛后面美食一条街
建德观风味小吃一条街	4400	2200	–	建德观灵应桥至象山北路
苏圃路小吃街	3000	1500	–	苏圃路中段

（刘　丹）

开放型经济

综 述

2016年，东湖区围绕“六大产业”主攻方向持续发力，强力推进健康养生服务业、文化创意旅游产业、现代商贸业、现代金融业、楼宇（总部）经济、都市工业产业招商引资。始终把招商引资作为“一号工程”不动摇，突出项目引进和落地推进两大重点，创新招商方式、提升开放水平，坚持优势产业与新兴产业双轮驱动，强力促进开放型经济发展提速增效。

2016年，东湖区重点引进世界500强、国内200强、台湾100大、行业50强等龙头企业。全区共落户内、外资项目222个，5000万元以上项目76个（其中亿元项目19个），千万元以上项目210个，总投资143.59亿元，进资58.87亿元，进资率41%。亿元项目同比增加6个，同比增长46.45%；5000万元以上项目同比增加21个，同比增长38.18%；千万元以上项目同比增加23个，同比增长12.30%。

2016年，全区完成实际利用外资18532万美元，占年计划的111.02%，同比增长22.12%，列全市第2位；现汇进资8796万美元，现汇比例47.46%，列全市第2位；实际利用内资40.78亿元人民币，占年计划的106.53%，同比增长15.07%，列全市第5位；实际引进省外投资5000万以上项目进资29.998亿元人民币，占年计划101.48%，同比增长13.67%，列全市第5位；实现出口创汇34391万美元，占年计划的62.08%，列全市第九位。

招商引资

【概况】 2016年，东湖区将始终把招商引资作为“一号工程”不动摇，突出项目引进和落地推进两大重点，创新招商方式、提升开放水平，坚持优势产业与新兴产业双轮驱动，强力促进开放型经济发展提速增效。2016年，东湖区重点引进世界500强、国内200强、台湾100大、行业50强等龙头企业，确保引进1家以上央企，完成重大产业项目不少于15个，引进亿元项目不少于10个，其中，投资总额50亿元、20亿元的项目至少各1个、10亿元的项目至少2个以上。

【稳步推进外出招商工作】 2016年，区委、区政府主要领导带头“走出去”抓信息、找项目、访客商、走企业，先后分赴深圳、北京、杭州、济南、南京、台湾等地累计外出招商19批次。全区27个经济责任单位争先恐后派小分队外出招商111批次（其中主要领导带队外出招商59批次），全区客商来访572批次。1—11月全区共落户内、外资项目222个，其中千万元以上项目210个，5000万元以上项目76个，亿元以上项目19个，总投资143.59亿元，进资58.87亿元，进资率41%。亿元项目同比增加6个，同比增长46.45%；5000万元以上项目同比增加21个，同比增长38.18%；千万元以上项目同比增加23个，同比增长12.3%。1—12月在跟在谈项目共505个，其中5000万以上的项目104个，亿元以上项目41个，10亿以上项目6个。

【强化招商引资调度机制】 2016年新年伊始，东湖区召开开放型经济工作会议，早动员、早部署、早安排，营造全民招商浓厚氛围；强化“六个跟踪”，坚持分管副区长每周一调度，区长每半月一调度，每月一通报，每季度一考评的调度机制，及时解决招商工作存在的问题。为加快项目推进，区领导主动“沉下去”，共召开专题调度会18次，深入项目建设现场，特别是对一些重大项目的洽谈、签约、开工、投产亲自把关、亲自推进，做到心中有责，及时解决问题达30余项；成立“青山湖西岸开发建设指挥部”与“经济发展工作指挥部”，区政府主要领导亲自担任指挥长，强化项目推进管理体系，做到专项专员，为企业和政府之间的沟通合作开通直达车；在2015年的基础上，新增“五新”项目推进奖及“项目调度考核机制、项目督查机制和外出招商督查机制”三项机制，使奖惩制度更完善合理，为东湖经济更好地发挥拉动作用督导助力。

【充分发挥网络平台优势】 2016年，东湖区继续坚持“微调度”，建立区领导、经济责任单位相关人员和商务局招商人员为主体的“开放型经济工作微调度群”；充分发挥现代通信工具的优势作用，以招商简报形式及时通报各经济责任单位项目对接工作。截至年底，共发布招商简报225期招商动态信息834条，累计处理信息992条，形成比学赶超、争先招商之势；为优化投资营商环境，最快最优地为客商提供全方位的靠前贴心服务，开设“东湖招商”微信公共平台，吸引大批人员关注招商、参与招商，共对外发布经济动态135期。

【强化招商队伍建设】 2016年，区商务局根据形势变化和招商引资方向的调整，对招商工作的职责分工重新细化，确保在主攻任务方向上有所侧重。加大招商工作岗位的调整力度，结构得以优化，力量得到加强。平时注重加强招商人员的业务能力及礼仪训练，参加外出培训及岗位培训达48期。强化招商形象包装，面对设计、策划、运作方面短板，主动邀请华赣传媒公司等企业介入，通过包装，把东湖区最好的一面呈现给客商。紧盯文化产业、电子商务业、高端商贸业、专业服务业、健康服务业等重点产业，实现对重点产业上下游配套服务企业及关联产业招商的新突破。借助广州海印集团区域总部落户东湖，主动对接集团下属文娱配套产业项目；围绕阿里巴巴南昌产业带，瞄准全省工业制造业“互联网+”招商，积极引导上线企业落户；借助深圳文化产业协会、北京民营文化产业协会的广大资源，推进“二次招商”成果，融合更多金融、科技、文化领域的优质企业落户东湖。

【开展2016年赣港经贸合作活动】 2016年，东湖区共走访考察香港恒隆集团、香港欣隆集团、安达置业、大新银行等7家知名企业，会见客商50余批次。中海地产项目顺利签约，总投资额30亿元。

【举办2016深圳文化产业招商推介会】 5月11日，成功在深圳举行“东湖区2016深圳文化产业招商推介会”，江西本地重点文化企业、深圳众多知名企业和上市公司以及港澳台等地100余家文化企业纷纷参与，18个合作项目签约成功，总额达到115.7亿元。东湖区与江西日报社、深圳市福田区人民政府三方签订战略合作发展框架协议，正式拉开三方“跨界跨城、融合发展”的序幕。

【推进苏宁广场及采购结算中心项目】 2016年，东湖区成功引进苏宁广场及苏宁采购结算中心项目。项目由苏宁控股集团有限公司投资，投资总额60亿元人民币。苏宁集团计划在东湖区注册旗下知名母婴品牌红孩子的区域结算中心，年交易量可达40亿元。苏宁控股集团董事长张近东先生应邀参加11月25日在南昌举办的江西省第四届绿色发展投资贸易博览会，并借此机会于24日与南昌市政府签订战略合作协议，与东湖区政府就省政府大院一号、二号地块投资建设第四代苏宁广场项目签订投资协议，力争在2017年第一季度实现南昌苏宁广场项目落地。

【引进东智信投资中心项目】 2016年，区商务局成功引进南昌东智信投资中心项目。南昌东智信投资中心项目是由深圳前海汉辰股权投资基金管理有限公司、江西汉辰投资集团有限公司、安信乾盛财富管理有限公司投资设立，项目总投资3亿元人民币，注册资本3亿元人民币，主要用于项目投资管理等。

【引进中海豪庭置业发展有限公司】 2016年，南昌中海豪庭置业发展有限公司落户东湖。该公司由中国海外兴业有限公司投资设立,注册资本20亿元人民币,注册资金全部到位。截至年底,完成项目方案设计并报市规划局审批,但就交通环境、周边景观设计等问题还在与市规划局进一步沟通,尚未达成一致意见,项目计划于2017年年初开工建设。

【引进浦发城投城建一号项目】 2016年,南昌浦发城投城建一号投资管理中心项目落户东湖。该项目由中信信托有限责任公司投资设立,投资总额20亿元人民币,注册资本20亿元人民币,用于南昌市市政项目建设开发。

【引进旗计金融小贷公司】 2016年,东湖区成功引进由上海旗计智能科技有限公司发起投资的旗计金融小贷公司。上海旗计智能科技有限公司于2011年成立,注册资金1000万元,主要从事银行信用卡增值服务营销、个人消费金融服务、信用卡商品电销、信用卡分期电销、信用卡客服外包等业务,以提供信用卡客户生命周期全程价值经营为特色,是国内合作银行数量多、规模大、发展快的信用卡客户价值经营专业公司。

【推进“北京当当网”项目】 2016年,区商务局持续跟踪推进北京当当网信息技术有限公司项目。北京当当网信息技术有限公司是购物网站当当网的母公司,当当计划在东湖区开设首家当当O+O实体书店,注册资金5000万元,经营面积在2000平方米左右,并将设立实体书店项目公司,负责实体书店运营。

【跟进绿地集团下正街商务楼宇项目】 2016年,绿地集团意向将东湖区下正街电厂地块打造为复合型的滨江商业商务区,由两栋高层建筑和模块式裙房组成,预计项目总投资约40亿元。初步将用地性质设定为商务、酒店,容积率需降至3.5—4.0。土地收储需待下正街水厂2017年7月之后搬迁完毕,楼面成本价将由原来约6800元/平方米提升至约13600元/平方米。南昌市交通规划研究所出具《下正街交通影响评估报告》,并提交区领导审阅,区商务局持续跟进方案最新进展情况。

【跟进民巷旧改项目】 民巷旧改项目由江西城泰投资有限公司和中铁诺德投资发展有限公司共同合作,拟对东湖区民巷地块进行改造,预计总投资60亿元,项目建设用地约75亩,改造后建设商业综合体项目,项目处在初步制定建设方案阶段。

表12 **2016年东湖区引进重大港澳台商投资项目一览表**

企业名称	投资方式	投资总额	注册资本	投资地区	行业	批准月份	项目地址
南昌中海豪庭置业发展有限公司	独资	20亿元	20亿元	中国香港	商业地产	7月27日	东湖区洪都北大道636号西格玛商务中心2401室
江西阿思列夫市政工程有限公司	中外合资	1000万元	1000万元	中国台湾	市政工程	7月26日	东湖区子固路135号
江西宣德生物科技有限公司	独资	20万美元	200万美元	中国台湾	医疗器械销售	8月25日	东湖区子固路106号
江西水纱莲健康产业有限公司	外商合资	1亿元	1亿元	中国台湾	家政服务	11月16日	东湖区经堂巷36号

(江泽炉)

非公有制经济

综　述

非公有制经济是东湖区地方经济发展的重要组成部分，也是全区最为活跃的民营经济主动脉。2016年，东湖区市场和质量监督管理局在市局的领导下，大力推进工商登记制度改革，积极放宽市场准入，全力服从服务于地方经济发展。

2016年，东湖区通过实行“五证合一”，放宽住所（经营场所）登记条件，开展双告知，执行一次告知制、改革行政审批等制度，推进“双随机一公开“等措施，不断放宽准入管制，降低创业成本，释放创业活力，打破阻碍非公有制经济组织发展的壁垒。同时改革监管方式，突出重点监管、协同监管、抽查监管、信用监管、自律监管，建立权责一致的行政审批和监管体制，推动政府职能转变和履职到位，营造竞争有序的市场环境。通过提供全程跟踪指导等手段，支持新兴产业及电子商务发展，努力优化营商环境，推动非公有制经济组织到东湖落户。加大对商标侵权、不正当竞争等违法行为的查处，营造公平竞争的市场环境，积极配合公安、环保等部门开展专项抽查。严厉查处违法行为，认真开展查处取缔无照经营工作，实现综合治理，切实助推非公经济健康发展。

2016年，在登记注册工作中，区市场监督管理局严把市场准入关，严格按照法律法规审批申请企业的前置审批条件，对企业登记实行跟踪服务，全面地推进全区企业登记规范化管理进程。2016年，全区新增企业2176户，新增注册资本1198174.69万元，其中内资企业2132户，个人独资企业7户，内资集团1户，合伙企业10户，全民所有制分支机构2户，国有企业分支机构2户，股份有限公司分公司9户，农民合作社13户。2016年第一季度新登记企业449户，个体工商户675户。区市场监督管理局认真落实发展非公经济措施，积极释放改革红利，为非公经济发展提供强劲动力。

个私民营、中小企业管理服务

【概况】　2016年，区市场监督管理局注重以人为本，转变服务理念，主要做到四个服务。一是引导服务。热情为企业提供详尽清楚的咨询，指导企业填写有关表格，落实首问负责制。二是即时服务。落实首办责任制，对材料齐全的各类申请，即时给予受理，提高效率。三是延时服务。要求必须接待完最后一个办事者才能下班，经常超时加班。四是上门服务。对招商引资项目，主动实行全方位服务，应企业要求，预约时间，上门帮助企业整理材料，完善手续。热情的服务，大大地提高企业的办照进程以及登记效率，得到群众及领导的一致好评，不断促进个体私营经济和中小企业全面、稳定、健康、科学发展。

【降低非公经济组织准入门槛】　2016年，区市场监管局严格按照《工商总局关于做好工商登记前置审批事项改为后置审批后的登记注册工作的通知》要求，在办理企业登记时，除保留前置许可项目外，不再要求申请人提交相关审批部门的许可文件、证件。注册资本认缴登记制也得到落实，除一些特定行业由于行业自身和政府管理的特殊性，仍实行注册资本实缴登记制，其他企业登记和行政审批不再将实缴注册资本作为准入条件，不再要求申请人提交验资报告。而根据《关于大力促进实体经济发展的若干措施》第70条,除一人有限责任公司外,试行注册资本货币资金首期不受金额限制,允许股东以不需要办理权属登记的实物、非专利技术等非货币财产作为首期出资。依照《关于大力促进实体经济发展的若干措施》,区市场监管局还将进一步放宽市场主体住所(经营场所)登记条件,允许符合条件的企业将同一地址注册作为多家市场主体的住所。鼓励集群注册,降低企业注册门槛,激发大众创业的热情。

【减少非公经济组织设立成本】 2016年,根据南昌市委、南昌市人民政府印发《关于大力促进实体经济发展的若干措施》第11项,区市场监管局严格落实国家、全省对行政事业性收费和涉企经营服务性收费项目的清理规范工作,建立涉企收费目录清单,清单外事项一律不收费,为企业降低成本,设立公司"零成本"。不仅没有制证费用,还免费提供表格、营业执照外壳及其他便民服务设施,最大限度地降低市场准入门槛,激发市场活力。根据《关于大力促进实体经济发展的若干措施》第58条,允许物流连锁企业在同一县区范围内实行"一照多址",并允许分支机构使用省内总部取得的资质证书。进一步降低企业物流成本。

【精简非公经济组织登记流程】 2016年,通过深入学习贯彻李克强总理视察江西重要讲话精神,区市场监管局转变政府职能,深入推进简政放权。承担审批职能的科室全部集中下放到行政服务中心,原来分散在多个科室办理的注册登记、企业年检、信息查询等许可服务事项全部进驻大厅,所有事项均实行"一审一核",实现"一口受理、窗口运作、承诺服务、限时办结"的运行新机制。同时精简登记审批流程,将原本需要受理、审查、审批、制证办结多个环节的审批事项,均压缩在两个环节以内。企业大部分的登记事项办结从原先承诺的5个工作日提速到2~3个工作日,部分简单登记事项可实现当场受理、即时办结,从而解决企业营业执照登记审批流程繁琐、时间较长等问题,营造更加有利于创新创业的营商环境。以服务经济发展这一"第一要务",为南昌市华业投资置业有限公司上门办理变更业务,协助成立豫章1号产业园,并加快办照速度,及时核发营业执照。为群众提供方便快捷的多样化服务。

【执行一次告知制】 《关于大力促进实体经济发展的若干措施》第19条要求一次性告知委托人有关服务项目、服务内容。2016年,区市场监管局认真执行首问负责制和一次告知制,明确答复申请人,坚决杜绝相互推诿、多次往返、久拖不决,确保服务质量,避免恶性竞争,维护市场秩序,优化投资环境。

【推行非公经济组织网上登记审核】 2016年,区市场监管局通过"全国企业信用信息公示系统"平台,积极向企业推行网上申请、网上受理、网上审核、网上公示等电子化登记管理方式,实现商事登记管理信息化、便利化、规范化。协助江西淘鑫电子商务有限公司发展新增一批科技企业孵化器。实现辖区企业在网上办理企业名称核准和注册登记等事项,切实为企业提供便利服务。

【落实"双告知"制度】 根据《关于大力促进实体经济发展的若干措施》第80条,2016年5月24日,区市场监管局在窗口推行"双告知"制度。即在办理企业登记时,一方面通过书面形式告知企业经营项目中涉及审批的事项,另一方面,通过联合监管平台将需要办理审批的企业,推送至有关行政许可审批部门,按照谁审批谁监管的原则,做好事后监管。截至年底,共向企业发放"双告知"书3142份。

【全面推行"五证合一"】 自2016年10月1日起,区市场监管局对全区设立登记和变更登记的企业,统一实施"五证合一、一照一码"工作。推行之前,区市场监管局利用工商窗口宣传"五证合一、一照一码"登记模式的便利和快捷特点,积极营造登记制度改革氛围。在日常受理工作中,窗口受理人员加强对企业的口头告知,以一传十、以十传百,不断提高群众对登记制度改革的知晓率。"五证合一"的推行,进一步降低创业准入的制度性成本,激发大众创业、万众创新热情,对进一步推进部门间信息共享、提升政府管理和服务能力具有重要意义。

【建设非公经济信用信息系统】 2016年,为进一步推进企业信用体系建设,完善非公经济组织基础数据库,区市场监管局依托"全国企业信用信息公示系统"平台，积极采取各种措施加强宣传，督促企业及时公示信息，并为社会公众提供全面详实的信用信息基础数据，依法公示注册登记、行政许可、年度报告以及其他应当公示的信息，并向社会提供综合查询服务。为社会各界获悉市场主体信用情况提供方便，同时营造公众广泛参与企业信用监督的社会氛围。开展重点领域的企业诚信体系建设，建立失信企业惩戒制度，通过信用约束促进非公经济组织诚实守信。严格落实经营异常名录制度，对未按规定时间申报年度报告的市场主体，及时列入经营异常名录，向社会提示风险，形成"一处失信、处处受限"的信用监管效应，保障公平竞争，督促企业自律。

【落实"双随机"抽查】 2016 年，区市场监管局根据双随机工作方案的要求，突出重点监管，针对投资、资本管理、金融服务、中介等群众高度关注的重点领域，全年共进行 4 次抽查，共抽查企业 658 户。其中，通过登记的住所或经营场所无法联系的企业有 470 户，全部依法列入经营异常名录。

【促进非公经济服务体系高效运行】 2016 年，为营造大众创业、万众创新的良好氛围，区市场监管局在办事群众等候休息区，设置胶水、剪子、纸笔、涂改液、老花镜等便民利民服务设施，最大限度方便办事群众，增强服务人性化。设置公示栏，公布事项办理流程，实现"阳光政务"，做到格式文本科学、规范，登记流程标准、透明。行政审批事项、办事程序、办理时限、审批条件、办事制度全部公开，公开接受社会监督，以最优质的服务促进非公经济发展。通过简化办事程序，创新工作方式，积极地开展网上办事活动，有效地增强工作人员的服务意识、文明意识和效率意识，"脸难看、门难进、事难办"的现象明显得到减少，切实方便广大群众。

（熊益谦）

2016 年 5 月 26 日，东湖区地税局工作人员到企业辅导纳税人开展工作

金 融 业

综 述

金融是现代经济的核心，伴随着科技进步和经济发展，金融的作用日益突出。立足多层次的资本市场建设，为实体企业提供资本，是金融推动经济发展的关键。2016 年，东湖区金融机构以“创新、协调、绿色、开放、共享”五大发展理念为指引，成功引入江西金融租赁股份有限公司等一批金融机构。为鼓励金融与经济协调发展，东湖区一直致力于优化金融政策环境，2016 年度采取以下几大措施助力金融业发展：一是转变政府职能，继续加大政府审批制度改革，不断提高服务效率和水平，做到少干预多支持；二是加大监管力度，促进金融市场健康发展，对非法集资的排查及宣传教育为金融业发展创造良好的生态环境；三是加大对金融人才的培训力度，先后组织几批企业参与各类金融培训活动，提高金融从业者的业务创新能力和服务水平；四是制定相应优惠政策，重地守好金融招商工作，支持金融业的快速发展。

截至 2016 年年底，东湖区共有各类金融机构总部 60 家，全市占比约 31.58%。其中：银行省分行(营业部)、南昌分行 11 家(人行南昌支行 1 家，国有政策性银行 1 家，国有商业银行 3 家、股份制商业银行 1 家、外资银行 2 家、邮储银行 1 家、城市商业银行 2 家)，较同期减少 5 家，约占全市 30.56%；证券公司(营业部)16 家，约占全市 34.78%；保险公司省级总部 10 家，约占全市 33%；期货公司(营业部)2 家，约占全市 15.38%；融资性担保公司 7 家，约占全市 38.89%；小额贷款公司 5 家，约占全市 13.16%；融资租赁公司 5 家，金融租赁公司 1 家(江西省金融租赁有限公司)，为省内唯一一家，其他金融机构 7 家〔江铃汽车集团财务有限公司、南昌鹏远投资咨询有限公司、南昌辰业财务咨询有限公司、南昌腾迈投资咨询中心(有限合伙)、中国华融资产管理股份有限公司江西省分公司、中国长城资产管理股份有限公司江西省分公司、江西铜业集团财务有限公司〕。

银 行

【概况】 2016 年，东湖区辖区各银行金融机构呈现出改革创新力度大、新型业务增加多的特点。东湖区以“创新、协调、绿色、开放、共享”五大发展理念为指引，按照工业文明、城市文明、生态文明融合发展的要求，全面推进产业升级、开放升级、区域升级、建管升级、民生升级，抢建新节点、再创新高地，加快打造实力东湖，创造活力东湖，塑造魅力东湖。2016 年全区银行金融机构本外币存款余额 3926.50 亿元，比年初增加 1.67 亿元；贷款余额为 3327.22 亿元，比年初增加 397.84 亿元；贷存比 84.74%。

【中国工商银行江西省分行】 2016 年，中国工商银行江西省分行营业部按照“四轮驱动，负重提速”的总体要求，拓市场、促经营、抓管理、求发展，全行经营管理稳中有进，经营成果表现良好。截至年底，各项贷款余额 692 亿元，较年初增加 50 亿元，增长 7.8%。其中：公司贷款增加 15 亿元，排名同业第一；个人贷款增加 46 亿元，占全省工行增量的 58%。各项存款余额 819 亿元，其中：储蓄存款较年初增加 13 亿元，机构存款较年初增加16亿元。2016年,中国工商银行江西省分行积极推进经营转型,努力增强竞争能力。一是深化体制机制改革,新组建大客户服务中心、小微企业经营中心、私人银行中心,突出专业管理职能;二是对全行大中型公司客户集中上收维护管理和拓展,提升客户营销层级和成效;三是对全行小微企业和个贷业务实行集约化营销管理,构建发散式营销、工厂化处理的新模式;四是加大客户经理体制改革和支行竞争力提升等持续改革的力度;五是推进渠道优化和网点标准化运营改革的速度,人力资源配置得到优化;六是快速适应和对接行内大客户中心改革、投行中心改革等系列重大调整与决策的落地实施。此外,中国工商银行江西省分行不断加快拓展传统业务,稳步夯实经营基础。注重产品营销、外拓营销、客户维护和机制引导,下大力气稳存增存,努力夯实经营基础。拓展信贷市场,深入推进“扩优筑基”工程,积极支持铁路、公路、电力、基础设施等传统市场的发展。同时,加快抢占新兴市场,大力推进经营创新。积极推进大资管业务发展,向总行推荐理财资金30多亿元,与区域内6大集团客户企业签订投行集成服务协议。加快拓展国际业务市场,为某跨国企业开立保函1.65亿美元,全年实现国际结算量40.7亿美元,同比增长72.57%。助推私银业务发展,成功营销系统内全国最大、全省首单6亿元传承型家族基金业务,年末持产品私银客户增幅达33.8%。提升互联网金融业务发展,实现B2C非金融产品交易额5.88亿元,占全省总量的84.9%,推荐67户优质企业入驻融e购平台,营销二维码商户1.16万户。

【中国建设银行南昌东湖支行】 2016年,中国建设银行南昌东湖支行认真贯彻省分行、洪都支行各项战略部署,紧紧围绕南昌市发展总体战略和东湖区建设规划纲要,充分发挥创新产品和服务优势,持续加大对区域交通枢纽、城市轨道交通、道路交通和市政工程等基础设施领域的信贷支持投入,大力推进旧城改造项目,通过结构调整保证省市重点企业、重点项目、城市建设等资金需求。同时,积极抢抓战略性产业发展机遇,以政府融资平台、上市公司、建筑施工类企业和文化旅游产业为重点,不断丰富业务产品结构,支持企业“走出去”,扎实推动转型发展落地,取得良好的经营业绩与工作成效。截至年底,东湖支行辖属营业机构9个,从业人员共161人;全口径存款114.8亿元,较年初新增6.1%;各项贷款余额70亿元,较年初新增17%。在做好信贷投放支持地方经济建设的同时,东湖支行坚决防范金融风险暴露,按照监管单位和上级行合规管理各项要求,加强信贷资产质量管控,加快不良贷款处置和资产保全,有效防范信贷风险。全行全年保持安全稳健运行,实现无案件、无重大风险事件、无重大责任事故的“三无”目标。在存款业务方面,中国建设银行南昌东湖支行坚持“存款立行”的思想不动摇。以满足客户需求、做实金融服务为切入点,拉动存款业务快速发展。在信贷业务方面,中国建设银行南昌东湖支行认真贯彻国家经济金融政策,找准信贷政策和地方经济发展的契合点,持续加大信贷投入,重点支持现代服务业、医疗机构、基础设施建设等民生项目,2016年投放对公贷款65亿元。在金融创新方面,中国建设银行南昌东湖支行注重服务创新,持续推进“零售优先”“移动优先”战略,重点打造金融生态圈建设,围绕旅游、民生、交通、物流等客户群体,深入挖掘大数据运用,加大业务产品和流程创新力度,大力推动善融商务、善付通、龙支付、快贷、银企直联等移动金融业务,全面推广悦生活云服务及党费通缴费平台,着力提升客户移动金融消费线上体验和操作便捷性,成功打造建设银行电子银行业务品牌。

【招商银行南昌分行】 2016年,面对经济新常态、金融改革持续推进、各类风险交织的多重局面,招商银行南昌分行攻坚克难、积极作为,稳步推进战略转型,以“服务实体经济、助力地方发展”为己任,持续做大融资总量,加快金融服务升级,在省市委及政府的坚强领导和大力支持下,紧紧围绕全省经济转型升级的大局,着力服务供给侧结构性改革,各项业务取得协调、稳健发展。截至2016年底,实现全折资产总额870亿元,新增24亿元;实现人民币自营存款余额642亿元,新增36亿元;实现全折自营贷款余额637亿元,新增41亿元。招商银行南昌分行积极跟进省内重大战略,发挥金融对实体经济的支撑作用:积极响应省委省政府“做大江西金融总量”的要求,持续加大在江西的信贷投入,有效满足重大项目、重大平台的融资需求。截至2016年年底,实现融资业务余额862亿元。其中,采取流动资金贷款、固定资产贷款、银团贷款等传统模式累计新投放信贷资金237亿元,采取并购融资、股票受益权抵押、PPP融资、政府引导基金等新兴融资模式新发放信贷资金28亿元,增幅40%。同时,响应一带一路倡议,为走出去企业实现贸易融资余额7亿元,为境外承包工程企业提供授信6.5亿元,实现跨境人民币结算28.6亿元;优化信贷投放结构,为地方经济发展升级添劲助力:结合基础设施提升战略,向城市建设、土储、棚户区改造等基础设施建设项目提供22亿元的贷款支持,为助力现代综合交通网络建设,向公路、铁路等交通运输行业提供26亿元的信贷支持,为支持江西绿色崛起战略,还向水利水电、环保等相关行业提供7亿元的信贷支持。对于过剩产能和"僵尸企业",坚持主动退出、腾笼换鸟,先后调整"产能过剩"行业贷款和低效贷款21亿元,腾挪出的贷款都投到国家产业政策支持领域。创新小微扶持模式,全力提升小微金融服务实效:全年累计向1.32万户小微企业提供近270亿元的贷款支持,占向实体经济全部信贷投入的43.7%,向小微企业提供表外融资23亿元,占向实体经济全部表外融资额的27.7%。

【中国邮政储蓄银行南昌市分行】 2016年,中国邮政储蓄银行南昌市分行坚持"服务'三农'、服务中小企业、服务社区"的市场定位,通过加大资金投放、专注三农小微、践行普惠金融等途径,实现"支持经济建设、助力大众创业、服务社会民生"的卓越经营成果。2016年,中国邮政储蓄银行各项业务健康平稳发展,改革和经营工作成绩斐然。截至年底,南昌市分行累计向本地投放资金超过380亿元。各类贷款结存规模达到108.8亿元,各类存款余额达120.55亿元,存贷比达90%,2015年新增存贷比达到250%,实现"南昌人民的钱用到南昌人民手中去"的目标。在近几年经济下行压力逐步增大的情况下,南昌市分行的贷款不良率仅为0.29%,不到全行水平的1/3,有效地控制资产质量,为维护地方经济稳定做出积极的贡献。截至年底,全分行涉农贷款余额44.3亿元,小微企业贷款余额22.71亿元,累计直接服务"三农"及小微个体超过4万余人次,其中累计投放下岗工人再就业贷款近13.77亿元,帮助1.89万余人次下岗工人实现再就业(或再创业)。

【中国邮政储蓄银行南昌民德路支行】 2016年,邮储银行民德路支行坚持融入地方、服务地方,竭力于为东湖区广大人民提供优质、便捷、高效、普惠金融服务。截至2016年12月底,邮储银行民德路支个人零售贷款余额9.34亿元,全年净增1.41亿元,其中小额贷款净增398万元,消费贷款净增2亿元,个人商务贷款净增-9147万元,小企业法人贷款净增2810万元,成为支持南昌市东湖区经济社会发展、服务城乡百姓的生力军。在客户服务方面,邮储银行民德路支行按照区政府的经济发展规划措施,继续发挥网络优势、资金优势和品牌优势,为广大客户提供优质快捷的金融服务,持续加大对地方发展的投入力度,做好东湖区惠农通、财园通信贷发放工作,用金融服务照亮小微企业,有力支持实体经济发展,以商业可持续原则开展普惠金融服务,实现社会效益与经济效益的统一,全力支持东湖区持续健康发展,为把东湖建设成为"总部经济集聚区、高端商业核心区、南昌文化标志区、城市管理示范区""四区一体"现代化品质城区而努力。

【北京银行南昌分行】 2016年,北京银行南昌分行秉持"真诚所以信赖"的经营理念,积极架设起首都与江西经济共融发展的桥梁。截至2016年年底,分行表内外资产总额超600亿元,各项存款余额222.24亿元,各项贷款余额324.28亿元,是全省唯一一家贷款余额大于存款余额且存贷差超过100亿元的商业银行。分行2016年贡献税收1.45亿元,开业以来累计纳税突破5.5亿元。截至年底,设立1家异地支行、2家异地工作组,实现从南昌市向全省发展的战略延伸;同时在南昌市设立13家综合性支行、23家社区及小微银行、34家自助银行,全行员工达到600余人,网点遍布南昌市主要商业街区和居民社区,形成完善的服务网络。此外,分行新大楼建设也进入装修冲刺阶段,工程总投资约6.5亿元,预计2017年中期竣工并投入使用,南昌分行即将跨入新的发展阶段。北京银行南昌分行致力于支持区域经济发展。先后与赣江新区、江西省国税、江西省地税、鹰潭市政府、南昌经开区签署战略合作协议,支持地方重点优势企业和重点产业发展，推动新能源汽车、南昌光谷及南昌药谷的建设。2016 年 10 月，在省、市主要领导和总行领导的共同见证下，南昌分行作为首批银行业代表与赣江新区管委会签署500 亿元授信战略合作协议，支持赣江新区重点产业和重大基础设施建设，支持赣江新区打造全省经济发展的重要增长极。2016 年也是分行新产品运用丰收年——落地全省首单北金所债权融资计划、首单江西省股权交易中心永续私募债，江西日报等权威媒体予以专题报道。同时，北京银行南昌分行致力于服务当地市民百姓，竭诚为市民百姓提供优质、便捷、高效的金融服务，赢得广大市民百姓的赞许。通过专属理财产品、定期存款积分等活动为南昌市旧城改造和地铁沿线拆迁居民提供个性化资产配置，全年实现新增拆迁客户 1206 户，实现资金量新增 5.2 亿元，以优质服务赢得拆迁居民的一致好评；积极开展与公用事业单位的业务合作，全面办理水费、电费、三大运营商话费、网费、有线电视等多项代缴费业务，上线高速 ETC 卡业务，为居民百姓日常生活提供便利。

【大新银行南昌分行】 2016 年，在监管部门的正确指导下，大新银行南昌分行继续围绕“稳增长、调结构、控风险”的总体要求，通过实施精细化管理，有序地推进各项业务的发展并取得较好成绩，主要经营指标在江西外资银行中名列前茅，在大新银行(中国)系统内处领跑地位。2016 年，大新银行南昌分行积极落实监管部门的要求，认真开展“雷霆行动”专项排查、“两遏制、两加强”回头看、安保自查、防范电信诈骗等工作，风险案防成效显著，实现第八个平安年；主动搭建赣港合作平台，连续六年受邀参加省政府“赣港经贸活动周”，并积极发挥外资银行优势，大力争取总行与母行的支持，为政府招商引资及江西企业“走出去、引进来”提供金融支持。2016 年，分行资产负债大幅增长。截至年底，资产负债双双突破 20 亿元大关，其中，资产总额同比增长 33.45%。负债总额同比增长 35.90%，其中，公司存款余额同比增长 39.52%。经营利润稳中有增，在经济持续下行的大环境下，仍然实现利润正增长，全年盈利同比增长 7.18%，人均利润仍然保持在 80 万元以上。积极担当社会责任，组织开展“青山绿水，洁净家园”“普及金融知识，温暖留守儿童”等大型公益活动，并向南昌大学 20 名品学兼优的在校本科生颁发 5 万元“大新银行奖学金”，获得南昌大学师生的高度评价。

小额贷款公司

【概况】 截至 2016 年年底，东湖区设立小额贷款公司 5 家，总注册资本 9.3 亿元，累计发放贷款 333 笔，贷款数 2.43 亿元人民币，占全市小额贷款业务总数 7.77%。其中：50 万元以下小额贷款和纯农贷款金额为 1.35 亿元。在整体经济大环境艰难与机遇并存的情况下，小额贷款公司立足本土，坚持合规经营，努力开创突破，有效地拓宽中小企业的融资渠道，有力地支持东湖的经济发展。

【捷信小额贷款公司】 2016 年，南昌市东湖区捷信小额贷款有限责任公司不断服务和促进区域经济发展。改善省市中小企业、个体工商户和“三农”等资金需求，实行可供客户选择的分期还本付息或一次性还本、分期付息等多种方便的还本付息方式，以日对日据实计算，适应中小企业“短、小、频、急”的融资特点，不断提升金融服务能力。面对激烈的市场竞争，公司强化整体服务意识，加强员工培训，整体提升员工素质，致力向社会和客户提供一流的服务，调整结构做好预防。公司始终把控制和防范信贷投放风险置于突出位置，坚守资产质量“生命线”，积极调整贷款结构，增加低风险贷款比例，进一步压缩高风险贷款规模。公司拥有一支具备丰富银行经验的管理团队，组织架构科学、管理规范，贷款品种多样、方式灵活，操作流程高效务实。公司设四个部门：信贷业务部、风险控制部、财务部、行政部。截至 2016 年年底，公司累计发放贷款 1.28 亿元，贷款余额 3.99 亿元。

【邦信小额贷款公司】 2016 年，南昌市东湖区邦信小额贷款有限责任公司以“做小微企业的合作伙伴，做小贷行业的企业标杆”为愿景，致力于改善小微企业融资环境，规范小贷行业，大力服务于中小微企业、个体工商户及三农企业，所有投放贷款均为500万元以下的小微贷款,所投放行业均为涉及老百姓基础衣、食、住、行的民生行业。截至2016年年底,南昌邦信小贷共有员工24人,2016年累计投放贷款近300笔,共计14600余万元,其中"房抵贷"贷款占75%,达11000万元,公司年底贷款结存余额12500余万元,贷款结存规模较2015年净增4400余万元。2016年,随着国家经济进入新常态,小贷行业进入经营压力增大、业务逐步萎缩、不良快速冒升的瓶颈期。在困境中,南昌邦信小贷一方面总结以往经验教训,明确以"严控新增不良,稳步发展业务"为经营思路,坚持以"规模服务于质量,质量优先于效益"的经营理念开展业务;另一方面,适时调整思路,找准定位,优化内部管理,调整产品策略。通过建团队、带队伍,开展新业务、严控新增不良、大力清收存量不良资产让公司回到健康发展的轨道上来。

【中金财信小额贷款公司】 2016年,南昌市东湖区中金财信小额贷款股份有限公司致力于服务和支持区域经济的发展,在省、市金融办和市委市政府的正确领导下,公司规范运行,业务发展平稳,经营效益实现稳定,并坚持与担保公司密切合作、分担风险的业务方式,最大程度保障风险。2016年,在整个小贷行业下行压力增大、互联网金融平台崛起、市场竞争加剧、坏账攀升、优质客户难寻的严峻经营环境下,公司及时调整发展方向,业务重心转为优质客户的维护和发掘、坏账处理和业务新形式的探索研究,以适应新兴的互联网金融大环境。以服务小微企业和个体工商户为重点,贷款业务以金额小、数量多、流转快为特点,提高资金流转率和贷款回收率,分散风险。此外,公司大力调整内部结构,积极引入优质股东——江西金融发展集团有限公司(简称"江西金发")。作为全省唯一的小额再贷款公司,江西金发的加入,有利于改善公司经营治理结构,强化行业监管,有效地形成系统性风险抵御能力,从而实现小额贷款和再贷款的联动发展。

证　券

【概况】 2016年,东湖区证券业发展在平稳中求突破,截至年底,全区共有证券公司(营业部)16家,约占全市34.78%,网点布局密度居全市首位。2016年各证券公司(营业部)加大与银行等金融机构合作力度,新三板业务、上市公司业务取得突破性进展,东湖证券市场实现广度和深度上的拓展。

【中泰证券南昌叠山路证券营业部】 2016年,中泰证券股份有限公司南昌叠山路证券营业部全年托管客户资产共计5.3976亿元,账户数14504户,累计交易量149.3446亿元,累计收入1448.78万元,净利润289.41万元。营业部大力推进客户服务和投资者教育工作。通过全国统一客服电话95538和公司网站为客户提供快捷服务;公司总部及营业部均开通微信公众号,通过公众号为客户提供投资咨询、理财和基础服务。公司重金开发客户服务综合平台,通过该平台可以对客户的投资习惯、风险喜好等进行分类,可根据客户类别提供有针对性的服务。此外,继续重点发展经纪业务,但由于市场波动较大,交投不活跃,较2015年经纪业务明显下滑。积极普及融资融券、期货IB、个股期权等各类金融证券知识。在为辖区内各类个人投资者提供金融服务的同时,十分注重为各类企业、机构提供投融资服务。全年走访大量企业,为辖区内各类企业普及中小企业私募债、新三板、IPO、PB、资产证券化等金融知识,并和部份企业、政府部门达成合作意向,全年为江西银行主动管理12亿元资产。

【中信证券南昌贤士一路证券营业部】 2016年,中信建投证券股份有限公司南昌贤士一路营业部秉着"夯实基础、积累客户"的原则,紧密围绕股权类业务开展各项工作,积极引进各类有价值客户,夯实基础,提升营业部整体实力。截至11月底,营业部有个人客户21000余名,机构客户108户,财富管理客户200余名,30万元以上高净值客户近1200人。2016年营业部取得的成绩,主要体现在以下几个方面。融资融券方面:全年新开两融户数90户,新增两融余额2700万元,融资总余额为1.2亿元,共产生息费收入334.27万元。产品销售方面:完成2单机构客户大单产品定制;与地市农商行签订主动管理协议,实现总规模2.3亿元的天天利财的销售。股票期权方面:全年陆续激活数个期权客户,期权客户为营业部带来10万余元的收入。港股通业务方面：完成2个机构客户开通深港通业务，31个个人投资者开通深港通业务。新三板业务方面：实现“名品世家”“超维能源”“深圳赛骄阳”3家企业的成功挂牌。泛资管业务方面：全年为2家私募管理公司成功完成保壳产品的发行，形成托管、行政外包等业务的一条龙服务。

保 险

【概况】 2016年，东湖区保险业呈现良好态势，进一步发挥支持实体经济发展的功能和作用。一方面各保险机构的创新意识加强，大力拓展保险产品创新、业务模式创新；另一方面积极推动金融综合服务，加大对小微企业等群体的支持力度。同时，深入开展公益活动，积极回馈社会，充分体现东湖区良心企业的优秀形象。全区保险业保费收入达75.18亿元，同比增长17.42%，其中：寿险收入11.55亿元，财险收入63.63亿元；保险赔付7.40亿元，保障作用突出，其中：财险公司赔付5.74亿元，寿险公司赔付1.66亿元。

【中国平安产险江西分公司】 2016年，中国平安财产保险股份有限公司江西分公司认真贯彻落实“抓服务、严监管、防风险、促发展”工作方针，以“专业创造价值”为追求，改革创新，稳健经营。截至2016年年底，平安产险江西分公司保费规模达25.99亿元，同比增长14.1%，进一步巩固江西财险市场第二的地位，推动江西保险业持续健康发展。2016年，公司坚守“以人为本”“客户为中心”理念，凭借扎实的专业技能和领先的科技平台服务客户，为客户带去极致理赔体验，践行“保险业姓保”的企业社会责任。公司围绕客户需求，服务不断创新。组织各机构积极参与“诚信保险，自主消费”的主题宣传活动，搭建平安产险咨询台，现场接受市民咨询，通过“平安产险江西”官微向线上用户推送学习内容及活动链接，同时线下门店通过布置保险知识点宣传物料推荐客户参与有奖竞答，让客户轻松掌握学习保险知识。公司坚持公益，树立保险良好形象。出资105万元捐助幸福家庭公益基金“让爱回家、内在平安”留守儿童心理护理师培训公益项目，造福赣州35万名留守儿童。

【中国人寿江西分公司】 2016年，中国人寿江西省分公司立足江西、服务江西，助推“险资入赣”方针落地，争取200亿元集团资金投资落地江西，投资到位35亿元，用于南昌城市基础建设和棚户区改造，助推地方经济发展建设。截至2016年年底，中国人寿江西省分公司总保费为102.79亿元，比年初增加16.73亿元，成为全省唯一一家年度保费突破百亿的商业保险公司；公司总资产达到409.18亿元，同比增长9.31%，总资产约占江西保险行业总资产的三分之一。2016年，公司着力提升金融服务能力和水平。始终牢记作为中管金融央企在赣分支机构的身份属性，积极将自身发展与江西经济社会发展深度融合，在勇担社会责任中不断发展壮大自己。公司累计为全省4678.75万名客户提供各种人身保险服务，风险保额高达23205亿元，有效地增强社会抵御风险的能力；公司积极承办新农合、城镇居民大病保险、老年人免费乘坐公交车意外伤害保险、大学生村官保险等政策性业务，累计承办全省6000万人次城乡居民大病保险业务，补偿金额累计15亿元，缓解城乡居民就医压力。

担 保

【概况】 截至2016年年底，东湖区共有融资性担保公司7家，总注册资本15.24亿元。在保责任余额26.33亿元，占全市融资性担保业务总量71.60%。其中：为小微企业担保余额24.25亿元，为“三农”担保余额1.16亿元。2016年各融资性担保机构加大业务创新，进一步完善贷前准入、贷中审核、贷后管理制度，提高防范不良风险的能力。持续重点扶持中小微企业，对缓解中小微企业融资难和防控信贷风险起到有效作用，推动东湖区域经济不断发展壮大。

【江西南华城投担保公司】 2016年，江西南华城投担保有限公司按纯商业化机制运作，实行现代西方“全程信用风险控制管理”理念。本着“稳健经营、防范风险、开拓创新、打造品牌”的经营原则，“敬业、诚信、多赢、守法”的经营理念。以国家产业政策为导向;以多元化资金为支撑;以专业化担保为主体;以金融机构为依托;以个人优良客户、潜力型、成长型企业和个人消费为主要服务对象;以企业融资担保为突破口;以设置反担保措施为主要的风险控制手段;以足值、可变现、且变现能力强为稳健经营的操作方法。公司不遗余力地为中小型民营企业、高新技术企业和个人创业者的发展助力加油,提供融资和非融资担保及各种金融延伸服务,促进地方经济发展。

【江西华章汉辰担保公司】 2016年,江西华章汉辰担保集团股份有限公司第一季度末在保责任余额226032.72万元,二季度末在保责任余额250223.76万元,三季度末在保责任余额252750.63万元,四季度末在保责任余额307926万元,2016年四个季度平均在保责任余额259233.38万元,是注册资本的2.15倍;2016年年末在保责任余额307926万元,是注册资本金的2.55倍。全年增加贷款担保业务173户,增加贷款担保额334101.2万元,解除贷款担保业务153户,解除贷款担保额278202.42万元。截至2016年年底,公司资产总额214346.43万元,总负债8045.56万元,所有者权益206301.86万元。实现经营收入10493.59万元。2016年,华章汉辰先后与26家银行和61家非银行金融机构签订战略合作协议,综合授信额度超300亿元。公司以担保为业务基础,与信贷服务、投资并购业务、资产管理、版权及产权交易、数据服务外包组成六大业务版块,为中小企业提供全方位综合金融服务。

【鼎盛鑫融资担保公司】 2016年,鼎盛鑫融资担保有限公司南昌分公司主要与江西银行及湾里区农村商业银行等银行业金融机构开展融资性担保业务。2016年年末,在保客户数110户,在保责任余额近5000万元,累计担保284户,累计担保额近1.6亿元,占总担保业务的78.43%。在继续开拓融资性担保业务的同时,公司积极拓展创新型担保业务范围,其中获得实际成效的有诉讼保全担保业务,截至年底,在保客户数4户、在保责任余额近4000万元、累计担保5户,累计担保当事人主张标的金额近5000万元,占总担保业务的21.57%。此外,充分发挥担保机构在司法程序中的金融价值,获得司法机构与诉讼当事人的认可。获得澳洲投资和证券委员会(ASIC)批准,并于3月3日在澳洲主板ASX成功挂牌上市,市值近30亿元人民币,成为中国唯一一家海外主板上市的融资性担保机构。鼎盛鑫成功登陆澳交所挂牌上市,是整个中国融资担保行业的一大喜事,更为发展中的融资担保行业和中小微企业带来新的信心和希望,为融资担保行业的发展,开创一条具有里程碑意义的、可探索的新道路。

【南昌市个私民营企业信用担保公司】 2016年,南昌市个私民营企业信用担保有限责任公司的担保对象均为南昌市的中小企业。截至年底,累计为595户中小企业提供融资担保贷款24亿余元,2016年新增融资担保额1800万元,在保余额5260万元。与浦发银行、民生银行、南昌银行、农商行等9家银行达成长期合作协议,单笔担保额度为960万元,担保最大倍数10倍,最大可实现10亿元的综合授信。2016年,公司合理设置内部机构,建立分权制衡机制和良好的外部约束和相互牵制机制;健全科学决策体制与程序,建立健全集体决策与个人分工负责、责任落实到人的风险预防机制,加强制度建设,从制度上保证经营的合规性。制定一系列的管理措施和风险防范机制,包括《南昌市个私民营企业信用担保有限责任公司贷款担保审批管理暂行办法》《南昌市个私民营企业信用担保有限责任公司担保评审委员会工作规则》《南昌市个私民营企业信用担保有限责任公司A、B角制度》,完善的制度建设,有效地防范风险,公司始终保持着零代偿零损失的信用记录。

(邓 菁)

财政·税务

综　述

2016年，东湖区财税部门在区委、区政府的正确领导下，在各经济责任单位的通力协作下，开拓进取，攻坚克难，顺利地完成全面营改增的平稳过渡，各项财税改革稳步向前推进，支持经济社会发展的各项政策得到较好的落实，财政、税收成绩再创新高，为推进全区经济转型、实现跨越发展提供有力支撑。

围绕区委、区政府确定的工作重点和财政改革目标，2016年，区财政部门以财政科学化、精细化管理为主线，充分发挥财政政策在稳定增长、优化结构、普惠民生、防范风险等方面的突出作用。积极推进经济发展，大力培育新兴财源，深挖财税增收潜力，优化调整支出结构，不断提升管理水平，保障民生重点，推进财政改革，健全收入调度体系，加强财政资金监管，逐步提升预算绩效管理，努力推动全区财政事业蓬勃发展。2016年度区财政总收入突破60亿元大关，达到62.90亿元，同比增长9.8%。

2016年，面对日趋复杂严峻的经济形势和营改增税制变化所带来的工作压力，区国税、地税部门始终坚持以组织收入为中心，不断创新工作举措，努力提升征管效能，通过强化管理措施，抓好分析预测和重点税源监控，努力克服税源不足等诸多不利因素，立足全区经济现状，加强部门协调、紧密配合，不断实现办税服务资源整合优化，力促重点税源稳步增长，征管质量和效率得到显著提高。全年入库税收收入61.67亿元，同比增长10.31%，税收收入占财政总收入的比重达到98.05%。

（卜　斌）

财　政

【概况】　2016年，全区财政工作紧紧围绕“打造实力东湖、创造活力东湖、塑造魅力东湖”战略目标，按照建立公共财政体制的要求，积极适应经济发展新常态，持续推进经济增长方式转变，不断优化收入征管措施，更加注重提高收入质量，确保财政收入稳步增长；坚持厉行节约，盘活存量资金，更加注重优化支出结构，重点民生支出得到有效保障；坚定不移推进财税工作改革，完善各项监督机制，切实提升财政资金使用效益，实现财政保障能力和宏观调控能力的不断提高。全年各项工作取得较好成绩，荣获南昌市第十六届文明单位、2016年度全区社会治安综合治理目标管理综合先进单位等荣誉。

【东湖区财政总收入首破60亿元】　2016年，东湖区财政总收入首次站上60亿元的新高点，实现财政总收入（市口径）628978万元，同比增长9.8%；实现区级一般公共预算收入为123264万元，同口径增长10.18%，持续保持良好增长态势，为全区各项工作的顺利进行提供可靠的财力保障。

【推进国地税委托代征】　2016年，在区财政局的牵头下，顺利推动全面“营改增”以后，国地税互相委托代征，通过加强技术和业务支撑，实现国地税大厅业务全融合，确保全区任一办税窗口均能同时办理国地税业务。同时，在全区实现地税委托街办代征的基础上,又成功地推进国税委托街办代征,开创国地税共同委托街办代征的新局面。

【扶持创业创新发展】 2016 年,区财政局立足“发展空间、服务体系、制度改革、政策扶持”四个方面,大力扶持小微企业创业创新发展,致力于发展众创空间,降低创业门槛,开展有特色的创业创新活动,建设面向中小微企业的综合创业服务体系,激发社会活力与创造力,助力经济发展。

【民生投入同比新增 1.13 亿元】 2016 年,东湖区始终将民生领域作为政策支持和财力保障的重点,全力增强百姓获得感,保基本、兜底线、做实事,大力发展教育事业,完善医疗服务,优化城区发展和人居环境,不断推动社会保障体系建设,基层保障能力得到进一步提升。全年全区用于保障和改善民生投入资金 12.47 亿元,约占全区一般公共预算支出的 62.3%,同比增长 10%。

【建立公务消费网络监管平台】 2016 年,东湖区成立“三公”经费支出监管工作协调小组,统筹平台建设工作。区财政局成立东湖区公务消费网络监管平台建设领导小组,建立健全相关制度,指定专人负责平台日常管理。12 月 15 日,区财政局组织全区各预算单位召开专题部署动员会,传达具体要求,开展操作培训,全区两百余位预算单位分管领导及财务负责人参加培训。随后立即部署各单位开始进行基础数据采集工作,确保平台于 2017 年 1 月 1 日正式运行。平台将实现“阳光运行,全程留痕,实时监控”的工作目标,实现“三公”经费的有效管理。

【推进机关事业单位养老保险改革】 依据省政府《贯彻落实国务院关于机关事业单位工作人员养老保险制度改革决定实施办法》,2016 年 1 月起,全区机关事业单位退休人员养老金由社保统发,区财政局积极调整和优化财政支出结构,在年初预算中足额安排机关事业单位养老保险参保缴费资金,按规定足额拨付,督促参保单位及时缴费,确保基本养老金按时足额发放。按照社会保险基金财务管理办法管理基金,机关事业单位养老保险金纳入社会保障基金财政专户管理,实行单独核算,逐步实现对基金征缴、支付、管理运营的全过程监督。

2016 年 12 月 15 日,东湖区举办公务消费网络监管平台业务培训班

【预决算公开明细化】 2016年,区财政局按新预算法的要求,细化部门预决算公开内容。截至年底,区本级部门预算信息全部公开到支出功能分类和经济分类的最明细级科目,切实地做到预算信息公开常态化、透明化。除涉密单位外,全区所有财政资金安排的"三公"经费预决算也都做到按时公开,确保财政资金阳光透明。

【强化非税收入管理】 2016年,区财政局继续探索非税收入管理办法创新,在各非税收入执收单位推广非税收入POS机征收,强化非税收入资金安全,有效地提高工作效率;建立并执行行政事业性收费清单制度,根据相关文件认真落实取消、免征、减征行政事业性收费项目,进一步提高行政事业性收费政策的透明度,确保降费减负政策落实。2016年,全区非税收入为2.19亿元,未出现非税收入不正常增长现象。

【全面更新金财工程大平台】 2016年,东湖区"金财工程"财政应用支撑平台系统迎来全面更新,实现稳定性和响应速度的升级,确保财政资金运行情况全过程的更有效监督,增强预算执行的透明度,持续保障财政业务信息化的通畅、规范,并将为东湖区财政收支数据的即时监控、深度挖掘、综合分析提供更有力的技术支撑。

【落实采购管理实施办法】 2016年,区财政局严格贯彻《中华人民共和国政府采购法》和上级有关文件规定,将《江西省政府采购实施管理办法》的推广与落实作为规范政府采购管理的重要措施,通过举办区属行政事业单位政府采购业务培训的方式,对落实采购人五大主体责任有关工作要求进行重点讲解,就政府采购基本操作流程、实务等方面内容进行专题培训。通过严格履行采购程序、完善全程监控、推进采购信息公开、增强采购人员业务素质,进一步提高政府采购工作效率,有效地提升政府采购项目和资金管理的运行效率。2016年,全区货物、服务类政府采购实际金额为4512万元,节约资金679万元,节约率13.08%。

【深化投资评审科学规范管理】 2016年,区财政局针对政府投资项目评审领域扩大、内容不断深化、风险不断增多的实际情况,以环节控制为核心,以效率建设为重点,突出分析研究,制订规范措施,严格实施项目预控制,不断提升评审水平,完成总投资额为3.79亿元的PPP项目的物有所值评价和财政可承受能力论证。2016年,全区共完成评审项目76件,评审定案金额6142万元,核减率10.83%。

【多角度构建财政监督防线】 2016年,为严肃财经纪律,降低资金风险,确保监督质量,区财政局开展全区财政专户清查和行政事业单位资产清查,配合上级机关和纪律部门分别开展侵犯基层群众利益问题核查和街道财务工作巡查。督查工作严格按照时间节点和工作进度有序推进,既消除财政资金的系统性风险和管理风险,又进一步提升财政监督的效率与质量,提高财政资金使用的安全性和规范性,实现对管辖范围内相关财政性资金执行情况的有效监管,确保各项惠民政策和民生支出落到实处。

(卜　斌)

国家税务

【概况】 2016年,东湖区国税局抓住组织收入工作中心,认真落实组织收入原则,立足区情,把握局情,综合税情,顺利完成全年的工作目标和任务,共组织入库税收收入86047.3万元。全年各项工作取得较好成绩,荣获"全国税务系统先进集体""江西省文明单位""全省国税系统先进单位""全市国税系统目标管理先进单位""全省'五四'红旗团支部""全市优秀基层党组织"等荣誉称号。

【大幅提高征管质效】 2016年,为确保征管及数据质量,区国税局不断加强风险管控及信息核查工作,建立"统一推送、分类应对"的税收风险管理流程,形成统一推送、分类牵头、有序整合、协同部署的横向协调机制,同时在评估工作中进一步强化涉税信息采集,严格评估程序,增强评估实效,入库税款777.71万元。对2户符合政策规定的安置残疾人就业的企业审批退税63.12万元,对4户软件产品企业增值税超3%税负即征即退121.89万元,对1户军工产品企业增值税退税37.05万元。每月对小微企业减免税不规范纳税人进行清理,对应享受未享受增值税优惠的小微企业均给以退税处理,2015 年小微企业减免增值税合计 424.27 万元。圆满完成了 2015 年企业所得税汇算清缴工作。

【明显提升服务水平】 2016 年,区国税局办税服务厅以优化纳税服务为重点,加强制度建设,优化业务流程,提升服务理念,强化岗位培训,积极推行"一窗全能"服务模式,最大限度地为纳税人提供个性化、人性化的服务,确保五星级办税服务厅工作平台。开展"微笑服务暖人心,便民办税送春风"活动,大厅为了方便纳税人办税,进一步完善配套设施,更新常用药品 10 余种,定期更换新鲜的盆栽,美化室内环境;积极推行办税窗口工作服务规范和"服务尽心、受理热心、态度诚心、处办细心、解释耐心"的"五心"服务标准;进一步细化办税的服务流程,及时公开服务指南、办税须知、办税时限、办税标准、办税热线电话等事项;实行全方位的"前台受理、内部流转、限时办结、窗口出件"的税收"一窗式"管理服务,真正把办税服务厅整合成为"进一扇门,办样样税"的综合服务平台。

【稳抓稳打正风肃纪】 2016 年,区国税局坚持以"两权监督"为重点,以行风建设为抓手,以廉政文化建设为载体,深入开展勤廉教育月、"收受红包"专项整治活动。按照"谁主管谁负责"的要求,责任明确,措施到位,将工作任务落实到部门,落实到个人,构筑一级抓一级、层层抓落实的责任机制。严格落实上级贯彻中央八项规定精神的办法措施,坚持零申报、"月报告"、重大事项 24 小时报告制度,由主要领导和纪检组长"双签字背书"。将"红包"治理工作与"两学一做"专题教育紧密结合起来,创新方式方法,在着力构建常态化的教育机制、防范机制、惩治机制等方面拿出有特色的治理措施和办法。

【深入开展国地税合作】 2016 年,区国税局与地税局"共建一体化办税服务厅",推行"一站式服务模式"。主要做法有:一是联合办税,打造便民办税"综合体"。区国税局与地税局在全省率先实现"一窗一人一机双系统通办两家事"的深度合作模式,全年联合办税服务厅取得明显成效。二是协同管理非正常户。此项工作自第三季度开展以来,有 17 户纳税人接到地税局通知来国税局办理了解除非正常户事宜,共计罚款 10810 元,补税 20430.94 元。对双方管辖的长期非正常状态的纳税人 564 户发函至工商管理部门吊销营业执照。三是协同开展欠税管理。对于欠缴一方税款的纳税人,纳税人不配合清缴欠税的,清欠方税务机关及时向另一方税务机关传递欠税清册,提请对方采取相应措施。每季度联合在双方办税服务厅对国地税双方的欠税纳税户进行公示。四是开展联合征管档案管理。共同使用一套电子化档案系统管理征管资料档案,系统中所有征管档案资料对双方开放。截至 2016 年年底,国地税共计对 27293 户次的纳税人历年征管资料进行归档,扫描影像资料共计 361712 份。

(熊　莹)

地方税务

【概况】 2016 年,东湖区地方税务局辖区管户 20788 户。负责全区内的地税组织收入和各项基金、费代征。在"为国聚财、为民收税"的宗旨指导下,东湖地税着力优化纳税服务,加强税源监控,强化税收分析,提高征管质效,截至年底,区地税局共组织地税收入 95275 万元,其中营业税 15677 万元,同比下降 50.66%;个人所得税 28665 万元,同比增长 16.56%;土地增值税 8620 万元,同比增长 108.36%;印花税 1162 万元,同比增长 20.79%。在面临税源萎缩下滑、"营改增"等政策性减税等因素的影响下,圆满地完成市局、区政府下达的任务。2016 年,东湖地税局获得"中华全国总工会职工书屋""全国巾帼文明岗""全国百佳国地税合作县级示范区""全国第三次经济普查先进集体""创建全国文明城市先进单位""江西省五一劳动奖状""江西省第十四届文明单位""南昌市级青年文明号""全市先进基层党组织""南昌市第十五届文明单位""南昌市五一劳动奖状""市级标准工会"等荣誉称号。

【多举措促"营改增"平稳进行】 2016 年,从全面推行营改增试点开始,区地税局多举并措促进"营改增"平稳进行。一是在大厅张贴《致营改增纳税人的一封信》及营改增"二维码"图标,印制发放“营改增”宣传资料、最新政策解读等相关资料，强化对营改增、“三证合一”、网上申报等新政策的宣传辅导，提高新政策、新方式的知晓面和使用率。二是举办“营改增及特色软件纳税人端操作”专题培训共20期，参加培训人数共计2876人次。三是在大厅设置营改增绿色通道，方便营改增纳税人顺畅办理申报业务，同时根据窗口业务量变化情况，适时调整窗口业务办理类型和服务人员，提高办税效率，缩短纳税人办税等候时间。

【塑造税收宣传品牌】 2016年，区地税局紧紧围绕“聚焦营改增试点助力供给侧改革”主题，携手区国税局联合开展“探寻东湖之春，城市健步走”“第二届税企乒乓球”比赛等活动，与国税局共同打好税收宣传“组合拳”；按照总局《合作规范》以及46项合作项目，联合区国税局推行“一站办结”，开设“12＋14”联合办税窗口，采取“一窗一人”通办双方业务的形式，让纳税人“进一家门办两家事”，打通服务纳税人“最后一公里”；推出“二维码一次性告知”“国地税纳税人维权室”等系列纳税服务举措，用以人为本的服务理念和人性化的服务赢得纳税人的赞誉，为构建和谐社会贡献力量。

【开展国地合作】 2016年，按照税务总局《合作规范》要求，区地税局结合辖区实际，发挥“政府领导、财政牵头、税务主导、部门合作、社会协同、公众参与”的税收共治格局优势，先行先试，创新思路，实现“一窗通办”两家业务，让纳税人享受到“进一家门、取一个号、办两家事”的办税便利，探索可复制、可推广的“东湖模式”，并成功打造“全国合作示范区”。在合作过程中，双方共同利用税收征管档案电子化管理系统，便于随时查看、调阅、使用纳税人信息，从而开创性地开展国地税征管资料档案管理方面的合作，在全国范围内属于首创。同时，为积极应对营改增之后国地税征管力量分配不均的现状，根据现有实际情况，成立“税务服务站”，将税收业务延伸至辖区10个街办，推进纳税服务进社区工作，极大地满足辖区纳税人就近办理相关涉税事项的需求，有效加强税源管控，形成协税护税“天网”。截至年底，通过国地税联合办税大厅，国税代征地税税款1556.29万元，地税代征国税增值税1561.18万元，代开发票8626份。国地税合作工作更是得到总局、省局、市委市政府主要领导的肯定与批示，并迎来《人民日报》《中国税务报》《江西日报》等10多家重点媒体的广泛宣传，省内外近50家兄弟单位莅临区地税局争相学习考察。

【紧抓“两学一做”学习教育】 2016年，区地税局着力在真学实做上健全机制，在创新实践上求得实效。以《党章》和“一准则、两条例”为学习重点，采取集中学习、交流讨论和书记、局长上党课等形式，深化“两学一做”学习教育成效，补足“精神之钙”，使党员干部永远驻守精神家园。认真开展主题党日，举行重温入党誓词，书画、摄影展等活动，并通过展板、微信平台每月推出2名“我身边的好人”进行集中宣传，通过他们的事迹，把合格党员的标尺立起来，把做人做事的底线亮出来，把党员的先锋形象树起来，推动形成旗帜精神、榜样力量、灯塔效应，引导广大党员向先进看齐，立足岗位多做贡献。

【落实税收优惠政策】 2016年，区地税局继续认真落实税收政策，服务地方经济发展。2015年共减免房产税和土地使用共33.35万元，备案1户减免27.3万元，涉及医院9户减免2206.05万元。通过开展座谈、宣传辅导、建小微花名册、优惠台帐等举措落实小微企业税收政策，辖区内小微企业共有1682户，享受税收优惠政策的有120余户，减免企业所得税100多万元，切实减轻企业税收负担，增强企业创新创业信心。

【打造干部“精神家园”建设】 2016年，区地税局组织广大党员干部开展“兴家风、淳民风、正社风”活动，由局领导亲自带头“亮家训”，鼓励干部职工将自己的人生感悟整理出来，并通过QQ、微信、宣传栏、电子显示屏等方式，公示所征集的优秀家风家训家规，与全体干部职工和广大纳税人一道分享、共同进步。另外，全局依托“全国职工书屋示范点”创建工作，不断完善“职工书屋”设施，积极挖掘“职工书屋”潜能，全面放大“职工书屋”效应，把“职工书屋”建设作为精神文明建设的重要规划，切实抓紧抓实抓出成效。

（杨璐璐）

经济管理与监督

综　述

2016年，是东湖区全面实施“十三五”规划的第一年，在市委、市政府和区委的坚强领导下，全区上下主动适应和把握经济发展新常态，不忘初心勇担当、实在实干促发展，较好地完成区十五届人大六次会议确定的主要目标任务，实现“十三五”胜利开局。

经济发展稳中蓄进。2016年，全区实现地区生产总值417.69亿元，同比增长8.1%；500万元以上固定资产投资181.92亿元，同比增长13.5%；社会消费品零售总额259.92亿元，同比增长3.2%；完成财政总收入62.9亿元，同比增长9.8%；地方一般公共预算收入12.33亿元，同口径增长10.18%；实际利用内资40.78亿元、外资1.85亿美元，分别同比增长15.07%、22.12%，出口创汇3.4亿美元。税收收入占地方一般公共预算收入比重为82.2%，排名全省、全市前列，分别高于全省、全市13.8和3个百分点。

产业势头稳中向好。2016年，东湖区第三产业全年实现增加值380.57亿元，占比91.11%，对全区经济增长的贡献率达96%，同比提高4个百分点。引进以江西金融租赁为代表的新兴金融机构23家，总投资额达35.21亿元。融资租赁、电子商务、咨询服务等新兴高端业态加速集聚。规模以上电子商务企业50家，年交易额突破90亿元，同比增长320%。江西盈科行网络信息公司成功挂牌“新三板”。区域性商贸中心地位进一步巩固，胜利路商业街区、蓝海梦芭广场夜市街顺利开街，三花实业被评为南昌老字号企业。

发展质量稳中有升。2016年，东湖区新增注册企业2150户、注册(认缴)资本117.67亿元，同比分别增长124%和117%，新增注册资金1000万元以上企业217家，同比增长158%。新增“六大产业”企业1355家，同比增长67.08%。新增AAAAA级楼宇商务面积4.8万平方米，新增税收千万元商务楼宇3栋。2016年全区共有目标商务楼宇27栋，楼宇总建筑面积57万平方米，总商务面积43万平方米，入驻目标楼宇企业2070家。

深化“双创”借势而进。2016年，豫章1号众创空间、云才众创空间等11家企业入选“洪城众创”；赣昌水产品综合市场、淘鑫电商基地分别入围全市首批商贸企业集聚区和小微商贸企业公共服务平台；樟树林文化生活公园等3家企业顺利获批全市首批小企业创业基地。“财园信贷通”“惠农信贷通”等平台优势不断发挥，全年为2000余家创新企业和小微企业发放贷款5.17亿元，有效地缓解创新企业和小微企业融资难问题。

深化开放乘势而上。2016年，东湖区积极参加第15届赣港经贸合作、第14届赣台经贸文化交流等商贸活动，成功举办2016(深圳)文化产业招商推介会。全年落户项目222个，进资42.87亿元；其中，5000万元以上项目76个，亿元以上项目18个。千万元以上项目同比增加38个，增长22.35%；5000万元以上项目同比增加22个，增长44%；亿元以上项目同比增加7个，增长63.63%，创历史最好成绩。

(吕素敏)

宏观经济管理

【概况】 2016年，东湖区发展和改革委锐意创新，开拓进取，认真履职，圆满完成各项工作任务。

【进行项目审批立项申报】 2016年，区发改委共立项审批88个项目，项目总投资49893.92万元，项目备案9个。积极申报2016年南昌市保障性安居工程、城市基础设施中央预算内补助投资和专项建设基金，青山湖西岸农房及城镇安置房七里嘉和小区二区工程（控规CD101－B01地块）城市棚户区改造项目和绿洲佳苑小区二期垦区棚户区改造2个项目成功申请到中央预算内投资，共获得中央投资1288万元。

【编制“十三五”规划】 2016年，东湖区全面启动“十三五”规划编制工作。由区发改委牵头并邀请省市专家学者为智囊，在全区各部门的通力合作下，编制《东湖区“十三五”规划纲要》，并在1月12日举行的东湖区第十五届人民代表大会第六次会议上审议通过。为全区未来五年经济社会的发展提出发展方向。

【扎实推进重大重点项目】 2016年，被列入全区重大重点投资项目库项目共48个，涉及产业发展类、旧城改造类、城市建管类、社会民生事业类、基层党建类五大类，总投资301.33亿元。截至年底，共有33个项目开工，开工率69%；完成投资18.6亿元，占年度投资计划的60%。其中阿里巴巴南昌产业带、豫章1号文化科技园、胜利路步行街改造、新湖滨西路、紫金广场、智慧东湖等一批项目相继竣工，青山湖西岸物流产业总部经济大厦、中金国际交易中心等市级重大重点项目全面开工，省政府地块商业改造、下正街地块商业综合体、青山湖西岸中海地产、青山湖西岸22条路网建设、青山湖宾馆改造等项目处在加紧推进阶段。

【不断深化改革创新】 2016年，区发改委有序推进公车制度改革，全面完成行政单位车改，共封存停驶车辆263辆，车改后经评估机构评估核定，进行两次公开拍卖，共公开拍卖119辆，报废处置63辆。深入开展“降成本、优环境”专项行动，严格落实重大重点产业区领导挂帅、重大重点企业区领导挂点、重大重点项目专业部门跟踪服务等机制，把“省政府100条、市政府120条”优惠政策送到企业手中，实现“企业走访率、问题对接率、答复满意率”三个100%，帮助企业解决一大批发展难题。

【全面深化行政审批制度改革】 2016年，区发改委深化行政审批制度改革，承接市级下放的审批权限（第九轮），开展行政许可和非行政许可事项清理工作，进一步规范行政审批事项。按照职权法定的原则，对行政审批事项的设定依据、实施主体、审批条件、审批程序、审批时限逐项进行清理，对依法保留的行政审批项目明确审批条件、程序、期限，最大限度地减少审批部门和审批工作人员的自由裁量权。对在清理和承接下放的审批事项，严格按照新一轮审改要求在区行政审批服务网上审批系统中予以调整落实。将审批程序精心整合，进行行政审批流程再造，全年共承接市级下放行政审批项目13项，其中新增2项，取消1项。

（吕素敏）

企业资产管理

【概况】 2016年，在区委、区政府的正确领导下，区企资中心紧扣稳定、改革、发展，以创新管理为动力，以民生工程为根本，以维护稳定工作为重点，狠抓各项工作落实，认真履行职能，取得良好的成绩，获得2016年度南昌市“十百千万”行动工作帮职工解困先进集体、2016年度东湖区文明单位、东湖区人口和计划生育工作达标单位、2016年度东湖区基层社会治安综合治理工作先进集体等荣誉称号。

【加强资产监管工作】 2016年，区企资中心严格按照东湖区《关于经营性房产租赁管理规定》的要求，加强对企业经营性房产的租赁管理，全年共实现租赁性收入3900多万元。建立和完善店面台账，全面摸清排查各单位资产店面有关租赁、闲置、被拆除等情况，确保对国有集体资产监管到位。严格实行阳光租赁，整合资源、盘活资产，特别是通过公开登报、以商招商等多种方式，成功地盘活3家闲置店面，如胜利路38号闲置达9个月,重新租赁后新增月租金7万余元。大力支持商户发展,因步行街、中山路改造对租赁店面的影响,经纪检部门审批后,对于部分店面给予租金减免,全年共计给予承租户租金减免144.85万元,有力地扶持商户的发展。

【积极推进经济发展】 2016年,区企资中心作为全区主要经济责任单位,克服企业发展稳定任务重的矛盾,勇挑重担、强力推进招商引资及协税护税工作,全年共完成实际利用外资431万美元,现汇进资113万美元,实际利用内资9440万元,实现新增税收157.7万元。精心策划,做好招商引资工作,大力推行联合招商、以商引商、以店招商等方式,提高招商实效,抓好实体项目,力求早落地、早运营。依托自有店面资源,采取一个项目一个工作组的办法,成功引入注册资金5000万元以上企业2个,注册资金1000万元以上的企业4个。

【切实做好维稳工作】 2016年,针对信访工作中存在的历史遗留问题多,群体上访事件多等突出问题,区企资中心坚持统筹协调、整体联动、齐抓共管,全年筹集30万元由中心统一调配,专款用于赴京访等重大信访案件处置,有利于快速调动人力、物力,确保维稳工作的顺利推进,妥善化解标准件七厂、永红塑料厂、皮件布轮厂、青山工贸、东湖服装厂、水表厂等一批缠访、群访、越级访问题。加大对节假日、重大会议召开等重点时期的维稳和信访工作,安排领导带班专门人员排班接访,保障全国、省、市"两会"和全国综治会议(南昌)的顺利召开。安全生产持续加力,全年共开展5次全中心安全生产、消防检查,排查店面400余处,下发整改通知书15张,消除隐患点18个,未发生一起安全生产事故。

【稳步推动企业征收】 2016年启动的地铁三号线沿线征收,涉及中心企业的店面、厂房、仓库共计18处,面积约1.639万平方米。为了配合全市的市政建设工作,区企资中心高度树立大局意识,积极协调企业职工工作,让企业积极配合,主动劝说承租户搬空交房,并千方百计做好兰州拉面少数民族经营户等特殊群体的思想工作,顺利完成企业店面的征收工作。另一方面,选派20名精干人员参加洪都北大道片区旧改房屋征收工作,在规定的时间节点前完成全部74户,共计约8000平方米的房屋征收,做到进入早、效果好、矛盾少。

【大力保障职工权益】 2016年,区企资中心积极开展送温暖大帮扶活动,全心帮扶困难职工,配合区总工会建立困难职工档案,申报生活困难救助有460人,大病救助有68人,共计发放补助金额42万余元。开展助学帮扶,圆困难职工子女大学梦。在金秋助学活动中,共计对15名参加中高考的贫困学生进行帮扶资助,共发放助学金5.8万元。节日期间走访离休干部、军转干部和退役老兵人员共计100余人次,共发放慰问品、慰问金共计3万余元。

(刘　丹)

行政审批

【概况】 2016年,在南昌市行政服务中心管委会、市优化办的指导下,在区委、区政府的高度重视和领导下,区行政服务中心始终围绕优化东湖经济发展环境和"四区一体"建设目标为工作统领,以"优质服务、廉洁高效"为工作宗旨,以营造"求真、务实、廉洁、高效"的发展环境为目标,坚持用科学发展观统揽中心各项工作,规范行政审批行为,扎实推进机关效能建设,提高协调服务和执行能力。

【深化行政审批制度改革】 2016年,根据《江西省发展改革委关于做好2016年全省网上审批系统建设有关工作的通知》,区行政服务中心进一步优化行政许可事项办事环节和流程,会同区编办对所有新增、取消的行政许可事项进行全面统计,涉及东湖区23个职能部门,清理后区本级保留152项行政许可事项,并在江西政务公开网全面公示。

【公开公共服务事项清单】 2016年,区行政服务中心会同区编办、区政府法制办进一步简化优化事项办事环节和流程,包括取消各类无谓的证明,精简办事材料和手续,制作办事流程图,编制《公共服务事项清单》,以东湖区政府名义公布实施,共涉及东湖区21个职能部门,241项公共服务事项。

【推动网上审批与电子监察系统建设】 2016年，根据省、市统一工作部署，区行政服务中心管委会向区政府报送《关于申请网上审批系统升级改造经费的请示》，同时下发报送网上审批系统升级调研材料的通知，要求全区各行政审批职能部门对保留的行政许可事项进行流程再造，将清理后保留的152项行政许可事项纳入升级后的系统运行。同时将公共服务事项中可在线办理的事项录入网上审批系统，实现公共服务事项在线办理，加强对公共服务事项清单实行动态管理，及时调整更新。

【推动“三中心”平台标准化建设】 2016年，东湖区将公园街道、八一桥街道、墩子塘街道、滕王阁街道“五星级”便民服务中心纳入南昌市重大重点项目建设工作内容。公园街道、八一桥街道便民服务中心于2016年年底建成并投入使用。滕王阁街道、墩子塘街道、大院街道、百花洲街道便民服务中心由于项目建设前期存在客观问题，纳入东湖区2017年重大重点项目建设续建工作内容。区行政服务中心积极做好项目前期业务指导工作，推进东湖区街道（管理处）、乡镇便民服务中心基本达到“五星级”建设标准，实现“三个中心”建设全覆盖工作目标。

【规范公共资源交易工作】 2016年，区行政服务中心进一步提高全区公共资源配置的质量和效率，利用公共交易中心搬迁区文化活动中心新址的契机，进一步完善交易场所的建设，实现开、评标室分开设置的功能需求。按照简政放权、优化服务的方向，简化交易环节，提高工作效率，完善城区公共资源交易平台服务功能，公开服务流程、工作规范，整治各种乱收费行为，切实降低市场主体交易成本、减轻相关负担。进一步减少政府部门对城区公共资源交易平台的行政干预，强化事中事后监管和信用管理，强化对交易活动的动态监督和预警，加强社会监督，完善投诉处理机制。截至年底，公共资源交易中心共完成公共资源交易项目77个，交易总金额共计3491.14万元。其中建筑工程项目24个，成交金额778.77万元；政府采购项目49个，成交金额2526.86万元；门面拍租项目1个，成交金额总额为136.8万元；其他交易项目3个，成交金额48.71万元。

【优化投资环境工作】 2016年，为不断提升政府部门服务质量，构建东湖区域经济、社会、民生发展的良好氛围，进一步加强作风建设，提高服务效能，东湖区优化办出台《东湖区优化投资发展环境评议评价活动实施细则》，11月28日，邀请辖区372家企业对东湖区具有公共服务职能的30家单位进行“优化投资发展环境评议评价活动”现场测评会议，现场测评会议取得阶段性的成功。30家单位总体满意率达到98.3%，不满意为1.7%。

（张淑华）

市场和质量监督管理

【概况】 2016年，东湖区市场和质量监督管理工作紧紧围绕全区中心工作，主动适应发展新常态，一手抓职能转变，一手抓服务发展、市场监管和消费维权，全力营造宽松、公平、有序的市场经济环境，确保人民群众饮食、用药安全，实现全区特种设备安全无事故。

【加强食品安全监管】 2016年，区市场监管局始终把食品监管工作作为第一责任。一是加强食品安全综合治理。先后开展节日食品市场整治、学校周边食品安全专项整治；积极引导和健全食品安全示范店工作；继续深入持久强化对肉制品市场的监管；认真开展学校（托幼机构）食堂食品安全专项检查，共检查学校（托幼机构）食堂92家，其中大中专院校8家，中小学食堂22家，托幼机构食堂62家，下达责令整改通知42家；根据全市市容环境12大专项整治的要求，大力开展全区餐饮行业专项整治，共排查餐饮店1259家，整治无证小餐饮店78家。二是强化食品监督抽检。区市场监管局充分运用好监督抽检的法宝，在完成省、市食药监局下达的检测计划的同时，科学安排、统筹各方，盯住重点、合理布局，自行组织对全区食品经营单位进行抽样检测130多个批次，其中重点抽检扬子洲镇7家食品生产企业和10户豆制品小作坊；先后2次抽检区政府机关食堂，对发现的问题和整治建议及时抄告食堂管理单位和区机管局；各基层分局均采取行动，对所在辖区内加工销售的多个批次食品进行抽样检测检查。三是加大食品案件查处力度。继续保持对食品案件零容忍态度,狠抓大案要案查处,截至年底,共立案查处食品案件51起。加强行政执法与刑事司法衔接,6月上旬,联合区检察院、区公安分局先后对2个非法添加硼砂加工粽子的"黑窝点"和6家超标添加明矾的油条店进行查处,并以涉嫌犯罪拘留6人。四是圆满完成食品安全保障工作。先后完成省人大、省政协会议、2016年泛珠三角区域合作行政首长联席会议等6次重大会议(活动)的餐饮服务食品安全保障任务,派出执法人员进驻餐饮服务接待单位,对采购的食品原料、菜谱、餐饮具消毒、加工制作过程、食品留样、从业人员健康状况等进行全程监督,并运用现场快速检测设备对食品及使用的原料进行严格检测,共检测食品323批次,保障与会人员的饮食安全。

【加强药品和医疗器械监管】 2016年,东湖采取有效措施,确保公众用药用械安全。一是加大药品日常监督管理,确保百姓用药品安全。开展药品检验工作,对辖区内医疗机构和药品经营单位的药品进行抽样检验46批次;深化GSP跟踪检查工作,对检查中发现的问题,进行现场指正、警告并责令改正;加大对特殊药品的日常动态监管,组织进行兴奋剂、含麻黄碱单复方制剂等多项特殊药品检查,检查覆盖率达100%,重点对江西医药物资有限公司特殊药品的管理、供应情况进行监控。二是开展疫苗使用专项检查。以疫苗购进渠道是否合法,是否按规定条件储存,是否建立并保存真实完整的购进、分发、供应和使用记录等内容为重点,对10家疫苗使用单位进行检查,结果显示,东湖区疫苗使用企业的疫苗购销渠道符合要求,疫苗的冷藏储存及冷链运输系统比较健全,管理较规范;检查6家体外诊断试剂经营企业,对3家存在问题的企业下达责令整改通知书。三是深化医疗器械督查工作,全面促进市场规范有序。截至年底,共检查医疗机构11家,经营企业48家,生产企业5家。检查结果显示总体较好,针对个别经营企业、医疗机构对所购进的医疗器械索证不全,医疗设备档案不完善,缺乏"产品注册证"等档案资料以及日常维护维修检测记录等问题,检查人员当场责令相关单位进行整改并提交整改报告,督促经营企业、医疗机构规范经营和使用医疗器械。

【加强各类市场监管】 2016年,东湖区不断加大对各类市场的监管力度,逐步规范交易秩序。一是加强网络交易监管,维护网络市场秩序。区市场监管局依据总局和省局网络交易平台,对辖区1200家网络经营主体进行审核,并分派到管辖分局进行日常监管;及时处理网络交易投诉,维护消费者合法权益,共处理网络交易投诉案36起,退赔消费者损失5830余元,按程序将8家弄虚作假、拒不接受调查的网店列入经营异常名录。立案查处利用网络虚构交易、虚假宣传、使用绝对化广告用语等网络交易违法案9起,罚款11.2万元,严厉打击网络交易违法行为。二是加强农贸和农资市场的监管。针对水产市场短斤少两的问题,东湖区市场监管局及时组织经营者召开行政约谈会,引导经营者守法经营,责成市场开办单位和市场经营者提交守法经营承诺书,严厉处罚2家故意使用不合格计量器具,欺诈消费者的经营户,同时,在全区范围内开展短斤少两行为专项治理。三是加强合同监管和拍卖、动产抵押登记备案工作。针对经营者利用公用事业类合同和旅游类合同中的不公平格式条款侵害消费者合法权益的行为,积极开展集中整治。立案查处3起合同违法案,对两家旅行社利用不公平格式条款免除自身责任、加重消费者责任,排除消费者合法权利的合同违法行为案处以3万元罚款。办理动产抵押登记8件,为企业实现融资金额12842.75万元;办理拍卖备案26件,现场监拍5件,拍卖成交金额12431.99万元。

【加强质量标准计量认证工作】 2016年,区市场监管局把质量标准计量认证工作摆在重要位置,质量工作总体水平不断提升。一是加强质量管理,实施名牌战略。根据省质监局2016年江西名牌产品申报工作的通知及省政府关于江西名牌产品认定和保护办法的通知要求,区市场监管局积极与区重点培育对象进行沟通走访,共沟通走访9家企业,及时掌握企业发展动态,鼓励企业开展网上申报,争创名牌产品。对获得江西名牌的江西金佳谷物股份有限公司给予相关政策支持,扶优扶强。二是推进工业产品生产许可证、强制性认证、自愿性认证监督巡查工作。3月份,针对南昌市星火水泵制造有限公司生产许可证证书即将到期的情况,东湖区市场监管局通过提供政策咨询、现场指导等方式，帮助企业进行重新申报，换发证书，同时，对辖区内一家水泥构件厂无证生产行为进行查处。对辖区内4家检验检测单位的认证资质、16家质量管理体系、食品安全管理体系、环境及职业健康安全管理体系的获证企业进行现场巡查。三是夯实标准化工作技术基础。积极参加省市局组织的企业标准编写、服务业标准化、农业综合标准化等业务培训。与区商务局联合开展物流行业标准化试点工作，以托盘标准化及其循环共用为切入点，组织辖区物流企业参加物流标准化培训。四是加强计量管理，积极推进节能降耗工作。积极开展集贸市场计量器具专项整治，对辖区医疗机构医用计量器具强检、加油站加油枪强检情况进行监督检查。开展能效标识专项检查，对新实行能效管理的空气能热水器、吸油烟机、燃气灶等产品的能效标识加贴情况进行监督检查。

【加强特种设备安全监察】 2016年，东湖区加强做好特种设备安全监察工作，一是开展特种设备数据更新工作，逐步建立全区特种设备动态监管系统，对系统中大量的非东湖区的特种设备数据进行一次较为彻底地清理，共清理非东湖区的特种设备1453台。二是坚持日常监督检查与专项整治相结合。共检查使用单位65家（其中重点监控单位37家），检查特种设备693台；发现20家使用单位，1家维保单位存在安全隐患；下达安全监察指令书19份，立案处理16家，整改到位13家，整改中7家；处理完成群众投诉举报20份；组织开展气瓶安全专项整治、电梯安全攻坚战、燃煤锅炉节能减排攻坚战、简易升降机专项整治等一系列专项整治行动。三是做好重要节日和重大事件期间的安全监察。在两会期间、“五一”劳动节和汛期期间、G20杭州峰会期间、全国综治工作“南昌会议”期间、中秋国庆节期间、南昌国际马拉松比赛期间以及“11·24”丰城电厂特别重大事故发生，都开展了特种设备安全大检查。

（黄　耀）

安全生产监督管理

【概况】 2016年，东湖区安全生产监督管理工作坚持“安全第一、预防为主、综合治理”的工作要求，牢固树立安全发展理念，紧紧围绕“安全生产年”活动的要求，大力开展“安全生产大检查”工作和“三项行动”工作，各有关部门围绕“打造全省核心增长极”的中心任务，扎实开展“安全生产监管执法年”活动，不断深化打非治违专项行动，进一步落实责任、强化监管，全力抓好安全生产各项工作，努力遏制较大事故的发生，保持全区安全生产形势的总体平稳。2016年东湖区荣获“全省安全监管工作目标管理先进单位”称号。

【开展“安全生产执法年”活动】 2016年，东湖区以开展“安全生产监管执法年”活动为契机，切实加强监管执法能力建设，确保安全生产责任的落实。根据南昌市安监局的统一部署，印发“安全生产监管执法年”活动方案和实施细则，通过加强安监干部培训，建立暗访暗查和“双随机”抽查制度，督促企业落实安全生产主体责任，开展企业事故隐患自查自报自改闭环管理。活动期间，全区共计对45家生产经营单位开展执法检查，下达执法文书35份，查处安全隐患174处，整改172处，被检查单位的回访满意率为100%；3家企业开展事故隐患自查自报自改闭环管理示范创建活动，5家企业开展齐抓共管反“三违”集中行动，全区各镇、街道（管理处）均开展学法用法守法主题教育培训实践活动和安全生产“三项”监督检查集中行动。

【专项整治烟花爆竹安全】 2016年，东湖区严厉打击非法生产经营烟花爆竹行为，进一步规范烟花爆竹生产经营秩序。结合实际制定《东湖区烟花爆竹经营领域打非专项行动方案》，开展打击非法生产经营烟花爆竹行为专项行动，加大打击力度，对辖区内32家烟花爆竹零售点和非法销售摊点开展巡回检查整治，打击非法销售、消除火灾事故隐患；重点对居民住宅区、校园和集贸市场周边环境进行检查整治；举办一期烟花爆竹经销网点负责人安全知识培训班，组织参加培训人员学习安全监管知识、烟花爆竹管理规定、烟花爆竹违法行为处罚和烟花爆竹安全生产法律法规四个方面的内容，落实经销网点的安全主体责任，确保全区烟花爆竹市场的经营秩序。

【专项整治危化品经营市场】 2016年，区安监局按照属地管理原则,在各镇、街道(管理处)检查小组自查的基础上,由局安全监察大队围绕6大项检查内容,着重对销售工作使用的危险化学品、剧毒物品经营单位和专项整治区域整治后的巩固情况进行检查,共出动各类检查人员360余人次,共检查使用危险化学品的单位47家,危险化学品经营单位(甲证)9家,危险化学品经营单位(乙证)8家,液化气点20家、重大危险源头10处。在督查过程中,监察大队严格按照文件要求对各单位现有化学品使用、储存、经营数量、救援措施、周边情况建立完善"监管台账",实现紧急救援预案备案率100%。

【开展"安全生产月"活动】 2016年6月,区安监局根据全国统一部署,围绕"强化安全发展观念,提升全民安全素质"主题,组织开展多项安全生产宣传教育活动,营造浓厚的安全文化氛围。制定《2016年全区"安全生产月"活动考核评分表》,明确活动责任,细化活动任务,并将全区各有关单位开展活动的考核结果纳入安全生产年终考核。安全生产月期间,全区共发放消防安全自救逃生教育手册630余份,《安全知识读本》620本,其他宣传资料610余份,接受群众咨询600余人次;征订各类挂图106套,悬挂张贴宣传标语120条,制作专题展板50块,制作和发放《安全知识读本》1万本;利用短信平台发送"安全生产月"相关宣传口号1000余条,并在东湖区安监局网站上公布安全生产信息10余条;编印"安全生产月"信息简报2期;组织全区干部、社区居民、学生等1000余人到南昌市安全生产警示教育基地进行参观学习,增长安全常识。

【开展"安全生产日"活动】 2016年,区安委办组织各单位分管领导和安监员在步行街名秀广场开展区"安全生产月"宣传咨询日活动,制作安全宣传品并进行分发。发放消防安全教育手册500余份,其他宣传资料600余份,接受群众咨询600余人次;开展安全生产知识"六巡"活动,制作宣传展板,编印安全生产信息简报七期;大力宣传安全生产方针政策、法律法规和安全知识,提高全区安全生产工作的知晓率。

【做好夏季高温和汛期安全生产工作】 2016年,区安监局落实重点行业领域安全防范措施,切实加强夏季高温期间的重大危险源监控措施的落实,督促企业和经营单位严格遵守高温时期的操作规程和有关措施,要求各生产经营单位配备充足的防暑降温物资,妥善安排高温期间职工的作息时间和休息场所,改善劳动条件,减轻劳动强度,严格控制加班加点,防止人员中暑事故发生。对于建筑施工,交通运输和消防安全等综合监管领域,要求各行业监管部门根据气象情况及时调整和安排工作,加强监控措施,严禁冒险作业,督促企业采取相应的安全措施,防止暴雨、大风等自然灾害引发事故。为确保高温汛期各项安全保障措施落实到位,从6月25日开始,全区各镇、街办(管理处)和各系统对管辖单位开展检查督查及隐患排查,确保社会安全稳定。

【梳理安全生产行政许可】 2016年,区安监局为提高行政审批效率,根据区《关于进一步加强区行政服务中心建设的实施方案》文件精神,对全区烟花爆竹、农药、油漆、危化气体经营单位进行全面摸底;按照创业服务年的要求,对所有行政许可在网上进行公布,并压缩办理时限;配合南昌市第八轮行政审批制度改革,承接南昌市安监局下放的危险化学品经营许可行政审批事项。

【集中开展安全生产大检查】 11月,区安监局在管辖范围和行业内全面开展安全生产大检查、大整治工作。制定下发《全区开展安全生产大检查、大整治工作的实施方案》,成立区安全生产大检查、大整治工作领导小组,对各行业重点领域和薄弱环节,尤其对化工等高危企业、建设施工场地、消防安全、烟花爆竹销售网点、灾害性天气易引发安全生产事故场所进行全面检查。扬子洲镇、各系统、各街办(管理处)、区直有关部门结合实际,紧紧围绕全区安全生产工作主要目标任务,组织开展对各辖区和监管行业的安全生产督查工作。区安委会组成2个督查组,对安全生产大检查、大排查情况进行督促检查,并对检查、督查的情况编印督查通报,确保检查取得实效,消除安全隐患,有效防范和坚决杜绝安全生产事故的发生。进一步健全联合执法机制,坚决打击生产经营过程中的违法违规行为。全面落实建筑施工、低洼危旧房、餐饮娱乐场所、商场、食品药品、电动车停放点、人员密集场所等行业领域安全监管措施,加强监督管理,有效防范各类生产安全事故。检查期间,共抽调检查人员720余人次,共检查各类场所2165处,发现隐患709处,整改到位656处,整改率为93%,限期整改52处(主要是低洼危旧房,已采取警戒措施),关停1处。

【安全生产事故情况】 截至2016年年底,全区共发生生产经营事故1起,死亡1人;道路交通事故12起,死亡9人,受伤4人,经济损失1.35万元;火灾事故57起,抢救被困人员76人,疏散人员144人,无人员伤亡,直接财产损失543173元,无重大、特大火灾事故。

(李　翔)

价格管理

【概况】 2016年,东湖区发改委认真落实中央、省、市各项价格政策,全面加强事中事后监管,不断强化工作措施,锐意创新,开拓进取,认真履职,圆满完成各项工作任务。

【严格价格监督检查】 4月,按照省、市统一部署,区发改委配合市价检局对江西宾馆、南昌市二附医院等机动车停车场落实公示制度专项检查;5月,配合市价检局对江西宾馆,凯莱、东方豪景、瑞颐、法莱德白金大酒店开展价格专项巡查,提醒告诫酒店不得以"营改增"为借口,哄抬操纵价格,维护"营改增"后酒店价格的稳定;9月,配合市物价局、市教育局对东湖区育新学校、南京路小学就2016年秋季开学收费和学校收费公示情况进行督导检查,规范学校收费行为。同时,在节假日期间开展市场价格巡查,重点加强对粮油、肉蛋菜奶等居民生活必需品价格的监管,切实维护节日市场价格秩序。

【做好价格举报相关工作】 2016年,区发改委12358价格举报热线共接听处理社会各界来电107件,其中物价咨询35件、停车收费投诉16件、物业收费投诉5件、明码标价问题投诉44件、居民卫生费3件、幼儿园收费问题2件、医疗收费2件;退回金额16280元,办结率100%,圆满化解价格矛盾,并获赠南昌市沃尔基儿童用品有限公司法人代表彭娟女士送来的"秉公执法、为民排忧"和"敬业正直、廉明高效"两面锦旗。

【深入推行明码实价】 2016年,为进一步推进明码标价工作,规范经营者价格行为,区发改委自6月起开始对全区范围内的经营者免费发放标价签,共免费发放标价签约3万余张;7月,在胜利路步行街开展创建"明码标价示范街"活动,向各商铺发放明码标价提醒告知书等宣传资料500余份,增强商户明码标价的自觉性;8月,在东湖区墩子塘农贸市场、新公园路集贸市场试点推行农贸市场明码标价,规范农贸市场经营者价格行为,让群众明明白白消费,营造公开、公平、公正的市场价格环境。

【强化平价商店管理】 2016年,东湖区平价商店共有19家,涉及经营企业5家。为进一步规范平价商店的经营行为,区发改委着重加强平价商店运行监管,每月对平价商店进行不定期考核,并配合市平价办对辖区内沃尔玛、华润万家、旺中旺等开展定期考核,对考核过程中发现的问题,及时跟经营者反馈并限期要求改正,以强化平价商店管理,促进平价商店更好地发挥"稳物价、惠民生"作用。

【定期调查农产品成本】 2016年,区发改委定期走访扬子洲镇农调户,开展农调工作。做好2016年度扬子洲镇七个蔬菜品种的成本调查表的登统工作,并进行成本分析,撰写成本分析调查报告。

【进行涉案物品价格鉴定】 2016年,区发改委围绕"两提升"活动部署,配合公安部门开展"春雷行动""夏季攻势""秋风行动"等专项整治行动,积极协助公安部门开展涉案物品价格鉴定工作,全年共办理涉案物品价格鉴定案件305起,鉴定总金额288万元。为公安机关准确有效地打击犯罪,发挥积极保障作用。

(吕素敏)

统计管理

【概况】 2016年,东湖区统计局在区委、区政府的正确领导下,在省、市统计部门的关心、指导下,深入学习贯彻中共十八届三中、四中、五中、六中全会以及习近平总书记系列重要讲话精神,多形式开展“两学一做”教育学习活动，紧紧围绕区委区政府的中心工作，不断开拓进取、创新统计服务，有条不紊地完成各项统计工作任务，加强统计调研分析和数据的监测及预警，为东湖经济社会的又好又快发展贡献力量。

【强化统计数据监测与预警】 2016年，区统计局以统计数据采集工作为切入点，严密监测全区经济发展趋势，并建立起统计快速应急机制，有效开展各时点GDP预测和重点统计指标监测。通过确保应统尽统，严格把握数据准确性，努力把发展成果反映好、发展过程监测好、发展情况分析好。重点加强对商贸、固投、服务业等指标的分析研判，按照实事求是的原则及时发出预警信号。

【抓牢统计调研分析工作】 2016年，区统计局通过不断加大统计调研工作力度，深入对区域内重点行业企业及特色产业及时开展多种专项调研，有效地增强对经济走势判断和预测的准确性与及时性。截至12月底，累计印发《东湖统计动态》112期，《东湖统计月报》12期，各类网站、期刊发表调研分析文章20余篇，被省局、市局网站及两办采用的信息240余篇，全面、客观地反映全区经济社会发展情况，为区委区政府决策提供有力的依据。

【全面优化统计数据资料】 为更好的服务区域经济发展，2016年区统计局在以往数据资料的编印基础上，全面升级优化各类统计数据资料。其中包括：《东湖区经济社会统计年鉴》《东湖区情》《数字看东湖》《东湖统计月报》。通过更加完善的数据图表和详实的文字内容及时为区委、区政府做出经济决策提供有力数据参考。

【做好第三次全国农业普查准备工作】 2016年，区统计局从三方面扎实做好第三次全国农业普查准备工作。一是做好农业普查“两员”选聘及业务培训工作。区普查办通过层层筛选，选聘一批优秀的普查员及普查指导员，并邀请市局普查经验丰富的讲师对其进行业务培训，确保100%过关；二是做好农业普查宣传动员及入户摸底工作。按照省市局普查办的要求，东湖区及时召开普查宣传动员大会，制定切实有效的宣传方案并实施到位；三是启动农业普查入户摸底调查工作。截至年底，全区各镇全面展开农业普查摸底调查工作，并于12月31日零时正式启动入户登记。

【开展各项统计调查工作】 2016年，区统计局坚持开展各项统计调查工作。一是开展城乡一体化调查工作。根据全市统一部署，精心谋划，有序推进全区城乡一体化调查工作。截至12月底，对全区7个街道9个社区的88户记账户开展城乡住户调查，建立严格的数据质量检查、审核和评估制度。二是开展上级统计机构布置各类调查。按照上级统计机构的统一部署，区统计局扎实开展一系列常规调查及临时性调查，包括文化产业调查、月度劳动力调查、人口变动调查、四众平台调查、小微跟踪调查、体育产业调查、健康产业调查、小微服务业调查等。

【加强党风廉政建设】 2016年，区统计局党员领导干部坚持以身作则，带头执行严于律己、廉洁奉公原则，积极开展“两学一做”教育学习活动。认真贯彻落实中央八项规定，“把纪律挺在前面”有关精神，以及《违反党的纪律、规矩一般性行为清单》《违反党的纪律一般行为处理暂行规定》《关于重申严禁党员干部出入私人会所、违规接受吃请纪律的通知》等文件精神，不断增强党员干部纪律意识、规矩意识，努力营造风清气正的良好工作氛围。

【做好统计法治工作】 2016年，区统计局从两方面着力做好统计法治工作。一是做好统计法制宣传。区统计局在省、市局的指导下，编印统计法治宣传折页《统计法律法规知识》，并及时送达到辖区一套表联网直报单位，发放量达300余册。有效地普及《统计法》和相关的地方统计法规知识，增强企业统计法律意识，为今后统计工作的开展营造良好的社会氛围。二是强化统计执法力度。区统计局不断加大对企业统计报表的迟报、漏报、虚报及拒报等现象的执法力度，保障统计数据上报的及时性、准确性。截至12月底，共查处统计违法行为10起，下达催报单6份，其中立案给予警告处分2例，有效地遏制统计违法行为。

（谭伟锋）

审计管理

【概况】 2016年，东湖区审计局在区委、区政府和上级审计机关的领导下，深入贯彻落实中共十八届四中、五中、六中全会精神，紧紧围绕区委、区政府中心工作，认真履行审计监督职责，强化审计队伍建设，不断提升审计机关的凝聚力和审计人员业务水平，加大审计力度，严格审计执法，较好地发挥公共财政的“卫士”职能。全年共完成审计项目39个。其中：经济责任审计项目12个，财务收支审计项目2个，稳增长审计项目4个，工程竣工结算审计项目21个，为国家节约财政资金614.92万元。向被审计部门提出问题整改建议45条，被采纳45条，采纳率100%。荣获南昌市第十六届文明单位、东湖区2015—2016年度文明单位、东湖区2016年度社会治安综合治理目标管理先进单位、东湖区2011—2015年法制宣传教育先进区直机关。

【进一步延伸区本级预算执行情况审计】 2016年，区审计局围绕规范预算管理、提高财政资金使用效益为目标，组织力量开展2015年度区财政预算执行和其他财政收支情况审计，进一步延伸审计区教体局、彭家桥街办、豫章街办、大院街办4个部门预算执行情况。在审计中，一方面关注财政资金的存量和增量，促进盘活存量资金，优化增量支出结构，提高财政资金使用绩效；另一方面进一步围绕中央八项规定等系列规章制度，加强公务支出和公款消费审计，促进依法理财。2016年11月，东湖区审计局经区政府授权向区人大常委会作报告，满意率达100%。

【认真落实领导干部离任经济责任审计】 2016年，区审计局对12名科级党政领导干部进行离任经济责任审计。认真落实《党政主要领导干部和国有企业领导人员经济责任审计规定实施细则》，重点审查领导干部任职期间守法守纪守规尽责情况，各项管理制度是否完善，制度是否有效执行，把查处问题与完善制度机制有效结合起来，提高资金的管理水平和使用效益。通过审计，增强领导干部执行中央“八项规定”和财经纪律的意识，促进领导干部依法行使权力和履行职责，提高单位财务管理水平和依法理财能力。

【不断规范政府投资建设项目审计】 2016，区审计局共对21个政府投资项目进行审计，核减工程投资金额614.92万元。根据工作实际，按照“优胜劣汰、动态调整、充实完整”的原则，调整工程造价公司备选库，制定《东湖区委托中介机构参与政府投资建设项目结算审计管理暂行办法》，采取随机抽签方式确定中标社会中介，完善和规范建设单位、施工单位以及社会中介在工程建设项目中各自的责任。认真贯彻中央关于加强工程建设领域突出问题专项治理工作的总体部署，继续加大政府重大投资项目的审计监督力度。

【强化民生工程专项资金审计监督】 2016年，区审计局按照《南昌市民生工程专项资金管理办法》，以维护群众利益作为审计工作的根本出发点，对医保资金、残疾人保障资金、红十字会财务收支等民生资金和项目开展审计，关注民生工程资金安排的科学性、管理的规范性、使用的效益性，揭示其中存在的问题，确保其发挥出更大的经济效益和社会效益。

【参与全市保障性安居工程审计工作】 2016年，区审计局参与南昌市2015年城区保障性安居工程（包括廉租住房、公共租赁住房、经济适用住房、限价商品住房和各类棚户区改造）的跟踪审计。针对审计发现的情况和问题，提出改进和完善建议。从审计结果和效果看，审计的免疫系统功能和“审、帮、促”作用得到充分发挥，推动保障性安居工程工作更加健康、有序地运行。

【圆满完成上级交办工作】 2016年，东湖区审计局在人员少、任务重的情况下，统筹兼顾，合理安排审计力量，全面完成上级交办的各项任务。抽调2名干部协助省纪委、市纪委开展巡视工作；派出4名干部参加全省医保资金审计；按照市审计局统一安排，参与新建区区委书记离任审计；同时根据区政府要求，追加政府投资审计项目16个，并按时按质完成任务。完成微型电机厂和标准件七厂企业改制的资产审核工作；配合区财政局完成全区小金库专项整治工作；积极开展朱德军官教导团拆迁工作和洪都北大道沿线拆迁工作，完成率达100%，体现审计人高度的大局观念和工作责任感。

（陈曼灵）

城市建设和管理

综　述

2016年，东湖区扎实推进城市建设和管理工作，各项工作均取得显著成效。区城建部门以全面推进东湖建设为重点，加大投入，实施城区43条道路“白改黑”提升改造，启动社区、街区的街景改造项目，改变城市面貌，提升城市形象。区城市园林绿化工作坚持科学规划、品质建设、精细管理的方针：因地制宜，打造市级景观道路；精心组织，开展提升绿地行动；创新方法，实施园艺化修剪、精细化冲洗。区环保部门有序开展各项环境治理工作，在巩固工作成果的同时，不断提高服务意识，切实保障群众的环境利益。区城管部门严格落实全区环境卫生管理各项工作，努力实现市容环境卫生提质升级。利用智慧城管监督指挥平台受理各类案件16万余件，处置率达98%；采用小型高压冲洗车精细作业，引领全市“马路本色”行动。区国土资源管理工作围绕“服务发展、保护资源、维护权益”的总体思路，圆满完成各项工作，获得南昌市第十六届“市级文明单位”、南昌市级机关“四星级党支部”等荣誉称号。区城市房产管理工作以旧城改造为中心，积极落实房屋征收工作；以公房管理为根本，全年累计发放1193万元的公租房租赁补贴，完成租金收缴1638.85万元，办理城市房屋（住宅）出租或者转租登记备案审查1589件；以招商引资为抓手，全年利用内资9380万元，利用外资300万美元，完成现汇77万美元，新增税收137.57万元，均超额完成任务；以安全稳定为基础，开展各项安全生产排查行动，有力地预防和遏制重特大安全事故发生。区行政执法部门创新管理理念，在全市率先实施综合执法队考核办法；优化内部结构，建立女子中队以及机动中队；推进控违工作，全年共拆除违建44处，面积约3060平方米；积极配合“美丽南昌·幸福家园”的工作目标，针对户外广告牌开展多次大规模整治拆除行动，完善“三乱”整治各项机制，确保“三乱”整治措施落到实处。区交通管理工作围绕“保民生、保稳定、保畅通”工作目标，全年纠处各类交通违法行为178647起。通过各项工作的有序开展，在2016年全省精神文明建设工作表彰大会上，东湖区作为全市唯一一个省级文明城区接受表彰，荣膺全省第五届文明城区；同时，扬子洲镇被评为全省第五届文明村镇。

（区史志办公室）

城市建设

【概况】　2016年，东湖区城市建设工作在区委、区政府的正确领导下，贯彻落实中共十八大精神，以“两学一做”学习教育活动为契机，深入开展“解放思想，创新驱动、改革开放、科学发展”活动，以全面推进东湖建设为重点，紧紧围绕年初既定各项工作目标和各项城建重点工程，强力推进城建事业健康发展。

【扎实推进重点项目建设】　2016年，区委、区政府按照“完善功能、改善民生、提升品位、突出特色”的总体要求，以惠民利民便民工程和重大重点工程为抓手，着重在完善基础设施，创新城市管理上下功夫。为提升城市功能，加快推进老城区道路升级改造，全年共投资约3500万元，实施城区43条道路“白改黑”提升改造，变原有的水泥路面为沥青路面，做到中心城区全覆盖。城区小街小巷“白改黑”工程全覆盖的改造内容，除沥青混凝土路面摊铺外，还拟对下水道、综合管线等进行整体改造，并在此基础上，打造主题文化街道，完善亮化绿化工作。进一步规范广告招牌，对道路两侧房屋进行立面改造，建设宣传长廊，实现“一街一人文，一巷一景观”，切实使城区小街小巷“白改黑”全覆盖工程成为政府放心、百姓满意的优质工程。

【不断改善居民居住环境】 2016年，东湖区围绕基础设施提升、服务功能植入、社区内涵升华和人居环境构筑四方面，运用“完整社区”的理论支撑和光明、平安、共享的设计理念，对地处城乡结合部的光明社区进行环境提升改造。整个工程于2016年1月开工，投入资金约5000万元。旨在彻底地解决老旧社区规划滞后、设施陈旧、社区功能单一问题，将光明社区打造成一个具有完善的社区服务体系、宜人的公共空间、地方感社区环境与社区文化及多元兼容社区管理系统的数字化智能化社区。

【开展交通运输“打非治超”】 从2016年7月开始，区城建局坚持“属地管理，统一领导，重点监管，各司其职”的工作原则，组织区公安、交警、执法三部门开展联合整治货运车辆超限超载行动，对辖区内各大医院、青山北客运站周边、富大有路、洪都大桥上下桥处、扬子洲镇进行重点整治。打击非法营运车辆共计25辆次，扣押车辆25辆次；检测货运车辆313余辆次，查扣车辆110辆次，累计卸货3633.23吨，同比前期，东湖辖区内货车超限率从原来的100%降至40.6%，改装率从75%降至52.5%。

【加大建筑工程质量安全监管力度】 2016年，区城建局牢固树立质量第一、安全重如泰山的意识，切实加强工程质量和安全的监管工作，工程监督实现全覆盖，对取得施工许可证的在建工程初步实现无缝隙监管。全年共有监督工程15项，建筑面积67.14万平方米。做到监督覆盖率100%，一次检验合格率100%。严格按照程序，重点检查每个工程的地基基础、主体结构和其他涉及工程质量安全的重要部位、关键工序的质量，并对各方主体质量行为如设计、施工、监理单位的资质情况、人员配备情况、合同履行情况、质量保证服务体系建立与实施情况等进行检查把关，有效地保证工程质量。共计下发质量整改通知单9份。施工安全监管不断增强。印发《东湖区城建局关于做好“春节”期间建筑工地安全生产工作的通知》《关于春节复工建筑施工安全生产大检查的通知》等一系列文件，多次深入施工现场，督促施工企业加强安全投入，落实安全生产责任，严格建筑机械设备使用管理，有力地促进全区建筑施工安全生产工作。加强建筑工地扬尘治理，对工地现场不定期检查，对不符合规定的项目下发整改通知书。

【增强城区市政设施维护力度】 2016年，区城建局实行街道巡视员负责制，“全天候”巡查市政设施，重点区域、城市出入口、精品街等地段每天巡视2次以上，确保街路巡视到位率、发现率达到100%。截至年底，对城区范围内近200条主次干道的市政设施开展维修养护和集中整治，巡查1万多个雨污水井、检查井，对城区主要街道破损的300余套雨污水井盖及收水口进行更换。对豫章路、后墙路、建德观路等街道的雨污水管网进行疏通，保证排水管道的通畅。对城区道路进行沥青灌缝养护、挖补维修。特别是在应对特大暴雨中，市政维护紧急抢险，24小时全员上岗做好城区排水工作，化解城区内涝，把暴雨带来的损失降到最低。

（周　菁）

城市绿化和管理

【概况】 2016年，东湖区城市园林绿化工作在市委、市政府和市城乡建设委的正确领导下，坚持科学规划、品质建设、精细管理，围绕全年重点工作目标，狠抓落实，园林绿化品质不断提升，城市生态环境不断改善，为绿色东湖、生态东湖和美丽东湖建设做出贡献。年末，拥有园林绿地面积471.43公顷，绿化覆盖面积471.56公顷，公共绿地面积280.92公顷，城区绿化覆盖率29.64%，人均公园绿地面积7.17平方米。

【实现道路绿化一路一景】 2016年，为改变辖区行道绿化单一的现象,区城建局配合市政道路改造,每年打造1~2条绿化样板路,改变“一路二行树”的常规设计,因地制宜,突出景观效果,打造道路风光带,做到一路一格调,一路一品位,一路一景色。重点打造新公园路、豫章路、二经路、福州路,豫章路和福州路被先后评为南昌市景观道路。

【发挥建管结合优势】 2016年,东湖区坚持“科学、精细、长效”的管理理念,积极实施“职责清晰、标准规范、考核严格”的长效管理机制,完善巡查、联动、应急处理、考核机制,按严控区域、控制区域和其它区域道路分类,对辖区内的园林设施实施分片、定人、定时、定责、定内容的全面管理,切实提高园林管养水平。同时,结合创建工作,依靠数字城管平台,切实做到园林设施问题及时掌握,提前安排,迅速处置,从而降低市民投诉率,提高“数字城管”整改率。

【开展提升绿地行动】 2016年,区城建局按照区委、区政府“美丽南昌幸福家园”的工作部署和要求,精心组织,加强领导,积极开展园林建设各项工作,城区绿化景观效果和档次进一步提升。区城建局集中对近200条主次干道绿地进行巩固和提升,共整治黄土裸露280处、通槽断点150处,栽种乔木5000余株、灌木10万余株。

【实施园艺化修剪】 2016年,区城建局坚持“以人为本、生态优先”的原则,高起点、高标准、高水平、高层次地做好“控绿、建绿、添绿”。休眠期期间,全区城区共修剪200条道路的行道树6万余株;生长期期间,共修剪120条主次干道的行道树53200株。

【实施精细化植物清洗】 为适应城市发展要求,减少城市扬尘污染,改善大气环境质量,2016年,区城建局投入资金30万元用于城区园林绿化植物清洗除尘工作,打造清新美丽的市区环境。

【完善公园管理】 2016年,东湖区为进一步促进各公园园容园貌的改善和管理水平的提高,制定《区属公园网格化管理考核办法》,两个公园网格化分布图全部上墙。积极筹措资金对各公园的垃圾桶、厕所等基础设施进行改造。八一公园完成园内62个垃圾桶的更新、在儿童乐园侧边加盖遮阳棚;为古树名木挂上“二维码”标志牌。贤士湖公园进行重新规划、布局,完成路灯改造,对园内的井盖进行更换或铺设,同时将园内游商浮贩全部清除。经过整治,各公园的园容园貌有很大的改善,为市民营造更舒适、更整洁、更安全的公园环境。

(周　菁)

城市环境保护

【概况】 2016年,东湖区城市环境保护工作按照《东湖区政府工作报告》提出的目标任务和要求,采取有力措施,稳步推进并完成“七项重点工作”。分别是:全面完成主要污染物减排任务;加强对大气、水质、噪音的监测力度;加大环境保护各项检查执法力度;保障群众环境权益;处置环境突发事件、切实做好扬子洲镇的环境保护工作;巩固无油烟烧烤整治成果,实施长效管理。通过以上七项重点工作的实施,环保局实现“两个确保”——确保年度各项目标任务的完成、确保不发生重大的环境安全事件。

【顺利完成污染减排任务】 2016年,区政府指标动态减排任务分解为,化学需氧量10吨、氨氮1吨、二氧化硫248吨、氮氧化物21吨,四项考核指标分别完成南昌市政府下达的减排任务。

【核发机动车环保标志】 2016年,区环保局分别在区行政服务中心和洪都北大道1218号机动车安全检测中心设置2个环保标志窗口,进行环保标志年审核发工作。截至年底,共核发机动车环保检验合格标志13978个。

【实施加油站油气回收改造】 2016年,区环保局制定加油站油气回收改造方案,明确分工各个环节,确保改造工作有序进行。截至年底,区环保局完成对辖区内的江西长运石油有限公司、中石化董家窑加油站、中石化相思林加油站、中石化洪北加油站、南昌富昌石油燃气有限公司、中石化二七路加油站、中石化滨江加油站7家加油站的油气回收工作。

【开展扬尘治理工作】 2016年,区环保局向南昌市环保局上报每月的蓝天行动计划小结和每周的扬尘治理信息小结。区环保局严格按照“八个100%准，对全区建筑工地进行扬尘治理。包括施工现场围挡、进出道路硬化、驶出车辆冲洗、运输车辆密闭、裸露物料覆盖、特殊作业及扬尘地块喷淋洒水、出入口路段清扫洒水、暂不开发土地绿化八项内容，全部达到100%要求。建筑施工工地经过专项整治，扬尘污染得到有效控制，建筑噪声有所下降。截至年底，区环保局共受理扬尘污染投诉43起，结案43起。

【排查赣江东湖段排污口】 2016年，区环保局对赣江南支沿线东湖区内7个排污口情况进行摸底排查，并绘制排污口位置图。排查的主要内容是排污口性质、类别和现状等。

【建设项目环境评价工作】 2016年，区环保局共办理许可事项24件，其中报告表7个、登记表12个、项目验收5个、核发排污许可证3家、审查江西省环保厅及南昌市环保局审批项目15个。建设项目环评执行率100%，按期办结率100%，满意率100%，“三同时”执行率100%。

【开展审批服务工作】 2016年，区环保局以增速提效为主线，不断强化审批服务工作。主要对东湖贝康中西医结合门诊部提供的环境影响报告表进行审批；对星龙动漫城、南昌市第十九中学两家单位提供的环境影响登记表进行环评审批；对新派餐饮管理有限公司、东湖区西图酒吧两家单位进行环保设施验收。

【推进农村生态建设】 2016年，区环保局共有环境连片整治示范项目专项资金440万元和省级环境综合整治资金50万元，主要对扬子洲镇5个行政村（含10个自然村）和庙后村进行环境综合整治。整治项目为生活污水收集处理、管网铺设、户用三格式化粪池建设、氧化塘人工湿地建设、垃圾清运及设施配备等。截至2016年年底，整治项目完成施工设计、工程预算、招投标等工作。

【落实生态创建工作】 2016年，区环保局按照省、市、区提出的创建生态文明系列的创建要求，把创建生态文明乡镇作为环保工作的核心任务。扬子洲镇创建国家生态文明建设示范镇，扬子洲镇渔业村申报省级生态村创建。

【长效管理无油烟烧烤一体机】 2016年，根据区委、区政府的部署，区环保局共出动120人次对辖区内100余家夜市烧烤点进行40余次检查，督促烧烤业主定期清洗烧烤机，达标排放油烟。

【积极处理环境投诉】 2016年，区环保局牢固树立“环境投诉无小事，人民权益是大事”的观念，加大查处力度，多措并举、疏导结合，共处理各类投诉案件185起，处理率达到100%。满意率达到97%。

（谢　宁）

城市环境卫生管理

【概况】 2016年，东湖区以市容环境卫生提质升级为核心，以经济和拆迁工作为重点，凝心聚力，强化管理，狠抓落实，全面推进市容环卫工作。围绕“国家标准、南昌示范、制度科学、长效管理”的目标，以“干干净净、漂漂亮亮、井然有序、和谐宜居”的要求推进“马路本色”行动，在全市树立东湖样板。经济工作和拆迁工作，攻坚克难，重点突破，按节点时间全面推进落实，取得优异成绩。区城管局荣获东湖区三八红旗集体，2016年“马路本色”行动先进单位，2016年城市管理工作先进单位，2016重大任务环境保障工作先进单位，2016“美丽南昌．幸福家园”十项环境整治先进单位。区城管局龚小英、林红梅获2016年南昌市“城市美容师”称号；张清秀、胡新星、何国军等获2016年南昌市“环卫先进工作者”称号；豫章城管办、墩子塘城管办、董家窑城管办获2016年南昌市“环卫先进集体”称号。

【积极推动城市管理新常态】 2016年，东湖区多措并举，把握城市管理新规律，顺应城市管理新常态。一是加强日常市容督查，维护城区市容秩序。严格按照作业质量标准及要求，遵循“严控区管死、控制区管严、一般区管好”的工作方针，抓好全区城市管理方面的日常督查工作。组织好全国综治南昌会议、赣台经贸洽谈会、泛珠区域合作行政首长联席会、中央领导来赣视察工作、新疆克州城市管理考察等各类会议的市容环境保障工作。二是规范垃圾清运管理。加强垃圾站环境卫生、安全管理，几次重大迎检及检查时均未出现任何问题或扣分。顺利完成扬子洲垃圾清运工作,在青山湖区未交接一辆清运车辆的情况下,确保扬子洲垃圾日产日清。截至年底,共清运垃圾19962车,约10万吨。三是完善环卫作业绩效管理考核办法。为实现环卫作业精细化管理,研究制定《东湖区环卫作业精细化管理考核办法》《东湖区环卫工人工资绩效考核奖罚办法》两个考核办法,并在5月3日举行的区城市综合管理工作总结表彰暨2016年城市综合管理工作动员部署大会上正式印发实施。四是加大渣土清运工地督查力度。在1月通过公开招标竞争性谈判的方式,与南昌市磐石基础建筑工程有限公司就渣余土运输事项达成长期战略合作伙伴关系。由南昌磐石公司负责渣余土的运输,区城管局负责对渣余土清运线路上道路保洁清洗进行督促。

【建设及维护环卫设施】 2016年,东湖区把环卫设施的建设维护工作摆在重要位置。一是增加环卫作业设备,全区全年新增各类环卫车共计114辆,其中委垃圾清运队增加压缩垃圾车2辆,委清扫队增加8吨洒水车4辆、16吨洗扫车2辆,各街办城管办增加中型燃油洒水车2辆、电动快速保洁车54辆、小型电动冲洗车39辆、小型电动扫道车5辆、电动垃圾清运车6辆。二是地埋式垃圾桶全面铺开。针对居民对传统垃圾桶气味难闻和不方便投置等缺点问题,在多次调研和征求意见的情况下,在省委大院、省政府大院内试点安装300多组地埋式垃圾桶,得到居民广泛好评。同时,计划在全区有条件的社区安装地埋式垃圾桶,截至年底,八一桥街办、豫章街办完成安装。

【开展城市环境综合治理】 2016年,东湖区有序地开展城市环境综合整治,不断提升城市综合治理能力。一是转变作业方式,推行"马路本色"行动。区城管局在全市率先推行"马路本色"行动,推行小型机械化精细作业,采用小型高压冲洗车对灰沙带、人行道、小街巷进行冲洗。实施严控区每天冲洗,控制区每周两次冲洗,一般区每周一次冲洗的常规作业流程操作,以"扫"出底色、"洗"出本色、"保"出特色为标准和要求,实现立面、地面、道路、人行道、社区的全覆盖,立体化清扫保洁新模式。6月,市城管办和市综管办先后在东湖区召开"马路本色行动"新闻发布会和现场会,以"东湖经验"作为推动南昌市"马路本色行动"的引领和示范。二是收回机械化清扫冲洗工作,形成"马路本色"常态化作业模式。东湖区机械化清扫冲洗工作在9月30日合同到期,不再与洁亚公司续约,经报政府同意后此项工作移交给区城管局下属单位清扫队管理。移交期间环卫作业人员保持稳定,移交后机械化清扫冲洗工作经费维持不变,环卫作业人员严格执行机械化清扫冲洗考核作业标准,做到主、次干道车行道冲洗全履盖,与各街道城管办小型机械化人行道冲洗相辅相成。三是垃圾广告整治长效化。继续加强日常巡查,督促各街办对辖区内楼道、庭院、主次干道、小街巷和建筑物等设施上的垃圾广告及反弹的垃圾广告进行全面清除,并对反弹的垃圾广告进行拍照取证、上报市城管委。打击垃圾广告张贴源头,抓获张贴者18人扭送至辖区派出所。

【不断提升公共服务能力】 2016年,区城管局利用智慧城管监督指挥平台,通过监控探头,及时查找问题来源,高效解决城市管理中遇到的各类问题,形成统一指挥、监督有力、沟通快捷、分工明确、责任到位、反应快速、处置及时、运转高效的城市管理长效机制。1—10月,中心智慧城管平台共受理各类案件14.5万余件,案件处置率达99%。

【省、市级领导调研区"智慧城管"】 3月10日上午,江西省政协社会和法制委员会专家组组长周日扬,主任张莉,副主任张传发、凌云等一行到东湖区视察智慧城管监督指挥中心,区领导张东林参加视察。周日扬一行参观智慧城管展厅及工作大厅,详细地了解智慧城管工作流程,仔细地询问智慧城管在城市管理工作中发挥的作用,并提出相关工作要求。3月29日上午,南昌市政法委副书记、综治办主任赵泽华,市综治办副主任李国水等一行到东湖区智慧城管监督指挥中心,调研指导社会稳定和社会管理综合治理工作。区领导王志勤,区城管委主任周春雷、副主任程小浪参加调研。赵泽华一行了解区智慧城管监督指挥中心在社会稳定和社会管理综合治理工作中发挥的作用,并对中心采用的"9+1"工作模式表示肯定。8月8日,市综治办领导一行调研区智慧城管监督指挥中心。区相关领导参加调研。

(李洪涛)

国土资源管理

【概况】 2016年，东湖区国土资源管理各项工作在市局党组的正确领导和区委、区政府领导和关心、支持下，紧紧围绕“服务发展、保护资源、维护权益”的总体思路，以促进东湖区经济社会发展为中心，以提高用地服务保障和分局履职能力为主线，站好定位，凝心聚力，真抓实干，攻坚克难，圆满地完成国土资源各项任务，有力地保障东湖区经济发展的用地需求，得到市局党组和区委、区政府以及社会的肯定和好评。截至年底，获得南昌市第十六届“市级文明单位”、南昌市级机关“四星级党支部”、2016年南昌市国土资源执法监察目标全市考核第三名、南昌市国土系统信访先进单位等荣誉，队伍整体素质得到明显提高，工作效率及影响力明显提升。

【全力推进旧城改造工作】 2016年，东湖国土分局在旧城改造工作中主动作为，根据旧改工作的目标要求，完成旧改所涉及的集体土地的组卷报批工作，顺利出让青山湖西岸三宗土地。完成全年旧改农房集体土地抵押、收储及旧改国有土地打包收储工作，参与配合土地储备中心完成“中电投（中国电力投资集团公司）、下正街”地块及发电厂的土地收储工作；完成全年安置房用地等预审和划拨手续，保障安置房的建设用地。

【严守耕地红线】 2016年，东湖国土分局将年度耕地保护责任目标任务层层分解：由南昌市政府与东湖区政府签订年度东湖区耕地保护目标责任状；由东湖区政府与扬子洲镇政府、杨农管理处签订责任状；由扬子洲镇政府及扬农管理处与下辖村、社区签订责任状。责任状层层签订，切实将耕地保护责任落实到人，紧守耕地红线。

【上报用地报批项目】 2016年，东湖国土分局为解决东湖城区道路交通堵塞问题，确保各项工作顺利推进，组件上报东湖区2017年度第一批次城市建设用地报批项目〔涉及九洲高架二期延伸工程（东湖段）建设项目〕，同时为完成2015年土地例行督察整改工作，继续上报东湖区2016年度第三批次城市建设用地报批项目，保证重大、重点项目的用地需求。

【开展用地预审工作】 2016年，东湖国土分局为做好洪都北大道快速路改造工程项目、东湖区临江商务区滨江片区地块改造安置房项目、东湖区上沙窝地块旧城（城市棚户区）改造安置房（东湖小区）项目、东湖区长巷村新农村自然村（起风路）旧城改造安置房（长巷新区）项目共四个项目的用地预审工作。

【建立信访维稳工作新常态】 2016年，东湖国土分局信访工作在“集体领导、分工负责、科室协调、各负其责”的基础上，以群众无小事为前提，严格信访和网络舆情处置，利用政府12345政府服务热线平台，对涉及相关业务范围内信访投诉及解答工作，都在时间节点内，按规范的办事流程予以处理办结，从源头上防止矛盾激化。全年妥善处理信访件9件，信访回复率达100%，办结率100%，群众满意率达95%以上，较好地维护东湖地区的和谐稳定，获得“2016年度南昌市国土系统信访先进单位”荣誉称号。

【创建“星级支部”】 2016年，东湖国土分局坚持“围绕发展抓好党建，抓好党建促进发展”的思路，将“发展是第一要务”与“党建是第一责任”紧密结合，积极开展“四星级支部”创建活动。在活动中，结合“两学一做”学习教育，注重廉政文化建设和学习成果的转化应用，通过讲廉政、助廉政，打造“廉洁国土风”和国土管理工作的有机融合。通过强化班子和队伍建设，不断更新服务理念和提升服务水平，在党风廉政建设、东湖区旧城改造、用地报批预审、耕地保护等工作中突显出党员干部的担当，立足岗位当好群众的标杆和旗帜，通过支部和党员的模范带头作用，引领分局所有成员在国土管理工作中当好“土地卫士”，接受政府和群众对工作成效的考验，获得南昌市直机关“四星级支部”荣誉称号。

【创建文明单位】 2016年，东湖国土分局以创建“南昌市文明单位”为契机，延伸创建活动内涵，常抓常新，突出亮点，积极参加各种重大活动。注重道德教育实践活动，开设道德讲堂；注重树文明家风，开展勤俭节约、文明祭扫、文明城市创建等活动；注重形式多样的公益活动，开展社区帮扶、爱护江河等活动；注重丰富文体活动，开展参观教育基地、法律知识竞赛、羽毛球比赛、重大节假日纪念活动等,极大地丰富精神文明建设的内容,同时通过建章立制,加大业务培训和教育,提高国土行政效能,实现精神文明创建的外延,创建成效显著,获得十六届"南昌市文明单位"荣誉称号。

【深入开展党风廉政建设】 2016年,东湖国土分局把贯彻落实"中央八项规定"和"两学一做"活动作为工作切入点,全面落实党风廉政建设和纪检监督责任,联系实际部署"两学一做"专题教育各项任务,通过组织参加廉政书画展、观看警示教育片、学习违纪违法典型案例、开展节假日廉政教育等一系列活动推进党风廉政建设;在健全纪检机构和充实纪检队伍的同时,不断强化"两个责任"的落实,不断完善长效管理机制,通过对"红包、工程问题专项检查""办公用房自查""党风廉政建设社会评价"等一系列工作的开展,进一步强化全体干部职工的廉政意识和预防腐败发生的能力,通过全覆盖的预防、自查和监督检查,全年违纪违法"零发案",保证党风廉政建设和反腐斗争永远在路上,营造风清气正的廉政环境。

(杨爱武)

城市房产管理

【概况】 2016年,东湖区城市房产管理工作坚持以党的十八大和习近平总书记系列重要讲话精神为统领,按照"以旧城改造为中心、以公房管理为根本、以招商引资为抓手、以安全稳定为基础"的工作思路,团结带领全局干部职工攻坚克难、开拓奋进,扎实做好党建、住房保障、房产管理、安全生产、房屋征收、开放型经济等各项工作,为打造实力东湖、创造活力东湖、塑造魅力东湖做出应有的贡献。

【推进党建工作】 2016年,区房管局在广泛征求意见的基础上,结合工作实际,认真研究制定党建工作计划,明确任务并制订推进表细化工作。以"两学一做"学习教育为契机,抓严党员干部学习,做到有计划、有检查、有考评,努力提高党员干部的理论水平;各党支部建立微信学习群,及时发送学习信息;落实"三会一课"制度,按照规定的时间节点召开支部党员大会开展专题讨论,完成各项规定动作;利用晨读、集中学习等平台,积极开展习近平总书记系列重要讲话精神的宣讲活动;组织党员干部完成学习笔记,认真撰写学习心得;按照组织要求,收取全系统补交党费10万余元;结合学习教育及时安排中共十八届六中全会、习总书记"七一"重要讲话、纪念长征胜利重要讲话等新的学习内容。截至年底,围绕中心工作共召开党政联席会议22次,召开系统综合会议18次,做到党建工作与中心工作目标同向、工作合拍、措施配套;以党建促发展取得良好效果,全局党员干部精神振奋、斗志昂扬,攻坚克难的勇气不断增强。

【做好住房保障工作】 2016年,东湖区积极做好辖区公共租赁住房的申报和补贴发放工作。截至年底,东湖区共有6898户家庭享受公租房租赁补贴,累计发放金额1193万元。9月25日,在滨江学校三楼会议厅举行东湖区公共租赁住房公开摇号活动。2016全年共受理8668户家庭提交的申请,认定符合住房保障资格的家庭7975户,1144户家庭获得公租房的配租资格。积极为符合条件的中签户办理入住,全年共组织办理云溪小区、青岚嘉园、安东花园等入住16批次、共计为3122户住房困难群众改善住房条件。

【抓好房产管理工作】 2016年,区房管局继续加强、规范直管非住宅和经营性资产的租赁行为,在直管非住宅和自管产上下功夫,加大非住宅招拍租工作力度,稳步推进非住宅调租工作,深挖租金上调潜力,全面盘整优化房产资源,充分发挥房产最大的经济效益,确保国有资产保值增值,实现和谐发展。截至年底,完成租金收缴1638.85万元,办理城市房屋(住宅)出租或者转租登记备案审查1589件。

【开展安全生产工作】 2016年,区房管局始终心系人民群众生命财产安全,把安全生产工作摆在重要位置,一丝不苟履行安全生产职责,于年初制定《2016年安全生产工作要点》,明确全局安全生产工作目标和工作要求,组织开展2016年"安全生产月"活动;对全局安全生产工作加强调度、协调及督导,大力加强拆迁工地安全管理,积极完成区防汛工作任务;根据气候变化及时安排全局各单位做好各项安全生产应对和防范措施,确保安全生产工作落到实处,保持安全态势平稳。同时,区房管局把D级危房解危作为落实安全生产工作的重要抓手,根据排查情况,及时制订直管危旧房维修工作计划和方案,妥善解决房屋安全和漏湿问题,排除安全隐患。截至年底,共维修危旧房20处,投入经费143692.76元。较好地维护辖区危旧房的安全,有力地预防和遏制重特大安全事故发生。

【落实房屋征收工作】 2016年,东湖区围绕“繁荣发展新城、改造提升老城”战略思路,坚持“大投入、大建设、大发展”,全面推进旧城改造工作。2016年上半年启动13个地块的国有土地上房屋征收工作,涉及征收面积25.55万平方米,被征收户2973户;下半年启动东湖周边——花园角菜场南沿地块、南昌二中侧地块、上营坊地块、赐福路象山北路地块、渊明北路周边地块、下水巷周边地块、东万宜巷周边地块、胜利路民德路地块、子固路后墙路地块9个地块的征迁工作,涉及国有土地房屋总征迁面积6.87万平方米,被征迁户976户。截至2016年12月,各地块房屋征迁任务推进顺利,全面进入扫尾阶段。作为东湖区旧城改造的主要实施单位,区房管局充分发挥参谋员与排头兵作用,认真谋划全区的旧改项目,牢牢把握国有房屋征收政策方向,从实际出发为旧城改造决策提供切实可行的政策依据,通过勤调度、严督查、认真计算任务、明奖惩、严守工作纪律的工作举措大力推进征迁工作,确保工作顺利进行,全力推动东湖区旧改工作规模、效益、水平的提升。

【推动行业管理工作】 2016年,区房管局继续加强物业行业管理,规范物业管理行为,为辖区的物业企业提供业务指导;积极协调业主与物业管理公司之间的矛盾纠纷,促进物业管理行业健康发展,进一步走向规范化;全年发放三级(暂定)资质证书20家,申报核定三级资质及资质延续初审18家,申报资质变更6家,前期物业招投标1家,成立业主委员会14个。

【夯实开放型经济工作】 2016年,区房管局高度重视经济发展工作,结合工作实际,完善经济工作考核办法、细化工作任务,加大招商引资工作奖惩力度,对全局经济工作完成情况勤调度、细考核、严奖惩,形成全局齐招商、齐抓税的工作局面;突出抓好以旧城改造为主的招商引资工作,利用有限地块,多做X项目,本着“以情招商、以商招商、招商安商”的工作原则,积极主动与省内外客商联系,以经济工作为抓手,推动房管发展转型升级。截至年底,实际利用内资全年任务9000万元,实际完成9380万元,完成率为104.22%;实际利用外资任务280万美元,完成300万美元,完成率为107.14%;现汇任务70万美元,完成77万美元,完成率为110%;新增税收任务40万元,完成137.57万元,完成率为343.93%。

【搞好沟管化粪池养护工作】 2016年,区房管局共完成网上报修,啄木鸟报修,民声通道,社区、居民电话报修等各类沟管、化粪池堵塞、满溢的报修任务723处;开挖沟管85处,共1275米,新增窨井340座,疏通沟管14460米,清掏化粪池343座,更换、修补盖板377块,清运污物686车。根据辖区沟管化粪池具体情况,有针对性地对一些陈旧老化、问题突出的沟管化粪池进行开挖改造,全年共计改造沟管化粪池85处,投入经费300余万元。有效地保证全区排污管道运行畅通,为居民营造干净整洁的生活居住环境,为东湖区的城市管理工作贡献力量。

(付　佳)

城市管理行政执法

【概况】 2016年,东湖区城市管理行政执法工作在区委、区政府的正确领导下,在区相关职能部门的大力支持下,以依法行政、规范执法、打造和谐城管队伍为目标,紧密结合“两学一做”教育活动,妥善完成城市管理行政执法各项工作任务,获得“城市管理工作先进单位”“南昌市文明单位”“全区基层社会治安综合治理先进集体”“渣土运输专项整治先进单位”“餐饮油烟专项整治先进单位”等荣誉称号。

【在全市率先实施综合执法队考核】 5月,经区政府授权,区执法分局制定并下发《东湖区街道综合执法队考核办法》和《东湖区综合执法队协管员管理指导意见》,明确违法建设、市容摊点、数字城管重大案件返工以及人员的考核考评办法和操作细则，对于工作不到位的，根据不同程度进行督查考核，视情给予每次（处）100—6000元的扣罚。区执法分局每日组织人员进行督查拍摄取证，每周下达督查通报，每月汇总通报督查情况，每季度进行一次评比，年底将所扣罚的款项奖励工作突出的单位和个人，南昌市综管办、市城管委在全市肯定并推广这一做法。

【展现女子中队柔性执法】 2016年，区执法分局为改善执法面貌，提升执法工作效能，组建成立巾帼女子中队，专门负责胜利路周边市容维护。作为区执法分局向外展示柔性执法的窗口，巾帼女子中队在整治出店经营、占道摊贩、噪声扰民、乱扔垃圾等问题上展现出卓越的成效，不仅多次得到商家和居民的锦旗褒奖，更获得包括新华社、人民日报、江西五套、南昌日报在内的70多家媒体争相报道。在日常工作中，女子队员一般分为两组，在胜利路步行街来回巡查，通过教育和劝导等方式，纠正周围门店占道经营、乱摆摊点以及市民乱丢乱扔等不文明现象。巡查中，一旦发现有影响城市形象的行为，她们便立即迎上去劝导，并进行宣传教育，在“治标”的同时逐渐改变店家的不文明习惯，从而最终达到“治本”的目的。在女子队员坚持不懈的工作下，胜利路市容得到长期有效的保持，为商业街的繁荣打下坚实有力的保障。

【凸显机动中队攻坚打难风采】 区执法分局机动中队于2016年3月20日正式上岗，是一支重要的攻坚打难力量，整支队伍在人员招聘上精益求精，从退伍军人、警校毕业生中优先入取，以加强执法突发事件快速处理能力、提升执法工作效率为目标。在协助各镇、街道、管理处处置应急拆违任务、市容市貌整治、突发事件处置中起到攻坚打难的重要作用。截至年底，机动中队出动队员6000余人次，参与市容整治、渣土整治、规范非机动车停放、拆违控违等多项重要工作，同时获得市、区级领导的多次检阅和赞赏，为城市执法工作的开展提供强劲的力量。

【进一步推广新型围挡】 2016年，区执法分局在青山北路与洪都北大道交界处，用三天时间，组织制作总长415米、高6米、总面积2490平方米的大型公益广告宣传围挡。新型围挡采用彩色UV喷绘技术，喷绘公益广告，宣传社会主义核心价值观和国学文化，从而替代原来有碍观瞻、漏光易燃的老式围挡。新型围挡成为东湖区各主干道上一道新的亮丽风景线，得到省、市领导的高度评价。

【全面开展建成区违法建设治理工作】 2016年，区执法分局为贯彻落实好市、区城市建城区违法建设专项治理工作，促进城市科学持续发展，按照“严控增量、消化存量”的要求，全面清查并处理全区城市建成区违法建设，依法整治乱搭乱建、超期临建、改变规划用途、未批先建、批建不一等违法建筑，坚决遏制新增违法建设，做到全排查、严整治、零新增。为确保控违工作“零增长”，区执法分局分别于扬子洲、贤士湖、皇殿侧路等地开展多次大规模拆违行动，针对私搭砖房、农民公寓、违规棚屋、违建阳台等违建行为进行强力的整治与拆除，共拆除违建44处，面积约3060平方米。在整治期间，执法队员对涉及的门面商户和摊点进行逐一告知，对有违法搭建行为的商户下达相关法律文书，要求其限期拆除。对拒不拆除或拆除有困难的，则予以登记造册，动用机械设备统一进行拆除，有效维护市容市貌和居民安全。执法队员不定期对拆违现场进行回访并拍照取证，严防违法建设死灰复燃。

【大力开展户外广告拆除工作】 2016年，为积极配合“美丽南昌·幸福家园”的工作目标，区执法分局积极响应上级要求，在全辖区范围内打响拆除户外广告牌的攻坚战，执法队员分区划片，秉承整治和拆除并举的原则，对户外广告“多、滥、杂”现象进行全面的摸底排查，针对存在问题制定具体方案。对户外广告牌开展多次大规模整治拆除行动，共拆除户外广告、灯箱、一店多招、布幔横幅等272余处，实现市容市貌大改观。

【全面开展“三乱”整治】 2016年，为维护市容市貌，打击“三乱”现象，区执法分局牵头成立区“三乱”整治办，从城管、执法、交警三部门各抽调2名负责人为成员，建立一支“三乱”整治队伍，专职从事区级层面的“三乱”整治，同时督促指导各街办开展“三乱”整治。结合市容专项整治，制定“三乱”整治机制，完善相关惩处制度，落实整治措施。以城管执法为主体，在各社区设立“三乱”治理监督岗，悬挂宣传标语，倡导做垃圾不落地的文明人。坚持教育与处罚相结合的原则，以行为规范为切入点，以经济处罚与行为曝光为重点，有效地遏制影响市容市貌的不文明行为，使整个城区的整洁工作得到有效提升。同时，各中队利用执法巡逻车上车载记录仪，每天不间断在主次干道进行巡逻拍照、处罚处理；针对辖区内难点、热点地段，采取定人、定岗蹲守，确保“三乱”整治措施落到实处。

【集中整治八一桥下休闲广场】 2016年，为迎接全国综治大会南昌会议，巩固和深化创建文明城市成果，区执法分局联合公安、豫章街道综合执法队、八一桥街道综合执法队等部门对八一桥下休闲广场占道赌博、噪音扰民等各类违法行为进行集中整治。区执法分局组织机动中队联合八一桥街道综合执法队、豫章街道综合执法队，铁拳出击，取缔各类占道摊点280余处、销毁占道桌椅500余件、暂扣音箱喇叭等物品20余件。区执法分局决定采取定人定岗与日常巡查相结合的方式，确保每日送饭到岗、岗不离人，保持住八一桥下休闲广场焕然一新的市容面貌。

（唐澍政）

城市交通管理

【概况】 2016年，东湖区城市地铁2、3号线建设、道路管网改造、旧城改造拆迁等重大城建工程相继开工，全区城市交通管理工作始终坚持“警力跟着警情走、标准随着问题设、办法总比困难多”的思想，围绕“保民生、保稳定、保畅通”工作目标，集全警之智，聚全警之力，圆满地完成城市建设中的交通保障任务，并完成中央领导人到南昌视察，两个全国性会议（全国综治会议、全国公安厅局长会议），城市马拉松等大型警卫任务。在繁重的交通管理工作中，全体民警承受住压力，经受住考验，展现南昌交警风采，取得有目共睹的成绩。在此过程中，大队被南昌市委市政府评为创建文明城市先进单位，其中喻剑、刘方平、朱跃军、罗伟平、黄俊、胡志峰、李鸿凯、尹仁明、左鑫、熊小强被评为先进个人；八中队中队长罗杰被省政府评为2015年度“江西省先进工作者”。

【深入开展交通秩序大整治】 2016年，东湖交警大队围绕交管局《交通秩序大整治考核工作》方案要求，考核民警工作绩效，深入开展电动车摩托车违法行为专项整治、酒驾醉驾违法犯罪统一行动、交通秩序百日大整治及夏季30天大整治。截至年底，纠处各类交通违法行为178647起。其中，行人非机动车违法行为12208起，乱停放139649起，暂扣非法营运“五车”3007辆。

【切实提高见警率、管事率】 2016年，东湖交警大队秉承“正人先正己，立言先立行”的工作态度，不断统一思想认识，从自身做起，作出表率，抓好带队干部的模范带头作用。大队领导坚持早晚高峰与民警同站一岗同管一路，以吃苦耐劳的精神做给民警看；坚持中队一把手带头破难点、治乱点，以吃苦在前的实际行动带着民警干。一级抓一级，一级带着一级干，一级干给一级看，切实抓好班子带好队伍，将交通管理各项工作抓到实处抓出成效。狠抓责任追究，倒逼责任落实。坚持当班大队领导查勤通报制度，坚持讲评评比制度，以严的管理、铁的纪律，抓好责任落实。同时加强执法记录仪考核。依照《交警系统执法记录仪使用和管理规定》，要求民警上岗即开执法记录仪，全程录音录像。重点解决民警不戴执法记录仪、不开GPS定位仪、在岗不出力等问题。

【加强重点车辆管理】 2016年，东湖辖区有客运企业9家，而实际落户2家。危货运输企业6家，实际落户2家。为贯彻落实“部局加强客运车辆及危化品运输车辆管理”的通知要求，东湖交警大队开展工程车、渣土车、大型客车、危险品运输车等重点车辆整治10余次。在主干道路沥青摊铺期间、地铁围挡夜间施工期间等工程车辆通行的高峰时段进行卡点整治，重点查处工程车辆号牌不清、闯红灯、闯禁行违法行为。针对重点车辆及驾驶人违法信息情况，以及在日常监管中发现的客货运隐患问题，制作《交通安全隐患整改建议书》抄报区运管署，并建议采取停运、责任整改等措施杜绝“病车上路”现象。截至年底，大队共催办265辆次，下发抄告单27份，督促110台客运车辆年检。

【联合执法取缔私画车位】 2016年，东湖辖区内医院、大型超市等周边区域停车资源愈发紧张，滋生残疾人私画泊位乱收费行为,尤其以福州路中医院周边明显。为此大队与停管大队建立密切联系机制,多次走访停管中心,联系多家媒体及时报道宣传,形成多部门共管局面。一年内依法多次取缔百姓反应强烈的福州支路、福州路、艺术剧院侧路等路段残疾人私画的泊位,做到还路于民。

【重拳打击酒驾违法犯罪行为】 2016年,经过上级机关不断探索,东湖区形成全国酒驾统一行动,全省酒驾统一行动,重大活动节假日酒驾统一行动以及交警联合特警,交警联合缉毒警等多形式、多样化的酒驾查控机制。截至年底,东湖交警大队共开展酒驾统一行动50余次,全年共查处酒后驾驶违法犯罪行为32起。

【圆满完成各项警卫保障工作】 2016年,东湖区交通安保工作任务比往年规格更高、任务更多,驻地保障时间更长,工作更加繁重。1月习总书到来江西视察,7月中央巡逻组驻滨江宾馆,8月李克强总理、刘延东副总理到江西视察,10月两个全国性会议(全国综治会、全国公安厅局长会议)在南昌召开,11月南昌国际马拉松赛如期召开。警卫任务工作提上一个新高度,对此,东湖交警大队严格落实警卫方案要求,做到"三定四明":定人、定岗、定责;场地明、措施明、方法明、要求明。针对国家主要领导人的警卫任务要求,逐点、逐岗、逐段安排警力,使参战干警能对警力部署、工作要求、所担责任一目了然,心中有数,确保警卫工作万无一失。全年共保障一级警卫任务2起,二级任务3起,三级任务8起,所有警卫任务得到交管局领导的肯定。在保障省内主要领导出行工作中,大队增派专职民警做好领导出行的沟通工作,将努力用在平时,赢得领导的肯定。

【积极推进电动车上牌】 2016年,为深入贯彻《南昌市电动自行车管理条例》要求,东湖交警大队联合区委区政府,在辖区11个街道办事处开设电动自行车上牌工作。政府投入33万元购置设备,安排人员,9—11月,大队共办理电动车上牌1.9万辆,方便群众,得到广泛好评。

【建立"东湖大队微信公众号"】 2016年,东湖交警大队借力"互联网+"交通出行服务,于4月建立"东湖大队微信公众号",开通机动车驾驶证查询、限行路段提醒、实时路况提醒等信息查询功能;每日发布交通安全提醒、道路拥堵情况及实时路况。关注人数12000余人。截至年底,大队官方微信功能只有三个板块,功能建设处在初期。2017年度,大队将逐步开通处理交通违法、交通安全管理平台、车辆驾驶证业务、一站式处理详情的业务员办理功能,力争在微信号的功能建设、推广渠道上下功夫,使微信号成为使用人数更多,使用频率更高,使用功能更完善,切实方便群众的公众号。

表13 **2016年东湖区道路交通事故一览表**

项目	次数(次)			死亡人数(人)			受伤人数(人)			经济损失(元)		
	数量	比2015年增减	增减(%)	数量	比2015年增减	增减(%)	数量	比2015年增减	增减(%)	数量	比2015年增减	增减(%)
东湖区	23	-5	-17.86	12	0	0	15	-7	-31.82	39200	-19600	-100

(刘 斌)

社会管理和服务

综　述

2016年，东湖区牢固树立“以人为本”的理念，坚持全心全意为人民服务的宗旨，推动社会管理和服务各项工作取得新成效。全年全区用于保障和改善民生支出12.47亿元，同比增长10%，占全区地方一般公共预算支出的62.3%，共安排、落实191件民生实事。区人口计生工部门以“五大发展理念”为指导，坚持把民生工程作为工作重点，扎实开展各项工作；区人力资源和保障部门紧紧围绕加快“四区”建设和打造实力东湖、创造活力东湖、塑造魅力东湖的目标，努力推动人力资源和社会保障事业蓬勃发展；区民政部门牢固树立“民政为民、民政爱民”理念，以“改善民生、维护民权、服务社会”为根本着力点和落脚点，各项工作屡创佳绩。在区委、区政府的正确引导下，在各个部门的通力合作下，全区各项民生保障工作取得跨越式发展：就业保障不断提升，城镇新增就业人数10202人，“4050”人员再就业人数2188人，零就业家庭安置率100%。生活保障不断提高，农村、城镇居民最低生活保障标准提高到月均510元；发放城市低保、农村低保等资金2618万元；为80岁以上高龄老人发放生活补贴1451万元；为优抚对象发放补助资金1500万元；实施各类救助4677人次；蝉联全省双拥模范区“七连冠”。医疗保障不断健全，城镇基本医疗保险参保人数达18.46万人，征缴基金总额1.18亿元；工伤保险参保人数1.15万人；打造全省领先、医养融合的区级失能老人照料中心。住房保障不断改善，首期780户安置房项目全面完工，新开工安置房2531套，为6898户享受公租房家庭发放公租补贴1193万元。卫生计生协调发展。投入578万元，实施扬子洲社区卫生服务中心危房改造等项目建设；居民健康档案电子建档率93.4%，基本公共卫生服务人均补助标准提高到47元；全国慢病综合防控示范区建设扎实推进，荣膺全国计划生育优质服务示范县区。

（区史志办公室）

人口和计划生育

【概况】　2016年，东湖区卫生和计划生育委员会（简称区卫计委）落实四个全面战略布局，以“五大发展理念”为指导，围绕阳光诚信和谐计生的理念，坚持计划生育基本国策，扎实推进人口计生工作。坚持执行现行生育政策，有序实施全面两孩政策，加大政策宣传力度，认真查处党员干部违法生育行为，依法征收社会抚养费，采取有效措施控制政策外生育。贯彻落实全市户籍制度改革，建立新生儿上户信息共享机制。2016年，区卫计委积极落实各项工作，取得显著成效，被国家卫生和计划生育委员会评为“全国计划生育优质服务先进县区”，荣获全省计划生育先进县（区）一等奖和全市计划生育优质服务县区称号。

【做实做细民生工作】　2016年，区卫计委坚持把民生工程作为工作重点，将计生“奖、优、保、救、助、养”“六位一体”计生奖励扶助政策惠及计生家庭。年内，对10名符合资格的对象（农村户口，实行计划生育的一女户、二女不再生育家庭的在读高中女孩）发放阳光助学金，每人每年1000元；对100名符合奖励扶助条件的对象，每人每年可获得1200元扶助金,共计120000元;对480名特别扶助对象发放特扶金,其中,独生子女家庭子女伤残的172人,独生子女家庭子女死亡的308人,特别扶助金总计发放345.792万元;向86名贫困计生家庭女孩发放助学金共62000元,向16名高招录取的贫困计生家庭子女一次性发放助学金共24000元;为全区260位无业下岗和低保残疾特困计生对象发放独子费60420元;为2185名辖区内0—6岁儿童办理爱心保险,共计65550元;为1631对计划怀孕的夫妇进行免费孕前优生检查,建立家庭档案1631份。投入27.78万元为480名特扶人员办理团体意外保险续保工作,并于6月组织开展特扶人员免费体检主题月活动,为特扶人员提供健康保障,做到无病早防,有病早发现、早治疗。

【抓好抓严生育证改革工作】 2016年,全面实施两孩政策以来,东湖区借生育证改革为契机,再次简化办证,优化办证流程,全力打造便民利民的窗口服务。一是加强计划生育“一站式”服务窗口规范化建设。扬子洲、各街道、管理处服务大厅设立生育服务证办理窗口,认真落实一次性告知制、首接负责制、限时办结制、承诺制、委托代办制等各项管理和服务制度,办证流程图上墙,使群众清楚了解生育服务证办理条件、程序、时限、需提交的材料目录、免费生育服务项目等信息。二是加大对省生育服务管理系统的硬件配套设施投入,为扬子洲镇、各街道、管理处计生办配备专用的电脑、高拍仪、身份证识别器、打印机,确保系统正常顺利运行。三是全面推行网上申报、网上受理、网上审批,改原来的“人在路上跑”为“事在网上办”。截至年底,共办理一孩二孩生育服务卡4045例,同比增加1826例(其中,二孩登记1895例,同比增加1406例)。

【多措并举开展打击“两非”工作】 2016年,区卫计委坚持“明确责任、狠抓落实、一票否决”的工作思路,坚持打防并举,综合治理出生人口性别比,呈现自然稳定均衡发展状态。区委区政府成立出生人口性别比综合治理工作领导小组,并定期召开会议,研究和解决出生人口性别比治理工作存在的重点和难点,并列入目标考核内容。同时,加大考核奖惩力度,发挥职能部门作用,提升整治打击力度,发现线索,及时查处。逐步形成查处“两非”一盘棋格局。圆满完成打击“两非”工作任务。同时建立计生与社会相关部门“多位一体、多项联动、阵地共建、资源共享”的宣传模式。广泛利用报刊、广播、电视、互联网等大众传媒进行专题报道。在全区广泛宣传和倡导“男女平等”“生男生女一样好”“女儿也是传后人”的新型生育观念,并在部分农贸市场悬挂关爱女孩的宣传画,使宣传教育深入人心。

【扎实做好计生信访工作】 2016年,区卫计委在依法行政的实践中,把做好信访工作作为构建和谐计生、提升整体水平的一项重要措施来抓,信访结案效率明显提高,群众对计生工作的满意度也随之攀升。实行一把手亲自抓、负总责,其他领导班子成员分期接访,负责信访科室具体落实的管理格局。其次,重要案件召开各相关部门会议,实行齐抓共管,形成上下联动、左右协调、密切配合的信访工作格局。制定《信访案件回访制度》,群众信访案件的调查处理情况做到事事有交待,件件有回馈,主动接受参访人监督,增强执法透明度。推行阳光政务。凡涉及百姓切身利益的惠民政策和办事程序及计划生育利导政策、家庭奖励扶助制度和计划生育家庭特别救助制度等网上、墙上公开,实行居(村)、街道、区三级公示的阳光作业制度,避免暗箱操作,让群众满意。

【开展流动人口动态监测】 2016年,东湖区在全国动态监测抽样调查工作中,抽到22个样本点440人,组成包括44个调查员,10个督导员的队伍,投入十多万元,购置调查电子终端设备和入户纪念品,集中参加市卫计委的流动人口动态监测工作培训。为提高效率,对工作地与租房较远或工作无定点的抽样流动人口询问对象采取“预约”方式,与调查对象约定时间和地点,对于应在工作时间未预约到的调查对象的采集,利用休息时间配合被访者,以采集到准确信息为目的。确保流动人口动态监测调查工作的顺利完成。

【开展“流动人口均等化”工作】 2016年,区卫计委继续成立以区卫计委主任为组长,机关各科室,街办(镇)、管理处计生办负责人组成的流动人口计划生育基本公共卫生计生服务均等化工作领导小组,印发《东湖区流动人口基本公共卫生计生服务均等化工作实施方案》,明确相关科室职责,纳入卫生和计划生育党政领导、责任科室考核内容,并多次召开各街道计生办主任、流动人口协管员、社区卫生服务中心主要负责人会议,强调各街道对辖区内的流动人口进行大排查,摸清底数。截至年底,流动人口的总数为46197人,建立30829份流动人口健康档案(电子、纸制),占流动人口总数的66.7%。同时将65岁以上老年人免费体检、孕妇产前检查、产后访视等纳入政府为民办实事工作内容,使流动人口与户籍人口享受同等服务。本着"来了,您就是新东湖人"的和谐理念,通过网络、电视、报刊杂志等多种形式,全方位、多渠道、广角度进行宣传。通过大型活动、上门宣传,将宣传品、资料和政策宣传折页发放到群众手中。全区全年共投入18万元左右,开展大型宣传活动近30次,法律法规咨询1850人次,健康咨询、服务2500人次,流动人口维权咨询330余人次,散发流动人口基本公共卫生计生服务均等化宣传单2万余份,发放避孕套4300余盒,发放卫生计生宣传纪念品2800余份。社区卫生服务中心定期举办19次传染病防治等健康知识讲座,组织关爱流动人口健康义诊活动31次。通过宣传、讲座等活动,流动人口健康素养得到提高,流动人口得到引导后,主动接受健康服务。为做好流动人口健康教育和促进工作,全区共建立流动人口健康促进示范企业10个,健康促进示范学校1个,流动人口健康家庭165个。

【开展流动人口宣传和关爱活动】 2016年元旦、春节期间,东湖区结合全区实际,紧紧抓住流出人口大量返乡这一有利时机,在全区组织开展以"关怀关爱、促进和谐"为主题的形式多样的流动人口服务专项行动。并在流动人口主要聚集地设咨询台,悬挂宣传横幅,设立宣传展板。社区文艺队表演文艺节目,出动服务宣传车,开展送政策活动。活动共向流动人口育龄人群免费发放计划生育宣传资料45923多份,避孕套6900余只,外用避孕药具120余份,计生小礼品500余份。接受群众咨询计划生育优生优育、政策法规知识55场次。

【全面实现人口信息网格化管理】 2016年,东湖区建立社区"网格化"的信息采集机制,全面采集人口基础信息,实现全区计划生育服务和管理的"全员化""网格化"和"数字化"。全区共分12个街道(乡镇)网格,126社区居(村)网格,635个责任网格,每个网格涵盖6—8栋楼300—400户,每一个人信息及时上网,形成横向到边、纵向到底的网格化管理体系。通过人房信息互动查询,精准定位服务对象,对群众实施精细服务和管理。实施人口信息网格化管理以来,辖区人口信息质量大幅提升,信息覆盖率和信息准确率均达98%左右。11月4日,童萍如副区长在全国计划生育信息化工作会议上作题为《全面实施人口信息网格化管理,精心打造卫生计生人性服务》的经验介绍,会议由来自全国来自全国32个省、市、自治区、新疆生产兵团的代表共100余人参会,东湖区人口信息网格化管理模式得到与会领导及其它兄弟省市同行的一致好评和赞誉。

(万猛根)

人力资源和社会保障

【概况】 2016年,在区委、区政府的正确领导和上级部门的业务指导下,区人社局全面贯彻中共十八大,十八届三中、四中、五中全会和习近平总书记视察江西的重要讲话精神,紧紧围绕加快"四区"建设和打造实力东湖、创造活力东湖、塑造魅力东湖的目标,突出重点,消除盲点,增加亮点,努力推动全区人力资源和社会保障事业发展取得新突破。

【超额完成就业再就业指标任务】 2016年,东湖区城镇新增就业人数10202人,完成全年任务的111%;城镇就业率控制在94.5%;"4050"人员再就业人数2188人,完成全年任务的161%;零就业家庭安置率100%;家庭服务业从业人员1320人,完成全年任务的114%;创业培训580人,完成全年任务的128.9%;家庭服务业从业人员培训人数717人,完成全年任务的102%;青年见习任务完成49人;继续扩大小额担保贷款规模。新增发放小额担保贷款6080万元,其中扶持个人创业贷款占贷款总额5180万元,企业贷款发放900万元,完成全年任务的103%。到期贷款回收率达到100%,进一步推动大众创业、万众创新、全民创业浪潮。

【全面做好社会保险征缴工作】 2016年,东湖区职工基本养老保险参保缴费人数33826人,养老保险征缴15498万元;退休人数17871人,共支付养老金和丧抚费50823万元。城乡居民社会养老保险参保人数18533人,基金征缴334万元;待遇领取人数5049人,支付金额503万元。城镇职工基本医疗保险参保21014人,其中参保缴费8410人,基金征缴2757万元,完成全年任务的133.4%。城镇居民基本医疗保险参保163577人,其中个人缴费163577人,基金征缴9239万元,完成全年任务的212.8%。工伤保险参保11487人,完成全年任务的100%;工伤保险基金征缴86万元,完成全年任务的148.3%。生育保险参保4932人,完成全年任务的101%;生育保险基金征缴65万元,完成全年任务的120.4%。失业保险参保6200人,基金征缴111.5万元。

【开展“春风行动”大型就业服务活动】 3月11日上午,2016年东湖区“春风行动”大型就业服务活动在胜利路步行街名秀广场举行。活动由区人力资源和社会保障局主办,区公共就业人才服务局承办。活动以“以创业带动就业”为主要思路,以“搭建供需平台促进转移就业”为主题,旨在通过送岗位、送政策进社区的形式,为所有服务对象提供一个就业服务对接的平台。此次活动共有86家单位入场招聘,共提供6218个岗位,有500余名求职者与用人单位达成就业意向。活动现场还设置电子商务创业展示、职业技能培训、创业(电子商务)培训报名登记,小额贷款、社保、医保、维权等劳动保障政策宣传咨询服务。通过“春风行动”大型招聘的活动,各类服务对象获得一个就业服务对接的平台和就业机会。

【充分发挥区散工劳务超市作用】 2016年,东湖区散工劳务超市通过独创的“派工”工作模式有效地解决外来务工人员传统的推荐就业与散工非固定用工的矛盾。截至2016年12月,区散工劳务超市共登记外来务工人员271人,用工单位、雇主用工登记72家,派工达2830人次,同时对派出的人员做好跟踪服务工作,并开展对外来务工人员进行现场慰问及走访的计划。

【挂牌成立区外来务工文化活动中心】 2016年,由区人力资源和社会保障局与区文化广电旅游新闻出版局共同在东湖区散工劳务超市建设的“东湖区外来务工人员文化活动中心”于4月27日挂牌成立。中心依托散工市场的服务,为周边外来务工人员提供图书阅览、文体活动等一系列健康向上的文化服务。

【举办外来务工人员庆“五一”文艺活动】 4月27日晚上,东湖区外来务工人员第二届庆五一文艺活动在区散工劳务超市举行。活动通过广泛参与,集中选拔,共有11个节目参加表演,均为外来务工人员自编自演,体现新时代外来务工人员的精神面貌。外来务工人员作为城市建设的重要力量,为城市发展做出重要贡献。

【重点扶持江西淘鑫电子商务有限公司】 2016年,在区人力资源和社会保障局及政府各相关部门的大力关心与支持下,江西淘鑫电商基地先后被评为东湖区创业孵化基地、东湖区青年见习基地、南昌市互联网+创业孵化基地、南昌市电商示范基地、江西省电子商务示范企业、江西省小微企业创业园、江西省电子商务示范基地。

【搭建樟树林创业就业服务平台】 2016年,东湖区创业就业服务平台采取政府投入、企业化运作模式,将公共就业相关政策集中在一个平台上,政策服务前移的模式,使得原本要在政府部门办理的相关事务可以在创业人员的身边得到办理。平台主要提供创业辅导、企业融资、人力资源服务、政策对接办理、众创空间、小微孵化等各类创业就业服务。

【做好大学生一次性创业补贴发放工作】 2016年,区人社局根据《关于做好困难高校毕业生一次性求职创业补贴和大学生一次性创业补贴发放工作的通知》(赣人社字〔2015〕355号)文件精神,针对自2015年7月21日起,在校生和毕业5年内自主创业的高校毕业生,在江西省行政区域内创办企业或从事个体经营,且稳定经营一年以上的,可申请5000元的一次性创业补贴。截至年底,审核通过温桂林1人符合申请条件并予以拨付一次性创业补贴。

【做好公共人才服务工作】 2016年,根据公共就业和人才服务改革的精神,区公共就业与人才服务工作整合初见成效。原东湖区劳动就业服务管理局更名为东湖区公共就业人才服务局，整个人才服务工作整合进入区公共就业人才服务局。区公共就业人才服务局积极核对各项资料，封存移交档案，建立健全人防、物防、技防“三位一体”的安全防范体系，购置专用档案保管密集架、电脑等设备用于档案保管，移交档案输机工作全部完成。积极完善服务标准和服务流程，推进服务的规范化和精细化，不断满足服务对象的基本需求，截至2016年12月，共接收大学毕业生等各类档案共计3458份，转出退休等档案合计276份。

【开展“走进社保卡”现场咨询活动】 3月30日上午，由区人力资源和社会保障局主办，区医疗保险事业管理局、区扬子洲镇人力资源和社会保障服务所承办的东湖区2016年度12333全国统一咨询日“走进社保卡”现场咨询活动在分会场扬子洲镇举行。12333服务系统是人社部门为社会大众提供的集电话服务和网上服务为一体的专业服务平台，受理范围包括就业、社会保障、劳动关系、收入分配、人才工作、公务员管理、军转安置、引进智力8个方面，专门提供人事人才、劳动就业、社会保障等政策法规、办事程序咨询和各类信息查询以及“零就业家庭投诉”“用工投诉”等服务，市民只需拨打服务电话或登陆市人力资源和社会保障局门户网站，即可获得相应的服务。活动现场人头攒动、气氛热烈，区人力资源和社会保障局的工作人员热情耐心地为市民提供相关咨询服务并发放宣传资料，前来咨询的市民连连拍手称赞，感谢家门口的便民咨询服务。

【完成困难企业职工医疗保险申报工作】 2016年，区人社局落实惠民政策，切实解决困难企业职工医疗保障。完成2016年度区属困难企业职工参加城镇职工医疗保险申报工作，其中退休职工4775人，在职职工2409人。保障区属困难企业职工的基本医疗待遇，做到应保尽保。

【推进医保智能监控系统建设】 2016年，区人社局加快建立医疗保险对医疗服务的智能审核系统。通过医疗保险智能审核系统的建设，逐步形成对医保付费的事前过程提醒、事中结算控制、事后计算机全面审核的全过程监管模式。

【完成养老金调待工作】 2016年，区人社局根据赣人社发〔2016〕45号文规定完成全区2016年企业退休人员养老金调待工作，参加调待退休人员人数为14124人，人均增加养老金156.5元，共补发调待金额1989万元。完成机关事业单位退休人员养老金调待工作，参加调待退休人员人数为3183人，人均增加养老金216元，共补发调待金额688万元。

【全面落实助保贷款政策】 2016年，区人社局印制助保贷款宣传材料，通过多种方式在街道社区进行宣传，在各街道社区悬挂宣传横幅，发放宣传单，并且利用“社保信息系统”精确查找离退休不足5年且欠缴保费人员名单，逐个打电话对政策进行宣传，并且对部分生活困难且有办理贷款愿望的人员进行上门上户服务。同时与合作银行签订助保贷款协议，推动助保贷款政策落地。截至年底，共有5人交材料至银行办理。

【完成养老金领取待遇资格认证工作】 2016年，区人社局致力于确保退休人员基本生活。继续保持基本养老金当期支付率和社会化发放率两个100%，对全区14487名退休人员进行养老金领取待遇资格认证。

【推进区机关事业单位养老保险改革】 2016年，区人社局对全区机关事业单位2014年10月至2015年12月份养老保险费实行预收缴，全部进入财政专户。8月19日召开全区机关事业单位养老保险改革启动暨政策宣传会议，以会代训，布置启动工作。9月份正式启动业务经办工作。

【进行养老保险基金管理使用情况自查】 2016年，为加强内控制度建设，维护基金安全，区人社局于4月，对基本养老保险基金管理使用情况进行全面自查，对自查发现的问题提出整改措施，并逐步落实到位。

【推进养老保险扩面征缴工作】 2016年，区人社局加强政策宣传，吸引灵活就业人员参保，加大企业养老保险费清欠力度，努力破解参保资源少的养老保险费征缴难题，使养老保险费征缴工作取得新的突破。

【设立扬子洲镇城乡居保代扣代缴点】 2016年，区人社局改变以往参保人员以现金方式向村劳动保障协管员缴费，再集中统一向银行进账的不合理方式,通过社保机构与开户银行合作,利用城乡居保信息系统与银行对接,由参保人员开户,银行代扣代缴。截至年底,扬子洲镇在10个便利店设立城乡居保代扣代缴点,极大地方便村民缴纳和支取养老保险费。

【保障农民工工友合法权益】 截至年底,区人社局共受理全区举报拖欠工资案件65起,结案率100%。累计为276名劳动者、农民工追讨工资押金3895629元,移交法院强制执行1起,切实维护劳资双方的权益。

(喻伟文)

民政事业

【概况】 2016年,全区民政系统围绕经济社会发展大局,认真贯彻落实区委区政府的决策部署,牢固树立"民政为民、民政爱民"理念,紧紧围绕全市和全区经济社会发展大局,以"改善民生、维护民权、服务社会"为根本着力点和落脚点。乘势而上,创先争优,喜摘全省双拥工作"七连冠"、喜获参评全国老龄先进集体;因势而进,积极推动,"救急难"和未成年人社会保护试点工作成效明显;顺势而为,尽心尽责,扎实推进社会救助保障、基层社会治理、老龄养老服务、优抚双拥安置、社会事务管理五个体系。社会救助工作连年先进、社区建设工作屡上台阶、优抚安置工作稳中求进、养老服务工作亮点纷呈、社会事务工作再创佳绩,为全区经济跨越发展和社会平安稳定,做出应有贡献。

【荣膺全省双拥工作"七连冠"】 2016年,区民政局扎实推进双拥创建,坚持把双拥工作摆在突出位置,积极拓展双拥领域,提升工作水平,双拥工作组织保障持续强化,优抚安置有序推进,军民融合不断深入,拥政爱民成效突出,具体做到"三落实"。不断强化双拥宣传,做到街头有标语,报刊有文章,电视有形象,学校有双课程。真心真情服务,先后出台多个文件,为改善重点优抚对象的住房、医疗、生活待遇问题和解决下岗、失业残疾军人保障乏力等问题提供政策依据。加强军队地方融合发展,携手开展双拥工作,取得明显成效,双拥宣传进一步深入、双拥作用进一步彰显,连续七次荣获"全省双拥模范区"称号。

【获得全国老龄先进集体参评资格】 2016年,区老龄办牢固树立养老服务新理念,不断提升养老服务水平。在2010年,东湖区就被民政部命名为首批"全国养老服务示范活动示范单位",并持续推进养老服务工作,不断完善养老服务体系,探索养老服务模式,创新养老服务亮点,把老龄工作作为实施老年民生工程、构建和谐社会的重要举措。"规定动作"尽心完成,"自选动作"频频出新,老龄工作受到省、市领导和上级民政部门的高度评价。2016年,全省各县(区)共有两个候选单位参评全国老龄系统先进集体,东湖区作为其中之一获得参评资格。

【推进"救急难"试点工作】 2016年,区民政局坚持求助有门、受理及时的原则,以区委、区政府的名义出台《东湖区临时救助实施细则》,《细则》上升救助比例、扩大救助范围、提高救助金额,让困难群众得到更多更及时的救助保障。《细则》中明确规定,凡是东湖区辖区居民因火灾、交通事故等意外事件,家庭成员突发重大疾病等原因,导致基本生活暂时出现严重困难的家庭;因生活必需支出突然增加超出家庭承受能力,导致基本生活暂时出现严重困难的最低生活保障家庭、特困供养人员及其他特殊困难的家庭均可申请,临时救助以500元为起点,最高救助12000元。及时有效解决城乡贫困居民的突发性、紧迫性、临时性生活困难。截至年底,共临时救助108人次,发放救助金45万元。

【编密织牢民生保障网】 2016年,区民政局扎实做好社会救助管理服务工作,努力为社会救助对象提供及时、高效、专业的救助服务,困难群众基本生活得到切实保障。加强和规范城乡低保工作,不断提高城乡低保标准,全区城乡居民最低生活保障标准提高到每月510元,全年共保障城乡居民共65142人次,发放保障金2621.01万元;不断提高医疗救助水平,开展医疗救助同步结算工作,重点解决困难群众看病难问题,全年累计医疗救助4966人次,救助金额达361.86万元;扎实开展救灾救济工作,2016年6月,扬子洲镇和扬农管理处受到台风的影响,大片农田、菜地、花地被淹没，灾害发生后，区民政局及时组织人员抢险救灾，紧急调拨救灾物资，最大限度减少损失。给扬子洲镇和扬农管理处发放冬春救灾款16万元，受灾群众得到有效救助；推进慈善关爱事业，坚持开展“慈善一日捐”活动，进行助困、助学、助医、助孤等慈善帮扶，重点帮扶孤老、孤儿及家庭突遭变故、因病致贫等生活困难群体，充分发挥慈善救助在社会保障体系中的重要补充作用。

【以“党建+”促进社区建设全面提升】 2016年，区民政局深入推进村（社区）党组织标准化建设，以“党建+”为引领，在村（社区）党组织中开展组织、制度、队伍、阵地、活动、服务“六个标准化”建设，全区共打造党建标准化示范点23个，达标点25个；不断规范社区干部管理，完善新进社区干部入职程序，强化社区工作应知应会培训，全面掌握入职人员基本情况；逐年提高社区干部待遇，从2016年1月起，社区干部每人每月增加工资500元，之后又增加300元；着重优化社区网格管理，把全区78名专职社区网格员全部转岗为社区专职工作人员，纳入社区工作者管理序列，实行一人一网格，及时收集信息，解决居民困难；积极培育壮大社工组织，推选状元桥社区申报全国社会工作服务示范社区，培育南昌市豫章社工师事务所、蒲公英社工服务中心、天源社工服务中心等社工机构。

【大力弘扬地名文化】 2016年，在地名普查过程中，区民政局着力强化传承意识，弘扬地名文化。推出为期一个月的“文化传承之旅”活动，将与南昌相关的传统地名文化符号编成题目，鼓励市民在微信上答题。在半个月的时间，吸引4万多名市民加入“传承之旅”。通过微信答题，市民了解杏花楼、状元桥、南昌贡院、南昌孔庙、刘将军庙等一个个地方名称的来历。在“文化传承之旅”活动中，组织宣讲团，走进街道、社区、庭院、学校、企业，收集东湖区乃至南昌的特色地名，宣讲东湖区的人文历史，让大家了解身边的历史传承和地名文化。截至年底，共采集十一大类地名信息1701条，其中单位类704条，非行政区域类9条，行政区域类14条，纪念地、旅游景点类33条，建筑物类123条，交通运输设施类303条，居民点类222条，陆地水系类19条，群众自治组织类198条，水利、电力、通信设施类78条。

【创新医养融合模式】 2016年，区民政局加快推进医养融合模式，不断提升养老服务质量。“医养融合”顺应政策要求、老人需求，既解决入住老人看病难看病贵问题，又能让养老机构享受到更多政策扶持，实现更高水平的老有所养、老有优养目标。区老龄办以建立专业照料机构、提升机构基本医疗水平为抓手，推进医养融合新模式，推进养老服务业新发展，相关经验做法得到上级部门肯定，局主要领导在全省社会福利工作会议上作典型发言，典型经验在《中国老年报》上刊登，产生良好影响。着力提升养老机构基本医疗水平。支持养老机构完善康复功能，鼓励养老机构设置设立卫生所、医务室等医疗机构，建立医疗机构与养老机构协作机制，探索医疗机构向养老机构派驻医生、家庭会诊等方式，推动医疗卫生资源进入养老机构，为养老机构的老人提供医疗服务。截至年底，全区养老机构皆拥有基础性医疗功能的医务室或卫生所；率先在全省建立失能老人专业照料中心。新建立失能老人照料中心投入资金540余万元，设置失能老人床位220张，设立医疗门诊室、观察室以及诊治室等，完善供氧系统，购置医用床及床头柜，增加失能老人沐浴设备，老人床头均安装呼叫系统等等。2016年9月，正式运行，开始为全区乃至全市的失能老人提供优质的医疗和养老服务，有效解决失能老人的医疗和日常生活困难，帮助失能老人提高生存能力和生活质量。

【率先在全省成立水上救援社会组织】 2016年，区民政局根据公益救援事业的发展需要，积极孵化、费心思下功夫，于8月5日正式注册成立南昌市东湖区滕王阁水上救援协会，江西首家专业水上公益救援的社会团体由此诞生。协会注册会员210名，志愿者300名，中共产党员68名，分别来自全市社会各个阶层，是一支队员多、党员多、实力强的社会组织。协会成立以来，积极开展“弘扬雷锋精神，争做赣江卫士”活动，开展关爱母亲河清理垃圾、赣江水上救援、社区水安培训、平安城区创建巡逻等活动，取得较好成效。

（邓建平）

教　育

综　述

2016年，东湖区共有九年一贯制学校7所，全日制小学13所，特殊教育学校1所，幼儿园54所，民办教育机构45个(含22个民办幼儿园)，青少年宫1所。全区在校中小学生26657人，教学班562个；幼儿园在园人数11943人，教学班451个。全区在职教师1660人，其中全国优秀教师4人，省级特级教师6人，省学科带头人22人，市级学科带头人71人，77个名师工作室。省级素质教育示范校1所，市级素质教育示范校6所，市名校4所。2016年，东湖区先后被评为全国中小学信息技术教育实验区、全国幼儿教育先进区、全国推进义务教育均衡发展先进地区、江西省教育先进区第一名、江西省“两基”工作先进区。东湖教育先后被评为全国义务教育发展基本均衡县、第十九届全国青少年五好小公民“老师您好我的好老师”主题教育活动先进集体、江西省中小学(幼儿园)教师全员远程培训工作先进集体、江西省关心下一代工作先进单位、第十七届华人少年作文比赛江西赛区最佳组织奖、市第二届中学生社团文化展示节暨中学生精品社团评选活动“优秀组织奖”、市中小学生“党史、国史、军史、家乡史”知识竞赛优秀组织奖、市教育学会第三十一届学术年会征文优秀组织奖、市第五届“引航杯”中小学班主任专业技能竞赛“优秀组织奖”。

2016年，东湖区以高水平、高质量普及九年义务教育为基础，均衡发展义务教育，加快发展学前教育，做优做强特殊教育，依法规范民办教育，大力建设师资队伍，科学配置教育资源，形成各级各类教育结构合理、布局科学、相互衔接、协调发展的开放性终身教育体系。一是各类教育协调发展。东湖区始终坚持把教育放在优先发展的战略地位，全面落实素质教育，依法履行教育管理职能，统筹兼顾各类教育协调发展。二是德育教育创新高效。2016年，邮政路小学被评为2015年全省校园文化特色学校，豫章小学被市教育局推荐参评省级文明校园，育新学校被评为“南昌市中小学德育工作优秀示范学校”，城北学校通过“南昌市中小学德育工作示范学校”新评，豫章小学、南京路小学、邮政路小学等12所学校通过复评。三是教育督导规范有序。全面推进义务教育均衡发展和教育现代化建设，坚持督政与督学并重、监督与指导并重的原则，加大督导力度，规范督导行为，创新督导模式。细化常规工作，扎实开展责任督学对学校工作的督导；进一步规范全区中小学校办学行为，协调开展“开学工作专项督导、教育装备专项督导、国家义务教育质量监测工作”等专项督导检查工作。四是教师培养赛训结合。以“走出去、引进来”形式，组织30位优秀中学教师赴上海杨浦进修学院进行封闭式培训；以“名师工作室”为平台，全年开展“名师导航”等各类研讨活动近百次。五是教育科研以质为要。顺利举办东湖区教育学会第十一届一次年会暨“打造精彩课堂，提升教学质量”专题研讨活动；开展东湖区2016年校本教研推介会暨邮政路片区名师工作室共同体教学研讨会；申报省级课题3项、研究项目3项、市级课题80余项；坚持开展下校视导听课活动，开展质量抽测7次，覆盖全区近1.5万名中小学生。

学前教育

【概况】　2016 年，东湖区把学前教育作为基础教育的重要组成部分，积极探索以公办幼儿园为示范、以社会力量兴办幼儿园为主体、公办与民办相结合的多元化办园格局，推进学前教育的区域发展。认真落实第二期《东湖区学前教育三年行动计划》，启动城北幼儿园建设项目，完成谌家坊安置小区幼儿园回收工作，完成 4 所小区配套幼儿园转办成普惠性民办幼儿园工作。全年对辖区内 34 所幼儿园下拨普惠性幼儿园中央奖补资金 501 万元。不断加强地区学前教育制度管理，通过严格审批、清理整顿等措施，有效促进学前教育管理的科学化、规范化。积极开展"以园为本教研制度建设"项目实验，率先开展区域联动式教研，构建幼儿园、片区、全区三级教研网络，提升幼儿教师专业化水平，在南昌市第八届"园丁杯"教学竞赛中，东湖区学前教育组代表队获团体总分第一的佳绩。截至 2016 年年底，东湖区经教育部门审批注册的合法幼儿园（保育院）有 55 所，其中教育部门办 3 所，事业单位办 13 所，企业单位办 7 所，街道办 7 所，民办 22 所，乡镇中心幼儿园 1 所，小学附属幼儿园 2 所。现有幼儿园中，优秀省级示范幼儿园 5 所，省级示范幼儿园 3 所，市级示范幼儿园 4 所，居全省各县区之首。

【制定《东湖区学前教育三年行动计划》】　5 月，为巩固《东湖区学前教育三年行动计划（2014—2016 年）》取得的成果，继续深化东湖区学前教育改革，促进全区学前教育健康发展，东湖区制定《东湖区学前教育三年行动计划（2017—2019 年）》，明确三年工作目标，提出"扩资源，优化学前教育结构；建机制，加大学前教育投入；保待遇，加强幼儿教师建设；强管理，提升幼儿园办园水平"的具体举措。

【开展民办幼儿园办学许可证年检工作】　1 月，区教科体局对全区 21 所民办幼儿园进行办学许可证年检工作，从依法办学、诚信办学、教育教学管理、安全管理、财务管理、教师队伍建设、特色办园和办学条件等方面，对民办幼儿园进行督查。

【开展公办幼儿园年审工作】　6 月，区教科体局对全区 30 所公办幼儿园进行年审，对依法办园、食堂管理和安全管理工作进行督查。

【完成谌家坊安置小区幼儿园回收工作】　2016 年，东湖区完成谌家坊安置小区幼儿园回收工作。该幼儿园位于谌家坊安置小区，是一所占地面积 2 亩，建筑面积 1000 余平方米，可容纳 100 余名幼儿的公办幼儿园。

【举行"园丁杯"幼儿园教师选拔赛】　6 月 7—8 日，东湖区举行 2016 年"园丁杯"幼儿园教师教学选拔赛，经园内选拔推荐，来自东湖地区各幼儿园的 20 位幼儿园教师参加比赛。最后选拔出李力等 5 位教师，组成东湖区学前教育代表队参加南昌市第八届"园丁杯"教学竞赛。

【在市级"园丁杯"教学竞赛中获佳绩】　2016 年，在南昌市第八届"园丁杯"教学竞赛中，东湖区学前教育组代表队获团体总分第一的佳绩。在五大领域的课堂教学竞赛中，5 位参赛教师全部获得一等奖，李力、赵璇老师获得南昌市教学能手称号。

【举办全区幼儿园新入职教师培训活动】　9 月 21—22 日，东湖区幼儿园新入职教师培训活动在区教研中心三楼多媒体教室举行，来自各园新入职的 43 位幼儿教师参加培训。由省、区教研员组成的专家团队为全体新老师进行"幼儿园集体教学活动的设计与组织策略""幼儿园区域活动中几个话题的探讨"讲座。

义务教育

【概况】　2016 年，东湖区教科体局以建设教育强区为目标，以促进教育均衡为主线，提高教育质量，深入推进教育事业持续发展。一是切实增强德育实效。坚持"育人为本、德育为先"的理念，探索德育新模式，在区属学校开展"好家风代代传"奖状博览会大队集会展示活动，开展"小手牵大手文明度春节"、"开学第一课"、"我们的节日"主题教育、"素质教育月"等系列活动；围绕"八一精神进校园"主题，开展"小青苗宣讲团"培训等特色德育活动。向荣小学开展"诗歌引领我前行"德育特色展示暨少先队大队集会活动,右营街小学开展"中国梦绿色梦"德育特色展示活动。二是扎实开展文明校园创建。组织区属学校通过宣传标语、电子屏幕、网络等形式进行广覆盖的宣传,做好材料整理、视频拍摄、实地考察等工作,做到"领导重视到位、资料准备到位、宣传氛围到位、实地查看到位";会同文明办组织考评组下到学校进行实地考察,评选出区级文明校园16所,推荐豫章小学、豫章中学、南京路小学、向荣小学、育新学校、滨江学校参加市级文明校园评比。三是规范做好扶贫助学。为南昌县"精准帮扶"学校(南山小学和三洞小学)39名贫困家庭学生、全区435名贫困家庭学生和21名患重大疾病学生发放2016年扶贫助学基金14.96万元。四是创新教师培训形式。以骨干培训、全员培训、通识培训、学科培训、专题式培训、菜单式培训等方式,对不同层面教师开展培训;组织学科论坛和校长论坛3次,涉及9个学科15所学校及所有学校的校级领导;组织区属学校德育副校长分两批赴上海、杭州、绍兴、宁波、南京、泰兴和南通考察学习。

【获全市"五看五比"综合考核一等奖】 2016年,在2015年度南昌市教育系统"五看五比"活动中,通过自评申报、评议、展示、集体评议等多个环节的考核,区教科体局在各县区中脱颖而出,最终获得一等奖。南昌四套《教育访谈》节目以"创优东湖人,争先造英才"为题,对区教科体局"五看五比"活动情况进行专题报道。

【省教育厅春季开学督导组到东湖调研】 2月25日上午,江西省教育厅春季开学专项督导组李宇一行,以及南昌市督导室副主任邹白玉、区教科体局副局长舒小红、熊金辉、万晓玲,到东湖区滨江学校、东湖小学、培智学校、滕王阁保育院、豫章二部进行春季开学工作专项督查。督导组一行从学校开学条件保障、规范办学行为、校园安全管理、校舍安全管理、食品安全管理等方面工作进行实地察看和资料查阅。

【国务院教育督察组到东湖区调研】 3月1日上午,由国家督学、新疆维吾尔自治区人民政府原督学李建声一行5人组成的国家督查组,以及江西省委教育工委委员、省教育厅总督学汤赛南,省人民政府教育督导委员会办公室调研员胡定南,省教育厅学校安全稳定处副处长伍斌斌,省公安厅治安总队内部安全保卫处处长邓裕坤,南昌市教育局副局长李春明、蔡爱民,市政府教育督导室副主任邹白玉,市教育局义教处处长付青岚,区人民政府副区长童萍如,区教科体局局长陈光辉,副局长舒小红、李建民、熊金辉、万晓玲,先后到东湖区滕王阁保育院、滨江学校,就2016年春季开学工作进行专项督查。在滕王阁保育院,督查组一行深入校园,就开学条件保障、规范办学行为、校园安全管理、校舍安全管理、食品安全管理等方面工作进行实地查看和资料查阅,并与老师、孩子们进行亲切交谈;在滨江学校,督查组一行认真听取校长胡琪关于"滨江学校开学工作安排"的情况汇报,实地查看学校周边及校园内的安保防控设施,食堂安全规范的操作流程。督查组一行还与同学们就如何爱护自己的眼睛,如何做好用眼爱眼"三个一",如何做到"三爱""三节"进行交流。

【开展学校、机构食堂食品安全检查】 3月9—11日,区教育科技体育局与区市场和质量监督管理局组成联合督导组对东湖辖区学校、托幼机构食堂食品安全工作进行督导检查。

【召开2016年上半年德育工作会】 3月10日下午,区教科体局2016年上半年德育工作会在局会议室召开,各校(园)分管德育工作的副校(园)长参加会议。会议向育新学校、豫章小学、阳明学校、滨江学校、南京路小学颁发2015年度全省优秀少先队集体、少先队辅导员、少先队员、南昌市优秀团员奖状,为向荣小学、阳明学校、滨江学校、百花洲小学、豫章小学、城北学校颁发网上家长学校先进单位奖牌。会议部署2016年网上家长学校工作和2016年下半年德育工作。最后,区教科体局副局长万晓玲就如何做好德育工作提出要求:学校要紧扣德育工作小、细、实的特点,抓住德育活动主阵地,积极调动老师、学生的积极性,将德育活动开展得有声有色并富有实效性,促进全区德育工作更上新台阶。

【杨文斌一行考察区属学校】 3月15日上午,区领导杨文斌、夏小兰、童萍如一行,先后到豫章小学二部、城北学校、育新学校进行调研。区委办主任杨斌,区教科体局领导班子成员参与调研。在豫章小学二部 ,杨文斌书记一行在校长王玉燕引领下，参观学校的校园整体环境，听取豫章小学校园文化建设情况汇报，并到教学楼、功能房了解学生上课情况。在城北学校，杨文斌一行听取校长刘志慧对城北学校学校办学理念、办学特色的工作汇报，希望城北学校继续发扬特色，同时在创新上做文章，要以高质量培养学生为学校发展宗旨。最后，杨文斌一行到育新学校，参观学校校园环境、学校图书室等功能房，认真听取小讲解员对学校的校徽、徽标、吉祥物的来历和意义以及"九品"展板的内容，并对育新学校深厚的文化底蕴和优雅的校园环境给予肯定。视察学校结束后，杨文斌一行参与在育新学校会议室举行的座谈会。会议听取就东湖教育的实际情况提出一些问题和意见，豫章小学、城北学校、育新学校领导分享和交流校园管理经验和校园建设举措。最后，杨文斌对东湖教育提出三点希望：一是鼓励东湖教育发扬学校特有的风格和魅力，做到百花齐放、百家争鸣；二是希望区教科体局能够加强师资队伍的建设，创新方法措施，多渠道招贤纳士；三是丰富校园标准化建设内涵，不断摸索新方向，打造特色，扩大引领辐射范围。杨文斌表示会继续关注和支持东湖教育和一线教师，同时勉励大家坚守师德师风底线，以奉献务实的精神唱响东湖教育主旋律，继续做强做响"学在东湖"品牌。

【落实区领导视察区属学校讲话精神】　3月15日，区领导杨文斌、夏小兰、童萍如一行视察豫章小学、城北学校、育新学校三所学校，并在座谈会上发表讲话。区教科体局分别召开区属学校校长会议和全体机关干部会议，落实区领导的讲话精神。区教科体局局长陈光辉向与会人员传达区委书记杨文斌对东湖教育提出的几点建议和殷切期望，要求学校校长按照区领导对东湖教育的指示，仔细领会，认真落实，凝心聚力，为东湖教育的长远发展作出切实可行的改革和创新。机关全体干部要积极改变工作作风，开阔视野，以先进的工作理念创新东湖教育科技体育工作。

【谢亦森一行到东湖区参观调研】　4月12日上午，江西省人大副主任谢亦森等一行到东湖区调研普法宣传教育工作。省司法厅厅长沙闻麟、省司法厅副厅长肖良、南昌市委常委华清、市人大副主任邹书玲等相关领导参加调研。调研组实地考察东湖区法治科普安全宣教中心，先后参观交通安全馆、消防安全馆、地震科普馆、安全生活馆、科技活动馆和法治教育馆，饶有兴致地体验各种声、光、电和多媒体设备，观看学生开展的法治实践活动。

【开展主题教育培训活动】　8月8日上午，东湖区"八一精神进校园"主题教育暨"小青苗宣讲团"培训活动在方志敏爱国事迹陈列馆举行，区属各学校20名"小青苗宣讲员"参加活动。

2016年8月8日，东湖区开展"八一精神进校园"主题教育暨"小青苗宣讲团"培训活动

【召开2016年招生工作会】　8月10日上午，为贯彻落实招生工作政策，确保招生工作稳步进行，区教科体局召开2016年度小学招生工作会。区教科体局副局长舒小红、万晓玲以及区属各校校长参加会议。会议具体布置2016年招生工作，万晓玲分别从招生地段变化、生源认定、报名程序、均衡编

班、规范办学行为等方面进行详细说明,舒小红从“招生要从社会稳定出发,做到平安招生;从教育自身出发,做到文明招生;从学校形象出发,做到有序招生;从廉洁自律出发,做到阳光招生;从学校管理出发,做到规范招生”五个方面作重要强调,要求全体人员同心协力,平稳做好2016年小学招生工作,办人民满意教育。

【获全省《少年演说家》总决赛亚军】 10月29日下午,由江西广播电视台、江西省少工委联手打造的2016“农行杯”《少年演说家第二季》全省总决赛暨颁奖典礼,在江西广播电视台演播室举行。经过主题演讲、即兴演讲、现场答题和才艺展示等环节的比拼,最终来自育新学校初三(1)班的廖泽西同学,从全省数十万名参赛选手中脱颖而出荣获总决赛亚军。

【开展“好家风代代传——奖状博览会”】 11月7—11日,为弘扬中华民族传统美德,培育和践行社会主义核心价值观,大力开展“兴家风、淳民风、正社风”活动,区教科体局在全区中小学校开展“好家风代代传——奖状博览会”展示活动。各学校以大队集会、中队会等形式开展丰富多彩的活动。

【开展德育特色展示活动】 11月18日上午,向荣小学开展“诗歌引领我前行”德育特色展示暨少先队大队集会活动。区教科体局领导、区属各校校长、德育副校长、教导主任、大队辅导员百余人参加活动。11月29日上午,为唱响“中国梦”,践行社会主义核心价值观,东湖区右营街小学举行“中国梦 绿色梦”德育特色展示活动。区教科体局领导、区属各校校长、德育副校长、德育主任、大队辅导员、班主任、部分家长代表共计150余人参与活动。活动共分三大部分:“中国梦”“绿色梦”“生态梦”。

【省文明办主任考察团到豫章小学调研】 11月28日上午,全省文明办主任考察团一行160余人到豫章小学二部参观考察。考察期间,校长王玉燕引领考察团参观豫章书吧、文化长廊、恒温游泳馆、校史荣誉室、室内篮球、羽毛球馆等场所,向考察团详细介绍学校的办学理念、教育教学管理、校园文化建设、校园建筑布局、各功能场馆的使用和校园绿化美化等情况,还通过校园网主页,现场展示学校独特的校本课程。

【举办“手拉手”30周年活动】 2016年,是南昌市东湖小学与兴国县长冈上社中心小学手拉手结对30周年。12月27—29日,东湖小学师生一行35人,到兴国县长冈上社中心小学开展30周年庆典活动。

特殊教育

【概况】 2016年,东湖区继续加大对特殊教育的扶持力度,在培智学校组建学前康复部,为学龄前智力落后儿童提供康复服务。培智学校构建一套科学规范、优质高效的管理模式,形成自己的办学特色,成为省、市智力障碍儿童康复训练示范中心,江西省首家智障人员教育技能培训中心,江西省特奥训练基地等,历年被评为“全国特奥先进单位”,并成为江西省特殊教育示范性窗口学校。

2016年11月18日,东湖区向荣小学举行“诗歌引领我前行”德育特色展示暨少先队大队集会活动

【获全国青少年校园足球省海选赛亚军】 2016年，全国青少年校园足球特奥融合组江西海选赛于5月8日上午在南师附小圆满落下帷幕。作为“江西省特奥运动足球训练基地”的东湖区培智学校足球队代表东湖区参加比赛，并获得第二名的好成绩。

【内蒙古特殊教育学校到培智学校调研】 6月23日上午，内蒙古赤峰市红山区特殊教育学校田忠海校长一行8人到东湖区培智学校交流研讨。校长戴玉华向来校交流的教师介绍学校的发展历史和基本情况。随后，来宾先后参观教学班级、音乐治疗室、言语语言康复室、多感官室、蒙台梭利、感统室等，并一同在校会议室探讨特教教育教学工作。

【开展象山森林一日游活动】 11月，为配合南昌市“11月残疾人发声月”活动，维护和保障残疾人的权益，南昌市培智学校、市智力残疾及亲友协会结合中残联和中国智残人亲友协会倡议发起“牵着蜗牛去散步”大型公益活动，带领智障人士及亲友120余人开展“拥抱大自然象山一日游”活动。

民办教育

【概况】 2016年，根据《中华人民共和国民办教育促进法》及其实施条例和《江西省民办教育促进条例》规定，东湖区坚持属地管理、有效管理、权责统一、“谁主管谁负责”的原则，贯彻“积极鼓励，大力支持，正确引导，依法管理”的社会力量办学方针，大力发展多元化民办教育，使之真正成为公办教育的合理补充，努力消除无证办学行为，满足人民群众对教育的各种不同需求。截至2016年年底，东湖区共有45所民办教育机构，包括23所非学历教育培训机构和22所民办幼儿园。各民办学校依照《中华人民共和国民办教育促进法》等有关法规，依法治教，科学管理，不断优化办学，提升办学水平，积极探索新的办学模式，取得较好的办学效益，涌现一批社会口碑好的品牌教育机构，深受家长的好评。

【开展民办学校年审工作】 4月中旬，区教科体局对全区22所民办非学历教育培训机构、21所民办幼儿园进行年审，认真核查民办教育机构的《审查登记表》、财务审计报告书和办学许可证等。

【做好招生简章和广告备案工作】 8月，东湖区开展2016年民办学校招生简章和广告备案工作，将学校招生简章和广告备案情况作为年度督导评估检查的重要内容和依据，组织各民办教育机构认真学习文件，明确备案要求。各民办教育机构积极履行招生简章和广告的备案程序，按照要求和时间办理招生简章和广告备案。

【开展民办教育机构非法集资风险排查】 3月中旬，东湖区对所管辖的42家民办教育机构开展非法集资风险排查。3月下旬，东湖区风险排查督查组对民办教育机构前期开展的自查和排查工作进行督导和检查，对少数民办教育机构收费存在的问题提出整改意见，督促整改。

【参与市“人才库”人选推荐工作】 6月，通过认真甄选，区教科体局从教育行政管理人员、教育教学研究人员、一线中小学幼儿园管理人员和知名教师中，共推荐万晓玲等8位人员参与南昌市民办教育机构行政审批专家人才库选拔。

【开展民办学校办学水平督导评估工作】 从10月开始，东湖区对全区民办学校、幼儿园进行2016年度办学水平督导评估工作。通过学校自评、教体局实地督查相结合的方法，采取“听、看、查、谈”的方法，从“依法办学、诚信办学、规范招生行为、加强常规管理、促进教师队伍建设、提高办学水平和教育质量、改善办学条件”等方面的对民办学校、幼儿园进行督导评估。12月，由教育科、安稳办、人事科和财务科组成的督导评估组，审核各学校、幼儿园的材料，实地查看校园环境及教学、安全等设备设施，并与学校反馈督查意见。最后，对参与督导评估民办学校和幼儿园进行评比，分别评出一、二、三等奖若干名。

【开展清理整顿非法违规办学行为工作】 2016年，东湖区约有20家无证民办教育培训机构，区教科体局组织人员对无证教育培训机构进行联合执法，先后对豫章社区、马家池社区、民德路社区、大士院社区、杨家厂社区、蓝天碧水小区和央央春天小区，以及贤湖村、永溪村、财富广场、百盛太平洋大厦等进行实地督查，对散布其中的无证培训教育机构进行取缔，下发《停办通知书》20余份。对涉及教育行政部门难以解决的问题,主动争取区政府支持,责成消防、工商、文化等有关职能部门履行职责,实行综合治理,确保清理整顿工作取得成效,维护社会稳定。

教育教学科研

【概况】 2016年,东湖区教研中心设有学科部、电教部、培训部三个职能部门,是区教科体局的直属业务单位,担负着全区教学研究、教育科研管理及指导、教师培训和区教育学会等工作。2016年共有教职员工16人,其中本科学历15人,教育硕士1人,中学高级教师9人,小学特高级教师2人,小学高级教师5人;省学科带头人5人,市学科带头人5名。教研中心以实施素质教育为目标,紧紧围绕省、市、区教育工作重点,以促进学生全面健康发展为核心,以课堂质量与效益提升为重点,以教师队伍建设为根本,以创新教学研究的内涵与形式为主导,以全面培养师生的学科素养为目标,促进全区义务教育进一步高位优质均衡发展。

【举办第二十六届"骏马杯"理论考试】 1月12日和14日,东湖区第二十六届"骏马杯"理论笔试竞赛在阳明学校如期进行。全区229位中、小学教师参加竞赛,其中初中11个学科56位选手、小学10个学科173位选手参加。

【省电教馆专家组到东湖区调研】 3月7日上午,江西省电教馆馆长张爱萍一行6人到东湖区教研中心进行专题调研。听取东湖区"数字东湖"教育云平台的建设和应用情况,以及对今后三年东湖区信息化建设的设想。4月28日下午,江西省电教馆馆长张爱萍一行到东湖区滨江学校,对该校的江西省教育资源公共服务平台学校试点工作进行回访调研,听取试点学校的工作汇报和一线教师的意见和建议。

【市教科所考评区教研中心名师工作室】 4月13日,南昌市教科所副所长唐春萍带领专家组到东湖区教研中心,对教研中心名师工作室进行2015年度工作考评。评估组专家通过听取汇报、实地察看、阅览资料、网上查阅和与工作室成员座谈的形式对名师工作室进行全面的检查和评估。

【迎接省教育信息化工作专项督导检查】 4月27日,江西省教育信息化工作专项督导检查组一行到东湖区百花洲小学,督导检查学校教育信息化工作。

【举办小学英语教师口语才艺展示活动】 5月5日下午,东湖区小学英语教师口语才艺展示活动在滨江学校泽才楼三楼演播厅成功举行,共有来自17个学校近40位教师参加展示活动。比赛分为才艺表演和看图说话两个环节。经过省市专家组现场亮分,评选出百花洲小学、南京路小学、邮政路小学、育新学校、豫章小学和滨江学校的6个节目晋级南昌市决赛。

【召开初三调研测试质量分析会】 5月6日上午,在东湖区教研中心二楼会议室召开了初三调研测试质量分析会。教研中心初中学科教研员和七所区属中学的正职校长、业务副校长共20余人参加会议。会上就东湖区参加全市初三统一调研考试情况进行小结,并将该届初三学生调研测试的成绩、排名、学科的一分三率与市属成绩进行比较,让各校明确自己的优势与不足。初中语文、英语、物理教研员就此次初三调研考试的试题特点、学生答题情况、成绩数据、下阶段教学建议等进行分析。

【举办教学资源应用成果展示活动】 5月27日,举办东湖区中小学教师"班班通"教学资源应用成果展示活动。活动通过网上展示和现场竞赛两种方式展示小学美术、初中物理教师"班班通"教学资源的应用成果。

【举办"骏马杯"心理健康教育类竞赛】 6月6—7日,为提升全区心理健康教育教师知识素养和授课水平,发现遴选优秀人才,东湖区分别在百花洲小学和育新学校举行首届中小学心理健康教育学科的"骏马杯"竞赛。

【赴新疆维吾尔自治区参加活动】 6月11—16日,东湖区教师杨舸、王露应邀参加由中国教育学会小学语文教学专业委员会在新疆维吾尔自治区举办的"第二次语文教学研讨会及向西部地区送教下乡活动"。南昌市东湖区教研中心王露老师为伊宁市一百多位语文教师展示人教版五年级上册的《走遍天下书为侣》的课堂教学。

【再获"优秀视频案例奖"】 7月21—22日,全国第六届城市教育装备合作与发展论坛在苏州举办，论坛共评选出16个优秀视频案例奖，东湖区案例《东湖教育翱翔“云”间》在154个案例中脱颖而出，获得优秀视频案例奖。这是东湖区继第三届城市教育装备合作与发展论坛后，再次获此殊荣。

【开展全区2016年度新教师培训工作】 9月13日至10月18日，东湖区2016年度的新教师培训工作正式拉开序幕。来自全区各校园的2014—2016年度的130多位新教师，聚集在东湖小学五楼多功能报告厅，开启培训模式。培训专家有江西省特级教师汪智星、熊玫，省学科带头人肖贤、胡美贵，省优秀班主任熊淑萍和心理咨询师陶晓静等。

【召开工作部署会迎接专项督导评估】 9月22日上午，区教科体局召开迎接“省、市教育装备工作专项督导评估”工作部署会，区属各校分管校长参加会议。会上，督导室、财务科、体卫艺科、教学仪器站等部门针对教育技术装备迎检工作进行具体部署。

【获得“班班通”展示活动一等奖】 10月11日，江西省第六届中小学教师“班班通”教学资源应用成果展示活动顺利举行，东湖区阳明学校物理教师朱玉兰经过学校、区、市层层选拔代表南昌市参加此次活动，最终获得全省一等奖的好成绩。

【开展珠心算师资培训工作】 9月28日至10月19日，东湖区分别在阳明学校和育新学校举办珠心算师资培训活动。区属24所校（园）的60多位珠心算教师和部分兄弟县区的教师全程参加活动。

【入围省级小学语文教师素养大赛】 10月11—12日，为期两天的“南昌市第四届小学语文教师素养大赛”在红谷滩南师附小分校举行。东湖区邮政路小学肖志清和豫章小学李芸两位老师最终均获得一等奖的好成绩。邮政路小学的90后青年教师肖志清以第一名的成绩摘得比赛桂冠，并代表南昌市参加江西省第四届小学语文教师素养比赛。

【举办“校本课程建设”讲座】 10月31日下午，区教研中心举办“校本课程建设”的专题讲座，全区各校的专职副校长和校本课程研发业务负责教师以及教研员参加培训。教研中心肖贤主任召开“建设校本课程促进学校发展”的专题讲座，围绕校本课程是什么、校本课程研发的方向、学校如何研发校本课程等主题，作深入浅出的解读。

【召开“名师工作室”第二次工作例会】 11月3日下午，区教研中心召开东湖区“名师工作室”第二次工作例会。全区42位名师工作室主持人齐聚一堂。会议传达局领导对区名师工作室的工作建议，落实12月计划开展的东湖区名师工作室展示活动要求及名师工作室经费使用原则及相关要求。

【第十七届华人少年作文比赛中获佳绩】 11月11日，第十七届华人少年作文比赛江西赛区颁奖活动在南师附小红谷滩校区举办。经过评审，区教研中心获得江西省最佳组织奖，是南昌市唯一获得该奖项的县区单位。来自邮政路小学、豫章小学、东湖小学、南京路小学的4位学生获得金奖，另外还有来自区属各校的14位学生获得银奖。

【区信息化应用案例在国家展会展出】 11月24—26日，2016年度基础教育信息化应用交流展示会在武汉举行。东湖区的案例《以现代教育技术装备的高效使用助推教育特色发展》作为信息化应用典型案例在展会上展出，并收入《中小学信息化应用典型案例汇编（区域篇）》一书中。

【举办青年教师基本功集中培训活动】 为进一步提高全区青年教师教学基本功，区教研中心于11月29日和12月1日，在东湖小学报告厅分别举办东湖区青年教师基本功（三字一画）的集中培训活动。全区各校园140多名青年教师参加培训。

【迎接江西省教育装备工作专项督导】 12月5—6日，江西省教育装备工作专项督导组一行四人在组长万念駒的带领下，到东湖区督导教育装备工作。检查组共抽取9所学校了解教育装备工作的落实情况。

【举办“骏马杯”教学竞赛综合素养赛】 12月13—15日，东湖区成功举办第二十七届“骏马杯”教学竞赛的综合素养竞赛活动，来自区属各校的130多位教师参加比赛。

【召开校本教研现场推介会】 12月19日下午，东湖区在邮政路小学召开2016年校本教研推介会暨邮政路片区名师工作室共同体教学研讨会。此次校本教研推介会立足于邮政路小学日常扎实的校本教研工作，旨在向全区展示倡导务实的、有学校特色和思考的教研常态活动，凸显东湖区校本教研工作“校—片区—区”三级联动的教研模式。同时,推介会开放不同课堂向全区展示“名师工作室”在学科教研中的引领、辐射、带动作用;展示常态化的集体备课模式,以及教师说课、评课、议课方式。

【获年会征文优秀组织奖】 12月23日,南昌市教育学会第31届学术年会在南昌一中朝阳校区(高中部)学术报告厅召开。东湖区共选送论文303篇,81位老师获得一等奖。区教研中心获得年会征文优秀组织奖。

辖区教育资源

【概况】 东湖区是省会南昌的核心城区,是全省政治、经济、文化、教育、医疗卫生的中心,有着丰富、优质的教育资源。截至2016年底,东湖区内有江西省人民政府和教育部共建的“211工程”重点建设大学南昌大学,江西省本科办学历史最为悠久的普通高等院校江西师范大学和江西中医药大学3所大学,有8所中学、1所九年一贯制学校和1所直属于南昌市教育局的南昌师范附属实验小学,其中南昌二中、三中、十中、十九中、豫章中学、八一中学、实验中学7所学校均为全省重点中学。

表14　**2016年东湖区主要大、中、小学校一览表**

名　称	在职教师(人)	在校学生(人)	占地面积(平方米)	电　话	详细地址	备　注
南昌大学医学院	4521	51459	683008	86362613	南昌市八一大道603号	大学
江西师范大学	2900	45000	2333333	88507776	南昌市北京西路437号	大学
江西中医药大学	814	13893	1539436	87118992	南昌市阳明路56号	大学
南昌市第二中学	289	3675	50213	86268220	东湖区苏圃路1号	中学
南昌市第三中学	304	3371	47067	86770740(初中)	民德路330号(初中部)	中学
南昌市豫章中学	184	1933	27898	86837595	豫章路125号	中学
南昌市第十中学	193	2040	28457	86801016	阳明路313号	中学
南昌市第十九中学	198	3144	44372	86814455	叠山路233号	中学
南昌市第二十八中学	146	1289	11322	83814153	叠山路55号	中学
南昌市八一中学	255	2541	27641	86813914(初中) 86802343(高中)	叠山路469号(初中部) 三经路41号(高中部)	中学
南昌市实验中学	156	1929	13225	88695093	南京西路166号	中学
南昌市洪城学校	27	197	17969	86226738	福州路28号	九年一贯制
南昌师范附属实验小学	483	11098	80274	86221697	经堂路99号	小学

(黄亚伟)

科 学 技 术

综　述

2016年，东湖区科技工作围绕打造“实力东湖、活力东湖、魅力东湖”的目标，紧抓科技创新升级这一主线，推进企业技术创新能力、科技项目管理水平和科技服务效能升级，为加快把南昌打造成为带动全省发展的核心增长极做出努力。截至年底，新建2个区级青少年科普教育基地；对区本级10个科研项目进行立项，下拨科技三项经费159万元；向省市申报科研项目立项19个，争取科技经费189万元，促进科技成果转化，提升企业自主创新能力；制作科普宣传图片及展板200块，制作科普挂图，编印科普宣传资料2万册，下发到全区各区直单位和社区，并在东湖区政府、樟树林文化生活公园和全区中小学校进行巡展；以东湖区科普安全宣教中心为基地，开设各类科普讲座80场，举办各类实践培训200余场，共培训3万余人次。在2016年第五届中国创新创业大赛江西赛区暨第一届“洪城之星”创新创业大赛上，东湖区培养选送的企业获企业组第二名及最具投资价值奖；东湖区技术合同认定登记点工作人员获第八届中国技术市场“金桥奖”。

科技管理

【概况】 2016年，东湖区大力实施“科教兴区”战略，以推动创新为重点，以科技项目为抓手，大力推进科技在经济社会发展的先导、示范和推动作用，支持、鼓励科技创新营造良好的政策环境，为振兴东湖区提供强有力的科技支撑。

【开展高新技术企业培育和认定工作】 2016年，为进一步促进东湖区高新技术企业发展壮大，加快战略性新兴产业和高新技术产业发展，推动东湖区产业结构调整和经济发展方式的转变，区教科体局开展高新技术企业培育工作，并推荐条件成熟的企业进行南昌市高新技术企业认定，帮助东湖区8家企业进入高新技术企业培育计划入库，有4家高企顺利获得南昌市科技局高新技术企业认定。

【建设东湖众创空间】 2016年，东湖区众创空间引进一支专业服务团队为企业创新创业定制创业培训、公益讲堂、成长孵化营、融资路演会四大主题服务。建设自媒体网站、微博、微群、微信公众号、QQ群作为信息发布、服务互动平台。此外，东湖区组织推荐缤谷众创、云才众创（淘宝江西馆）等17家众创空间申报（复评）“洪城众创1.0（2.0、3.0）”。这些众创空间通过提供开放共享式的办公场地、办公设备、互联网资源等设施，支持青年创业者、大学生创业者开展创业融资、创业交流等活动，成为创业者的创业孵化园。同时，通过建立“互联网+开放创新+研发协同+智能制造”的开放创新和联合创业平台，完善创新创业机制，不断推进大众创业万众创新。截至年底，区众创空间成功入驻企业过百家，毕业企业30余家，辅导230余人注册企业，组织双创活动50余次，举办200多期思想交流沙龙、创业培训沙龙、项目路演等。累计服务企业数量超过400余家，为优质企业争取融资2900万元及意向融资1.5亿元。

【认定登记技术合同】 2016年，区教科体局高度重视技术合同认证登记宣传工作，通过对企业进行技术合同认定工作培训,指导企业完善技术合同条款,提高技术合同的履约率,减少技术合同纠纷。同时,指导企业建立统一的技术合同管理制度,更好地保护知识产权和科研人员的合法权益。自2013年下半起,东湖区技术合同认定登记点累计受理登记技术合同667份,技术交易金额达1.3亿余元。

科技活动

【概况】 让现代科技服务群众,努力提高群众的生活质量和幸福指数,是城区科技工作重要内容之一。2016年,东湖区不断加强科学普及工作,努力实现科技惠民。认真组织群众性科技活动,开展科普之春、科技活动周、青少年科技创新月等多种形式的科技活动,全区科技氛围不断浓厚,创新水平日益增强。

【开展"小小创客新年科学派"活动】 1月1日,东湖区在樟树林文化生活公园举行"南昌首届小小创客新年科学派"活动。区属各校的小创客分批参加现场30多项创客项目。人造飞雪、探索金字塔力学秘密、天气纸花预测天气、魔法变色水探索食物酸碱奥秘和磁铁走迷宫等项目让科学变得有趣味,航模制作体验表演、机器人演示,活字印刷、生肖拓印、泥浆倒模等,既能探索未来科学的奇妙,又能感受中国古代科技智慧的结晶。

2016年1月1日,东湖区开展"首届小小创客新年科学派"活动

【召开2016年教育工作会】 2月19日下午,区教科体局2016年教育工作会暨第五届"创新·体验·成长"中小学生、幼儿科技节总结表彰大会在豫章小学(二部)六楼多媒体报告厅举行。大会总结东湖区第五届"创新·体验·成长"中小学生、幼儿科技节活动;宣读江西省人民政府关于表彰全国第九届残运会暨第六届特奥会有功单位及人员的决定;宣读关于表彰东湖区第五届"创新·体验·成长"中小学生、幼儿科技节活动先进单位和先进个人的决定。

【举办2016年科技活动周系列活动】 5月19日,东湖区科技活动周系列活动在樟树林文化生活公园举行。南昌市科技局副局长陈丹、区教科体局局长陈光辉、副局长李建民、万晓玲到现场指导活动。区科协、卫生、环保、教科体工作人员及特邀科学使者设立科普咨询台,摆放30块科普展板、发放3000余份相关宣传手册,为过往群众和学生代表提供食品安全、防灾避险、低碳节能和健康生活等热点问题的咨询服务,并在现场为市民进行血压监测,普及医学知识;缤谷众创空间的"科创体验日"活动,吸引区各校学生代表和科技老师共120人。航模社团、乐趣机器人、比特实验室和VR互动体验等轻松、快乐、创新挑战、寓教于乐的活动形式,激发学生的学习兴趣,考查学生在学习中的创新运用能力和动手实践能力,培养学生的综合科学素养发展;60多名来自东湖区、西湖区科技企业代表在东湖区生产力促进中心参加南昌市科技局"下县区、走园区、进厂区"宣讲活动。

【举行头脑奥林匹克竞赛现场挑战赛】 5月24日下午,东湖区第六届头脑奥林匹克竞赛现场挑战赛活动在豫章小学二部举行。来自区属各校160名参赛选手分别参加纸桥承重、纸桥跨度、纸牌塔和创意装置打靶等头奥赛现场挑战项目。最后,南京路小学、八一嘉实希望小学分别获纸桥承重赛、纸桥跨度赛第一名,滨江学校获纸牌塔和创意装置打靶赛第一名。区教科体局副局长李建民出席活动。

【参加省级“十二五”科技创新成果展】 7月24—27日，东湖区参加江西省“十二五”科技创新成果展，向市民展示VR教育、机器人教育和3D打印教育等内容。7月24日晚，江西省委书记鹿心社、代省长刘奇参观成果展。鹿心社现场体验东湖区展台的VR沉浸式教学课堂，聆听小讲解员讲解缤谷少年创客VR体验，鼓励研发团队紧盯科技前沿，创新技术、突出运用。区教科体局副局长舒小红到展览中心看望展台工作人员，并体验VR沉浸式教学课堂；7月26日下午，区属各校分管科技副校长和科技辅导员老师参观江西省“十二五”科技创新成果展现场展出的330项各类创新性强的科技成果，重点学习、了解和体验东湖区展示的机器人、3D打印、VR沉浸式体验。

【第203期信隆行·云路演在东湖举行】 9月1日下午，信隆行云路演（南昌东湖站）——江西创业创新大赛决赛项目专场在南昌市东湖中小企业服务平台（东湖区生产力促进中心）二楼会议厅举行。区工商联主席胡涛湘，区教科体局副局长李建民，区协税办副主任、区两创办副主任淘涛，北美控股集团、日臻资产管理、上海浦昌股权投资、上海敬平投资等投资机构负责人和上海信隆行、江西股权托管交易中心、知识产权等服务机构代表参加活动。南昌学云科技、南昌享自由、怀才当遇、创梦科技等企业参加路演，12家企业负责人观摩活动，获得知识产权申报咨询、贷款咨询、上市咨询等咨询服务。

【获江西省中小学实验教学说课一等奖】 9月25日，江西省中小学实验说课比赛在南大附属小学红谷滩分校举行。活动汇聚来自全省各地小学科学13位精英教师。豫章小学刘佳丽老师携其设计制作的教具《模拟现实星空观测仪》代表南昌市参加比赛，最终获得小学科学组一等奖的好成绩，将代表江西省参加全国中小学实验教学说课比赛，这也是东湖区科学教师连续4届获此殊荣。

【开展“比特实验室”展示课】 9月27日，南昌市育新学校“比特实验室”正式开课，这也是南昌市第一家建成后正式投入使用的“比特实验室”。活动中，周克龙老师执教的展示课，根据“比特实验室”的器材，结合科学教材中的内容，带领学生领略物联网的神奇；曹伟勋博士开展以《构建未来理想教室》为题的物联网+STEAM创客教育专题讲座，讲座提出“感知中国”的概念和以传感技术为核心的物联网产业中心。“比特实验室”是面向21世纪人才培养的新型的中小学生科技创新教育项目，在育新学校建立首个实验室并开展试点示范，并会根据试点经验在全区进行推广。

【参加中国虚拟现实产业创新大会】 12月，“2016中国虚拟现实产业创新大会”在南昌国际展览中心开幕。大会邀请各地知名专家学者举办十多场专题讲座，全国各地的VR厂家展示最新成果和产品。区教科体局教育质量提升工程领导小组副组长周林和区教学仪器站副站长王雅乐参加大会。

科技成果与奖励

【概况】 2016年，东湖区坚持自主创新、重点跨越、支撑发展、引领未来的科技工作方针，以鄱阳湖生态经济区建设为主线，以科技创新“六个一”工程为抓手，着力提高全区自主创新能力，大力实践科学兴区和人才强区战略，在2016年第五届中国创新创业大赛江西赛区暨第一届“洪城之星”创新创业大赛上，东湖区培养选送的企业荣获企业组第二名及最具投资价值奖；东湖区技术合同认定登记点工作人员获第八届中国技术市场“金桥奖”。

【省级自然科学奖东湖区获奖情况】 2016年，江西师范大学的《以结构为导向构筑的二阶非线性光学和稀土光磁功能配位聚合物材料》和南昌大学第一附属医院、南昌大学第二附属医院的《FASN促进骨肉瘤侵袭转移及分子调控机制》获江西省自然科学奖二等奖；江西师范大学的《应变诱导复合纳米颗粒改性的研究》和江西师范大学的《应用计算材料科学方法研究设计锂离子电池电极材料》获江西省自然科学奖三等奖。

【省级科学技术进步奖东湖区获奖情况】 2016年，南昌大学第一附属医院、江西省胸科医院合作完成的《MODS技术平台的建立及其在结核病诊断和药敏检测中的应用》；南昌大学第一附属医院完成的《分子吸附再循环系统为主的综合治疗多种病因肝衰竭的研究与应用》；南昌大学第一附属医院、同济医学院附属同济医院、南昌大学第三附属医院、南昌大学第四附属医院合作完成的《腮腺临界肿瘤病理转归与手术改良的研究及临床应用》及南昌市第一医院的《原发性闭角型青光眼治疗关键技术的系列研究及临床应用》均获江西省科学技术进步奖二等奖。江西省交通科学研究院江西交通咨询公司、长安大学合作完成的《基于振动压实的路面基层材料强度理论及设计方法研究与工程示范》；南昌大学第一附属医院的《目征诊断关键技术及其临床应用》；江西省儿童医院、上海交通大学医学院附属瑞金医院、郑州市儿童医院合作完成的《特发性矮小相关基因SNP的研究及应用》；南昌大学第二附属医院的《江西汉族人群类风湿性关节炎患者检测HLA-DR基因的临床应用》；南昌大学第一附属医院的《手辅助腹腔镜在胃肠手术中的应用》；南昌大学第一附属医院的《一期后路清创非结构性植骨治疗脊柱结核的临床应用》均获江西省科学技术进步奖三等奖。

【市级科学技术进步奖东湖区获奖情况】 2016年，南昌永祺科技发展有限公司、赣州市建设工程质量监督管理站、南昌市建筑科学研究所、南昌市建设工程质量监督站、江西省建筑设计研究总院合作完成的《预制管桩液压检测装置的研制及应用》和南昌市第一医院的《多囊卵巢综合症伴胰岛素抵抗临床治疗的前瞻性研究》获南昌市科学技术进步奖二等奖；南昌市第一医院的《新生儿眼病的早期筛查和防治技术研究》获南昌市科学技术进步奖三等奖。

表15 **2016年江西省自然科学奖东湖区获奖项目**

项目名称	完成单位	主要完成人员	获奖等级
以结构为导向构筑的二阶非线性光学和稀土光磁功能配位聚合物材料	江西师范大学	刘庆燕　王玉玲　姜昀良	二等奖
FASN促进骨肉瘤侵袭转移及分子调控机制	南昌大学第一附属医院 南昌大学第二附属医院	刘志礼　周荣平　龙新华 周　扬	二等奖
应变诱导复合纳米颗粒改性的研究	江西师范大学	袁彩雷　骆兴芳	三等奖
应用计算材料学方法研究设计锂离子电池电极材料	江西师范大学	欧阳楚英　徐　波 雷敏生	三等奖

表16 **2016年江西省科学技术进步奖东湖区获奖项目**

项目名称	完成单位	主要完成人员	获奖等级
MODS技术平台的建立及其在结核病诊断和药敏检测中的应用	南昌大学第一附属医院 江西省胸科医院	李俊明　黄自坤　淦　鑫 熊国亮　罗　清　胡雪飞 罗忠勤　鞠北华	二等奖
分子吸附再循环系统为主的综合治疗多种病因肝衰竭的研究与应用	南昌大学第一附属医院	张伦理　钟渊斌　李小鹏 史宇飞　何江龙　王芝花 刘晓妍	二等奖
腮腺临界肿瘤病理转归与手术改良的研究及临床应用	南昌大学第一附属医院 同济医学院附属同济医院 南昌大学第三附属医院 南昌大学第四附属医院	邱嘉旋　朱声荣　曹钟义 祝永红　毛卫华　刁伟宏 章　杰　李　娜	二等奖

续表 16

项目名称	完成单位	主要完成人员	获奖等级
目征诊断关键技术及其临床应用	南昌大学第一附属医院	吴　锐　郭竹秀　谢建祥 赵凤达　余淑娇　赵　俊	三等奖
原发性闭角型青光眼治疗关键技术的系列研究及临床应用	南昌市第一医院	黄国富　俞方良　李颖洁 张运江　朱　璇　赵雁之 肖国蓓　石　浔	二等奖
基于振动压实的路面基层材料强度理论及设计方法研究与工程示范	江西省交通科学研究院 江西交通咨询公司 长安大学	樊文胜　舒小清　朱耀庭 徐继光　赵　华　陶正文	三等奖
特发性矮小相关基因 SNP 的研究及应用	江西省儿童医院 上海交通大学医学院附属瑞金医院 郑州市儿童医院	杨　玉　黄　慧　王　伟 杨　利　谢理玲　卫海燕	三等奖
江西汉族人群类风湿性关节炎患者检测 HLA－DR 基因的临床应用	南昌大学第二附属医院	谭立明　彭卫华　李　华 陈娟娟　曹莉萍	三等奖
手辅助腹腔镜在胃肠手术中的应用	南昌大学第一附属医院	揭志刚　刘　逸　曹　毅 林良庆　蒋蒙蒙	三等奖
一期后路清创非结构性植骨治疗脊柱结核的临床应用	南昌大学第一附属医院	黄山虎　刘家明　刘志礼 周　扬　高　松	三等奖

表 17　**2016 年南昌市科学技术进步奖东湖区获奖项目**

项目名称	完成单位	主要完成人员	获奖等级
预制管桩液压检测装置的研制及应用	南昌永祺科技发展有限公司 赣州市建设工程质量监督管理站 南昌市建筑科学研究所 南昌市建设工程质量监督站 江西省建筑设计研究总院	易教良　邓建宇　孙万红 汪　涛　万凌辉　艾绍日 刘恒红　钱　崑	二等奖
多囊卵巢综合症伴胰岛素抵抗临床治疗的前瞻性研究	南昌市第一医院	胡　玲　王　宁　伍琼芳 田　莉　陆　君　江芳芳 沈　浩　张丽芳	二等奖
新生儿眼病的早期筛查和防治技术研究	南昌市第一医院	石　浔　李颖洁　刘维锋 黄国富　石安娜　肖国蓓	三等奖

知识产权

【概况】 2016年,东湖区知识产权工作按照省市知识产权局的部署,大力实施知识产权战略,进一步完善知识产权管理体系,提高企业自主创新能力、加大知识产权执法力度、加强知识产权宣传培训、加速知识产权中介服务体系建设,有效地遏制侵犯知识产权行为,促进科技创新,规范市场经济秩序,营造经济发展的良好环境,消费者和知识产权权利人的合法权益得到保护。2016年东湖区专利申请数为506件,同比增长15.8%,为推动东湖区创新型城区建设提供有力的知识产权支撑。

【开展专利宣传活动】 4月25—26日,在“4·26”世界知识产权活动期间,东湖区知识产权局加大宣传力度,深入街道社区、中小学校,举办“知识产权知识宣讲会”,开展知识产权专题巡回展览、培训。编印和发放东湖区知识产权宣传手册、图册3000余份,围绕知识产权基础知识、专利文献信息检索与利用等专题进行宣讲,解读国家知识产权战略、江西省专利奖励办法及省、市出台的激励自主创新相关政策。引导市民理性对待电视、电话、网络购物行为,不轻信,不盲从,做到既接受这些时尚购物形式,享受其带来的便利,又合理规避电视、网络购物存在的风险。

【打击侵犯知识产权等违法犯罪活动】 6—10月,依据《全省打击侵犯知识产权和制售假冒伪劣商品工作领导小组关于印发2016年全省打击侵犯知识产权和制售假冒伪劣商品工作要点的通知》精神,东湖区知识产权局积极参加市知识产权专项活动,参加打击侵犯知识产权专项行动,加入到著作权行政执法监管队伍,参加侵权盗版及非法出版物集中销毁活动和“绿书签”活动等。加强出版物市场的监管,严厉打击利用电视、电话、互联网销售伪劣商品的行为,增强全社会的知识产权保护与维权意识。

【申报南昌市2016年度专利实施项目】 11月10—20日,区教科体局组织开展申报南昌市2016年度专利实施项目工作。通过走访企业、组织座谈,筛选推荐江西本草天工生物技术有限公司申报的的专利技术成果转化项目——《一种中药配方颗粒的研究开发》,获得南昌市科技计划项目立项扶持。并将该项目推荐到技术市场交易中心,通过推介,外省的多家企业与江西本草天工生物技术有限公司签订技术交易合同。

【开展“我与知识产权”竞答活动】 12月15日,东湖区小学生“我与知识产权”竞答活动在区青少年宫圆满结束。全区20所小学,共计100名小学生参加竞答活动。

(黄亚伟)

防震减灾工作

【概况】 2016年,东湖区防震减灾局围绕《中华人民共和国防震减灾法》,坚持贯彻“预防为主,防御与救助相结合”的防震减灾工作方针,深入落实“预、防、救”三大工作体系齐抓共管的工作思路,大力普及防震减灾知识,努力增强全民的防震减灾意识,提升地震应急处置能力,使防震减灾工作稳步推进。

【完善防震减灾组织机构】 2016年,区防震减灾局根据区领导分工调整和人员变动情况,及时调整区防震减灾工作领导小组成员,加强对全区防震减灾工作的指导。成立中共南昌市东湖区防震减灾局支部委员会,进一步指导和强化防震减灾工作。各街道、管理处完善防震减灾“三网一员”体系建设,组织开展“三网一员”人员培训。

【组织开展防震减灾科普知识宣传活动】 2016年,区防震减灾局认真制定方案,并组织开展形式多样、内容丰富的防震减灾宣传活动。一是加强统筹策划,积极开展“5·12”防震减灾宣传周系列活动。5月6日上午,与墩子塘街道马家池社区联合在马家池休闲广场,开展以“防震宣传进万家,平安相伴你我他”为主题的防震减灾应急疏散暨宣传活动,相继受到江西日报、南昌日报报道。5月11日上午,与区委宣传部、区卫计委、区文广局等多家部门联合在八一公园百花大舞台,举办南昌市首台以“减少灾害风险,建设安全城市”为主题的防震减灾科普宣传暨公益演出活动。二是受省、市局委托，由东湖区具体承办“7·28”纪念唐山大地震40周年科普宣传活动。7月28日上午，江西省地震局联合南昌市防震减灾局、东湖区防震减灾局，在区彭家桥街道光明社区共同举办“纪念唐山大地震40周年”科普宣传活动。活动共发放宣传册1000余份，宣传资料2000余份，现场体验应急救援群众200余人，受理市民咨询300余人次。受到南昌电视台《每日新闻》等栏目报道。三是加大宣传力度，防震减灾宣传效果明显。截至年底，区防震减灾局宣传情况汇总计22篇，省地震局信息网站用稿2篇，江西日报上稿1篇，南昌日报上稿2篇，市防震减灾局网站用稿8篇，区委办东湖信息用稿6篇，区政府今日东湖网站用稿3篇，南昌广播电视台分别对“5·12”“7·28”宣传活动进行宣传报道。

【强化防震减灾应急工作】 2016年，区防震减灾局建设启动南昌市人民公园国家Ⅱ类地震应急避难场所，项目完成立项批复、初步设计，处于深化设计阶段。建设项目含：应急避难指挥中心、应急物资储备室、应急棚宿区、应急供水供电装置等。项目总投资约为5054万元，截至年底，实际到账资金2843万元。其中：中央划拨资金800万元，市级财政专项资金2043万元。该项目拟分两期完成，一期工程主要实施应急避难指挥中心、应急物资储备室等项目；二期工程在后续资金到账之后，将实施道路、桥梁的抗震参数改造。此外，区防震减灾局深入学校、社区指导开展地震应急疏散演练、地震应急预案桌面推演，并做好防震减灾知识培训工作。

【健全完善防震减灾示范基地】 2016年，区防震减灾局不断加强防震减灾科普示范项目申报建设工作，成功申报东湖区地震应急逃生科普VR项目，并获得省地震局立项批复。完善防震减灾示范点申报建设工作，新增市级防震减灾示范社区1个——东湖区董家窑街道五纬路社区。截至2016年12月，全区共有防震减灾科普宣传教育示范基地16个。其中，国家级科普教育基地1个；省级示范学校3个；省级示范社区1个；市级示范学校4个；市级示范社区4个；区级科普示范学校1个；区级示范社区1个；区级示范企业1个。

（习　鹤）

体　育

综　述

2016年,东湖区体育事业以"增强人民体质,提高生活质量,打造体育强区,促进社会发展"为目标,以群众性体育活动和青少年阳光体育活动为主阵地,积极参加各级各类体育赛事,加快体育场地、设施建设,开创体育事业发展的新局面。2016年,全区共有已登记、授牌的全民健身站点80个,各级社会体育指导员1775人。拨专款为董家窑街办五纬路社区、公园街办戴家巷社区等20余个社区新安装健身路径器材170件,实现健身路径在辖区各街道的全覆盖。全区共有省级体育传统学校6所,体育专职教师86名。

群众体育

【概况】 2016年,东湖区坚持"增强人民体质,提高生活质量,打造体育强区,促进社会发展"为目标,围绕夯实"15分钟健身圈"普及开展群众性体育活动,新增全民健身站点10个;培训640名三级社会体育指导员,新增二级社会指导员10名,一级社会指导员8名,共有社会体育指导员1775人。根据社区实际需求,政府投入专项资金40余万元采购并维修、更换150件健身路径器材,20张室外乒乓球桌,举行各类群众体育活动,积极参加各级比赛并获奖。

【举行"我的青春我来秀"乒乓友谊赛】 4月16—17日,东湖区2016年度"我的青春我来秀"庆五四乒乓球友谊赛在滨江学校圆满落幕。来自区直各部门、各街办、管理处共计60余名选手参加比赛。经过激烈的角逐,区机关事务管理局周鹏获男子单打第一名、区教科体局涂健获第二名、公园街办敬小平获第三名;区教科体局李丽获女子单打第一名、区教科体局傅婧获第二名、区地税局肖钰获第三名;区教科体局熊卫华、傅婧获混双第一名,区教科体局涂健、李丽获第二名,区信访局刘淅、李璇昭获第三名。

【参加南昌市全民健身运动会启动仪式】 4月28日,南昌市第五届全民健身运动会启动仪式暨2016年"五一杯"南昌市第二届足球、羽毛球锦标赛颁奖仪式在青云谱实验学校举行。南昌市人民政府副市长姚燕平、市人民政府副秘书长黄小华出席,各县区代表团副团长及联络员,足球、羽毛球冠亚季军队伍及啦啦队,全民健身展示队伍等900余人参加活动。东湖区羽毛球代表队在此次锦标赛中获第一名,足球代表队获得第五名,东湖区获得"最佳组织奖"。

【参加江西省群众体育工作会议】 5月20日,2016年江西省群众体育工作会议暨《群民健身实施计划(2016—2020年)》辅导培训会议在江西省体育宾馆落幕,来自全省各设区市体育局分管局长、群体处长及各县区体育局局长等136名代表参加会议。区教科体局副局长舒小红作为代表出席会议并交流学习。

【迎接西藏自治区群众体育观摩团考察】 5月30日,西藏自治区各地市体育局局长组成的观摩团到东湖区光明社区参观考察社区群众体育工作,江西省体育局副局长王勇、群体处处长曾伟、区教科体局副局长舒小红参加考察。一行人分别参观社区长廊、社区服务站、社区文体广场以及先锋园，听取区群众体育工作的具体介绍。

【举办三级社会体育指导员培训班】 5月10—20日，区教科体局举行三级社会体育指导员系列培训。来自东湖辖区江西省戒毒局的594余名体育骨干和积极分子参加三级社会体育指导员培训，并向考核成绩合格者颁发三级社会体育指导员证书。

【启动“全民健身日”活动】 8月7日上午，2016年东湖区“全民健身日”活动暨东湖区第五届全民健身运动会启动仪式在豫章小学二部隆重举行。区教育科技体育局副局长舒小红、李建民、万晓玲出席启动仪式，东湖区全民健身活动站点的健身团队以及健身爱好者代表共计100余人参加活动。活动颁布《关于授予光明社区舞蹈健身队等11个东湖区全民健身活动站点称号的决定》，并为11个新增全民健身站点授牌；宣布2016年东湖区“全民健身日”活动暨东湖区第五届全民健身运动会正式启动。

【区属各校开展全民健身日活动】 8月8日，区属各校的师生到学校，在老师们精心组织安排下，开展足球、篮球、羽毛球、跳绳、健身操、慢跑、趣味体育等体育活动。

【魏国华一行到东湖区扬子洲镇调研】 8月26日，南昌市人大常委会副主任魏国华，市人大教科文卫委主任委员周国繁，市体育局局长、党组书记杨春，市人大教科文卫委副主任委员付园萍，市体育局副局长、党组成员熊庆峰一行到扬子洲镇调研公共体育服务工作情况。魏国华一行实地查看扬子洲镇前洲村、新村村农民体育健身工程，并听取情况介绍。区教科体局副局长舒小红向魏国华一行汇报区教科体局对扬子洲镇群众体育建设工作上的扶持和指导，开展公共体育服务工作做法、特点和思路，以及存在的困难和问题。

【参加南昌国际马拉松服务工作】 11月20日上，东湖区100名迷你马拉松参赛者与来自全球41个国家和地区的1.5万名参赛选手一起迈过2016南昌国际马拉松起跑线，参加“天下英雄城”之“激情马拉松”活动。

学校体育

【概况】 2016年，东湖区强力推进学校体育工作，一是形成活动常态，组织举办东湖区各类学校体育比赛；二是促进交流提高，积极参加南昌市各级各类学校体育活动并获得良好成绩；三是全面提升师资，参加各级各类教练员及裁判员培训，并打破壁垒逐步与国际接轨。

【开展“送培到基层”等级培训】 2016年1月9—10日，全国跳绳教练员、裁判员“送培到基层”等级培训班（江西・南昌・东湖站）在豫章小学二部举行。来自区属各学校、幼儿园近60余名体育老师参加培训，江西省跳绳推广中心主任李旻、江西省跳绳推广中心部长李照红、导师级教练员国家级裁判员姚李远出席开班典礼。省委教育工委副书记、省教育厅副厅长喻晓社，省委教育工委委员、省教育厅副厅长郭奕珊，省教育厅体卫艺处处长陈新，省教育厅基教处处长何少加，省教育电视台台长邓文君到现场考察。

【召开2016年体卫艺工作会】 3月7日，2016年区教科体局体卫艺工作会在滨江学校三楼会议室举行。系统各单位分管校级领导、教导主任或组长及局体卫艺科工作人员共50余人参加会议。会议总结2015年的工作成绩，并分析面临的困难和问题，对2016年度的各项工作任务进行具体的安排部署。

【举行东湖区中小学生乒乓球比赛】 3月19—20日，2016年东湖区中小学生乒乓球比赛在阳明学校举行，来自区属学校20所中小学代表队共204人参加比赛。经过两天的激烈比拼，育新学校、阳明学校、扬子洲学校分别获得男子甲组团体前三名；育新学校、滨江学校、阳明学校分别获得女子甲组团体前三名；育新学校、东湖小学、邮政路小学分别获得男子乙组团体前三名；育新学校、南京路小学、东湖小学分别获得女子乙组团体前三名。比赛持续推进东湖青少年体育运动，促进学生身心和谐健康发展。

【举行东湖区中小学生棋类比赛】 3月26日，2016年东湖区中小学生棋类比赛在滨江学校举行，比赛项目涵盖围棋、象棋、国际象棋，来自东湖区20所学校295名学生参加比赛。最终豫章小学、百花洲小学、邮政路小学荣获小学组围棋团体前三名；育新学校、邮政路小学、百花洲小学荣获小学组象棋团体前三名；南京路小学、育新学校、豫章小学荣获小学组国际象棋团体前三名；滨江学校、育新学校荣获中学组围棋团体前二名、滨江学校、光明学校、青桥学校荣获中学组象棋团体前三名；城北学校、育新学校、青桥学校荣获中学组国际象棋团体前三名。

【举行东湖区中小学生三人篮球比赛】 3月31日，来自区属选拔的校级三人篮球冠军队伍在育新学校初中部篮球馆进行第二阶段比赛，最后育新学校、青桥学校、滨江学校、邮政路小学、豫章小学取得优异成绩，在4月份代表东湖区参加南昌市第六届中小学生体育节三人篮球比赛。

【开展学校体育工作督导】 4月5日，区教科体局学校体育工作督导组对开展学校体育工作全面督导检查，到现场查看各校训练情况，18所受检学校均向督导组详细汇报参加市体育节及首届校园足球文化节的工作情况。

【举行“迪青杯”中小学羽毛球比赛】 4月16—17日，2016年东湖区“迪青杯”中小学生羽毛球比赛在阳明学校、豫章小学二部圆满落幕。来自区属20所学校的149名中小学生参加比赛。比赛结合市运会年龄段设置分甲、乙、丙三个组别进行。最后育新学校、阳明学校、扬子洲学校获得甲组团体前三名，阳明学校、扬子洲学校、滨江学校、城北学校、育新学校、青桥学校获得乙组团体前六名，育新学校、阳明学校、豫章小学、爱国路小学、南京路小学、滕州小学获得丙组团体前六名。

【举行“斯汀格尔杯”中小学足球比赛】 4月24日，2016年东湖区“斯汀格尔杯”中小学生足球比赛在光明学校举办。共计132名运动员参与比赛。经过22场激烈比拼，最终育新学校、光明学校获得中学组冠亚军；南京路小学、东湖小学、育新学校、豫章小学、光明学校获得小学男子甲组前五名；南京路小学、豫章小学、育新学校、光明学校获得小学男子乙组前四名；南京路小学、东湖小学、红星小学、豫章小学获得小学女子组前四名。育新学校、光明学校、南京路小学、东湖小学将代表东湖区参加南昌市第六届体育节足球比赛。

【举行东湖区校园集体舞选拔赛】 5月4日，东湖区举办校园集体舞选拔赛。邮政路小学、百花洲小学、南京路小学取得前三名，代表东湖区参加南昌市第六届中小学生幼儿体育节校园集体舞比赛。

【开展东湖区三对三篮球规则培训】 5月6日下午，三对三篮球规则培训会在育新学校(初中部)会议室召开。培训会上，江西科技师范大学教师、国家级裁判员万楠老师就三对三篮球规则进行详细讲解。全区29名体育教师(篮球教练员)参加培训。培训进一步提高全区教师对篮球训练及比赛的教学能力，同时为参加省、市、区篮球比赛打下更好的基础。

【参加南昌市第六届中小学幼儿体育节】 5月7日，南昌市第六届中小学幼儿体育节暨教育系统第二届教职工运动会开幕式在南昌二中高中部举行。在此次比赛中，育新学校荣获小学组一等奖；豫章小学、邮政路小学荣获小学组二等奖；青桥学校、扬子洲学校荣获中学组三等奖。

【NBA篮球技术总监布鲁斯走进东湖】 5月11日上午，“唤你上场”中国篮球协会——东莞篮球学校——标准化篮球公益培训活动在东湖区育新学校展开，来自南昌市各县区的30多位体育老师到现场观摩。由NBA委派至中国的篮球技术总监布鲁斯为育新学校八年级1班的学生现场授课。

【举办区“胜杰杯”中小学生篮球比赛】 5月10—20日，2016年东湖区“胜杰杯”中小学生篮球赛在育新学校初中部、滨江学校、阳明学校、豫章小学二部举行，来自区属20所中小学的50支中小学篮球队共600名小队员参加比赛。经过9天的角逐，育新学校、青桥学校、城北学校夺得中学男子组前三名；育新学校、滨江学校、青桥学校夺得中学女子组前三名；邮政路小学、育新学校、东湖小学、城北学校、豫章小学、青桥学校、向荣小学、滕洲小学夺得小学男子组前八名；右营街小学、东湖小学、邮政路小学、豫章小学、城北学校、百花洲小学、向荣小学、南京路小学夺得小学女子组前八名。其中育新学校、青桥学校、滨江学校在

9月份代表东湖区参加南昌市第六届体育节初中组篮球比赛。

【参加市级幼儿体育节校园集体舞比赛】　5月21日，南昌市第六届中小学幼儿体育节小学生校园集体舞比赛在南师附小玉泉岛校区举行，百花洲小学、邮政路小学、南京路小学代表东湖区参加比赛，均获二等奖。

【参加南昌市体育节三人篮球比赛】　5月28—29日，南昌市第六届体育节三人篮球比赛在南昌二中和南昌市凤凰城上海外国语学校举行。育新学校、滨江学校、青桥学校豫章小学代表东湖区与全市126支队伍一起参加比赛。经过两天激烈拼搏，育新学校荣获初中组男、女第一名，小学组第二名；滨江学校荣获初中组女子第二名；豫章小学荣获小学组第四名。

【开展庆祝第十次全国特奥日活动】　6月21日上午，培智学校师生及家长委员会成员、爱心志愿者等共计260多人，共同开展庆祝第十个“全国特奥日”融合活动。比赛按特奥学生能力分高、中、低三个组别进行，赛后为所有参赛运动员颁发奖品和纪念品。

【参加全国《篮球部落》江西支教活动】　6月26日，《篮球部落》公益计划江西支教活动（南昌站）在南昌市豫章小学（二部）圆满结束。培训班分理论学习及实践教学两部分，来自全市100多位体育教师参加学习。此次支教活动既有理论学习，也有实际操作，还有研讨交流。原国家队男女篮球队教练、篮球高级教练员、现上海市篮球协会专职副会长、国家青少年篮球教练员培训组成员陈德春先生；上海市体育发展基金会书记、上海市篮球协会副会长张静女士；上海市篮球会常务副秘书长、篮球高级教练员、国家青少年篮球教练员培训组成员毛瑞忠先生；上海市青浦区篮球协会副会长顾处君先生；江西省体育竞赛管理中心副主任刘文建；江西省体育竞赛管理中心竞赛部部长程攀超；南昌市体育局竞技体育处处长余期刚；东湖区教育科技体育局党委书记舒小红出席开班仪式。

【获南昌市学校田径比赛团体总分第二】　7月4日，2016年南昌市体育传统项目学校田径比赛在青云谱实验学校举行，共有来自全市15所田径体传校的260余名运动员参加。区属学校邮政路小学、豫章小学、育新学校、百花洲小学参加比赛。经过激烈拼搏，最终，邮政路小学以126分的优异成绩获得2016年南昌市体育传统项目学校田径比赛团体总分第二名。

【参加江西省“未来之星”体育大会】　7月3—7日，由江西省体育局、江西省教育厅和共青团江西省委主办，新余市体育局、新余市教育局、共青团新余市委共同承办的2016年江西省第二届青少年“未来之星”阳光体育大会在新余举行。育新学校篮球队代表南昌市参加大会三对三篮球比赛并荣获亚军。

【获江西省乒乓球比赛团体总分第一】　7月15—16日，2016年江西省体传校项目乒乓球比赛在江西省体育馆举行，南京路小学组队参加比赛，荣获团体总分第一名，女子团体第一名；男子团体第二名的优异成绩。至此，南京路小学连续三年夺得江西省体育传统项目乒乓球比赛团体总分冠军。

【参加市第三届青少年篮球精英训练营】　8月4—7日，由南昌市体育局、教育局联合主办的2016年南昌市第三届青少年篮球精英训练营在红谷滩新区皇菠萝篮球馆举行。活动聘请到现任美国亚利桑那州菲尼克斯的篮球全明星营的总教练普瑞鲁·基顿·戴维斯和原中国国家男篮、国家女篮教练、现任上海市篮球协会专职副主席陈德春共同组成教练组担任授课老师。区教科体局选派育新学校、邮政路小学精英篮球队员和教练员与来自东湖区、青云谱区、西湖区、桑海开发区的100余名中小学生篮球精英爱好者参加活动。

【参加南昌市青少年足球夏令营】　8月6—9日，由南昌市体育局、南昌市教育局主办的2016年南昌市青少年足球夏令营在南钢学校圆满结束。此次夏令营聘请恒大足球学校技术总监费尔南多、皇家马德里青训专家及恒大足球学校中方教练共同组成教练组担任授课老师。通过皇马教练见面会、皇马青训视频及比赛赏析、切身参与皇马日常训练模式、观看足球电影《罗纳尔多》、与恒大足球学校江西籍学生比赛对抗等多种形式开展活动。区教科体局选派南京路小学、豫章小学队员与各县区选派的200余名热爱足球运动的中小学生一起参与为期4天的夏令营活动。

【局领导暑期看望慰问教练员和运动员】 8月31日早上,区教科体局副局长舒小红到训练第一线,看望暑期坚持体育训练的教练员和运动员。同时,就体训工作提出具体要求,希望学校提高对体育工作的重视程度,激发学生参与体育运动的积极性,积极争取家长对于学生体育运动的支持,传播终身健身的意识。

【参加全国中学生桥牌锦标赛】 8月5—10日,邮政路小学作为江西省唯一一所小学生代表队与来自全国23个省市的109支代表队630多名学生齐聚北京市丰台区,参加2016年全国中学生桥牌锦标赛。经过5天激烈竞技,邮小获得优秀组织奖,5位队员分别获得二等奖。

【参加全省中小学生桥牌锦标赛】 8月17—18日,2016年全省中小学生桥牌锦标赛在南昌二中举行。邮政路小学11位桥牌队员代表学校再次出征。其中,胡新沂、徐思宇获混合双人赛第一名;黄嘉烨、黄翎峰获得混合双人赛第二名。

【参加第28届全国协作棋类比赛】 8月1—3日,第28届全国协作棋类比赛在南昌市莲塘县举行,邮政路小学组织28名选手参赛,获得7个团体第一名,8个单项第一名。

【参加江西省首届智力运动会】 8月20—22日,邮政路小学共派出27名队员代表参加江西省首届智力运动会。其中棋类比赛获5个团体冠军,1个亚军,4个个人第一名;桥牌获团体2块金牌,1块银牌,3个个人冠军。

【参加市中小学生幼儿体育节获佳绩】 9月23—25日,南昌市第六届中小学生幼儿体育节幼儿基本体操暨中小学生广播体操比赛总决赛在南昌二中初中部(红谷滩校区)举行。区教科体局选派出新幼儿园、东湖幼儿园、滕王阁保育院、阳明学校、城北学校、向荣小学、东湖小学参加比赛。比赛分幼儿组《基本体操》、小学组《七彩阳光》、中学组《舞动青春》三个组别进行。经过三天激烈比拼,最终出新幼儿园荣获幼儿基本体操第一名;东湖幼儿园、向荣小学、东湖小学、阳明学校分别获得二等奖;滕王阁保育院、城北学校分别获得三等奖。

【举办东湖区中小学生田径运动会】 9月26日,为期两天的2016年东湖区中小学生田径运动会在南昌市八一体育场落幕。来自全区7所中学、13所小学的27支代表队,1000余名运动员参加比赛。运动会设小学甲组、小学乙组、初中组三个组别,包括100米、200米、400米、800米、1500米、3000米、4×100米、跳高、跳远、铅球、垒球、三项全能12个竞赛项目。此次比赛是全区中小学生体育运动会“大练兵”。区属中小学校运动员不断打破全区运动会各项纪录,充分展现运动健儿的拼搏风采。

【举办学生体质健康标准测试工作会】 10月12日下午,东湖区在阳明学校多媒体会议室召开2016年《国家学生体质健康标准》测试工作会暨数据上传业务培训工作会。区属各校分管校长、体育组长、负责数据上报教师共计50余人参加会议。会议传达上级各部门关于东湖区2016年《国家学生体质健康标准》测试相关工作的精神,并提出具体工作要求。

【举办豫章小学校园篮球班级联赛】 12月1—4日,为期4天的豫章小学校园篮球班级联赛在豫章小学二部篮球馆落幕。全校共有男、女24支代表队参加比赛。比赛分五年级男、女组,六年级男、女组四个组别,采用中国篮球协会审定的最新《三对三篮球竞赛规则》。联赛共有144名队员参赛,进行32场比赛。

竞技体育

【概况】 2016年,东湖区竞技体育继续坚持走体教结合道路,完善人才梯队,取得令人瞩目的成绩。在2016年江西省第二届百县运动会中,包揽青少年“五人制”足球,“三人制”男子篮球、女子篮球三项总冠军,取得南昌市县区代表队参加全省百县比赛的最好成绩,实现历史性突破,南昌市体育局、南昌市教育局联合发来贺信,表示此次比赛树立东湖区青少年体育工作全新的里程碑。在南昌市第十六届运动会上一举夺得117枚金牌,力压全市各代表队位列金牌总数第一,同时还获得竞技体育贡献一等奖和体育道德风尚奖。

【获市级运动会篮球赛男、女冠军】 1月16—17日，区教科体局选派的邮政路小学男子篮球队、育新学校女子篮球队参加在青云谱实验学校举行的2016年南昌市首届体育俱乐部运动会。经过两天激励拼搏，邮政路小学荣获男子组冠军，育新学校荣获女子组冠军。此次比赛提高学生篮球竞技水平，增进学生身心健康水平，验证"三大球"特色示范学校学校体育教学成果，为东湖区青少年篮球运动的发展提供一个广阔的平台。

【荣膺全省青少年业余训练"十强县"】 4月28日，2016年全省青少年体育工作会议在江西省体育宾馆会议室召开。东湖区以2015年青少年锦标赛总分第一名、2015年百县运动会总分第一名、2015年输送运动员总分第一名、最终以全省青少年业余训练综合得分超过第二名23分的优异成绩名列第一，荣获2015年度全省青少年业余训练"十强县"荣誉称号。

【参加江西省青少年田径锦标赛】 7月5—11日，由江西省体育局、江西省教育厅举办的2016年"体彩杯"江西省青少年田径锦标赛在鹰潭市体育中心结束。东湖区选派的运动员代表南昌市参加此次田径比赛，朱英旭、黄丹、范逸诚、陈灿思、罗嗣宁、刘一航六名运动员通过4天的努力拼搏，分别在铅球、跳高、1500米、100米项目获得江西省优秀运动员称号。其中，朱英旭以19.02米的成绩破大会铅球比赛纪录。

【参加江西省青少年篮球锦标赛】 7月23日至8月3日，由江西省体育局、省教育厅主办的2016年"体彩杯"江西省青少年篮球锦标赛在江西师大体育馆(青山湖校区)落幕。育新学校6名小篮球队员作为南昌市代表队成员参加比赛，最终夺得比赛乙组冠军。

【参加江西省青少年游泳锦标赛获佳绩】 7月29日至8月1日，由江西省体育局、江西省教育厅举办的2016年江西省青少年游泳锦标赛在赣州市章江游泳馆结束。区教科体局选派的11运动员代表南昌市参加比赛，共收获7枚金牌、1枚银牌、2枚铜牌的好成绩，其中东湖区运动员周思研获得优秀道德风尚奖。

【参加市运会皮划艇、赛艇比赛获佳绩】 8月17—21日，南昌市第十六届运动会皮划艇、赛艇比赛在安义县北潦河举行，来自全市各县区共12支代表队的247名运动员参加比赛。经过激烈的争夺，东湖区运动员发扬敢打敢拼的精神，不畏强手，奋勇争先，共收获11枚金牌、15枚银牌、12枚铜牌。

【获省青少年网球锦标赛女子单打冠军】 8月22—26日，由省体局、省教育厅举办的2016年"体彩杯"江西省青少年网球锦标赛在九江市体育中心举行。育新学校王雨涵同学代表南昌市参加比赛，荣获10岁组女子单打第一名、双打第二名、"体育道德风尚运动员"；东湖区荣获10~14岁团体第二名。

【蝉联省"五人制"足球运动会总冠军】 9月7—12日，由江西省体育局、省教育厅举办的百县青少年"五人制"足球运动会在九江市体育中心举行。东湖区代表队与全省各县(区)共971运动员参加此次开展最大规模、最高级别的青少年足球比赛。通过循环赛及淘汰赛。东湖区代表队一路披荆斩棘、过关斩将，以顽强的意志取得11轮全胜战绩，成功卫冕，蝉联总冠军。

【包揽省"三人制"篮球运动会总冠军】 9月19日，由江西省体育局、江西省教育厅主办，江西省球类运动管理中心协办的"中国体育彩票杯"2016年江西省第二届百县青少年"三人制"篮球运动会在婺源开幕，共有来自全省99个县市区166支代表队的777名选手参加。比赛为期八天，设近500场比赛，为全省参加单位最多、参赛人数最多、规模最大的青少年篮球体育赛事。比赛分男子三人制篮球赛和女子三人制篮球赛，采用2015年国际篮联三人篮球赛规则。东湖区青少年篮球男子组代表队以全胜战绩蝉联总冠军，女子组代表队同时荣获总冠军。

【德国足联职业级教练到东湖公益培训】 9月23日下午，区教科体局邀请德国籍欧足联职业级教练戈兰·巴里亚克塔雷维奇和欧足联B级教练亚力山大·多姆到区属学校为东湖区青少年足球队进行公益培训。来自育新学校、阳明学校、光明学校、豫章小学、东湖小学的区校园足球示范校的足球教练参与培训，南京路小学组织两支学生足球队进行现场对抗,德籍教练现场授课指导。授课老师围绕团队战术、队员配合等相关训练内容,对足球教练员进行现场讲解,与现场足球教练交流日常训练、赛后队伍调整、周期性训练设计以及相关的理论依据,促进“足球进校园”活动的开展。

【参加省级大中小学生花样跳绳比赛】 9月24—25日,由江西省教育厅主办的江西省首届大中小学生花样跳绳比赛在南昌二中举行。来自全省的二十余个代表队参加比赛。百花洲小学作为跳绳特色校组队参赛,取得女子4×30秒单摇接力第一名、男子第三名;女子30秒双摇第二名等优异成绩,队员王璇娟被评为优秀运动员。

【参加江西省百县青少年田径运动会】 10月27—31日,由江西省体育局、省教育厅主办,省田径游泳运动管理中心、玉山县人民政府承办的江西省第十届百县田径运动会在玉山县第二中学结束,来自全省102个县(市、区)的854名运动员参加比赛。东湖区代表队获团体总分二等奖的好成绩并获得优秀组织奖,其中邮政路小学4名运动员为东湖区代表队争得63分的好成绩。

【获得市第十六届运动会金牌总数第一】 10月29日上午,南昌市第十六届运动会在南昌县新体育馆落下帷幕,东湖区600余名运动员与来自全市各县区、各部门及体育社团组织共66个代表队的约12000名运动员一起参加历时4个多月的18个大项青少组的所有比赛,经过激烈角逐,东湖区代表团以收获117枚金牌的优异成绩位列金牌总数第一,同时荣获竞技体育贡献一等奖、体育道德风尚奖。通过参加四年一届的全市规模最大的综合性体育盛会,东湖区充分展示竞技体育实力,促进与其他县区的友好交流,推动体育事业在新的历史起点上加快发展。

辖区体育资源

【概况】 体育场馆建设是提升社会文明和人民群众健身品位的重要工作。2016年,东湖区先后为董家窑街办五纬路社区、公园街办戴家巷社区等20余个社区新安装健身路径器材170件,为辖区居民开展体育健身运动提供的良好条件。

表18 **2016年东湖区主要运动场馆一览表**

名　称	占地面积(平方米)	体育场馆面积(平方米)	电　话	详细地址
天泉水都游泳馆	7000	6000	13177888083	子固路45号
东海羽毛球馆	1200	900	86832525	三经路(女职旁边)
樟树林综合馆	7000	6000	88617518	佘山路66号
天天羽毛球馆	1200	800	88603303	青山南路下沙沟42号
东湖区全民健身中心	1200	800	88502368	洪都北大道480号
江西省体育馆	20000	18620	86294651	福州路28号
上营坊社区国家级社区体育健身俱乐部	300	200	86289426	上营坊1号
彭家桥街道国家级社区体育健身俱乐部	1200	800	88504434	洪都北大道480号
江西省体育场(内场)	22000	20000	86294603	福州路28号
江西省体育场(外场)	22000	20000	86294603	福州路28号
江西师大田径场(外场)	22000	20000	88506324	北京西路437号
江西师大田径场(内场)	5000	4800	88506324	北京西路437号
江西师大篮球场	8000	7200	88506324	北京西路437号

续表 18

名　称	占地面积（平方米）	体育场馆面积（平方米）	电　话	详细地址
江西师大网球场	4000	3600	88506324	北京西路 437 号
省中医学院田径场	22000	20000	86800041	八一大道 461 号
江西财大篮球场	2000	1800	88626900	青山南路 596 号
豫章中学田径场	2200	2000	86837595	豫章路 125 号
育新学校田径场	4200	4000	86215641	北京西路 287 号
育新学校篮球场	1500	1200	86215641	北京西路 287 号
育新学校乒乓球馆	1200	900	86215641	北京西路 287 号
东湖小学田径场	4000	3200	86267380	上营坊 57 号
右营街小学乒乓球馆	600	300	86812612	右营街 120 号
豫章二部综合馆	1600	1300	88634433	起凤路 218 号
豫章二部田径场	4000	3200	88634433	起凤路 218 号
邮政路小学乒乓球馆	300	200	86793430	邮政路 9 号
东湖区体校游泳馆	600	380	88600878	规划七路 87 号
南昌市体校游泳馆	800	550	86233686	福州路 28 号
水上世界游泳馆	1500	1250	13910053758	福州路 93 号
江西少儿体育培训中心游泳馆	600	400	86294605	福州路 28 号
江西师大游泳池	1500	1250	88506324	北京西路 437 号
天奥物业游泳池	500	350	13767407677	五纬路 286 号
中寰物业游泳池	250	180	13707092629	叠山路 532 号
恒兴物业游泳池	100	60	88593339	南京西路 524 号
阳明学校田径场	5000	3200	88502368	洪都北大道 480 号
二七北路东湖区体育文化休闲广场	3000	2400	88634455	二七北路靠近青山南路
豫章街办新星社区室外灯光篮球场	800	600	18979108955	青山南路 72 号
董家窑街办新华社区室外灯光篮球场	800	600	18170901055	佘山路 59 号

（黄亚伟）

文化·旅游

综　述

2016年,东湖区以邓小平理论、“三个代表”重要思想和科学发展观为指导,认真贯彻落实中共十八大、十八届历次全会精神以及习近平总书记系列重要讲话精神,紧紧围绕区委、区政府的中心工作,大力推进全区公共文化服务体系建设、文化市场体系建设和文化产业创新发展。区文化馆、区图书馆正式入驻新大楼,常年免费开放。区文化馆以老馆搬迁为契机,由区政府出资,依托原建筑进行整体改造提升项目业态,为国家一级文化馆,配套建设集中控制中心和服务中心,为全省首个智能文化馆,不仅为市民提供免费演出和文化培训,还承办南昌市曲艺大赛等大型赛事。老文化馆成为东湖文化传承中心,中心设有南昌瓷板画培训中心、残联瓷板画培训基地、贵林社老茶馆惠民剧场等文化场所。区图书馆为国家二级图书馆,依托数字平台建立东湖移动图书馆,利用RFID无线射频技术,实现读者自助办证、自助借还图书,并实现南昌城区“通借通还、资源共享”的服务智能化功能。

至年底,已有百花洲、彭家桥等6个街道及37个社区配齐公共文化设备。社区基本上具备“六个一”,即一个文化宣传长廊、一个娱乐中心(室)、一个信息资源共享服务点、一个读书阅览室、一个艺术团、一支社区文化志愿者队伍。出台《东湖区公共文化服务示范街道(管理处)、社区(村)评选办法》及《东湖区公共文化服务示范街道(管理处)、社区(村)测评指标体系》,每年对示范街道、示范社区进行表彰。

2016年,东湖区整合专业团队、民间团队及街道社区的力量,积极探索“文化配送”机制由固定“送餐”变为群众“点餐”,通过社区文化干部向辖区群众征求意见,列出“文化菜单”,由居民从中选择演出、培训、讲座等文化配送形式,形成一整套文化服务工作的配送机制,让群众享受到文化惠民大餐。2016年东湖区“军歌嘹亮边疆行”文化志愿活动成功入选文化部“春雨工程”并赴广西开展文化交流。

文艺创作

【概况】 2016年,东湖区围绕国家、省、市、区各级各类赛事活动,积极创作,涌现出一批文艺精品。东湖毓秀艺术团原创舞蹈《斑鸠情》获江西省舞蹈类“赣鄱群星奖”;非遗传承人余正连创作的豫章绣作品《芦苇双鹤》获第四届江西省工艺美术“杜鹃奖”评比银奖;非遗项目南昌泥塑在第十二届中国(深圳)国际文化产业博览交易会上,作为江西代表团的参展项目亮相,罗清华创作的作品《弘一法师》喜获铜奖;原创农民工舞蹈《好人就在身边》荣获2016年南昌市农民工暨优秀民间团队展演一等奖、江西省第二届农民工才艺大赛金奖等。

【原创红色舞蹈《映山红》】 2月,红色舞蹈《映山红》荣获2016年南昌市农民工暨优秀民间团队展演二等奖。该舞蹈以江西名曲《映山红》为主题,舞蹈以群众回想革命烈士为引子,中间高潮部分用战斗场景盘山绝唱作为背景演绎革命历史的故事。整个舞蹈既抒情又悲壮,完美地演绎百姓与共产党员心连心的真挚感情。

【原创广场舞《火红的红土地》】 3月,全国文化馆协会举办的2016年“欢跃四季”全国百姓广场舞展演节目公布,全国仅有68支民间团队入围。由东湖区报送的广场舞《火红的红土地》经过大众网络投票、专家组审核等环节,从全国近千支舞蹈中脱颖而出,成功入选。该舞蹈是东湖区毓秀艺术团创排的原创舞蹈,曾多次荣获省、市、区大奖,是一部集文化性、大众性、艺术性的好作品。舞蹈中,演员们手持单花棍及红绸,扭着热烈、奔放的秧歌,表现出红土地上的百姓对幸福生活的追求。

【原创舞蹈《斑鸠情》】 7月,东湖区毓秀艺术团原创舞蹈《斑鸠情》在第十七届全国群星奖暨江西省赣鄱群星奖的选拔赛中,荣获舞蹈类赣鄱群星奖,并报送中央参加全国群星奖的评选。该节目从音乐到编排均为原创,舞蹈是使用江西采茶戏为基础进行创作,音乐则运用江西民歌《斑鸠调》为主旋律加以改编,表现的是江西好山好水的景色及人和动物间的自然和谐,宣传江西绿色文化。

【农民工原创舞蹈《好人就在身边》】 12月24日,农民工舞蹈《好人就在身边》荣获2016年南昌市农民工暨优秀民间团队展演一等奖、江西省第二届农民工才艺大赛金奖。该作品以情景舞蹈的形式表现两代人的思想,以环卫工人为主要角色展现农民工拼搏友爱的场景,以群众演员表现好人就在身边的社会风貌。

表19　**2016年东湖区文艺创作及获奖情况**

作品名称	作　者	获奖名称
军歌嘹亮边疆行	—	“军歌嘹亮边疆行”文化志愿活动成功入选“春雨工程”
《弘一法师》	罗清华	深圳文博会铜奖
《弘一法师》	罗清华	第三届中国传统宗教泥塑造相技艺大赛“优秀奖”
快板《燕青打擂》	万新民	江西省第八届少儿曲艺大赛一等奖
快板《劫刑车》	万新民	江西省第八届少儿曲艺大赛一等奖
相声《报菜名》	万新民	江西省第八届少儿曲艺大赛一等奖
刺绣作品《芦苇双鹤》	余正连	第四届江西省工艺美术“杜鹃奖”省大师组银奖
舞蹈《斑鸠情》	夏毓曼　徐　晓	江西省选拔第十七届全国“群星奖”优秀节目展演并获江西省舞蹈类“赣鄱群星奖”
《卢沟谣》《细妹子闹茶》	陈　璐　余　芳	第六届江西省艺术节之第十一届少儿艺术节一等奖
《斑鸠里个叫咧起》	韩　洁	第六届江西省艺术节之第十一届少儿艺术节二等奖

文化活动

【概况】 2016年,东湖区以实践群众文化路线为主要目的,打造精品舞台,服务群众,将最好的文化成果带进社区,回馈百姓。组织文化志愿者参加全国春雨工程“军歌嘹亮边疆行”赴广西文艺演出;举办戏曲大拜年、市民音乐会、舞龙大拜年进社区等新春文化节系列活动,给广大社区居民带去精彩的视听盛宴;开展图片展、文艺演出等“兴家风、淳民风、正社风”主题系列活动;以纪念工农红军长征胜利80周年为主题开展文艺演出、红歌会、文献展等活动;东湖区公共文化配送精品演出进社区,共演出22场。同时,清明诗歌朗诵会、防震减灾宣传公益活动、“我们的节日”传统佳节系列群众活动、“和谐社区一家亲”品牌活动等,将各类宣传演出送进社区走进群众,深受辖区百姓喜爱。

2016年,区文化馆开设声乐、舞蹈、非遗、广场舞蹈、瑜伽、书法、摄影摄像、少儿京剧、彩妆等文化艺术公益培训班,共培训24期,总人数达2000人次。公共服务项目日益完善,充分达到以服务群众为宗旨的良好效果。

2016年,区图书馆围绕“书香东湖书香梦”活动品牌,以“书香阵阵幸福生活”为主题开展全民读书活动,其中阵地活动14场,讲座展览10场,少儿活动15场。积极引导读者参与到群众文化活动,形成特色文化品牌,以满足人民群众日益增长的精神文化需求。

【举办元旦市民音乐会】 1月1日,“鸡鸣闹春东湖音韵”2016元旦市民音乐会在八一公园百花大舞台举行。整台节目由梦之声合唱团和毓秀艺术团为市民带来一场高雅、唯美的视听盛宴。音乐会在一首活泼欢快的舞蹈《春天礼赞》中正式拉开帷幕。葫芦丝《月光下的凤尾竹》、小组唱《我爱我的祖国》、朗诵《人民万岁》等多种形式的演出,将现场观众带入一个个精妙绝伦的音乐世界,将音乐会气氛一次又一次推向高潮。

【举办新春文化节系列活动】 1月1日至2月22日,为丰富群众节日文化生活,加强社会主义精神文明建设,让百姓度过一个欢乐、祥和、喜庆的新春佳节,区文化馆开展“金猴闹春欢腾东湖”系列春节活动。组织舞龙队、民间灯彩队为市民群众接龙、接福、接吉祥;送文化进乡村扬子洲首演,为群众奉献一场场精彩的文艺盛宴;八一公园百花大舞台举行地方戏曲大拜年专场演出,引得众多市民争相观看,让戏迷朋友欢欢喜喜过大年。同时,“春暖花开新飞越欢天喜地闹元宵”与农民工共度元宵享团圆活动、“音韵闹春乐舞东湖”市民音乐会、“我们的中国梦文化进万家”文艺演出等活动,营造出浓浓的节日氛围。新春期间,区图书馆举办“千年文明·国学梦”新春论语文化知识展览,组织书法爱好者现场创作春联赠给社区群众,精选一批优秀书籍设置新年流动书屋,在特殊节日给人们提供一个静谧的书香家园。

【举行元宵市民欢乐汇活动】 2月18日,“春暖花开新飞跃欢天喜地闹元宵”元宵市民欢乐汇活动在樟树林文化生活广场举行。活动共分为文艺演出、有奖竞猜、游艺活动、非遗活动四大板块。舞台上,由南昌市歌舞团专业演员与东湖区民间团队为市民带来台湾民谣《卖汤圆》、二胡表演《战马奔腾》、舞蹈《扇飞水云间》、舞蹈《激情飞扬》等洋溢着节日氛围的文艺节目,精彩万分,掌声不断。舞台下,猜灯谜、套圈、画鼻子等亲子活动更加激发群众参与的热情。活动现场还开展“非物质文化遗产”展示和体验项目,如油纸伞和汤圆等传统制作工艺,群众在现场体验传统剪纸、扎染、布艺制作及传统捏塑等活动,其乐融融。

【举办雷锋精神专题图片展】 3月5日,区图书馆在“雷锋纪念日”举办“榜样的力量·弘扬雷锋精神”图片展。在图书馆文化长廊两侧以“雷锋生平”为主要内容的展览,共展出图片19幅,图文并茂、形象直观,再现雷锋大公无私、助人为乐的一生。

【开展少儿精品阅读活动】 3月20—31日,区图书馆开展“厚植图书·快乐随行”的少儿精品阅读活动。活动利用双休日,邀请少儿艺术培养专业老师为低幼区的小朋友讲故事,以“神猴出世”等名著+绘本故事的新颖形式,邀请家长和小朋友一起参与到活动中来,既让参与者感受到乐趣,又彰显名著的文化光芒。

【举办“缅怀先烈”清明节系列活动】 3月31日至4月5日,东湖区在方志敏广场开展“缅怀先烈弘扬革命精神”文明祭扫系列活动。组织少先队员、中小学校学生、社区居民、军人等群体向方志敏烈士雕像敬献花圈、鞠躬、默哀、宣誓等,参观方志敏爱国事迹陈列馆,听取烈士36年的革命历史,观看方志敏纪录片《革命的理想》等,让参观者的心灵受到一次爱国主义的洗礼。

【举办“外国文学”名著插图展】 4月12日,区图书馆开展外国文学名著插图展,展出20多块图文并茂的精美展板,以作者与作品对应的方式,用生动的画面,勾勒出外国文学名著中的经典场景,并配上名著简介,让读者可以更加直观地接触名著,激发读者的阅读兴趣。成年读者,通过这些名著插图找寻对名著的记忆。学龄幼童则通过名著插图汲取知识,扩展视野。

【举办“青铜器收藏与鉴赏”讲座】 4月22日,区图书馆在东湖大讲堂举办关于《江西古代青铜器收藏与鉴赏》的讲座,向市民读者普及青铜器知识。讲座通过讲述青铜器的起源、器形、纹饰、铭文、铸造技术等来论述收藏与鉴赏古代青铜器的基本知识并举例说明全省民间收藏的青铜器。

【开展全民阅读系列活动】 4月23—30日,区图书馆发挥自身优势，联合各界力量，依托“世界读书日”，以“文明东湖·书香生活”为主题，开展“与孩子一起阅读”亲子阅读、“书香东湖伴我成长成才”主题读书、“读书与我”征文大赛、摄影大赛、“书香东湖·阅读人生”电子书主题制作活动，为读者奉上丰富的文化盛宴。

【开展“悦读越智慧”少儿科普活动】 4月23日，区图书馆在少儿阅览室开展“悦读越智慧”少儿科普活动。活动主要分为个人现场科普知识竞答、团队现场科普知识竞答、开心动手制作书签、快乐舞蹈四个环节。小读者在家长的陪同下争先恐后地进行知识竞答，随后家长和孩子一起将各种废旧材料通过奇妙的构思和制作变成五颜六色、时尚新颖、别具风格的书签。

【开展移动图书馆推广活动】 4月23—29日，区图书馆开展“网络书香，数字悦读”移动图书馆推广活动。读者可以下载“东湖区移动图书馆”客户端，并绑定借阅证登录后，使用手机查询馆藏、阅读好书和新闻报刊、观看学术视频等数字资源。

【举办“最美妈妈”母亲节活动】 5月8日，区图书馆举办“最美妈妈”母亲节活动。进一步弘扬中华民族的传统美德，为子女表达对母亲的爱搭建一座服务的“桥梁”。该活动由“妈妈角色扮演”“画笔下最美的妈妈”“独一无二的礼物”三个活动组成。

【开展文化惠民活动】 5月17日，区图书馆在光明社区开展以“扬三风，倡悦读”为主题的文化惠民活动，图书馆精心挑选800册关于政治、科技、文学、艺术等类别的优秀书籍送给社区。通过送书活动，倡导孝悌、慈爱、向善、劝学、勤俭、励志等家庭传统美德，促进见贤思齐、崇德向善等良好社会风气的形成。

【开展“服务宣传周”活动】 5月26日，区图书馆开展“书香东湖——阅读引领未来”服务宣传周活动，活动主要由“好书看不停”新书推荐活动、“重温经典电影·传承革命精神”红色电影播放活动、“关爱特殊群体·激发民生福祉”为特殊读者献爱心服务活动、“读好书·润心田”知识长廊展览活动、“送一份温暖·留一份书香”送书进社区等活动组成。

【举办庆祝中国共产党成立95周年大型歌咏比赛】 5月26日，“跨越时空的井冈山精神”暨庆祝中国共产党成立95周年大型群众歌咏比赛第二场合唱（组唱）专场在区文化活动中心剧场举行。来自全区各镇、街道、管理处，区直各单位的党员和群众代表组成的15支代表队怀着对党的深厚感情，唱响一首首脍炙人口的经典红歌，为中国共产党成立95周年送上衷心的祝福。

【开展“两学一做”系列活动】 5月30日，区文化广电旅游新闻出版局、区图书馆、区文化馆、方志敏广场开展“两学一做”系列活动。由东湖“两学一做”数字图书馆推荐活动、“两学一做”优秀图书展、“两学一做”流动书屋、“两学一做”经典电影学习等活动组成。践行“学习党章党规、学习系列讲话、做合格党员”，进一步增强职工凝聚力，增进团结，体现职工奋发向上的精神风貌。

【举办六一儿童节系列活动】 5月31日至6月1日，区图书馆开展六一儿童节系列活动：赴豫章小学二部举行“迎六一献爱心”捐书活动、绘本故事表演之《我是快乐的一条鱼》活动，通过赠书与表演的形式，为孩子献上别样的儿童节礼物。

【开展端午节系列文化活动】 6月3—8日，区文化馆、区图书馆开展“端午粽香·邻里长情”公共文化配送进社区暨区文化馆党支部“两学一做”进基层活动、“端午粽飘香·巧手展风赛”主题活动大赛、“端午诵书香阅读成英才”暨全民阅读活动启动仪式暨惠民助学赠书活动。还结合活动主题安排精彩的民乐专场文艺表演以及民俗知识竞赛，为群众送去节日的祝福的同时，传播文化的魅力。

【参加全市庆祝中国共产党成立95周年歌咏比赛】 6月6—8日，“跨越时空的井冈山精神”庆祝中国共产党成立95周年大型群众歌咏比赛隆重举行，经过几天激烈角逐，东湖区选送的大合唱在比赛中以全场最高分荣膺冠军。比赛中东湖区选送的大合唱《游击队之歌》表现游击战士巧妙、灵活地与敌人周旋，伺机消灭敌人的典型形象；另一首《卢沟谣》通过童谣的形式再现卢沟桥发展变迁的千年历史画卷。两首曲目在东湖区选手的精彩演绎下，获得现场评委和群众的一致好评，展现出东湖的靓丽风采和良好精神风貌。

【参加全国文化志愿者广西行活动】 6月27日,“春雨工程”全国文化志愿者广西行活动启动。东湖区文化志愿者先后在防城港海军基地、防城港市文化艺术中心、南宁水上大舞台、北海大舞台,用曼妙的舞蹈、铿锵有力的歌曲、精彩绝伦的杂技表演等节目,向驻守在祖国边疆的战士及当地的群众展示地区文化。活动中,来自江西、青海、山东、广西等地的嘉宾代表欢聚一堂,为现场的观众献上一场场丰富多彩的文艺演出。

【举办“七一”、讲党史专题讲座】 6月28日,区图书馆为纪念中国共产党成立95周年,组织开展《学习和正确认识党的历史》专题讲座,全馆党员干部及部分社区党员干部共40余人参加讲座。讲座从学习和正确认识党的历史的重大意义、需要把握的几个重大问题和运用党的历史服务现实三个方面,深刻阐述中国共产党成立95年来的光辉历程、伟大成就和宝贵经验,达到用党的成功经验启迪人、用党的伟大成就激励人、用党的优良传统教育人、用党的历史教育警示人的目的。

【举办漫画解读“两学一做”图片展】 7月1—31日,区图书馆在六楼文化长廊开展漫画解读“两学一做”学习教育图片展。此次展览共有18块展面,以中共中央办公厅《“两学一做”实施方案》内容为主线,涵盖“两学一做”学什么、如何学、做什么、如何做等重要问题。

【举办学习教育主题书法展】 7月14—17日,区图书馆在馆内举办“以文化促和谐”学习教育主题书法展,展览作品以海选的形式面向全市书法爱好者广泛征稿,最终精选20多件作品参展。在题材上,既有歌颂党、歌颂祖国、歌颂人民,弘扬社会主义核心价值的诗词名言,也有传承优秀文化的名人名语,还有不少围绕“两学一做”学习教育的自撰诗词联句。

【举办庆祝中国人民解放军建军89周年图片展】 7月29日,庆祝中国人民解放军建军89周年图片展在东湖区文化活动中心美术展览厅举行。众多干部职工和社会群众自发前往参观,现场气氛十分活跃。图片展示中国人民解放军89周年历程的历史题材照片,以及中国军人现代军营生活、最新训练水平和现代化建设成就的照片。

【开设“候鸟江豚保护”知识讲座】 7月31日,区图书馆在东湖大讲堂举办“提高环保意识,建设美好家园”之候鸟、江豚保护知识讲座。讲座由江西江豚保护协会会长、候鸟专家、国家摄影金奖获得者摄影家余会功老师主讲。

【开设免费培训班为民服务】 7—12月,区文化馆开设免费培训班系列课程,开设课程种类繁多,有少儿舞蹈培训、中青年书法培训、青少年书法培训、中老年舞蹈培训、少儿京剧培训等。培训不限年龄、性别和户籍,时间从7月初一直持续到12月底,邀请知名专家教授进行授课,为广大群众奉献技艺,满足精神文化生活需要。

【开设国学知识讲座】 8月6日,区图书馆举办“弘扬国学经典,传承民族优秀文化”国学经典讲座,邀请江西师范大学国学专家叶民强来图书馆讲学。叶民强以《国学热下的文言文魅力》为题,时吟时唱,或读或诵,展示国学经典的无穷魅力,参与者都表示受益匪浅,回味无穷。

【开展少儿才艺启蒙活动】 8月20日,为进一步推动全区少年儿童阅读活动的开展,引导广大少年儿童多读书、会读书、爱读书,区图书馆开展“书香东湖·筑梦童年”少儿才艺启蒙活动。活动分为画出美好童年、叙述精彩故事、筑牢安全课堂三个环节。

【举办自然保护区主题图片展】 9月5日,区图书馆举办《共同的家园——中国自然保护区巡礼》展览活动。参展图片都拍摄于中国的自然保护区,拍摄者有些只是自然爱好者,有些是长期从事野外科学研究的科学家,参观者可以跟随着这些珍贵照片,一同探寻大自然的奥妙。

【开展迎中秋国庆主题系列活动】 9月10日至10月25日,区图书馆开展“情暖中秋喜迎国庆”中秋国庆主题系列活动。活动主要由“浓情中秋·感悟民俗”优秀图书推荐、“快乐中秋·欢度国庆”精彩影片展映、“阖家斗智‘猜’中秋”活动、“中国梦·艺术梦”书画作品展、《共同的家园——中国自然保护区巡礼》主题图片展、“花灯映中秋·彩笔绘国庆”等活动组成。

【举办“三风”主题活动】 9月12日,“兴家风、淳民风、正社风”主题活动在锦苑春天社区举行。

首先由主持人追溯中秋的起源，送上节日祝福，接着一支充满活力的开场舞《激情飞扬》迅速点燃全场的热情；民乐四重奏《花好月圆》，用演奏的方式诉说相思团圆的美好愿望；方言相声《远亲不如近邻》，形式新颖，诙谐幽默，引得现场市民呼声不断；歌伴舞《十五的月亮》把对节日的美好祝福，通过歌舞生动地表达出来；配乐诗朗诵《水调歌头》，将语言与古筝相结合，恍如身临其中。演出中还穿插有奖问答环节，现场群众踊跃参加，再次将气氛推向高潮。此次中秋活动旨在通过丰富的演艺节目和互动环节，搭建一个邻里互动的平台，让市民共聚中秋，同时以群众喜闻乐见的文艺宣传方式，营造幸福社区的氛围。

【开展纪念中国工农红军长征胜利80周年主题活动】 10月16—23日，区图书馆举办“伟大壮举 伟大历程”纪念中国工农红军长征胜利80周年主题展活动。主题展持续一周，共分6个单元，通过40余幅图片，全面再现1934年10月至1936年10月，中国工农红军从被迫战略转移、浴血奋战，到遵义会议实现历史转折，直至突出重围，在陕北建立新的革命根据地的两万五千里长征历程。通过图文并茂的形式生动展示红军用热血和生命铸就的气壮山河的长征精神。

【举办首届微故事演讲大赛】 11月11日，第六届江西艺术节暨首届微故事演讲大赛决赛在区文化活动中心举行。比赛从各县区层层选拔出的19名选手中，决出一等奖3名、二等奖6名、三等奖10名。

【开展文体活动为马拉松赛助威】 11月20日，南昌国际马拉松赛开赛。为营造激情涌动的文化氛围，区文化馆精心筹备多个文体活动为大赛呐喊助威。在叠山路与沿江北大道交会处准备《威风旗舞》战旗锣鼓表演，为参赛者助威；在叠山路与胜利路交会处推出大型主题广场舞《小苹果》，展示英雄城儿女的热情；在叠山路与八一大道交会处，气势恢宏的女子军乐队军乐演奏，吹响英雄城前进的号角。

【开展“护苗2016·绿书签”活动】 12月19日，区图书馆在滨江小学开展“护苗2016·绿书签”系列宣传活动。该活动主要由献花、佩献红领巾，学生代表发言、宣誓，著名少儿作家张之路讲座和横幅签名、发放绿书签等几个环节组成。

文化市场

【概况】 2016年，东湖区加强对网吧、游艺厅、书店、歌舞娱乐场所等文化市场的监管，强化事中事后监管，做到严把关、严巡查、严整治、严处罚的同时，又优化服务、提高服务水平和能力。推出错时制拉网式排查、联合执法、专项整治，出动文化市场执法人员3500余人次，检查网吧、娱乐经营场所、图书音像出版经营户16500余户次，全年接到投诉举报60起，立案查处各类违法违规案件40起。查处各种盗版音像制品120余盘、盗版违法书刊1000余册。开展2次文化市场业主培训大会，突出法律知识、安全生产知识培训，强化文化市场经营业主守法经营意识、落实安全生产第一责任人责任，推进文化市场健康、安全发展。

【开展“两会”期间文化市场专项整治】 3月1—15日，区文化广电旅游新闻出版局开展全国“两会”期间文化市场专项整治，重点检查网吧、图书、歌舞娱乐文化市场经营主体是否依法依规开展经营活动，督促业主做好消防安全工作，防止发生安全责任事故，保障“两会”期间文化市场的安全、稳定、健康。

【开展第二届“文明示范网吧”评选】 4月15日，区文化广电旅游新闻出版局根据网吧的内部环境、安全意识、守法经营、文明经营、管理规范、服务优质六方面，在全区开展第二届“文明示范网吧”评选活动。经严格的评审，评选出贝斯尼斯网吧、白宫汇网吧、新濠汇网吧、伊百度网吧、工人文化宫网吧、新天地网吧6家为“文明示范网吧”并给予表彰。

【开展文化市场业主培训会】 4月15日、7月13日，区文化广电旅游新闻出版局分两次召开文化市场业主培训会。网吧、娱乐场所等文化市场经营业主参加，突出文化市场相关法律法规、安全生产等知识培训，提升文化市场经营业主守法经营意识、落实安全生产第一责任人责任，推进文化市场健康、安全发展。

【开展中高考期间专项治理】 6月5—19日，区文化广电旅游新闻出版局正式启动为期半个月的“中高考期间网吧市场专项治理行动”工作。加强对校园周边的网吧检查,突出对考试休息时间、中午及晚上休息时间的全面覆盖,加强对网吧市场的消防安全、经营内容和时间、噪声状况的检查,保障高考期间学生有一个良好的学习、考试、休息环境。

【加强网吧暑期管理】 7月1日至9月1日,区文化广电旅游新闻出版局制定《东湖区文化广电旅游新闻出版局2016年暑期网吧、电子游戏营业场所专项治理实施方案》。召开暑期专项整治动员大会,与辖区内59家网吧经营业主签订暑期安全稳定责任状,联合区安监局、区公安网监大队、区消防大队,重点检查网吧违规接纳未成年人、实名制登记上网落实情况、安装违规违法游戏、消防安全责任及制度落实等情况。

【开展文化市场安全生产大排查行动】 11月26日至12月20日,区文化广电旅游新闻出版局深入辖区网吧、歌舞娱乐场所、动漫城等文化经营企业,通过看现场、查设备等方式进行地毯式安全大排查,重点对消防设施是否完好,消防通道是否畅通,消防制度是否落实进行认真排查,对检查发现的安全隐患当场责令立即整改或限期整改。行动共检查100余家文化企业,发现安全隐患16处,立即整改10处,限期整改6处,并与企业主要负责人签订《安全生产履职承诺书》。同时要求经营业主增强安全生产经营意识,健全完善安全生产规章制度和应急预案,组织开展应急演练,切实做到安全经营、文明经营、守法经营。

【开展“双打”系列活动】 12月,区文化广电旅游新闻出版局加大日常检查力度,加强联合执法检查,重点检查各类出版物经营户是否亮证亮照经营,是否销售淫秽色情、暴力血腥、宣传邪教、恐怖主义、盗版等违法违规出版物,进货票据是否齐全,坚决查处各类侵犯知识产权和制售假冒伪劣商品的行为。全年出动执法人员300余人次,检查各类出版物经营单位400余家次,缴获侵权盗版出版物200余册。

【开展圣诞节期间娱乐场所专项整治行动】 12月24—25日,区文化广电旅游新闻出版局对辖区文化娱乐场所开展专项整治行动。严厉监管超负荷容纳消费者、违规接纳未成年人、非法点播境外歌曲曲库、从业人员无统一着装、无证经营、安全制度健全和落实到位情况;场所疏散通道和安全出口是否畅通,疏散指示标志、应急照明是否齐全完好及经营秩序混乱和娱乐场所噪声扰民等问题。

【加强节假日网吧市场监管】 围绕春节、元宵节、端午节、中秋节、国庆节等节假日,区文化广电旅游新闻出版局开展网吧整治专项行动,重点检查网吧违规接纳未成年人、安装违规违法游戏以及实名制登记上网等情况。在节假日期间,区文化旅游稽查大队受理举报案件5起,立案查处各类案件5起,出动文化市场管理和稽查人员2000余人次,检查网吧360余家次,查处5家次。

【开展“扫黄打非”系列活动】 2016年,区文化广电旅游新闻出版局持续深入开展“扫黄打非”工作,旗帜鲜明地打击盗版侵权行为,维护良好的社会主义文化市场秩序。开展“护苗”“净网”“清源”“秋风”四个专项行动以及高校及周边打字复印店整治、非法地面卫星接收设施专项整治等行动,重点查缴下列物品:非法政治性出版物、淫秽色情出版物、非法盗版侵权出版物、非法地面卫星接收设施。积极推进“扫黄打非进基层”工作,将“扫黄打非”工作向基层延伸。全年共出动执法人员800余人次,检查书店、网吧等文化市场经营主体700余家次,共缴获非法出版光盘120余盘,非法出版物和盗版少儿卡通书刊400余册。

【加强校园周边文化市场整治】 2016年,区文化广电旅游新闻出版局以中、小学及周边为重点整治区域,以书店、报刊亭、网吧以及游艺厅等为重点整治场所,以网吧违规接纳未成年人、销售非法侵权盗版出版物等为重点整治内容,开展4次校园周边文化市场专项整治行动。出动执法人员500余人次,检查各类文化经营主体300余家次,立案查处违法经营行为10起,缴获盗版出版物300余册。

文物·博物

【概况】 2016年,东湖区认真贯彻“保护为主、抢救第一、合理利用、加强管理”的十六字文物保护方针，认真分析新情况，研究新问题，采取新措施，切实做好文物保护工作。

【开展文物古建安全检查】 6—8月，为贯彻落实文物保护和消防安全法律法规，强化消防安全监管，确保国家文化遗产安全，区文化广电旅游新闻出版局对辖区内的9家文物保护单位开展夏季消防安全检查。检查的重点包括消防安全工作的组织领导和安全责任制落实情况，消防安全管理制度落实情况，消防设施设备及其使用情况，消防安全预案的制定和演练情况，消防安全检查和火灾隐患整改情况以及用火用电管理情况，确保文物古建安全万无一失。

【启动文物普查成果异地迁移保护工程】 10月，东湖区政府多次组织召开“老营房飞机库旧址”异地迁移保护工作文物专家论证会，委托江西省建筑设计院编制“老营房飞机库旧址（八一礼堂剧场部分）”迁移保护方案，新址选址在象湖湿地公园。八一礼堂位于省府大院北二路116号，由老营房飞机库旧址、舞台、前厅和左、右功能房五部分组成，总建筑面积为5900平方米。老营房飞机库旧址现为第三次全国文物普查登记建筑，建于20世纪30年代，为原抗日战争时期南昌老营房飞机场停机库。八一礼堂在新中国成立后的很长一段历史时期，是江西省重要的会议及政治集会场所，承载着江西省及南昌市的红色记忆，见证南昌的历史变迁，诠释南昌人民的情怀，是南昌市乃至江西省的标志性历史建筑之一。

非物质文化遗产

【概况】 2016年，东湖区开展“加强文化遗产保护振兴传统工艺”非物质文化遗产进校园活动。组织东湖区的非遗文化精品南昌泥塑等非遗作品参加第十二届中国（深圳）国际文化产业博览交易会；组织参加第二届湘赣鄂皖非物质文化遗产联展、第四届江西省工艺美术“杜鹃奖”评比，并获得好评及银奖。

【开展非物质文化遗产进校园活动】 6月6日，“加强文化遗产保护·振兴传统工艺”非物质文化遗产进校园活动在光明学校举行。通过非遗项目赣发绣、豫章刻瓷、玉雕、豫章绣、泥塑、胎毛笔、瓦罐汤进校园，向广大学生普及非遗知识。同时，非遗传统手工技艺作品展示台前剪纸、折纸、画脸谱等技艺，学生可以根据自己的兴趣爱好向各项目传承人交流学艺，从直观的作品和技艺中初步了解非遗所蕴含的丰富文化底蕴。

【申报第五批市级非遗名录】 7月，南昌市群艺馆公布南昌市第五批非物质文化遗产项目名录。东湖区组织申报的南昌泥塑和南昌玉雕两个项目成功入选传统美术类。南昌泥塑，又称彩塑。是中国民间一种古老常见的传统造型艺术，至今已传承百年。源于宋代宗教题材大型佛像的繁荣，形成于晚清民间初年。它以泥土为原料，以手工制作成形，或素或彩，造型以人物、佛像、动物为主。泥塑的工艺流程主要有：取土、和泥、做泥坯、塑形、中泥、细泥、沥粉贴金等。南昌玉雕源于北京，兼容苏州雕刻工艺，形成古都豫章特色。南昌玉雕主攻人物的雕刻，在制作上讲究精益求精，构思新颖，造型奇特。其雕刻刀法以浅雕、中浮雕、深浮雕、透雕为主。

【参加艺术江西国际博览会】 10月，非物质文化遗产项目——豫章绣、南昌泥塑参加2016艺术江西国际博览会。“豫章绣坊”展位受到众多参观者的瞩目，豫章绣作为南昌的一张重要的文化名片，是唯一一个入选参加2016艺术江西国际博览会的刺绣作品。豫章绣坊展出新绣制的赣绣精品：梵高的油画、八大山人的墨画、张大千的工笔画、摄影作品等20余副，还有最新设计的镂空摆件、便于携带的小卷轴等文化艺术礼品十多件，让众多参观者一饱眼福。南昌泥塑作为雕塑类代表参加展出，传承人罗清华亲自演示泥塑工艺，令参观者赞叹不已。

旅游管理与服务

【概况】 2016年，东湖区打造核心增长极和建设“四区”东湖，加大旅游重点产业项目和旅游规划线路建设工作力度，强化旅游宣传促销工作，加强旅游行业管理，推动旅游业快速健康发展。截至年底,旅游接待人数约700万人次,同比增长16%;旅游总收入135亿元,同比增长23%,旅游产业吸纳劳动就业人数1.16万余人。旅游经济呈现良好的发展态势。

2016年,全区共审批备案登记1个旅行社分社、32个服务网点。组织旅游企业申报并获得市级旅游资金310.8万元,推荐选送特色旅游商品参加2016年江西旅游产业博览会,江西中文传媒的《海昏系列·神兽艺术充电宝U盘套装》、江南绣业的《刺绣钱包》分别荣获金奖,扬子洲森美生态园被批准为国家AAA级旅游景区,蓝海梦芭休闲旅游美食广场被南昌市旅发委命名为"南昌市特色旅游点"。

【组织开展"江西人游南昌活动"】 1月15日至2月15日,区文化广电旅游新闻出版局组织滕王阁景区、樟树林、菇事汇庄园、森美生态园举办猜灯谜、年俗年货展、创意项目展览、迎春接福送春联等活动,吸引众多游客参观游玩,活动期间得到南昌晚报、天圆网、天涯论坛、新华网江西频道等媒体的大力支持。

【参加长江中游城市群旅游展示交流】 2月29日,长江中游城市群省会城市第四届商会期间,区文化广电旅游新闻出版局参加由南昌市旅发委联合武汉、长沙、合肥旅游部门在红谷滩绿地中心举办的旅游展示交流活动。活动以"我乘着高铁去串门"为主题,旨在加快四地旅游的合作与联系。活动会场中心位置设主舞台,各城市在此进行旅游推介、文化表演;主舞台两侧分设四个城市的展区,各城市展示地方特色旅游商品及非遗文化传承人现场展示制作工艺等。东湖区特色旅游商品——赣绣也在现场展示制作工艺。

【开展排查旅游安全隐患】 4—10月,区文化广电旅游新闻出版局对辖区滕王阁景区、樟树林文化生活公园、扬子洲生态旅游景区加大安全排查力度,全面排除旅游安全隐患,加强安全维护和运行监管,坚决遏制重特大旅游安全事故发生。

【组织参加2016深圳文博会】 5月12—16日,区文化广电旅游新闻出版局在文博会期间举办2016(深圳)文化产业招商推介会,推出豫章一号文化科技园二期等18个重大文化旅游产业项目,总签约金额115.7亿元。

【组织参加"5·19"中国旅游日主题活动】 5月19日,区文化广电旅游新闻出版局组织滕王阁景区、791艺术街区、樟树林、森美生态园等景区及各大旅行社等旅游企业,参加"5·19"中国旅游日主题活动。

【举办扬子洲第三届番茄节】 6月17—26日,扬子洲镇举办"第三届番茄节开幕式及文艺汇演""洲尚番茄崽崽评选活动""爱心番茄进社区公益活动""乡村大戏台文艺演出""农民趣味运动会""最美扬子洲采风""乡村美食汇""特色农产品展销""来玩吧""千人绿色骑行"及"洲尚精品生态游"等"文化东湖·秀美洲上"活动月暨扬子洲第三届番茄节系列活动。充分挖掘扬子洲生态文化,提升扬子洲生态旅游品牌知名度。

【组织参加2016年江西旅游产业博览会】 9月23—25日,江西旅游产业博览会在南昌国际展览中心举行,东湖区选送《奔马》《毛泽东像》《刺绣钱包》《鹰石山花图》等10余件涵盖布艺类、金属类、陶瓷类等特色旅游商品参赛参展。其中江西中文传媒的《海昏系列·神兽艺术充电宝U盘套装》、江南绣业的《刺绣钱包》分别荣获金奖。

【开展旅游住宿摸底调查工作】 12月,区文化广电旅游新闻出版局开展全区2015—2016年度旅游住宿摸底调查工作,东湖区新增宾馆、旅社共13家,总客房数1218间,床位数2422个。

【新增"南昌市特色旅游点"】 12月22日,蓝海梦芭休闲旅游美食广场被南昌市旅发委命名为"南昌市特色旅游点"。截至年底,东湖区共有3个南昌市特色旅游点,其他2个分别是:樟树林文化生活公园、791艺术街区。蓝海梦芭休闲旅游美食广场位于东湖区青山路118号,为东湖区特色夜市和商业街。为更好地满足周边市民的生活需求和发展商业旅游,该广场投资6500万元对建筑外立面、广场及古船外观进行升级改造,引进新华书店、天幕影城、游泳馆等项目。

【森美生态园被批准为国家AAA级旅游景区】 12月27日,经南昌市旅游景区质量等级评定委员会评定,扬子洲森美生态园被批准为国家AAA级旅游景区。江西森美生态园有限公司位于扬子洲镇望江路288号,于2012年4月开始筹建,总占地面积130亩，主营项目有：水耕蔬菜体验馆（无土栽培）、花卉园艺馆、有机生活馆、水果采摘、特色餐饮、生态木屋会议室、生态木屋住宿、休闲垂钓等。2012年年底，受到央视七套的采访并列为农经推广项目在央视网上长期推广宣传。2013年4月被江西省南昌市旅游局授牌为南昌市乡村旅游示范点，被科技部门授牌为科技示范点。建设期间受到众多媒体的关注和好评。

辖区文化资源

【概况】 东湖区有着丰富的文化资源，截至2016年年底，共有街道文化中心9个，社区文化活动室86个，社区文化广场20个，农家书屋21个，电影院5家，博物馆、纪念馆6家。2016年的东湖区，基本形成一个15分钟的文化服务圈：居民步行10分钟到15分钟，就可以到达图书馆、文化馆、电影院等公共文化设施。

东湖辖区文化资源相对集中，八一起义和八一广场旧址、贺龙指挥部、朱德旧居、叶挺指挥部、朱德军官教导团、江西省革命烈士纪念堂等革命遗址，体现东湖厚重的革命历史文化；省歌舞剧院有限责任公司、省京剧团有限责任公司、省话剧团有限责任公司、南昌市歌舞剧院、南昌市京剧团合并改为南昌市艺术中心。江西艺术剧院、百花洲电影院、樟树林星美国际影城、万达国际电影城、天幕影城蓝海店、南昌17.5影院是主要的影院、艺术剧院，江西省图书馆、南昌市图书馆、区图书馆3个公共图书馆，均在辖区内。樟树林生活文化公园、南昌市艺术品交易所、滕王阁古玩城、791艺术街区、豫章一号等文化创意产业的注入，为推动建设科教文卫中心区增强和谐发展动力。同时，方志敏广场及方志敏爱国事迹陈列馆成为全市乃至全省新的党风廉政教育基地、爱国主义教育基地和红色旅游新基地。

【民间文艺团队蓬勃发展】 2016年，东湖区民间文艺团队蓬勃发展，整合辖区剧团文化资源，成立一大批颇具规模的民间文艺团队。如东湖曼毓艺术团、红歌舞汇艺术团、清风艺术团、东湖区京剧培训中心、梦之声合唱团、东湖八一合唱团、音缘民乐团、雅韵越剧团、南昌鼓艺团、南昌市三八老人康乐联谊会、南昌市夕阳红协会、紫金城舞合缘舞蹈队、百花艺术团、新月时装队及南昌田园艺术剧团等。同时，全区拥有江西歌舞剧院合唱团等专业合唱团7支，江西省老年大学、南昌市老年大学合唱团等社会性合唱团15余支，江西省直机关合唱团等机关合唱团8个，江西师大合唱团等院校合唱团8支，夕阳红合唱团、红歌舞汇艺术团、百花合唱团等社区群众合唱团7支。

【引进智能设备提升服务水平】 2016年，区图书馆全年365天免费对外开放，在全市范围内实现统借统还系统。引进触摸屏阅读机、自助办证机、自助借还机、3D图书、歌德数字借阅机等新设备，大幅度提升东湖区图书馆的服务质量。2016年全年新办图书借阅证4633个，年总流通人次7.12万人次，书刊文献外借人次3.89万人次，书刊文献外借册次9.26万册次。举办讲座12次，培训班8个，展览12个。配合省共享工程中心完成5个街道公共电子阅览室和17个社区公共电子阅览室的建设，完成21个城中村"农家书屋"建设，其覆盖率在全市率先达到100%。

表20 **2016年东湖区主要影院、艺术剧院一览表**

名　称	占地面积（平方米）	座位数（个）	电　话	详细地址	备　注
江西省艺术剧院（"南昌·琴岛之夜"剧场）	12200	1200	13767991688	八一大道365号	"南昌·琴岛之夜"剧场按五星级剧院标准精心打造完成，于2013年5月成功首演，演出节目有大型视频秀、大型歌舞、国际水准杂技、搞笑音乐剧、相声、通俗歌曲、摇滚歌舞等，是南昌人和外来人商务、休闲和娱乐的最佳去处

续表 20

名　称	占地面积(平方米)	座位数(个)	电　话	详细地址	备　注
南昌市百花洲电影院	2398	1000	82153998	中山路 65 号强威大厦 4 楼	五星级影院,拥有 5 个放映厅,特别设置一个南昌独有的情侣厅
南昌万达国际电影城	4500	1496	86311113	南昌市八一大道 333 号万达广场 4 层	五星级标准,7 个高标准影厅,包括 1 个豪华贵宾厅,4 个南昌独家的 2K 数字影厅
南昌 17·5 影院(胜利路店)	1500	398	86762539	南昌市东湖区胜利路炫谷步行街三层	内设 5 个标准银幕放映厅,拥有顶级电影放映设备及超一流的音响设备,立足社区,秉承"以人为本"的服务理念,让居民在家门口体验到星级影院的震撼观影效果
樟树林星美国际影城	5440	1200	13601179527	佘山路 66 号樟树林文化生活公园内	南昌第一个 IMAX 巨幕高清影院,内设 8 个厅(包括一个 16×24 米的巨幕影厅),共有 1200 多个座位
南昌天幕影城蓝海店	2723	1032	88616060	南昌东湖区青山南路 118 号蓝海购物广场三楼	集人文、休闲、娱乐、购物于一体,共设有 9 个国际化标准多功能 NC1101L－A＋激光数字电影放映厅

(汪　莉)

档案事业管理

【概况】　2016 年,区档案局围绕区委、区政府中心工作,以科学发展观为指导,扎实推进档案资源体系、利用体系和安全体系建设,以区档案馆创建省一级国家综合档案馆为契机,强化馆务建设、业务建设和信息化建设,档案事业发展迈上新台阶,荣获"2016 年度南昌市档案工作先进单位"。东湖区人民检察院、东湖区公安分局分别顺利通过省特级、省一级复查。

【晋升省一级档案馆】　2016 年,区档案馆新馆投入使用,局馆面积 2100 平米,其中库房面积约 1000 平方米,配备 116 列档案密集架,安装温湿度环境智能监测系统、空气净化消毒自动控制系统、视频监控及红外联动报警系统、智能门禁系统,实现与区政府大楼安保系统的无缝接入;购置服务器及档案管理软件,建立局馆全范围的局域网,实现档案保护管理现代化;完成服务大厅(政府信息查阅中心)和展厅(区爱国主义教育基地)建设,方便群众查阅利用,发挥档案"资政育人,服务社会"的作用。12 月 30 日,区档案馆以 97 的高分顺利通过江西省国家档案馆规范化管理评估组测评,成功晋升为省一级档案馆。

【完成全区档案统计年报】　2016 年,区档案局指导区属 53 家单位按时完成 2015 年度档案事业年报统计工作,上报率 97%。

【举办档案业务培训】　7 月,区档案局分别对区委各部门、区直各单位及扬子洲镇、各街办(管理处)举办 2 期档案业务培训班,进一步贯彻落实国家 8 号令、9 号令,督促各单位到期档案规范整理并依法移交进馆。

【实现档案馆藏量翻番】　2016 年,区档案局加大档案接收力度,档案馆藏量大幅度提高,共接收民政局婚姻档案 86665 卷,扫描件 1071216 页;接收财政局、卫计委、检察院、审计局等 16 个全宗单位移交文书档案共 10281 件,审计业务档案 69 卷,奖牌、奖杯等实物档案 47 件。馆藏档案门类不断丰富，民生档案比重不断扩大，婚姻档案占现有馆藏量70%。截至12月底，区档案馆馆藏档案各类纸质档案共112506卷(22300件)，照片598张，实物档案233件，馆藏量同比增长337%。

【指导土地确权档案整理】 2016年，区档案局加强与农水局、扬子洲镇的联系，积极跟进农村土地确权档案工作。7月，抽调业务骨干到扬子洲镇对农村土地确权颁证文件材料的形成、收集、整理进行现场指导，截至2016年年底，扬子洲镇15个村基本完成确权档案的收集、整理工作。

【依托数字化管理提高档案利用】 2016年底，区档案局建立覆盖全局馆的局域网，馆藏所有档案资料建立目录数据库，重点全宗和民生档案建立全文数据库，馆藏照片、录像档案进行数字化，建立多媒体数据库。数字档案管理软件的使用使档案查阅效率大幅度提高。2016年全年查阅利用量达1530件次，同比增长300%。馆藏的下放居民档案、死亡干部档案、婚姻登记等民生档案，为群众办理养老保险、房屋买卖、财产继承、户籍办理、补办工龄等提供重要的佐证。

【搭建民生档案信息共享平台】 区档案局创新档案服务民生新模式，搭建民生档案远程共享利用平台，进一步深化档案便民服务。2016年，区档案馆和彭家桥街办、大院街办便民服务中心作为南昌市首批民生档案信息共享平台服务试点单位，建成并开通使用，实现“跨馆查询，异地出证”，方便社会各界查阅利用。

【开展档案编研工作】 区档案局利用馆藏档案资料开展编研工作。截至2016年底，共编写《中国共产党东湖区第十一次代表大会历次全会工作报告、领导讲话汇编》《中国共产党东湖区第一届纪律检查委员会历次全会工作报告汇编》《东湖区第十五届人民代表大会常务委员会工作报告汇编》《东湖区第十五届人民代表大会政府工作报告汇编》《南昌市东湖区第十五届人民代表大会财经工作报告汇编》《南昌市东湖区第十五届人民代表大会法院工作报告汇编》《南昌市东湖区第十五届人民代表大会检察院工作报告汇编》《中国人民政治协商会议南昌市东湖区第八届委员会常务委员会工作报告汇编》《中国人民政治协商会议南昌市东湖区第八届委员会常务委员会提案工作报告汇编》《东湖区档案局(馆)大事记(1987—2016)》等资料，使“死档案”变成“活档案”，更好地为政府工作查考、经济建设和社会各项事业提供利用服务。

【开展档案法制宣传】 在“6·9”国际档案日前夕，区档案局以“档案与民生”为主题，开展“档案法制走基层”“档案历史进机关”“档案知识竞赛”“档案与民生征文活动”系列宣传活动。区档案局征文《档案情系民生》被《中国档案》杂志采用，刊登于2016年第10期。6月9日，区档案局联合南昌市档案局在墩子塘街道北湖社区举办“档案与民生”图片展，“十二五”档案工作成果展，开展档案法制与业务咨询，发放宣传资料，吸引近千市民参与。江西日报、信息日报、江西二套、南昌电视台、南昌广播电视台等多家媒体到活动现场采访报道。

【加大民生档案执法调研】 2016年，区档案局积极开展民生档案执法调研。对民政局婚姻档案工作开展专项督查，就婚姻档案规范整理及数字化加工等提出具体要求，并实时跟进，密切监督，确保东湖区自20世纪50年代至2014年的20万对夫妻婚姻登记档案顺利进馆。

【严格档案安全治理】 2016年，区档案局加强档案实体安全管理，按照国家档案局《关于进一步加强档案安全工作的意见》要求和标准，严格落实档案安全工作责任制。邀请省消防协会教官对全局人员开展消防安全知识培训，进行应急演练，提高突发事件应急处置能力。坚持档案库房日巡查制度，及时发现和排查隐患。强化档案信息安全管理，建立健全档案信息安全保密制度，完善上网信息审查流程，严格执行开放档案鉴定工作制度，确保档案信息的绝对安全。

(吴佩红)

卫 生

综 述

2016年，东湖区的卫生工作以“五大发展理念”为指导，坚持以党的卫生工作方针、政策为指针，深入贯彻党的十八届五中、六中全会和习近平总书记系列重要讲话精神，全面落实区委、区政府决策部署和各级卫生工作会议精神，以推动医药卫生体制改革为主线，以打造“实力、魅力、活力东湖”为目标，突出卫生服务能力建设，进一步完善公共卫生服务体系和医疗服务体系，加强重大、重点疾病和突发公共卫生事件防控，强化卫生监督执法工作，着力加强卫生行风建设，提升卫生人才队伍建设，深入推进爱国卫生运动，不断提高全区人民健康水平。

医改惠民成效显著。一是推进基层公共卫生服务工程建设。推进东湖区疾病预防控制中心检验业务用房、东湖区社区药物维持治疗门诊和扬子洲社区卫生服务中心危房改造项目，三个项目分别投资200万元、180万元、198万元。二是基本药物制度管理日趋完善。在全省率先启动非政府办社区卫生服务中心实施基药制度，全区14所社区卫生服务机构所有药品实施零差价销售，群众就医负担不断降低。同时，落实基药补助资金，建立实施基本药物制度以奖代补经费分配制度，完善基本药物制度监测评价长效机制，全区累计投入基药补助资金595.7975万元。三是重大疾病免费救治深入开展。开展“光明微笑”工程，“儿童两病”免费救治工程，贫困患者尿毒症免费血透工程，贫困家庭重性精神病免费救治工程、农村贫困家庭妇女“两癌”免费手术工程等5项8个病种的工作，全年新增免费救治136例，切实减轻患者经济负担。四是基层卫生服务体系不断夯实。建成以公有制社区卫生服务中心为主体，形成以公有制社区卫生服务中心下设社区卫生服务站和社会力量举办的社区卫生服务站为补充的社区卫生服务体系，打造城区“15分钟社区卫生服务圈”。五是基本公共卫生服务均等化水平持续提高。全区基本公共卫生服务财政年人均补助标准提高到47元，2016年度基本公共卫生服务区级配套资金321.966万元。全区累计建立居民电子健康档案46.605万份，规范建档率达89.7%；高血压患者健康管理16650人；糖尿病患者健康管理6119人；重性精神疾病患者健康管理2272人，群众健康意识不断增强。

加强新领导班子自身建设。区卫计委党委领导班子重视理论武装。深入学习党的十八届三中以来历次中央、省、市、区委全会和习近平总书记系列重要讲话精神，以及省、市、区关于建设赣江新区、打造南昌核心增长极、推进青山湖西岸开发等一系列重大战略部署。系统地学习领导科学、市场经理理论、法律以及卫生专业知识等。班子成员系统学习“五大发展理念”“两学一做”等重要论述著作。班子成员既各司其职、独当一面，又积极沟通、团结协作，在合作共事中加深了了解，在相互支持中增进团结，促成委领导班子一盘棋。认真贯彻执行民主集中制有关规定，发挥班子成员集体领导作用，对涉及全局的重大问题、中心问题集体商量，会议决定。完善“三重一大”事项集体决策议事规则，推行政务公开，接受区人大、政协监督等，依法执政，促进决策民主化、科学化、规范化。

医政管理

【概况】 2016年,全区医政管理工作坚持以全国健康大会精神为指导,紧紧围绕全区卫生工作要点和医政妇幼中医工作重点,以进一步深化医药卫生体制改革,规范医疗机构执业,提高医疗服务质量、保障医疗安全为主线,认真落实政府的各项民生工程,深入开展医疗质量万里行、"优质护理工程"、民营医院规范化管理活动,全力做好"光明·微笑"工程、尿毒症患者免费血透救治、"儿童白血病、先天性心脏病"免费救治,继续深入开展好"三好一满意"活动,保障群众看病就医安全。

【规范医疗机构执业】 2016年,区卫生计委严格规范医疗机构、社区卫生服务机构、诊所、卫生所的执业行为,对在人员设施管理方面不符合法律法规要求的单位,责令整改直至停业取缔。3—10月,对辖区10家医院、23所社区卫生服务机构、19所村卫生所、82家门诊部、52家诊所和30家厂矿学校卫生室(所)进行规范执业检查,对存在严重问题的2家医疗机构进行停业整顿的处罚。对62家机构进行医疗机构执业许可证换证。按规范要求新设医疗美容门诊部2家,口腔门诊部5家,中医门诊部3家。对125家医疗机构进行年度校验。

【严把医疗从业人员准入关】 2016年,区卫计委严格医疗机构及卫生从业人员的执业行为,实行医师注册、变更网络化管理,受理、办理医师注册、变更共364人次,办理护士首次注册155人次,延续注册、换证214人次,并进行不定期网络审查,对不符合注册、变更、再注册的从业人员坚决不予准入,牢牢把住医疗服务从业人员的入口。

【推进重大民生工程管理常态化】 2016年,区卫计委将所有符合救治条件的白内障、唇腭裂患者和白血病、先天性心脏病患儿纳入常态化管理,实施免费救治。光明微笑工程全年实施白内障患者实施复明手术95例,累计2246例;白血病新增救治2例,累计救治10例;儿童先天性心脏病新增救治13例,累计救治106例;贫困重性精神疾病患者新增免费救治15人,累计救治242人。对需维持血液透析的尿毒症困难患者(城镇低保、农村五保、城镇"三无"人员、福利院供养孤儿、新增四类优抚对象和低保边缘户)全年新增救治11例,累计实施血液透析免费救治88例。以重性精神疾病治疗管理为慢病管理突破口,10所中心与省精神病院签订2016年度双向转诊协作协议和医师对口支援协议,建立省精神病院、社区卫生服务中心等为一体的重性精神疾病监管治疗机制,建立重性精神疾病培训的"绿色通道"。

【妥善处理医疗投诉】 2016年,区卫计委妥善处理全区各级各类医疗服务投诉22起,人道补偿2.58万元。按程序移送医疗事故鉴定。为患者办理医疗事故鉴定19例(省级医院医疗事故鉴定2例、市卫生局2例、市医学会医疗事故鉴定15例),每一起鉴定均在规定的时限内送达上级医学会。严格做到件件有答复,事事有回音,结案率100%,促进医患关系的进一步和谐。

【推进中医药服务能力建设】 2016年,东湖区以加强中医药服务体系建设和创社区中医药先进单位为工作重点,加强中医药人才培养和重点中医专科(专病)建设,充分发挥中医药在全区基本医疗服务中的作用。按照创建省级社区卫生服务先进单位的建设标准和要求,在全区90%的社区卫生服务中心设置中医科室和中药房,中医药人员配置达40%以上,91%社区卫生服务站开展中医药服务。进一步巩固和提升全区社区卫生服务机构的中医药服务能力,进而强化社区中医药服务体系建设。

【加强对中医坐堂医诊所的监管】 2016年,区卫生对设置的10家坐堂医诊所进行多次不定期督导检查,重点抽查机构坐堂中医师开具的处方,有效地防止中医坐堂医诊所出于经济利益驱动开具"大处方"和误导、诱骗就诊者购买药品等现象的出现。各中医坐堂医诊所对前来就诊的病人均免收挂号费、诊疗费,共计免费接受医疗诊疗咨询11218人次。每月接诊病人2012人次,全年接诊约24871人次;月均中药饮片销售15.8万元,全年中药饮片销售额达224余万元,各诊所病人数量呈现逐月上升的趋势。中医坐堂医诊所的开设促进药品零售企业的中药饮片的销售,也增加药品零售企业的公信力,促使机构规范执业的理念进一步增强,随意改变或扩大执业范围的现象得以杜绝,从而确保人民群众的健康安全。

【促进农村卫生健康发展】 2016年,东湖区按照《江西省村卫生室(所)建设标准》,大力实施村卫生所规范化建设。全区有13所村卫生所实现"五分开""三统一""五达标",业务用房均在80平方米以上。对辖区11名年满60周岁、从医满20周年的村医每月发放养老生活补贴80元,对承担公共卫生服务的28名村医每人每年发放1800元的补助经费,对在村卫生所执业的28名村医每人每年补助900元,均按标准发放到位。辖区基本实现城中村"一村一所"的村卫生所管理模式,基本实现村民"小病不出村",达到政府、百姓和卫生所三方面都满意的目的。

【抓好卫生专业技术人员培训】 2016年,委管医疗机构累计办理双卫网继教卡875张,通过双卫网参加网络继续教育学习2166人次。区系统卫生专业人员参加各类专业知识培训1042人次,参加继续教育面授学习885人次。通过请进来的方式,聘请国家、省、市、区级专家学者对系统卫生专业技术人员培训12次,提高广大卫生工作者的专业素质和业务水平。

社区卫生服务

【概况】 2016年,东湖区社区卫生工作以推进城市基本公共卫生服务项目、巩固实施国家基本药物制度成效、实施社区家庭医生责任制、推广全科医师签约服务为重点,着力于优化社区卫生服务资源、提高医务人员服务水平、提升社区卫生服务质量,全力守护的居民健康。

【实施基本公共卫生服务项目】 2016年,东湖区城乡基本公共卫生服务经费补助标准增加到每人47元,按照全区51.93万人人口,每人6.2元的标准,区级财政补助基本公共卫生服务配套资金321.966万元。东湖区按照51.93万人居民基数,全年累计建立居民电子健康档案46.605万份,规范建档率达89.7%;高血压患者健康管理16650人;糖尿病患者健康管理6119人;重性精神疾病患者健康管理2272人。截至年底,中央、省、市、区投入基本公共卫生服务项目2440.71万元,其中为全区60岁以上老年人、0—3岁儿童、孕产妇、妇女、低保残疾人等人群,进行免费健康体检服务23.25万人次,免费服务金额378.423万元。辖区社区卫生服务机构开展公共卫生服务项目宣传"五进"(进机关、进企业、进学校、进社区、进乡村)9158人次。进行健康讲座122次,参加健康讲座居民7019人次。开展咨询义诊623次,参加咨询、义诊19995人次,发放健康教育资料44578张(份)。

【健全绩效考核机制】 2016年,东湖区通过建立社区公共卫生服务领导小组、技术指导小组、绩效考核小组和督查小组,健全年终"第三方"绩效考核机制核算补助资金机制,全区公共卫生服务工作保持规范、稳步地开展,专项资金管理进一步规范。2016年,对辖区23所开展公共卫生服务项目的机构拨付项目经费2284.3518万元。

【加强社区卫生服务机构建设】 2016年,东湖区依据市编办、市卫生局、财政局、民政局《关于转发〈江西省城市社区卫生服务机构设置和编制标准实施办法〉的通知》(洪编办发〔2010〕32号)文件精神,按照政府举办的社区卫生服务机构编制为公益性事业单位,按其公益性质核定的社区卫生服务机构编制为财政补助事业编制(全区按52万人口,核定编制数为442人)。2016年度为10所社区卫生服务中心办理事业单位法人证、组织机构代码证换证。

【加强社区卫生服务信息化建设】 2016年,按照省、市卫计委的统一部署,东湖区基层医疗卫生机构管理信息系统项目在2015年10所中心均按要求实现平稳运行的基础上,通过区政府信息中心,委托中国移动拉卫生专线运行维护信息化服务器的方式,实现规范统一的卫生数据交换平台,社区卫生服务信息化建设得到进一步提高。

【落实家庭医生责任制】 东湖区家庭医生签约服务自2012年初试点以来,辖区社区卫生服务中心签约服务逐渐得到居民的认可。2016年全年累计签约服务46541人,各机构建立基层卫生巡诊小组58个,接受巡诊服务9125人次。建立慢病患者自我管理小组数36个,参加自我管理小组慢病患者人数358人。对长期卧床、癌症晚期或有特殊需求的老年人342人签订居家养老协议，建立家庭病床，通过精心护理减少患者的痛苦，提高其生命质量，维护临终患者的尊严，并减轻患者和家属的精神负担。

【全面落实基本药物制度】　2016年，全区在10所社区卫生服务中心全部实施国家基本药物制度，严格执行基药网上集中招标采购，做到药品分库、分架管理。各机构使用的国家基本药物（包括增补目录药物）超过580种，基本药物配备率、实施覆盖率100%。全年统一配送药物221.8万元，所有药品（中药饮片除外）实行零差率销售。

【加强全科医学培训】　2016年，区卫计委实行全员的卫技人员培训机制，不断强化全科医学培训，提升社区卫生服务质量。依托百花洲、滕王阁、墩子塘街道的3所社区卫生服务中心"全科医学教育社区实践培训基地"的培训力量和设施，定期邀请专家学者讲学授课，加强辖区社区卫生服务机构全科医师、专科医师、管理干部培训。2016年累计开办专项培训6次。参加省、市、区级组织的社区卫生服务医、护、管理人员培训累计780人次；完成村卫生室培训卫生人员56人次；重性精神疾病医护人员及管理人员培训130人次，家属培训1525人次。大大地提升社区卫生服务质量。

疾病预防控制

【概况】　2016年，东湖区疾病预防控制工作以医改为契机，大力加强自身能力建设，认真履行基本公共卫生服务职责，不断提高疾病预防控制工作的使命感和责任感，努力完成上级下达的重大重点传染病防控、慢性病防控、艾滋病和结核病防治工作，突出卫生应急处置，实施国家扩大免疫规划等重点工作，保障全区人民的健康安全。

【实施国家扩大免疫规划】　2016年，东湖区全年基础免疫接种人数为脊髓灰质炎疫苗3941人、百白破3941人、麻风3941人、乙肝34097人、卡介苗32180人、乙脑3941人、A群流脑3941人、甲肝3358人，接种率分别为99.82%、99.82%、99.82%、99.81%、99.81%、99.82%、99.82%、99.88%；加强免疫接种人数为脊髓灰质炎疫苗4151人、百白破3358人、麻风腮3358人、白破3826人、乙脑为3436人、A+C群流脑3826人，接种率分别为99.88%、99.88%、99.88%、99.87%、99.85%、99.91%。全年新增办证3941人，其中流动儿童办证641人，共接种141615人次，各项免疫规划接种率全面达标。

【落实新生入托入学查验接种证工作】　2016年，区疾病预防控制中心于6月下旬对全区接种单位、小学和托幼机构进行2016年儿童入托、入学查验接种证工作进行培训，7月开始进行查验工作。2016年入托应查验人数2711人、实查验人数2706人，查验率为99.82%；入学应查验人数4174人、实查验人数4163人，查验率为99.74%。托幼机构应补种324人，实补种296人，补种率为91.36%；小学应补种978人，实补种886人，补种率为90.59%。

【查漏补种脊髓灰质炎疫苗】　2016年，根据《2016年江西省麻疹风疹联合减毒活疫苗补充免疫和查漏补种活动实施方案》要求，区疾病预防控制中心在全区范围统一开展8月龄至4周岁儿童麻疹风疹联合减毒活疫苗补充免疫和查漏补种活动，以最大限度提高人群免疫力，形成免疫屏障。活动中，全区适龄儿童麻疹风疹联合减毒活疫苗21511人，实种20442人，接种率为95.03%。

【抓好H7N9、H10N8流感防控】　2016年，为防控H7N9、H10N8流感、埃博拉出血热、手足口病疫情，区疾病预防控制中心成立H7N9流感、埃博拉出血热、手足口病应急处理领导小组，制定防治方案，组织开展卫生应急小组技能培训4次，对辖区医疗机构、学校和托幼机构举办H7N9流感、手足口病防控专题培训共计2次，对辖区20余家医疗机构进行专项督导，对外开展各种应急宣传8次，累计对外发放各种宣传资料2万份，接受宣传人数累计1.5万人次数，接受电话咨询人数累计4000余次，全区未发生禽流感重大疫情。

【重视传染病疫情管理】　2016年，区疾控中心共共审核传染病卡18029张，其中无甲类报卡，乙类8764张，丙类5860张，其他3405张，辖区报甲乙类1040例，同比下降9.88%。发病前五位的疾病分别为肝炎383例（36.83%）、肺结核342例

(32.88%)、梅毒176例(16.92%)、淋病49例(4.71%)、艾滋病24例(2.31%)。

【开展卫生应急处置】 2016年,区卫生部门组织对辖区医疗机构在疫情网络直报、传染病防控等业务指导100余次,处理疫情124起,处理重症手足口病疫情84起共126例病例,处理食物中毒疫情10起共50例病例,处理布鲁氏菌病疫情26起共29例病例,处理其他散发疫情4起共4例病例,处理学校聚集性疫情1起,疫情处置报告及时率达100%。有力地应对H7N9、H10N8禽流感、手足口病等重大传染病疫情,辖区全年未发生聚集性重大疫情。

【推进艾滋病综合防治城市示范区建设】 2016年,按照江西省卫生和计划生育委员会等六部门《关于进一步推进艾滋病防治工作的通知》(赣卫疾控字〔2014〕4号)和国家卫计委办公厅《关于启动第三轮全国艾滋病综合防治示范区工作的通知》(国卫办疾控函〔2014〕503号)文件精神,东湖区被列为国家城市示范区县区。第三轮全国艾滋病综合防控示范区工作周期为5年(2014—2018年),项目将进一步推动全区艾滋病综合防控工作,扩大与加强艾滋病综合防控力度,遏制艾滋病在全区的蔓延与传播。全区全年超额完成省市下达的指标任务。

【深化慢病综合防控示范区建设成果】 2016年,区卫计委制定《2016年东湖区慢病综合防控示范区工作方案》,组织召开全区多部门协调会和部门联络员会议,布置2016年示范区创建的各项工作任务。5月18日至9月23日开展中国职业人群“健步走激励”健康干预项目,为期100天,活动期间培养11名领队,开展领队活动100余次,组织开展4次健康讲座,5次实地健走,1次大型主题健走周、征文和摄影等丰富多彩的活动,开展赛前赛后队员的健康问卷调查和健康体测。在中国职业人群“健步走激励”干预项目比赛中获得“全国赛”中综合成绩排名16,省内排名第一的优异成绩。与多部门合作,大力开展“推广食物营养标签”及示范餐厅、示范食堂的创建工作,在各社区以宣传栏、社区讲座等多种形式倡导控油限盐的健康生活方式。巩固完善9个健康指标自助检测点,逐步扩大自我管理人员队伍及覆盖面,维持慢病自我管理小组,新增30个,总数达到75个。

妇幼卫生保健

【概况】 2016年,东湖区妇幼保健工作始终坚持以保健为中心,以保障生殖健康为目的,实行保健与临床相结合,面向群体,面向基层和预防为主的卫生工作方针,认真贯彻落实“一法、两纲”工作,不断强化母婴安全意识,加强妇幼保健适宜技术推广,确保两个纲要工作的落实。

【加强儿童保健管理】 2016年,东湖区7岁以下儿童保健覆盖28552人,儿童保健覆盖率为91.61%;5岁以下儿童数23070人,5岁以下儿童死亡人数13,死亡率2.19‰;3岁以下儿童16501人,3岁以下系统管理15014人,系统管理率为90.99%;婴儿死亡人数11人,婴儿死亡率1.85‰,新生儿死亡人数7人,新生儿死亡率1.18‰,无新生儿破伤风发生;托幼机构管理率达100%。

【加强免费婚前医学检查】 2016年,东湖区纳入全省实行免费婚检试点区,妇保所在区婚姻登记处旁设立“免费婚检处”,建设打造出婚姻登记、免费婚检一站式便捷服务模式。通过一对一咨询指导等方式对每一位婚检对象做好婚育相关知识宣传教育,保守婚检对象的隐私权,健全婚检档案资料管理。截至年底,东湖区结婚登记2597对,婚检640对,婚检率为24.64%,并对影响婚育疾病和异常情况给予医学指导意见。

【加强孕前优生健康检查】 2016年,东湖区把实施好国家免费孕前优生健康检查项目作为计生惠民的一项重要工程来抓,通过健全制度、加强监管、规范运作、全程质控,保证免费孕前健康检查工作的规范化和标准化。在工作中通过坚持以“便民利民,服务工作重心下移”为原则,尽力方便育龄群众参加孕前健康检查。全年完成孕检任务1694对,对检查过程中发现的问题给予相应指导和相关的治疗。

卫生行政执法

【概况】　2016 年，东湖区卫生行政执法工作以查办卫生计生违法案件为主线，以重点检查和专项整治为抓手，以加强综合执法工作为重点，不断强化依法行政和服务意识，全面加强公共卫生、医疗卫生监督工作，有效地维护和保障人民群众的健康权益。

【着力提升行政许可服务质量】　2016 年，东湖区进一步精简行政审批事项，依法取消餐饮服务单位公共场所卫生许可审批事项。按照方便、高效原则，实行行政审批“一个大厅办理、一站式办结”。同时，进一步完善细化监管措施，依法依规加强事中事后监管。截至年底，受理卫生行政许可申请 1148 件（其中医师护士注册 739 件，公共场所 346 件，二次供水 61 件，放射诊疗 2 个）；发放卫生许可证 1140 个（其中公共场所卫生许可证 338 个，二次供水 61 个，放射诊疗 2 个，医师、护士执业注册 739 个）；年检 308 户（其中公共场所 179 户，二次供水 41 户，医疗机构 88 户）；核发从业人员健康证 4898 个。

【认真受理、核查群众投诉举报案件】　2016 年，为全力维护群众的合法权益，严厉查处各类违法行为，区卫计委 24 小时开通群众投诉举报电话，接报后及时派监督员赶赴现场进行调查处理，并及时答复举报人处理结果。2016 年共受理各类投诉举报 43 起，其中医疗机构 35 起，公共场所 5 起，二次供水 3 起，及时处理 42 起，投诉举报及时处理率 100%。

【大力推进卫生监督协管服务工作】　2016 年，为进一步规范和提升全区卫生监督协管服务能力，区卫计委明确专人具体负责卫生监督协管工作协调、督导培训和考核评估等工作；大力推进卫生监督协管信息化建设，为每位卫生监督协管人员配备移动终端“卫监助手”，开通 4G 移动网络，实现手持终端 APP 数字化移动执法；组织开展卫监助手软件应用知识培训，使卫生监督协管员能够尽快掌握“卫监助手”使用技能，为开展巡查打好基础；建立和完善公共场所、医疗机构、供水单位和学校等管理相对人监督档案。全年共对辖区公共场所、二次供水单位、学校和医疗机构巡查 4632 户次，查出 15 次无证行医行为，协助 86 家公共场所经营单位办理卫生许可证，通知 1009 个从业人员及时办理健康证，要求 87 户未亮证经营单位规范亮证。

【严厉查处各类卫生违法案件】　2016 年，区卫计委加大对卫生违法案件查处力度，通过日常监管、专项整治、群众举报等方式，积极发现案件线索，严厉查处各类违法案 103 例，其中：公共场所经营单位 67 家，医疗机构 36 家，共罚没 17.16 万元。

【精心组织专项卫生执法检查】　2016 年，按照上级卫生行政部门的要求，区卫计委紧抓关键行业、关键环节，开展游泳场馆、消毒产品、医疗美容、住宿场所、学校卫生等 14 项专项执法检查和专项整治工作。共出动卫生执法人员 650 人次，立案查处 35 起违法经营案件；对 70 家存在问题的公共场所单位下达整改意见书；责令 15 家无证经营单位办理卫生许可证。有力地打击各种违反卫生法律法规行为，消除公共卫生安全隐患，有效地防范突发公共卫生安全事故的发生。

【持续开展打击非法行医行动】　2016 年，按照市卫计委《关于开展进一步整顿医疗市场专项行动的通知》的要求，区卫计委在全区范围内开展为期两个月的进一步整顿医疗市场专项行动。检查中对存在问题的 45 家医疗机构，责令其限期改正。此次行动严厉打击无证行医行为，严肃查处医疗机构出租、承包科室，聘用非卫生技术人员行医，超范围行医，利用 B 超和其他技术手段非法鉴定胎儿性别和选择性别的终止妊娠手术等违法行为。

爱国卫生运动

【概况】　2016 年，区爱卫办以迎接国家卫生城市、国家文明城市复审为动力，以“保卫”工作为重点，不断强化爱国卫生组织管理工作，扎实开展城区环境卫生整治、病媒生物防制、健康教育等工作，积极改善城区环境卫生面貌，切实保障人民群众身体健康，努力打造美好健康城市。

【夯实爱国卫生组织管理】 2016年,区爱卫办进一步夯实爱国卫生组织管理:一是经费保障。全区外环境的消杀工作市场化,区爱卫办聘请专业的消杀公司负责全区的消杀工作。区财政在保证46万元专项资金的基础上追加投入资金40万元,用于购置“四害”防制药品、器械及开展集中消杀工作等。二是健全机构。全区及时调整和充实区爱卫会成员,由区长担任区爱卫会主任,各有关职能部门主要负责人任委员,各成员单位分工明确,责任落实。三是区爱卫办有相应的编制和人员,有适应工作需要的办公经费、办公用房、交通工具等。

【扎实有效开展“保卫”工作】 2016年,区爱卫办根据全市“保卫”工作需求,一是加强组织机构建设。本着“机构不撤、人员不变、经费不减”的原则,调整爱国卫生工作领导小组及病媒生物工作领导小组成员,爱卫组织机构得到加强;同时在爱国卫生工作经费不变的情况下,增加病媒生物防制工作经费,真正把爱卫各项工作落到实处。二是认真开展爱卫月活动。根据市爱卫会等七家单位联合文件洪爱卫字〔2016〕15号《关于转发省爱卫办〈转发全国爱卫办开展第28个爱国卫生月活动的通知〉的通知》的要求,区爱卫会于4月份开展以“灭蚊防病,健康你我”为主题的爱国卫生月活动,向全区共发放宣传资料3万余份,各街办、社区共出板报、黑板报100余期,使之家喻户晓。三是组织人员参与市暗访组。5—11月,区爱卫办每月组织人员参与市保卫工作暗访组;拍摄并记录垃圾暴露等问题100余处,为全市保卫工作做出贡献。

【全面开展病媒生物防制工作】 2016年,区爱卫办在开展环境卫生综合治理的基础上,从经费落实、明确职责入手,强化培训督导,积极组织引导并稳步推进全区病媒生物防制工作的开展。区财政在保证46万元专项资金的基础上追加投入资金40万元,用于购置“四害”防制药品、器械及开展集中消杀工作等;区爱卫办严格对PCO公司的监管,通过区、街、社区三级督查,督促PCO公司保质保量完成合同任务,并将督查结果与合同经费密切挂钩,保证外环境消杀的明显成效。截至年底,共发放灭鼠颗粒6万包、灭鼠蜡块40箱、灭蚊片4万盒、灭蟑粉4万瓶;外环境毒饵盒内共投放谷粒毒饵50余箱,灭鼠蜡块40箱,下水道吊挂灭鼠蜡块520包;外环境喷洒“顺式氯氰菊脂”杀虫剂和“8%高氯残杀威”杀虫悬浮剂共计108箱,投放灭幼颗粒剂30余斤,苏云金杆菌20箱,列卫胜(杀威、高氯剂)85箱、氯菊烯丙菊(优士)20箱、高氯残杀威杀虫乳油30箱、“生久歼飞”高效氯氰菊脂50箱。降低各行业的病媒生物危害程度,有效地控制全区的“四害”密度。

【全面做好健康教育工作】 2016年,区爱卫办把健康教育工作放在重要位置。一是根据南昌市健康教育工作要点,开展各项健康教育活动。如3月8日结合“三八”妇女节,举办健康教育进社区宣传活动;开展“3·24”世界防治结核病日宣传咨询活动;开展“4·25”计免日宣传咨询活动,开展“5·31”世界无烟日宣传咨询活动。二是围绕南昌市“创文保卫”工作对辖区各单位健康教育进展情况进行督导,上半年督查指导辖区学校、公共场所、街道社区机关事业等单位共20多家,对他们在健康教育工作中存在的问题及时提出整改意见。各街道社区结合“相约健康社区行”主题,开展形式多样的健康教育活动,并做到年度有安排,季度有小结,使辖区各街道社区健康教育工作有条不紊地进行。三是协助东湖区健康教育协会开展各项健康教育活动,如建立健康教育网站,开展青少年艾滋病防治知识宣传,开展社区健康素养巡讲活动和健康教育师资培训等。充分利用资源,扩大健康教育传播范围。截至年底,共开展各种健康教育宣传咨询活动8次,制作宣传条幅9条,展出健康教育宣传版面13块,发放结核病、艾滋病、手足口病防治知识等健康教育资料6000余份。开展健康素养巡讲6期,健康教育师资培训1次。

【稳步推进改厕项目】 2016年,为提高农村无害化卫生厕所普及率,改善农村环境卫生面貌,保护广大农民身心健康,东湖区申报90户家庭改厕项目。分别为:扬子洲镇前洲村前头31户,前洲村竹园王家29户,前洲村河边30户。经过申报、审批等手续,项目陆续完工,区爱卫办组织人员完成前期验收。

辖区医疗资源

【概况】　截至2016年年底，区卫生计生系统在编在职279人，离退休268人，缺编制48人，临时聘用135人。区属卫生事业单位在编在职专业技术人员215人，其中高级职称21人、中级职称82人、初级及以下职称112人。全区共有卫生机构236所，其中医院10所、中医医院1所、专科防治所1所、社区卫生服务机构23所、门诊部84所、诊所58所、卫生所35所、村卫生所21所、疾病预防控制中心1所、卫生监督所1所、妇幼保健机构1所，卫生技术人员2506人。全区平均每千人拥有区级执业（助理）医师数2.56人、拥有注册护士1.56人，拥有病床1.4张。

表21　**2016年东湖区主要医院一览表**

名　称	卫生技术人员(人)	床位数(个)	电　话	详细地址	备　注
南昌大学第一附属医院	3202	3119	88692711	南昌市永外正街17号	省属
南昌大学第二附属医院	2032	2475	86300473	南昌市民德路1号	省属
江西省人民医院	1939	1560	86895515	南昌市爱国路92号	省属
江西省儿童医院	1521	1319	86803758	南昌市阳明路122号	省属
江西省妇幼保健院	1385	929	86226882	南昌市八一大道318号	省属
江西省口腔医院	263	18	86362356	南昌市福州路49号	省属
江西省中医院	1266	1525	86361058	南昌市八一大道445号	省属
南昌市第一人民医院	1486	1194	8862269	南昌市象山北路128号	市属
南昌市洪都中医院	789	600	86781658	南昌市民德路264号	市属
江西省胸科医院	556	594	86784107	南昌市叠山路346号	省属
合计	14439	13333			

（万猛根）

镇、街道办事处、管理处概况

扬子洲镇

【简况】 扬子洲地处南昌城北，位于南昌市新、老城区的中间，以赣江南桥贯通南昌中心市区，赣江北桥连接南昌昌北开发区，其四面皆为赣江环绕，是南昌市著名的水上绿洲。其中心纬度为28°43′20.5″，经度115°54′59.4″。扬子洲堤内总面积18.2平方公里，加上堤外滩涂水域等面积总计38.6平方公里，共有人口31200余人，9300余户，辖三联、联民、为民、庙后、前洲、新村、滕洲、熊万、上房、莘洲、长村、渔业、南洲、林场、臣港等15个村委会，有自然村71个。镇政府驻庙后村，距市中心5000米。扬子洲镇具有较好的生态环境，接近10%土地总量的河溪水网、环岛大片的滩地，一年四季都是田园牧歌式的风光，俨然是南昌大都市里的村庄。扬子洲镇是南昌市最大的商品蔬菜生产基地，为京九沿线农业科技开发示范点。

2016年是扬子洲镇全面实施“十三五”规划的开局之年，在区委、区政府和镇党委的坚强领导下，全镇认真贯彻上级决策部署，积极应对十年储备带来的政策制约，发掘内生动力，较好地完成年初制定的各项目标任务。一年来，紧扣十个重点，力推十个“提升”，迎难而上、聚力攻坚，实现经济社会平稳发展。2016年，扬子洲镇全年完成财政总收入9916万元，增长42.8%；完成地方公共财政预算收入3024万元，增长15%；实现农民人均收入14935元，净增1718元。经济指标运行保持稳中有增的良好态势。

2016年，扬子洲镇围绕重大民生工程和民生项目抓落实。一是社会保障日益健全。完成全镇233户农村低保户申请城市低保工作，实现城乡低保并轨，人均每月提高140元；发放各类救助款340余万元；对镇敬老院投资60余万元进行整体改造提升；城乡居民医疗保险参保2.6万余人；城乡居民养老保险参保1.2万余人，享受待遇近3000人；发放小额担保贷款240万元；上报耕地地力保护补贴面积10900余亩，为5000余农户发放补贴122万余元；督促做好渔船燃油补助名单整理公示工作，确保渔船补助资金发放工作有序进行。二是社会事业欣欣向荣。配合完成扬子洲学校、八一嘉实小学等基础设施改造和信息化建设；进一步扩充镇中心幼儿园班额、师资力量；配合实施扬子洲社区卫生服务中心危房改造和卫生服务网络建设；联合红十字会帮扶困难群众900余人次；莘洲村计生示范村打造初具规模；投入23万元，建设前洲村灯光篮球场；积极推进碧流前洲文化展厅等文化阵地建设；成功举办洲尚K歌大赛、“最美扬子洲”油画摄影采风等系列活动，丰富群众文化生活。三是完成农产品质量抽检1120批次，把好全镇农产品质量关。

【稳步推动经济发展】 2016年，扬子洲镇立足十年储备现状，挖掘特色资源，整合产业优势，不等不靠谋发展。一是招商引资持续发力，不断拓展招商引资渠道，组织多批次招商小分队出击行动，将队伍带出去，学习考察，接洽项目，打造一支精干的招商队伍。通过“腾笼换鸟”“引雀筑巢”，发展总部经济，引入江西恒创新能源开发有限公司等新注册项目8个，进资9000万元，增税拓源工作取得新突破。二是不断开发产业潜力，通过挖掘农业资源和特色农产品优势，引导传统种养业向新型产业发展转型，2016年共开展2次农村电商培训，培养现代农民和农村商务人才，探索推进

“互联网+都市农业”模式取得成效，农产品网销受到市民青睐。

【积极推进城市建设工作】 2016年，扬子洲镇贯彻落实南昌市关于扬子洲镇十年储备决议，将城建控违、土地管理作为重中之重抓好抓实。一是巡查监管全面覆盖。通过城建控违办、城管中队与各村联合互动，做到巡查全天候、无死角，加大土地违法执法力度，持续巩固市区镇村四级联动成效，真正实现违法建设及时发现及时拆除。制定《城建控违工作绩效考核奖惩补充办法》，为控违工作提供制度保障。全年发现违法建设355处，拆除违法建设面积15930平方米，首次对工作监管不力责任人进行问责。二是督查疏导成效明显。成立镇控违督查办，对城建控违工作进行全程督查核实，出台《城建控违督查工作管理办法》，规范督查工作运行。自督查办2016年9月成立以来，开展督查34次，督查核实144户，保证控违拆违效果。积极沟通协调，争取政策，帮助27户D类危房户通过危房鉴定，6户改造完成；争取政策成为全市唯一可以申报公租房的乡镇，帮助17户住房困难户申请到公租房。百姓住房难问题逐步得到有效解决。

【实施农村环境综合整治】 2016年，扬子洲镇实施系列环境综合整治行动。一是改善基础设施。投入5070余万元，全面实现鹏举路、扬新路、扬农路、熊万村支路竣工通车；投入20余万元，建造三格式无害化公厕90余座；投入80余万元，对渔业村、为民村、莘洲村等6个村进行路灯安装、村道硬化；完成15个新农村建设点打造，新建改造长村村、滕洲村老年活动中心等村级广场6处；投入200余万元，购置防汛物资并对圩堤管理站和三联村等7个村级电排站进行维修养护，对滕洲村电排站2台机组进行更换，对各地段清表清杂，对林场村、南洲村、长村村段的堤顶路进行填石整平，确保安全度汛。二是改善农村面貌。开展“美丽洲尚·幸福家园”环境综合整治活动，投入130余万元，对农村生活垃圾处理，做到日产日清日运。联合工商、交警、公安、城管等相关执法部门重点治理全镇主干道沿线和重点区域出店占道经营、乱扔乱挂、乱停乱放等现象，集中清理铁路沿线、各行政村主次干道、沟渠河塘、新农村建设点周边环境和陈年垃圾。三是改善生态环境。打造“千万树木进千村”植树造林点5个，栽种绿化树种6000余株；圆满完成市级下达的生猪禁养工作任务；配合市、区环保部门，关停搬迁污染企业，对全镇二级饮用水源保护区内所有码头企业进行环保备案管理；定期检测饮用水水源地的生态水源；投入450万元，实施农村环境综合整治项目，对庙后村等6个村生活污水处理、管网铺设等进行改造建设；启动创建国家级生态文明示范镇规划编制程序，完成渔业村省级生态村申报工作。2016年，扬子洲镇获得第十六届市级文明村镇称号，前洲村等6个村获得全区文明单位称号。

【不断提升服务水平】 2016年，扬子洲镇加快转变政府职能，不断提高行政效能。一是政务管理民主。全面推进法治政府建设，聘请专业律师为法律顾问，为镇政府重大决策、重要项目和重要事务提供法律咨询和建议，协助政府依法行政。加强人民调解队伍建设，做到小事不出村、大事不出镇，扎实推进“七五”普法；全年办理人大代表建议、意见和政协委员提案6件，办复率和满意率100%。二是政务运行规范。建立和健全镇村干部日常管理、政府收发文管理等办法，进一步规范镇机关财务管理等制度，形成以制度管人管事的良好格局。落实中央八项规定，完成行政单位车改，规范办公用房使用、公务用车管理，“三公”经费持续下降。开展集中整治和查处基层侵害群众利益不正之风专项整治。三是政务效能提速。强化三资管理，镇公共资源交易站全年交易项目75宗，总交易额1489万余元；创新政务公开，建立政务微信公众号，发布政务信息330余条；全镇“七个提升”11类63项重大重点工作基本完成；积极回应民生诉求，办结民生通道7件，办结率100%；落实村干部工资、社保等待遇，保障村级组织有序运转。

【扎实做好党风廉政建设】 2016年，扬子洲镇深化落实“两个责任”，全面推进从严治党。一是强化党委主体责任和纪委监督责任，与各村签订党风廉政建设责任书，建立健全《镇村干部日常管理办法》等制度。严格遵守中央八项规定，进一步规范镇机关“三公”经费支出及农村“三资”管理，形成以制度管人管事的良好格局。二是强化执纪、监督、问责,换届以来严肃查处案例4起,给予4人党纪处分。不定期对“八项规定”落实情况进行明察暗访,对侵害基层群众利益等行为开展集中整治,全镇上下呈现出风清气正的政治生态。三是创新廉政宣传方式,通过班子大走访活动,班子成员直接发放近2000份宣传用品,公布举报电话,进一步畅通监督渠道,在全镇范围内营造浓厚的党风廉政氛围。

【全面落实社会治安综合治理】 2016年,扬子洲镇落实和完成各项综治工作任务,维护一方社会稳定。一是提升公众安全感和群众满意度,全年共走访发动宣传群众12000余人,镇村干部进村入户10批次,发放宣传单30000余份,走访覆盖率100%,梳理不计重复意见10余条。二是精心谋划,开展形式多样的平安创建活动,集中对“万家嘉园”“联民公寓”“幸福家园”和“江边佳苑”4个重点集聚区进行监管监控,不断提升全镇治安管理水平。积极配合派出所开展打击“两抢一盗”“打黄扫非”和禁毒、禁赌、禁娼等专项活动。三是狠抓综治和信访矛盾纠纷调处。大力推进综治中心、综治信息化、网格化管理“三项建设”,共划分70个网格、配备142名网格员,及时排查调解,推动综治工作实现质效提升,大力推进“三项建设”,制定出台《信访维稳十八条》,截至年底,全镇共排查调处突出矛盾纠纷3件,成功调处2起,其中稳控1起(西藏兵赴京访事件在稳控中),办结网上信访服务中心信访件16起,办结率100%。全年无重大刑事案件和群体性事件,无赴京、赴省访等访情;全镇社会态势基本稳定。

【构建创新型基层党建机制】 2016年,扬子洲镇夯基础、强队伍,为全镇经济社会发展提供坚强的组织保障。一是强化党建服务全局。镇党委强化大局意识,突出把方向、优路径、明责任。广泛开展“两学一做·三巡”等学习教育活动,提出“把规矩立起来、把队伍强起来、把人心聚起来、把责任担起来、把服务优起来”的总体目标,着力推进“七个大提升”11类63项重大重点工作。镇村干部内生动力不断激发,群众满意度持续提升,工作成效亮点纷呈。二是强化基层党组织标准化建设。打造前洲村、庙后村等8个党群服务中心,推动村级党组织阵地、组织、制度、队伍、服务、活动建设六个方面提质增效,形成示范带动的良好效益。以“党建+三风”和“党建+村园融合”为创新模式,在庙后村规划建设红色文化体验基地,着力改造提升碧流前洲文化展厅、七彩洲尚文化长廊、江夏庙后文化长廊及各村“三风”文化墙等文化阵地共10余处。先后开设“渊明学堂”等国学课堂,使党建文化关乎人文、入脑入心。三是强化制度建设。研究成立由镇党委书记任组长的党建工作领导小组,设立党建办。广泛开展调研并多方征求意见,制订出台2016年党建工作计划,强化“三会一课”制度,并与村级签订党建工作责任状。以工作清单明确任务,以绩效考核促进工作。四是强化宗旨意识。在实际行动中坚持群众路线,不断完善党员干部联系走访群众常态化制度,先后组织进村入户开展五大类调研及走访活动,发放宣传围裙7500余件、各类宣传单2万余份,并将群众反馈的问题,责任到人,限时督办,竭尽所能的“知民事、听民意、解民忧”。五是强化服务建设。探索党员服务群众“三帮三包”制,开展“两学一做·三巡”系列巡展巡讲巡演活动50余场和“洲尚农民趣味运动会”“三风+洲尚崽崽涂鸦大赛”等农村文化活动30余次,成立约150人组成的“洲尚志愿者联盟”,先后开展“爱心番茄进社区”“点亮微心愿,情暖扬子洲”等特色服务活动30余次,惠及群众近万人。

【打造特色乡村旅游品牌】 6月17日,由区人民政府、南昌市旅游发展委员会主办,扬子洲镇人民政府、区文广局、区农办承办的“文化东湖·秀美洲上”活动周暨扬子洲第三届番茄节正式开幕。番茄节持续半个月,其间举办“洲尚番茄崽崽评选活动”“爱心番茄进社区公益活动”“乡村大戏台文艺演出”“农民趣味运动会”“最美扬子洲采风”“乡村美食汇”“特色农产品展销”“来玩吧”“千人绿色骑行”及“洲尚精品生态游”等系列活动。充分向游客展现扬子洲的绝美生态和丰富的民俗文化、人文风情。扬子洲镇第三届番茄节共吸引游客3万余人次,为村民创收200余万元。打响“国家生态镇,秀美低碳岛”的品牌,带动森美生态园、菇事汇、美乐葡萄园等一批现代都市农业项目发展,强化全镇生态旅游和休闲农业造血功能。

【如期完成选举工作】 6月19日，扬子洲镇组织召开中共东湖区扬子洲镇第一次代表大会。全镇各党组织95名正式代表出席会议。大会以无记名投票、差额选举的形式，选举产生7名新一届委员会委员、5名纪律检查委员会委员、19名区第十二次人民代表大会代表。9月19日，扬子洲镇第三届人民代表大会第一次会议召开，全镇52名人大代表及61名列席代表参加大会。会议通过相关决议、大会日程和会议议程，听取审议并通过《政府工作报告》《人大工作报告》《扬子洲镇2015年财政预算执行情况和2016财政预算草案的报告》以及《扬子洲镇2015年国民经济和社会发展计划执行情况及2016年国民经济和社会发展计划草案的报告》，依法选举产生镇人大主席1名，镇人大副主席1名，镇政府镇长1名、副镇长3名。

表22 **2016年扬子洲镇村民委员会一览表**

村委会名称	主任姓名	户　数（户）	总人口（人）	村民小组（个）	办公地址	办公电话
三联村委会	黄祖根	1586	5077	7	扬子洲镇三联村委会	88671863 13576096281
联民村委会	熊顺飞	1302	4035	7	扬子洲镇联民村委会	13870845889
为民村委会	岳国忠	611	1924	6	扬子洲镇为民村委会	86861646 13507917741
庙后村委会	黄　凯	931	3048	5	扬子洲镇庙后村委会	88670517 13517089788
前洲村委会	陶国庆	682	2378	8	扬子洲镇前洲村委会	88670425 13870607158
新村村委会	陶小勇	585	2101	4	扬子洲镇新村村委会	86861045 13607065667
滕洲村委会	陶　辉	520	1779	2	扬子洲镇滕洲村委会	13576931607
熊万村委会	万仁友	341	1228	2	扬子洲镇熊万村委会	13979151878
上房村委会	郭小云	454	1693	8	扬子洲镇上房村委会	13767103607
莘洲村委会	郭小金	555	1932	5	扬子洲镇莘洲村委会	88670134 13803516735
长村村委会	郭启年	292	1006	2	扬子洲镇长村村委会	86863426 13576126585
渔业村委会	郭有根	419	1464	4	扬子洲镇渔业村委会	88695239 13879186400
南洲村委会	徐凤娇	688	2230	4	扬子洲镇南洲村委会	13970098918
林场村委会	陶金国	349	1092	2	扬子洲镇林场村委会	13576260068
臣港村委会	陶　晟	74	228	1	扬子洲镇臣港村委会	88618143 13870618788

（陈书伟）

八一桥街道办事处

【简况】 八一桥街道坐落在风光优美、环境宜人的赣江江畔,东至象山北路,南达叠山路,西临赣江,北靠八一桥头。前身为大士院街道,因地处八一大桥桥畔故于1979年更名。辖区面积0.42平方千米,2016年,共有住户13061户,户籍人口38152人,下设有7个社区居委会,其中四星级社区2个,三星级社区4个,二星级社区1个。辖区内驻有江西省政协等机关事业单位18个,教堂1座,休闲广场3个。

2016年,八一桥街道始终围绕把东湖建设成为"总部经济集聚区、高端商业核心区、南昌文化标志区、城市管理示范区"这一共同发展目标,攻坚克难、负重前行,各项事业稳中有进。2016年全街完成地方一般公共预算收入3258.52万元,同比增长32.3%,名列全区第二;完成新增税收1885.58万,同比增长282.86%,名列全区第二。实际利用内资9390万元,同比增长11.81%;实现外资、现汇441万美元、115万美元,分别占年任务的105.71%、109.52%,主要对接广东澳沪物流、文轩汇、名品公共安全科技等知名企业,引进5000万以上重点项目4个,千万元以上项目11个,各项经济指标完成综合排名列全区第二。

截至2016年年底,街道共有党员659人。务实去华、足履实地,街道紧紧围绕党建任务抓好落实。一是落实党建阵地,解决大士院西区等3个社区各300平米党建阵地问题,顺利推进示范点、达标点建设任务。二是落实基层党建7项重点任务,并以此作为"两学一做"学习教育解决问题的切入点,查找出13名"失联"党员,并全部与组织取得联系;补缴机关支部党费2.17万元;新成立社会组织、非公企业、个体工商户党支部13个;邀请市组、区组领导开展学习教育专题讲座。三是落实基础工作,抓好"三会一课"等基本制度,对1个软弱涣散党组织进行力量调整,建立"两委"后备干部57名,与各社区书记签订党风廉政建设责任状,将社区党建责任制落到实处。

截至2016年年底,街道共有低保户464户,735人,享受金额281715元,2016年全年新增低保44户,停发低保42户,变动调整52户,大病救助27人次,救助金额61539元。发放义务兵优待金共计277872元,21人;发放居家养老券6人次,发放金额7200元;发放高龄补贴6699人次,发放金额597870元;全年共办理居民火化报销2人,报销金额850元。城镇新增就业人数771人,城镇就业率95%;"4050"人员就业人数144人,完成全年任务的131%;家政服务业从业人员95人,完成全年任务的108%;报送小额贷款57笔,共570万,完成全年任务121%;参加城乡居民社会养老保险人员263人;建立1个青年见习基地,共申报10名青年见习学员;办理市属退休人员生存认证4721人,签到率达95.21%;办理市属企业退休人员丧抚费31人,区属企业退休人员丧抚费2人;2016年度居民医保工作于3月底圆满完成,共10400人参保。

【开展党建活动聚民心】 2016年,街道积极搭建党员进社区服务的平台,组织党员群众手牵手、心连心、一对一帮扶,加强社区和居民之间的沟通和联系。芭茅巷社区党支部开展"一面爱心墙,温暖一座城"活动,发出捐一件衣服,献一份爱心的倡议,辖区党员干部积极响应,捐赠受益者30余人。春节、端午节、"七一"建军节各社区党支部组织党员开展困难群众走访活动,共看望慰问21户社区孤寡老人,关切地询问老人的身体和生活状况并送上慰问金。

【深化招商引资稳税增收】 2016年,八一桥街办牢牢把握楼宇经济这一命脉,积极投身招商引资这一主战场,紧紧抓住协税护税这一主线。街办、社区、驻街单位全员动员,"走出去、请进来"温情招商,通过"领导包片,干部挂点、社区联动","比成绩、促进度",街域经济明显提升。街办主要领导带队先后赴广州、佛山、长沙、南京等地开展招商和考察,成功引进丰成置业、正正网络、海岭建设、融银资产、乐思文化传媒等千万元以上项目,并引进文轩汇投资、商宝投资、名品公共安全科技等5000万元以上项目。

【进一步强化党的作风建设】 2016年,街道加大深入调研力度、拓宽走访群众广度,积极帮助基层群众解决实际困难,不断推动党风廉政建设责任制的落实,在进一步提高工作质量和效率上下功夫，狠抓机关作风建设。一是严格执行上下班签到制度，有效阻止迟到早退现象的发生。二是建立街道便民服务中心，严格执行“服务承诺制、首问责任制、限时办结制、责任追究制”，切实改变“门难进、脸难看、事难办”现象。三是实行明查暗访。除配合区做好日常工作督查外，街道党工委成立督查组，定期或不定期组织明查暗访，杜绝串岗、脱岗、虚岗及玩电脑、做与工作无关的事等现象发生。四是紧密联系群众，领导班子成员主动走访群众，认真听取群众意见建议，坚持从自身做起，从群众关注的问题改起，从最能体现良好作风的具体事情抓起。

【以“民兵＋中心工作”推进城市建设】 2016年，街道按照“平时服务、急时应急、战时应战”的要求，结合实际情况，紧紧围绕街道的中心工作积极开展工作，圆满完成全年各项工作任务。在拆迁及城市综合整治工作方面，全年共出动兵力多次，为城市建设贡献力量；积极做好抗洪抢险的各项准备工作，精心计划，精心组织，落实抗洪抢险物资（麻袋2万条，签订意向书，沙石、木桩向城建部门申请）和抢险队员，确保哪里有险情，民兵就出现在哪里；积极参与信访维稳工作，全年共出动兵力多次；认真做好安全生产及消防工作，全年对辖区内的宾馆、网吧、电动车停放店、烟花爆竹店、低洼危房、小餐饮店等进行全面的排查及清理，对存在有隐患的及时下发整改单，有效地遏制重大事故的发生。

【大力宣扬“三风”精神】 2016年8月19日，八一桥街道联合南昌市政协“三风”活动办公室、南昌广播电视台，在大众购物中心正门广场，共同主办“兴家风、淳民风、正社风”活动进社区文艺晚会。市政协副主席熊晓武，东湖区政协党组书记、主席王玮，市政协教卫文体文史委主任张恒立，市政协教卫文体文史委副主任、“三风”办副主任刘绍友，市政协社法民宗委副主任、“三风”办副主任况胜秀，南昌广播电视台副台长罗兰，东湖区委宣传部常务副部长冯玉成出席活动。整场晚会形式丰富多彩，内容精彩纷呈。不仅有歌舞表演、吉他弹唱《当你老了》、情景朗诵《方志敏》、“三风”三句半等节目，还有“两人三足”等互动游戏和“三风”知识问答环节，各位领导给辖区贫困儿童送上书包书籍等学习礼物。在互动中，现场观众畅谈对家风、民风、社风的理解，并分享身边的“三风”人物事迹，把活动推向高潮。家风正则民风淳，民风淳则社稷安。此次活动旨在唱响主旋律、弘扬真善美、传播正能量、树立新风尚，将“好家风”“好民风”“好社风”带给广大居民的同时也将快乐传递给居民，让“兴家风、淳民风、正社风”真正融入广大群众的工作生活，推进社会主义核心价值观深入人心，落地生根。

【全面深化平安建设】 2016年，为顺利迎接“综治南昌会议”，街道、社区两级成立综治中心领导机构、完善中心工作制度、设立接待服务群众窗口，做好综治信息化建设，推进天网工程建设，街道公共视频接入后，共4路画面能显示134个探头；认真做好各类矛盾纠纷的排查调处工作，定期开展涉稳矛盾、信访纠纷的大排查，对重点人员加强落实管控，确保在重要敏感时期无赴京非访人员。截至年底，街道共排查调整处各类矛盾纠纷131件，及时受理信访案件，办理网上信访件7件。其中成功调处化解南昌步步高连锁有限公司与员工因解除劳动合同就赔偿引起的堵门事件。

【积极宣传全面两孩政策】 2016年是国家实施全面两孩政策的第一年，街道精心组织政策宣传活动，利用各种有利时机，在街头巷尾和人口密集的地方，利用法制宣传一条街、电子大屏幕、微信、标语、厨窗、黑板报等多种形式，开展大型宣传活动10余次。积极开展政策宣传教育的同时，组织社区干部送法规宣传品入户、制作宣传环保袋、鼠标垫、果盆、调料盒等日用品4000多件。街道还利用育龄妇女来办理“生育服务卡”的机会，面对面开展宣传，使群众掌握基本的人口和计划生育法律法规知识，逐步形成良好的社会氛围。充分利用服务站比邻市妇保所的地理优势，对广大育龄妇女进行免费放、取环及计划生育宣传咨询服务，方便指导居民及时积极就医。通过一家一户、一人一事，面对面的服务、交流和沟通，融洽计生工作者与广大育龄群众的关系，树立新时期计生工作者的新形象，赢得广大群众的认可，取得较好的社会效应。

【以交通微循环改善交通通行】 2016年年底，八一桥街道就改善八一桥辖区交通通行征求意见举行听证会。街道主任杨峰主持会议,听证人分别为喻剑、车向阳,还有南昌市交管局法制处、宣传处、秩序处的相关领导以及15位社会各界听证代表。听证会议针对以下几点进行意见发表:构建区域微循环;规范机动车停放;向荣小学前后20米设置禁停、禁放区域;完善交通设施;东湖交警大队对泊位外的车辆停放加强管理。会上各个代表踊跃的发言,街道统一收集整理意见,并向市政府反馈,作为下一步政府决策和出台正式规定的重要依据。副省长兼公安厅厅长郑为民在市长郭安和副市长兼市公安局长涂建生,以及东湖区一行领导的陪同下在八一桥街办视察交通微循环建设成果。街办积极开展繁忙拥堵街区交通微循环建设,并建成交通微循环建设。投入使用之后,市民反映良好。为全面推进"美丽南昌·幸福家园"城市创建交通微循环建设工作,提升城市精细化管理做出重要贡献。视察组一行参观走访各条交通微循环主、次干道,探访交通微循环给辖区居民生活带来的改变。同时,也对街道2016年全年的工作做出高度肯定。郑为民提出:"始终以居民群众为中心,是为老百姓办了一件实实在在的好事,希望八一桥街办后续能不断完善相关工作,并维护维持好改造效果。"

【强拆"乱搭建"】 2016年12月,为扎实推进"美丽南昌·幸福家园"环境综合整治,维护城市规划的严肃性,还路于民,八一桥街办针对辖区内存在的"乱搭建"突出现象,组织街办干部、社区工作人员及街道综合执法队会同市公安局机动支队、区行政执法局及八一桥公安派出所等单位,对大士院北区擅自违法占道搭建的凉棚雨棚、建筑物和未审批广告灯箱及破损店招等进行强制拆除。在街办主任杨峰的统一指挥下,街道组织综合执法队、社区向辖区居民及商户共派发4800余份《致社区居民一封信》和《致临街门店经营户一封公开信》,动员居民、商户对私自搭建凉棚雨棚、擅自违法占道搭建的建筑物及未审批广告灯箱进行自行拆除。对在12月28日前不予自拆的将进行强拆。此次强拆"乱搭建"行动共出动人员120余人,大型清运专用车3辆,垃圾清运车6辆,拆除灯箱广告24个、破损店招3块;拆除凉棚雨棚16个、擅自违法占道搭建的建筑物6个,面积达400余平方米;清除占道鸡鸭笼4个;同时,对该区域的部分线缆进行捆扎。为保持拆除工作的高压态势,使其常态化,八一桥街办将继续进行环境综合整治。

【进行环境综合整治】 2016年12月,八一桥街办大士院西区社区携手公安局、挂点单位东湖区检查院、驻地单位南昌市妇保所、八一桥派出所的志愿者,在辖区阳明路448号清扫楼道堆积物,打扫庭院。街办领导杨峰、李伟军及环卫所所长车向阳等也到辖区参加美丽南昌·幸福家园综合整治活动。志愿者干劲十足,忙得不亦乐乎,铲垃圾、除杂草、一派热火朝天、如火如荼的景象,人人争当优美环境创造者的热情进一步迸发。阳明路448号2栋6个单元被彻底地清扫,庭院堆积物、落叶也被清理干净。

表23　**2016年八一桥街道社区居委会一览表**

居委会名称	主任姓名	户　数(户)	总人口(人)	居民小组(个)	办公地址	办公电话
大士院西区社区	刘晓究	2636	9877	48	阳明路426号	86819984
大士院南区社区	熊国华	2298	7725	20	大士院四区三栋旁	86819714
大士院北区社区	刘秋仙	2308	8078	22	半步街81号	86819974
叠山路西社区	李玉莲	2663	9019	17	大士院三区15-2-101	86820440
裘家厂社区	范有根	1335	4275	13	裘家厂18栋	86822291
芭茅巷社区	肖云霞	1194	4746	12	裘家厂25栋4单元101	86819136
豫章后街社区	熊　玲	816	2186	26	叠山路521号	86820394

(刘行曦)

豫章街道办事处

【简况】 2016 年,豫章街道办事处辖区面积 4.1 平方千米,共计 18210 户 57461 人。辖区单位以党政军机关和学校居多,其中有中共江西省委、江西省军区、江西省公安厅、财政部驻江西专员办、江西省人防等省级党政机关;有南昌十中、豫章中学、八一学校、女子职业学校、豫章小学、省委保育园、军区育儿园等中小学及幼儿园;有中电投江西电力有限公司、南昌盐业公司、江西省人民医院等机关、企事业单位和医院。街道下辖 11 个社区居委会,1 个家委会。

2016 年,街办新增项目产生税收 305.27 万元,现汇完成 62 万美元;实际利用内资完成 12000 万元,实际利用外资 318 万美元。固定资产投资完成 121477 万元;社会消费品总额完成 150873 万元,重大产业项目完成 3 个,1000 万元以上项目完成 6 个。

2016 年,街办扎实开展"马路本色""蓝天行动""三乱整治"等专项治理,坚持长效治理,持续解决各种环境问题,切实提升辖区的城市综合环境。街道全年共投入资金 40 余万元购置清扫保洁车辆 21 辆,改装冲洗车辆 3 辆,形成"人机结合"的全覆盖。招聘一批年富年强,能够从事机械化作业,有一定文化程度的年轻人,进一步完善劳动劳务用工合同,为他们购买社保、医保。并投入资金 12 万元,所有从事环卫作业的人员的作业车辆均购买商业性责任事故保险。2016 年累计联合整治 24 次,行政处罚 68 次,拆除户外广告 149 处。红袖章队伍劝导行人乱扔 752 起,店面乱倒 119 起,出店经营 5000 余次。按照"向前一步,不留死角"的工作要求,保证楼道庭院和背街小巷的清扫人员落实、责任到位,落实包干、包段管理责任制,确保清扫及时、清运及时,做到路面整洁。利用节假日、学雷锋日、纪念日、周末组织辖区单位开展环境综合整治活动和周末卫生大扫除活动。并投入资金 50 余万元,对辖区内单元楼道进行覆盖式粉刷,清除广告垃圾。

2016 年,街办新增就业 1080 人,安置就业困难人员 213 人。发放再就业小额贷款 620 万元,组织 30 位下岗失业人员参加技能及创业培训。城镇居民医疗保险 12031 人参保,基本做到应保尽保。全年共停发低保 43 户,计 101 人;新增 19 户,计 21 人。临时求助 18 户,56285 元。二次救助 66 人次,205202 元。加强特色文化阵地建设,做好"百姓故事会""邻里文化"活动,全年累计开展戏曲进社区演出 9 场、文化进万家 4 场,精品文化进社区演出 4 场。

2016 年,街办与社区、驻区单位签订 2016 年度安全目标责任书 1000 余份。坚持每天对全辖区进行全生产及消防排查,2016 年累计排查巡逻 28000 人次,检查商户/点位 7000 余次,发现和整改隐患 600 余处,印制各类宣传资料 20000 余份。

【揭牌成立蓝天社工服务中心】 2016 年 5 月 30 日,由南昌市民政局推动成立的东湖区蓝天社工服务中心正式投入运行。蓝天社工服务中心主体为豫章街道下沙窝社区,中心共有工作人员 12 人,其中 7 人持有社工证书或助理社工证书。中心旨在通过引入专业社工力量,构建社区为主导,社工为承担,义工为配合的社区服务队伍,运用个案工作、小组工作和社区工作等专业社工手法,主要提供社区服务、困难弱势群体、空巢老人、留守儿童的专业社工综合服务,为广大职工群众提供无门槛、全方位的免费社工服务。

【扎实开展"马路本色"行动】 2016 年,街道严格执行"人员不减、队伍不散、投入不降、稳步提升"的行动要求基础,在推进过程中做到"四个加",即"投入加码、力度加强、考核加压、制度加温",全力保障"马路本色"行动纵深推进。投入 30 余万元,先后购置快速保洁车 13 辆、电动冲洗车 11 辆、人行道油污洗盘车 1 辆,成立 20 人的小型机械化冲洗队,通过大型、小型机械化作业车辆相结合作业,一天之内即可完成辖区机动车道和非机动车道洗、扫各一遍;科学配置人员力量,每 300 户配备一名袋装员,确保垃圾收集不落地、无白色污染;落实社区庭院每年 5.6 元/平米的经费,按照每 3300 平米配备一名保洁员的作业标准,覆盖辖区 212 个庭院日常保洁工作;根据不同道路的保洁标准,定人、定岗、定责,确保环卫人员覆盖无盲区。采取定期考核、专项督查、随机抽查、交叉检查等多种形式,对社区及环卫班组进行全面综合考核,做到公平、公开、公正考核,考出每个人员真实的工作强度和工作实绩。

【推进党建标准化建设】 2016年,街道以实现"整体提升、全面过硬"目标,积极整合资源,创新举措,通过"共建共享"、网格管理等措施,大力推进社区党建标准化建设;以"管理有序、服务优质、作风务实、群众满意"为目标,强化社区党组织的服务功能,努力提高社区党建的科学化水平。街道按照"六室三站一平台"的打造要求,采取措施,克服硬件上的困难,努力推进社区党建的标准化建设。坚持采取"上级争取一点、财政支持一点、街道补贴一点、驻区单位帮助一点"的"四个一点"办法多方筹资筹房,配置齐全社区办公场所和办公桌椅、电脑、文件柜等办公设施,社区办公用房最小的也在100平米以上,大的社区办公用房约有600余平米。抓住省委机关搬迁的有利契机,积极协调省委机关事务管理局,争取他们的支持,解决洪城社区500余平米(其中213平米办公区域、300余平米共建区域)的办公用房问题,使社区的办公活动场所按照"六室三站一平台"配齐。建立对外开放的社区图书室和党员活动室、社区文艺宣传队,支撑起社区党建、文化宣传阵地,丰富社区党员、群众精神生活。陆续推进滨江社区、聆江社区的党建标准化建设。

【全面启动环境综合大整治】 2016年,街道着眼提升城市美誉度、环境舒适度、市民满意度,按照"一年有变化、两年出形象、三年上台阶"的目标,以实施"市容环境整治、城市交通畅通、城市文明提升"三大工程为抓手,全力做好38件实事。一是在市容环境整治工程方面:针对辖区垃圾广告整治难、空中管线乱、机械化作业水平低、无证摊点流动性强等城市管理顽疾,按照"花钱买服务,不花钱养人"的原则,试点推行环卫市场化运作机制,全面开展"六改"工程,争取利用三年时间将全街道20条主次干道分步打造成城市管理示范街区。二是在城市交通畅通方面:针对辖区的部分道路拥堵、五车滞留点反复、机动车乱停乱放等阻碍交通顽疾,按照"机非分离、规范行车、有序出行"目标,在辖区主要干道交通路口设置文明出行劝导岗,畅通辖区道路微循环,在旧改地块增设临时停车场解决路面车辆停放问题。三是在城市文明提升方面:针对辖区创建群众参与度不高、宣传推广不够等问题,按照"党委政府牵头、各方力量协同"的工作原则,全面动员社区党员、干部群众参与创建工作,全面提升辖区市民文明素质和城市文明程度。

【开展丰富的社区活动】 2016年,街道开展丰富多彩的社区文体活动、公益活动,在丰富社区居民文化生活的同时,为社区居民献上一份份爱心,营造出温馨和谐的社区氛围。1月20日下午,豫章街道计生办举办迎新春棋牌赛,社区干部和辖区居民参加比赛。比赛分4个人一组进行,最后获胜者赢得大奖,未获奖的参赛者获得纪念品。在三八妇女节到来之际,下沙窝社区举行以"展我风采,美丽依旧"为主题的趣味运动会,共有200余名辖区妇女参加。运动会设拔河、滚铁环、拍篮球、颈部传球、袋鼠跳等项目,活动还发放健康知识宣传单和计生用品。4月7日,聆江社区开展党员联谊活动,组织党员前往梅湖景区参观游览。活动不仅增进各党员的感情,同时倡导着文明健康的生活方式。4月15日,新星社区携江西广播电视报在社区球场举办千家万户光明行公益配镜活动。为辖区患有老花眼睛的居民免费配送老花镜。活动共送出老花镜200多副,并向辖区困难户送出生活用品。5月14日下午,豫章街道团工委、上沙窝社区牵手东华理工大学软件学院在791广场开展"我爱我电脑"电脑义诊活动。来自软件学院的18位志愿者现场为居民维修电脑和手机,并提供手机软件安装和优化设置等超值服务。9月11日,卓然基因在街道开展"基因健康"进社区主题宣讲活动。卓然基因首席讲师、香港科技大学生物化学博士陈娜深入浅出地为居民讲解基因与健康的关系,以及居民朋友在日常生活中应该如何注意对自己进行健康管理。10月9日上午,豫章街道聆江、东濠街等社区开展重阳节慰问老人活动,看望慰问辖区百岁老人家庭,并送上节日慰问金。

【推进"两学一做"学习教育常态化】 2016年,街道把"两学一做"纳入常态性学习,坚持力学笃行,把"两学一做"的精神作为街道实际工作的指导思想,坚持学习党章党规,坚持学习习近平总书记系列重要讲话精神,积极引导广大党员成为清正廉明的好党员，让勇于开拓、敢于担当的工作精神在街道散发出新的时代光芒。为深入学习贯彻习近平总书记系列重要讲话精神，推动全面从严治党向基层延伸，巩固拓展党的群众路线教育实践活动和“三严三实”专题教育成果，进一步解决党员队伍在思想、组织、作风、纪律等方面存在的问题，4月21上午，街道组织全体职工干部观看“全省两学一做学习教育工作部署会”视频会议，学习“两学一做”精神实质。通过观看视频会议，街道职工干部对“两学一做”有了更加深刻的体会：在思想上，切实提高思想认识水平，深入理解“两学一做“精神实质；在方法上，深刻领悟开展”两学一做“的方式方法，严格按照学习要求，结合工作实际，创新工作方法，全面推进“两学一做”学习教育。

【积极推动平安社区建设】 为普及消防安全知识，增强街道干部职工的消防安全意识，4月5日上午，豫章街道在街道办事处五楼大会议室举办“消防安全知识专题讲座”，邀请南昌赣安消防培训中心万志强教官对干部职工、志愿者进行消防知识培训，为大家讲解火灾和自防自救能力等知识。为加深对应急救护知识的了解，增强自救和互救能力，4月5日下午，滨江社区邀请南昌市红十字会的专业人员在社区二楼会议室举办应急救护培训活动。辖区居民（包括小区物业人员、保安、楼栋长）共40人参加培训。

【国家卫计委领导到豫章街道调研】 9月8日上午，国家卫计委法制司副司长梁金霞一行到豫章街道，就全面两孩政策放开后的计划生育服务工作进行调研，并现场观摩街道网格化管理的流程及相关工作，随后前往洪城社区进行参观和计生工作指导。梁金霞与现场办事群众亲切交谈，听取有关情况汇报，观看网格化管理演示，并对街道的计划生育工作给予充分肯定。

【区长李云峰一行到街道调研】 4月6日，区领导李云峰、陈曙、刘众星和相关部门领导一行10余人，看望街道社区基层工作者，深入调研街道社区建设和经济工作。李云峰一行先后走访滨江、上沙窝、新星等6个社区，参观社区的办公用房和文体设施，详细地询问社区的工作情况，并鼓励大家努力工作，更好地为居民群众服务。走访结束后，李云峰一行在街道四楼会议室召开座谈会，会议听取街道基本工作情况的汇报，包括社区建设情况、“准财政”实施情况、开放型经济运行情况、“双创”工作开展情况等。

表24 **2016年豫章街道社区居委会一览表**

居委会名称	主任姓名	户数（户）	总人口（人）	居民小组（个）	办公地址	办公电话
滨江社区	林国英	2241	7966	6	上沙窝95号	86805856
江药社区	熊飞霞	1044	2575	11	五纬路38号	86807372
聆江社区	雷燕祎	1463	3666	22	沿江北大道1198号	86813157
上沙窝社区	郎小兰	2201	6988	19	五纬路218号	86820814
下沙窝社区	陈　珊	1166	3641	14	五纬路378号	86847447
新星社区	肖长凤	246	566	4	青山南路72号	88624549
下正街社区	胡桥莲	–	–	–	（整体拆迁）	–
东濠街社区	姜文秀	2016	7161	6	爱国路109号	86820774
洪城社区	秦海鹰	2675	9266	30	豫章路50号	86240055
经纬路社区	刘春英	1868	5181	17	二纬路1号	87288604
四经路社区	杨小梅	3288	10451	6	五纬路43号	86801440

（王炳振）

墩子塘街道办事处

【简况】 墩子塘街道位于东湖区的中心地带,东至八一大道,西至象山北路,南至叠山路、建德观,北至阳明路,辖区面积0.54平方公里,共有住户13717户,户籍人口4万人。街道党工委现有基层党组织10个,下属8个社区党组织和机关支部、城管办支部,直管党员871人;辖区共有8个纯居民社区及省儿童医院家委会、江西中医药大学家委会2个家属委员会,社区工作人员56名。

2016年,街道及所辖社区先后荣获“全国民主法治示范社区”“全省防震减灾工作先进单位”“全市健康教育工作先进单位”“全市爱国卫生先进单位”“全区城市综合管理工作先进单位”等荣誉称号。共有16家辖区单位被评为南昌市文明单位、4家辖区单位推荐参加省级文明评选。

2016年,街道地方公共财政预算收入4348万元,完成新增税收382万元,一企一策完成区级所得57万元,开具房产税139万元,个体工商户税收83万元,内资企业注册申报11个项目(2个注册资金5000万元项目,1个2000万元项目,1个1200万项目,7个1000万项目)。街道固定资产投资43个项目,共13.72亿元。社会消费零售总额完成5198万元,实际利用外资320万美元、完成现汇57万美元。

2016年,街道新增就业岗位969个,失业再就业435人,困难人员再就业234人,家服业就业安置119人。街道申报小额贷款66笔680万元,共为企退人员养老金资格认证4000余人,完成公租房申请审核539户,办理144户中签手续。建立3个社区居家养老服务站,在5个社区推行楼栋庭院理事会制,楼院居家养老互助点在街道全面推行,计生各项指标执行良好。为张家厂社区、党家巷社区调配并装修办公用房,成功打造阳明社区精品社区。

2016年,街道圆满完成“两学一做”所规定的学习课目。按照“突出当前重点学、注重全面覆盖学、建立长效机制学”的学习思路,抓好在职党员干部政治教育,强化党风廉政建设责任机制,签订主体责任和监督责任承诺书,定期召开民主(组织)生活会,“侵害群众利益”集中整治效果明显。走访居民群众10376户,组建非公党组织54家,强化党家巷、张家厂等3个社区党建标准化建设,着力完善党群服务中心功能,利用QQ、微信等新媒介,有效构建网络党建新体系。截至年底,街道共被省级媒体宣传报道32次、市级媒体宣传报道44次。

【精心打造阳明社区】 2016年9月,阳明社区正式成立。10月10日,正式进驻新办公楼进行社区各项服务工作。11月9日,阳明社区党总支成立,下设3个党支部,共有直管党员38人、协管党员208人。社区实行“六室三站一平台”服务工作模式,设置党员活动室、党员电化教育室、“两代表一委员”接待群众工作室、图书阅览室、心理咨询室、文体活动室、志愿者服务站、青少年学习站和老年服务站等功能区域。为推动社区“持续、快速、协调、健康”发展。按照“塑亮点、建精品、创特色”的要求创新社区工作新模式。一是开通社区公众微信平台——墩子塘街道阳明之花便民服务平台,依托微信功能,及时把上级党组织的政策和社区党建工作动态、活动精神上传到微信平台,实现资源共享;二是开设“便民为民服务”专栏,及时解决居民的需求,针对孤家老年朋友吃饭的问题,社区开设绿色食堂,及时准点由工作人员将饭菜送到老年朋友手中;三是开设“我要办事”服务新型公众服务平台,公开社区办事流程,做到居民事务办结一次成功。同时,为80岁高龄的老党员、老干部、老教师、老劳模、老领导免费安装智能一呼通,及时完成处理老年朋友需求;四是建立社区“互联网+”载体,利用公众号服务平台,提升新常态下学习型、服务型、创新型党的基层组织建设标准。通过打基础、搞创新、出特色、创品牌,按照“建管有序、服务完善、环境优美、治安良好、生活便利、人际和谐”的创建要求,阳明社区逐步建成现代新型社区。

【强化城市管理工作】 2016年,按照长效常态管理要求,坚持并不断强化“融合加速、整治强化、主体扩充、机制完善、成效升级”的工作思路,街道制定出台《墩子塘街道城市综合管理工作考核办法》,成功完成文明城创建复检、“蓝天行动”“马路本色行动”、国际马拉松赛道叠山路沿线的美化等各项城市管理任务，月季考核成绩优良。突出抓好街道环卫所与执法中队的力量整合，全面融为一体，成为全区样板。探索实行“一教育、二保证、三罚款、四取缔”四步工作法和“早发现、早介入、早教育、早处理”的四早工作法，城市执法整治工作成效显著。9月，街道联合公安、交警、工商及社区“三乱”劝导员对辖区范围开展每周的集中整治，出动人员720余人次，共收缴各类违章物品6车，基本杜绝辖区出店经营、占道摆摊设点行为的发生。在全区率先倡导并实践居民自带垃圾入桶，率先完成辖区无新疆籍占道宰杀活羊现象。以右营街、马家池路为示范点，在主要商业街道为每一家商铺配备专用垃圾桶，实行定时定点垃圾收集，统一外运处置地，成效显著。

【推进社会综合治理】 2016年，街道坚持把维护好社会和谐稳定作为首要任务。新建街道、社区两级综治中心开通天网、视联网、综治专网，综治信息化建设不断加强。加强网格化建设，街办划分55个网格，录入并完善相关户籍人口数据6.5万条。重点建设党家巷社区智慧平安小区、下水巷社区等平安小区，增设30余个高清监控探头，增设12处综治宣传栏，聘请专职保安4人。利用宣传栏、黑板报及LED电子滚动屏等多种载体，发动社区上门入户宣传，发放2.4万份《致辖区居民一封信》，组织8次警民恳谈会，大力宣传便民利民举措、治安整治动态、治安防范技巧等内容，有效提升公众安全感指数，在全国“两会”、全国综治现场会（南昌会议）、十八届六中全会等重点时段，有效维护辖区安全稳定。大力推进司法所规范化管理，落实责任措施，在维护基层社会稳定中较好地发挥“第一道防线”的作用。截至年底，共接待来电来访法律咨询人员110人次，协助办理法律援助案件6个，排查调处各类矛盾纠纷72起，衔接29名安置帮教对象。为解决刑释人员生活过渡困难问题，共计发放生活补助费45920元，并在北湖社区建立“社区法律诊所”。

【开展专题教育活动】 2016年，街道党工委按照“抓班子、带队伍、整作风、树形象、促效能”的总体思路，以开展“两学一做”教育活动为抓手，在全体机关干部中大力开展业务学习和素质培养，在街道党工委领导班子中大力开展“争当讲学习懂业务的表率、争当重沟通讲团结的表率、争当勇创新争一流的表率、争当敢担当善作为的表率”等“争当四大表率”活动。从4月开始，按照省、市、区委关于“两学一做”学习教育活动的安排，为扎实推进街道“两学一做”学习教育，为把开展“两学一做”学习教育作为党建工作的龙头任务和推动全面从严治党在基层延伸的有力抓手，街道紧扣部署要求、紧贴教育主题、紧密联系实际、紧盯任务落实。一是在“学”这个基础上下功夫，突出当前重点学、注重全面覆盖学、建立长效机制学。利用晨会、组织生活等时机抓好党员、干部两支队伍的学习教育，完成“两学一做”所规定的学习课目，副科级以上党员干部完成政治理论网络学习和网上法律知识考试，各党员干部自觉做好学习笔记和心得体会。二是在“做”这个关键上下功夫，通过细化标准、创新载体、对标模范，紧盯“五个着力”，结合“三风”活动不断深入，着重解决组织生活不严谨和党员自身存在的问题。三是在“改”这个重点上下功夫，紧盯“七个专项排查”，破解基层党建工作难题，紧盯整改落实，合力解决事关群众切身利益问题。社区层面解决群众困难439件，街道层面解决群众困难157件，共帮扶困难党员17名。

【加强党风廉政建设】 2016年，街道坚持“以查促纠、惩教结合、标本兼治、综合治理、注重实效”的工作原则，把侵害群众利益集中整治作为街道党风廉政建设的中心工作贯穿始终，对照11个专项问题，通过自查自纠、群众监督等形式，促进街道行政服务活动和效能建设水平的提升。6月份配合区纪委完成廉政巡查，为推进“三风”活动深入开展，街道按照“更加生动地接地气，更加丰富地创品牌，更加广泛地造氛围”的要求，念好“久、广、小、实”四字诀，持之以恒，坚持不懈，用新的理念、新的举措、新的办法，推动“三风”活动不断取得新进展、见到新成效。截至年底，街道共走访居民群众10376户，逐户发放“致居民群众一封信”和廉政建设联民卡。在党风廉政建设宣传工作方案上，明确10项宣传内容，通过电子屏、宣传单、板报多种形式加大宣传力度，提高居民群众对街道党风廉政建设的知晓度和满意度，在党风廉政社会评价及每季度群众安全感测评中均取得较好成绩。群众对街道服务效能上的满意度有明显上升、对正风反腐的获得感明显提升,创新创业发展环境得到明显优化。

【创建民主法治示范社区】 2016年,在民主法治建设进程中,马家池社区充分发挥党组织的核心作用,不断在实践中提高自我管理、自我教育、自我服务的水平。坚持依法办事,正确处理各种矛盾纠纷,有力地推动马家池社区"三个文明"的协调发展。一是围绕"四个民主""两公开"做好民主管理工作。马家池社区"两委"高度重视基层民主与法制建设工作,始终坚持江西省委办公厅、江西省政府办公厅《关于做好全省村(社区)党组织和村(居)民委员会换届选举工作的通知》和有关法律法规的规定,通过"两推一选"做好"两委"换届选举,为推行社区民主法治建设奠定良好基础。根据社区实际情况,制定《马家池社区居民自治章程》和《马家池社区居民公约》。为认真落实居务公开和监督,正确处理好党总支部与居委会两者之间的关系,完善"两委"分工和决策制度,坚持每周"两委"班子联席会议制度,共同分析情况,解决问题,对重大事情进行集体决策,并把依法民主选举选出有一定群众威信的居民代表,参与到民主管理公共事务中去,群众满意率达到98%以上。二是强化法治建设,促进社区社会治安稳定。社区居委会认真落实综合治理、基层依法治理的各项防范和管理措施,设立社区警务室、人民调解中心、法律服务站,组建社区义务治安防范员队伍、党员义务巡逻队,在主要路口安装监控。通过资源整合,社区形成以单位、庭院支部、居民小组、楼栋长为基础的打防控一体化治安网络。为强化普法宣传,在居民楼单元、居民小区、大街小巷主要路口安装普法宣传栏,把与居民密切相关的法律、案例编排在宣传栏内,定期更换普法内容,向辖区1500余户住家居民赠送《南昌市家庭法律顾问手册》书籍。三是创新工作思路,积极推进"三个文明"协调发展。为更好发挥社区服务功能,马家池社区率先在全区成立义工管理小组,注册义工60多名。为达到"同居一个社区,共建美好家园"理想和倡导文明新风,开辟"社区道德点评栏"。为拓展老龄人生活天地,发挥老干部、老工人、老技术人员、老教师的作用,社区成立老年协会、"夕阳红"舞蹈队、老年合唱队,门球队、太极拳队。其中社区学校开办的老年健康知识培训班,深受老年居民的欢迎。截至年底,马家池社区获得全国、省、市级三级"民主法治示范社区"荣誉。

【建设党家巷文化活动中心】 12月,党家巷社区综合文化中心建成,共有600多平方米活动室和功能用房,按照社区六室三站一平台建设标准,内设党员活动室、电教室、两代表一委员接待群众工作室、图书阅览室、心理咨询室和多功能文体活动室;成立志愿者服务站、青少年学习站、老年服务站;配有街道残疾人康复中心、书法室、舞蹈房,老年学校、社区居民活动中心和综合信息服务平台。其中,图书阅览室配有电脑、6000多册藏书、征订报刊和杂志供大家学习和借阅。社区文化活动中心积极开展为青少年学生提供三点半课堂服务、妈妈报告会、"人生第一粒扣子"活动(即青少年道德建设)和"一个志愿者、一个辖区单位、一个困难老人"的"1+1+1"社区志愿活动,将孤寡老人、空巢老人、独居老人作为重点,为他们提供"多助一"服务。社区文化活动中心建有精神文明宣传长廊,以宣传党的政策方针和工作中心任务、身边的好人、道德模范、三风活动为主,突出宣传社区开展的"美丽南昌·幸福家园"环境整治活动和"文明廉洁家风"活动。社区文化活动中心的建设,为广大居民群众提供文化培训、文化联谊、科普宣传、文艺展示等服务平台。

【打造居家养老社区】 2016年,张家厂社区以弘扬志愿服务精神、改善空巢老人生活质量为目的,根据一年四季的特点以及社区老年人的实际,制定出一份"四季关爱计划",保证每季有活动、点滴暖人心。一是"阳春送问候",真情暖人心。社区针对辖区内独居老人、空巢老人、高龄老人、残疾老人、卧床老人等不同情况,建立定期或不定期问候制度,以了解他们的健康、生活情况和生活需求。问候的形式有电话问候、上门问候和上门服务的时候进行问候三种形式,并采取"一对一"结对帮扶的形式,实现空巢老人生活有人管、困难有人帮、需求有人问、困惑有人解,确保辖区内空巢老人享受到亲情式的照料和经常性的精神慰籍服务,尊老爱老风气日益浓厚。二是"炎夏送凉爽",关怀暖人心。张家厂社区组织开展一系列"夏日送凉爽"活动,有老年人夏季保健知识讲座，有向空巢老人送白糖、绿豆的关爱活动等，让空巢老人在炎炎夏日中感受到社区的关爱，进一步在辖区内形成尊老、爱老、敬老的良好风气，营造一个温馨和谐的社区环境。三是“金秋送温情”，情义暖人心。为体现对老年人的关爱，张家厂社区结合重阳、中秋、国庆等重大节日，从营造老龄环境、关爱老人生活、丰富老年文化三条主线入手，开展丰富多彩的关爱老人系列活动，组织老人们走出社区，到江边、到公园、到景区，开展“温情一日游”活动，让老人更多地接触自然、怡情养性，让老人得到实实在在的享受。四是“寒冬送温暖”，爱心暖人心。社区开展“送温暖，送爱心”活动，向老人送被子、送大米、送食用油、送慰问金，全力营造人人关爱老人、构建和谐社会的浓厚氛围，让老人们真正感受到“老有所养、老有所乐”。这几年，社区组织以居干为主的志愿者队伍，开展“让这个冬天不再冷”的献爱心、送温暖活动，为辖区30多位老人送去米、面、食用油，同时，为了防止发生冬季煤气中毒事故，志愿者走家入户向居民宣传安全防范知识，向居民讲解冬季用火防止煤气中毒、安全用电、消防安全常识以及防盗窃知识等。空巢老人胡大妈说：“每到逢年过节，社区工作人员都会来我家看望我，帮我打理家务，她们就像我的亲闺女一样关心着我，使我感到非常温暖。”

表25 **2016年墩子塘街道社区居委会一览表**

居委会名称	主任姓名	户　数（户）	总人口（人）	居民小组（个）	办公地址	办公电话
党家巷社区	付明霞	1506	4573	13	永内谌家巷18号	86808577
张家厂社区	刘巧巧	1734	5534	11	张家厂38号	86808744
墩子塘社区	罗秀玲	1056	4016	66	墩子塘沙坝巷16号	87883675
右营街社区	盛　红	1127	3987	10	右营街84号	86825345
马家池社区	余玉兰	1518	6168	12	马家池路73号	86812169
北湖社区	胡淑兰	2066	7945	21	北湖路3号附2号	86775240
下水巷社区	袁国英	1459	3256	22	下水路68号	86775994
阳明社区	袁妙蓉	501	1418	22	阳明路156号	87958970
儿医家委会	杨云华	407	1712	1	阳明路122号	86813579
江中家委会	宫兴琴	351	2561	1	阳明路56号	86811394

（林泽兵）

百花洲街道办事处

【简况】 2016年，百花洲街道办事处辖区总面积0.98平方千米，户籍人口62598人。驻区中央、省、市事企事业单位34个；有11个社区居民委员会和1个家委会。2016年，街道围绕区委、区政府打造实力东湖、创造活力东湖、塑造魅力东湖总体目标，以“党建+”为助力，以经济发展为核心，以安全稳定为基础，以服务群众为根本，以城市管理为抓手。创新手段，获得“南昌市家庭教育先进工作先进单位”“南昌市创建‘国家森林’城市先进集体”等荣誉称号。

2016年，街道一般公共预算收入完成任务6238.05万元，新增税收完成2109.09万元。一企一策完成区级所得235.58万元，税收服务站开具房产税共计568.33万元。实际利用外资493万美元，超全年任务进度117.38%；现汇进资112万美元，完成全年进度106.67%；实际利用内资9590万元，完成全年进度106.56%；完成5000万元以上重点产业项目6个，完成1000万元以上项目6个。固定资产投资180228万元，超全年进度107.18%；社会消费品零售总额累计完成337022

万元,增速2.25%。辖区新增企业69家,注册资金1亿元以上企业有2家,5000万元以上企业有4家。2016年新引进的江西宽丰交通建设有限公司(注册资金5亿元)和江西汇投北斗导航科技有限公司(注册资金5000万元)均顺利落户东湖区。

截至年底,街道有基层党组织13个,有党员934名。其中,直管党员914名。2016年,百花洲街道以践行"两学一做"为抓手,以网络新手段为平台,稳固街道基层党建基础,营造街道辖区"兴家风带民风淳朴,淳民风养社风秉正"良好风气,夯实群众基础。

【精心组织"三风"活动】 2016年,百花洲街道以"党建统领、网络搭台、紧接地气、创新载体、注重实效"为总体思路,坚持"低门槛参与,高质量组织"工作原则,探索构建"2+1"工作模式。从2016年年初开始,街道通过利用自营公众号"东湖区百花洲街道"和"微官网"近万名粉丝的基础,开展一系列接地气、见效实的"党建+三风"活动,迅速打开"学三风、知三风,做三风"的良好局面。一是开展"我为身边好人点赞"微信投票评选吸引逾6000人参与,"三风手抄经典"吸引近3000人参与,收到近百条"微声音",各级媒体也予以广泛关注;二是成立以党员为主体、以"传播百花洲历史文化,弘扬百花洲人文精神"为宗旨的三风微宣讲团,以个人自荐和组织推荐的方式发展宣讲员30余人,成功举办各类宣讲活动22场,参与人数达1800余人。采取"让身边人讲,说身边人事,给身边人听"的形式,按群众需求订制一道道受人欢迎的"口味菜",将辖区历史名人、身边好人、15处古迹和36条小街巷故事整理汇编成百花洲人文档案,按受众地缘分布就近选择宣讲内容,所听所讲都是自己走过的路、看到的景、认识的人,宣讲内容既贴近日常生活,又收到"一滴水折射太阳光辉"的效果;三是借助全市开展的基层党组织标准化建设工作,把刘将军庙社区作为街道示范化基层党组织重点打造,并把火神庙社区、状元桥社区作为标准化基层党组织进行打造。全面推进基层党组织"组织、制度、队伍、阵地、活动、服务"六个方面的标准化建设,打造百花洲街道党建品牌,强化基层党建基础,打造基层和谐社区。

【努力提升居民安全感】 2016年,百花洲街道以"两提升"为综治工作抓手,围绕全国综治工作"南昌会议"工作重点,以加大"人、物、技"三防投入为保障、以"打、防、巡、宣"等方式为手段,全面推进街道平安创建工作的开展。始终以综治中心打造为主线,以全年政法工作要点为基础,落实综治目标责任状、加强综治宣传教育、抓好邪教防范、完善严重精神障碍者监护责任措施和深入开展平安小区构建等,努力实现"创平安、促和谐"的综治工作目标。一是以开展平安小区为抓手,按照"点亮百姓门前灯,装上单元防盗门、加密内部监控网、推广群众红袖标"的思路,街道进一步加强开放式小区人防、物防和技防基础建设。加强社区群防群治六支队伍建设,发挥社区警务室与派出所民警的协同作战能力。社区干部与辖区民警日常对辖区主次干道、小街巷、敏感部位和地段进行全方位巡逻,增强群众的安全感,促进警、民、社区一家亲的局面。辖区派出所与街道治安志愿者队伍加强路面控制,对中山路、胜利路、象山北路、八一公园等重点路段,实行重点巡逻和管控并做好记录。二是通过信访热线电话和信访维稳工作协调制度,对来信来访中反映的问题,明确责任部门、责任人和责任期限,并在处理过程中进行有效地督查督办,跟踪问效,做到件件有回音,事事有着落,以防止群体性上访事件的发生。三是完善"东湖区百花洲街道"的公众微信平台,着力建设微综治、微普法、微警声专栏。该平台及时准确的发布第一手信息、资料,使得广大群众能够及时了解相关政策,开展互动咨询和宣传教育,增强综治工作的参与率与知晓率;同时定期发布综治工作的相关政策法规进行宣传,提升居民的安全感程度。

【夯实居民服务基础】 2016年,街道在民生工作方面努力推进。一是开展"爱心储蓄社"志愿服务,夯实居家养老服务内涵。从2月份开始,街道在11个社区分别成立"爱心储蓄社",截至年底,共有560位热心志愿者领取爱心存折,其中党员220位,他们定期参加社区的公益志愿服务活动,并组织志愿者与空巢独居老人结对"认亲",为老人们提供定期、接力式的亲情服务。二是宣传新的计生政策,举办各类宣传活动、悬挂宣传标语、印制宣传品。利用街道公众微信平台,每日推送最新计生政策。同时，利用 PIS 系统、流动人口管理系统、公安、民政等部门共享信息对比，结合电话调查和社区上门入户、宣传咨询等方法，准确掌握目标人群、生育意愿和生育计划等信息。截至年底，共摸底对象 8000 余人次，在流动人口中开展健康知识进社区活动 10 余次，建立健康档案 3091 份。保质保量地完成全年的流动人口动态监测工作。三是街道按照低保动态管理的要求，以核查家庭收入和财产为主要手段，对辖区 402 户享受最低生活保障对象开展全面排查，通过开展专项整治工作，准确核定低保对象，切实加强动态管理，推动最低生活保障等社会救助政策规范实施，切实做到“应保尽保，应退尽退”，实现阳光低保。同时受理 662 户居民的公租房申请，为辖区 703 名残疾人免费办理第二代残疾人证，同时为 590 名重症残疾人申请两项补贴。四是抓紧抓实爱国卫生工作，为确保辖区干净整洁的优美环境，街道每个月两次对社区进行病媒生物的检查工作、评比；积极组织社区进行春季统一灭鼠活动和夏季灭蚊蝇、蟑螂活动，共投放鼠药 2200 包，灭蚊蝇、蟑螂药 2200 包；做好健康教育宣传，免费举办 4 次大型健康讲座活动，并组织 500 余名居民进行免费体检。

【开展特色养老助老服务】 2016 年 1 月，百花洲街办为辖区的独居、空巢或残疾的 120 位特殊老人免费制作一枚带二维码的胸章，用手机扫一扫，老人所在社区、联系电话及相关病史一目了然。如果老人不慎走失，好心人扫扫二维码，就能帮助老人顺利回家。如果老人外出时发病，二维码里还有老人的病史，路人或救护人员还能在第一时间掌握老人的疾病情况。街道以此启迪“互联网 + 养老”的发展路径，探索完善“一码二室三心”养老服务模式。一码，即推行独居老人“二维码爱心胸章”，全力预防老人走失。二室，即打造人生阅览室、庭院点评室，用影集回忆老人青春，用活动发挥老人余热。三心，即坚持贴心、连心、暖心原则，通过“爱心门铃、爱心超市、爱心早餐、爱心卡片、爱心义诊、爱心敬老”，使社区居家老人获得更加便捷、温情、专业化的护理和服务。开展并完成国家社会养老综合信息服务平台建设研究及应用示范工程项目试点工作，成为全省唯一示范点，“安居在百花洲”品牌深入人心。

【刘将军庙社区打造人生阅览室】 2016 年，百花洲街道党工委在刘将军庙社区着力打造内含戏社、展览厅、图书室的百花洲街道人生阅览室，让“九老”（老党员、老干部、老专家、老劳模、老兵、老教师、老医生、老警察、老工人）重拾青春记忆，让他们的峥嵘岁月重放光彩，让青少年树立正确的人生观、价值观，让“九老”被关注、被接纳、被尊重，安度晚年生活。人生阅览室风格以古典、怀旧、亲切、人文、温馨、美丽为主线。通过老家具、老物件、老报纸等元素，让置身其中的“九老”穿越时空，流连过去岁月，回到年轻时的记忆。由于人生阅览室的服务对象是从发掘、彰显“九老”的峥嵘岁月入手，进而教育社区居民群众及青少年不忘苦难历史、珍惜美好生活，实现“用影集彰显峥嵘岁月，用事迹教育社区居民”的目标，把亮丽的风景线留在百花洲畔。

【开展亮点纷呈的社区文化活动】 2016 年，百花洲街道利用社区现有资源平台，以开展特色文化创建活动为载体，开展各类形式多样、主题鲜明的文化活动。一是利用“互联网 + 文化”形式，将承载无数南昌儿女乡愁记忆的文化符号改编成一项知识问答的闯关游戏，通过微信朋友圈开展“天下英雄城”文化宣传，将辖区的人文历史、地名典故等知识向广大市民推广普及。成功答对 30 题的“传承者”可参与“砸金蛋”环节，有机会领取现金红包，吸引超过五万市民加入“文化传承之旅”答题活动。同时，还将网络上的“文化传承之旅”搬入实地实景，定期举办“文化传承之旅”公益健步行系列活动。通过微信公众号发布活动预告，组织辖区居民和微友按照“传承之旅”中的景点、地名边走边游，党员宣讲员边走边讲，实景之游与网上之旅相互映照，进一步强化参与者对百花洲人文历史的认同与热爱。二是打造“楼门文化”，为了给社区楼道穿上美丽的外衣，渊明北路社区的志愿者结合实际，为老旧的居民楼道绘制了一面面“楼门文化”墙。这一做法被其他社区先后效仿，百花洲街道启动楼道文化建设，辖区营造“小楼道、大和谐”的良好氛围。通过“楼门文化”的打造，在百花洲街办，邻里之间不再是楼上楼下的陌生人，小区也成为“立体四合院”，社区更和谐，居民之间也更亲近。

【开展系列爱心活动】 2016年,百花洲街道坚持用爱心服务社会,用公益温暖人心。一是以便民服务为特色,为满足居民需求,在11个社区设置便民服务箱。便民服务箱里面有急救包、老花镜、便签、胶水、纸巾、创可贴等“小物件”,免费提供给有需要的居民使用。这些东西虽不太起眼,但使用率挺高,不仅让居民感受到贴心服务,还拉近居民和社区的距离。二是社区在便民服务箱的基础上成立一个服务队,充分利用这些工具,义务为居民服务。截至年底,火神庙社区吸纳10多名义工为居民免费服务,主要是做一些简单的电工、水暖工、瓦工、木工活。志愿者们分别利用自己的特长为居民提供服务,在辖区形成“你帮我,我帮你”幸福和谐大家庭的良好氛围。三是开展各项敬老爱老活动,火神庙社区组织开展“情暖社区·乐享九九”第十一届社区敬老节,老人们身着唐装,充满活力地走上舞台,向大家诠释着“最美夕阳”。“老吾老以及人之老”,百花洲街道火神庙社区从2006年开始,连续11年举办社区敬老节活动。虽然每届的敬老节活动形式不一,但是越来越多的人参与到社区的敬老爱老活动中来。火神庙社区也因为坚持用爱心服务社会,先后获得全国和谐建设示范社区、全省和谐建设示范社区、全省老龄工作先进社区、市四星级社区、市文明社区、市十大和谐社区等荣誉称号,爱老敬老模范不断涌现,辖区敬老爱老氛围浓厚。

【着力推进社会实务工作】 2016年,百花洲街道采取多方举措,着力推进社会实务工作。一是继续夯实“郁金香”和“白玉兰”社会工作室的社会实务工作。以两个社会工作室为平台,建立社区、社会组织、社工“三社联动”机制,以社区的孤寡、老弱病残为重点,广泛开展个性化、多样化的社区服务。二是打造社区家庭日间照料中心。以刘将军庙社区居家养老服务站为平台,搭建以爱心企业、社会组织、医院等多方力量的服务队伍,为“三无”老人、65岁以上的老人以及失独老人提供各项无偿或低偿服务,实现“老有所养、老有所乐、子女放心”的目标。建立“付出、积累、回报”的志愿服务活机制,围绕“今天我帮你,明天他帮我”的口号,倡导“奉献、友爱、互助、进步”的精神,恪守“志愿参与、我为人人、人人为我”的宗旨。每个月通过社区收集孤寡、独居、空巢、困难等老人的心愿,然后发送到微信平台,通过爱心企业、爱心人士的认领,实现老人的心愿。三是丰富辖区文化活动,营造和谐生活氛围。积极开展居民群众广泛参与、丰富多彩的文化娱乐活动。举办庆七一歌会、庆八一纳凉晚会、庆十一文艺汇演、重阳老年人风采展、象棋赛及书画联谊等活动,做到月月有活动,季季出精彩。同时进一步巩固和加强文化团队建设。重点打造桂旺巷社区“母亲艺术团”、邮政路社区“妈咪舞蹈队”的建设。同时,开展小金台、杨家厂文化示范社区的创建活动。

表26 **2016年百花洲街道社区居委会一览表**

居委会名称	主任姓名	户 数(户)	总人口(人)	居民小组(个)	办公地址	办公电话
火神庙社区	陈金香	1568	5443	13	火井巷9号	86782154
小金台社区	唐惠萍	1205	4217	12	小金台路70号	86781944
杨家厂社区	黄莉春	1065	8060	13	杨家厂社区26号	86782794
南湖路社区	张 泉	1486	5196	1	南湖路6号	86776423
渊明北路社区	王玉兰	2275	6754	24	上水路26号	86735194
刘将军庙社区	胡华丽	1054	3727	24	东湖书院7号	86736533
邮政路社区	付 玲	1453	4753	9	后墙路10号	86774549
包家巷社区	简 红	1056	3433	8	杨家厂93号	86781244
状元桥社区	黄小燕	1550	5099	12	毛家园26号	86783724
桂旺巷社区	胡雪燕	1063	2616	10	桂旺巷14号	86781174
白马庙社区	赵国平	2254	7889	10	繁荣巷25号	86795717

(杨 羽)

公园街道办事处

【简况】 2016年,公园街道办事处辖区面积0.62平方千米,辖区共有居民9294户,户籍人口35318人。下辖上营坊、环湖路、戴家巷、经堂巷和民德路5个社区居委会及省妇保、省冶金设计院、江西宾馆3个家属委员会。驻区内有省外办、省建行、江西宾馆、江西饭店、省二附院、省妇保、市警备区、佑民寺(市佛协)、朱德军官教导团、市博物馆、百货大楼、华润万家、南师附小、南昌二中、南昌卫校等单位35家。街道党工委下辖19个基层党组织,其中1个上营坊社区党委、4个社区总党支、14个党支部,共有直管党员736人。

2016年,在区委、区政府的领导下,公园街道深入学习十八大、十八届六中全会及省、市、区重要会议精神,坚持科学发展,以“三大跨越”“四个一流”以及东湖区“四区”建设贯穿整个街道工作始终。理清思路,完善制度,以优质服务为宗旨、以创新载体为特色、以和谐平安为目标、以开展基层协商民主为平台,激发基层内在动力,增强基层的凝聚力、决策力、创造力和战斗力,通过实施“数字化”工程,打造“品质示范公园”,极大地促进经济、社会各项事业的又好又快发展。

2016年,街道始终坚持以经济建设为中心,一心一意谋发展,集中精力抓建设,通过一年的努力,国民经济迈上新台阶,街道区域综合经济实力显著增强。按照进度要求完成相关外资、实际利用外资等任务,其中5000万元以上招商引资项目6家,1000万元以上招商引资项目7家。财税指标完成地方公共财政预算收入5746.70万元;完成新增税收任务844.03万元,超额完成全年200万元税收任务;固定资产投资完成149555万元;社会消费品零售额同比增长8.50%。招商引资工作紧紧围绕实现进资、产生税收等关键环节,与兄弟单位积极对接跟踪,积极争取驻区企业、职能部门的支持配合,固投、社消的在地统计基本做到“应统尽统”,基本按序时进度完成考核任务。产业发展指标完成新增服务业上限企业3户,完成全年预定指标。

2016年,街道多措并举,努力提升民生工程实效。为切实做好便民、利民,真正做到审核办证不超过3个工作日,街办微信公众平台上公布“生育服务卡”和“生育证”的办理程序,公开“江西省计划生育服务系统”网址及“江西生育”微信公众号,让群众学会网上申请登记,熟悉网上办证流程。2016年社会抚养费征收2人共45000元。发放制作二孩新政宣传展板并自制生育服务卡等5种宣传品,向辖区内群众和地区单位发放各类宣传品5000余份。组织辖区育龄妇女开展生殖健康检查工作,服务人群800多人,免费孕前优生检查222人。为0~6岁独生子女家庭办理爱心保险199户。失独家庭8户15人,伤残家庭11户19人,全部落实扶助优惠政策。劳动保障工作方面,街道全年新增就业安置人数778人,安置“4050”就业人数166人,安置家庭服务从业人员60人。发放小额贷款450万元,完成退休人员人脸建模认证工作。全年征兵工作报名人数65名,上站体检34人,体检合格12人。严格遵守征兵工作“八个不准、十条禁止”规定,严把关并确定7名人员(4名大学生、3名高中生)光荣入伍,圆满地完成区武装部赋予的征兵任务。社会事务办积极开展扶贫济困工作,遵循“应保尽保,动态管理,严格按照程序”的原则。街道全年新增低保户5户、停发9户、调整11户。共有低保户188户298人,其中,一般常补对象99户,非常补对象86户,三无常补2户,共计发放低保救助金1506706元;累计医疗救助154人次,金额245299.51元,其中有9户低保户享受救急难、2户享受临时应急补充救助政策;发放高龄老人补贴12793人次,发放金额1133770元;发放居家养老服务券17人次,发放金额20400元;全民遗体免费火化4人1120元;对517位残疾人进行入户专项调查,并办理第二代残疾人证;2016年度公租房申请共有332户,609人。其中320户符合参加摇号资格,最终65户居民中签。

【开展“两学一做”学习教育活动】 2016年,为丰富“两学一做”学习教育内涵,提高学习教育成效,促进党员干部作风转变,街道党工委以开展“十个一”活动为抓手,力促“两学一做”学习教育见实效,有效地推动基层党建全面建设。创新党课新模式,改变以往党课授课形式,把党课引入微信、搬到楼道、走进家庭,新颖的授课方式受到广大党员好评。创建“公园党建”微信公众号,每周发布一期时长为3—5分钟的微党课、20题党建知识问答等做法走到省、市、区的前列,光明网还对此给予转载报道,受到市、区点赞。戴家巷社区党员义工服务队“十分钟的付出,换取群众十分的满意”活动受到原省委常委、市委书记王文涛的点赞,指出:“如果每人能付出十分钟,我们的城市就能得到十分满意,这样的做法应该在全市范围内得到推广。”除此之外,街道广泛开展基层民主协商工作,总结七大种协商民主类型在全街道推广;广泛收集社区内人民最关心、反映最强烈、最攸关群众切身利益的事项和议题,围绕社区难事、急事、烦心事、闹心事、身边事,以寻求社区居民意见的最大公约数。截至年底,共组织开展基层协商民主13次,其中上营坊社区通过合作型协商民主,开设“三点半课堂”,引入南昌公益组织心灵家园和社区“五老”志愿人员参与社区建设,填补家长管理真空,既促进社区文化与志愿服务发展,又有效地减少家长对孩子的担忧,是社区协商民主为民服务的一次大胆尝试。

【加大城市管理工作整治力度】 2016年,公园街道城管工作人员牢固树立“迟干不如早干,迟落实不如早落实”的责任意识、“立说立行,马上就办”的效率意识、“忘我工作,只争朝夕”的苦干意识。工作中严格落实“马上就办”“钉钉子”“事不隔天”的工作态度,采取改革创新的思维和务实的举措,上下一致,齐心协力,敢于担当,抓好城市管理建设品质示范公园,树立城市管理者良好形象。2016年开展的“马路本色”行动,做到严控区每天必须冲洗,控制区每周两次冲洗,一般区每周一次冲洗,即使工作时间再晚也要当天还马路本色,使街道辖区环境卫生有较大提升,实现“城市管理强起来”的目标。对于苏圃路夜市“绿色无烟烧烤”治理工作,街道城市管理工作人员进行精细化管理,46人的公园街道城市管理综合执法队按照市、区二级城市管理的要求,不断提升服务态度,商户纷纷表示支持,并在倡议承诺书上签名。江西日报、南昌日报、新闻说报、江西二套等新闻媒体皆对此进行跟踪报道。截至年底,街道共查处占道摊点、出店经营、室内外装修、道路开挖等违法案件700余起,处罚金额11.9万多元,处理不规范围挡30余处,拆除违章广告牌30块,灯箱70个,清理“僵尸车”4辆。此外,开展“畅通城区”道路交通专项整治月行动,打造5条无出店经营、占道经营街道,整治出店占道经营商户80家,收缴物品33件,处罚金额2670元,志愿者文明交通劝导515次,规范非机动车摆放278辆。数字城管系统受理案件9083起,其中执法案卷5942起,环卫案卷3143起,整改率均达到99.25%;东湖智慧城管案件19549起,整改率达到99.87%。

【稳步推进综合治理工作】 2016年,街道紧紧围绕打造“平安公园”目标,以人民群众需求为导向,按“两大测评体系”要求,增强群众“信任感”和“安全感”,不断提升群众满意度,通过采取有力措施,确保辖区社会稳定。通过转作风树形象,增强群众信任感,推进平安建设活动深入开展,切实增强群众安全感。组建由社区综治工作负责人、55名治安信息员、635名治安志愿者组成的巡逻队伍,大力开展“三送”“述安”“评安”等活动,畅通群众诉求表达渠道,召开警民恳谈会5次,征集群众反映强烈问题11件,整改到位11件,发放《平安手册》《致居民群众一封信》1万份,安全感纪念品2000余件,有效地调动居民群众参与平安建设,打好平安建设“组合拳”,连续三季度安全感测评满意度全区排名第一名。积极开展预防青少年违法犯罪工作,在上营坊社区试点开设“三点半课堂”,结合“绿色心门”,使预防青少年违法犯罪工作深入开展,解除双职工家庭后顾之忧。全年共排查受理各类矛盾纠纷156起,调解成功156起,其中疑难案件12件,调解率100%,较好地维护辖区社会稳定。通过健全作风建设长效机制,严格单位规章制度,加强对重点事项、重点岗位的巡查、通报力度,以良好的队伍形象赢得群众信任。在平安小区建设工作上,街道打造花园角21号平安小区和上营坊社区智慧平安小区,为居民提供24小时巡逻监控及人脸识别服务,使小区治安得到改善,进一步提高居民生活安全感。经过不懈努力,街道获得全区2011—2015年法治宣传教育先进单位称号。戴家巷社区获得由国务院防范和处理邪教问题办公室颁发的“全国无邪教创建示范社区”,南昌市“零发案社区”的荣誉称号。上营坊社区获得“2015东湖区基层社会治安综合治理先进集体”称号。

【扎实推进房屋征收工作】 2016年，街道坚持“依法拆迁、阳光拆迁、平安拆迁”原则，面对复杂局面，抽调精干人员先后成立房屋征收指挥部，全面指导实施拆迁工作。根据区旧改办的任务安排，街道2016年的任务数为229户，具体点位为：戴民地块39户；裕丰地块113户；青山南路8户；花园角地块69户。街道书记、主任亲自挂帅，抽调精兵强将成立3个动迁工作组，并开设培训班对征收工作人员进行业务知识培训，按照分指挥部的统一部署，扎实有序地推进各个点位的征收工作。戴民地块(39户)的被征收户办理正式兑付手续的有32户，完成比例为82.05%；裕丰地块(113户)办理正式兑付111户，完成比例为98.23%；青山南路地块(8户)办理正式兑付7户，完成比例为87.50%；花园角地块(69户)办理正式兑付46户，完成比例为66.66%。第二轮征收工作按照区旧改办的部署安排处在稳步推进中。

【戴家巷社区狠抓党建工作】 2016年，公园街道戴家巷社区积极探索新思路、拓宽新途径、打造新载体，在确保党的建设的同时促进“三风”活动的开展，倡导真善美，传递正能量。一是打造“党建+”展示中心，也就是党员活动室。社区党总支按照基层组织标准化建设“六室三站一平台”的要求，坚持以“党建+”为龙头，“以人为本、服务居民”为目标，积极开展各类“党建+”活动。“党建+组织”“党建+义工”“党建+三风”“党建+协商民主”“两学一做”“党风廉政”“光辉历程”等内容大大活跃党员活动氛围。二是开展“三风”活动。习近平总书记在2015年春节团拜会上发表重要讲话，强调家庭是社会的基本细胞，是人生的第一所学校，在促进社会和谐中发挥重要作用。“兴家风、淳民风、正社风”的“三风”活动，在公园街道戴家巷社区蓬勃地发展起来。“三风”活动开展以来，社区义工服务站的义工由原来的18人增加到288人。党员义工站长每天都会安排10人左右，在社区的大街小巷劝导经营户不要出店经营，注意安全生产。社区综治干部和社区党员义工，每天不定时间地在社区内巡视，处置一些突发性的事件；每天抽出十几分钟，活动在单元楼栋，从顶楼到一楼，把所有袋装垃圾及杂物一一搬下楼，发现垃圾广告即刻报告“楼栋长”，由“楼栋长”反映至“片长”，“片长”及时铲除。长此以往，居民楼院的环境得到极大改善。

【环湖路书画院丰富居民业余生活】 2016年，为弘扬民族传统文化，实现社会主义核心价值观，推动社区文化书画艺术发展，公园街办把环湖路社区打造成有特色亮点的书香社区，提供一个给广大书画爱好者的活动平台，江西省第一家社区书画院就此诞生。书院里设立书画、篆刻、剪纸、瓷刻等非物质文化遗产项目。江西五套、南昌电视台先后报道环湖路书画院，书画院全年开展7次书画展及书画交流会等活动。平时会安排老师义务指导慕名而来的学习者展开书画练习。社区安排外来务工人员、留守儿童等免费学习书法、绘画、篆刻课程，落实政府文化惠民利民工程，把高雅文化送到普通居民身边。

【上营坊社区完善服务功能和平台】 2016年，根据上营坊社区党委年初工作部署安排，社区将“网格化党支部”“上营坊社区—三点半课堂”和“宁天云公益律师工作室”三个项目作为上营坊社区为民服务平台的三大亮点工程。社区“网格党支部”项目，依托社区网格化管理的基础功能和数据，把党支部与社区网格相结合相对应，充分发挥基层党组织和广大党员的先锋模范作用。以党建工作作为社区工作的重要抓手，以建立“网格党支部”作为社区工作践行党的“群众路线”“群众观点”的重要内容，以打造“网格党支部”先进集体作为打造全国优秀示范社区的主要领导力量。以便于组织学习、便于开展活动、便于管理服务为原则，在社区11个网格的基础上，每个网格成立一个网格党支部。网格化管理模式的实行缩小服务面积，扩大服务密度，真正实现党组织核心作用更加突出、党员先锋模范作用更加有效、党群关系更加密切、社区建设更加文明和谐的工作目标。截至年底，党员按所在支部完成登记造册，确定各网格党支部书记，各支部顺利开展相关工作。社区“青年空间——三点半课堂”项目，专门为低幼阶段未成年人提供课后辅导、心理培训及咨询，开展业余文体、集体活动的未成年人课后托管场所，由南昌心灵家园、江西师范大学、江西财经大学等组织单位志愿者，义务为25名困难家庭和流动人口子女提供课后托管和学业辅导。社区免费提供社区二楼会议室作为项目实施场地,并承担项目运营期间所有费用。南昌绿色心门负责课堂的具体运营,包括招生、教学、配备相应师资。社区“宁天云公益律师工作室”项目由社区居民退休律师宁天云发起。为切实落实依法治国的基本方略,满足人民群众日常生活中日益增长的对知法学法用法的需求,宁天云十几年投身于社区公共事务和公益事业,为广大市民和社区居民提供免费法律咨询,普及法律常识,宣扬法律精神和理念,解决市民日常生活中碰到的各种法律问题。为更好地挥社区老党员老干部作用,社区专门为宁天云提供免费法律咨询和专门法律服务的工作室——宁天云公益律师工作室,使其为民服务的公益事业有一个常设平台,能最大限度地方便广大市民进行相关法律咨询服务。

表 27 **2016 年公园街道社区居委会一览表**

居委会名称	主任姓名	户 数(户)	总人口(人)	居民小组(个)	办公地址	办公电话
上营坊社区	胡建英	2538	8729	12	上营坊 67 号	86289426
环湖路社区	曹永会	1802	7306	7	环湖路 57 号	86392910
经堂巷社区	郭朝峰	2040	8596	9	苏圃路 317 号	86395091
戴家巷社区	涂永红	1486	5570	9	叠山路 136 号	86297442
民德路社区	陈卫民	1428	5117	7	花园角 45 号	86289204

(顾　筠)

大院街道办事处

【简况】 东湖区大院街道办事处位于省政府大院内,东以二七北路铁路为界,与彭家桥街道相连;西以八一大道为界,与公园街道相接;南以北京西路为界,与西湖区丁公路街道相邻;北以福州路为界,与董家窑街道接壤,面积 1.8 平方公里。2016 年,辖区共有居民 1.2 万余户,户籍人口 7.2 万余人,其中省人才市场集体户 3.2 万余人。设有社区居委会 7 个,家委会 1 个。辖区单位有省民政厅、省司法厅、省住建厅、省农业厅、省商务厅、省科技厅、省工商、省粮食局等厅局级及二级机关 31 个。辖区内历史文化底蕴深厚,省文联、省艺术剧院、省革命烈士纪念堂均座落在辖区内;商贸经济繁荣,财富广场、沃尔玛八一店、万达广场形成核心经济辐射圈,经济发展活跃。

2016 年,在区委、区政府的正确领导下,大院街办紧扣“党建工作凸显亮点,经济发展提升加速,城市管理精细长效,社会管理抓紧抓实,平安创建常抓不懈”的思路,锐意进取,扎实工作,各项工作取得显著成效。

2016 年大院街办地方公共财政预算收入任务数 9307 万元,完成数 8192 万元。新增税收全年任务数 200 万元,完成数 1579.95 万元;2016 年固定资产投资完成 170116 万元,限额以上消费品零售总额完成 390021 万元;新增限额以上服务业单位 1 个;实际利用外资完成 435 万美元,现汇进资 113 万美元,实际利用内资万 9090 万元,完成全年序时目标任务。

【抓好“党建 +”工作】 2016 年,大院街办进一步完善“基层党组织 + 专业社会组织 + 社团组织 + 民生服务”党建模式,紧扣“党建 +”思路,依靠党员志愿者联盟和公益发展中心平台,重点打造大院综合文化活动中心,把“党建 +”融入群众文化元素,努力尝试引进公益组织总部,进一步提升党组织向心力、凝聚力,扩大党建工作辐射力。正确处理好基层党组织从光鲜亮丽“高台”转入幕后的主导角色转换,让社会组织、群众团体在基层党组织的核心引领作用下,轮流“登台”,各显其能,真正实现区域和谐发展的良性循环。进一步拓展“党建 + 志愿服务”“党建 + 关爱空巢老人”“党建

+文化建设”“党建+平安建设”等活动。充分发挥志愿者服务联盟的引领作用,以行动树形象,以服务促凝聚,贴近群众需求创造性地开展志愿服务活动,组织开展便民利民、亲情陪护、爱心帮扶等志愿活动,受到群众的广泛好评。

【牢牢把握经济工作】 2016年,街办通过“走出去、请进来”,采取上门请商、拜访晤商、邀请客商等多种形式,积极开展领导带头外出招商活动。赴香港、杭州、南京等地招商,全力做好省政府一、二号地块推介,积极与苏宁云商洽谈磋商,跟踪服务好省政府一号、二号地块的搬迁项目,及时掌握广场北路周边地块等相关信息,大力开展招商推介,为打造高品质核心城区“城市综合体”做好前期准备。做好浙江万马股份有限公司的对接。通过改造税收服务站点、安装国税自助终端金三版软件等提升税收服务站的硬件水平,把优化纳税服务、开拓新增税源作为提升软件的重要举措,积极打造文明、高效、优质、快捷的税收服务平台。

【创新改革环卫基础设施】 2016年,因大院辖区人口密集、各级机关事业单位云集,许多居民社区建设年代较早,环卫基础设施较为陈旧,传统的塑料垃圾桶易造成垃圾四溢、二次污染,所以辖区周边环境受到严重影响,成为社区的“老大难问题”。为解决环境问题,大院城管办作为东湖区城管局推行新型地埋式环保垃圾桶先行先试的试点单位,率先在省政府大院居民社区设置新型地埋式环保垃圾桶,采用社会资本、资源互换等模式解决政府资金投入不足的问题,有效地改善社区环境。同时为帮助居民克服对新生事物的未知恐惧感,城管办安排干部坚守在施工一线,为居民认真讲解,通过部分安装完成的垃圾桶楼栋的居民使用反馈情况来看,获得一致好评,从根本上解决困扰社区的“老大难问题”。南昌电视台、南昌电台和南昌日报、南昌晚报、江南都市报、江西晨报等多家媒体都专门进行报道。新型地埋式环保垃圾桶是城市社区环卫设施升级改造的有效选择,是社区文明建设的重要一环,是创新城市文化和思维的具体呈现。其优势有:一是隐身绿化带、花圃等街景内,隐藏布设美观,改善城市社区市容环境;二是有效防止蚊蝇滋生;三是防止捡拾垃圾者翻刨造成二次污染;四是分类收集;五是密闭设计,无异味溢出;六是垃圾桶清洗方便;七是环保、卫生、整洁,大大地提高城市卫生质量。

【建设育新路平安小区】 大院街道公园社区育新路平安小区是南昌市政法委书记刘家富亲自挂点帮创小区,被评为2016年度全市“平安小区”创建示范区。2016年,为高起点、高标准、按时完成好小区建设,大院街办通过加大人防、物防、技防建设,以安全防范为重点,以高新科技为支撑,以政府购买服务为模式,以保险理赔为补充,投入100余万元安装智能人脸识别系统、智能分析监控、高效指挥中心+快速反应人防、小区综合服务管理系统、重点人群(空巢老人)家庭技防系统,全力打造智慧平安小区。小区项目由高创安保公司承建,加入江西省综治信息平台及南昌市视联网工程,实现综治工作数字信息化管理,共安装89个高清探头、4个人脸识别系统,重新规划机动车停泊位130个,安装楼道灯259个,配置消防器材、设立电子门卡并美化小区路面墙体环境,小区面貌焕然一新,案发率由原来的40%下降到“0”,小区57个单元全方面监控覆盖无死角,公众安全感显著提升。针对群众意见不一的非机动车停放点建设及机动车泊位划线问题,多次召集民情理事会成员及全栋居民代表召开协商会,对行动不便的居民,上户征求意见、上门协商做好解释工作,最终在小区新增泊位117个,有效地解决小区停车混乱问题,建立全封闭的非机动车停放点,实现由“政府说了算”转变到由“大家说了算”。昔日的老旧小区如今环境优美、秩序井然,吸引各地领导参观组织学习。

【积极推进“老年大学”建设】 2016年,为构建和谐友爱的人际关系、打造积极向上的人文精神,适应“老龄化”社会需要,大院街办二七北路社区“老年大学”成立了。老年大学按照“有教无类”的教育原则,尊重老年人的生命特征,坚持一切从老年人的实际出发,无论其文化程度是高是低,工作资历是长是短,是在职或离职,全部一视同仁,平等教育。在教育教学活动中,老年大学尽量满足老年学员精神层面的愿望,一是吸引他们在娱乐、艺术、文化等方面的注意力,产生多种乐趣,倾注热情,重塑自我。二是用知识、文化、人际交往等社会性活动来改变生活方式,体验生命价值,增进身体健康。三是让他们“休”而不“闲”,对生活重新充满乐趣,在心理上年轻起来。四是引导、帮助并给予老年人适应社会的自信力、适应力,从而促进身心快乐、健康。社区老年大学切实抓住教师、教材、教法三个关键,努力实现老有所教、老有所学、老有所乐、老有所为。创新教学方式,按专业和学期确定内容实施教学,努力做到“四结合”:教师讲解与学员讨论相结合,课堂教学与外出参观相结合,讲座与辅导相结合,“听”与“练”相结合。

【做好法律宣传工作】 2016年,大院街道司法所组织辖区居民及社区矫正人员开展“12·4”国家宪法日宣传活动,此次活动紧紧围绕“弘扬宪法精神,凝聚法治力量,为打造实力东湖,创造活力东湖,塑造魅力东湖,营造良好的法治环境”的宣传主题,对《中华人民共和国宪法》等法律法规知识进行现场宣讲。活动还设立便民咨询点、发放宣传单宣传宪法是国家的根本大法、解答法律咨询。活动现场吸引众多居民咨询相关法律援助等问题,工作人员现场解答30多条有关劳资纠纷、工伤赔偿、劳动合同纠纷等方面的法律咨询并开展法律知识有奖问答,宣传效果十分明显。

【扎实推进“三风”建设】 “不论时代发生多大变化,不论生活格局发生多大变化,我们都要重视家庭建设,注重家庭、注重家教、注重家风”,这是总书记对全国亿万家庭提出的殷切希望。2016年,大院街办认真贯彻落实总书记重要指示精神,以“最美家庭”为榜样,弘扬家庭美德,传播良好家风,努力践行社会主义核心价值观,以家庭文明促进文明素养、社会风气等软实力的提升。使社区居民大力支持、广泛参与“兴家风、淳民风、正社风”活动,积极营造以家风带民风、以民风促社风的浓厚氛围。

表28 **2016年大院街道社区居委会一览表**

居委会名称	主任姓名	户数(户)	总人口(人)	居民小组(个)	办公地址	办公电话
院一社区	孙慧	1893	6797	10	北京西路69号45栋	86274814
院二社区	张秋莲	1326	6039	3	大院17栋西	86263304
公园社区	周亮	2330	9112	5	育新路20号	86268473
二七北路社区	王月英	1423	5300	3	南昌市东湖区二七北185号东辉育才苑六号楼1楼	86371715
广场北路社区	史雪琴	1235	4528	7	广场北路社区249号5栋和6栋之间	86227554
体苑社区	朱建兰	1068	4165	16	福州路28号7栋	86222680
林苑社区	朱建兰	510	1796	13	福州路90号	86663532

(陆丽娜)

董家窑街道办事处

【简况】 董家窑街道办事处辖区总面积5.3平方千米,户籍人口8.6万人。驻区省、市企事业单位80余个,有江西省旅游发展委员会、江西省盐务局、江西省动物疾病预防控制中心、江西省信访局、南大一附院、南昌市实验中学、国美电器、七星商务酒店等机关、医院、学校、大型企业、酒店等;有22个社区居民委员会,其中单位社区3个。2016年,街办秉承党建工作为龙头,经济工作为中心,以社会稳定为前提,扎实开展各项工作,取得较好的成绩。

截至2016年年底,街道共有基层党支部80个,有党员1836名。完成紫金城社区和锦苑春天社区的基层党组织示范社区打造,完成豆芽巷社区、五纬路社区、青山南路社区、杏苑社区、金家山社区5个社区的基层党组织达标社区打造。群策群力开展“两新”组织“两个覆盖”工作,填报580多份个体信息采集表,在摸清底数的基础上成立街道非公有制经济组织和社会组织综合党委,下辖13个非公有制企业联合党支部、3个社会组织联合党支部、21个个体工商户联合党支部。尽职尽责落实党费专项检查工作,补交党费共计2万余元。成立江西淘鑫电子商务有限公司和金涛国际花园两个非公企业党支部。

2016年,街办完成地方公共预算收入5193.52万元;完成固定资产投资18.3亿元;实际利用内资1亿元;实际利用外资420万美元、现汇105万美元;完成社会消费品零售5.7亿元,增速38.57%;招商引资新增项目、一企一策新增税收完成区级所得173.6万元。新增税收完成919.07万元,街办税收服务站完成国地税委托代征房产税款240余万元。

2016年,街道旧城(城市棚户区)改造任务率先完成。街道组织40余名骨干力量奔赴王家庄化纤厂片区、青山南路立交桥下南西地块等拆迁一线,积极上门入户,完成房屋征收272户,在全区率先完成房屋征收工作任务。

2016年,街道城市管理工作成效显著。市容工作方面把辖区分为三大片区,由三个片长负责自己片区的人事调整、工作安排、聘用开除、奖惩管理等职责。在原有20名质检员的基础上又增加10名质检人员,并每人配备电动保洁车一辆,开展质检巡查工作。“马路本色”行动,新购置8辆电动车,改装为小型洒水车,每车配2名洒水车人员,每天对辖区的路沿石、灰沙带进行冲洗,大大地改善路面灰沙的状况。新购置大型洒水车一辆,主要晚间针对主次干道人行道的冲洗,形成常态长效化的管理。新增3名督查员负责督查各片区内的人员作业、环境卫生和社区环境卫生,对不合格的地方进行拍照取证,有效地提高道路清扫保洁质量。

2016年,街道民政计生工作有条不紊。积极推进各项民生工程并取得实效。在民政工作方面:春节慰问走访贫困群众20余户,发放慰问金、物品6000余元;全年新增低保24户,停发63户,调整24户,至2016年年底,街道共有城市低保413户719人。在老龄委工作方面:审核登记80岁以上老人高龄补贴发放申请表2518人次,其中100岁以上4人,90岁以上197人,发放高龄补贴金2332340元。在优抚工作方面:为46名两参人员发放生活补助金151275元;春节慰问烈士家属16人,发放慰问金6400元。在计生工作方面:街道已婚育龄妇女16707人,流动人口5486人,其中流入3911人,流出1575人。2016年1月1日实行全面两孩政策以来,共办理一孩生育服务卡298人,二孩生育服务卡327人,再生育生育证13人。

2016年,街道重点打造综治中心。按照“综治办+综治信息化+组团式服务”工作模式,街道创新社会治安综合治理的工作思路,打造自身工作特色。街道综治专网、视联网、天网视屏全部安装到位并投入使用,各项制度、组织机构、办事流程等均制作上墙公示,125个网格地图划分、网格员配置均按要求落实。截至年底,综治专网数据录入户籍家庭信息39987条,实有房屋信息32540条,户籍人口信息91626条,流动人口信息1162条,刑释、矫正、精神病、吸毒人员等信息158条。

2016年,街道着力打造董家窑地区“626”工作室,为辖区吸毒人员提供社区戒毒、社区康复服务。截至年底,在上级的指导和帮助下,各项工作扎实有效的开展,已与42人签订社区戒毒协议书,坚持做好谈话制度、回访制度以及定期尿检等工作,得到上级的肯定与工作对象的认同。

【设百家宴迎新年】 1月19日上午,新华社区在社区活动室举办“红红火火过大年,新华社区幸福百家宴”活动。社区邀请独居空巢老人、高龄老人、留守儿童等51位居民赴宴,热心居民把在家做好的美味佳肴端来社区参加活动。大家开心吃着可口的菜肴,谈论着邻里趣事,展现出一幅其乐融融的过年景象。百家宴给社区居民搭建一个沟通交流的平台,拉近社区邻里之间的关系,也让社区老人感受到社区大家庭的温暖。

【举办社区迎新春联欢会】 1月25日下午,豆芽巷社区在社区活动室开展“2016年迎新春联欢会”活动,社区干部、社区党员、志愿者、老年人、辖区流动人口、辖区小朋友以及社区文艺骨干共100余人参加。活动由开场舞《欢聚一堂》拉开帷幕，随后的歌舞、小品、戏曲等妙趣横生的节目将现场气氛一次次推向高潮。肚皮舞热情洋溢，京剧《智取威虎山》选段一腔一势有板有眼，节目中还穿插着精彩趣味游戏活动。丰富多彩的节目都是居民们自发组织编排表演，精彩的联欢活动，不仅为社区居民带来新一年的祝福和希望，还丰富居民的精神文化生活，增加社区的凝聚力，营造出欢乐喜庆、和谐奋进的新年氛围。

【开展庆“三八”栖霞怪石岭登山活动】 3月4日上午，豆芽巷社区组织辖区70余名妇女同胞乘坐两辆大巴车到栖霞怪石岭参加登山活动。大家沿蜿蜒山路步行而上，赏风纳景，在较为陡峭的路段，大家相互鼓励、帮助，一起克服困难。一路上，大家呼吸着新鲜的空气，沐浴着春天的阳光，亲近大自然，在山山水水之间，感受着大自然的美丽。在山岭处，大家集中合照，定格一道道美丽的风景和一张张如花的笑靥。此次活动充分展现妇女同胞健康向上，充满活力的风采。登山活动提供的相互交流沟通的机会使得邻里之间的团结和友谊得到增进，大家深有感触地说：“今年的‘三八’节过得非常有意义”。

【开展志愿服务进社区活动】 3月5日上午，金家山社区在社区文化活动广场开展“弘扬雷锋精神争做文明市民”志愿服务进社区活动。200名志愿者在活动现场为居民义诊，讲解急救知识、疾病预防知识，开展文明交通知识宣传。居民和志愿者还现场表演歌舞等节目。通过活动的开展，社区居民既增长知识，又增进友谊，同时增强社区的凝聚力和向心力。

【开展应急救护培训活动】 5月12日是国际护士节和防灾减灾日。5月10日上午，豆芽巷社区联合东湖区红十字会、南昌市第一医院北院在辖区青山南路百货大楼旁边开展“纪念‘5·12’防灾减灾日、国际护士节——爱心如海、护理无限”“急救为人人，人人学急救”——突发事件现场应急救护知识培训活动。通过开展志愿护理服务活动，弘扬奉献、友爱、互助、进步的志愿精神。活动让社区居民了解女性保健、减灾救护——地震逃生及康复器具的规范使用的知识，现场护士指导示范健脑十指操等，免费为居民义诊（测血压、测血糖、发放资料）。社区居民都觉得受益匪浅，防灾减灾应急处置能力得到提高。

【开展“粽叶飘香社区情浓”活动】 6月18日下午，南京西路南社区、金家山社区、贤士花园第一社区联合在南京西路南社区活动室开展“粽叶飘香社区情浓”迎端午节包粽子活动。在活动现场，社区人员提前为大家准备好糯米、蜜枣、粽叶等包粽子的食材。社区居民和志愿者通过活动切磋包粽子的技艺，比比谁包得快，包得好。经过2个小时的辛勤劳动，一个个结实而饱满的香喷喷的三角粽子诞生。志愿者将包好的粽子送到辖区的空巢老人、困难家庭、老党员、低保户和孤儿家中，将劳动的成果分享传递给他们，让特殊家庭也能感受到节日的气氛和社区大家庭的关爱。

【开展在职党员进社区志愿服务活动】 7月4日下午，锦苑春天社区党支部联合江西省公安厅网安总队党支部开展以“预防网络诈骗，提高防范意识”为主题的在职党员进社区志愿服务活动，对居民进行电信网络诈骗和网络病毒防范宣传，帮助居民解决家用电脑的常见软件故障。志愿服务共有25名党员参加，为居民维修电脑3台，手机18部，受益群众近100余人。居民表示：“网络知识宣传增强我们的网络安全知识，尤其是对老年人有很大帮助，特别是网上的购物，网上的股票，电话的诈骗，宣传活动提高我们的防范意识”。

【举办“中秋情浓意更浓”活动】 9月7日上午，贤士花园第一社区在社区活动室开展“中秋情浓意更浓”庆中秋活动。社区30位老人到活动现场，品尝社区准备的月饼、水果，并和志愿者一起拉家常，玩南昌方言互动等游戏。88岁的徐伟斌老人很是感动地说：“这样的活动让我们感觉很温暖”。大家提前度过一个温馨的中秋节。

【举办庆祝新中国成立67周年联欢活动】 9月28日下午，由贤士花园第一社区举办的“感恩伟大祖国共创和谐社区”——庆祝新中国成立67周年文艺联欢活动，在贤士湖公园凉亭内进行。联欢活动在陈红独唱《祖国啊，我永远热爱你》中拉开序幕，紧接着有太极舞、广场舞《今天是你的生日》、诗朗诵《我爱你中国》、舞蹈《青藏女孩》、京剧表演等，中间还穿插互动环节抽奖活动。虽然天气不好，但社区居民丝毫没有受到影响，大家欢聚一堂，共享美好时光。

【举办应急救护培训进社区活动】 10月18日上午，东湖区红十字会联合豆芽巷社区开展“不忘初心至善至美”——应急救护培训进社区志愿服务活动，200名社区居民参加，活动的主题是“人人学急救、急救为人人”，内容有三个方面，一是由120急救中心的老师现场演练心肺复苏操作和创伤救护技术，二是由专业救援人员讲解地震火灾等意外发生时的逃生技巧，三是由专业医护人员免费为居民测量血压，提供健康咨询。活动共发放急救宣传资料300余份，活动向社区居民普及应急救护知识，提高社区居民的自救及互救能力。

【举办“知晓您的血压”健康知识活动】 11月3日上午，江西省红十字会防治高血压心脑血管疾病服务团队来到南京西路南社区，为辖区居民带来高血压心脑血管疾病的预防和治疗知识。活动以“知晓您的血压”为主题，服务团队简单清晰地向社区居民讲解高血压的症状、危害以及日常控制措施等，并结合日常生活实际，重点强调高血压常见药物的分类及禁忌。活动增加居民的健康知识，提高居民自我保健意识。

【开展志愿服务健康进社区活动】 12月2日下午，锦苑春天社区联合江西省公安厅老干处、南昌市巾帼英雄志愿者协会开展志愿服务健康进社区活动。邹德凤一行志愿者现场寓教于乐地配合歌曲教社区老年居民洗手操、十巧手操、护耳操等简单易学的保健操，为居民预防疾病促健康，养成良好的生活习惯提供帮助。

【开展全民清洁家园大行动】 12月24日上午，南昌市市政府副市长宋铀带队，市城管委主任杨保根带领50人，市妇联主席黄琰带领17人，市侨联8人；东湖区区委宣传部副部长黄君带领15人，区城管局局长周春雷带领20人，区人武部组织120人，在下沙沟1号江纸生活区开展“美丽南昌幸福家园”环境综合整治活动第一次“全民清洁家园大行动”，共清理30栋房屋、126个单元楼道庭院垃圾30车。

表29 **2016年董家窑街道社区居委会一览表**

居委会名称	主任姓名	户数（户）	总人口（人）	居民小组（个）	办公地址	办公电话
贤士一路社区	朱振波	1455	4656	9	贤士一路7号	88624544
贤士二路社区	朱月娥	2218	7248	4	贤士二路133号	88612514
贤士花园第一社区	卢向阳	1652	5550	16	贤士湖住宅区133栋旁	88675632
贤士花园第二社区	殷　红	2147	6870	4	贤士湖住宅区G栋	88611520
南京西路南社区	邱昌莲	2096	7374	6	福州路317号	86292475
南京西路北社区	徐　平	2971	9769	17	永外正街266号	88624744
殷家巷社区	殷中民	1254	3260	6	二七北路618号	88596770
杏苑社区	陈明香	943	3540	5	永外正街158号	88699239
南永和路社区	陈　冬	1310	4581	5	青山南路85号	88634424
青阳社区	刘文勇	1406	4318	3	南永和路21号	88621851
青桥社区	徐小丽	1210	4057	3	青山南路249号	88634455
青山南路社区	张晓茜	1861	5587	5	佘山路98号	88624914
金家山社区	熊旭华	1961	5962	5	青山南路400号	88624944
朱家湖社区	何园珍	3065	10289	12	赣桥南路138号	88651758
豆芽巷社区	王小文	2615	7800	12	朱湖路108号	88625044
五纬路社区	余康凤	2162	6486	10	沿江北大道1377号	88624844
新华社区	江韶琴	802	1925	6	佘山路59号	88636125
锦苑春天社区	方丽娟	1276	3820	7	起凤路317号	86716457
紫金城社区	熊兰勇	3830	13405	3	证券街179号20栋裙楼	86287902

（刘文勇）

彭家桥街道办事处

【简况】 2016年，彭家桥街道办事处辖区总面积约5.42平方千米，辖区户籍数19708户，户籍人口4.8748万人，常住人口约7.8万人。驻区中央、省、市事企事业单位28个，有13个社区居民委员会，1个师大家委会。截至2016年年底，街道所辖基层党组织106个，其中党委12个，总支部3个，党支部91个，非公有制经济党组织21个，社会组织党组织22个，街道直管党员共1006名。

2016年，彭家桥街道在区委区政府的正确领导下，围绕“基础工作抓规范、重点工作抓创新、整体工作抓推进”的工作思路，开拓创新，锐意进取，全街道经济社会各项工作取得较好成绩。截至年底，获得全省先进基层党组织、全国综治“南昌会议”综治“三项建设”先进基层单位、全省防震减灾示范社区等荣誉称号。

2016年，街道经济工作紧盯经济指标，细化工作措施，迎难而上，知难而进，全力做好经济工作，全面完成区委、区政府下达的各项经济指标任务。其中，财税方面：一般公共预算收入5344.29万元，新增税收1213.46万元。开放型经济及统计指标方面：截至12月，实际利用外资503万美元，现汇进资106万美元，实际利用内资10540万元，固定资产投产24.2396亿元，社会消费品零售额完成50.3392亿元。重点项目省外5000万项目全年任务数1个，完成3个；1000万元以上项目全年任务数4个，完成4个。其中，南昌中海豪庭置业发展有限公司实现进资4亿元，南昌国高房地产置业有限公司项目实现实际进资2.3亿元，为2016年度全区最大实际进资内资项目。新增服务业限上企业任务数1个，完成1个。楼宇经济完成税收11323.1万元。截至年底，街道实际利用外资、实际利用内资、固定资产投资均位列全区第一名。社会消费品零售额位列全区第二名。在协税护税工作中取得突破，实现江西省洪城一卡通投资有限公司、江西飞尚林产有限公司的工商及税收关系全部转入到东湖。

2016年，街道坚持“以民为本，为民解困，为民服务”的民政工作宗旨，使民政工作为推动建设全面小康社会充分发挥作用，为构建和谐社会做出积极贡献。截至12月，街道新增低保对象16户21人，停发低保对象4户8人，对原有164户248人低保户进行季度审核，全年累计发放城市低保161户244人，累计发放城市低保资金961008元，医疗救助24人次，发放医疗救助金94838元。2016年全年高龄老人生活补贴新增人数为173人，死亡人数为99人，街道总发放人数为983人，累计发放金额840040元。为城乡困难群众发放20床棉被，流浪乞讨人员发放10床军用大衣、10床棉被，春节期间向民政代管人员每人发放慰问金300元。春节期间走访慰问百岁老人3名，送去慰问金1500元；高龄困难老人2名，送去慰问金1200元。重阳节期间走访百岁老人4人，送去慰问金4000元。全年发放居家养老券7人，合计9450元。春节期间，街道领导陪同区领导走访军属1户（文教路北社区），走访62433部队，向两参人员、定抚定补对象、烈士家属等22户重点优抚对象发放每人500元春节慰问金；“八一”建军节期间，走访烈士家属1户（文教路北社区），走访62433部队，向两参人员、定抚定补对象、烈士家属等21户重点优抚对象发放每人150元“八一”慰问金。走访25户残疾人，每人发放200元。向街办退休代管人员发放春节慰问品5份，夏季防暑降温用品5份。开展春节和“八一”期间的优抚对象座谈会，向辖区内所有的优抚对象发放慰问品，共计发放7800多元，并发放光荣之家的对联及年画，把党和政府的关心和关怀送到人民群众手中。

【推进党建工作】 2016年，街道积极培植光明社区党建亮点，深入开展“三环三风三服务、三大工程暖人心”主题活动，指导社区成立“大党委”，构建以党委自身建设为“内环”，与驻区单位党组织共驻共建为“中环”，与周边单位、村党组织互帮互助为“外环”的“三环”党建模式；开展“兴家风、淳民风、正社风”“三风”进社区活动；推行便民服务、自我服务、志愿服务“三服务”；成功把支部建在群众团体上，以组织领导团体，以团体吸引群众，打造“五星学社”“五彩课堂”“玩具接力坊”“二五七”爱心银行等一系列特色亮点工作，成立“李恒敏书法工作室”“张则林爱心帮忙团”等品牌志愿服务团队。2016年年初以来，光明社区先后迎接西藏自治区、山东省、赣州市等省内外百余家单位参观学习。2016年街道深入开展“两学一做”学习教育。坚持“线上”学与“线下”学相结合，抓学习与抓实践相结合，规定动作与自选动作相结合，开展“先锋创绩”“三亮一帮四公开”、党员模范月、重温入党誓词、党员志愿者巡逻等系列活动，举办纪念建党95周年文艺晚会。2016年街道扎实抓好社区党组织标准化建设。通过积极争取驻区单位支持、盘活整合资产、加大投入等，新增社区办公用房1585平方米，列入2016年度计划打造的6个示范社区、达标社区的办公用房面积全部达标，文教路北社区、福州路北社区通过协商民主解决办公用房近1000平方米。

【强化基础工作】 2016年，街道坚持把开展优质服务作为转变工作思路、改进工作方法的重要工作来抓，建立和完善宣传教育、科学管理、综合服务“三位一体”的工作机制。全年给全街范围内的特扶家庭送去慰问品20余份；开展世界艾滋病日活动2场次；开展流动人口关爱活动4次；组织以加强社区干部业务能力为目标的社区干部学习培训3次；完成流动人口外省协查55例，省内协查及通报64例，婚育证明查验100%完成；办理一孩生育服务证210个，二孩生育服务证300个，独生子女证45个，再生育11个；全年组织辖区内的无业下岗育龄妇女进行环孕检及生殖保健检查，共完成438例；提供优生优育免费检查115例，并根据居民的不同情况指导他们办理相关的证明材料；宣传社会抚养征收活动4场；建立人口健康文化园，引导广大群众树立科学、文明、进步、创新型婚育观念和健康观念。

【提供人力资源和社会保障服务】 2016年，彭家桥街道围绕民生任务认真开展各项工作，努力完成各项民生任务指标。截至12月底，城市新增就业人数976人，就业困难人员就业146人，创业培训30人，家政培训88人，开展公共就业服务，促进辖区人员就业。对小额贷款工作实行“地毯式”宣传，全面覆盖，上门上户，宣讲政策、促进放贷。截至11月，申报贷款820万元，顺利发放660万元，扶持创业70家，带动就业700人次，超额完成全年任务。加强对未就业大学生实名制登记工作，做好基础台帐，采取一对一的方式送岗到家，送培训送政策，并及时录入微机，共录入未就业大学生人数51人（含教育部门名单）。同时，每月为397位失业人员提供失业签到服务，为有需求的人员提供求职信息，创业服务。并做好城镇居民医保、城镇居民居保和青年见习等工作。

【全面推动城市管理工作】 2016年，街道多措并举，精细管理，城市面貌焕然一新。一是在全区首创街道城市管理公众号，大力宣传发动公信力，及时报道工作动态，截至12月底，辖区有2万名群众加入关注。二是不断创新环卫模式。投入40万元采购环卫快速保洁车20辆、小型高压冲洗车12辆、不锈钢垃圾桶120个。引进合迅环卫保洁车辆人员考勤系统，实现路面保洁质量的常态化管控。三是夯实数字城管平台基础。截至年底，数字化城管系统平台受理案卷总数11900余条，各月结案率均达到100%。四是狠抓重点整治。扎实开展“蓝天行动”，辖区内烧烤店烧烤器具全部更换为无烟烧烤炉。扎实开展楼道垃圾广告清理，楼道粉刷面积为7800平方米，清理广告垃圾8250条，新增统一规范的“便民信息张贴栏”便民服务栏320块。街道突出重点路段、重点区域、重点时段治理，圆满完成“三看”“三迎”、南昌国际马拉松赛周边环境整治等重大项迎检任务，街道综合执法队获得全市年度考核第二名。

【扎实开展平安创建工作】 2016年，街道通过加大平安小区创建力度，通过市、区两级综治责任单位帮扶，通过居民参与巡逻等活动，进一步提高“两提升”的知晓率和参与率，第三季度公众安全感满意度调查在全区排名第一。积极承担重大重点任务，打造街道和光明社区综治指挥中心，圆满完成综治南昌现场会的观摩迎检任务，顺利举行省级“122”交通安全日活动。加大矛盾纠纷排查调处力度，全年发现、调处矛盾108起，成功率100%。加大重点人员稳控力度，突出重要时节，采取专人盯防、全时布防的办法狠抓维稳工作，截至年底，街道未发生赴京非访现象。

【推进第一轮国有土地上房屋征收工作】 2016年，东湖区为迎接南昌市内环高速时代，建设洪都大道高架快速路迫在眉睫。洪都大桥周边地块项目征收面积约6.30万平方米，房屋征收总户数约

632 户。其中,住宅 603 户,面积约 5.08 万平方米;非住宅 29 户,面积约 1.22 万平方米。8 月 26 日张贴预征收公告,9 月 30 日张贴正式征收公告。10 月 8 日上午,洪都大桥周边地块正式公布房屋征收评估价。截至 12 月 3 日下午,该地块总计领取序号 550 户,完成比例 87.03%;签订预征收协议 225 户,完成比例 35.60%;签订正式征收协议 549 户,完成比例 86.87%。东湖区 2016 年第一轮国有土地上房屋征收工作,彭家桥街道担任第一分指挥部,街道总任务数 193 户,后又接到滕王阁街办转交到彭家桥街办 21 户,共计 214 户。其中,住宅 212 户,非住宅 2 户。截至 2016 年 12 月,搬空交房 204 户,完成比例为 96.2%;正式兑付 204 户,完成比例为 96.2%,平稳推进整个征迁工作。

【习近平总书记走进光明社区】 2016 年 2 月 3 日,习近平总书记到彭家桥街办光明社区看望慰问社区干部群众,并送上新春祝福。习近平总书记首先视察社区宣传栏和社区一楼的服务站办事大厅,了解社区党建工作、便民服务、创建和谐等情况,听取社区通过开设道德讲堂开展社会主义核心价值观培育的情况介绍。他指出:培育社会主义核心价值观是一件大事,全社会都要努力抓,社区要利用自己的平台和优势做好。随后习近平总书记察看二楼的社区书画室,一些书法爱好者正泼墨挥毫写春联。习近平总书记与他们亲切互动,并给大家拜年。之后,习近平总书记和社区干部群众一起观看社区合唱团排练和舞狮灯彩队排练,整个广场洋溢着热烈祥和的气氛。临走前,习近平总书记面向社区群众说道:“社区是很重要的,是我们社会的一个基层。你们这个社区我看了一下,还是很好的。我们抓社区工作一个要抓社区党组织建设,使党组织成为这里的一个领导核心,把各方面工作都能够带动起来,因为我们的党是为人民服务的。再有一个就是抓好各种服务,社区的事情什么都有,人民群众的事情就应该是我们社区的牵挂。大家有什么需求都向社区,向我们的区委提出来,促进他们来改。和和美美,和谐文明。我们要奔着“两个一百年”的辉煌目标,为了实现我们中华民族伟大复兴的中国梦,我们共同奋斗!”

【刘奇走访慰问光明社区困难老党员】 6 月 26 日,江西省委副书记、省人民政府省长刘奇走访光明社区进行调研,并走访慰问老党员和困难党员,时任市委书记龚建华,市长郭安,市委副书记欧阳海泉,市委常委、市委秘书长江晓斌等参加调研。刘奇视察彭家桥街办光明社区的社区便民服务中心、党员活动室等。随后走访慰问生活困难党员陈和平、老党员陈光烈,给他们送去节日问候,带去党组织的关怀和温暖。刘奇叮嘱社区党组织多关心老党员特别是困难党员的生活,帮助他们解决实际问题。刘奇指出,要按照方便适用的原则,合理设置社区活动场所和服务中心,吸引群众走进来、用起来。基层党组织要不断增强服务群众的能力,坚持一心为民,整合优化资源,更好地满足群众的新需求,实实在在为群众谋福祉。

【殷美根调研彭家桥街道光明社区】 12 月 1 日,江西省委常委、市委书记殷美根,市委常委、市委秘书长郭毅一行人调研东湖区彭家桥街办光明社区,殷美根书记主要察看社区办事服务大厅、党员之家、老年服务站、多功能服务室。他指出:“今年春节前夕,习近平总书记亲临东湖区彭家桥街道光明社区视察,要以此为激励,全市各级党组织要始终牢记、深入贯彻习总书记视察光明社区重要指示精神,积极探索基层党组织标准化建设,持续抓好社区党的建设,使党组织真正成为社区的领头人,把各方面工作都带动起来。光明社区要再接再厉、树好标杆、再创辉煌,为东湖乃至全市基层党组织标准化建设作出示范。”

表 30 **2016 年彭家桥街道社区居委会一览表**

居委会名称	主任姓名	户数(户)	总人口(人)	居民小组(个)	办公地址	办公电话
光明社区	刘云娟	1658	5472	9	青山支路 26 号	88607629
七里街社区	邓永华	1600	3212	6	中大南路 28 号	88682381

续表 30

居委会名称	主任姓名	户　数（户）	总人口（人）	居民小组（个）	办公地址	办公电话
文教路社区	罗　雁	1582	7380	7	文教路 356 号	88504910
福州路北社区	熊淑清	2326	6978	16	洪文教路 274 号	88502294
文教路北社区	刘小芳	1980	5940	7	阳明东路 719 号隆兴小区内	88537809
建新社区	邱红莲	1545	4868	6	福州路 456 号	88567565
李家庄社区	施兰英	1450	3620	12	洪都北大道 1211 号	88622894
湖滨南路社区	赵华兰	1700	5166	5	洪都北大道 488 号	88556507
江中花园社区	谢清华	1953	5368	8	洪都北大道 488 号	88611662
北京西路社区	张天华	1400	7200	5	北京西路 485 号	88503503
青山北路社区	袁世辉	502	1625	4	青山北路 100 号南硅宿舍内	88626915
新祺周社区	司军莲	802	2600	4	南昌北郊新祺周	83068207
江西师大家委会	史元华	847	3320	1	北京西路 437 号	88506964

（徐艳江）

滕王阁街道办事处

【简况】 东湖区滕王阁街道位于南昌市城区的西中部，北以叠山路为界与八一桥街办为邻，东以胜利路为界与百花洲街办相邻，南以中山路为界与西湖区广外街办为邻，西以中山西路为界与西湖区朝阳街办为邻，北临赣江和红谷滩新区相望。2016 年，辖区面积为 0.98 平方千米。辖区内分为 9 个社区居委会，有居民小组 112 个，居民住户 12330 户，总人口为 39426 人，流动人口数 1629 人。

2016 年，街道在全面落实党的十八大精神，认真贯彻省委、市委两级党代会精神的基础上，紧紧围绕区委、区政府提出的“打造实力东湖、创造活力东湖、塑造魅力东湖”的目标，按照区委、区政府的工作部署，结合街道地处中心老城区的实际，敢于担当，勇创新路，努力克服经济下行带来的不利影响，突出滕阁历史文化品牌效应，提升发展理念、找准发展定位，科学谋划街道发展。坚定信念、把握重点、精准谋定、强劲发力，街道各项工作取得扎实有效的发展。

2016 年，街道扎实开展“两学一做”活动。组织系列专题学习，采取个人自学、集中培训、专题辅导、集体研讨等形式学习《党章》《廉洁自律准则》《纪律处分条例》等党纪党规以及各项规章制度；开展讲党课活动，党工委主要领导带头，运用身边事例现身说法、互动交流，增强党课的吸引力和感染力；组织党员干部观看警示教育片，进一步筑牢防线，提高拒腐防变能力。

2016 年，街道经济工作按时序稳步推进。全年实际利用外资完成 431 万美元；现汇进资完成 114 万美元；实际利用内资完成 9390 万元；省外 5000 万以上项目完成 5 个；1000 万元以上项目完成 8 个；一般公共预算收入完成 3670. 61 万元；新增税收完成 423. 16 万元；固定资产投资完成 166408 万元；全年完成“一企一策”共缴纳税金 730. 51 万元；全年税收服务站房产税代征共征得 386. 24 万元。

2016 年，街道优化环境，科学指导，倾力打造宜居滕阁。一是强化综合整治，开展夜市烧烤整治。年初以来，坚决取缔辖区流动烧烤店，对 6 家有店面经营的烧烤店进行规范整治，店铺均购买无油烟烧烤机并做到规范经营。二是开展空中管线整治“百日会战”。对辖区所有社区庭院进行管线的绑扎和清理,对子固路等4个社区道路等进行规范绑扎,共整治530余处。三是加强门前责任制管理。全年累计出动整治人员2160人次,发放执法单据316张,整治摊点500余个,依法收缴各类整治成果33件。清理和整治辖区内重点的章江路社区、民巷社区、李家巷社区、射步亭社区反弹的堆积杂物共计约520处,重点整治严控区、控制区路段的广告垃圾的清理约50余万条。出店经营的状况得到有效地控制。四是购置增配专业器材。上半年购置1辆吸盘式电动冲洗车、2辆高压冲洗车,采用人工同步推扫,人工拖抹积水积沙等配套方式操作,对辖区主道进行冲洗,解决主次干道灰沙带淤积,人行道和小街巷大型设备无法清洗作业的问题,效果明显。五是以南昌国际马拉松比赛为契机,对赛事涉及相关路段及周边区域进行一次集中清理整治。共投入37万余元,清洗改造沿街店面、店招16家,1800多平方米,整治及美化管线线路54处6500多米,清洗粉刷外立面各4600平方米和4500平方米,清理吊挂和棚顶垃圾229处共2300平方米,街道面貌焕然一新。

2016年,街道强化责任,化解难题,全力维护和谐稳定。紧紧围绕“平安滕阁”目标,采取有力措施,确保街道社会稳定。组织开展全年度公众安全感测评暨公共安全月提升宣传活动。综治办与辖区派出所联动,共上门入户10000余人次,发放《致居民群众的一封信》12000份,入户宣传单16000份,开展警民恳谈会4次。街道公众安全感满意度在全区的位次明显提升。在辖区内组织开展首个“全民国家安全教育日”宣传教育活动。发放国家安全知识调查问卷1000余份,组织辖区200余名居民参加国家安全网上知识问答,张贴标语横幅20余幅。注重化解社会矛盾,维护社会稳定。坚持矛盾纠纷排查制度。对于各类矛盾纠纷各社区加大摸底排查和调解力度,有效地减少各类矛盾纠纷。上半年共排查化解矛盾纠纷20余起,化解成功率100%。着力维护信访稳定。2月为做好习近平总书记到南昌考察期间辖区的安全稳定工作,综治办对辖区内的30余名信访人员、涉“E租宝”人员、涉“法轮功”人员进行全面摸排,逐一制定工作预案,落实“五包一”工作措施,确保习总书记视查期间辖区的安全稳定;市“两会”期间,制定安全稳定方案和应急预案,严格落实24小时值班制度,做好对重点人员的稳控,并安排领导、干部到相关点位进行值班。全年街道共发生7人次12起赴京访,全部按上级有关要求按时劝返接回。

2016年,街道切实关注民生问题,紧紧围绕“一个特色、两个全国性摸底调查,三个重点工作”来展开民生工作,在社区建设、公租房申请、社会救助、双拥、老龄、居家养老、健康教育、病媒生物防治、六小整治、残联、药监、公租房等方面的工作均取得较好进展,一年来,获得“南昌市爱国卫生先进单位”“南昌市健康教育先进单位”荣誉称号。一是扎实开展公租房申请受理工作。全年共新申请615户,2015年未中签人员申请428户,低保租赁补贴申请15户,共计1058户。切实做好与居民、房管的对接,确保此项工作平稳完成。二是认真开展两个全国摸底调查工作。全年共完成100余条第二次全国地名普查词条资料的收集,并协同普查办的工作人员做好实地勘察。完成897名残疾人的相关信息录入全国残疾人数据库。三是切实落实社会救助工作。截至10月底,街道共有低保户363户,共计575人,共发放低保金额2487026元。累计申报审批医疗救助45人次,发放医疗救助金516828元。四是推进计划生育工作落实。全年出生337人,其中一孩199人,二孩134人,计划内出生325人,计划外出生12人,计生率为96.44%;社会抚养费全额征收2人,征收总金额144606元;独生子女办证65人,享受计划生育家庭特别扶助49人。五是积极推进社会保障体系建设,加大就业指导力度。全年完成安置数:新增就业904人,净增761人;国企(再就业)478人,特困户229人;零就业家庭就业安置99人;完成就失业登记62人;市退休建档2919人;发放小额贷款金额270万元。

【高效推进“党建+”工作】 2016年,街道先后投入200多万元,采取购买、租用等形式,解决民巷、上凤凰坡、李家巷社区办公用房问题,并按照基层党组织标准化建设,将这三个社区打造成一个示范社区和两个达标社区,突破社区党建瓶颈。创新城市社区管理服务方式,注重亮点推进,提高效能。民巷社区打造的“掌上民巷580”微信服务平台,榕门路社区打造的社区特色工作“文化榕门”网络、微信服务双平台,章江路社区打造的社区服务网站,为辖区内居民群众提供精准化服务,实现党和政府方针政策的精准化宣传,拉近社区与居民的距离。截至年底,累计使用对象5000多人,收集发布信息15600多条。此外,李家巷社区建立夕阳红志愿服务队,上凤凰坡社区完成以“扶老助残、以德为邻、友爱相助、共筑和谐”“好家风好家训”和“创先争优,我为党旗添光辉”为内容的楼道文化主题建设,射步亭社区建立全省首个“阳光家园”助残工作室,开展题为“创平安社区”“助残特色社区”创建活动,子固路社区成立“你说我想”资源工作室,铁街社区成立的“党员老娘舅”服务室,在辖区开展纠纷调解、法治宣传、义务巡逻、困难居民帮扶等活动。这些高实效的服务,拉近与群众的距离,得到居民的高度评价。

【创建基层党建品牌活动】 2016年,街道会同共青团南昌市委、南昌市青年联合会、南昌市建委团委共同开展爱心捐赠“滕王阁爱心墙”活动。活动方在章江园广场、地铁一号线万寿宫站旁、章江园集贸市场三个人流量较大、影响力较广的位置制作爱心墙。4月29日,在章江园广场举办活动启动仪式。各社区成立一支6人的“爱心巡查队”,成员由爱心妈妈、老党员、楼栋长等志愿服务人员组成,负责对“爱心墙”进行管理监督,确保爱心墙的正常运转,活动在社会上引起热烈的反响。10月份,街道党员志愿者配合滕王阁管理处开展的金婚大典活动,也得到社会的广泛关注,中央台对此进行报道。

【打造客商服务手册】 2016年,街道不断提升服务客商品质,并打造客商服务手册。客商服务手册内容主要从区级和街道两个层面展开,分别把周边卫生、教育、配套设施、旅游景点、医院、法规政策、餐饮、购物总结归纳并整理成册。截至年底,街道走访企业40余家。

【强化便民服务】 2016年,街道对子固路社区、李家巷社区、射步亭社区、章江路社区的6个堵塞严重的化粪池进行改造及清理。共改造水泥路面140多平方米,粉刷外墙700多平方米。在沿江快速路及市图书馆周边搭建彩钢围档1900多平方米。

【成立“红袖章”流动巡查队】 2016年,为进一步巩固整治成果,街道抽调街道综合执法队精干人员,成立一支“红袖章”流动巡查队。重点对辖区新洲路段、叠山路段、中山路段、民德路段沿线进行“三乱”专项整治。巡查期间共整治乱张贴1035处、出店经营21家、拆除违规灯箱3个,劝离流动摊贩40起。

【促进辖区平安建设】 2016年,街道不断强化综治“三项建设”,提升综治信息化水平,在街道及所属的9个社区建立街、居两级综治中心,统一制作综治中心标牌,完善各项规章制度并做到“制度上墙”,保障中心的规范化运行。截至年底,“综治三网”的线路铺设全部完成,公共安全视频监控系统投入使用,综治视联网顺利接入街道综治中心,综治专网顺利接入街、居两级综治中心,街道、社区两级综治信息平台运转流畅,圆满地完成10月份全国综治政法工作“南昌会议”的迎检工作。

【深入落实平安小区创建】 2016年,街道开展李家巷社区东龙须巷5号等4个平安小区创建,通过“平安小区”创建工作,实现人防、物防、技防全覆盖。区民政局、区司法局、区统战部、区总工会4家区直单位及电信南昌分公司、南昌市人力资源和社会保障局两家市直单位挂点帮扶街道,通过积极对接,实现预案详实、时间明确,工作有序地推进。

【成立“6·26”社区戒毒康复工作室】 2016年,街道利用东湖刑侦六中队的原办公用房改造建立“6·26”社区戒毒康复工作室,并成立社区戒毒及康复工作领导小组,落实人员,并于7月通过南昌市禁毒办的现场检查验收。截至年底,街道辖区内共有13人戒毒康复对象,皆建立一人一档,其中3人主动前来工作室报到登记,其余10人处在工作人员逐一入户家访阶段。

【创新普法工作机制】 2016年,街道打造“法律志愿者服务平台”,与江西财大法学院沟通对接,建立法律志愿者服务平台。通过在信息平台开展法律咨询服务,帮助居民解答一些法律问题。建立一支法律服务志愿者队伍,明确人员和职责。截至年底,法律服务志愿者解答法律问题18个,宣传法律知识25次。2016年,街道荣获2011—2015年度全市法治宣传教育先进单位称号。

【开展"全面两孩进万家"特色工作】 2016年,街道通过举办社区业务培训,进行育龄群众摸底,运用新的办证系统为群众网上办理"生育服务卡",简化办证程序,动员准备怀孕生育的育龄群众参加免费的孕前优生健康检查服务和举办"全面两孩优生优育及孕产期保健等知识讲座"等活动,有效地推进两孩相关政策落实。截至年底,建立辖区孕妇随访表格175份,为进一步服务提供翔实的依据。

【深化社区服务创新】 2016年,街道在射步亭社区建立全省首个"阳光家园"助残工作室。开展题为"创平安社区助残特色社区"创建活动。以滕王阁社区微信公众号为载体建立社区微课堂,包含"滕阁"文化、"学习路上"、健康养生、生活百科和"两学一做"五个版块。在子固路社区成立"你说我想"资源工作室,吸收市第二中西医结合医院党支部成员加入微心愿认领队伍。开展社区弱势群体"微心愿"的收集工作,对社区的弱势群体进行帮扶。

表31　**2016年滕王阁街道社区居委会一览表**

居委会名称	主任姓名	户　数(户)	总人口(人)	居民小组(个)	办公地址	办公电话
子固路社区	李　洁	1417	4001	14	射步亭4号	86700261
榕门路社区	魏　瑛	1197	3283	8	棕帽街22号	86700264
滕王阁社区	蔡晶晶	1174	3984	11	石厂街66号	86700704
铁街社区	涂冬妹	1124	3162	7	铁街36号	86632874
上凤凰坡社区	周梅兰	1174	3969	12	上凤凰坡12号附1号	86633454
民巷社区	章　华	1576	5540	20	民巷12号	86792314
章江路社区	汪纪文	1688	5857	12	下凤凰坡1号	86700694
射步亭社区	胡　梅	1646	5761	12	李家路23号	86706174
李家巷社区	曾丽娟	1334	3869	16	东龙须巷5号	86706044

(唐文清)

贤士湖管理处

【概况】 2016年,在区委、区政府的领导下,贤士湖管理处坚持以经济工作为中心,科学调度,合理安排,大力实施"一二三四五"工程,所辖各村经济平稳发展,社会稳定,较好地完成区委、区政府布置的各项工作。

2016年,贤士湖管理处经济工作稳中求进,在全区街道组经济发展考核指标综合排名第4位。其中,一般公共预算收入完成1497.69万元,占全年任务的95.21%;全年固定投资完成169736万元,占完成全年任务的117.72%,全年实现社会消费品零售总额109515万元,同比增长6.95%,其中限额以上零售额38789万元,同比增长9.98%;实际利用内资10440万元,占全年任务的116%;实际利用外资448万美元,占全年任务的106.67%;现汇进资112万美元,占全年任务的106.67%;完成省外5000万元以上项目2个,占全年任务的200%,1000万元以上项目5个,占全年任务的125%;全年实现新增税收1216.81万元,占全年任务的608.41%。成功引进上市公司"中国房企百强企业"的融创中国控股有限公司入驻。

2016年,贤士湖管理处扎实推进民生工程,全面统筹各项社会事务发展。全力打造五星级便民惠民服务中心和文化中心,结束管理处成立以来一直租用办公室的局面。借党建标准化建设"东风",高标准建设村级便民服务站,实现"小事不出村,大事不出管理处"。积极开展首届"中金杯"男子篮球比赛,"身边十美评选"、重阳节敬老等群众性文体活动,增强居民群众归属感和获得感。人口计生工作在长巷村打造早教乐园及红色驿站特色项目,低保救助、公租房等政策性工作依法依规开展。配合区人劳局做好管理处6个村5795人"被征地农民养老保险"的保费收缴工作,圆满地完成2015年度7130人的的"城镇居民基本医疗保险"的续保工作。积极配合区房管局开展公租房申报工作。

2016年,贤士湖管理处安全稳定局面良好,全年在安全生产、消防等工作方面皆做到无事故、零伤亡的优异成绩,为创造良好安全的社会环境奠定有力基础。依托物业化管理,全面推进平安小区打造。各项制度、温馨提示牌、非机动车停放点、消防自救点、综合监控室因地制宜建设到位,公众安全感切实提升。完善综治工作网格,加大物防、技防投入,天网、地网、专网、人网的"四网合一"综治防控平台建设全部到位。坚持预警在先、教育在先、控制在先,努力把不稳定因素化解在萌芽状态。2016年的综治"南昌会议"和省、市两会期间,贤士湖管理处确保信访问题"不过江",有力地维护辖区稳定。

【大力倡导"十二字"精神】 2016年,是贤士湖管理处"城中村"改造实施的第四年。截至年底,贤士湖管理处所辖长巷、七里和贤湖3个行政村整体征迁,拆除农房90余万平方米。摆在贤士湖管理处党工委面前的是村集体经济发展空间受限,过渡群众对安置房翘首以盼,甚至少数群众心神不安,社会稳定暗藏隐患的现状,进一步增强村级党组织的凝聚力、向心力和战斗力,强化村民群众的归属感、安全感和获得感就更显必要。贤士湖管理处审时度势,顺势而为,提炼出"忠诚担当、善谋实干、敬业奉献"十二字精神,将其作为集体的文化内涵和推动一切工作的动力,与"实在实干办实事,亲民为民得民心"的工作理念相结合,引领处、村干部勇担当,敢作为,接地气,脱土气,求变出新,与时俱进,主动适应"后征迁时代",主动融入城市文明。

【强力推进基层党组织标准化建设】 2016年,贤士湖管理处坚持"内外并重、软硬并举"。在阵地建设中以"赶超光明社区"的雄心壮志和"五年不落后"的眼界标准,在长巷、贤湖、永溪3个行政村建设示范级党群服务中心,实现党建服务定位由"虚"变"实"。中心内设的"六室三站一平台"是标配,而"一村一品"志愿者工作室、社情民意接待室等则是增配。外建的先锋广场,作为村党组织党旗下的活动阵地、宣传阵地和形象阵地。在党群服务中心硬件达标的同时,突出其服务党员、服务群众的功能效益最大化,定位党群服务中心既是村级组织办公场所,也是服务居民群众之地,更是群众业余文化活动之所。在服务方式和平台建设上求新求变,主动增强"软"实力,坚持去"机关化",以人为本,对外开放,资源共享,真正打造"群众之家"。依靠"党建+",丰富为民服务、志愿服务、文化建设、群众活动的内容和载体,从而形成诸如"幸福小手""重阳敬老""红色驿站""三风行"等特色品牌活动,寓教于乐,惠及于民。

【以物业化管理促社会稳定】 2016年,贤士湖管理处比照周边城镇商业住宅小区的标准,以"三保三有"("三保"即保洁、保安、保绿;"三有"即有物业用房,有休闲场地,有应急场所)为标准,在贤湖村玉河南苑住宅小区进行物业化管理先期试点,召开现场会,创新验收考核方式,组织专业人士、群众代表现场验收,"品评论道",考核打分,好坏群众说了算。各村投入大量的人力、物力和财力,8个封闭式农民公寓全部实行物业化管理。5个开放式老居民区,则因地制宜,适当放宽标准,以"二保二有"("二保"即保洁、保安;"二有"即有物业用房,有休闲场地)标准,实行准物业化管理。原来的"脏、乱、差"农民公寓将不复存在,取而代之是设施齐全、管理规范、美丽宜居的新型住宅小区,得到村民的全力支持和称赞。在2016年第三、四季度的公众安全感测评中,贤士湖管理处位列全区前列。

【开展三大品牌活动促"三风"建设】 2016年,贤士湖管理处开展弘扬"三风"家训传承、"百名干部,进千户家庭,访万名群众"家访和志愿者服务"一村一品"三大品牌活动,把"兴家风、淳民风、正社风”落到实处。一是弘扬“三风”家训传承活动。活动立足“家庭”这个最小的社会细胞，结合传统文化建设家规家训长廊，这些家训突出体现助人为乐、邻里相助、艰苦奋斗等品德涵养和价值追求，以“正能量”引领家风、民风、社风的转变。如长巷村举办书写家风家训比赛活动。长巷村、贤湖村开展世居姓氏家族优秀家训征集活动等，让“好家风永传承”。二是“百名党员干部、进千个家庭、访万名群众”家访活动。活动要求每季度的第一周处、村机关干部下沉一线，上门入户，坐下来与群众“拉家常”，直面群众，正视矛盾，解疑释惑。对能答复的问题立即当场答复，对不能当场答复的，做好解释，并承诺反馈时间。做到尽力而为，量力而行。通过这种“访民情、知民意、解民忧”活动，锻炼队伍，锤炼作风，进一步密切党群、干群关系。2016 年的家访活动，共收集群众意见 80 条，现场解答 52 条，解释反馈 28 条，受到广大群众的肯定。三是志愿者服务“一村一品”活动。活动因地、因人、因需制宜，每村根据各自实际，“认领”一项志愿服务，形成自己的品牌特色，并长期坚持开展。贤湖村主推“三风行”，把简化红白事、爱护环境、文明言行等事情逐一写入《村规民约》，大力倡导“兴家风、淳民风、正社风”。永溪村根据辖区流动人口多的特色，设立“红色驿站”，成立流入人口党组织，为流入人口提供找住所、找工作、计生、安全等全方位贴心服务。活动的开展吸引更多的志愿者加入志愿服务，群众的社会志愿意识和社会责任感明显提升，带动当地社会风气“正能量”持续聚集，深入人心。

【努力搭建四个服务平台】 2016 年，贤士湖管理处把四个平台(即党员示范平台，民主协商平台，便民服务平台，群众活动平台)建设作为夯实党建工作基础的有力抓手，坚持“建、管、用”相结合，整合资源，规范运行，丰富为党员群众服务的载体，真正做到“党员干部受教育、人民群众得实惠”。一是搭建党员示范平台，通过建设先锋广场，评选优秀党员，设立党员义务劳动日，组建党员群众活动团队，进一步发挥党员的先锋模范作用，团结更多的群众“听党的话，跟党走”。管理处、村党员干部每月到村参加一次义务劳动，参与环境整治，正是党员干部的带头，村民纷纷自发参与小区楼道庭院环境治理。二是搭建民主协商平台，通过设立社情民意接待室、组建民情理事会，把退休但仍在群众中有较高威望，愿意为村民办事的老书记、老主任，企业家吸纳进民情理事会，以民主协商的形式，“协商解决”村民群众的诉求和难处。推进小区物业化管理就是基于经常收到村民反映，在征求广大居民的意见后，村委会、理事会和村民代表共同协商，做出“自己的小区自己要管”的意愿，从而多方协作，群策群力而成。三是搭建便民服务平台，在打造五星级便民惠民服务中心的基础上，在村级设立便民惠民服务站，让村民群众“小事不出村，大事不出管理处”。在服务站大厅设立综合信息服务平台、电子信息公告栏，滚动播放便民服务办事流程和临时信息，设立便民柜，尽心为前来办事的群众提供方便，真正把“便民、亲民、为民”的服务阵地前移到群众家门口，服务到村民心坎上。四是搭建群众活动平台，通过建设室内文体活动室、图书阅览室、青少年学习站、绿色网吧、老年学校等，室外篮球场、休闲广场、阳光花圃、健身路径等，引导群众组建篮球队、健步走队、老年夕阳红舞蹈队等各类群众团队，充分利用党群服务中心室内外的活动场所组织群众、团结群众、争取群众，从而谋得群众拥护。长巷村不仅在“幸福小手工作室”定期组织青少年开展“大手牵小手”活动，教会孩子分享快乐，而且与当地四方画院联合，邀请专业画家到村讲课，教授传统国画基础知识。

【积极开展党员五项行动】 2016 年，贤士湖管理处积极开展“牢记宗旨党员践诺行动”“家风家规党员示范行动”“环境整治党员先锋行动”“平安维稳党员带头行动”和“干事风尚党员引领行动”，把党章党规、系列讲话的学习认识转化为实际行动，将党性修养注入思维、血液，养成行为习惯。一是“牢记宗旨党员践诺行动”，通过“亮形象、亮岗位、亮承诺”和“比成绩、比服务、比风采”的“三亮三比”，以及“我和党旗合个影”等活动，引导党员强化党性观念和宗旨意识，主动适应新时期要求，真抓实干，争先创优，切实发挥好“一名党员一面旗帜”的先锋模范作用。二是“家风家规党员示范行动”，把合格党员要求融入家庭建设，“立家规、正家风、树新风”。每年开展“优秀学子之家”授牌、重阳敬老、建设家规家训长廊以及评选“最美媳妇”等活动，传承优秀文化，深挖文化底蕴，传递正能量。截至年底，贤士湖管理处共对60个“优秀学子之家”进行授牌，所辖各村分别举行形式多样的重阳节敬老活动，走访年长村民，向他们送去关怀。三是“环境整治党员先锋行动”，设立党员义务劳动日，每月的第一个星期六上午组织开展一次“我为家乡2小时”环境整治活动，让党员在环境整治一线冲锋陷阵，为群众做好示范，树立榜样，增强物业意识和社会责任感。在物业化管理工作中，党员参与整治拆除搭建20余处。四是“平安维稳党员带头行动”，成立党员治安巡逻队和维稳突击队，坚持夜巡，搜信息，查隐患，解矛盾，保一方平安；在党员中开展“结对帮教”活动，教育引导重点人员遵纪守法，依法依规行事。设立应急救援场所，配齐设施，完善管理制度，做到“应急救援”时刻准备。各村夜巡队风雨无阻在各自然村和住宅小区开展巡逻活动，特别是公园村的夜巡工作坚持16年，夜巡队伍更换一批又一批。五是“干事风尚党员引领行动”，实行“双向述职述廉评议”，管理处班子成员向各村主官和处中层干部述职述廉，各村两委向处挂点领导和村民代表述职述廉，接受上级和群众的监督。出台村干部管理、三资管理等相关制度，严格村工作人员聘用程序，加强管理，减少和杜绝执行不力、责任不强、管理不严、效率不高的现象发生，切实提高为民办事的能力。

表32　**2016年贤士湖管理处村民委员会一览表**

村委会名称	主任姓名	户　数（户）	总人口（人）	村民小组（个）	办公地址	办公电话
长巷村	谌天伟	708	1874	7	青山南路448号	88623771
公园村	殷国平	187	510	3	福州路251号	86217365
七里村	陶国强	948	2695	10	青山北路916号	88623255
贤湖村	魏黎明	156	556	—	二七北路636号	88635673
永和村	王荣华	423	630	—	永外正街352号	88636058
永溪村	殷润强	341	1316	4	文教北路684号	88502682

（熊　瑛）

扬农管理处

【简况】　2016年，扬农管理处辖区总面积2.67平方千米，其中种养殖面积1600亩，户籍人口1340余人，其中流动人口239人。下辖2个社区，即德成社区和绿苑社区。截至2016年年底，扬农管理处共有3个基层党组织，有党员132人。完成德成社区和绿苑社区的基层党组织示范社区打造。2016年，扬农管理处完成固定资产投资6048万元；实际利用内资6000万元；实际利用外资320万美元；现汇80万美元；新增税收40万元。

2016年，扬农管理处民政计策工作有条不紊。在民政工作方面：春节期间慰问走访贫困职工群众95人，发放慰问金20100元；全年新增低保2户，停发4户，调整4户，至2016年年底，管理处共有低保户14户，19人。在老龄委工作方面：审核登记80岁以上老人高龄补贴人数为39人，其中90岁以上5人，发放高龄补贴40190元。在优抚工作方面：为2名两参人员发放生活补助金52800元。在计生工作方面：管理处已婚育龄妇女298人，共办理一孩生育服务卡7人，二孩生育服务卡4人。

2016年，管理处主要围绕“土地控储、民生改善、环境创优、平安和谐”目标定位，着力抓好民生实事、控违拆违、经济发展、和谐稳定、党风廉政等重点工作，较好地完成全年的各项目标任务，全处经济社会各项事业取得显著进步。一是强化落实,民生工程进展顺利。明确目标扎实推进2011垦区危房改造项目在建工程,主体工程全部完工;精心筹划2013垦区危房改造前期工作,完成立项、设计审批图审、控制价评审、招投标等程序,有序地推进项目施工前期相关手续办理。二是建管并重,城市管理统筹推进。严格执行扬子洲地区土地控制储备政策,建立防控机构,健全考核机制,控违形势有效稳控;大力实施新农村建设项目,全面打好治脏治乱攻坚战,极大地改善辖区居住环境;加强农业水利建设,提高农业灌溉及抗旱排涝能力,为居民生产创造良好条件。三是创新思想,经济发展稳健运行。进一步加强与企业的沟通,宣传惠企业政策,帮扶德成制药承包企业做好药品批文的延续和五年一次的新版GMP认证工作,让企业能依据市场规律得到更长足的发展;进一步加大招商引资力度,拓宽招商引资渠道,积极对外宣传推介,吸引知名企业入驻全区和管理处。四是构建和谐,社会事业全面进步。积极开展基层党组织标准化建设工作,完成社区服务中心建设和党群服务中心“六室三站一平台”建设,进一步强化基层党组织硬件水平;推进服务建设标准化,通过互帮互助,营造良好和谐的社会氛围,帮助辖区居民解决实际困难,提升党组织服务水平;深化平安创建活动,加强“综治中心、信息化、网格化”三项建设,完成综治中心建设,构建成综治、信访、稳定“三位一体”格局;民生实事日益提升,进一步落实社会保险、社会救助、社会优抚等政策,落实城乡低保、临时救助等各类配套资金,完成征收社会抚养费、申请审批发放二胎证件等,加强二孩政策宣传工作,进一步完善社区公交站台、化粪池疏通、绿化美化亮化提升改造等建设,为居民生活提供舒适环境。组织制定防汛抗旱应急预案、备齐防汛物质、加强巡堤查险,防汛抗旱工作落到实处。五是依法行政,强力提升机关效能。坚持每周二学习制度,加强机关效能建设,完善政务公开制度,全面优化政务环境;落实党风廉政建设责任制,落实“三重一大”制度,认真履行“一岗双责”,严格遵守“八项规定”及关于廉洁从政的各项规定,完善上班值班考勤制度、公车使用制度、公务接待制度等,廉政建设积极推进。

【改造垦区危房】 垦区危房改造工程是实现垦区职工安居梦,推进利民惠民工程的重要工作。2016年,管理处扎实推进2011年垦区危房改造项目在建工程,在2015年年底完成主体工程的基础上,2016年度主要完成内外墙粉刷及保温、安装排水管道、门窗工程、阳台及楼道护栏工程、电梯安装、地面工程及保温、外墙漆施工等工作。同时精心筹划2013年垦区危房改造项目前期工程,全年通过公开招投标形式,确定项目设计单位,并完成建筑方案的审批、管线方案的审批、控制价的编制、办理建筑工程规划许可证、施工图设计及图审,控制价评审等工作,有序地推进该项目施工前期相关手续的办理,确保民生工程落实到位。

【开展控违拆违工作】 2016年,管理处继续严格执行扬子洲地区土地控规政策,推进科学储备,将控违拆违工作为首要任务常抓不懈。通过建立完善房屋信息档案,全面掌握辖区房屋信息等建立防控机制,加快制定储备期间控违疏堵结合的办法和举措,在原有宝塔式管理模式的基础上,进一步修改完善方案,将职责分工、问责机制、奖惩机制融汇其中,建立一级抓一级、层层抓落实的工作责任制,开展不间断、全方位、高频度的巡查,坚持违章建筑零容忍,真正做到拆控并举,以控为主,以拆促控。截至年底,共拆除违法建设3处,清理违法种植4处,无新增违法建筑。

【推进新农村建设】 2016年,管理处大力推进实施三大队横堤道路硬化改造和一大队扬农广场2个新农村建设项目。严格按照项目建设程序规范操作,实施三大队横堤875米道路硬化改造工程,工程建设全部完成并竣工验收,切实解决群众出行难的问题。扬农广场项目是利用辖区内一垃圾死角的闲置用地建设一小型休闲广场,设立活动广场、健身器材、休息廊架、环场步道、宣传栏、多功能篮球场等功能区域,同时在广场周围种植树木,不仅能满足辖区居民健身休闲文化的需求,也有利于改善辖区环境。截至年底,完成土地报批、规划报批、设计概算、财政评审等项目前期工作。

【开展环境综合大整治】 2016年,管理处全面推进“美丽南昌·幸福家园”项目工作。按照“干干净净、漂漂亮亮、井然有序、和谐宜居”要求,以整治环境脏、建房乱、设施差为重点,开展环境综合治理,积极营造整洁、优雅、和谐的人居环境。大力实施新农村建设工作，完善道路硬化、公厕改造、自来水开通等配套建设，改善居民生活环境。着重打造扬农路、整治路沿石、修补人行道破损、粉刷墙面、修补绿化等。继续巩固畜禽禁养成果，实施“千万树木进千村”营造林工程建设，提升道路沿线、房前屋后水体沿岸的绿化水平，实现生态环境、人居环境的同步改善。加大环境保护及长效管理的投入，完善垃圾中转站等相关基础设施，实现城乡一体化垃圾无害化处理，普遍建立环境卫生“门前三包、分区包干、定责考核”的长效保洁机制，建立和完善环境管理考核机制。

【改造升级基础设施】 2016 年，管理处本着为民办实事，帮助居民解决实际问题的原则，加快道路改造步伐，在年初将两条道路改造纳入全年工作计划，并抓住时间节点办好手续，开展施工，工程如期竣工验收。改造总里程约 1500 米，总投资 30 余万余元，进一步优化交通格局，便利当地居民出行。为切实提高扬农段防洪圩堤防洪、抗洪、抗旱、灌溉能力，在汛期过后便启动实施扬子洲圩堤扬农段除险加固工程、沟渠清淤项目，提高农业灌溉及抗旱排涝能力，为居民顺利开展生产创造良好条件。

【进行企业改造升级】 2016 年，管理处积极服务现有企业，进一步加强与企业的沟通，主动与企业对接，宣传惠企业政策，帮扶德成制药承包企业做好药品批文的延续和五年一次的新版 GMP 认证工作，承包企业投入近 1500 万元对厂房、设备等进行改造升级。截至年底，GMP 通过国家药监部门的认证，生产经营全面启动，让企业能依据市场规律得到更长足的发展。

【推进党建标准化建设】 2016 年，管理处积极开展基层党组织标准化建设工作。通过召开基层党员大会，明确社区党组织职责，确定将德成社区、绿苑社区作为基层党组织示范社区打造。按照要求加强社区服务中心建设和党群服务中心建设，加快推进“六室三站一平台”建设，完善基层党组织硬件水平。为使基层党组织标准化建设落到实处，使群众切实感受到基层党建的优质水平，成立“心愿交换所”，力争将志愿者、党员、群众都纳入其中，通过互帮互助，营造良好和谐的社会氛围，帮助辖区居民解决实际困难；完善制度建设、增加志愿服务活动次数，加强党员队伍建设，建立一支包含群众、干部职工在内的约 50 人的党员志愿服务队伍，开展多次义务打扫、义务巡堤等志愿服务活动，提升党组织服务水平。

【扎实开展平安创建工作】 2016 年，管理处按照安全发展、和谐发展理念，深入开展“平安创建”等系列活动，持续优化社会发展环境。在全处广泛开展“兴家风、淳民风、正社风”主题活动，以良好的家风、民风、社风带动全社会公共精神的培育。按照市区打造标准化综治中心的要求，深化平安创建活动，加强“综治中心、信息化、网格化”三项建设，投入近 10 万元完成综治中心建设，构建成综治、信访、稳定“三位一体”格局，完善天网视频信息接入、运行机制等，同时将社区干部纳入为网格员，进一步强化基层综治服务功能，公众安全感测评多次在全区排名靠前。

【改进完善民生实事项目】 一是加强社会救助。推进落实社会保险、社会救助、社会优抚等政策，落实城乡低保、临时救助等各类配套资金，为低保户、优抚对象、困难群众等提供扶贫解困。做好现役军人家属、参战人员、80 岁以上老人等特殊群体的慰问工作。加大对辖区残疾人的帮助和引导，做好残疾人及残疾人子女助学工作，加大残疾人保护法宣传力度，做好残疾人的维权工作。二是强化计生服务。完成征收社会抚养费、申请审批发放二胎证件、申请上报落实失独家庭享受国家补贴、新生儿录入等工作，安排进行全年育龄妇女生殖健康、环孕检，进一步加强二孩政策宣传工作。三是完善社区建设。协调公交公司新建公交站台、优化公交线路，极大地改善辖区居民的出行条件。对为民小区化粪池进行改造，为居民生活提供舒适环境。对为民、绿苑两个小区进行提升改造，安装路灯、楼道灯、进行卫生环境整治，实现辖区“路平、管通、灯明、树绿”，力争将德成、绿苑社区打造成精品社区。四是推进公租房政策。在辖区广泛宣传公租房政策，为有需要的困难居民做好公租房申请工作，全年共为 16 户居民办理公租房申请手续。五是落实改制企业职工后续保障。按照“当年退休、当年办理、当年补缴社保、逐步消化”的原则，全年共为 15 名改制企业职工办理正式退休手续。着力解决人民群众最关心最直接最现实的利益问题,切实增强辖区居民的幸福感。

【做好防汛抗旱工作】 2016年,管理处为切实做好防汛抗灾工作,确保安全度汛,本着立足预防、主动防范的原则,制定防汛抗旱应急预案,建立防汛抗旱组织指挥机构,成立防汛应急小分队,落实防汛值班制度和领导带班防汛制度,制作“46553”巡堤查险秘诀,组织“三心”党员志愿服务队伍参与巡堤查险。按照区防办任务要求,提前配备麻袋2500条,编织袋3100条,块石426吨,鹅卵石460吨等防汛储备物质共计10万余元。在汛期来临之前,组织队伍对部分堤坡松动、渗水等问题进行8次除险加固,及时消除安全隐患。组织农民工抢险队除草除树1200余棵,清理出长约2.35公里的堤脚巡堤带一条,做到巡堤查险范围全覆盖。

【抓好党风廉政建设】 2016年,管理处积极推进党风廉政建设。持之以恒落实党风廉政建设责任制,认真履行“一岗双责”,严格遵守“八项规定”及关于廉洁从政的各项规定,完善上班值班考勤制度、公车使用制度、公务接待制度等,努力形成用制度管权、按制度办事、靠制度管人的有效机制,加强对权力运行的制约和监督。坚决落实“三重一大”制度,建立和完善钱、权、人事等方面的管理监督制度,经常性地对党员干部开展党风廉政和反腐败教育,从根本上铲除滋生腐败的土壤。认真践行“两学一做”,健全廉政风险防控体系,努力实现干部清正、政府清廉、政治清明。始终坚持以党建为统领,以抓班子、强队伍,抓基层、打基础为关键,统筹推进各项工作,全面优化政务环境。坚持周二机关干部学习制度,学习《党内生活准则》《廉洁从政准则》《干部任用条例》等党纪国法、规则规定,通过学习增强工作的本领,提高解决实际问题的能力。坚持以人为本,以群众满意为“第一标准”,切实加强依法行政和机关效能建设,深化源头治理,不断提升单位公众形象和社会公信力,提升群众对依法行政、机关效能的满意度。大力推进电子政务,完善政务公开制度,增加工作透明度。坚持“五零”工作法,提高工作效率和水平,在转变干部作风、提高机关行政效能方面迈出新的步伐。经过不懈努力,管理处政务环境大步向行为规范、运转协调、公正透明、廉洁高效的目标迈进。

表33 **2016年扬农管理处社区居委会一览表**

居委会名称	主任姓名	户 数(户)	总人口(人)	居民小组(个)	办公地址	办公电话
德成社区	陶爱节	187	567	7	扬农路871号	88677052
绿苑社区	陶勇杰	685	1580	6	扬农路1028号	88670500

(王 珍)

人　物

先进个人

区级领导机构成员名单

（副县级及以上，截至2015年12月底在任）

中国共产党东湖区委员会

书　记：刘　闯
副书记：高辉红　陈　曙
常　委：焦玉庄　胡洪水　唐铭市　刘光荣
　　　　夏小兰　陈　俊　胡志强　张　恩

南昌市东湖区人民代表大会常务委员会

主　任：喻国泰
副主任：彭雅琳（女）　余　瑾（女）
　　　　谢　蓉（女）　郑洪健　谭阿莉
　　　　万里涛

南昌市东湖区人民政府

区　长：高辉红
副区长：夏小兰（女）　童萍如（女）　陈国梁
　　　　万　勇　万　明　杨　峻

中国人民政治协商会议南昌市东湖区委员会

主　席：王　玮（女）
副主席：欧阳桃花（女）　谢保成　冯于水
　　　　谢　华　余　坚　胡涛湘
　　　　胡　薇

南昌市东湖区人民武装部

部　长：张　恩
副部长：朱苏辉（代副部长）

（黄　悦）

区直机关各单位（含垂管单位）负责人名单

（正科级及以上，截至2016年12月底在任）

区委工作机构

区委办公室
　主　任：杨　斌
区委台湾工作办公室
　主　任：胡　政
区委组织部
　部　长：唐铭市
　常务副部长：毛　青（女）
区直机关工委
　书　记：张庆川
区委老干部局
　局　长：龚武红（女）
区委宣传部
　部　长：胡洪水
　常务副部长：冯玉成
区委统战部
　部　长：焦玉庄
区侨联
　主　席：朱莉群（女）

区委政法委
书　记:胡志强
常务副书记:谈　浔
区综治办
主　任:饶接华
区委、区政府信访局
局　长:唐　浩
区纪委
书　记:刘光荣
副书记:谌卫东　黄　超　肖迎春(女)
区编委办公室
主　任:魏桂文(女)
区委党校
校　长:赵兴中
区“610”办
主　任:罗长水
区史志办公室
主　任:陈耀武
区机关事务管理局(区委、区政府接待办)
局　长(主任):赵英姿(女)

区人大机关

常委会办公室
主　任:李明儿
财政经济工作委员会
主　任:徐小玲(女)
选任联工作委员会
主　任:吴　蕾(女)
法制专门委员会
主　任:肖黎超(女)
内务司法工作委员会
主　任:万云初
代表履职服务中心
主　任:朱晓磊

区政府工作机构

区政府办公室
主　任:查秋滚
区发改委
主　任:易年忠
区教科体局
局　长:舒小红(女)
区司法局
局　长、书　记:罗咏琴(女)
区民政局
局　长、书　记:许前佐
区财政局
局　长:万　勇
区人力资源和社会保障局
局　长、书　记:万里涛
区审计局
局　长:陈　峰(女)
区环境保护局
局　长:李青峰
区城市建设局
局　长:万晓荣
区城管委
主　任:周春雷
市城市管理行政执法局东湖区分局
局　长:熊林梁
教导员:王长福
区住房保障和房产管理局
局　长:钟　华
区商务局
局　长:焦旭晖
区市监局
局　长:王君健
区文化广电旅游新闻出版局
局　长:胡　薇(女)
区卫计委
主任:钟　华
区统计局
局　长:廖　军(女)
区安全生产监督管理局
局　长:胡雪洪
区监察局
局　长:肖迎春(女)
区人民防空办公室(区民防局)
主　任(局长):卢国华
扬子洲镇
书　记:唐榕星(女)
镇　长:邹　斌
八一桥街办

书　记:宋　晓
主　任:杨　峰
豫章街办
书　记:
主　任:黄　灿
墩子塘街办
书　记:黄芝义
主　任:王丽萍(女)
百花洲街办
书　记:付振海
主　任:黄　征
公园街办
书　记:陈海龙
主　任:傅　军
大院街办
书　记:涂　勇
主　任:喻　菡(女)
董家窑街办
书　记:万　华(女)
主　任:张　群(女)
彭家桥街办
书　记:张　勇
主　任:李良清
滕王阁街办
书　记:邱　波
主　任:姚　涛
贤士湖管理处
书　记:杨征宇
主　任:黄际财
扬农管理处
书　记:许　强
主　任:谌　洁(女)
区档案局
局　长:林　波
区行政服务中心
主　任:张　焰(女)
区企业资产管理服务中心
主　任:
党委书记:周　璐
区金融工作办公室
主　任:张　璇(女)
区防震减灾局
局　长:邓小燕(女)
区城投公司
董事长:朱上求
总经理:朱上求

区政协机关

办公室
主　任:谢建平
专门委员会办公室
主　任:王树珊(女)
研究室
主　任:
提案委员会办公室
主　任:陈贞珍(女)

区群团组织

区总工会
主　席:欧阳桃花(女)
常务副主席:李永兴
团区委
书　记:车丽娟(女)
区妇联
主　席:熊丽芳(女)
区科协
主　席:廖德厚
区工商联
主　席:胡涛湘(女)
区残联
理事长:熊春萍(女)

区人民法院

院　长:梁　洪

区人民检察院

检察长:杜迎春(女)

区垂管单位

东湖公安分局
局　长:陈国梁
东湖区国税局

局　长:帅盛武

东湖区地税局

局　长:吴彬文

市地税直属分局

局　长:马云南

东湖交警大队

大队长:彭亚东

教导员:彭筱敏

市国土资源局东湖分局

局　长:吴有根

东湖消防大队

大队长:付剑文

教导员:邵建金

市城乡规划局东湖分局

局　长:江　丹

(黄　悦)

中国共产党南昌市东湖区第十二次代表大会代表

【概况】 中国共产党东湖区第十二次代表大会于2016年8月27日—30日在区文化活动中心三楼演艺中心举行,来自全区各单位和各条战线的代表共338人出席。代表中,各级领导干部198名,各类专业技术人员71名,各条战线先进模范人物63名,解放军、武警6名。代表名单如下(以姓氏笔画为序):

丁　菲(女)	万　明	万　华(女)	万　芬(女)	万　春	万　勇
万　慧(女)	万云初	万玉华(女)	万军亮	万里涛	万保全
万晓荣	万黎明	王　丽(女)	王　玮(女)	王　娟(女)	王　萍(女)
王　超	王　毅	王小文(女)	王长福	王月英(女)	王君健
王英华(女)	王炳振	王麒麟	车丽娟(女)	毛　青(女)	公建红(女)
方俊伟	邓　灼	邓　梁	邓小燕(女)	邓必军	邓永华(女)
邓吟晓(女)	邓保香(女)	邓爱华(女)	邓雪玲(女)	邓震国	艾豫华
龙　昆(女)	卢国华	帅学农	叶　青(女)	付剑文	付振海
冯玉成	冯启明	吁媛媛(女)	吕建球	吕艳芳(女)	朱上求
朱月娥(女)	朱苏辉	朱建兰(女)	朱莉群(女)	朱斯华	刘　达(女)
刘　闯	刘　军	刘　纯(女)	刘　玲(女)	刘　艳(女)	刘　娟(女)
刘　婷(女)	刘　勤	刘　微(女)	刘小松	刘天龙	刘云娟(女)
刘巧巧(女)	刘光荣	刘行曦	刘志坚	刘春英(女)	刘奕华
刘庭健	刘新华	江韶琴(女)	许　强	许前佐	孙　慧(女)
苏　昱(女)	杜迎春(女)	杜秋萍(女)	李　春(女)	李　剑	李　娜(女)
李　瑶(女)	李小平	李文林	李冬军	李永兴	李江泳
李青峰	李秋庆	李素芳(女)	杨　峻	杨　斌	杨　絮(女)
杨小梅(女)	杨明宇	杨征宇	肖　玮(女)	肖　莹(女)	肖长凤(女)
肖迎春(女)	肖国民	肖淑华(女)	肖黎超(女)	吴　浩	吴　彪
吴卫兵	吴天锡	吴斗果	吴晓春(女)	邱　波	何　勇
何　钰(女)	何文云(女)	余　坚	余　松(女)	余　思(女)	余　娇(女)
余　瑾(女)	余则安	余康凤(女)	邹　斌	邹沛沛	汪　健
汪纪文(女)	沈　军	沈　卓	宋　晓	宋海平	宋德豪
张　昕(女)	张　泉	张　勇	张　恩	张　焰(女)	张本祺
张年和	张庆川	张志忠	张志强	张祎星(女)	张秋莲(女)
张敏莉(女)	陈　冬(女)	陈　珊(女)	陈　俊	陈　峰(女)	陈　曙

陈卫民(女)	陈立新(女)	陈国平	陈国梁	陈金香(女)	陈海龙
陈耀武	范　婧(女)	范有根	范鹏云	林　波	欧阳桃花(女)
易年忠	罗　红(女)	罗　健	罗　琳(女)	罗　雁(女)	罗　斌(女)
罗长水	罗咏琴(女)	罗建珍(女)	罗慧敏(女)	周　亮(女)	周　璐
周小辉	周天福	周知姿(女)	周春雷	周振宇	周梅兰(女)
赵　健	赵　燕(女)	赵玉静(女)	赵兴中	赵英姿(女)	胡　政
胡　威	胡　静	胡　薇(女)	胡天诚	胡乐红(女)	胡华丽(女)
胡志强	胡明华	胡明哲	胡建英(女)	胡建国	胡洪水
胡雪洪	胡淑兰(女)	胡新星	查秋滚	钟　华	饶接华
施兰英(女)	秦海鹰(女)	秦淑琴(女)	袁小燕(女)	袁妙蓉(女)	聂　华(女)
聂志正	夏小兰(女)	夏冬兰(女)	钱继芳(女)	徐　平	徐　亮
徐　绛(女)	徐　斌	徐　燕(女)	徐　耀	徐小英(女)	徐凤娇(女)
徐文平	徐文辉	徐正妹(女)	徐立君	徐国华	徐学东
徐顺姣(女)	徐艳江	徐根明	殷中民	殷伟年	高辉红
郭名新	郭军荣	郭国红	郭建华	郭剑青(女)	郭朝峰
唐　浩	唐立红	唐铭市	唐惠萍(女)	唐榕星(女)	涂　坤
涂　勇	涂冬妹(女)	涂永红(女)	涂华丽(女)	谈　浔	陶　鹏
陶永红	陶光明	陶花员(女)	陶春红(女)	陶柱全	陶勇成
陶勇贵	陶晓弟	陶晓静(女)	陶湖英(女)	黄　艳(女)	黄　超
黄　霞(女)	黄小燕(女)	黄天祥	黄芝义	黄昌华	黄洪珍(女)
黄德铭	梅春兰(女)	龚文辉	龚武红(女)	龚选民	盛　怡(女)
章　华(女)	梁　洪	梁国荣	梁祖奎	梁晓清	谌卫东
谌宇杰	彭雅琳(女)	喻　斌(女)	喻国泰	程　晛	程　清(女)
程淑芳(女)	傅子松	傅筱琴(女)	焦玉庄	舒小红(女)	舒宏蔚
曾武兵	谢　俊	谢　蓉(女)	谢三龙	谢建平	楼英军
赖昌玉	雷燕祎(女)	蔡　静(女)	蔡春辉	廖　军(女)	廖德厚
阚　霞(女)	谭　丽(女)	谭阿莉(女)	谭雪辉	熊　玲(女)	熊小红
熊小豹	熊飞霞(女)	熊长根	熊玉秀(女)	熊玉娇(女)	熊平华(女)
熊兰勇(女)	熊成锴	熊志玉(女)	熊丽芳(女)	熊若丹(女)	熊林梁
熊国华(女)	熊春平(女)	熊润兰(女)	熊敏君(女)	潘国英(女)	魏　伟
魏　琴(女)	魏桂文(女)				

（黄　悦）

南昌市东湖区第十六届人民代表大会代表

【概况】 南昌市东湖区第十六届人民代表大会第一次会议于2016年10月11—14日在区文化活动中心三楼演艺中心举行，参加会议的人大代表238名，代表名单如下（以姓氏笔画为序）：

万　华(女)	万　雯(女)	万小勇	万云初	万屯娘	万长城
万仁友	万江田	万里涛	马茜茜(女)	丰志华	王　玮(女)

王　玮（女）	王　晓	王　强	王一平	王小文（女）	王共先
王丽萍（女）	王国庆	王桂茹（女）	王晓莲（女）	王晓燕（女）	车丽娟（女）
毛盛芳（女）	毛惟仁	甘增波	石玲娟（女）	帅钢华	叶建军
田　华（女）	史子彪	史桂鹤	付振海	付桂生	冯玉成
皮　非	吁　芳（女）	吁　斌	朱毛智	合　德	邬成香（女）
刘　卫	刘　闯	刘　宇	刘　军	刘　军	刘　炜
刘云娟（女）	刘中勇	刘光荣	刘江宁	刘志强	刘志慧（女）
刘国林	刘学红	刘端春	许　萍（女）	许　强	许　强
许前佐	孙圆圆（女）	严　隆	杜红民	杜励兴（女）	杜迎春（女）
杜晓华	李　军	李　薇（女）	李佐奇	李良清	李秋根
李桃香（女）	李联明	杨　云	杨　峰	杨　雯（女）	杨　斌
杨小龙	杨征宇	杨海根	肖　贤（女）	肖迎春（女）	肖黎超（女）
吴　贞（女）	吴　波	吴有根	吴彬文	邱　波	邱昌莲（女）
余　瑾（女）	邹　军	邹　虹（女）	邹　斌	邹文娟（女）	闵建波
闵菊根	宋　晓	张　勇	张　恩	张　琪	张　群（女）
张　露（女）	张小兰（女）	张小康	张文景	张志强	张耀华（女）
陈　平	陈　军	陈　武	陈　波	陈　勇	陈　勇
陈　曙	陈小珍（女）	陈东亮	陈其秀（女）	陈国梁	陈明华
陈海龙	陈赛进	陈魏华	邵建金	范丽红（女）	欧阳华
易小春	易年忠	易艳丹（女）	易福东	罗宇萍（女）	罗雪松
岳根华（女）	周　俊（女）	周海波	周婷芳（女）	郑小荣	郑洪健
宗佩兰（女）	赵建国	胡克伟	胡金香（女）	胡春林	胡洪水
胡根弟	胡嫩寒（女）	查秋滚	威珊茹（女）	姚　涛	贺兴平
秦海鹰（女）	敖　斌（女）	袁思位	袁思群	夏小兰（女）	顾　筠（女）
徐　华（女）	徐　旭	徐　鹏	徐义东	殷国平	殷润强
高迪生	高辉红	郭小云	郭中华	唐芸璞（女）	唐建波
唐铭市	唐榕星（女）	涂　勇	涂继震	谈　浔	谈国龙
谈承贵	陶羊崽	陶国庆	陶国强	陶柱华	陶智标
陶智斌	黄　灿	黄　征	黄　涛	黄　蕾（女）	黄文源
黄正根	黄宁锋	黄永革	黄芝义	黄志刚	黄欧平
黄国富	黄明忠	黄绍清	黄凌云	黄海根	曹开火
曹红杰	龚永康	崔　超	梁　洪	梁厚生	谌　洁（女）
谌天伟	彭志刚	彭亮亮	彭晓虹（女）	彭雅琳（女）	董　斌
蒋　军	喻　菡（女）	喻国泰	喻建国	喻荣辉	程玉玲（女）
程其逵	程学新	傅　军	舒富文	曾文芳（女）	游永春
谢　蓉（女）	谢国泉	谢春建	蔡天禄	蔡雅雯（女）	蔡慧湘（女）
谭阿莉（女）	熊　飞	熊　欣（女）	熊文强	熊丽芳（女）	熊经纬（女）
熊超慧（女）	潘右瑞	魏成斌	魏黎明		

（唐芸璞）

政协南昌市东湖区第九届委员会委员

【概况】 政协南昌市东湖区第九届委员会第一次会议于2016年10月10—13日在区文化活动中心三楼演艺中心举行。政协东湖区第九届委员会共有238名委员，其中：中共界别12名，特邀界别40名，民革界别12名，民盟界别5名，民建界别8名，民进界别8名，农工党界别8名，九三学社界别6名，工商联界别15名，教体界别14名，无党派人士界别14名，共青团界别3名，工会界别7名，妇联界别6名，侨联界别10名，医药卫生界别11名，社会福利和社会保障界别8名，文化艺术与新闻出版界界别8名，经济界别18名，农业界别12名，科技界别9名，少数民族界别3名，宗教界别1名。委员名单如下（以姓氏笔画为序）：

丁荣玲	于　凡（女）	万　胜	万杏娥（女）	王　玮（女）	王　超
王　超	王红美（女）	王武伟	王妮娜（女）	王树珊（女）	王晓峰
王隆彬	韦　涛	化明志	孔德永	邓　斌	邓文辉
邓引明（女）	邓建平	邓梓莹（女）	甘　霖	卢国强	帅盛武
冯于水	兰海燕（女）	朱　敏	朱上求	朱文魁	朱莉群（女）
朱钱雷	全　玲（女）	刘　伟（女）	刘　玲（女）	刘　剑	刘　彦
刘　婷（女）	刘文俊	刘全和	刘志坚	刘芳林	刘怀京
刘庭健	刘慧华（女）	江　莹（女）	许惠鑫	杜　影（女）	李　勇
李　健	李　媛（女）	李　蕾（女）	李玉群（女）	李冬军	李旭青（女）
李学武	李建民	李雅莉（女）	李毅惠（女）	杨　虹（女）	杨　溢
杨长春	杨志坚	杨淑萍（女）	肖自强	肖红茂	肖志红
吴　艳（女）	吴　彪	吴　强	吴卫兵	吴招锋	何志勇
何宏伟	余　坚	余　锋	余学军	闵志雷	闵思龙
张　燕（女）	张自强	张庆川	张志文	张祎星（女）	张毓琴（女）
陆玉娟（女）	陈　飞	陈　虎	陈　政	陈　彬	陈　璇（女）
陈汀皓	陈贞珍（女）	陈武军	陈海明	陈翔华	幸春林
范善田	林利平	林浩裕	欧阳桃花（女）	尚万宽	易华航
罗　强	罗咏琴（女）	罗莹斐（女）	周　佳（女）	周　俊	周　维
周劲辉	周诚明	周胜明	周晓珍（女）	周爱锋（女）	练　红（女）
赵青武	赵英姿（女）	赵德莲（女）	赵赣涛	胡　阳（女）	胡　政
胡　荣	胡　谦（女）	胡　强	胡　燕（女）	胡　薇（女）	胡天诚
胡中平	胡向春	胡序宇	胡明华	胡旻罡	胡涛湘（女）
胡海燕（女）	胡晨阳	胡智芬（女）	胡黎明	钟　鹤（女）	钟泽欢（女）
段旭凯	饶智华	洪　卓（女）	神　敏（女）	姚建冰	敖晓焕
袁　武	袁　斌	袁玉玲（女）	桂松平	晏明智	徐　莉（女）
徐　斌	徐卫东	徐木标	徐文平	徐幼莉（女）	徐名宏
徐国华	徐国庆	徐顺姣（女）	徐莉红（女）	徐海峰	殷　俊
殷志敏	郭爱香（女）	唐　浩	唐江华	唐惠萍（女）	涂韶勇
谈建平	陶　鹏	陶书铭	陶新政	黄　君（女）	黄　林
黄　海	黄天祥	黄东辉	黄建发	黄信高	黄锦君
梅春兰（女）	曹　蜓（女）	曹冬羊	龚武红（女）	龚选民	龚黎明

盛芳梅(女)	崔玉亭	梁文杰	梁祖奎	谌卫东	谌宇杰
谌莉军(女)	谌鲤强	揭建刚	蒋小军(女)	喻　剑	喻新文
程　航	焦旭晖	童燕华	曾　涛	曾纪勇	曾武兵
游　浩	谢　华	谢　萍(女)	谢建平	谢保成	谢剑晴
楼英军	裘　峻(女)	裘明金	鲍　颖	蔡　云(女)	蔡　舸(女)
蔡友妹(女)	蔡剑虹(女)	蔡晓华	廖异安	熊　伟	熊　宇(女)
熊　芬(女)	熊　芳(女)	熊　劲	熊　莺(女)	熊　瑛(女)	熊　磊
熊卫斌	熊金辉	熊春平(女)	熊莉萍(女)	熊豫闻	缪世龙
樊吉义	潘剑萍	魏　群(女)	魏桂文(女)		

(谢建平)

先进个人

【概况】 2016年,东湖区以"创优"凝心聚力,用"争先"巩固提高,持续开展"创优争先"活动,全区广大干部群众锐意进取,勇于争先,各战线涌现出一个个先进典范,一座座精神标杆。

(区史志办公室)

【劳动模范】 2016年"五一"劳动节前夕,东湖区总工会积极做好"南昌市劳动模范"评选推荐上报工作。4月28日,郭小玲(区商务局书记、局长)、万晓荣(区城市建设局党委书记、局长)、吴彬文(区地方税务局局长)、杨征宇(贤士湖管理处党工委书记)、张金陶(区社会福利院负责人)、郭剑青(区文化馆群文科科长)、陈金香(百花洲街道办事处火神庙社区居委会书记、主任)、范丽红(南昌市祥华农业发展有限公司董事长)、郭树长(扬子洲镇上房村番茄种植户)、刘云娟(彭家桥街道办事处光明社区居委会党委书记、主任)、裘明金(南昌凯莱大饭店有限公司保安经理)、陶国庆(扬子洲镇前洲村村委会主任)、陶柱全(贤士湖管理处七里村村民委员会党支部书记)、徐春芳(扬子洲镇南洲村党支部书记)14人,受到南昌市委、市政府的表彰,荣获南昌市"先进工作者"和"劳动模范"的光荣称号。

(林如霞)

【"三八"红旗手】 2016年,东湖区倡导广大妇女学习先进精神,弘扬刻苦学习、岗位建功的创先争优精神和自尊、自信、自立、自强的时代女性精神,区妇联积极做好"三八"红旗手评选推荐上报工作。2016年3月,东湖区社会福利院谢捷、邮政路小学胡金香被南昌市妇联评为2015年度"三八"红旗手。2017年3月,东湖区红十字会胡海燕、大院街道余松被南昌市妇联评为2016年度"三八"红旗手。

(刘　达)

表34　**2016年东湖区获省部级及以上单位表彰的先进个人**

姓　名	工作单位	奖项名称	颁奖部门	颁奖时间
廖　涛	东湖区人民法院	全国"两会"期间涉诉信访工作先进个人	最高人民法院办公厅	2016－05
汪　健	东湖公安分局	全国优秀人民警察	中华人民共和国公安部	2017－05

表 35　**2016 年东湖区获市厅级单位表彰的先进个人**

姓　名	工作单位	奖项名称	颁奖部门	颁奖时间
王　多	东湖区检察院	个人三等功	江西省检察院	2016－02
王　多	东湖区检察院	全省十佳公诉人	江西省检察院	2016－03
涂　坤	东湖区检察院	全省优秀公诉人	江西省检察院	2016－03
杨征宇	贤士湖管理处	五一劳动奖章	中共南昌市委、南昌市人民政府	2016－04
陶柱全	贤士湖管理处七里村	五一劳动奖章	中共南昌市委、南昌市人民政府	2016－04
郭小玲	东湖区商务局	南昌市“先进工作者”	中共南昌市委、南昌市人民政府	2016－04
万晓荣	东湖区城市建设局	南昌市“先进工作者”	中共南昌市委、南昌市人民政府	2016－04
吴彬文	东湖区地方税务局	南昌市“先进工作者”	中共南昌市委、南昌市人民政府	2016－04
杨征宇	贤士湖管理处	南昌市“先进工作者”	中共南昌市委、南昌市人民政府	2016－04
吴彬文	东湖区地税局	南昌市“先进工作者”	中共南昌市委、南昌市人民政府	2016－04
陈金香	百花洲街道办事处火神庙社区	南昌市“劳动模范”	中共南昌市委、南昌市人民政府	2016－04
范丽红	南昌市祥华农业发展有限公司	南昌市“劳动模范”	中共南昌市委、南昌市人民政府	2016－04
郭剑青	东湖区文化馆	南昌市“劳动模范”	中共南昌市委、南昌市人民政府	2016－04
郭树长	扬子洲镇上房村	南昌市“劳动模范”	中共南昌市委、南昌市人民政府	2016－04
刘云娟	彭家桥街道办事处光明社区居委会	南昌市“劳动模范”	中共南昌市委、南昌市人民政府	2016－04
裘明金	南昌凯莱大饭店有限公司	南昌市“劳动模范”	中共南昌市委、南昌市人民政府	2016－04
陶国庆	扬子洲镇前洲村	南昌市“劳动模范”	中共南昌市委、南昌市人民政府	2016－04
陶柱全	贤士湖管理处七里村	南昌市“劳动模范”	中共南昌市委、南昌市人民政府	2016－04
徐春芳	扬子洲镇南洲村	南昌市“劳动模范”	中共南昌市委、南昌市人民政府	2016－04
张金陶	东湖区社会福利院	南昌市“劳动模范”	中共南昌市委、南昌市人民政府	2016－04
刘云娟	彭家桥街道办事处光明社区	南昌市“劳动模范”	中共南昌市委、南昌市人民政府	2016－04
程　航	东湖区文化广电旅游新闻出版局	创建国家森林城市先进个人	中共南昌市委、南昌市人民政府	2016－04
余玉兰	墩子塘街道办事处	全省普法宣传教育工作先进个人	江西省普法教育领导小组	2016－06
程顺利	三经路消防中队	2016 年度全省优秀共产党员	中共江西省公安消防总队委员会	2016－06
戴启洪	东湖区人民法院	2014—2015 年度全省优秀法官	江西省高级人民法院	2016－07
李永兴	东湖区总工会	全省工会经审工作优秀干部	江西省总工会经费审查委员会	2016－08

续表35

姓　名	工作单位	奖项名称	颁奖部门	颁奖时间
李　荣	东湖区地税局	全省金税三期上线推广工作个人嘉奖	江西省地税局	2016－08
何　云	东湖区地税局	全省金税三期上线推广工作个人嘉奖	江西省地税局	2016－08
程　清	东湖区检察院	全省“加强生态检察，服务绿色崛起”专项监督活动通报表扬	江西省检察院	2016－08
徐玉兰	扬子洲镇人民政府	全国综治“南昌会议”协助筹备工作先进个人	中共南昌市委、南昌市人民政府	2016－10
王　磊	东湖区人民法院	全国综治“南昌会议”协助筹备工作先进个人	中共南昌市委、南昌市人民政府	2016－10
胡　威	董家窑街道办事处	全国综治“南昌会议”协助筹备工作先进个人	中共南昌市委、南昌市人民政府	2016－10
程新排	墩子塘街道办事处	全国综治“南昌会议”协助筹备工作先进个人	中共南昌市委、南昌市人民政府	2016－10
王　鑫	东湖区信访局	全国综治“南昌会议”协助筹备工作先进个人	中共南昌市委、南昌市人民政府	2016－10
陶美波	扬农管理处	全国综治“南昌会议”协助筹备工作先进个人	中共南昌市委、南昌市人民政府	2016－10
邓震国	东湖区财政局	全国综治“南昌会议”协助筹备先进个人	中共南昌市委、南昌市人民政府	2016－10
胡铁群	东湖区政府办	2016年江西省优秀信息主管	江西省计算机用户协会	2016－11
万三源	扬子洲镇熊万村	江西省绿色家庭示范户	江西省妇女联合会 江西省生态文明办	2016－12
邓小燕	东湖区防震减灾局	2016年度全省防震减灾先进个人	江西省地震局	2016－12
俞　军	东湖区地税局	2016年度全国纳税人满意度调查先进个人	江西省地税局	2017－01
雷红芸	彭家桥街道办事处光明社区	“兴家风、淳民风、正社风”南昌市2016年度民风榜样人物	政协南昌市委员会	2017－01
车丽娟	共青团东湖区委	2016南昌国际马拉松先进个人	中共南昌市委	2017－01
杨浩杰	共青团东湖区委	2016南昌国际马拉松先进个人	中共南昌市委	2017－01
龚　鸿	三经路政府专职队	2016年度全省优秀政府专职消防员	江西省公安消防总队	2017－02
吴　鹏	东湖区公安消防大队	2016年度全省执法质量先进个人	江西省公安消防总队	2017－03

续表 35

姓　名	工作单位	奖项名称	颁奖部门	颁奖时间
李　渊	东湖区国税局	江西省国税系统金税三期推行工作三等功	江西省国税局	2017－03
傅将晓	东湖区国税局	江西省国税系统金税三期推行工作嘉奖	江西省国税局	2017－03
范丽红	南昌市祥华农业发展有限公司	江西省巾帼建功标兵	江西省妇女联合会	2017－03
刘云娟	彭家桥街道办事处光明社区	江西省三八红旗手	江西省妇女联合会	2017－03
陈海龙	公园街道办事处	全省人民防空先进个人	江西省国防动员委员会	2017－03
熊靖宇	东湖公安分局	全省公安机关“抗洪水战高温”工作个人嘉奖	江西省公安厅	2017－03
罗雪兵	东湖公安分局	个人一等功	江西省公安厅	2017－05
郭洪瑛	东湖公安分局	全省妇女儿童发展纲要先进个人	江西省妇联	2017－05

表 36　**2016 年东湖区委、区政府表彰的先进个人**

姓　名	工作单位	奖项名称	颁奖部门	颁奖时间
吕　莉	扬子洲镇	三八红旗手	中共东湖区委	2017－03
涂晓丽	彭家桥街道办事处	三八红旗手	中共东湖区委	2017－03
胡建英	公园街道上营坊社区	三八红旗手	中共东湖区委	2017－03
袁妙蓉	墩子塘街道阳明社区	三八红旗手	中共东湖区委	2017－03
唐惠萍	百花洲街道小金台社区	三八红旗手	中共东湖区委	2017－03
李　春	董家窑街道办事处	三八红旗手	中共东湖区委	2017－03
邹香兰	豫章街道办事处	三八红旗手	中共东湖区委	2017－03
蔡　舸	大院街道办事处	三八红旗手	中共东湖区委	2017－03
章　华	滕王阁街道民巷社区	三八红旗手	中共东湖区委	2017－03
聂　华	八一桥街道办事处	三八红旗手	中共东湖区委	2017－03
陶花员	贤士湖管理处长巷村	三八红旗手	中共东湖区委	2017－03
陈崇林	扬农管理处	三八红旗手	中共东湖区委	2017－03
徐玉兰	扬子洲镇综治办	2016 年度全区社会治安综合治理先进工作者	中共东湖区委、东湖区人民政府	2017－03
郭志良	扬子洲镇上房村	2016 年度全区社会治安综合治理先进工作者	中共东湖区委、东湖区人民政府	2017－03

续表 36

姓　名	工作单位	奖项名称	颁奖部门	颁奖时间
万　微	扬子洲镇熊万村	2016 年度全区社会治安综合治理先进工作者	中共东湖区委、东湖区人民政府	2017－03
陶表明	扬子洲镇南洲村	2016 年度全区社会治安综合治理先进工作者	中共东湖区委、东湖区人民政府	2017－03
李伟军	八一桥街道办事处	2016 年度全区社会治安综合治理先进工作者	中共东湖区委、东湖区人民政府	2017－03
聂　华	八一桥街道办事处	2016 年度全区社会治安综合治理先进工作者	中共东湖区委、东湖区人民政府	2017－03
蔡志强	八一桥街道综治办	2016 年度全区社会治安综合治理先进工作者	中共东湖区委、东湖区人民政府	2017－03
梁祖奎	豫章街道党工委	2016 年度全区社会治安综合治理先进工作者	中共东湖区委、东湖区人民政府	2017－03
单博文	豫章街道办事处	2016 年度全区社会治安综合治理先进工作者	中共东湖区委、东湖区人民政府	2017－03
王　勤	豫章街道综治办	2016 年度全区社会治安综合治理先进工作者	中共东湖区委、东湖区人民政府	2017－03
秦俊雅	豫章街道综治办	2016 年度全区社会治安综合治理先进工作者	中共东湖区委、东湖区人民政府	2017－03
程新排	墩子塘街道办事处	2016 年度全区社会治安综合治理先进工作者	中共东湖区委、东湖区人民政府	2017－03
王　毅	墩子塘街道综治办	2016 年度全区社会治安综合治理先进工作者	中共东湖区委、东湖区人民政府	2017－03
傅明霞	墩子塘街道党家巷社区	2016 年度全区社会治安综合治理先进工作者	中共东湖区委、东湖区人民政府	2017－03
胡淑兰	墩子塘街道北湖社区	2016 年度全区社会治安综合治理先进工作者	中共东湖区委、东湖区人民政府	2017－03
邓　量	百花洲街道综治办	2016 年度全区社会治安综合治理先进工作者	中共东湖区委、东湖区人民政府	2017－03
罗　立	百花洲街道综治办	2016 年度全区社会治安综合治理先进工作者	中共东湖区委、东湖区人民政府	2017－03
黄莉春	百花洲街道杨家厂社区	2016 年度全区社会治安综合治理先进工作者	中共东湖区委、东湖区人民政府	2017－03
涂迎春	百花洲街道状元桥社区	2016 年度全区社会治安综合治理先进工作者	中共东湖区委、东湖区人民政府	2017－03
张义春	公园街道综治办	2016 年度全区社会治安综合治理先进工作者	中共东湖区委、东湖区人民政府	2017－03
王一麟	公园街道综治办	2016 年度全区社会治安综合治理先进工作者	中共东湖区委、东湖区人民政府	2017－03

续表 36

姓　名	工作单位	奖项名称	颁奖部门	颁奖时间
陈卫民	公园街道民德路社区	2016 年度全区社会治安综合治理先进工作者	中共东湖区委、东湖区人民政府	2017 - 03
罗　颖	大院街道综治办	2016 年度全区社会治安综合治理先进工作者	中共东湖区委、东湖区人民政府	2017 - 03
王月英	大院街道二七北路社区	2016 年度全区社会治安综合治理先进工作者	中共东湖区委、东湖区人民政府	2017 - 03
周　亮	大院街道公园社区	2016 年度全区社会治安综合治理先进工作者	中共东湖区委、东湖区人民政府	2017 - 03
邱冬莲	大院司法所	2016 年度全区社会治安综合治理先进工作者	中共东湖区委、东湖区人民政府	2017 - 03
胡　威	董家窑街道办事处	2016 年度全区社会治安综合治理先进工作者	中共东湖区委、东湖区人民政府	2017 - 03
闵玉英	董家窑街道综治办	2016 年度全区社会治安综合治理先进工作者	中共东湖区委、东湖区人民政府	2017 - 03
江韶琴	董家窑街道新华社区	2016 年度全区社会治安综合治理先进工作者	中共东湖区委、东湖区人民政府	2017 - 03
张晓茜	董家窑街道青山南路社区	2016 年度全区社会治安综合治理先进工作者	中共东湖区委、东湖区人民政府	2017 - 03
彭　梵	彭家桥街道办事处	2016 年度全区社会治安综合治理先进工作者	中共东湖区委、东湖区人民政府	2017 - 03
闵　军	彭家桥派出所	2016 年度全区社会治安综合治理先进工作者	中共东湖区委、东湖区人民政府	2017 - 03
张天华	彭家桥街道北京西路社区	2016 年度全区社会治安综合治理先进工作者	中共东湖区委、东湖区人民政府	2017 - 03
施兰英	彭家桥街道李家庄社区	2016 年度全区社会治安综合治理先进工作者	中共东湖区委、东湖区人民政府	2017 - 03
梁建平	滕王阁街道综治办	2016 年度全区社会治安综合治理先进工作者	中共东湖区委、东湖区人民政府	2017 - 03
魏　瑛	滕王阁街道榕门路社区	2016 年度全区社会治安综合治理先进工作者	中共东湖区委、东湖区人民政府	2017 - 03
曾丽娟	滕王阁街道李家巷社区	2016 年度全区社会治安综合治理先进工作者	中共东湖区委、东湖区人民政府	2017 - 03
汪纪文	滕王阁街道章江路社区	2016 年度全区社会治安综合治理先进工作者	中共东湖区委、东湖区人民政府	2017 - 03
陶国强	贤士湖管理处七里村	2016 年度全区社会治安综合治理先进工作者	中共东湖区委、东湖区人民政府	2017 - 03
殷国平	贤士湖管理处公园村	2016 年度全区社会治安综合治理先进工作者	中共东湖区委、东湖区人民政府	2017 - 03

续表36

姓　名	工作单位	奖项名称	颁奖部门	颁奖时间
陶美波	扬农管理处综治办	2016年度全区社会治安综合治理先进工作者	中共东湖区委、东湖区人民政府	2017－03
杨小妹	扬农管理处德成社区	2016年度全区社会治安综合治理先进工作者	中共东湖区委、东湖区人民政府	2017－03
李诚鹏	东湖区教育科技体育局	2016年度全区社会治安综合治理先进工作者	中共东湖区委、东湖区人民政府	2017－03
毛振德	东湖区民政局	2016年度全区社会治安综合治理先进工作者	中共东湖区委、东湖区人民政府	2017－03
李　翔	东湖区人力资源和社会保障局	2016年度全区社会治安综合治理先进工作者	中共东湖区委、东湖区人民政府	2017－03
黎　明	东湖区环境保护局	2016年度全区社会治安综合治理先进工作者	中共东湖区委、东湖区人民政府	2017－03
张　文	东湖区城市建设局	2016年度全区社会治安综合治理先进工作者	中共东湖区委、东湖区人民政府	2017－03
张小伟	东湖区城市管理委员会	2016年度全区社会治安综合治理先进工作者	中共东湖区委、东湖区人民政府	2017－03
蔡路辉	东湖区住房保障和房产管理局	2016年度全区社会治安综合治理先进工作者	中共东湖区委、东湖区人民政府	2017－03
江泽炉	东湖区商务局	2016年度全区社会治安综合治理先进工作者	中共东湖区委、东湖区人民政府	2017－03
涂超敏	东湖区文化广电旅游新闻出版局	2016年度全区社会治安综合治理先进工作者	中共东湖区委、东湖区人民政府	2017－03
张竞岚	东湖区卫计委	2016年度全区社会治安综合治理先进工作者	中共东湖区委、东湖区人民政府	2017－03
范鹏云	东湖区企业资产管理服务中心	2016年度全区社会治安综合治理先进工作者	中共东湖区委、东湖区人民政府	2017－03
梁　蓓	东湖区市场和质量监督管理局	2016年度全区社会治安综合治理先进工作者	中共东湖区委、东湖区人民政府	2017－03
曾　艳	东湖区市场和质量监督管理局	2016年度全区社会治安综合治理先进工作者	中共东湖区委、东湖区人民政府	2017－03
傅筱琴	东湖区城市管理行政执法局	2016年度全区社会治安综合治理先进工作者	中共东湖区委、东湖区人民政府	2017－03
胡　杰	东湖区城市管理行政执法局	2016年度全区社会治安综合治理先进工作者	中共东湖区委、东湖区人民政府	2017－03
周卉冰	东湖区农水局	2016年度全区社会治安综合治理先进工作者	中共东湖区委、东湖区人民政府	2017－03
程伟明	东湖区人民法院	2016年度全区社会治安综合治理先进工作者	中共东湖区委、东湖区人民政府	2017－03

续表 36

姓　名	工作单位	奖项名称	颁奖部门	颁奖时间
王　磊	东湖区人民法院	2016 年度全区社会治安综合治理先进工作者	中共东湖区委、东湖区人民政府	2017 - 03
周秋元	东湖区人民法院	2016 年度全区社会治安综合治理先进工作者	中共东湖区委、东湖区人民政府	2017 - 03
程　清	东湖区人民检察院	2016 年度全区社会治安综合治理先进工作者	中共东湖区委、东湖区人民政府	2017 - 03
程　浔	东湖区人民检察院	2016 年度全区社会治安综合治理先进工作者	中共东湖区委、东湖区人民政府	2017 - 03
高　晶	东湖区人民检察院	2016 年度全区社会治安综合治理先进工作者	中共东湖区委、东湖区人民政府	2017 - 03
张周生	百花洲派出所	2016 年度全区社会治安综合治理先进工作者	中共东湖区委、东湖区人民政府	2017 - 03
史广田	公园派出所	2016 年度全区社会治安综合治理先进工作者	中共东湖区委、东湖区人民政府	2017 - 03
林岸明	滕王阁派出所	2016 年度全区社会治安综合治理先进工作者	中共东湖区委、东湖区人民政府	2017 - 03
胡文斌	七里街派出所	2016 年度全区社会治安综合治理先进工作者	中共东湖区委、东湖区人民政府	2017 - 03
李　光	东湖公安分局	2016 年度全区社会治安综合治理先进工作者	中共东湖区委、东湖区人民政府	2017 - 03
邹　剑	东湖公安分局	2016 年度全区社会治安综合治理先进工作者	中共东湖区委、东湖区人民政府	2017 - 03
曾晓芳	东湖区司法局	2016 年度全区社会治安综合治理先进工作者	中共东湖区委、东湖区人民政府	2017 - 03
罗　云	东湖区司法局	2016 年度全区社会治安综合治理先进工作者	中共东湖区委、东湖区人民政府	2017 - 03
喻　剑	东湖交警大队	2016 年度全区社会治安综合治理先进工作者	中共东湖区委、东湖区人民政府	2017 - 03
李园丰	东湖交警大队	2016 年度全区社会治安综合治理先进工作者	中共东湖区委、东湖区人民政府	2017 - 03
张　诚	东湖交警大队	2016 年度全区社会治安综合治理先进工作者	中共东湖区委、东湖区人民政府	2017 - 03
王春俊	东湖区公安消防大队	2016 年度全区社会治安综合治理先进工作者	中共东湖区委、东湖区人民政府	2017 - 03
刘盼盼	南昌市豫章小学	优秀共青团员	中共东湖区委	2017 - 04
祝海洋	南昌市育新学校	优秀共青团员	中共东湖区委	2017 - 04
熊　群	南昌市滨江学校	优秀共青团员	中共东湖区委	2017 - 04

续表 36

姓　名	工作单位	奖项名称	颁奖部门	颁奖时间
徐方群	南昌东湖幼儿园	优秀共青团员	中共东湖区委	2017－04
江春胜	东湖市政养护管所生产办	优秀共青团员	中共东湖区委	2017－04
高　鹏	东湖区城管委	优秀共青团员	中共东湖区委	2017－04
吴竹君	东湖区疾控中心	优秀共青团员	中共东湖区委	2017－04
刘燕青	扬子洲镇前洲村	优秀共青团员	中共东湖区委	2017－04
朱　晨	八一桥街道办事处	优秀共青团员	中共东湖区委	2017－04
龚　丽	墩子塘街道北湖社区	优秀共青团员	中共东湖区委	2017－04
邓　量	百花洲街道办事处	优秀共青团员	中共东湖区委	2017－04
周　海	公园街道上营坊社区	优秀共青团员	中共东湖区委	2017－04
罗　妍	滕王阁街道办事处	优秀共青团员	中共东湖区委	2017－04
陈富君	东湖公安分局	优秀共青团员	中共东湖区委	2017－04
方　鹏	区直机关团工委	优秀共青团干部	中共东湖区委	2017－04
于　凡	共青团东湖区委	优秀共青团干部	中共东湖区委	2017－04
何　涛	东湖区人民检察院	优秀共青团干部	中共东湖区委	2017－04
龚菲慧	出新幼儿园	优秀共青团干部	中共东湖区委	2017－04
林荣斌	区文广局	优秀共青团干部	中共东湖区委	2017－04
彭　奕	董家窑街道团工委	优秀共青团干部	中共东湖区委	2017－04
徐玫玫	彭家桥街道光明社区	优秀共青团干部	中共东湖区委	2017－04
黄文娟	贤士湖管理处贤湖村委会	优秀共青团干部	中共东湖区委	2017－04
孙　康	南昌大学机电工程学院	区校共建优秀志愿者	中共东湖区委	2017－04
肖　琳	南昌大学经济与管理学院	区校共建优秀志愿者	中共东湖区委	2017－04
张洪溥	南昌大学信息工程学院	区校共建优秀志愿者	中共东湖区委	2017－04
周杨子	南昌大学外国语学院	区校共建优秀志愿者	中共东湖区委	2017－04
邝宏淦	南昌大学信息工程学院	区校共建优秀志愿者	中共东湖区委	2017－04
陈鹏洲	江西师范大学政法学院	区校共建优秀志愿者	中共东湖区委	2017－04
徐　汇	江西师范大学政法学院	区校共建优秀志愿者	中共东湖区委	2017－04

续表 36

姓　名	工作单位	奖项名称	颁奖部门	颁奖时间
刘子聪	江西师范大学物理与通信电子学院	区校共建优秀志愿者	中共东湖区委	2017－04
施雷雷	江西师范大学物理与通信电子学院	区校共建优秀志愿者	中共东湖区委	2017－04
文学豪	江西师范大学国教学院	区校共建优秀志愿者	中共东湖区委	2017－04
肖　倩	江西财经大学工商管理学院	区校共建优秀志愿者	中共东湖区委	2017－04
崔建明	江西财经大学工商管理学院	区校共建优秀志愿者	中共东湖区委	2017－04
解帅琦	江西财经大学会计学院	区校共建优秀志愿者	中共东湖区委	2017－04
谢　霖	江西财经大学工商管理学院	区校共建优秀志愿者	中共东湖区委	2017－04
施　汀	江西财经大学工商管理学院	区校共建优秀志愿者	中共东湖区委	2017－04
施　汀	南昌市卫生学校	区校共建优秀志愿者	中共东湖区委	2017－04
魏　敏	南昌市卫生学校	区校共建优秀志愿者	中共东湖区委	2017－04
李凯峰	南昌市卫生学校	区校共建优秀志愿者	中共东湖区委	2017－04
张运仲	南昌市卫生学校	区校共建优秀志愿者	中共东湖区委	2017－04
毛智超	南昌市卫生学校	区校共建优秀志愿者	中共东湖区委	2017－04

（区史志办公室）

专业技术人员

【概况】 2016 年，东湖区把加快专业技术人才队伍建设、扩大专业技术人员队伍规模摆在重要位置，坚持以提高专业水平和创新能力为核心，以培养高层次人才和紧缺人才为重点。坚持以业绩为主要依据，以品德、知识、能力等为重要条件，落实德才兼备原则，认真开展专业技术人才职称评定工作。全年评定 1 名专业技术人员晋升为副高级职称。

（区史志办公室）

表 37　**2016 年东湖区晋升为副高级职称人员**

姓　名	学　历	毕业学校	工作单位	晋升职称	评定时间
王钦科	本科	武汉工业大学	东湖区房地产经营公司	高级工程师	2016－12

（区人社局）

重 要 文 献

南昌市东湖区人大常委会工作报告

（2017 年 2 月 17 日在东湖区第十六届人民代表大会第二次会议上）

东湖区人大常委会主任　喻国泰

各位代表：

我受区人大常委会委托，向大会报告工作，请予审议。

2016 年的主要工作

2016 年是“十三五”规划的开局之年，也是东湖承前启后、继往开来的一年。一年来，在中共东湖区委的领导下，区人大常委会认真学习党的十八大和十八届历次全会以及习近平总书记系列重要讲话精神，坚持观大势、谋全局，毫不动摇坚持人民代表大会制度，依法履行监督职能，全年共听取和审议“一府两院”专项工作报告 19 项，作出重大事项决定决议 10 项，开展专题调研 4 次，对 11 件规范性文件依法备案审查，办理、交办代表意见、建议 111 件，依法任免国家机关工作人员 50 人次，为推动我区经济社会发展和民主法治建设发挥了应有作用。

一、遵循发展规律，聚力推进经济健康发展

常委会牢固树立大局意识，努力找准依法履职和服务东湖改革发展的切入点和着力点，有效增强审议决定重大事项的前瞻性、主动性和针对性。

加强对经济转型升级的监督。围绕经济社会发展重大问题，认真听取并审议了区开放型经济、生态文明建设等工作情况报告，组织代表对紫金广场、力高澜湖花园等区重大重点项目开展视察，为我区立足科学发展、提升开放水平、优化产业结构、加快经济转型升级提供决策参考。听取并审议区农办工作情况报告，督促区人民政府在发展现代特色效益农业中调结构、转方式，不断开创新农村建设新局面。加强对宏观经济形势的分析研判，听取区人民政府上半年经济运行情况报告，就积极应对经济下行压力，创新发展思路提出审议意见。在市人大会议期间，组织代表向大会提交关于扬子洲地区控储期间有关经济社会发展的意见建议。

加强对计划和预算执行情况的监督。依法听取并审议计划、预算及审计工作报告，批准区级财政决算，增强预算执行约束力，确保财政资金的使用效率，保障经济平稳健康运行。

二、注重民生改善，努力推动发展成果普惠于民

常委会自觉践行“以百姓之心为心”理念，把实现好维护好发展好群众的根本利益作为出发点和落脚点，使人大各项工作更“接地气”。

继续推进“食品药品安全南昌行”活动。听取区市场和质量监督管理工作情况报告，加大对食品安全工作审议意见落实情况的跟踪督办力度，推进区人民政府加快体制机制改革，落实企业主体责任，强化隐患防范控制，维护群众“舌尖上的安全”。继续跟进未成年人保护工作。听取并审议区教科体局关于义务教育均衡发展工作情况报告,就进一步促进未成年人身心全面健康发展提出意见建议。继续推进安全防控体系建设。听取并审议传染病防治、安全生产工作情况报告,切实保障群众健康和生命财产安全,促进社会和谐稳定。继续开展“道路交通安全南昌行”活动。以推进2015年底畅通城区道路交通调研报告成果的转化为立足点,切实抓好东湖承办的13件交通改善建议项目的落实。继续聚焦民生实事项目建设。常委会坚持每年听取并审议民生工程情况报告,对项目建设从选题、实施到结果进行全过程关注,提出加强对实事项目的组织领导,明确相关单位责任、及时协调解决项目推进过程中的具体问题等意见建议。

三、强化公平正义,着力营造全面深化改革的法治环境

常委会以增强全民法治意识、促进“一府两院”依法行政、公正司法为目标,把开展全面执法检查与解决法治东湖建设中的重点问题相结合。

*加强司法监督。*听取并审议区人民法院立案工作情况报告、区人民检察院公诉工作情况报告,及“法检”两院上半年工作情况报告等,推动“两院”进一步提升司法便民服务水平,畅通涉诉信访渠道,为东湖发展提供有力的司法保障。听取2015年开展规范性文件备案审查工作情况报告,督促“一府两院”制定规范性文件依法报送区人大常委会备案审查制度。认真受理群众来信来访,全年共计接待群众10批15人次,受理转办5件,司法解释劝访5件,办结5批10人次,办结率100%,做到了件件有着落,事事有回音。

*加强普法和法律执行情况的监督。*全面总结“六五”普法工作,作出第七个五年法治宣传教育决议,推动全体机关干部及群众自觉尊法学法守法用法,进一步增强全区法治观念,形成崇尚法治、遵守法律的良好氛围。协助省、市人大先后就《江西省人民代表大会常务委员会关于开展第七个五年法治宣传教育的决议(草案)》《南昌市人民代表大会常务委员会关于开展第七个五年法治宣传教育的决议》(征求意见稿)》《江西省军人军属权益保障条例(草案)等征集意见。对环境保护法、食品药品安全法、未成年人保护条例等实施情况开展执法检查,有效保障了法律法规在我区的正确实施。

四、加强服务保障,全力支持代表依法履职

常委会充分发挥代表主体作用,以服务为导向,创新工作载体,不断丰富代表活动内容和形式,支持和保障代表依法履职。

*深化闭会期间代表小组活动。*全区12个代表小组围绕以“扶贫济困共享发展”为主题的“代表行”活动,共计走访困难群众210余人次,送出慰问物资及现金8万余元,帮助群众解决问题200余项。常委会定期组织区“一府两院”向代表通报工作,保障代表知情知政。完善代表履职服务平台建设,加强法律法规和业务知识培训,邀请代表参与常委会监督、调研、视察等工作。代表们充分发挥专业优势,反映人民群众呼声,为提高常委会工作质量发挥了重要作用。

*加强意见、建议办理实效。*常委会及时听取区人民政府关于代表意见、建议办理工作情况报告,把提高代表对办理结果的满意率作为重点,促进政府及相关承办单位规范办理流程,加强与代表的沟通、交流,深入了解代表提出建议的意图和具体情况,使办理工作成为推动我区经济和社会各项事业发展的重要保证。区十五届人大六次会议期间,代表共提出的40件意见、建议,均在法定时间内办理完毕。十六届人大一次会议所收到的71件意见、建议也均已依法交办。

*依法做好换届选举工作。*常委会认真落实省、市、区人大换届选举工作会议精神,以宪法、选举法、代表法等法律法规为准则,严格依法办事,充分发扬民主,顺利选举产生区第十六届人大代表238名。常委会依据代表法有关规定和代表实际,及时划分代表小组,健全代表活动网络,完善常委会组成人员联系代表制度,针对换届后新代表比较多的实际情况,开展代表履职培训,为坚持和完善人民代表大会制度、发展社会主义民主政治提供了坚实的组织保障。

五、提升履职能力,全面加强常委会自身建设

常委会坚持不断创新,积极进取,主动适应形势和任务要求,改进工作作风,加强自身建设,着力提升常委会及其机关履职能力和工作水平。

*坚持把思想政治建设放在首位。*继续巩固党的群众路线教育实践活动成果,扎实开展“两学

一做”专题学习,严守政治纪律,强化“四个意识”,锤炼严实作风。实施国家工作人员向宪法宣誓制度。坚持常委会党组学习制度,认真举办好每季度的法律法规知识讲座,全面提升人大及其常委会运用法治思维和方式开展工作、解决问题的能力。认真落实党风廉政建设责任制,开展党章、准则和党内监督条例的学习,不断加强和规范党内政治生活,坚守理想信念,增强党性修养,努力营造风清气正的干事环境。

积极推动人大工作实践创新。加强代表联系群众工作站(室)建设,完善代表履职服务和监督机制。特别是在区委的重视和支持下,规范设立了法制专门委员会、财经专门委员会、农村和城乡建设环境保护工作委员会及代表履职服务中心,常委会机构设置更为完善,机关工作更加规范有序。在常委会会议室投入使用电子表决设备,使常委会组成人员的意愿更加真实独立,体现了对民主和法制的尊重。主动加强与“一府两院”的沟通协调,有效提高了各项审议意见的落实。积极参与“美丽南昌幸福家园”环境综合整治等中心工作。通过宣传人民代表大会制度、人大工作成效和代表的先进事迹,充分展示了人大代表的精神风貌和东湖的良好形象。

各位代表,我们所取得的上述成绩,主要得益于区委的正确领导,得益于常委会组成人员和全体区人大代表的共同努力,得益于“一府两院”和社会各界的大力支持。在此,我代表区人大常委会,向所有关心支持人大工作的同志们、朋友们,表示衷心的感谢和崇高的敬意!

各位代表,当前东湖的改革发展进入了一个奋力前行、令人振奋的崭新阶段,我们深感自身工作与形势任务的要求还有许多不相适应的地方。比如:监督工作方式方法尚需探索创新,重大事项决定权和人事任免权的行使还应进一步规范,代表工作内容与形式有待不断丰富和拓展,一些重点工作的督促检查还不够到位。对于这些差距和不足,我们一定要高度重视,采取有力措施加以解决。

2017 年的主要任务

各位代表,区委十二次党代会生动描绘了东湖经济社会发展的宏伟蓝图。2017 年,常委会工作的总体要求是:全面贯彻落实党的十八大和十八届历次全会精神,以邓小平理论、“三个代表”重要思想和科学发展观为指导,深入学习贯彻习近平总书记系列重要讲话精神,不忘初心,依法履职,为打造实力东湖、创造活力东湖、塑造魅力东湖,阔步复兴征程,再现首善荣光发挥应有的作用。

一、突出目标任务导向,着力提高监督实效

探索新常态条件下对“一府两院”监督的有效途径,围绕“创新、协调、绿色、开放、共享”五大发展理念,努力推动监督工作与发展大局融入融合。听取并审议开放型经济,计划和预、决算及审计整改,生态文明建设,房屋征收,创新流动人口服务管理,特殊教育工作等工作情况报告。听取并审议视察街道综合文化活动中心建设和区行政服务中心工作。听取区国税和地税工作报告,组织开展区重大重点项目视察,对《环保法》《预算法》等法律法规实施情况开展执法检查。持续推动区人民政府以推进“三文明”融合发展为契机,加快产业转型升级。

听取并审议区人民法院执行工作、区人民检察院检务公开工作情况报告,视察公证处和社区矫正工作,组织代表参加法院庭审和“检察开放日”活动,推动司法以公正促公开。

配合省、市人大继续开展畅通城区道路交通回头看活动。开展对“东府发”文件的备案审查,探索建立人大代表、专家参与审查的工作机制,增强备案审查能力。加强对人大任命干部的履职监督,确保国家工作人员把权力真正用在为民服务上。

常委会将更加注重问效监督,着力解决监督“虚化”、落实不力、流于形式等问题,综合运用听取审议专项工作报告、询问和工作评议等多种监督手段,行使好重大事项决定权,对群众反映强烈的热点、难点问题持续追踪问效。建立完善审议意见定期反馈、重要审议意见的办理向常委会通报制度等,拓宽群众参与人大监督的途径,有效提升人大工作张力,确保监督落在实处。

二、尊重代表主体地位,着力发挥代表作用

人大代表作为国家权力机关的主体,必须始终保持与人民群众的密切联系。认真落实常委会组成人员联系代表和代表联系群众的“双联系”

制度，总结和推广代表联系群众工作站（室）经验，让代表轮流驻站（室）知民情、解民意成为履职的常态化模式。发挥人大代表的桥梁纽带作用，广泛开展代表回选区见选民、向选民述职活动，回答选民询问，接受选民监督。提高代表闭会期间活动质量，组织代表有针对性地开展专题调研和集中视察，鼓励代表开展领题调研，最大限度扩大代表对常委会工作的参与。

加强代表建议督办工作，建立专门督办和重点督办相结合的办理机制，督促办理部门提高效率和效果。适时组织代表对建议落实情况开展专题调研和询问，推进代表建议内容和办理情况向社会公开。开展代表建议办理情况民主评议工作，切实改变代表对建议办理“假满意”或“被满意”的现象。

常委会将更加注重代表作用的发挥，完善代表履职的约束、监督、激励、评价、罢免、保障机制，在原有的代表工作中寻找新突破。加强代表思想作风建设，加大代表培训力度，健全代表履职档案管理，支持选举单位依法加强代表履职监督，促进代表珍惜人民赋予的权力。

三、加强自身建设，着力提升履职能力

进一步加强常委会组成人员思想作风建设，巩固“两学一做”成果，落实从严治党政治责任，坚持把纪律和规矩挺在前面，在贯彻落实区委重大决策部署上凝神聚力，切实把人大党的建设和各项工作提高到一个新水平。

精心组织好党组学习和法律法规、理论知识培训，不断增强做好新形势下人大工作的责任感，逐步完善适合国家权力机关特点的充满生机和活力的体制机制，特别在完善“三查（察）”制度1、决定重大事项、人事任免、提高常委会会议审议质量、提高常委会班子决策水平、加强和改进代表工作和机关干部队伍建设等方面建立长效机制。

践行密切联系群众工作作风，牢固树立为民务实清廉的形象，对关系改革发展稳定大局和群众切身利益、社会普遍关注的重大问题，做到民有所呼、我有所应，民有所求、我有所为。力戒形式主义和官僚主义，通过察实情、听真言、谋良策，使人大议事决策更加切合实际。

深化人大制度理论和实践研究，加强人大工作宣传，特别是代表履职和地方人大工作经验的宣传介绍，为人大依法行使职权创造良好环境。常委会将更加注重与乡镇、街道人大工作的结合，坚持上下联动，加强联系指导，推进经验交流，强化工作考核，在执法检查、调查视察等重大活动中相互配合，切实增强人大工作的整体合力。

各位代表，责任重于泰山，使命催人奋进！东湖正处在机遇叠加、乘势而上的紧要关口，阔步复兴征程，再现首善荣光是全区人民群众殷切而厚重的期待。让我们在区委的坚强领导下，凝聚全区上下的智慧和力量，以更加高昂的斗志、更加务实的作风、更加坚定的步伐，同心同德，开拓进取，为打造富裕美丽幸福江西“南昌样板”贡献东湖力量！

（区人大常委会办公室）

中国人民政治协商会议
南昌市东湖区第九届委员会常务委员会工作报告

（2017 年 2 月 15 日在政协东湖区第九届委员会第二次会议上）

欧阳桃花

各位委员、同志们：

我受政协东湖区第九届委员会常务委员会的委托，向大会作工作报告，请各位委员审议，并请列席会议的同志提出意见。

九届一次会议以来工作回顾

九届一次会议以来,区政协九届委员会在中共东湖区委的正确领导下,始终高举中国特色社会主义伟大旗帜,全面贯彻党的十八大和十八届三中、四中、五中、六中全会精神,深入贯彻习近平总书记系列重要讲话精神,牢牢把握团结和民主两大主题,坚持聚焦全区中心工作,主动作为,扎实履行政治协商、民主监督、参政议政职能,为东湖发展做出了积极贡献。

一、深化学习教育,切实提高履职能力

换届后,区政协的首要任务是打造出一支"积极谋事、主动干事、努力成事"的高素质委员队伍,使委员能说好政协话,做好政协人,办好政协事,更好地发挥出政协职能作用。为此,238名区政协九届委员产生后,我们立即在镇(街道)委员联络小组召开了全体委员见面会,组织学习《政协东湖区委员会委员管理意见》和如何写好提案,推动委员尽快转变角色,更好履职尽责。九届一次会议后,我们又立刻建立了街道委员联络小组微信群和街道联络员微信群,推出政协"微课堂",及时发布党的基本理论、政策和人民政协的基本理论、基本知识及委员履行职责的基本要求等内容,创新学习形式,强化学习实效。为进一步增进委员思想政治共识,引导委员加强政治约束,坚持底线思维,《东湖政协信息》九届第一期就是学习专刊,专题学习了十八届六中全会的精神和新提法解读,引导委员始终坚定正确政治方向,始终与党同心同德、同向同行。12月10日上午,区政协还举行了为期半天的委员培训,从理论和实践两个方面深入浅出地阐述政协是什么、做什么、委员应该怎么做,力求使每位新委员尽早成为一名懂政协、会协商、善议政的政协人,提升履职能力。

二、围绕工作大局,积极助推东湖发展

区政协主动将政协工作融入全区经济社会发展大局,议大事,论要事,献良策,谋发展。工作得到了区委、区政府的高度肯定。区委书记刘闯在政协调研报告上批示,近年来,区政协始终坚持正确政治方向,牢牢把握团结和民主两大主题,自觉服从和服务于全区工作大局,认真履行政治协商、民主监督、参政议政职能,充分发挥协调关系、汇聚力量、建言献策、服务大局的优势和作用,为区委、区政府科学决策、民主决策和依法决策提供了重要参考,为促进东湖经济社会发展做出了积极贡献。

协商民主有新进展。按照《东湖区政协2016年度协商工作计划》,区政协充分发挥协商民主重要渠道和专门机构作用,围绕全区改革发展的重大问题广泛开展协商,有序推进政治协商制度化、规范化和程序化建设。专题协商献务实良策。为推进打造城市管理示范区,区政协城建委组成调研组学习考察了外地城市先进的建管经验,到区综管办、城管局和街道社区等职能单位进行了细致调研,撰写了《关于提升东湖区城市环境管理标准化精细化水平的调研》报告。12月8日,召开了专题民主协商会,邀请区政府分管副区长万明和区执法分局等相关职能单位参加。会上,委员们积极建言献策,职能部门认真听取意见和答复,大家集思广益,为提升我区城市建管水平出谋划策。区长高辉红对报告予以批示,此文针对我区城市建管工作的现状进行了深刻剖析,掌握了情况,分析了不足,提出了建议,对我区下步城市建管工作有很强的针对性、指导性和操作性。对口协商建睿智之言。紧扣党政关心、干群关注的重大问题,积极开展对口协商。如文史学习和"三胞三属"联谊委员会在充分调研、科学论证的基础上,就公共文化服务体系标准化均等化建设与区文广局开展对口协商,就如何推进我区公共文化建设提出有针对性的意见和建议,得到了区文广局的积极回应。提案协商促成果转化。区政协高度重视提案的办理质量,切实促进提案的成果转化。如对区政协八届六次会议提案《关于在中小学普及急救知识的建议》,在提案已办结并得到委员的满意答复后,区政协继续组织调研,形成了专题报告报送至区领导和省市政协组织,召开了相关单位工作落实协调会,强化提案成果转化。区教科体局在区属各学校开展了"人人学急救、急救为人人"应急救护培训进校园活动,出台了《学生在校期间突发事件应急处置预案》,邀请专家开展了专题讲座。在原有的防震疏散演练、火灾逃生演练基础上,各学校、幼儿园结合实际开展了防恐防暴演练、学生伤害应急救援演练等活动,进一步增强师生安全意识,提高现场应急处置

能力。区红十字会还开展了应急救护培训进社区、进机关活动,共组织培训活动36场,培训6000余人,发放救护手册5000本,提案落实成效明显。

民主监督有新推动。坚持寓监督于经常性工作之中,充分运用视察、调研、提案等载体,畅通渠道,广开言路,有力推进民主政治建设。以视察为依托知情议政。坚持以组织监督性强的视察调研活动为主,多种形式配合,增强民主监督实效。11月18日上午,区政协主席会议成员和部分区政协常委对我区胜利路步行街改造项目、刘将军庙小游园提升改造工程和紫金广场提升改造等重点项目和民生工作开展了监督性视察,察实情,讲实话,谋实策,促进相关工作按区委、区政府要求稳步推进。区委常委、常务副区长夏小兰全程参与视察,认真听取委员的建议。以提案为抓手建言献策。九届一次会议共收到提案76件,立案70件,转委员来信6件。广大委员在高度关注产业发展、转型升级、科技创新等发展问题的同时,更加聚焦社会养老、医疗卫生、生态环境和食品安全等民生热点。如委员们提交的《关于充分发掘并发挥区域优势规划打造专业服务业发展的几点建议》《关于在城市建设中加强历史文化元素融入的建议》等提案,不仅真实地反映了人民群众对加快经济发展、提升生活质量的迫切愿望和要求,而且提出了许多解决问题的真知灼见。因本次会议与一次会议间隔时间仅三个月,所有提案都正在承办中,所以我们本次大会就不单独汇报提案工作,将在九届三次会议上对一次和二次会议以来的提案一并汇报办理情况。

参政议政有新成效。区政协紧紧围绕区委、区政府的中心工作和群众关心的热点难点问题,开展多种形式、富有成效的参政议政活动,助推实力、活力、魅力东湖建设。立足区情民意,找准工作切入点。按照"科学性、前瞻性、实效性"的原则,紧紧围绕事关东湖发展、涉及民生且带有战略意义的重要课题,广泛深入地开展了调查研究,认真撰写了一批具有较好参考价值的调研报告,积极主动地为区委、区政府和有关党政部门反映相关信息,提供科学决策的参考意见,也得到了区领导的高度认可。区长高辉红对区政协经科委《关于东湖区推进大众创业万众创新工作情况的调研报告》批示,此调研报告针对我区"双创"工作作出了深刻分析,相关责任单位要认真研读,提出建设性意见,助推"双创"工作再上新台阶。完善履职平台,发挥委员主体作用。为充分发挥专委会的职能作用,拓宽委员知情问政渠道,我们将所有委员按不同特长、职业、界别划分到各专委会当中,为委员提供一个新的履职活动平台。11月中下旬,区政协6个专委会分别组织委员就我区司法行政、新农村建设、文化产业发展、城市建管、经济发展等工作开展了专题调研视察活动,让委员亲耳听,实地看,为2017年以问题为导向的政协调研视察活动及协商课题做选题准备。此外,各专委会还组织委员与区党政对口联系单位进行了座谈交流,听取对口单位的工作通报,为委员及时知情、有力建言拓宽渠道。各镇(街道)政协委员联络小组也组织委员走进社区,了解社情民意,既强化了履职意识,又密切了委员与各界群众的联系,使政协工作更加贴近基层、贴近实际。

三、彰显城区特色,全面深化"三风"活动

2016年,区委、区政府将"三风"活动纳入到全区党建工作和精神文明创建中统筹考虑、不断推动,全区形成了党委领导、政府支持、政协牵头、委员带头、上下联动、广泛参与的"三风"活动良好发展格局。为不断深化"三风"活动,激励各单位"三风"活动常抓常新,区政协对在2016年"三风"活动中表现优秀的区教科体局、百花洲街办和光明社区等14个单位给予了表彰。我区推荐的3名同志被评为全市2016年度"三风"榜样人物。

抓活动开展创亮点。按照《东湖区"兴家风、淳民风、正社风"活动2016年工作安排》,区政协办公室和区委宣传部多次召开工作部署会,推进"三风"活动。区教科体局在区属中小学推出了"好家风代代传"奖状博览会展示活动,通过分享奖状背后的荣誉故事达到传承好家风的效果,有助于教育、引导祖国下一代从小养成崇德向善的道德风尚,培育和践行社会主义核心价值观。区文广局唱响以和谐为主题、以家庭为依托、以社区为载体、以社区居民为主体的"和谐社区一家亲"品牌活动,把精心编排的文化活动送到居民家门口的同时,通过家庭的纽带,带动全社会良好风气的养成。百花洲街办推行"党建+'三风'"活动

方式,凸显党员带头作用,创新开展了“晒家训”“手抄三风经典”“微宣讲”等接地气、有实效的活动,居民参与率高。区文明办在全区组织的“东湖荣誉榜”评选活动,营造了“崇尚荣誉、创先争优”的良好干事创业氛围,为正社风树立了学赶超的榜样。区总工会等单位将“三风”活动主题结合单位本职工作,开展了“晒劳模故事”等特色活动,推动了活动的常态化开展。

抓阵地打造浓氛围。制定了东湖区的“三风”示范点建设标准。12月16日,区政协主席会议对上报的10个示范点进行了视察,查看达标情况,以点带面推动“三风”活动上水平。区委宣传部牵头建设了八一公园道德模范主题宣传广场等一批主题阵地。此外,全区各社区(村)围绕“三风”主题,狠抓社会主义核心价值观这根“主心骨”,普遍制定了社区居民公约,在社区大街小巷通过张贴宣传图画、制作“三风”活动笑脸墙主题板报,宣传“身边的好人”,讲述“身边的故事”,让居民群众时刻感受“三风”活动氛围。公园路社区等社区还刷白居民楼栋墙壁和楼道,用绘画形式开辟“传承好家训,培育好家风”宣传阵地,独特的“楼门文化”让百姓群众潜移默化地感受到“三风”新风扑面而来。

四、加强团结民主,推进政协自身建设

团结民主迈上新台阶。区政协坚持团结民主两大主题,充分发挥协调关系、凝心聚力的作用,支持和鼓励各民主党派、工商联、无党派人士以党派、团体的名义,围绕经济社会发展中的重要问题以及人民群众关心关注的热点难点问题,开展调查研究,撰写调研报告,反映社情民意,提交联名提案,主动邀请他们参加政协的协商议政活动,联合开展视察、调研等活动,为各民主党派、工商联、无党派人士履行职能搭建平台,进一步巩固和发展了统一战线上的大团结、大联合。

队伍建设呈现新形象。加强了政协常委会建设。传承政协学习好传统,加强常委会的学习,切实增强新一届常委会组成人员的政治意识、大局意识、责任意识和表率意识,切实提高常委会的整体领导能力和参政议政水平。加强了政协专门委员会建设。确定了专门委员会的组成人员,落实了与区党政单位部门的对口联系制度,健全了专委会工作机制。加强了政协机关建设。加强委员服务和管理,进一步完善了委员履职档案。加强机关党风廉政建设和干部作风建设,机关工作作风明显改善。

各位委员、同志们,换届后的四个月时间里,我们工作取得了一定的成绩。这些成绩的取得是区委正确领导、区政府大力支持、社会各界积极参与的结果,是区政协各参加单位精诚协作、广大政协委员共同努力的结果。在此,我代表区政协常委会表示衷心的感谢,并致以崇高的敬意!同时我们也清醒地看到,与区委、区政府的要求相比,与人民政协承担的使命相比,与广大委员的期望相比,我们的工作还存在差距和不足。对于这些问题,我们将高度重视,采取有效措施,切实加以解决。

二〇一七年主要工作

2017年,区政协工作的指导思想是:高举中国特色社会主义伟大旗帜,认真学习贯彻中共十八大和十八届三中、四中、五中、六中全会精神,深入学习贯彻习近平总书记系列重要讲话精神,在中共东湖区委的坚强领导下,紧紧围绕区委十二届二次全会确定的聚焦“两大引爆点”、走好“四条升级路”工作中心,牢牢把握团结民主两大主题,扎实履行职能,努力做到协商民主有新加强、民主监督有新举措、参政议政有新突破,为东湖阔步复兴征程,再现首善荣光作出积极贡献。

一、强化工作理念,始终坚持正确方向

坚持以学习提升理念,用理念促进工作,不断增强围绕中心、服务大局的自觉性和坚定性。找准工作定位。坚持区委的正确领导,自觉地在全局工作中找准政协工作的切入点,切实做到“尽职不越位,帮忙不添乱,切实不表面”,确保区委的决策在政协工作中得到贯彻落实。坚持“一线政协”理念,紧紧围绕全区工作重点,主动作为,勇于担当,确保区委的工作部署全面完成。加强理论学习。继续把学习中共十八届六中全会等重要会议和习近平总书记系列重要讲话精神,作为首要政治任务来抓,丰富“政协微课堂”内容,引导委员把学习成果转化运用到实践中去,提高履职实效。

二、强化三大职能,全力聚焦东湖发展

紧紧围绕区委的科学决策部署,围绕全区经

济社会发展，围绕改善民生的重大问题，积极履行好政治协商、民主监督和参政议政三大职能。突出协商议政重点。认真准备和精心组织实施协商年度工作计划，参与事关全区社会经济发展重要问题的协商讨论。组织委员围绕全区聚焦历史文化名区建设和青山湖西岸开发建设“两大引爆点”、做强区域经济、做活重大项目、做优城市环境、做实惠民实事等中心工作进行民主协商，多建务实之言。增强民主监督实效。寓监督于服务之中，做到献策不决策，立论不立法，参政不行政。以专委会为依托，把握方向和原则，聚焦改革发展，以组织监督性强的视察调研活动为主，多种形式配合，增强监督实效。积极引导和鼓励委员以提案为抓手推进民主监督，多形式反映社情民意。继续开展民主评议活动，充分发挥委员在政风行风建设中的监督作用。营造参政议政氛围。将参政议政的重点放在加快东湖发展上来，浓厚委员参政议政氛围。组织委员坚持问题导向认真选题，聚焦产业升级、区域升级、建管升级和民生升级等“四条升级路”，围绕推进产业集聚集约、集聚发展内生动力、开展环境综合整治、提升城区品质品位、实现民生共建共享等中心工作形成一批调研成果，为区委、区政府和区有关部门的决策提供参考，把有价值的调研成果转化为促进东湖经济社会发展的实效。

三、强化两大主题，凝聚力量促进和谐

广泛增进团结。进一步发挥联系广泛、沟通各界的优势，促进各种社会力量良性互动，为化解矛盾、维护稳定、汇聚力量作出积极努力。大力发扬民主。进一步发挥政协组织优势，主动邀请各人民团体、民主党派、无党派和工商联等各界人士，共同参与政协组织的各种视察、调研、座谈等活动，鼓励他们在政协各种会议和活动中积极提出建议、发表意见，在政治上精诚合作，在工作中协调配合，营造民主和谐的政治氛围。不断促进和谐。及时准确反映社会舆情，积极开展民主监督，促进区委、区政府各项决策部署更加科学合理，各项惠民政策真正落到实处，让百姓共享改革发展成果。继续深化“三风”活动。推动社区(村)“党建＋三风”活动的深入开展，打造新亮点，使“三风”活动更加常态化，为建设“美丽南昌·幸福家园”注入强大的精神力量。

四、强化自身建设，努力提升工作水平

主动适应新形势、新要求，以创建“学习型、服务型、创新型”机关为目标，全力推进政协工作制度化、规范化、程序化建设。完善制度建设。坚持以制度管人管事，不断健全会议、学习、工作等各项制度，完善机关工作人员行为规范，保证机关工作协调统一、规范有序、高效运行，为政协履行职能提供科学的制度保障。强化队伍建设。继续强化政协常委会的领导和带头作用，发挥政协委员主体作用，发挥专委会和街道委员联络小组的基础作用，进一步加强政协机关思想、组织和作风建设，切实提高政协办事效率和服务能力。深化作风建设。坚决执行中央“八项规定”精神，全面加强机关效能建设，扎实推进机关作风转变，大力弘扬创新精神，切实提高政协工作科学化水平。

各位委员、同志们，情系民生谋良策，心关国计建良言。时代赋予的责任和使命，激发我们的智慧和力量；人民寄予的期盼和厚望，激励我们的信心和勇气。让我们在中共东湖区委的坚强领导下，齐心同力，拼搏奋进，为开创我区政协工作新局面，为谱写“美丽南昌·幸福家园”的“东湖篇章”，为东湖阔步复兴征程，再现首善荣光做出新的更大贡献，以优异成绩迎接中共十九大胜利召开。

（区政协办公室）

南昌市东湖区人民法院工作报告

(2017年2月17日在东湖区十六届人民代表大会第二次会议上)

东湖区人民法院院长　梁　洪

各位代表:

现在,我代表东湖区人民法院向大会报告工作,请予审议,并请列席会议的同志提出意见。

2016年工作回顾

2016年,我院在区委的正确领导,区人大及其常委会的有力监督,区政府、区政协及社会各界的关心、支持下,紧紧围绕全区工作大局,始终坚持"努力让人民群众在每一个司法案件中都感受到公平正义"目标和"司法为民公正司法"工作主线,忠实履行宪法和法律赋予的职责,全面加强自身建设,各项工作取得了新的进展。

2016年,我院共受理各类案件12319件,同比上升32%,审结11438件(含旧存),同比上升54.4%,月均结案953件,收结案数首次双双破万件。其中受理刑事案件954件1120人,审结972件1095人;受理民商事案6485件,审结6006件;受理行政诉讼案件292件,审结298件;受理执行案件4588件,执结4162件,执结到位金额12.2亿元。

一、发挥审判职能,服务发展大局

一是全力优化发展环境。严厉打击非法吸收公众存款、集资诈骗犯罪,促进民间融资规范化,审结相关案件6件,涉案金额1.67亿元。严厉打击毒品犯罪,净化社会环境,审结涉毒案件142件。妥善审结金融借款、小额担保公司贷款案件783件,为金融企业清收不良贷款16.43亿元。努力化解旧城改造拆迁、工程项目建设纠纷,审结相关案件49件,助推重点工程、重点项目顺利推进。

二是认真当好法治参谋。适当提前介入,为党委政府依法化解信访纠纷、依法征迁提供法律参谋。认真研判审判中发现的新情况新问题,以信息的形式向党委政府反映,在省市区委参政刊物上发表信息16篇。向行政机关发送司法建议5条,帮助行政机关改正执法瑕疵,助推依法行政,其中南昌市人社局针对我院司法建议中提出的应诉能力欠缺等问题,以发文形式作出了实质性整改。

三是积极参与综合治理。积极推动纠纷多元化解,对接医调中心化解医疗纠纷,司法确认调解协议100件;加强诉前调解,化解纠纷67件。认真做好未成年人犯罪预防,邀请学生参观法院86人次;在未成年人保护宣传周期间,走进学校开展法制宣传。维护正常信访秩序,依法判处一名在信访终结后仍多次非正常上访、恶意缠访闹访的信访人刑罚。

二、狠抓执法办案,维护公平正义

一是坚持以审判为中心,依法惩处犯罪。认真贯彻证据裁判原则,建议侦查机关补充侦查20次,建议检察机关补充起诉1次,启动非法证据排除程序2次。坚持惩罚犯罪和保障人权并重,依法对1名被告人的部分犯罪宣告无罪。扎实推进庭审实质化,3名证人出庭作证,为3名无监护人的未成年人指定合适成年人到场参加庭审。加强与社区矫正机构的对接,依法撤销2名罪犯的缓刑。

二是坚持公平诚信和平等保护相统一,有力化解民事纠纷。维护正常诉讼秩序,2名当事人因违反社会公共利益,扰乱司法秩序被罚款5万元,1名当事人因不听司法工作人员劝阻,在法院办公区域哄闹被司法拘留15天。发出全市首张人身安全保护令,为遭受家庭暴力的妇女提供法律保护。向司法鉴定机构发司法建议,统一医疗纠纷司法鉴定程序,提高鉴定意见公信力。强化审判监督,依法对7件案件提起再审,维护司法公正。

三是坚持支持、监督和协调三管齐下,妥善化解行政纠纷。加强协调和解,努力把矛盾化解在诉前诉中,原告主动撤诉42件,如省内25家小型发电厂诉省发改委行政收费政策答复案,经过反复协调后,省发改委主动撤销行政行为,原告撤诉,双方矛盾得到了妥善有效化解。指导行政机关出庭应诉,增强行政机关负责人应诉信心,4名行政首长出庭应诉。高度重视涉民生重大案件审判,采取实地调查等方式了解案情,确保公正裁判,审结李隆椿等173人诉省环保厅环保行政许可案。

四是坚持信用惩戒和强制措施并用,努力化解执行难问题。深化“总对总”“点对点”网络查控系统应用,提交查询申请77403份、冻结存款申请1955份,冻结银行存款2.69亿元。在闹市区电子屏曝光老赖153人,录入全国法院失信被执行人名单库5488人,限制出境147人,决定司法拘留153人,罚款18人23.6万元,移送拒执犯罪线索6件6人,促使一批老赖主动履行义务。多措并举查找隐匿财产,搜查11次,强制审计2件,强制清场11次,强制扣押10次。加快财产的变现速度,强制拍卖房产51套、汽车2辆,实现拍卖款3909.1万元。扎实开展“夏日风暴”“秋季行动”等专项执行活动,执行工作得到《新闻联播》《人民日报》等权威媒体的广泛关注报道。

三、践行司法为民,保障群众权益

一是保障民生权益。严厉打击危害食品安全犯罪,审结“毒油条、毒包子、毒海鲜、毒粽子”案件8件。妥善审理婚姻继承、物权确认等与百姓利益密切相关的案件,保障合法权益,弘扬社会公德,促进家庭和睦、社会和谐。扎实开展“冬日融冰”集中执行活动,着力解决涉民生案件的执行难问题。努力化解涉诉信访,切实解决群众的合法合理诉求,接待群众来信来访88人次,律师参与化解信访案件2件。

二是优化诉讼服务。升级诉讼服务中心功能,增设法律援助窗口,方便当事人申请和接受法律援助;增设诉讼服务自助终端,当事人刷二代身份证即可查询自己的案件流程信息。开通网上申诉信访平台,便利群众反映问题;开通审判综合服务平台,方便群众获取审判执行信息;实行诉讼风险提示,提醒群众合理选择诉讼,对涉及江西精彩生活有限公司的414件案件依法裁定不予受理。

三是落实司法救助。为37名困难群众依法减、免、缓交诉讼费24.6万元;为特困刑事被害人、执行申请人、涉诉信访人落实司法救助金55万元;为被告人指定辩护人32人次,为盲聋哑、少数民族被告人指定翻译人11人次。

四、坚持改革创新,完善办案机制

一是改革审判权运行。主动做好司法改革衔接工作,完善主审法官负责制,出台《关于审判权运行机制的暂行规定》,厘清审判委员会、院长、庭长、主审法官的职责,大部分裁判文书直接由主审法官签发,不再逐级审批,做到“审理者裁判,裁判者负责”,提高了审判质效。

二是推进案件繁简分流。推广专业化审判,成立审判团队审理金融案件,指定专人办理轻微刑案和道路交通等简易案件。推广远程视频方式开庭,采用该方式审理轻微刑案239件。推广判决书繁简分流,减少文书制作时间和差错率,制作各类判决书模板40余份。简化行政案件审理,径行裁定驳回起诉29件。

三是改革民事审判方式。在全市率先尝试适用小额诉讼程序审理物业纠纷案件,确立了“小额诉讼+批量化解”的物业纠纷化解模式,通过集中送达实现法律文书的批量送达,通过简化庭审程序和裁判文书快速推进审判进程,通过示范诉讼以点带面批量化解物业纠纷。共受理物业纠纷案件996件,审结704件。

四是推动执行机制创新。探索执行悬赏机制,发动社会公众参与执行,积极提供财产线索,发布悬赏公告18份。探索执行案件律师调查令制度,律师持法院签发的调查令取证,既提高当事人的取证能力,又减轻法院工作量。探索打击拒执罪有效机制,与公安检察机关联合出台《关于进一步加强执行协调配合工作实施办法》,合力打击拒执行为。探索内部管理新机制,合理配置资源,规范执行案件流转,提高执行效率。

五、加强自身建设,提高服务水平

一是严格管理队伍。深入开展“两学一做”学习教育,教育干警牢固树立“四种意识”,确保干警严守政治纪律和政治规矩。坚持用制度管人管事,出台干警绩效考核规定,采取月考、季考、年考三结合方式,提高干警积极性。打造管理“红脸墙”,通过大屏幕晒绩效、不规范文书和不规范行为,督促干警转变作风、规范司法。

二是全面提升能力。加强业务培训,视频培

训干警48人次,组织参加上级法院培训98人次。加强审判管理,评查案件1161件,通报问题3个,组织庭审观摩33次,公开不规范判决书8份,倒逼干警提升司法能力。通过遴选招录优秀青年法官2名,招聘书记员17名,审判力量进一步增强。

三是强化廉政建设。认真落实“两个责任”,扎实开展党风廉政建设和反腐败工作。完善监督举措,实现“两个全覆盖”,即为每一位干警建立了个人廉政档案,为每一位一线执法干警建立了执法档案。丰富廉政教育方式,利用微信群推送廉政警示。加强日常督察,通过随案发放廉政监督卡和开展审务督察方式监督审判权运行。

四是自觉接受监督。依法接受人大监督和政协民主监督,向人大常委会专题报告立案信访工作,办复代表委员建议、提案和督办案件5件,组织代表委员视察法院工作23人次,邀请代表委员参观法院、旁听庭审20人次,向人大代表寄发《东法之窗》1200余份。依法接受检察机关法律监督,认真办理检察建议,邀请检察长列席重大复杂案件审判委员会会议。自觉接受各方监督,到辖区10个乡镇街道和2个管理处走访,听取群众对法院工作的意见建议;上网公布生效裁判文书3552份,开展庭审网络直播42次;有效管理“两微一网”、法院邮箱等平台,及时向社会公布工作举措、审执动态等工作信息,发表各类宣传报道780篇,协助制作广播电视新闻49条。

各位代表,过去的一年,区法院在党委的坚强领导,人大的有力监督,政府、政协和社会各界的大力支持下,取得了一些成绩和进步,共有10个集体、10名个人受到表彰,被评为“全省优秀法院”。这其中深深地凝聚着各位代表和委员的智慧与心血。在此,我谨代表区法院表示衷心的感谢和崇高的敬意!

当然,我们也清醒地认识到,区法院工作还存在一些问题和困难:一是案件数量持续高速增长与审判力量配备不足的矛盾尖锐化,一线法官办案任务非常繁重;二是个别法官司法观念和司法能力与群众的期待和审判工作的要求有差距;三是信息化建设和应用有待进一步加强;四是执行难问题仍然困扰法院,两到三年基本解决执行难的任务艰巨。对此,我们将切实采取措施,努力应对解决。

2017年工作打算

2017年是努力实现区第十二次党代会提出的宏伟目标的开局之年,也是司法改革的关键之年。我院结合自身实际,将今年确定为“文化兴院年”,总体工作思路是:全面贯彻党的十八大,十八届三中、四中、五中、六中全会和习近平总书记系列重要讲话精神,紧紧围绕上级法院工作部署,牢牢把握司法为民公正司法主线,稳妥推进司法改革,扎实推进文化兴院,深入推进司法规范,全面依法履职,为打造实力东湖、创造活力东湖、塑造魅力东湖提供有力的司法保障和优良的司法服务。

一是尽心服务发展大局。牢固树立五大发展理念和“四种意识”,紧紧围绕中心工作,依托审判职能,依法惩罚犯罪,竭力化解矛盾,助推“工业、城市、生态”三个文明融合发展,助力走好“产业升级、区域升级、建管升级、民生升级”四条升级路。

二是全力争创一流业绩。坚持以问题为导向,做优“轻微刑案快速审理、医患纠纷诉调对接、道路交通案件速裁”三大老品牌;坚持以创新为动力,培育“社会化大调解、物业服务纠纷小额速裁”两大新品牌;坚持突出执行强制性,推进执行信息化、规范化,努力解决执行难问题。

三是全面推进司法改革。按照上级统一部署,稳妥推进司法体制改革,确保改革顺利进行。完善司法人员分类管理,建立法官员额制;完善司法责任制,提高办案质量和效率;健全司法人员职业保障制度,提升法官的职业尊荣感;推动法院人财物统一管理,确保法院依法独立行使审判权。

四是强力推进信息化建设。全面推行网上办案,实现所有案件全流程网上办理、网上流转;深入推进互联网+诉讼服务,提升诉讼服务水平,让司法更加贴近群众;逐步完善四大公开平台建设,力争庭审直播常态化;力求建立公检法协作办案平台,实现信息资源共享、电子卷宗线上流转。

五是精心打造文化工程。扎实推进法院文化建设,建立“院史、廊道、百姓、庭室”四大特色文化板块,充分发挥文化的传承、激励、警示和引导作用,树立东法人的精神丰碑,营造公正廉洁司法氛围,引领东法人争创一流业绩,全方位提升东湖法院形象。

六是大力加强队伍建设。认真开展纪律作风集中教育整顿活动,强化纪律作风,进一步提升队伍战斗力;认真开展司法规范年活动,强化程序意识,进一步提升队伍规范司法能力;继续完善绩效考核,强化队伍管理,进一步提升工作效能;全面加强审判管理,强化均衡结案,进一步提升办案质效;毫不动摇坚持党的领导,自觉接受人大及其常委会和社会各界监督,进一步改进工作。

各位代表,新形势下,法院工作责任重大,使命光荣。我们将在区委的坚强领导下,以高昂的状态、饱满的热情和扎实的作风,改革创新、攻坚克难、争创一流、提升首位度,为打造实力东湖、创造活力东湖、塑造魅力东湖做出新的更大贡献!

附:部分用语说明(仅供参考)

1. 司法建议:人民法院在审判工作中,针对案件中有关单位和管理部门在制度上、工作上所存在的问题,建议他们健全规章制度,堵塞漏洞,进行科学管理,提出改进和完善管理工作的建议。

2. 司法确认:对于涉及到民事权利义务的纠纷,经行政机关、人民调解组织等具有调解职能的组织调解达成的具有民事合同性质的协议,如果双方认为有必要,共同到人民法院申请确认其法律效力。

3. 人身安全保护令:人民法院为了保护家庭暴力受害人及其子女和特定亲属的人身安全,确保婚姻案件诉讼程序的正常进行而作出的民事裁定。为2016年3月1日起施行的《中华人民共和国反家庭暴力法》所规定。

4. 李隆椿等173人诉省环保厅环保行政许可案:中国恩菲工程技术有限公司(以下简称“恩菲公司”)拟在赣州市赣县王母渡镇新兴村榴坑里新建赣州市第二垃圾处理场,委托具备甲级环境评价资质的江西省环境保护科学研究院编制了《环境影响报告书》,并书面向被告省环保厅请示审批该报告书。被告省环保厅收到恩菲公司的请示后,对上述报告书进行了审查,并于2013年7月9日在其官方网站公示了《环境影响报告书》简本(公示期内未收到对该报告书的意见和建议),同时咨询了江西省环境保护厅环境工程评估中心对该报告书的技术审查评估意见。2013年8月22日,被告省环保厅对恩菲公司的请示作出批复,在同意落实《环境影响报告书》提出的污染控制措施、环境风险防范措施及达到本批复要求的前提下,同意该项目按《环境影响报告书》提供的拟建地址、性质、生产规模、生产工艺和污染防治对策及措施进行建设,并于2013年9月9日在其政府网站公告了该审批结果。原告李隆椿等人称申请政府信息公开后,于2016年4月28日才获知该批复,认为被告所批复的《环境影响报告书》中公众参与存在弄虚作假、选址不合理等问题,被告审批程序不合法,请求判令撤销被告省环保厅作出的199号批复。我院经审理,依法驳回了原告的起诉。

5. “毒油条”案件:2016年7月,南昌市东湖区市场和质量监督局依法对辖区内部分店面生产、销售的油条进行抽样检验,经检验,包家巷油条店、来文小吃店、小妹湖南牛肉粉店、叁才油条店、美香早点店生产、销售的油条铝残留量分别是食品安全国家标准(GB2760—2014)限量(100毫克/千克)的8.42倍、8.88倍、9.69倍、10.7倍、15.6倍,经专家论证评价,上述油条为不符合食品安全国家标准的食品,长期食用可造成慢性铝中毒。经查,被告人陈某某、邓某某等人为了使油条更加酥脆,向面粉中添加了食用明矾制作油条对外出售。陈某某等四人因犯生产、销售不符合安全标准的食品罪,被判处拘役五个月,并各处罚金人民币一万元。

6. “毒海鲜”案件:2016年8月26日,南昌市东湖区市场和质量监督管理局依法对辖区内飞云水产店进行抽样检测,经检测,蟹脚的pH值为9.5,过氧化氢〈3毫克/千克,钠147毫克/100克;海参pH值为8.2,过氧化氢〈3毫克/千克,钠73.16毫克/100克,并依法从朱某某处搜查到用于泡螃蟹脚及海参的氢氧化钠(片装)若干,该氢氧化钠包装上载明“严禁用于食品和饲料加工”。经查,被告人朱某某为防止蟹脚和海参腐败变质,遂将蟹脚和海参泡在溶解了上述氢氧化钠的水中。朱某某因犯生产销售有毒有害食品罪,被判处有期徒刑六个月,并处罚金人民币二万元。

7. 悬赏执行:人民法院或者债权人为了实现已生效法律文书确定的债权,公开发布悬赏信息征集知情人提供被执行人财产线索,并在据此取得执行效果后向财产线索提供人支付奖励或者酬金的行为。

8. 执行调查令:在执行程序中,当因客观原因无法取得需要的有关被执行人财产状况的证据时,申请执行人可申请法院签发执行调查令,由申请人的委托代理律师向有关单位和个人进行调查,以获取相关证据。

9. 人员分类管理改革:指将法院工作人员区分为审判人员、审判辅助人员和司法行政人员,按照各自职业性质和特点进行分类管理。

10. 法官员额制:指在现有法官基数基础上,按一定条件在一定比例以下择优选任配置法官,未进入员额的则不再担任法官职务,而转为审判辅助人员或司法行政人员。

11. 司法责任制:根据最高人民法院发布的《关于完善人民法院司法责任制的若干意见》,司法责任制包括审判权运行机制、审委会运行机制、司法人员职责和权限、审判责任的认定与追究、法官履职保障等内容。

12. "院史、廊道、百姓、庭室"四大特色文化板块:院史馆重在以"院史荣誉、当前工作、未来展望"为主线,通过声、光、电、影等多媒体手段,打造东湖法院文化传承主阵地。廊道文化依托各楼层各庭室打造特色廊道文化,重在展示有浓厚法律文化底蕴的法院文化。百姓文化在当事人庭审等候区设立"百姓文化墙",用群众喜闻乐见、通俗易懂的方式向当事人、老百姓宣传司法案例、诉讼常识。庭室文化依托各部门会议室,展示各部门的特色工作及集体、个人荣誉。

(区人民法院)

南昌市东湖区人民检察院工作报告

（2017 年 2 月 17 日在东湖区十六届人民代表大会第二次会议上）

东湖区人民检察院代检察长　杜迎春

各位代表:

现在,我代表东湖区人民检察院,向大会报告工作,请予审议,并请各位政协委员和列席会议的同志提出意见。

2016 年工作回顾

2016 年,是实施"十三五"规划和全面建成小康社会决胜阶段的开局之年。在区委和市检察院的正确领导下,在区人大及其常委会的依法监督下,在区政府、区政协和社会各界的关心支持下,我院忠实履行监督职能,主动融入中心工作,各项检察工作稳步推进.

一、勇于担当主动融入,服务社会经济发展取得新成效

我们针对经济发展进程中呈现的趋势性特征,有针对性地研究和部署工作举措,努力服务区委区政府工作大局。

一是强化服务发展职责担当。依法起诉"芝麻金融""e 租宝""中元汇通"等破坏金融管理秩序类犯罪 42 人,同比上升 50%,同时有针对性地发出检察建议,着力防控区域性金融风险;注重平等保护非公企业合法权益,加大对侵犯知识产权犯罪的打击力度,护航经济社会持续健康发展。

二是践行执法为民根本宗旨。主动谋划、积极推动"食安风暴"专项监督行动,探索施行"锁定一个品种、侦破一批案件、净化一个领域"的工作机制,依法查处了"毒粽子""毒油条""毒海鲜"等系列案件 13 件 13 人。及时查办严重侵害群众利益、严重影响群众安全感的新型案件,共起诉侵犯公民个人信息犯罪 20 人。

三是加强生态环境司法保护。扎实开展"加强生态检察,服务绿色崛起"专项监督活动,共批准逮捕生态环境领域刑事犯罪 3 件 3 人,起诉 7 件 7 人;以"检察蓝"守护"赣江绿"专项活动为载体,积极参与赣江水资源污染整治行动,共设立 4 个生态检察工作站,制发《告渔民书》3000 余份,查处违法电捕案件19起，会同渔政部门在赣江上游放流鱼苗630万尾，保护了赣江水域的渔业生态。

二、立足职能善谋善作，推进平安东湖建设取得新进展

我们坚持以执法办案为中心，牢固树立宽严相济刑事司法理念，认真落实检察环节社会治安综合治理工作。

一是依法从严惩治各类刑事犯罪。共受理审查逮捕案件947件1244人，其中批准逮捕831件1027人，人数同比上升3.22%。共受理移送审查起诉案件1022件1356人，其中提起公诉958件1304人，人数同比上升8.58%。支持配合公安机关开展的各类专项行动，灵活运用办案组组长责任制、轻微刑事案件快速办理机制和案件分类办理机制，在保证案件质量的同时，提升了办案效率。

二是积极参与社会治理创新。全力做好全国社会治安综合治理创新工作会议的迎检工作，重点对驻红谷滩检察室、“仲大姐”民生服务热线等综治前沿品牌进行了完善和升级，得到了各级领导的充分肯定，被评为南昌市综治工作特色示范点；积极贯彻落实宽严相济刑事司法政策，共决定不批准逮捕198人，不起诉100人；进一步畅通“信、访、网、电、视频”接访渠道，充分发挥全国“文明接待示范窗口”的品牌效应，共处理、排查信访件50件次，其中涉法涉诉件17件。

三是切实加强未成年人刑事检察工作。通过“专人、专办”和“一二三四”工作模式，最大限度地保护未成年人合法权益，共不批准逮捕未成年犯罪嫌疑人16人，不起诉10人，附条件不起诉5人，不捕率为41%，不诉率为25.6%；不断加大预防未成年人犯罪工作力度，先后与4所院校合作共建法律教育基地，在2所学校建立了朝阳护航工作室，创新建立了“五位一体”的涉罪未成年人帮教团队。

三、重拳反腐肃本清源，查办和预防职务犯罪取得新成果

我们坚决贯彻中央关于反腐败斗争的总体部署，不断加大查办和预防职务犯罪的工作力度，推动营造风清气正的政务环境。

一是严肃查办职务犯罪案件。全年共立案侦查贪污贿赂案件8件17人，渎职侵权案件3件5人，大案比例达100%，其中，查办科级以上干部4人，涉案金额300万元以上重特大贿赂案件2件5人，涉案金额100万元以上贪污案件1件3人。紧盯基层腐败和涉农领域犯罪，依法查办了扬子洲镇联民村原村书记熊伟等四人利用职务便利，共同贪污拆迁安置专项资金64万元案；依法查办了南昌市农业局农产品质量监督局原副局长王峰滥用职权致使国家蔬菜开发专项补贴资金被骗案。

二是注重提升办案质量。积极构建侦捕诉一体化模式，重大案件提请本院侦监、公诉部门提前介入6次，引导、监督、规范侦查行为；专门制定《案件质量评查实施细则》，进一步强化了办案工作区建设，切实做到依法办案讲证据、规范办案讲程序、文明办案讲形象、优质办案讲质量。我院依法办理的一起职务犯罪案件被评为全市检察机关“十大精品案件。

三是全力构建社会化预防体系。研究并撰写《惩治和预防职务犯罪年度报告》，为区委区政府决策提供参考；积极开展“环境保护领域职务犯罪专项预防活动”，与区环保局、红谷滩新区城建局等单位建立联席会议机制，发出检察建议督促位于红角洲一级水源保护区的造船厂码头进行了整体搬迁；积极做好工程项目和扶贫领域专项预防工作，共开展医护人员和村干部等专场检察开放日16次，开展廉政教育活动12次。积极推行工程招投标准入制度，共受理行贿犯罪档案查询7763件次。

四、真抓实干强化监督，维护社会公平正义取得新进步

我们始终坚持敢于监督、善于监督、依法监督、规范监督，努力让人民群众在每一个司法案件中感受到公平正义。

一是深化侦查审判监督。共监督立案13件13人，追捕60人，追诉103人，发出纠正违法通知书7份。我院依靠跟踪倒查机制依法纠正的一例超期羁押案件，获评全国检察机关“优秀侦查活动监督案件”。进一步强化对审判活动的监督，依法提请市检察院刑事抗诉3件，法院已改判2件。

二是推进刑事执行监督。全面排查了辖区

310名监外执行罪犯的刑罚执行情况,共纠正刑罚执行和监管活动中的不当行为2件;积极开展“集中清理判处实刑罪犯未执行刑罚专项活动”,对7名未交付执行刑罚人员予以了督促清理纠正;进一步规范了羁押必要性审查案件的办案流程,共对15件案件进行了依法审查,对16名无羁押必要的嫌疑人变更了强制措施。

三是拓展民事行政检察。综合运用抗诉、再审检察建议、检察建议等方式,办理各类民事行政监督案件24件;进一步完善内部协作机制和两法衔接机制,实现了监督方式的多元化;在生态领域充分发挥行政检察职能,加强行政执法监督力度,共对行政执法机关发出督促履职检察建议11份。

五、严格规范文明司法,司法公信力得到新提升

我们围绕影响执法办案的瑕疵问题,深入开展专项整治,切实抓好案件管理,不断加强监督制约,促进严格公正文明司法。

一是以开展专项活动深化规范司法。积极开展规范司法“深化年”活动,对查摆出的6个方面54个问题逐一对照、彻底整改;对全年已办结案件的诉讼参与人电话回访368人次;联合其他县区检察院开展“案件质量互查”活动,倒逼规范司法,提升办案质量。

二是以严格办案责任保障规范司法。坚持不定期开展检务督察,对发现的一些倾向性、苗头性的不规范问题及时纠正,做到防微杜渐。同时实行“一案双查”,对因不规范司法行为导致案件实体错误、程序违法的,严肃追责,确保失职必问责、有责必追究。

三是以检务公开助力规范司法。依托互联网打造阳光检务平台,在案件信息公开系统公开案件程序性信息1920条、法律文书974份,发布重要案件信息74条;进一步完善“两微一端”和门户网站建设,推出案件信息查询、预约的“线上服务”功能;主动“网晒”检察工作,定期发送反映工作情况的原创图文作品,我院官方微信公众号影响力排名全省检察机关首位,正稳步进入全国检察机关新媒体先进行列,十余篇作品被高检院微信、检察日报转载,我院也被评为“全国检察新媒体建设运营百强院”和“全国检察门户网站建设百佳院”。

六、从严从实真抓善管,检察队伍建设取得新成果

我们全面贯彻从严治检要求,以正规化、专业化、职业化为方向,不断提高队伍思想政治素质、业务工作能力、职业道德水准。

一是接受监督改进工作。自觉接受人大及其常委会的监督,就五年工作、半年工作和公诉工作向人大作了专题汇报,及时办理并反馈了代表建议9件。扎实开展了代表委员联络工作,认真听取代表意见建议,逐一进行反馈,并就意见建议落实情况向人大常委会作了专题汇报。主动邀请人大代表、政协委员和社区群众开展专场检察开放日活动16次,通过“零距离”互动,多方位展现新时期东湖检察工作。

二是强化素能夯实基础。不断优化队伍结构,在区委的大力支持下,4名优秀青年干部脱颖而出,走上中层岗位;依托与南昌大学法学院的检校共建平台,开展互动交流活动7次;加强与其他单位的学习交流,成功承办了公、检、法第一次刑事业务联席会议;组建团队参加省、市级业务竞赛,14名干警分别荣获市级以上奖项,其中,1名干警入选全国侦查人才库,2名干警分别荣获“全省十佳公诉人”“全省优秀公诉人”称号,6名干警获评全市检察机关业务骨干。

三是正风肃纪树立形象。大力开展“两学一做”教育活动,以邀请专家学者讲课、检察长讲党课、召开专题民主生活会等多种形式,丰富学习载体,共开展专题学习研讨活动和实践活动30次;以“三会一课”为平台,逐条逐字学习《准则》和《条例》,认真落实上级院巡视反馈整改意见19项,制定并完善了《加强作风建设实施意见》,完成了检察人员个人有关事项报告工作。

一年来,我们不断增强接受人大法律监督、政协民主监督和社会广泛监督的意识,各项工作取得了一定的成绩。在近日刚结束的全省第十七次检察工作会议上,我院作为全省先进基层检察院代表作了经验发言,连续两年获评集体二等功。这些成绩的取得,是区委领导、人大监督和政府、政协以及社会各界关心、支持的结果。在此,我谨代表东湖检察全体干警,表示衷心地感谢和最诚挚的敬意!

在去年的报告中,我们向代表们报告了我院

案多人少矛盾比较突出、诉讼监督工作较为薄弱、检察队伍专业化职业化建设有待进一步加强等问题。面对这些问题，一年来，我们通过与法院联合施行远程视频开庭、在全省检察机关率先实现远程视频提审、试行公诉办案小组制、案件简繁分流等创新举措，案件办理周期大幅缩短，办案效率显著提升，缓解了人案矛盾；我们通过加强宣传、强化内设部门联动、与有关部门建立联席会议制度等举措，监督力度、监督效果均有了较大的提升；我们通过加快对年轻干警的培养和岗位技能培训、实施AB岗跨岗位锻炼和上挂市检察院锻炼制度等措施，队伍专业化建设得到了进一步加强。但新形势下，制约检察工作健康发展的困难仍然存在：一是在防控风险、服务区域发展大局方面，职能作用发挥还不充分；二是在司法体制改革的大背景下，新型诉侦、诉审、诉辩关系的构建对诉讼监督工作提出了更高要求；三是检察工作科技化水平跟不上新形势对检察工作的要求。这些问题，都需要我们努力加以解决。

2017年工作安排

2017年，我们将以党的十八大，十八届三中、四中、五中、六中全会精神为指引，在区委和上级检察机关的领导下，在各方的有力监督下，扎实推进改革、创新、发展各项工作。

*一是更加主动地服务发展大局。*加强对非公经济主体的平等保护，加大打击侵犯知识产权等犯罪的力度，服务创新发展；通过完善派驻检察室，加强未成年人刑事检察、社区矫正等工作，不断提升社会治安综合治理创新工作水平，服务协调发展；保持从严打击危害食品安全犯罪和多发性破坏生态环境刑事犯罪的高压态势，服务绿色发展；研究并采取措施遏制新常态下经济领域犯罪活动，进一步拓宽强行贿犯罪档案查询领域，服务开放发展；重点查办和预防扶贫领域职务犯罪，第一时间介入突发安全生产事故，严查背后的失职渎职犯罪，服务共享发展。

*二是更加坚定地强化司法办案。*主动顺应群众平安需求，突出打击黑恶势力、严重暴力等严重危害群众生命健康的犯罪及“两抢一盗”等多发性侵财犯罪，依法坚决打击非法集资、金融诈骗、传销等涉众型经济犯罪；继续坚持凡腐必反，有案必查，加大对群众身边腐败特别是“小官大贪”的查处力度，同时强化侦防一体化建设，从源头上遏制和减少职务犯罪；依法加强诉讼监督工作，推动建立新型良性互动检警关系，坚持敢抗与抗准、抗轻与抗重并举，着力构建新型诉侦、诉审、诉辩关系和以证据为核心的刑事指控体系。

*三是更加着力提升信息化水平。*加大科技投入，进一步提升司法办案管理、队伍管理、检务管理信息化水平，着手开发应用“智慧检务”系统，进一步完善“两微一端”等网上检务公开和联系服务群众机制，全面推行网上办公、办案、办事，构建管理大数据平台，促进现代科技与检察工作深度融合，推进检察工作现代化。

*四是更加深入地推进司法责任制改革。*进一步统一思想认识，着力增强司法责任制改革的责任感和使命感。进一步抓好工作落实，牢牢把握改革重点，确保司法责任制改革各项任务落到实处；进一步加强组织领导，始终以改革为动力，持续抓业务、带队伍，确保思想不散、工作不断、秩序不乱，推动检察改革取得新成效、迈上新台阶。

*五是更加扎实地打造过硬检察队伍。*扎实开展好各类专题教育活动，以党建为统领，强化检察人员责任担当，营造守纪律、讲规矩的氛围；坚持“人才强检”道路，积极为干警搭建干事创业的舞台，加快培养一批办案骨干和业务专家；主动回应干警关切，全面落实从优待检措施，切实做到以事业留人、以感情留人、以适当的待遇留人，让干警的个人发展愿景和检察事业发展紧密结合起来；坚持把纪律和规矩挺在前面，切实把从严治党、从严治检的政治责任扛在肩上、抓到手上、落在行动上。

各位代表，2017年是“十三五”规划的推进之年，也是东湖检察护航经济发展、服务社会民生、强化自身建设的关键之年。我们将继续在区委和上级检察机关的坚强领导下，在区人大及其常委会的有力监督下，以更加饱满的热情、更加昂扬的斗志、更加务实的作风，践行新理念、展现新作为，为谱写“美丽南昌·幸福家园”的东湖篇章，打造富裕美丽幸福江西“南昌样板”贡献力量，以优异的成绩迎接党的十九大胜利召开！

附:部分用于说明及案例简介(仅供参考)

一、用语说明

1.“食安风暴”专项行动:指我院根据辖区工作实际,联合区市场和质量监督管理局和区公安局,在食品、药品安全领域开展的专项行动,旨在依法严厉打击危害食药品安全犯罪,保障人民群众“舌尖上的安全”。

2.“检察蓝”守护“赣江绿”小专项活动:指我院根据辖区工作实际,将守护赣江“一江清水”作为工作中心,部署开展的生态检察专项活动,旨在促进赣江沿线生态环境治理法治化水平。

3. 办案组组长责任制:指在现有法律制度框架内,将公诉科分为若干办案小组,并对各办案组组长下放部分案件审批权,各办案组行使相对独立的执法办案权并承担相应责任。这种办案组织形式和管理模式是我院对司法责任制改革提前开展的一次有益探索,也是我院为化解人案矛盾的一项创新举措。

4. 轻微刑事案件快速办理机制:指在刑事案件逐年增多、司法资源有限、案多人少矛盾突出的情况下,通过创新工作机制,对刑事案件实行繁简分流,依法快速办理轻微刑事案件,以便把有限的司法资源集中于办理重大、疑难、复杂的案件,从而提高诉讼效率、保证办案质量。

5.“全国文明接待示范窗口”:指最高人民检察院为表彰执法公正、亲民爱民、作风扎实、成绩显著、群众认可的先进集体而颁发的控告申诉工作方面的最高荣誉。我院是全省唯一连续三届获此殊荣的基层检察院。

6.“一二三四”工作模式:指我院率先在全市检察机关开通一条热线——“朝阳”热线,建立维权绿色通道;在全省检察机关率先打造“朝阳爱国主义教育基地”和“朝阳观护基地”二个基地,保障涉罪未成年人顺利回归社会;进一步完善“心理辅导”“未成年刑事被害人救助”“司法社工介入帮教”三种机制,推行人性化办案;严格落实“法律援助”“合适成年人参与诉讼”“附条件不起诉”“犯罪记录封存”四项制度,提升专业化水平。

7.“五位一体”涉罪未成年人帮教团队:指我院联合社会工作服务社、居(村)委会、法律援助中心和涉罪未成年人家庭共同建立的未成年人帮教团队。

8. 羁押必要性审查:指犯罪嫌疑人、被告人被羁押后,检察机关仍应当对其羁押的必要性进行审查。对不需要继续羁押的,检察机关应建议予以释放或者变更强制措施。

9. 新型良性互动检警关系:2016 年 9 月 1 日发布的《“十三五”时期检察工作发展规划纲要》,要求各级检察机关完善介入侦查、引导取证机制,建立重大疑难案件侦查机关听取检察机关意见和建议制度,从源头上提高报捕案件质量,推动建立新型良性互动检警关系。

二、案例简介

1. 毒粽子案:2016 年端午节前夕,我院联合区市场和质量监督管理局和区公安局对市场食品安全进行了专项检查,摸排出两家餐饮单位(摊贩)生产、销售的粽子可能存在非法添加的线索。针对这一情况,立即督促职能部门依法取样送检,并全程参与监督。经检验,送检的粽子中均检出了含有国家明令禁止添加的非食用物质硼砂,涉嫌刑事犯罪。6 月 7 日,我院向相关职能部门发出《建议移送涉嫌犯罪案件函》。6 月 8 日,涉嫌生产、销售有毒、有害食品罪的两名犯罪嫌疑人被公安机关依法刑事拘留,后经法院审理后认为,被告人黄某、邓某的行为构成生产、销售有毒、有害食品罪,两名被告人均被判处有期徒刑六个月,并处罚金人民币 1.5 万元。

2. 南昌市农业局农产品质量监督局原副局长王峰涉嫌滥用职权案:2011 年至 2012 年,南昌市农业局农产品质量监督局原副局长王峰在南昌市农业局经济作物处任副处长期间,在明知多家公司不符合《南昌市人民政府办公厅关于印发南昌市蔬菜、水面开发专项资金使用管理办法通知》“集中连片达 800 亩以上、土地流转使用年限 20 年以上”申报条件的情况下,在审查及现场审核、验收时对该明显的违规事实仍然予以验收通过,致使国家财产造成巨额损失,涉嫌滥用职权罪。我院通过精密部署、摸底排查、艰难取证,一举突破了案件。目前,该案正在公诉阶段。

3. 扬子州镇联民村原党支部书记兼村主任熊伟等四人共同贪污案:2016 年 3 月 14 日,我院根据纪委移送线索,立案查处了扬子州镇联民村原党支部书记兼村主任熊伟、原党支部副书记熊功铁、原党支部委员熊振龙、原村委会出纳熊洁共同贪污案。经调查了解,四人在受委托从事公务期间,利用职务上的便利,采取骗取的手段,共同贪污人民币64万元。后经我院提起公诉,四名被告人一审均被作出有罪判决。

(区人民检察院)

关于东湖区2016年国民经济和社会发展计划执行情况及2017年国民经济和社会发展计划草案的报告

(2017年2月16日在东湖区第十六届人民代表大会第二次会议上)

东湖区发改委主任　易年忠

各位代表:

受区人民政府委托,我向大会报告东湖区2016年国民经济和社会发展计划执行情况及2017年国民经济和社会发展计划草案(书面),请予审议,并请各位政协委员和列席人员提出意见。

一、2016年国民经济和社会发展计划执行情况

一年来,面对错综复杂的国内外经济形势,在区委、区政府的坚强领导下,在区人大、区政协的有效监督指导下,全区上下紧紧围绕构建“实力、活力、魅力”东湖目标,大力弘扬“崇尚荣誉·创先争优”东湖精神,顶住压力、克难奋进,统筹做好稳增长、促改革、提建管、惠民生等各项工作,较好完成了区十五届人大六次会议确定的目标任务,实现了“十三五”良好开局。一年来,主要做了以下工作:

(一)顶住压力优化经济发展,综合实力稳步增强

全年实现地区生产总值417.69亿元,增长8.1%;500万元以上固定资产投资完成181.92亿元,增长13.5%;社会消费品零售总额完成259.92亿元,增长3.2%;完成财政总收入62.9亿元,同口径增长9.8%;地方一般公共预算收入12.33亿元,同口径增长10.18%;实际利用内资40.78亿元,同比增长15.07%;实际利用外资1.85亿美元,同比增长22.12%;出口创汇实现3.4亿美元。各项指标较去年同期全面回升,除社会消费品零售总额,其它指标均达到年初计划目标。在保持经济平稳运行的同时,发展“含金量”更高,税收收入占一般公共预算收入比重达82.2%,分别列全省、全市第13位和第5位,高于全省13.8个百分点、全市3个百分点。

二是产业升级步伐加快。第三产业全年实现增加值380.57亿元,占GDP比重91.11%。六大主导产业发展迅猛,新增企业1355家,同比增长67.08%。特别是,楼宇(总部)经济日益壮大,新增5A级楼宇商务面积4.8万平方米,新增税收千万元商务楼宇3栋。入驻楼宇企业2070家,其中总部企业100余家。金融服务业错位发展,增加值占全区GDP比重由20.56%上升至22.47%,占全市比重达33.4%,位居全市第一。入驻各类金融机构总部61家,江西金融租赁等23家新兴金融机构竞相集聚。电子商务业增势喜人,“淘鑫电商基地”“阿里巴巴南昌产业带平台”被评为“省级服务业集聚区”,全区规模以上电商企业增至50家,年交易额突破90亿元,同比增长320%。

三是项目建设提速增效。组织外出招商200余次,成功举办2016(深圳)文化产业招商推介会。全年落户项目222个,其中亿元项目18个,5000万元以上项目76个,创历史最好成绩。48个总投资301.33亿元的重大重点项目有序推进,其中阿里巴巴南昌产业带、豫章1号文化科技园、胜利路人防平战结合改造工程、新湖滨西路、紫金广场、智慧东湖等一批项目相继竣工,总部经济大厦、中金国际交易中心等市级重大重点项目全面开工,省政府地块商业改造、下正街地块商业综合体、青山湖西岸中海地产、青山湖西岸22条路网建设、青山湖宾馆改造等项目正在加紧推进。在

2016年全市“三看”活动中,我区取得第六名近年来最好成绩。

(二)拿出魄力深化改革创新,发展活力竞相迸发

一是重点改革集中破题。持续推进行政审批制度改革,精简行政审批事项11项,精简率7%。加快推进“三单一网”建设,权力清单、责任清单、市场准入负面清单不断完善,政务服务网正式运行。扎实推进商事制度改革,全面实行“先照后证”“证照分离”,工商登记前置许可由原来144项精简为34项。平稳推进农村产权制度改革,全面完成农村土地确权登记颁证工作。有序推进公车制度改革,全面完成行政单位车改,共封存车辆263辆,拍卖119辆,报废63辆。

二是创新创业势头强劲。平台支撑更有力,江西淘鑫电商基地成功申报国家小型微型企业创业创新示范基地,也是今年南昌市唯一一家国家级创业创新示范基地。豫章1号众创空间、云才众创空间等11家企业入选“洪城众创”,全区入驻企业过百家;樟树林文化生活公园等3家企业顺利获批全市首批小企业创业基地;政策支持更给力,充分发挥“财园信贷通”等政策工具,全年向2000余家创新企业和小微企业累计发放贷款5.17亿元,有效解决了部分小微企业融资难题。

三是发展环境持续优化。深入开展“降成本、优环境”专项行动,严格落实重大重点产业区领导挂帅、重大重点企业区领导挂点、重大重点项目专业部门跟踪服务等机制,把“省政府100条、市政府120条”优惠政策送到企业手中,实现“企业走访率、问题对接率、答复满意率”三个100%,帮助企业解决了一大批发展难题。重点督办人大建议、政协提案,2016年区政府共收到区十五届人大六次会议代表建议42件、区政协八届六次会议委员提案75件,所有建议、提案均在规定时间办理完毕,办结满意率100%。全面实行政务公开,政府政务网站公开政务类信息20000余条,政务微博、微信公开政府信息4000余条,“民声通道”等栏目共受理群众投诉300余件,办结率100%。

(三)凝心聚力强化建管联动,城市面貌显著改善

一是旧改有序推进。分两轮顺利实施王家庄周边、墩子塘周边地块等22个地块征迁工作,占地面积420余亩,征迁面积51.41万平方米,涉及户数3948户,征迁体量全市第一。完成轨道交通3号线、沿江快速路网东湖段征迁任务,总征迁面积2.99万平方米。严守控违防线,组织拆违行动200余次,拆除违章搭建283处、面积1.35万平方米。

二是建设凸显品味。全面推进街区标准化、特色化改造,投资8000万元的紫金广场、1.35亿元的新湖滨西路两个市级重点项目顺利竣工,展现了东湖风貌、体现了东湖速度;分别投资2亿元、1亿元的中山路、三经路街景改造全面完成,树立了街区样板,赢得了百姓口碑;投资2.4亿元启动贤士湖街区、光明社区街景改造工程;投资1.2亿元对全区25条道路进行升级改造;投资2.65亿元启动子固路等12个停车场建设,新增泊位1883个;投资4100万元实施讲武堂断头路等打通工程。

三是管理成为示范。文明创建一枝独秀,东湖区作为全市唯一城区摘得“省级文明城区”殊荣。东湖模式领先领跑,在全省、全市率先实行小型机械化“一扫、二运、三洗、四拖”精细化作业,市政府先后两次在东湖召开建筑工地围挡现场会、“马路本色”行动机械化作业现场会,总结东湖经验,推广东湖模式,省人大调研组来我区进行了全方位考察调研。智慧城管渐次展开,在大院、彭家桥等街办试点打造街办“智慧城管”平台,按照一个街办一个大网格、一个社区一个小网格思路,不断完善区、街、居三级网络责任体系。区智慧城管平台受理辖区市容类、执法类问题16万件,处置率达98%。执法水平全面提升,做到“四个率先”和“三个有力”,“四个率先”即:在全市率先实施对街道综合执法队考核、率先推广新型围挡工作、率先对夜市烧烤实施“夏病冬治”、率先与公安联手治理占道宰羊;“三个有力”即:整治市容工作有力、落实蓝天行动有力、处置违法行为有力。

(四)竭尽全力提升民生福祉,社会事业全面进步

一是“基本民生”保障有力。全区用于保障和改善民生投入资金12.47亿元,同比增长10%,占一般公共预算支出62.3%。集中办好

191 件民生实事。就业保障持续加强，新增就业10202 人，“4050”人员再就业 2188 人，零就业家庭安置率 100%。生活保障持续提高，农村、城镇居民最低生活保障标准提高至月均 510 元；发放城市低保、农村低保资金 2600 余万元；发放 80 岁以上高龄老人生活补贴 1451 万元；发放优抚对象补助资金 1500 万元；实施各类救助 4677 人次；连续第七次荣获“全省双拥模范区”称号。医疗保障持续健全，持续扩大社会保险覆盖范围，城镇基本医疗保险参保人数 18.46 万人，基金征缴达1.18 亿元；打造了全省领先的失能老人医养融合照料平台。

二是“热点民生”统筹有方。进一步拓展和深化“10 分钟便民服务圈”“15 分钟公共文化服务圈”“15 分钟卫生服务圈”“15 分钟全民健身圈”“20 分钟优质教育圈”等“民生五圈”品牌内涵。教育事业均衡发展，投资 3000 万元对区属 13 所学校基础设施进行维修改造；制定《东湖区学前教育三年行动计划》（2017 – 2019 年），回收 1 所小区民办幼儿园，引导 5 所高收费幼儿园限期转办普惠性幼儿园；面向社会选调、招考 54 名优秀教师；投入 185.4 万元，为全区中小学生发放免费教科书。文化事业好戏连台，区文化馆建设成为全省首个智能文化馆，挂牌成立全市首个外来务工人员文化活动中心，将老文化馆改造成东湖区文化传承中心，启动 4 个街道文化活动中心建设；开展庆祝建党 95 周年大型歌咏比赛等各类文化活动 180 余场次；“军歌嘹亮边疆行”文化志愿活动成功入选文化部“春雨工程”并赴广西开展文化交流活动。卫生事业协调并进，认真做好实施全面两孩政策计划生育工作，荣膺“全国计划生育优质服务先进县区”；实施扬子洲社区卫生服务中心危房改造等工程。体育事业成绩喜人，新增全民健身站点 10 个，新增各类体育场地2000 余平方米；在南昌市第 16 届运动会上位居金牌榜第一位；被评为“省青少年体育 10 强县区”；连续第六年荣获南昌市体育节团体一等奖。

三是“底线民生”坚守有为。深入推进“文明东湖”“法治东湖”“平安东湖”建设。加大普法力度，成为全市唯一荣获全国“六五”普法先进县区；妥善做好信访稳定，在十八届六中全会等重大节会期间未发生一起赴京非访事件；圆满完成中央领导视察、全国综治工作南昌会议、2016 南昌国际马拉松等大型活动东湖段的安保任务；打击“盗抢骗”行动战绩全市第一，刑事警情同比下降36.6%，“黄赌毒”警情同比下降 67%；建成全省首个社区禁毒图书角和全市首个社区戒毒康复集中管理工作站；完成食品、药品抽检 1655 批次，查处毒油条、毒粽子等食品案件 64 起；东湖消防大队连续三届被评为“全国消防监督执法示范单位”；公众安全感和公安满意度排位持续前移，双双位居主城区第一名，创历史最好成绩。

在经济下行压力不断加大、内外制约因素层出不穷的背景下，我区经济社会发展能够取得上述成绩实属不易，这是市委、市政府和区委、区政府正确领导的结果，是区人大、区政协指导支持的结果，是全区上下共同努力的结果。

在肯定成绩的同时，我们也清醒认识到，一些工作还存在差距和不足，面临的困难和挑战也不容低估。主要是：制约发展的诸多瓶颈依然存在，稳增长动能不足，经济下行压力依然巨大；城市建设与管理不协调、不适应的问题依然突出，城市功能和城市环境有待进一步完善；社会治理面临更多新情况、新特点，维护社会稳定的任务仍很艰巨等等。对此，我们将高度重视，采取有力措施加以解决。

二、2017 年经济社会发展计划和主要任务

2017 年，是党的十九大召开之年，是实施“十三五”规划的重要之年，是贯彻省、市、区党代会决策部署的奋进之年，也是落实市委“产业大发展、城市大建管、改革大突破、双向大开放、创新大跨越、生态大提升、事业大统筹、民生大改善”八大主要工作的开局之年，更是打造实力东湖、创造活力东湖、塑造魅力东湖的提升之年。做好 2017 年工作，意义重大，影响深远。

制定 2017 年全区国民经济和社会发展主要目标，既要坚持积极进取，又要坚持稳妥可行。对此，需做好三方面衔接：一是衔接省市 2017 年预期目标；二是衔接“十三五”规划目标；三是在全市县区排名力争突破。根据区委、区政府各部门研究讨论意见，结合现阶段我区发展实际，初步确定我区 2017 年经济社会发展计划目标：

地区生产总值增长 8%，力争 9.5%；

500 万元以上固定资产投资增长 12.5%，力

争14%;

社会消费品零售总额增长6%,力争9%;

财政总收入增长6%,力争10%;

地方一般公共预算收入同口径增长6%,力争10%;

利用外资实际到位资金增长10%,力争15%;

实际利用内资增长10%,力争15%;

出口创汇与2016年持平,力争1%。

根据以上要求和目标,今年重点做好以下四个方面工作:

(一)坚定不移加快经济发展,进一步增强综合实力

一是致力产业升级。始终把强攻产业作为重中之重,大力发展六大主导产业。大力发展健康养生服务业。以江西中科、江西倍康为龙头,充分发挥辖区三甲医院云集的资源优势,引进一批高端健康养生机构,形成精准医疗、移动(智能)医疗、创新医药等新型健康养生产业集聚态势,打造辐射全省的高端健康养生服务产业高地,探索建设“南昌康谷”。大力发展文化创意旅游产业。加快推进樟树林文化生活公园的樟脑玩创意空间、东湖众创、缤谷众创等文创项目;加快启动豫章1号文化科技产业园二期工程;积极谋划打造791艺术街区高端艺术盛宴;设立旅游发展专项资金;助推滕王阁创建国家5A级景区;实施佑民寺文化街区改造。大力发展现代商贸业。引进一批总部型特别是区域结算总部、电子商务总部商贸企业,建设一批高端百货、主题百货和专题卖场,打造一批特色商业街。紧抓地铁建设机遇,打造立体化地铁商圈模式,持续壮大八一广场-中山路、青山南路两大“百亿商圈”。推广连锁经营、电子商务等新型流通方式,引导知名连锁商超向社区延伸,加大老字号企业扶持培育力度。大力发展现代金融业。引进一批创业投资、资产管理、融资服务等新金融机构,培育一批私募金融、文化金融、互联网金融等新金融业态,打造区域性类金融服务中心。大力发展楼宇(总部)经济。依托旧改腾出的空间,在下正街、青山湖西岸沿江一线,重点发展楼宇(总部)经济,加快推进东湖区总部经济大厦建设,积极引进一批工业设计、创意设计、信息服务等区域性总部,打造江西(南昌)总部经济集聚区。大力发展都市工业。随着扬子洲地区整建制划归东湖,辖区面积扩大两倍,给未来发展提供了巨大的承载空间。配合做好扬子洲地区土地利用及控制性规划,明确功能定位和产业定位,优先布局都市工业,重点发展高新技术产业和高端现代服务业。

二是发力招商引资。积极对接长江经济带、赣江新区、昌九一体化等国家、省市重大区域发展战略,主攻央企聚集的北京、外资密集的长三角、泛珠三角等地,精心策划招商推介活动。更加注重招商层次,着力引进一批国字头、领袖型的引爆项目,力争一批“国际级”大项目、好项目落户,实现产业发展的“乘数增长”;更加注重招商链条,着力引进一批产业带动性强、关联度高、产业链长的项目,形成上中下一体化产业集群,推动产业向高端、前端、深端升级;更加注重招商环境,以“人人都是招商环境”的理念,推动招商流程再造、服务再造,实现“好环境聚好客商”的因果良效。力争实现引进重大产业项目15个以上,亿元以上项目不少于10个,投资总额突破100亿元,确保在省、市考核排名中进位争先。

三是倾力项目建设。坚持把项目建设作为大投入的聚焦点,一切为着项目想,一切围着项目转,一切盯着项目干。实施产业发展、旧城改造、城市建管、社会民生和基层党建5大类,共计49个重大重点项目,总投资332.8亿元。接下来,按照“项目化、时间表、责任人”的机制,排好时间节点,排出任务目标,排定责任人员,以最快节奏、最高效率、最优质量推进各个项目。重点推进投资60亿元的原省政府大院一、二号地块项目,加速引进八一广场周边首个综合体,为“百亿商圈”扩容升级。加快推进中金国际交易中心、滕王阁东广场提升改造、胜利路人防平战结合工程、青山湖西岸路网建设、融创地产等15个项目。

(二)坚定不移推进改革创新,进一步激发发展活力

一是加速推进深化改革。持续推进“三单一网”改革,深入推进“放管服”改革。适时稳妥推进农村集体产权制度改革工作。整合政府各类服务热线资源,对接全市12345平台,构建统一、便民、高效的政府服务热线平台。有序推进机关事业单位养老保险、事业单位公务用车改革,积极对

接“营改增”等财税体制改革，不断激发经济持续增长的内生动力。

二是加速推进创新创业。成立“双创”产业引导基金，加快科技成果转化，扶持中小微创新企业发展。充分利用旧有工厂、闲置楼宇资源，推进现有众创空间向低成本、开放式、便捷化、网络化、专业化、集成性“洪城众创”升级，充分发挥“1+X”模式的引领作用；力争打造6家市级创业基地和服务平台。加快产业基金与优质企业的金融对接，力争今年2家企业挂牌“新三板”。

三是加速推进环境优化。深入开展降成本优环境专项行动，落实领导挂点帮扶企业制度，坚持以问题为导向，逐项落实企业诉求清单中反映的问题，切实减轻企业负担。进一步精简审批事项，全面梳理238项公共服务清单，优化公共服务流程，提高服务效率，不断推进行政审批事项和公共服务事项一站式网上运行。

（三）坚定不移提升品质品味，进一步彰显城市魅力

一是以旧改拓空间。加快旧改进程，先行启动总投资约50亿元，涉及面积58.16万平方米、户数5700余户的青山南路沿线、龙沙路证券街等17个地块的旧改征迁工作。妥善处理好旧城改造“拆、补、改、留”之间的关系；突出产业引领，加快推进原省政府大院一、二号地块征迁步伐；突出文化传承，围绕打造百花洲、滕王阁、佑民寺等历史文化街区、景区，做好周边地块的旧改征迁，实现文商旅融合发展。

二是以建设强功能。完善滨江路网建设；对辖区43条道路实施改造提升；适时启动龙沙路、贤士二路等断头路打通工程；实施广场北路等主次干道的积水点治理；投入25亿元，推进青山湖西岸基础设施建设，重点建设22条路网、青山北路等3条道路的综合管廊、城市景观带及城市阳台建设；投入3.3亿元启动八一广场周边、滕王阁景区、佑民寺文化街区综合改造工程；投入3000万元建设赐福路、射步亭等7个以上街头小游园；投入1.14亿元，新建豫章后街、渊明北路等10个地下（立体）停车场，新增停车泊位1800余个。

三是以管理塑形象。以智慧城市建设为契机，以城市管理信息化为支撑，着力打造“一个中心、两个平台”（指挥中心，管理平台、服务平台），逐步形成智能化、精细化、扁平化、常态化、长效化“五位一体”城市管理新模式。高位推进“美丽南昌·幸福家园”环境综合整治；升级“马路本色”样板，升级无烟烧烤示范，升级建筑工地管理，升级道路畅通工程；实行“路长制”，推行背街小巷环卫作业市场化。不断完善环卫基础设施，新建环卫车辆停车场、建筑垃圾渣余土消纳场和4座垃圾站；积极开展城市建成区违法建设专项治理工作，确保全年完成查处违法建设50%的目标任务。

（四）坚定不移改善民生福祉，进一步凝聚社会合力

一是不断提升保障水平。持续加大投入，确保用于保障和改善民生的投入占一般公共预算支出65%以上，稳步提高社会保障标准和统筹层次。进一步创新体制机制，吸引更多民间资本参与民生工程建设；实施更加积极的就业政策，力争全年新增城镇就业1.05万人；建设2个居家养老站点；推进3623户58万平方米的二期安置房建设和4000余户67万平方米的三期安置房建设。

二是不断提升均衡水平。强化“民生五圈”内涵建设，持续唱响民生品牌。教育方面，投入1000万元推进城北幼儿园的建设，缓解城北片区幼儿入园难问题；启动紫金学校规划建设工作。卫生计生方面，谋划编制《健康东湖2030规划纲要》；提升扬子洲镇卫生院等基层卫生服务中心硬件设备；推进社区卫生服务中心全科医生签约服务全覆盖；启动居民健康一卡通发行工作；落实城镇居民独生子女父母奖励制度；全面加强卫生计生执法力度。文化体育方面，推进区文化馆、区图书馆总分馆制建设；依托樟树林非遗展示馆，打造非遗产品交易中心；组织庆祝建军90周年大型文体活动；编排《文韵东湖》等原创文艺节目，着力推出具有全国影响力的文化精品。大力推进《东湖区全民健身实施计划2016－2020》，增加体育健身场地，创新全民健身站点管理，扎实开展群众体育工作。

三是不断提升安全水平。继续深化法治东湖建设，稳步推进“七五”普法规划的实施；借助“智慧城市”建设，整合社会资源，着力推进“大数据”信息化建设，不断提升智慧防控水平；着力构建常态化打防机制，逐步实现社会治安由“平安创建”

向“全民共建”转变,不断提升群众安全感和满意度;着力改善基层派出所办公场所条件。加快信访信息化建设,全力打造不下班的网上信访,及时回应群众诉求。加大食品药品监管力度,积极推进食品药品安全检测检验中心建设,启动5个快速检测站建设;开展“洁厨亮灶”工作。继续加强安全生产工作和应急管理,全力维护社会和谐稳定。

各位代表,关山初度尘未洗,策马扬鞭再奋蹄。让我们在区委、区政府的坚强领导下,在区人大、区政协的监督支持下,担起更大责任,迈出更大步伐,实现更大突破,为打造富裕美丽幸福江西“南昌样板”贡献东湖力量,以优异成绩迎接党的十九大胜利召开!

(区发改委)

关于东湖区2016年财政总预算执行情况和2017年财政总预算(草案)的报告

(2017年2月16日在东湖区第十六届人民代表大会第二次会议上)

东湖区财政局　万　勇

各位代表:

我受东湖区人民政府委托,向大会报告2016年区级财政总预算执行情况和2017年区级财政总预算(草案),请予审议,并请各位政协委员和列席会议的同志提出宝贵意见。

一、2016年区级财政总预算执行情况

(一)财政预算收入执行情况

2016年,全区实现财政总收入按省口径统计为540480万元,同比增长18.9%;按市口径统计为628978万元,同比增长9.8%,占年初区人大确定收入预算619000万元的101.61%。

2016年,全区实现一般公共预算收入为123264万元,按市财政部门确定的同口径计算,同比增长10.18%,其中:由国税部门组织的收入为37188万元,同比增长45.04%,由地税部门组织的收入为68787万元,同比下降13.2%,由财政部门组织的收入为17289万元,同比下降5.66%。

各主要收入项目完成情况是:

税收收入101325万元,同比下降0.92%;

非税收入21939万元,同比增长4.7%。

需要说明的是,从2016年5月份开始,中央“营改增”税收政策全面推开。营业税是我区的主体税种,“营改增”前,我区营业税入库比例为50%,“营改增”后,我区营业税收入全部改为增值税入库,而增值税区级分成比例为25%,相应地减少了地方一般公共预算收入。考虑到地方收入的减收因素,中央明确以2014年营业税收入为基数,通过转移支付方式给予地方固定补助。

(二)财政预算支出执行情况

2016年,全区完成一般公共预算支出200108万元(含扬子洲镇),同比增长10.1%。

其中,区本级累计完成财政支出197481万元,占年初区人大确定支出预算146540万元的134.76%,同比增长9.87%,按支出来源划分:区本级当年预算安排支出125600万元,上级财政各项专项补助支出43221万元,上年结转支出5875万元,区本级专项追加拨款支出22785万元。

区本级各主要支出项目情况是:

一般公共服务支出37252万元,同比增长40.05%,增长较大的主要原因是原工商质监等垂管单位的下划、新大楼运行经费的增加以及增资和发放车改补贴等;

国防支出233万元,与上年基本持平;

公共安全支出26949万元,同比增长22.09%,主要是追加拨付了公安部门直属巡防大队人员、公用经费及公安警衔津贴提标等共计3686万元;

教育支出33750万元，同比增长9.37%，主要是拨付了2014年10月至2015年12月教育系统养老保险单位缴费部分2339万元；

科学技术支出1980万元，同比增长4.72%；

文化体育与传媒支出1605万元，同比增长20.72%，主要是拨付了“两馆”提升设备购置经费234万元；

社会保障和就业支出31484万元，同比下降5.69%，主要是实行机关事业单位养老保险改革后，原归口管理的行政事业单位离退休经费不在此科目反映，全部调整至行政事业单位社保基金中列支；

医疗卫生与计划生育支出18877万元，同比增长4.85%；

节能环保支出982万元，同比下降7.76%，主要是上级专项转移支付资金减少；

城乡社区支出33679万元，同比增长39.13%，主要是拨付了上级专项转移支付资金3400万元、各街道（贤士湖管理处）综合执法队协管员工资和工作经费1560万元以及2015年和2016年PPP项目前期费用1090万元；

农林水支出2471万元，同比增长10.94%，主要是上级专项转移支付资金增加；

资源勘探信息等支出711万元，同比下降71.08%，主要是2015年度拨付了上级小微企业创业创新基地城市示范专项资金1300万元和2014年南昌市打造核心增长极企业（经济实体）突出贡献奖奖励资金540万元；

商业服务业等支出1513万元，同比下降36.42%，主要是上级专项转移支付资金减少；

国土海洋气象等支出238万元，同比下降56.89%，主要是2015年度拨付了扬子洲国土资源中心所建设经费260万元；

住房保障支出1717万元，同比增长10.01%；

其他支出3707万元，同比下降63.23%，主要是2015年度拨付了区“财园信贷通”风险保证金3000万元、企业扶持奖励资金2000万元、旧改资金1128万元以及列支了2011—2013年度棚户区改造和保障性住房建设项目借款利息1584万元；

基金支出333万元，同比下降55.32%，主要是上级专项转移支付资金减少。

（三）社保基金预算执行情况

2016年，全区各项社保基金预算收入完成58364万元，同比增长34.78%；各项社保基金预算支出完成68126万元，同比增长74.03%，当年收支结余-9762万元，上年结余48512万元，年末滚存结余38750万元。收支增幅较大的原因主要是2016年度全区机关事业单位养老保险正式“并轨”实施，相应的增加了社保基金预算收支总量。

根据年终报表预测，2016年我区实现了财政收支平衡，略有结余。具体平衡情况待市财政局审核批复我区2016年财政收支结算后，再向区人大常委会作专题报告。

二、2016年财政预算执行的主要工作

回顾2016年我区公共财政预算执行情况，主要呈现以下三个特点：

（一）完善工作机制，激活内生动力，收入总量站上新高点

2016年，在各经济责任单位的通力协作下，我区财政收入总量继2014年11月财政总收入（市口径）突破50亿元大关后，首次站上了60亿元的新高点，始终稳居全省第一方阵，各项组织收入措施扎实有力。一是加强收入调度分析。加强对各税务部门的收入任务调度，充分调动各经济责任单位协税护税工作积极性，针对“营改增”全面推开和“金税三期”系统上线等变化，科学调整工作思路，有力地增强了组织财税收入的针对性和征管实效。二是加大综合治税力度。根据《江西省税收保障条例》及省市财政部门的要求，整理并建立我区涉税信息目录，不断完善我区由政府主导、财税牵头、各经济部门共建的涉税信息管理平台，切实推进了税源的长效管理。三是加深税源台账管理。组织镇、街道和管理处有序开展辖区范围内的租赁情况、工程项目情况、产权归属等方面的摸底工作，并更新健全税源台账，实行动态管理，力保辖区税源颗粒归仓。四是加快办税机制创新。先行先试开展国地税-互相委托代征工作，积极实行联合办税和委托代征，全力整合辖区税收管理资源，堵塞征管漏洞，促进地方财税持续增长。

(二)优化支出结构,突出重点建设,惠民事业再上新台阶

2016年,我区继续将民生领域作为政策支持和财力保障的重点,全力增强百姓获得感,保基本、兜底线、做实事。全年全区用于保障和改善民生投入资金12.47亿元,约占全区一般公共预算支出的62.3%,较2015年新增民生投入1.13亿元。一是大力发展教育事业。完善教育网点建设,不断推进义务教育优质资源共享机制,继续开展校园提升改造及信息化建设工程。2016年,财政对教育事业经费投入3.37亿元。二是优化城区发展和人居环境。坚定不移的支持"旧城改造"这一民心工程,突出东湖城居亮点特色,投入资金567.6万元推进基层党组织标准化建设,第一批48个社区(村)点正在有序开展,城区形象改善和区域经济发展得到同步提升。2016年,财政对城乡社区事务投入达到3.37亿元。三是推动社会保障体系建设。持续加大对社会弱势群体的扶助力度,积极落实社会保障体系建设的各项资金需求,努力从根本上实现贫有所济,困有所帮。2016年,财政累计投入社会保障和就业支出3.15亿元。四是加快完善医疗服务。加大公共卫生投入,继续推进公共卫生服务均等化,努力为城乡居民健康提供有力保障。2016年,投入医疗卫生与计划生育支出1.89亿元。

(三)践行科学理财,严肃财经纪律,深化改革迈上新征程

2016年,我区牢固树立现代财政管理理念,加快完善公共财政体系步伐,着力健全体制机制,加强科学化管理,进一步提高了财政运行效能。一是深化财政预决算公开。加大"三公"经费公开力度,细化公开内容,除涉密信息外,目前我区所有财政资金安排的"三公"经费都已做到定期公开;细化部门预决算公开内容,目前区本级部门预算信息已全部公开到了支出功能分类和经济分类的最明细级科目,切实做到了预算信息公开常态化、透明化。二是提升财务监管质量。参照省市做法,组织了我区2016年度会计监督检查工作,重点监督检查行政事业单位内控制度建设和实施情况,降低财务责任风险,充分发挥了财政监督对促进预算编制和预算管理执行的积极作用。三是完善财政专网信息系统管理。完成金财工程大平台迁移,继续开展以金财工程为支撑的重点行业、重点部门、重点资金、重点项目日常监管,实现了对财政业务的实时全程监控,确保了财政资金运行安全规范。四是推进政府投资项目评审工作。严格实施项目预控制,不断提升评审水平,完成了总投资额为3.79亿元的PPP项目的物有所值评价和财政可承受能力论证。2016年,全区共完成评审项目76件,评审定案金额6142万元,核减率10.83%。五是强化政府采购制度建设。完善全区政府采购制度管理办法,继续加快政府采购改革进程,及时向社会公开政府采购信息。2016年,全区货物、服务类政府采购实际金额为4512万元,节约资金679万元,节约率13.08%。六是加大对企业信贷扶持力度。积极响应"大众创业、万众创新"国家战略,加大对中小企业信贷融资和涉农信贷扶持工作。2016年我区发放"财园信贷通"贷款119笔,共计5.13亿元;发放"财政惠农信贷通"贷款7笔,共计435万元。

2016年预算任务的圆满完成,是区委、区政府正确领导,是全区上下齐心协力,加快发展,努力增收节支的结果。同时,我们也清醒的认识到财政运行中存在一些不容忽视的困难和问题:受结构性减税、"营改增"全面运行等诸多政策因素影响,财政收入持续增长面临较大压力,加上教育、社会保障、政策性改革等刚性支出,以及区重点建设项目投入力度的加大,收支矛盾比较突出。对此,我们将高度重视,通过加强预算约束和财政资金使用绩效管理等方面来认真研究对策,努力加以解决。

三、2017年区级财政总预算草案

根据国家和省市对财政工作提出的新要求,结合我区财政工作实际,2017年全区财政工作总体思路是:深入贯彻落实十八届六中全会精神,紧紧围绕区委、区政府确定的工作重点和上级财政部门制定的工作目标,积极发挥财政政策在稳增长和调结构中的重要作用,加快推进财税体制改革,进一步落实减税降费政策,减轻企业负担,培育发展新经济,改造提升传统经济;完善预算管理制度改革,调整优化支出结构,强化多渠道民生保障机制,不断增强财政可持续性,稳步提升公共服务供给质量和水平;改进财政专项资金管理,进一步盘活财政存量资金,不断提高支出精准度和资

金使用效益，切实强化财政资金监管，努力为全区经济社会发展提供坚实的财力保障。

遵循以上指导思想，综合考虑全区经济形势和各项收支增减因素，按照收入预算实事求是、积极稳妥、留有余地，支出预算统筹兼顾、突出重点、有保有压的原则，2017 年区级财政预算拟作如下安排：

（一）区本级收支预算安排情况

2017 年，全区财政总收入计划安排 666720 万元，同比增长 6%，力争增长 10%。其中，地方一般公共预算收入计划安排 125000 万元，同口径增长 6%，力争增长 10%。按收入部门划分：由税务部门组织的收入 107500 万元，由财政部门组织的收入 17500 万元。

按我市现行财政体制测算，2017 年地方一般公共预算收入为 125000 万元，加上中央、省市财政提前下达项目补助资金 21870 万元，以及上级各项补助、转移支付补助（不含上级一次性专项追加补助）30782 万元，剔除上解上级支出 23880 万元，2017 年区级可用财力合计为 153772 万元。本着“量入为出，收支平衡，略有节余”的原则，2017 年地方一般公共预算支出计划安排 152870 万元。

需要说明的是，根据上级要求，今年将上级提前下达给我区 2017 年项目补助资金 21870 万元列入区级收支预算，若剔除该新增因素，今年区本级支出预算安排为 131000 万元。

各主要支出项目安排是：

一般公共服务支出 23993 万元；

国防支出 197 万元；

公共安全支出 19321 万元；

教育支出 25187 万元；

科学技术支出 1737 万元，其中科技三项经费 1660 万元；

文化体育与传媒支出 890 万元；

社会保障和就业支出 15799 万元；

医疗卫生与计划生育支出 8018 万元；

节能环保支出 493 万元；

城乡社区支出 20359 万元；

农林水支出 995 万元；

资源勘探信息等支出 802 万元；

国土海洋气象等支出 69 万元；

住房保障支出 2640 万元；

预备费 3900 万元；

其他支出 6600 万元。

（二）全区社保基金收支预算安排情况

2017 年，全区各项社保基金预算收入计划安排 55852 万元，其中：保险费收入 21760 万元，财政补助收入 34092 万元；各项社保基金预算支出计划安排 73149 万元，本年收支结余 －17297 万元，上年结余 38750 万元，年末滚存结余 21453 万元。

四、坚定信念，全力以赴，确保完成 2017 年财政工作任务

2017 年，全区财政工作将继续紧密围绕区委、区政府的工作部署，紧扣经济发展新目标，培育收入增长新动力，切实履行好各项财政职能，保障各项民生工作顺利开展，促进我区经济社会全面发展。

（一）改进方法，优化结构，壮大税源强实力

一是切实加强征收管理。强化收入调度机制，广泛联系协调国、地税部门，完善辖区税源信息化管理，加深征管渠道之间的密切配合，切实发挥街道税务服务站的代征服务功能，努力提升联合办税和委托代征的征管水平，持续增强组织财税收入的针对性和征管实效。二是着重夯实财源根基。围绕“六大产业”主攻方向，大力支持辖区重点工程、重大项目建设，积极落实减税降费政策，不断探索通过资源平台、信用担保等多种方式，“量身定做”为中小微企业提供更加精细化、更有针对性的帮助，为我区财力的可持续增长提供强力支撑。三是推进中小企业信贷支持。进一步开展支持中小企业信贷融资工作，推进并完善“财园信贷通”“财政惠农信贷通”机制。严把准入审核，加强与合作银行沟通，为有市场、有潜力、需要贷款的企业提供融资平台，将政府、银行、企业、担保公司抱团发展，确保财政收入在实体经济的支撑下取得新发展。

（二）科学理财，普惠民生，强基固本添活力

一是突出预算统筹协调功能。牢固树立过紧日子的思想，妥善处理好支出需要与可用财力之间的关系，不断提高预算编制的准确性和有效性，严格控制一般性支出，规范专项资金分配管理，积极探索科学调度财政资金的新途径、新方法，加大

资金整合力度,在保证政权运转、社会稳定、基础建设等必要支出的基础上,集中财力抓重点、办大事。二是不断增强民生改善力度。强化"民生五圈"内涵建设,坚持将新增财力向教科文卫、环保和食品药品安全等公共事业发展倾斜,向社会保障、就业再就业等"民心"工程倾斜,向弱势群体、困难家庭和住房困难户倾斜;认真贯彻落实高龄老人补贴等惠民政策,适时提高各类优抚对象、低保、五保对象待遇,完善社会救助体系和义务教育经费保障机制,落实社会维稳经费保障,确保全年保障和改善民生的投入占一般公共预算支出达到65%以上。三是加大财政涉农资金保障。积极发挥财政投入在农村建设与开发中的主体和主导作用,不断加大对扬子洲镇、扬农管理处各项涉农资金的扶持力度,加强农田水利建设,稳步推动扬子洲地区控违工作,持续做好农业支持保护补贴发放及新农村工程项目建设资金的拨付和督查工作,统筹城乡共同发展。

(三)深化改革,依法理财,阳光财政增魅力

一是强化财政资金统筹。进一步盘活财政存量资金,加快安排收回的存量资金集中用于稳增长、调结构、惠民生的重点领域和关键环节,避免形成"二次"沉淀,真正提高财政资金使用效益。二是继续完善非税改革。加大与各非税收入执收单位的协调力度,拓展非税收入征缴方式,推广非税收入 POS 机收取,提高征缴管理效率,减少收费环节,降低资金风险。三是提升会计质量监督。继续做好会计监督检查工作,进一步提升我区会计集中核算工作水平,并加强对区各会计核算分中心的业务指导和管理监督,为增强预算约束力和加强单位资金监管奠定基础。四是创新政府建设项目管理。计划将已确定实施的东湖区市政设施综合改造 PPP 项目纳入中期财政规划,按照预算编制程序和要求,将项目合同中符合预算管理要求的下一年度财政资金收支纳入预算管理,撬动社会力量支持我区经济社会事业的加快发展。五是加强财政支出监管。创新"三公"经费监管机制,积极推进公务消费网络监管平台建设,以"三单一网"为抓手,坚持源头治腐,堵塞管理漏洞,降低行政运行成本,全面提升党和政府形象。六是妥善推进事业单位公务用车改革。及时跟进党政机关公车改革处置后相关工作,妥善进行事业单位公务用车改革,合理配置公务用车资源,降低行政成本,采取切实有效措施加快改革步伐。

各位代表,2017 年是党的十九大召开之年,也是我区全面深化财税改革的关键一年,意义深远,责任重大。我们将在区委、区政府的正确领导下,在区人大及其常委会的监督指导下,认真贯彻本次人代会的各项决议,扎实工作,攻坚克难,全力以赴完成今年财政各项工作任务,为东湖的实力跃升、活力勃发、魅力彰显做出应有的贡献!

(区财政局)

2016 年东湖区国民经济和社会发展统计公报

2016 年,在区委区政府的正确领导下,全区上下主动适应和把握经济发展新常态,紧紧围绕建设"打造实力东湖、创造活力东湖、塑造魅力东湖"目标,善于攻坚、勇于争先,全区经济呈现稳中有进的态势。

一、综合

经济总量:据初步核算,全区地区生产总值达 417.69 亿元,按可比价计算,同比增长 8.1%。其中:第一产业实现增加值 0.67 亿元,同比下降 46.7%;第二产业实现增加值 36.44 亿元,同比增长 5.3%,第三产业实现增加值 380.57 亿元,同比增长 8.6%。三次产业比重为:0.16∶8.73∶91.11。人均生产总值 79495 元。

非公经济:在全区生产总值中,非公有制经济实现增加值 188.30 亿元,按可比价计算增长 9.0%,占全区生产总值的比重达 45.1%。

财政收入:全年实现财政总收入 62.90 亿元,同比增长 9.8%,其中:地方一般公共预算收入 12.33 亿元,同口径同比增长 10.2%(同比增长 0.0%),税收收入 10.13 亿元,同比下降 0.92%,

非税收入2.19亿元,同比增长4.69%。

全年地方一般公共预算支出20.01亿元,同比增长10.10%。其中,公共安全支出2.69亿元,同比增长22.09%;教育类支出3.37亿元,增长9.37%;城乡社区支出3.37亿元,同比增长39.13%;医疗卫生支出1.89亿元,同比增长4.85%。

物价水平:全年居民消费价格总指数(CPI)比上年上涨2.1%。其中:食品烟酒上涨5.3%,衣着下降-0.2%,居住上涨1.2%。商品零售价格总指数上涨0.4%。

二、固定资产投资

投资总量:2016年,全年实现固定资产投资181.92亿元,同比增长13.5%,其中:房地产投资7.44亿元,同比下降12.5%。全年城镇投资施工项目491个。其中,新开工项目477个;计划投资亿元以上项目12个,比上年同期多4个。

投资结构:2016年,城镇以上固定资产投资中第一产业完成0.49亿元,第二产业完成21.97亿元,第三产业完成159.46亿元。三次产业投资比例为0.3:12.1:87.6。

三、国内贸易

消费品市场:全年社会消费品零售总额259.92亿元,同比增长3.2%。按行业分:批发业零售额32.8亿元,同比增长2.4%;零售业零售额195.36亿元,同比增长2%;住宿业零售额4.04亿元,同比增长9%;餐饮业零售额27.72亿元,同比增长12.7%。按数据结构分:限额以上企业实现零售额106.82亿元,同比增长0.3%。

商品交易市场:2016年年末,全区共有亿元市场4个,实现成交额53.75亿元,较上年同期增长10.4%。

四、建筑业

建筑业:2016年全区资质以上建筑业企业65家,其中有工作量企业60家。实现建筑业总产值135.17亿元,建筑业增加值31.1亿元,增速达7%;其中:建筑工程产值达108.09亿元,安装工程产值达20.05亿元。全区建筑业从业人员22948人,建筑业企业签订合同额287.24亿元,房屋建筑施工面积为188.37万平方米。

五、对外经济

对外贸易:据海关统计,2016年内资企业(含中央、省市属公司)实现进出口总额34391万美元。

招商引资:2016年,全区实际利用外资18532万美元,同比增长22.12%;现汇进资8796万美元,现汇比例47.46%;全年实际利用内资40.78亿元,同比增长15.07%。

六、教育和卫生

教育:2016年,全区登记注册幼儿园52所,幼儿数11943人,专任教师916名。小学13所,九年一贯制学校7所,其中小学招生3712人,在校小学生22862人,毕业生3886人,专任教师1221名;中学招生1175人,在校中学生3631人,毕业生1431人,专任教师323名。特殊教育学校1所,在校学生165人,专任教师23人。

卫生:截至2016年年末,全区共有各类医疗机构230家,卫生机构从业人数2506人,其中卫生技术人员数2342人;执业(助理)医师1263人;注册护士1143人;药剂人员36人;检验人员62人。每千人口医院病床数0.711张,每千人口卫生工作人员数4.356人,每千人口医生数2.56人。

七、人口和人民生活

人口:2016年年末,全区总人口527473人,其中:男性270438人;女性257035人。出生人口5137人,其中男性2661人,女性2476人,出生率为9.78‰。死亡人口2965人,死亡率5.64‰。自增率为4.14‰。

人民生活:城镇居民人均可支配收入36440元,同比增长8.1%;区属在岗职工年平均工资为65360元,同比增长22.66%。

八、城市建设和环境保护

城市建设:全年共清掏窨井13414座次,维修窨井150座,更换井构件1010套(件),新建窨井140座,维修各类路面767185平方米,维修补栽路沿石2961米,机械疏通下水道160000米,清运余土淤泥1260立方米。辖区小街巷安装路灯1187套。

园林绿化:2016年全年栽种乔木3993株,灌木88659株,年末拥有园林绿地面积471.43公顷,绿化覆盖面积471.56公顷,公共绿地面积280.92公顷,城区绿化覆盖率29.64%,人均公园绿地面积7.17平方米。

环境保护:全年环境空气质量优良天数318天,优良率86.89%,空气综合质量指数4.71,集中式饮用水水源水质达标率100%,区域环境噪声监测面积13.1平方公里,全年等效声级52.66分贝。实施道路交通噪声监测的交通干线为16条,测点为49个。交通噪声均值69.7分贝。

说明:

1.本公报所列各项产值绝对数按当年价格计算,增长速度按可比价格计算。

2.人口、人民生活为全市反馈数。

3.公报中数据为初步统计数,正式统计数据以《南昌市东湖区经济社会统计年鉴(2016)》为准。

(区统计局)

2016年中共东湖区委颁发的文件目录

表38　**2016年中共东湖区委颁发的文件目录**

文件标题	文件号
关于成立东湖区第十五届人民代表大会第六次会议临时党委和各代表团成立临时党支部的决定	东字〔2016〕1号
中共东湖区委关于批转《东湖区政协2016年度协商工作计划》的通知	东字〔2016〕2号
中共东湖区委关于做好乡镇领导班子换届工作的通知	东字〔2016〕3号
关于成立东湖区领导班子换届筹备工作领导小组的通知	东字〔2016〕4号
关于成立东湖区乡镇领导班子换届工作领导小组的通知	东字〔2016〕5号
关于召开东湖区第十二次代表大会的请示	东字〔2016〕6号
关于同意召开中国共产党东湖区扬子洲镇第一次代表大会的批复	东字〔2016〕7号
关于做好中国共产党东湖区第十二次代表大会代表选举工作的通知	东字〔2016〕8号
关于同意对全区党委口、群团、人大、政协、法检两院、各街道等部门重新拟定“三定”的批复	东字〔2016〕9号
关于印发东湖区深入学习贯彻《习近平总书记在庆祝中国共产党成立95周年大会上的讲话》实施意见的通知	东字〔2016〕10号
中共东湖区委关于区委书记、副书记和常委分工的通知	东字〔2016〕11号
关于同意给予何平、李国新、邓汝发、黄际财党内严重警告处分的批复	东字〔2016〕12号
关于召开中国共产党南昌市东湖区第十二次代表大会的情况汇报	东字〔2016〕13号
关于成立东湖区第十六届人民代表大会第一次会议临时党委和各代表团成立临时党支部的决定	东字〔2016〕14号
关于提名东湖区出席南昌市第十五届人民代表大会代表候选人的建议	东字〔2016〕15号
中共东湖区委关于认真学习宣传贯彻省第十四次党代会精神的通知	东字〔2016〕16号
关于表彰全区关心下一代工作先进集体、先进个人的决定	东字〔2016〕17号
关于同意给予章斌、钟雄开除党籍处分的批复	东字〔2016〕18号

(李怡璇)

2016 年东湖区人民政府颁发的文件目录

表 39　**2016 年东湖区人民政府颁发的文件目录**

文　件　标　题	文　件　号
关于调整一批行政权力项目的通知	东府发〔2016〕1 号
关于做好国务院取消部门行政审批事项衔接工作的通知	东府发〔2016〕2 号
关于印发《东湖区生态环境监测网络建设方案(试行)》的通知	东府发〔2016〕3 号
关于印发东湖区土地例行督察情况整改工作方案的通知	东府发〔2016〕4 号
关于印发《2016 年东湖区民生工程安排意见》的通知	东府发〔2016〕5 号
关于印发全区开展安全生产大检查、大整治工作实施方案的通知	东府发〔2016〕6 号
印发关于做好 2016 年度退役士兵安置工作的意见的通知	东府发〔2016〕7 号
印发关于进一步提升农村生活垃圾处理水平的实施意见的通知	东府发〔2016〕8 号
关于同意变更东湖区 2015 年惠民便民利民项目的批复	东府字〔2016〕1 号
关于丁兆龙等同志职务任命的通知	东府字〔2016〕2 号
关于万诚璐等同志职务任免的通知	东府字〔2016〕4 号
关于积极支持省人民政府驻地迁移的意见	东府字〔2016〕5 号
关于徐钟星等同志职务任免的通知	东府字〔2016〕6 号
关于区政府领导分工的通知	东府字〔2016〕8 号
关于同意对南昌市青山湖扬子洲联民联运码头等 8 个环保违法项目进行备案管理的批复	东府字〔2016〕9 号
关于同意对南昌市第八人民医院等 5 个环保违法违规项目进行备案管理的批复	东府字〔2016〕10 号

（丁一）